Sodoma

Sodoma

Poder y escándalo en el Vaticano

Frédéric Martel

Traducción de Juan Vivanco y Maria Pons

Rocaeditorial

Sodoma, poder y escándalo en el Vaticano
Primera edición: marzo de 2019
Primera edición en Chile: abril de 2019
Quinta edición en Chile: agosto de 2019

© Éditions Robert Laffont, S.A.S., París, 2019
© de la traducción: 2019, Juan Vivanco y Maria Pons
© de esta edición: 2019, Roca Editorial de Libros, S. L.
Av. Marquès de l'Argentera, 17, pral.
08003 Barcelona
actualidad@rocaeditorial.com
www.rocalibros.com
© 2019, Penguin Random House Grupo Editorial, S.A.
Merced 280, piso 6, Santiago de Chile
Teléfono: 22782 8200
www.megustaleer.cl

Printed in Chile – Impreso en Chile

ISBN: 978-841-754-187-3

Edición de 3.000 ejemplares

Penguin
Random House
Grupo Editorial

Nota del autor y del editor

Sodoma se publica simultáneamente en ocho idiomas y en una veintena de países por las editoriales y los grupos editoriales siguientes: Robert Laffont (Editis) en Francia, Feltrinelli en Italia y Bloomsbury en el Reino Unido, Estados Unidos y Australia. También lo publica Agora en Polonia, Balans en Holanda, **XXX** en Japón y Sextante en Portugal. El libro es editado, a escala internacional, por Jean-Luc Barré.

Este libro ha acudido a gran cantidad de fuentes. Durante la investigación de campo, que ha durado más de cuatro años, han sido entrevistadas cerca de 1.500 personas en el Vaticano y en 30 países. De ellas, 41 eran cardenales, 52 obispos y *monsignori*, 45 nuncios apostólicos y embajadores extranjeros y más de doscientas sacerdotes y seminaristas. Todas estas entrevistas se han hecho sobre el terreno (personalmente, ninguna por teléfono ni correo electrónico). A estas fuentes de primera mano hay que añadir una vasta bibliografía con más de un millar de referencias, libros y artículos. Por último, se ha montado un equipo de 80 investigadores, corresponsales, intérpretes y traductores para llevar a cabo las pesquisas de este libro en los 30 países. (Véanse las «Fuentes» al final del libro.)

Todas estas fuentes, las notas, la bibliografía, el equipo de investigadores y tres capítulos inéditos a modo de «bonus», demasiado largos para incluirlos aquí, se juntaron en un documento de 400 páginas al que se puede acceder por Internet. Este códice *Sodoma*, con más de 2.000 referencias de artículos y libros, se puede consultar gratuitamente en la dirección www.sodoma.fr; las actualizaciones se publicarán también con el hashtag #sodoma en la página de Facebook del autor: @fredericmartel, en la cuenta de Instagram @martelfrederic y en el hilo de Twitter @martelf.

Prólogo

*E*se es de la parroquia —me susurra al oído el prelado, con voz de conspirador.

El primero en usar esta expresión codificada delante de mí es un arzobispo de la curia romana.

—Es muy practicante, ¿sabe? Es de la parroquia —insiste en voz baja, hablándome de las costumbres de un famoso cardenal del Vaticano, antiguo «ministro» de Juan Pablo II, al que ambos conocemos bien. Y añade—: ¡Y si le cuento lo que sé no me creería!

Por supuesto, lo contó.

En el libro nos cruzaremos varias veces con este arzobispo, el primero de una larga serie de sacerdotes que me han descrito una realidad que yo me maliciaba, aunque muchos la considerarán pura invención, una fábula.

—El problema es que, si dices la verdad sobre el armario y las amistades especiales del Vaticano, nadie te creerá. Dirán que te lo has inventado. Porque aquí la realidad supera la ficción —me dijo un franciscano que también trabaja y vive dentro del Vaticano desde hace más de treinta años.

Pese a todo, fueron muchos los que me describieron este armario. A algunos les preocupaba lo que yo pudiera descubrir. Otros me revelaron los secretos cuchicheando, para, a renglón seguido, contarme los escándalos en voz alta. Otros, por último, tenían la lengua muy suelta, demasiado suelta, como si hubieran estado esperando muchos años para romper su silencio. Unos cuarenta cardenales y cientos de obispos, *monsignori*, sacerdotes y nuncios (los embajadores del papa) aceptaron contarme cosas. Entre ellos, los que habían asumido su homosexualidad, presentes a diario en el Vaticano, me abrieron las puertas de su mundo de iniciados.

¿Secretos a voces? ¿Rumores? ¿Bulos? Yo soy como santo To- más: para creer necesito comprobar. Por eso he tenido que hacer muchas indagaciones y vivir inmerso en la Iglesia. Pasé en Roma una semana de cada mes, incluso me alojé con regularidad den- tro del Vaticano gracias a la hospitalidad de altos prelados que, a veces, también se revelaban como «de la parroquia». Además viajé por el mundo, fui a más de treinta países, conocí los cleros de Latinoamérica, Estados Unidos y Oriente Medio para reunir más de un millar de testimonios. Durante esta larga investigación pasé unas 150 noches al año investigando lejos de mi casa, lejos de París.

Durante estos cuatro años de indagaciones nunca disimulé mi condición de escritor, periodista e investigador cuando pedía en- trevistas a los cardenales y sacerdotes, que a veces se negaron. En todas estas reuniones me presentaba con mi verdadero nombre, y a mis interlocutores les bastaba con hacer una simple búsqueda en Google, Wikipedia, Facebook o Twitter para conocer los detalles de mi historial de escritor y reportero de prestigio. Muchas veces estos prelados, pequeños y grandes, me tiraron los tejos solapa- damente, y algunos con muy poco disimulo, de forma activa o intensa. ¡Gajes del oficio!

¿Por qué quienes estaban acostumbrados a callar aceptaron romper la *omertà*? Es uno de los misterios de este libro y su razón de ser.

Lo que contaron fue un tabú durante mucho tiempo. Un li- bro como este difícilmente habría podido publicarse hace veinte años, ni siquiera hace diez. Los caminos del Señor han perma- necido durante mucho tiempo, diría yo, impenetrables. Hoy lo son menos, porque la dimisión de Benedicto XVI y la voluntad reformista del papa Francisco han ayudado a liberar la palabra. Las redes sociales, la audacia creciente de la prensa, la infinidad de escándalos eclesiásticos «de comportamiento» han hecho po- sible, y necesario, revelar hoy este secreto. Este libro, por tanto, no trata de la Iglesia en su conjunto, sino de un tipo muy especial de comunidad gay; cuenta la historia del componente mayoritario del colegio cardenalicio y del Vaticano.

Muchos cardenales y prelados que ofician en la curia romana, la mayoría de los que se reúnen en cónclave bajo los frescos de la capilla Sixtina pintados por Miguel Ángel —una de las escenas más grandiosas de la cultura gay, repleta de cuerpos viriles— rodeados de los *ignudi*, esos robustos efebos desnudos, comparten las mismas «inclinaciones». Todos tienen un «aire de familia». Con una alusión muy *disco queen*, un cura me susurró: «*We are family!*».

La mayoría de los *monsignori* que tomaron la palabra en el balcón de la Logia de San Pedro entre el pontificado de Pablo VI y el de Francisco para anunciar tristemente la muerte del papa o exclamar, con franca alegría, «*Habemus papam!*» tienen un secreto en común. *È bianca!*

Ya se trate de «practicantes», «homófilos», «iniciados», «*unstraights*», «mundanos», «versátiles», «*questioning*», «*closeted*» o simplemente personas que permanecen «dentro del armario», el mundo que descubro, con sus cincuenta matices de homosexualidad, supera el entendimiento. La historia íntima de estos hombres que se muestran tan piadosos en público y llevan otra vida, bien distinta, en privado es una madeja difícil de desovillar. Puede que nunca las apariencias de una institución hayan sido tan engañosas, como lo son también las profesiones de fe sobre el celibato y los votos de castidad, que esconden una realidad muy diferente.

11

El secreto mejor guardado del Vaticano no es un secreto para el papa Francisco. Él conoce a su «parroquia». En cuanto llegó a Roma comprendió que tenía que vérselas con una corporación fuera de lo común en su género que no se limita, como se ha creído durante mucho tiempo, a unas cuantas ovejas descarriadas. Es todo un sistema, y un rebaño muy numeroso. ¿Cuántos son? Eso da igual. Baste con decir que representan a la gran mayoría.

Al principio, por supuesto, el papa quedó impresionado por la amplitud de esa «colonia deslenguada», por las «cualidades seductoras» y los «defectos insoportables», que menciona el escritor francés Marcel Proust en su célebre *Sodoma y Gomorra*. Pero lo que a Francisco le resulta insoportable no es tanto que la homofilia esté tan extendida como la hipocresía desbocada de quienes predican una moral mezquina y tienen un amante, o aventuras y que a veces frecuentan a prostitutos de lujo. Por eso el papa fustiga sin descanso a los falsos devotos, a los puritanos farisaicos, a los santurrones. Francisco ha denunciado a menudo esta duplicidad, esta esquizofrenia, en sus homilías matinales de Santa Marta. Sus palabras podrían muy bien aparecer como cita liminar al principio de este libro: «Detrás de la rigidez hay siempre algo escondido; en muchos casos una doble vida».

¿Doble vida? Lo dijo… y el testigo, esta vez, no es cualquiera. Francisco ha repetido a menudo estas críticas que apuntan a la curia romana: ha señalado a los «hipócritas» que llevan «vidas ocultas y con frecuencia disolutas», a quienes «maquillan el alma y viven del maquillaje», que la «mentira» erigida en sistema «hace mucho daño, la hipocresía hace mucho daño: es una forma de vivir». ¡Haz lo que digo, no lo que hago!

No hace falta decir que Francisco sabe muy bien a quiénes se dirige sin nombrarlos: cardenales, maestros de ceremonias papales, antiguos secretarios de Estado, sustitutos, minutantes y camarlengos. La mayoría de las veces no se trata únicamente de una inclinación difusa, de cierta fluidez, de homofilia o de «tendencias», como se decía entonces, ni tampoco de sexualidad reprimida o sublimada, que también abundan en la Iglesia de Roma. Muchos de los cardenales que no han «amado a las mujeres, ¡aunque lleno de sangre!», como dice el Poeta, son practicantes. ¡Cuántos rodeos estoy dando para decir cosas tan sencillas! ¡Tan chocantes ayer y hoy tan triviales!

Practicantes, sí, pero todavía dentro del armario. Podría hablarles de ese cardenal que aparece en público asomado al balcón de la Logia y estuvo implicado en un caso de prostitución sobre el que rápidamente se echó tierra; de ese otro cardenal francés que tuvo un amante anglicano en Estados Unidos durante mucho tiempo; o del otro que, en sus años mozos, desgranó aventuras amorosas como una monjita las cuentas de su rosario; por no hablar de los que conocí en los Palacios Vaticanos, que me presentaron a su compañero como su asistente, su minutante, su sustituto, su chófer, su edecán, su factótum, ¡hasta como su guardaespaldas!

El Vaticano tiene una de las comunidades gays más numerosas del mundo. Dudo que haya tantos ni siquiera en el Castro de San Francisco, ese barrio gay emblemático, hoy más mixto.

En el caso de los cardenales más viejos, este secreto hay que buscarlo en el pasado: su juventud tormentosa y sus años licenciosos previos a la liberación gay explican su doble vida y su homofobia trasnochada. Durante mi investigación, muchas veces he tenido la impresión de retroceder en el tiempo hasta los años treinta o cincuenta del siglo pasado, que yo no he vivido, con esa doble mentalidad de pueblo elegido y pueblo maldito que le hizo exclamar a uno de los curas con quien más he conversado: «¡Bienvenido a Sodoma!».

No soy el primero que habla de esto. Muchos periodistas han revelado escándalos y *affaires* en la curia romana. Pero no era este mi propósito. A diferencia de los vaticanistas, que denuncian «vicios» individuales pero de este modo ocultan el «sistema», no hay que fijarse en los asuntos turbios, sino en la doble vida, bien trivial, de la mayoría de los dignatarios eclesiásticos. No en las excepciones, sino en el sistema y el modelo, «*the pattern*» («el patrón»), como dicen los sociólogos estadounidenses; los detalles, desde luego, pero también las leyes que lo rigen —y, como veremos, en este libro habrá 14 reglas generales—. El argumento es la sociedad íntima de los sacerdotes, su fragilidad y su sufrimiento debido al celibato forzoso convertido en sistema. Por tanto, no se trata de juzgar a estos homosexuales, ni siquiera a los que disimulan —yo les tengo cariño—, sino de entender su secreto y su modo de vida colectivo. No me propongo denunciarles ni obligarles a salir del armario, mi proyecto no es el «*name and shame*», esa práctica estadounidense que consiste en hacer públicos los nombres para que se conozcan. Quede bien claro que para mí un cura o un cardenal no debe avergonzarse de ser homosexual; al contrario, creo que debería ser una condición social como cualquier otra.

Pero es necesario poner al desnudo un sistema basado, desde los seminarios más pequeños hasta el sanctasanctórum —el colegio cardenalicio—, en la doble vida homosexual y, a la vez, en la homofobia más ostentosa. Cincuenta años después de los dis-

13

turbios de Stonewall, la revolución gay de Estados Unidos, el Vaticano es el último bastión que queda por liberar. Son muchos los católicos que barruntan esta mentira sin haber podido leer aún la descripción de Sodoma.

Sin este patrón de interpretación, la historia reciente del Vaticano y la Iglesia romana permanece opaca. Si se deja a un lado la dimensión ampliamente homosexual, se prescinde de una de las principales claves que ayudan a comprender la mayoría de los hechos que han empañado la historia del Vaticano desde hace décadas: los motivos secretos que tuvo Pablo VI para confirmar la prohibición de la contracepción artificial, el rechazo del preservativo y la obligación estricta del celibato de los sacerdotes; la guerra contra la «teología de la liberación»; los escándalos de la banca vaticana en la época del famoso arzobispo Marcinkus, también él homosexual; la decisión de prohibir el preservativo como medio de lucha contra el sida, a pesar de que la pandemia iba a causar más de 35 millones de muertos; los casos Vatileaks I y II; la misoginia recurrente, y a menudo insondable, de muchos cardenales y obispos; la dimisión de Benedicto XVI; la rebelión actual contra el papa Francisco... En todos esos casos la homosexualidad ha desempeñado un papel crucial que muchos sospechan pero que nunca se ha contado claramente.

La dimensión gay no lo explica todo, claro está, pero es un criterio decisivo si se quiere entender el Vaticano y sus tomas de posición morales. También se puede suponer, aunque no sea el asunto de este libro, que para interpretar la vida de los conventos de monjas, sean o no de clausura, el lesbianismo es una clave importante. Por último, la homosexualidad también es, desgraciadamente, una de las claves que explican el encubrimiento institucionalizado de los crímenes y delitos sexuales que ya se cuentan por decenas de miles. ¿Por qué? ¿Cómo? Porque la «cultura del secreto» que era necesaria para mantener oculta la gran presencia de la homosexualidad en la Iglesia ha propiciado el encubrimiento de los abusos sexuales y ha dado a los depredadores la posibilidad de beneficiarse de este sistema de protección a espaldas de la institución; aunque la pedofilia tampoco es el asunto de este libro.

«Cuánta suciedad en la Iglesia», dijo el cardenal Ratzinger cuando, también él, descubrió la amplitud del armario en un informe secreto de tres cardenales cuyo contenido me ha sido revelado. Ese fue uno de los motivos principales de su dimisión. El informe, más que mencionar la existencia de un *lobby* gay, como se ha dicho, revelaba al parecer la omnipresencia de los homosexuales en el Vaticano, los chantajes y el acoso erigidos en sistema. Como diría Hamlet, algo está podrido en el reino del Vaticano.

La sociología homosexual del catolicismo también puede explicar otra realidad: el fin de las vocaciones. Durante mucho tiempo, como veremos, los jóvenes italianos que descubrían su homosexualidad o tenían dudas sobre sus inclinaciones optaban por el sacerdocio. Esos parias se convertían así en iniciados, sacando fuerzas de flaqueza. Con la liberación homosexual de los años setenta y la socialización gay de los ochenta, las vocaciones católicas, como es natural, han disminuido. Hoy en día a un adolescente gay se le abren otros horizontes, incluso en Italia, y no necesita tomar los hábitos. El fin de las vocaciones tiene distintas causas, pero la revolución homosexual es, paradójicamente, una de las principales.

Esta matriz explica, por último, la guerra contra Francisco. Para entenderlo es preciso ser contraintuitivos. Este papa latino fue el primero en usar la palabra «gay» —y no solo «homosexual»— y, si le comparamos con sus predecesores, se le puede considerar el más *gay-friendly* de los soberanos pontífices más recientes. Ha usado palabras mágicas y astutas para referirse a la homosexualidad —«¿Quién soy yo para juzgar?»— y cabe pensar que este papa probablemente no tiene las tendencias ni la inclinación que se han atribuido a cuatro de sus predecesores recientes. Sin embargo, los cardenales conservadores, que son muy homófobos —y en la mayoría de los casos secretamente homófilos—, han lanzado una campaña furibunda contra él basada en su supuesto liberalismo en materia de moral sexual.

¡El mundo al revés, en cierto modo! Incluso podría decirse que en Sodoma hay una regla no escrita que siempre se cumple: cuanto

15

más homófobo es un prelado, más posibilidades hay de que sea homosexual. Estos conservadores, estos «carcas», estos *dubia*, son ni más ni menos que los famosos «rígidos que llevan una doble vida» de los que tanto habla Francisco.

«Se acabó el carnaval», cuentan que le dijo el papa a su maestro de ceremonias en el momento mismo de su elección. Después el argentino quiso acabar con las intrigas de complicidad y fraternidad homosexual que habían cundido solapadamente con Pablo VI y habían proliferado con Juan Pablo II hasta llegar a ser ingobernables con Benedicto XVI, precipitando su caída. Con su índole tranquila y su relación serena con la sexualidad, Francisco desentona. ¡No es de la parroquia!

¿Se percataron el papa y sus teólogos liberales de que el celibato de los curas había fracasado? ¿De que era una ficción casi inexistente en la realidad? ¿Adivinaron que la batalla entablada por el Vaticano de Juan Pablo II y Benedicto XVI contra los gais era una guerra perdida? ¿Y que se volvería contra la Iglesia a medida que cada uno de ellos descubriera sus motivos reales: una guerra de los homosexuales encubiertos contra los gais declarados?

Atrapado en esta sociedad maldiciente, Francisco, no obstante, está bien informado. Sus asistentes, sus colaboradores más cercanos, sus maestros de ceremonias y otros expertos en liturgia, sus teólogos y sus cardenales (entre los que los gais también son legión) saben que en el Vaticano la homosexualidad cuenta con muchos llamados y muchos elegidos. Incluso sugieren, cuando se les pregunta, que al prohibir a los curas casarse, la Iglesia se volvió sociológicamente homosexual, y al imponer una continencia contra natura y una cultura del secreto, es en parte responsable de las decenas de miles de abusos sexuales que la corroen por dentro. También saben que el deseo sexual, y ante todo el deseo homosexual, es uno de los motores principales de la vida vaticana.

Francisco sabe que las posiciones de la Iglesia deben evolucionar, y que para lograrlo tiene que entablar una lucha sin cuartel contra los que utilizan la moral sexual y la homofobia para ocultar su hipocresía y su doble vida. Pero se da el caso de que estos homosexuales encubiertos son mayoritarios, poderosos e in-

16

fluyentes, y los más «rígidos» tienen posiciones homófobas muy estridentes.

De modo que el papa vive en Sodoma. Amenazado, atacado desde todos los flancos, criticado, Francisco, como ha dicho alguien, está «entre los lobos».

No es del todo exacto: está entre las Locas.

PRIMERA PARTE

Francisco

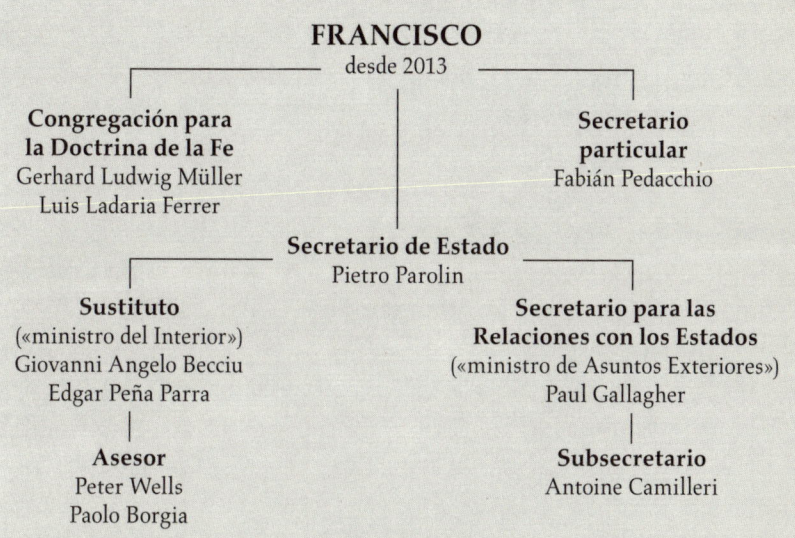

FRANCISCO
desde 2013

**Congregación para
la Doctrina de la Fe**
Gerhard Ludwig Müller
Luis Ladaria Ferrer

**Secretario
particular**
Fabián Pedacchio

Secretario de Estado
Pietro Parolin

Sustituto
(«ministro del Interior»)
Giovanni Angelo Becciu
Edgar Peña Parra

**Secretario para las
Relaciones con los Estados**
(«ministro de Asuntos Exteriores»)
Paul Gallagher

Asesor
Peter Wells
Paolo Borgia

Subsecretario
Antoine Camilleri

Los cuatro organigramas de este libro se han simplificado: para facilitar la lectura se han reducido u omitido algunos titulares de cargos, títulos y fechas. En 2017 se creó una tercera sección de la Secretaría de Estado.

1

Domus Sanctæ Marthæ

«*B*uenas noches —dice la voz—. Quería darle las gracias.»

Llevándose el pulgar y el meñique a la oreja, Francesco Lepore imita para mí una conversación telefónica. Acaba de descolgar y su lenguaje corporal parece ahora tan importante como las palabras que su misterioso interlocutor pronuncia en italiano, con un fuerte acento. Lepore recuerda todos los detalles de la llamada:

—Era el 15 de octubre de 2015, a eso de las 16.45, lo recuerdo muy bien. Mi padre había muerto varios días antes y yo me sentía solo y abandonado. Entonces suena el móvil. El número es anónimo. Contesto un poco maquinalmente:

»—*Pronto.*

La voz continúa:

«—*Buona sera!* Soy el papa Francisco. He recibido su carta. El cardenal Farina me la ha pasado y le llamo para decirle que estoy muy impresionado por su valentía y que he valorado la coherencia y la sinceridad de su carta.

»—Santo padre, soy yo el que está impresionado por su llamada, por que se haya molestado en llamarme. No hacía falta. Necesitaba escribirle.

»—No, de verdad, me ha impresionado su sinceridad, su valentía. No sé qué puedo hacer ahora para ayudarle, pero me gustaría hacer algo.»

Con voz temblorosa, Francesco Lepore, desconcertado por una llamada tan inesperada, titubea. Después de un silencio el papa vuelve a hablar:

«—¿Puedo pedirle un favor?

»—¿Qué favor?

»—¿Puede rezar por mí?»

Francesco Lepore guarda silencio.

—Al final le contesté que había dejado de rezar. Y que si quería, él podía rezar por mí.

Francisco le explica que «ya reza» por él y le pregunta: «¿Puedo darle mi bendición?».

—A esta pregunta del papa Francisco contesté que sí, claro está. Hubo un breve silencio, volvió a darme las gracias y la conversación terminó.

Pasado un momento Francesco Lepore me dice:

—¿Sabe? Este papa no es santo de mi devoción. No le defiendo mucho, pero su gesto me impresionó. Nunca había hablado de ello, me lo había guardado para mí, como un secreto personal y una cosa buena. Es la primera vez que lo cuento.

(El cardenal Farina, con quien me entrevisté un par de veces en sus aposentos del Vaticano, me confirmó que le había pasado la carta de Lepore al papa y que se produjo la llamada telefónica posterior de Francisco.)

Cuando recibe esta llamada, Francesco Lepore ha roto con la Iglesia. Acaba de dimitir y, según la expresión al uso, de ser «reducido al estado laico». El cura intelectual del que se enorgullecían los cardenales del Vaticano ha colgado la sotana. Acaba de mandarle una carta al papa Francisco, una botella lanzada al mar con mucho dolor, una epístola en la que cuenta su historia de sacerdote homosexual, el que fuera traductor latino del papa. Ha querido zanjar el asunto, recobrar su coherencia y abandonar la hipocresía. Con este gesto Lepore quema sus naves.

Sin embargo, esta santa llamada le devuelve inexorablemente a un pasado que ha querido olvidar, a una página que ha querido pasar: su amor al latín y al sacerdocio, su toma del hábito, su ordenación sacerdotal, su vida en la residencia de Santa Marta, sus amistades especiales con muchos obispos y cardenales, sus conversaciones interminables sobre Cristo y la homosexualidad, bajo la sotana y a veces en latín.

¿Ilusiones perdidas? Sí, claro. Su ascensión fue rápida: un joven cura que fue nombrado asistente de los cardenales más prestigiosos y estuvo muy pronto al servicio de los tres papas. Tenían planes para él, le prometieron una carrera en el Palacio Apostólico, quizá incluso el episcopado, quién sabe, ¡el hábito púrpura y la birreta roja!

Eso fue antes de elegir. Francesco tuvo que decidir entre el Vaticano y la homosexualidad y, a diferencia de muchos sacerdotes y cardenales que prefieren llevar una doble vida, optó por la coherencia y la libertad. El papa Francisco, en esa conversación, no abordó frontalmente la cuestión gay, pero es evidente que fue la sinceridad del cura la que lo movió a telefonear personalmente a Francesco Lepore.

—Me pareció que le había impresionado mi historia y quizá también que le relevara ciertas prácticas del Vaticano, el trato desconsiderado de mis superiores (hay muchos protectores y mucho derecho de pernada en el Vaticano) y cómo me dejaron tirado cuando dejé de ser cura.

Más significativo aún es que Francisco agradeciera claramente a Francesco Lepore su «discreción» sobre su homosexualidad, una forma de «humildad» y de «secreto», en vez de una salida del armario pública y escandalosa.

Meses después, monseñor Krzysztof Charamsa, un prelado del círculo del cardenal Ratzinger, no fue tan discreto, y su salida del armario, ventilada en los medios, provocó una violenta reacción del Vaticano. A él no le llamó el papa.

Se comprenderá cuál es la regla no escrita de Sodoma. Para formar parte del Vaticano más vale cumplir un código, el «código del armario», que consiste en tolerar la homosexualidad de los sacerdotes y los obispos, disfrutar de ella si se da el caso, pero mantenerla siempre en secreto. La tolerancia va a la par con la discreción. Y como dice Al Pacino en *El padrino*, nunca se debe criticar o abandonar a la propia «familia»: «*Don't ever take sides against the family*» («No tomes partido en contra de la familia»).

Como iría descubriendo durante esta larga investigación, ser gay en el clero es formar parte de una especie de norma. La única línea roja que no se debe cruzar es la difusión en los medios o el

23

activismo. En el Vaticano ser homosexual es posible, fácil, trivial, incluso se fomenta; pero decirlo, mostrarlo, está prohibido. Ser discretamente homosexual es formar parte de «la parroquia»; ponerse bajo los focos es excluirse de la familia.

Si tenemos en cuenta este «código», la llamada del papa Francisco a Francesco Lepore cobra todo su sentido.

Me entrevisté con Lepore por primera vez cuando empecé esta investigación. Varios meses antes de su carta y de la llamada del papa. Este hombre, mudo de profesión, traductor discreto del santo padre, estaba dispuesto a hablar conmigo cara a cara. Yo acababa de empezar el libro y tenía pocos contactos dentro del Vaticano. Francesco Lepore fue uno de mis primeros curas gais, después hubo varias decenas. Nunca imaginé que tras él fuesen tantos los prelados de la santa sede que llegarían a estar dispuestos a hablar conmigo.

¿Por qué hablan? En Roma todos largan: los curas, los guardias suizos, los obispos, los innumerables *monsignori* y, más que nadie, los cardenales. ¡Auténticas cotorras! Si uno sabe cómo entrarles, todas estas eminencias y excelencias son muy parlanchinas, al borde de la logorrea y, en todo caso, de la imprudencia. Cada cual tiene sus motivos: unos lo hacen por convicción, para participar en la feroz batalla ideológica que se libra en el Vaticano entre tradicionalistas y liberales; otros lo hacen por afán de influencia y, digamos, por vanidad. Los hay que hablan porque son homosexuales y quieren contar todo lo que saben de los demás en vez de hablar de sí mismos. Por último, algunos se explayan por perfidia, por su afición a la murmuración y al cotilleo. Hay viejos cardenales que solo viven para los comadreos y las calumnias. Me recuerdan a los miembros de los turbios clubes homófilos de los años cincuenta que se burlaban con ferocidad de todo el mundo, mundanos y venenosos, porque ellos no asumían su propia índole. El armario es un lugar de increíble crueldad.

Francesco Lepore quiso salir de él. Desde el principio se presentó con su verdadero nombre y aceptó que todas nuestras conversaciones se grabaran y se hicieran públicas.

24

En nuestro primer encuentro, organizado por un amigo común, el periodista de *La Repubblica* Pasquale Quaranta, Lepore llegó con un poco de retraso, por culpa de la enésima huelga de transportes, al segundo piso del restaurante Eataly, en la romana Piazza della Repubblica, donde nos habíamos citado. Opté por el Eataly, que está en la onda de la *slow food*, el *fooding* equitativo y el nacionalismo *made in Italy*, porque es un restaurante relativamente discreto alejado del Vaticano, donde se puede mantener una conversación libre. La carta propone 10 clases de pasta —más bien decepcionantes— y 73 pizzas diferentes, poco compatibles con mi régimen bajo en hidratos. Acudimos allí para mantener largas entrevistas casi todos los meses alrededor de unos espaguetis *all'amatriciana*, mis preferidos. En todas las ocasiones el antiguo cura se animaba sobre la marcha y se unía al banquete.

En la foto de época que me enseña, un poco amarillenta, el alzacuello resalta con su blanco de tiza sobre la sotana negra: Francesco Lepore acaba de ser ordenado sacerdote. Tiene el pelo corto bien peinado y la cara cuidadosamente rasurada, en contraste con su barba abundante y su cráneo reluciente de hoy. ¿Es el mismo hombre? El cura reprimido y el homosexual asumido son las dos caras de la misma realidad.

—Nací en Benevento, una ciudad de Campania, al norte de Nápoles —me cuenta Lepore—. Mis padres eran católicos pero no practicantes. Desde muy pequeño sentí una gran vocación religiosa. Me gustaban las iglesias.

Muchos de los curas homosexuales con quienes me entrevisté me describieron esa «atracción» como una búsqueda misteriosa de la gracia. La fascinación por los sacramentos, el esplendor del sagrario, su cortina doble, el copón y la custodia. La magia de los confesionarios, esas cabinas fantasmagóricas por las promesas que en ellas se hacen. Las procesiones, los ejercicios espirituales, los estandartes. También los bordados, las vestiduras, la sotana, el alba, la estola. El deseo de entrar en el secreto de las sacristías. Y la música: el canto de las vísperas, la voz de los hombres y la sonoridad de los órganos. Sin olvidar los reclinatorios.

Muchos de ellos también me dijeron que la Iglesia había sido para ellos «como una segunda madre», y ya sabemos que el culto a la virgen, siempre irracional y autoelectivo, es un gran clásico para esta cofradía. ¡Mamá! Muchos escritores homosexuales, de Marcel Proust a Pasolini, pasando por Julien Green o Roland Barthes, e incluso Jacques Maritain, cantaron el amor pasional que sintieron por su madre, efusión sentimental que no solo fue esencial sino, con frecuencia, una de las claves de su autocensura (muchos escritores y curas no aceptaron su homosexualidad hasta después de la muerte de su madre). Aunque mamá, que siempre se mantuvo fiel a su hijito y correspondió a ese amor, que cuidó de su hijo ya grande como si todavía fuera su propia carne, lo había entendido todo.

Francesco Lepore, por su parte, quiere seguir los pasos de su papá:

—Mi padre era profesor de latín y quise aprender esa lengua para acercarme a ese mundo —me cuenta—. Aprender latín a la perfección. Y desde que tuve diez u once años deseé entrar en un seminario.

Lo hizo contra el parecer de sus padres: a los quince años ya anhelaba «abrazar», como se suele decir, la carrera eclesiástica.

Itinerario clásico de los curas jóvenes en general: el seminario en un instituto católico y cinco años de estudios superiores de filosofía y teología; después los «ministerios», que en Italia todavía se llaman «órdenes menores», con sus lectores y acólitos, antes del diaconato y la ordenación.

—Me ordené sacerdote a los 24 años, el 13 de mayo del año 2000, año del Jubileo y del World Gay Pride —resume Francesco Lepore haciendo una sugestiva síntesis.

El joven que era entonces comprendió enseguida que el vínculo entre homosexualidad y sacerdocio no era contradictorio, ni tampoco casual, como había creído al principio.

—Siempre supe que era homosexual. Sentía una suerte de atracción-repulsión por esa clase de deseos. Crecí en un ambiente que consideraba la homosexualidad como algo intrínsecamente malo, leía libros de teología que la definían como un pecado. Durante mucho tiempo la viví como una culpa. La vía de escape que escogí fue negar esa atracción sexual y desviarla hacia la atracción religiosa, de modo que opté por la castidad y el seminario. Para mí, ser sacerdote era la solución que me permitía expiar un pecado que no había cometido. Durante los años de formación en la universidad romana del Opus Dei me consagré intensamente a la oración y al ascetismo, incluyendo los castigos corporales. Quise ser franciscano para experimentar mi religión con más intensidad y logré permanecer casto durante cinco años, sin siquiera masturbarme.

El itinerario de Francesco Lepore, entre pecado y mortificación, con ese deseo desgarrador de librarse de los deseos sometiéndose a duras pruebas, era casi corriente en la Italia del siglo xx. Durante mucho tiempo la carrera eclesiástica fue la solución ideal para muchos homosexuales que tenían dificultades para asumir su orientación secreta. Decenas de miles de curas italianos creyeron sinceramente que la vocación religiosa era «la» solución de su «problema». Es la primera regla de Sodoma:

> Durante mucho tiempo el sacerdocio ha sido la escapatoria ideal para los jóvenes homosexuales. La homosexualidad es una de las claves de su vocación.

Detengámonos un momento en esta idea. Para entender la trayectoria de la mayoría de los cardenales y del sinfín de curas que iremos conociendo a lo largo del libro hay que partir de este proceso de selección casi darwiniano que tiene una explicación sociológica. En Italia fue incluso la regla durante mucho tiempo. Los jóvenes afeminados que reprimían sus deseos, los chicos que se sentían atraídos por su mejor amigo y se distinguían por la afectación de su voz, los homosexuales que se buscaban sin querer declararse, los seminaristas que no iban por el buen camino no tenían muchas salidas en la Italia de las décadas de 1930, 1940 o 1950. Algunos comprendieron enseguida, casi por atavismo, cómo sacar de la homosexualidad sufrida una fuerza, convertir en ventaja una debilidad: haciéndose curas. Eso les permitía recuperar el control de sus vidas en la creencia de que respondían a una doble llamada, la de Cristo y la de sus deseos.

¿Tenían más opciones? Por entonces en una ciudad pequeña de Lombardía o en un pueblo del Piamonte, de donde han salido muchos cardenales, la homosexualidad todavía se consideraba el Mal absoluto. Cuesta entender ese «oscuro infortunio», se teme esa «promesa de un amor múltiple y complejo», se recela de esa «felicidad indecible, incluso insoportable», como diría el Poeta. Entregarse a ella, aunque fuera a escondidas, sería escoger una vida de mentira o de proscrito; hacerse cura, en cambio, era una posible escapatoria. Para el que no asume su homosexualidad, incorporarse al clero es lo más sencillo: vive entre chicos, lleva ropajes, ya no le preguntan si tiene novia, sus compañeros de clase (que antes le gastaban bromas malignas) se muestran ahora impresionados, quien era blanco de burlas recibe honores, quien pertenecía a una raza maldita se incorpora a una raza de elegidos, y Mamá, que, como hemos visto, lo ha entendido todo sin decir nada, alienta esta vocación milagrosa. Y además de todo esto: la castidad con las mujeres y la promesa de celibato ya no dan miedo al futuro sacerdote, sino todo lo contrario, ¡acepta esa prohibición con alivio! De modo que en la Italia de las décadas de 1930 a 1960 el hecho de que un joven homosexual optara por la ordenación y por esa suerte de «voto de celibato entre hombres» estaba en el orden, por no decir en la fuerza, de las cosas.

Un fraile benedictino italiano que había tenido cargos de responsabilidad en la universidad romana Sant'Anselmo, me explica cómo funcionaba todo esto:

—Para mí la opción del sacerdocio fue, al principio, el resultado de una fe profunda y vital. Pero si vuelvo la vista atrás, la analizo también como una manera de sujetar mi sexualidad. Siempre supe que era gay, pero fue mucho más tarde, pasados los cuarenta años, cuando acepté ese aspecto fundamental de mi identidad.

Por supuesto, cada cual tiene su historia personal. Muchos curas italianos me han dicho que descubrieron su homosexualidad solo después de ordenarse o de empezar a trabajar en el Vaticano. También son muchos los que llegaron a esa aceptación bastante más tarde, ya cuarentones, o durante la década de 1970.

A esta selección sociológica de los curas se suma una selección episcopal que no hace más que amplificar el fenómeno. Los cardenales homófilos favorecen a los prelados que tienen esas inclinaciones, y estos, a su vez, escogen curas gais. Entre los nuncios (embajadores del papa, que entre otras cosas son los encargados de seleccionar a los obispos), la proporción de homosexuales alcanza niveles altos, de modo que la suya se puede considerar una «selección natural». Según todos los testimonios que he recogido, los curas con esas inclinaciones tienen ventaja cuando se descubre su homofilia. Dicho de un modo más prosaico: no es raro que un nuncio o un obispo promueva a un cura que pertenece a la «parroquia» porque espera algún favor de él.

Es la segunda regla de Sodoma:

> La homosexualidad se extiende a medida que se acerca al sancta-sanctórum; conforme se asciende en la jerarquía católica, la proporción de homosexuales aumenta. En el colegio cardenalicio y en el Vaticano culmina el proceso de selección: la homosexualidad es la regla y la heterosexualidad la excepción.

En realidad, este libro lo empecé en 2015. Una noche, mi editor italiano, Carlo Feltrinelli, me invitó a cenar en el restaurante milanés Rovelli, de Vía Tivoli. Ya nos conocíamos, porque él había publicado tres libros míos, y aproveché para hablarle de *Sodoma*. Llevaba más de un año investigando sobre el tema de la homosexualidad en la Iglesia católica, haciendo entrevistas en Roma y en varios países, leyendo muchos libros, pero mi proyecto no había pasado de ahí. Tenía el argumento, pero no el modo de escribirlo.

Según parece, ese año, en alguna de mis conferencias públicas en Nápoles y Roma, al hablar de los católicos gais yo había dicho: «Algún día habrá que contar la historia del Vaticano». Un joven escritor napolitano me recordó después esta frase, y Pasquale Quaranta, el periodista de *La Repubblica*, un amigo que desde entonces me ha acompañado en la preparación de este libro, también me la recordó. Pero el asunto sobre el que trabajaba seguía siendo inconfesable.

Antes de esta cena imaginaba que Carlo Feltrinelli rechazaría el proyecto; de haber sido así yo habría renunciado y *Sodoma* nunca habría visto la luz. Pero sucedió lo contrario: el editor de

Borís Pasternak, Günter Grass y, en fechas más recientes, Roberto Saviano me bombardeó a preguntas, quiso conocer mis ideas y después, para animarme a trabajar pero con precaución, sugirió:

—Habría que publicar este libro en Italia y, simultáneamente, en Francia y Estados Unidos, para darle más realce. ¿Tienes fotos? Al mismo tiempo, deberás demostrarme que sabes más de lo que dices. —Se sirvió vino añejo y siguió reflexionando en voz alta. De repente añadió, remarcando las eses—: Pero ¡intentarán asssssesssssinarte!

Me acababa de dar su aprobación. Me lancé a la aventura y empecé a pasar unos días en Roma cada mes. Aún no sabía que la investigación me llevaría a viajar a más de treinta países a lo largo de cuatro años. *Sodoma* había arrancado, ¡la suerte estaba echada!

En el número 178 de la Vía Ostiense, al sur de Roma, Al Biondo Tevere es una *trattoria* popular. El Tíber pasa al lado de la terraza, de ahí el nombre del restaurante. Es corriente, queda fuera del centro, tiene poca clientela y, en el mes de enero, allí dentro hace un frío que pela. ¿Por qué demonios me ha citado en este antro tan alejado Francesco Gnerre?

Gnerre, profesor de literatura jubilado, ha dedicado una parte importante de sus estudios a la literatura gay italiana. Durante más de cuarenta años también ha firmado cientos de críticas de libros en varias revistas homosexuales.

—Miles de gais como yo han formado su biblioteca leyendo los artículos de Francesco Gnerre en *Babilonia* y *Pride* —me explica el periodista Pasquale Quaranta, que ha organizado la cena.

Gnerre ha escogido el lugar a propósito. El cineasta italiano Pier Paolo Pasolini fue a cenar a Al Biondo Tevere la noche de 1 de noviembre de 1975 con Pelosi, el joven prostituto que le asesinaría horas después en la playa de Ostia. Esta «última cena», justo antes de uno de los crímenes más horribles y famosos de la historia italiana, se conmemora de un modo insólito en las paredes del restaurante. Recortes de prensa, fotos de rodajes, imágenes de películas, todo el universo de Pasolini revive en las paredes esmaltadas del restaurante.

—La mayor sociedad gay italiana es el Vaticano —suelta, a modo de entrante, Francesco Gnerre.

Y el crítico literario emprende un largo relato, el de la historia de las complejas relaciones que hay entre los sacerdotes italianos y la homosexualidad, y de paso me revela la homosexualidad de varios novelistas católicos, y me cuenta cosas de Dante:

—Dante no era homófobo —explica Gnerre—. En la *Divina Comedia* hay cuatro referencias a la homosexualidad en las partes llamadas «Infierno» y «Purgatorio», pero no hay ninguna en el «Paraíso». Dante siente simpatía por su personaje gay, Brunetto Latini, que había sido su profesor de retórica. Aunque lo sitúa en el tercer giro del séptimo círculo del infierno, siente respeto por su condición homosexual.

El sacerdote Francesco Lepore, al tomar el camino de las letras, el latín y la cultura para intentar resolver su dilema, también dedicó años a tratar de desvelar las alusiones ocultas de la literatura y el cine: los poemas de Pasolini, Leopardi, Carlo Coccioli, las *Memorias de Adriano* de Marguerite Yourcenar o las películas de Visconti, sin olvidar las figuras homosexuales de la *Divina Comedia* de Dante. La literatura ocupó un lugar importante en su vida, como en la de muchos otros sacerdotes italianos homosexuales que están a disgusto consigo mismos; de la literatura se dice que es «el refugio más seguro».

—Gracias a la literatura entendí muchas cosas —añade Lepore—. Yo buscaba códigos, contraseñas.

Para tratar de descifrar esos códigos podemos fijarnos ahora en otra figura clave de la que estuve hablando con el catedrático Francesco Gnerre: Marco Bisceglia. Bisceglia tuvo tres vidas. Fue uno de los fundadores de Arcigay, la principal asociación homosexual italiana de los últimos cuarenta años. Todavía hoy cuenta con varios cientos de miles de miembros, repartidos en comités locales de más de cincuenta ciudades de la península. Pero antes Bisceglia, cómo no, fue cura.

—Marco entró en el seminario porque estaba seguro de que había sido llamado por Dios. Me contó que había creído, con toda su buena fe, que tenía vocación religiosa, pero cuando ya tenía más de cincuenta años descubrió su verdadera vocación: la homosexualidad. Durante mucho tiempo reprimió su orientación sexual. Creo que esta evolución es muy típica en Italia. Un chico que prefiere la lectura al fútbol; un chico que no se siente atraído por las chicas y no entiende muy bien cuáles son sus deseos; un chico que no quiere confesarle a su familia ni a su madre sus anhelos contrariados; todo esto, a los jóvenes homosexuales italianos los conduce de un modo bastante natural al seminario. Pero lo importante en el caso de Marco Bisceglia es que no fue hipócrita. Durante varias décadas, mientras permaneció en la Iglesia, no experimentó la vida gay. Solo después vivió su homosexualidad, con los excesos propios de los conversos.

Esta semblanza cariñosa de Bisceglia que me hace Gnerre, quien le conoció bien, probablemente oculta las tribulaciones y las crisis psicológicas del cura jesuita. Que después derivó hacia la teología de la liberación y al parecer tuvo sus más y sus menos con la jerarquía católica, algo que quizá contribuyera a su siguiente paso, la militancia gay. Después de sus años de activismo gay volvió a abrazar el sacerdocio y murió de sida en 2001.

Tres vidas, pues: el cura, el militante gay que se enfrenta con el cura, el enfermo de sida que se reconcilia con la Iglesia. Su biógrafo, Rocco Pezzano, con quien me entrevisto, se muestra asombrado por «esa vida de perdedor» en la que Marco Bisceglia, de fracaso en fracaso, no acabó nunca de encontrar su camino. Francesco Gnerre es más generoso y destaca su «coherencia» y el despliegue de «una vida dolorosa pero magnífica».

Curas homosexuales: ¿dos caras de la misma moneda? Otra figura del movimiento gay italiano, Gianni delle Foglie, fundador de la primera librería gay de Milán, que se interesaba por los escritores católicos homosexuales, hizo esta famosa declaración: «Nos han dejado casi solos, frente al Vaticano. Pero quizá sea mejor así. ¡Dejadnos solos! ¡Esta es una guerra entre maricones [*una guerra tra froci*]!».

Fue en Roma donde Francesco Lepore tuvo sus primeras aventuras sexuales. Como para muchos sacerdotes italianos, la capital, la de Adriano y Miguel Ángel, fue reveladora de sus tendencias singulares. Allí descubrió que el voto de castidad se respetaba poco y que entre los sacerdotes había una mayoría de homosexuales.

—En Roma estaba solo, y fue allí donde descubrí el secreto: los curas solían llevar vidas disolutas. Era un mundo totalmente nuevo para mí. Empecé una relación con un cura que duró cinco meses. Cuando nos separamos pasé por una crisis profunda. Fue mi primera crisis espiritual. ¿Cómo podía ser sacerdote y al mismo tiempo vivir mi homosexualidad?

Lepore comentó su dilema con los confesores y con un cura jesuita (al que le contó todos los detalles) y luego con su obispo (a él se los ahorró). Todos le animaron a perseverar en el sacerdocio, a no hablar más de homosexualidad y a no sentirse culpable. Le dieron a entender claramente que podía vivir sin problemas su sexualidad a condición de que fuera discreto y no la convirtiera en una identidad militante.

Fue entonces cuando propusieron su nombre para un puesto en la prestigiosa Secretaría de Estado en el Palacio Apostólico del Vaticano, equivalente al gabinete del «primer ministro del papa».

—Buscaban a un cura que hablase perfectamente latín, y como se rumoreaba que yo estaba pasando por una crisis, alguien propuso mi nombre. Monseñor Leonardo Sandri, que después fue cardenal, habló con mi obispo y me invitó a entrevistarme con los de la sección latina. Me examinaron de latín y fui admitido. De todos modos, recuerdo muy bien la advertencia que me hicieron, prueba de que estaban informados acerca de mi inclinación sexual: con una indirecta, me dijeron que, si bien «estaba suficientemente cualificado para desempeñar ese trabajo», debía «dedicar mi vida al papa y olvidarme de todo lo demás».

El 30 de noviembre de 2003 el cura napolitano ingresa en la Domus Sanctae Marthae, residencia de los cardenales en el Vaticano (y domicilio actual del papa Francisco).

La Domus Sanctae Marthae solo se puede visitar con una autorización especial los miércoles y jueves por la mañana entre las 10 y las 12, cuando el papa está en San Pedro de Roma. Monseñor

Battista Ricca, el famoso director de la residencia, que tiene allí su oficina, es quien me proporciona el permiso indispensable. Me indica con todo detalle qué tengo que hacer para pasar el control de la policía y luego el de los guardias suizos. Hablaré a menudo con este prelado de ojos húmedos, un francotirador próximo a Francisco que ha conocido la gloria y la caída y que acabará, como veremos, por permitir que me aloje en una de las residencias del Vaticano.

Con sus cinco plantas y sus 120 habitaciones, la Domus Sanctae Marthae podría ser un motel cualquiera de los suburbios de Atlanta o de Houston si el papa no viviera ahí. Moderna, impersonal e insustancial, esta residencia contrasta con la belleza del Palacio Apostólico.

Cuando visité, acompañado por el diplomático Fabrice Rivet, la famosa Tercera Logia del imponente palacio, los mapamundis pintados en las paredes, las fieras salvajes rafaelistas y los techos artísticos que hacen juego con los trajes de los guardias suizos me dejaron boquiabierto. No hay nada de eso en Santa Marta.

—Es un poco frío —reconoce Harmony, una joven de origen siciliano encargada de mostrarme el lugar.

A la entrada hay un letrero que dice: «Se exige indumentaria correcta», y un poco más allá: «No se permite la entrada con short ni minifalda». También veo varios bolsos Gammarelli, la marca de lujo de los vestidos vaticanos, que esperan en la recepción de Santa Marta. La sala de audiencias y la sala de prensa, alineadas, también son insustanciales, y todo lo demás por el estilo: el triunfo del mal gusto.

En la sala de reuniones del papa lo primero que veo es una enorme imagen de la virgen de Guadalupe, que simboliza la religiosidad de Latinoamérica. Es un regalo que le hizo al papa el cardenal y arzobispo de México, Norberto Rivera Carrera, un obsequio con el que quizá quiso hacerse perdonar sus devaneos. (Rivera fue criticado por no denunciar al famoso cura pedófilo Marcial Maciel, por lo que Francisco acabó jubilándole.)

A unos metros de allí hay una capilla reservada para el papa, donde dice misa en privado todas las mañanas a las siete. Es tan fea como el comedor, mucho más amplio, que parece un comedor de empresa Sodexo. Harmony me enseña la mesa, un poco apartada, donde come Francisco junto con otras seis personas, como máximo.

En la segunda planta están los aposentos privados del santo padre, que no se visitan. Me enseñan una réplica exacta, situada en el ala opuesta. Es una suite modesta con un saloncito y un dormitorio con una cama individual. Uno de los guardias suizos que protegen al papa y que pasa muchas noches delante de la puerta de su cuarto me confirmará estas informaciones. Volveré a verle con frecuencia en Roma. Acostumbraremos a reunirnos en el café Makasar, en el Borgo, un bar de vinos alejado del Vaticano, el lugar en donde me encontraré con todos los que prefieren verme discretamente. Como veremos más adelante, este joven acabará siendo uno de mis informadores sobre la vida gay del Vaticano.

Hemos llegado al vestuario. Anna es una mujercita dulce, devota, y Harmony me la presenta como «la lavandera del papa». En dos cuartos situados a la izquierda de la capilla papal, esta religiosa, con una devoción impecable, se encarga de la ropa de Francisco. Despliega cuidadosamente, como si fuera el santo sudario, casullas y albas para mostrármelas. (Francisco, a diferencia de sus predecesores, no ha querido vestir con roquete y muceta roja.)

—Mire, estos son los vestidos que lleva su santidad. Blanco en general, verde para una misa ordinaria, rojo y violeta para ocasiones especiales y por último plata, pero el papa no usa este color —me dice Anna.

Cuando estoy saliendo de la Domus Sanctae Marthae me cruzo con Gilberto Bianchi, el jardinero del papa, un italiano jovial, devoto servidor del santo padre y visiblemente preocupado por los cítricos que han plantado en el exterior, justo delante de la capilla pontifical, por deseo de su santidad.

—¡Estamos en Roma, no en Buenos Aires! —me dice, inquieto, Gilberto, con tono de entendido. Mientras riega unas orquídeas añade—: Esta noche ha hecho demasiado frío para los naranjos, los limoneros y los mandarinos, no sé si lo resistirán.

Me vuelvo también yo, no menos preocupado, hacia los árboles plantados junto al muro, con la esperanza de que consigan pasar el invierno. ¡Es verdad, no estamos en Buenos Aires!

—Ese muro que ve ahí, al lado de la capilla, donde están los naranjos, marca la frontera —me dice entonces Harmony.

—¿Qué frontera?

—¡La del Vaticano! Al otro lado está Italia.

Cuando estoy saliendo de la Domus Sanctae Marthae, justo a la entrada de la residencia, me topo con un paragüero que contiene, bien a la vista, un gran paraguas con los colores del arcoíris: ¡una bandera gay!

—No es el paraguas del papa —me aclara enseguida Harmony, como si hubiera sospechado un malentendido.

Y mientras los guardias suizos me saludan y los gendarmes bajan la mirada al ver que me alejo, me pongo a cavilar. ¿A quién puede pertenecer ese bonito paraguas que tiene unos colores contra natura? ¿Será el de monseñor Battista Ricca, el *direttore* de Santa Marta, que me invitó amablemente a visitar la residencia que dirige? ¿Se lo habrá dejado ahí uno de los asistentes del papa? ¿O un cardenal que viste una capa magna a juego con ese paraguas arcoíris?

Sea como fuere, me imagino la escena: ¡su feliz propietario, quizá un cardenal, o un *monsignore*, paseándose por los jardines del Vaticano con su bandera arcoíris en la mano! ¿Quién es? ¿Cómo se atreve? ¿O quizá no sabe lo que significa? Me lo represento caminando por la Vía delle Fondamenta y subiendo la Rampa dell'Archeologia con su paraguas para visitar a Benedicto XVI, que vive enclaustrado en el monasterio Mater Ecclesiae. A no ser que su paseo con el lindo paraguas multicolor lo lleve hasta el palacio del Santo Oficio, sede de la Congregación para la Doctrina de la Fe, la antigua Inquisición. ¿Y si este paraguas arcoíris no tiene dueño conocido y está, él también, dentro del armario? Lo han dejado allí. Lo cogen, lo dejan, vuelven a cogerlo, lo usan. Imagino entonces que los prelados se lo pasan unos a otros, según las circunstancias y el tiempo que haga. Uno para rezar una oración al arcoíris; otro para pasear por los alrededores de la Fuente de la Concha o el torreón de San Juan; otro para rendir homenaje a la estatua más venerada de los jardines del Vaticano, la de san Bernardo de Claraval, gran reformador y doctor de la Iglesia, conocido por sus textos homófilos y por haber amado tiernamente al arzobispo irlandés Malaquías de Armagh. ¿La presencia allí de esta estatua rígida, que lleva una doble vida en pleno centro del catolicismo romano, es un símbolo?

¡Cómo me habría gustado ser un observador discreto, un guardia suizo de servicio, un recepcionista de Santa Marta, para conocer la vida de este paraguas multicolor, «barco ebrio» más ligero que un tapón de corcho, en danza por los jardines del Vaticano! ¿Será esta bandera «condenada por el arcoíris» el código secreto de ese «desfile salvaje» del que habla el Poeta? ¡A menos que sirva única y exclusivamente para protegerse de la lluvia!

—Llegué a Santa Marta a finales de 2003 —prosigue, durante otro almuerzo, Francesco Lepore.

Era el cura más joven de todos los que trabajan en el Vaticano. Empezó a vivir rodeado de cardenales, obispos y viejos nuncios de la santa sede. A todos los conocía, era el asistente de varios y calibraba el talento y las pequeñas manías de cada uno. Adivinaba sus secretos.

—Los que trabajaban conmigo vivían allí. Incluso monseñor Georg Gänswein, que acababa de ser nombrado secretario particular del papa Benedicto XVI, vivía con nosotros.

Lepore estuvo un año en la célebre residencia, que pronto acabó viendo que era un increíble centro de homoerotismo.

—Santa Marta es una sede de poder —me explica—. Es una gran encrucijada de ambiciones e intrigas, un lugar donde hay mucha competencia y envidia. Tenga por seguro que un número significativo de los curas que residen allí son homosexuales, y recuerdo bien que a la hora de comer siempre gastábamos bromas alusivas. Poníamos motes a los cardenales, feminizándolos, y toda la mesa se echaba a reír. Sabíamos los nombres de los que tenían un mancebo y los que se traían chicos a Santa Marta para pasar la noche con ellos. Muchos llevaban una doble vida, de día sacerdote en el Vaticano y de noche homosexual en bares y clubes. Estos prelados solían tirar los tejos a los curas más jóvenes, entre los que yo me contaba, y también a los seminaristas, a los guardias suizos y a los laicos que trabajaban en el Vaticano.

Lepore no es el único que me ha hablado de esas «comidas de chismorreo» en que los curas se cuentan en voz alta historias de patio de colegio; y, en voz baja, historias de chicos (que suelen ser las mismas). ¡Ah, esas burlas de la Domus Sanctae Marthae! ¡Esas murmuraciones que sorprendí en la Domus Internationalis Paulus VI, la Domus Romana Sacerdotalis o los aposentos del Vaticano las veces en que me hospedé y comí allí!

Francesco Lepore prosigue:

—Uno de los prelados de Santa Marta trabajaba en la Secretaría de Estado. Era allegado al cardenal Giovanni Battista Re. Ese prelado tenía en aquel entonces un joven amigo eslavo, al que por las noches solía introducir en la residencia. Después lo presentaba como un familiar: su sobrino. ¡Por supuesto, nadie se lo creía! Un día, cuando el sacerdote fue ascendido, los rumores cobraron fuerza. Entonces el cardenal Giovanni Battista Re y el obispo Fernando Filoni publicaron una declaración para confirmar que el joven eslavo era realmente un familiar, y se echó tierra sobre el asunto.

De modo que la omnipresencia de homosexuales en el Vaticano no era un problema de «manzanas podridas», «ovejas negras» o «peces malos en la red de Pedro», como dijo Joseph Ratzinger. No se trata de un *lobby* ni de una disidencia; tampoco es una secta o una masonería dentro de la santa sede: es un sistema. No es una pequeña minoría, sino una gran mayoría.

Llegados a este punto, le pregunto a Francesco Lepore cuál es, a su juicio, la importancia de esta comunidad, incluyendo todas las tendencias, en el clero del Vaticano.

—Creo que el porcentaje es muy alto. Diría que del orden del ochenta por ciento —me asegura.

En una conversación con un arzobispo no italiano con quien me reuní varias veces, este me explicó:

—Se dice que tres de los últimos cinco papas era homófilos. Algunos de sus asistentes y secretarios de Estado también lo eran. E igual la mayoría de los cardenales y obispos de la curia. Pero no se trata de averiguar si estos sacerdotes del Vaticano tienen esa inclinación, porque la tienen. Se trata de saber, y en realidad es el verdadero debate, si son homosexuales practicantes o no. Porque si lo son, entonces las cosas se complican. Hay prelados con esa inclinación que no la practican. La homosexualidad. Pueden ser homófilos en su cultura, pero sin tener una vida homosexual.

En las diez entrevistas que tuve con Francesco Lepore me habló de la loca disipación del Vaticano. Su testimonio es incuestionable. Él mismo tuvo varios amantes entre los arzobispos y prelados, y hubo varios cardenales, de los que hablaremos más adelante, que flirtearon con él. He verificado escrupulosamente cada una de estas historias poniéndome en contacto con estos cardenales, arzobispos, *monsignori*, nuncios, minutantes, asistentes, simples curas o confesores de San Pedro, y todos han resultado ser, efectivamente, homosexuales.

Lepore formó parte del sistema durante mucho tiempo. Y cuando un cardenal te tira los tejos discretamente, o cuando un *monsignore* trata de seducirte descaradamente, es fácil saber quiénes son los *closeted*, los practicantes y los demás miembros de «la parroquia». Yo mismo lo he comprobado. ¡Es un juego demasiado fácil! Porque incluso los solteros empedernidos que han hecho voto de castidad heterosexual y se han encerrado en un armario tan sólido como una caja fuerte acaban traicionándose en algún momento.

Gracias a Lepore y luego, por capilaridad, a otros 28 informadores, sacerdotes o laicos, todos con destino en el Vaticano, que se han mostrado gais ante mí, que son fuentes que he estado consultando con frecuencia durante cuatro años, yo sabía adónde dirigirme desde que empecé mi indagación. Pude identificar a los cardenales que eran «de la parroquia» antes incluso de hablar con ellos, conocía a los asistentes que podían informarme y el nombre de los *monsignori* con quienes debía trabar amistad. Son muchos los que «son».

Nunca olvidaré esas conversaciones interminables con Lepore en la noche romana, cuando, al mencionar a tal o cual cardenal o arzobispo, veía cómo se animaba de repente, se alborozaba y exclamaba agitando las manos: «*Gaissimo!*».

Υ

Francesco Lepore fue durante mucho tiempo uno de los curas preferidos del Vaticano. Era joven y seductor, incluso «sexi», a la vez que un intelectual culto. Seducía tanto por su físico como por su intelecto. Durante el día traducía los documentos oficiales del papa al latín y contestaba las cartas dirigidas al santo padre. También escribía artículos culturales para *L'Osservatore Romano*, el periódico oficial del Vaticano.

El cardenal Ratzinger, futuro papa Benedicto XVI y por entonces prefecto de la Congregación para la Doctrina de la Fe, llegó a prologar una de las compilaciones de textos eruditos de Lepore y elogió al joven sacerdote.

—Tengo un buen recuerdo de ese periodo —me dice Lepore—, pero el problema homosexual seguía ahí, más apremiante que nunca. Tenía la impresión de que mi propia vida ya no me pertenecía. Además, no tardé en sentirme atraído por la cultura gay de Roma: empecé a ir a clubes deportivos, primero a los heterosexuales, pero se supo. Cada vez celebraba menos misas, salía vestido de calle, sin sotana ni alzacuello, y acabé dejando de ir a dormir a Santa Marta. Mis superiores, informados de todo, quisieron cambiarme de destino, quizá para alejarme del Vaticano, y fue entonces cuando monseñor Stanislaw Dziwisz, el secretario personal del papa Juan Pablo II, y también el director de *L'Osservatore Romano*, donde yo escribía, intervinieron a mi favor, logrando que me quedara en el Vaticano.

Volveremos a encontrarnos más veces en este libro con Stanislaw Dziwisz, hoy cardenal retirado en Polonia. Vive en Cracovia, donde tuve la ocasión de hablar un par de veces con él. Durante mucho tiempo fue uno de los hombres más poderosos del Vaticano, y de hecho fue él quien lo dirigió, junto con el cardenal y secretario de Estado Angelo Sodano, a medida que la salud de Juan Pablo II se deterioraba. Decir que hay una leyenda negra en torno a este audaz polaco es un eufemismo. Pero no vayamos tan deprisa: ya tendrán ocasión los lectores de comprender cómo funciona el sistema.

Gracias a Dziwisz, por tanto, Francesco Lepore fue nombrado secretario particular del cardenal Jean-Louis Tauran, un francés muy influyente, curtido diplomático y, con Juan Pablo II, secretario del Vaticano para las relaciones con los Estados. Tauran, con quien hablé en cuatro ocasiones, fue uno de mis informadores y contactos regulares en el Vaticano, a pesar de su insondable esquizofrenia. Llegué incluso a sentir un afecto ilimitado por este cardenal fuera de lo común, postrado durante mucho tiempo por una terrible enfermedad de Parkinson que se lo llevó en el verano de 2018, justo cuando yo estaba releyendo la versión final de este libro.

Gracias a Tauran, que estaba al corriente de sus costumbres, Lepore puede proseguir su actividad intelectual en el Vaticano. Entra al servicio del cardenal italiano Raffaele Farina, que dirige la biblioteca y los archivos secretos, y después está al servicio de su sucesor, el arzobispo Jean-Louis Bruguès. Ambos conocen sus inclinaciones. Le encargan la edición de manuscritos raros y Lepore publica compilaciones de coloquios de teología editados por la prensa oficial de la santa sede.

—Yo seguía muy agobiado por mi doble vida, por esa hipocresía desgarradora —cuenta Lepore—. Pero me faltaba valor para liarme la manta a la cabeza y renunciar al sacerdocio.

El sacerdote planeó cuidadosamente su revocación, tratando de evitar el escándalo.

—Era demasiado cobarde para dimitir. De modo que me las arreglé para que la decisión no tuviera que tomarla yo.

Según su versión (confirmada por los cardenales Jean-Louis Tauran y Farina), optó «deliberadamente» por consultar páginas gais con su ordenador desde el Vaticano y dejar su sesión abierta, con artículos y webs comprometedores.

—De sobra sabía que todos los ordenadores del Vaticano estaban sometidos a un control estricto y que no tardarían en descubrirme, como efectivamente ocurrió. Me convocaron, y el asunto se despachó con rapidez: no hubo proceso ni sanción. Me propusieron volver a mi diócesis y ocupar allí un cargo importante. Lo rechacé.

El incidente se tomó en serio, y no era para menos, tratándose del Vaticano. El cardenal Tauran, «que estaba muy triste por lo que acababa de pasar», recibió a Francesco Lepore:

—Tauran me regañó cariñosamente por haber sido tan inge-

41

nuo, por no haber sabido que «el Vaticano tiene ojos en todas partes» y me dijo que debía haber sido más prudente. ¡No me hizo ningún reproche por ser gay, solo por haberme puesto en evidencia! Fue así como acabó todo. Meses después salí del Vaticano y definitivamente dejé de ser cura.

2

La teoría de género

¿*U*na antecámara? ¿Un gabinete? ¿Un camarín? Estoy en la sala del piso privado del cardenal estadounidense Raymond Leo Burke, una vivienda oficial del Vaticano, en la romana Vía Rusticucci. Es una habitación extraña y misteriosa, y la observo minuciosamente. Estoy solo. El cardenal aún no ha llegado.

—Su Eminencia está retenida en el exterior. No tardará —me dice don Adriano, un cura canadiense, elegante y un poco cortado. Es el asistente de Burke—. ¿Está al corriente de la actualidad?

El día de mi visita el papa Francisco acaba de convocar al cardenal americano para sermonearle. Hay que decir que Burke no ha ahorrado provocaciones y ataques contra el santo padre, por lo que se le considera su enemigo número uno. A juicio de Francisco, Burke es un fariseo (lo cual, para un jesuita, no es precisamente un piropo).

En el entorno del papa, los cardenales y *monsignori* con quienes he hablado se lo toman a broma:

—¡Su Eminencia Burke está loca! —me dice uno de ellos, un francés, que con buena lógica gramatical usa el adjetivo en femenino.

Esta feminización de los títulos de hombres es sorprendente, y me llevó tiempo acostumbrarme a oír hablar así de los cardenales y obispos del Vaticano. Mientras que Pablo VI tenía la costumbre de expresarse en primera persona del plural («Decimos…»), me entero de que a Burke le gusta que, para referirse a él, se use el femenino: «Su Eminencia puede estar orgullosa», «Qué generosa es Su Eminencia», «Su Eminencia es demasiado buena».

Más prudente, el cardenal Walter Kasper, próximo a Francisco, se limita a menear la cabeza en señal de consternación e incredulidad cuando menciono el nombre de Burke, aunque también se le escapa un «loco», así, en masculino.

Y más racional en su crítica, el padre Antonio Spadaro, un jesuita considerado como una de las eminencias grises del papa actual, con quien converso regularmente en la sede de la revista que dirige, *La Civiltà Cattolica*, me explica:

—El cardenal Burke encabeza la oposición al papa. Esos adversarios son muy vehementes y a veces muy ricos, pero no son muy numerosos.

Un vaticanista me reveló el mote que le han puesto en la curia al cardenal estadounidense, hombre bajito y rechoncho: *The Wicked Witch of the Midwest* («la Bruja Mala del Medio Oeste», en un juego de palabras con la Bruja Mala del Oeste, personaje de *El Mago de Oz*). Pero el papa Francisco, frente a esta eminencia rebelde que quiere defender la tradición, tampoco se anda con chiquitas. Pese a su apariencia de hombre sonriente y jovial, Burke es un duro. «Es un sectario», dicen sus detractores, que han llegado a ser muy numerosos en el Vaticano.

El santo padre sancionó al cardenal Burke, que fue destituido sin previo aviso de su cargo de prefecto del Tribunal Supremo de la Signatura Apostólica, el órgano jurisdiccional vaticano de apelación. Como premio de consolación, a renglón seguido le nombró *promoveatur ut amoveatur* (ascendido para librarse de él), representante del papa ante la Orden de Malta. Con el título rimbombante de *Cardinalis Patronus* —cardenal patrono de la orden—, Burke siguió desafiando al sucesor de Pedro, lo que le valió una nueva advertencia del soberano pontífice, justo el día de mi llegada.

El origen de este enfrentamiento (agárrense) fue: ¡un reparto de preservativos! La Orden de Malta, orden religiosa soberana, hace obras de caridad en muchos países. En Birmania algunos de sus miembros, al parecer, repartieron preservativos a personas seropositivas para evitar contagios. Tras una rocambolesca investigación interna, el gran maestre acusó a su número dos, el gran canciller, de haber autorizado la campaña de reparto de gomas. La humillación es frecuente en el catolicismo, pasoliniana, aunque casi nunca alcance el nivel de *Saló o los 120 días de Sodoma*. El primero destituyó al segundo en presencia del representante del papa: el cardenal Burke.

¿La ceremonia ha terminado? Más bien se recrudece cuando el papa se entera de que los ajustes de cuentas entre rivales han podido tener un papel en este asunto, y comprende el trasfondo económico de la polémica (el control de un fondo de 110 millones de euros discretamente resguardados en una cuenta en Ginebra).

Muy disgustado, Francisco convoca a Burke para pedirle explicaciones y decide imponer su autoridad y nombrar a otro gran canciller pese a la oposición frontal del gran maestre, que invoca la soberanía de su organización y el respaldo de Burke. Este pulso, que mantuvo en vilo a la curia, se saldó con la dimisión del gran maestre y el sometimiento a tutela de la orden. En cuanto a Burke, severamente desautorizado, conservó su título pero fue despojado de todo su poder, que pasó al sustituto nombrado por el papa. «El santo padre me dejó el título de *Cardinalis Patronus*, pero ahora ya no tengo ninguna función. Ni siquiera me informan de nada, ni la Orden de Malta ni el papa», se lamentaría después Burke.

Durante uno de los episodios de este verdadero culebrón, justo cuando el entorno del papa había convocado a Burke, yo tenía una cita con él. Y mientras le cantaban las cuarenta yo estaba esperando al cardenal en su casa, en su antecámara.

En realidad, ya no estaba solo. Daniele Particelli se había reunido allí conmigo. Varios meses antes, unos colegas curtidos me habían recomendado a este joven periodista italiano, que me acompañó con frecuencia en mis entrevistas. Investigador y traductor, guía testarudo, Daniele, a quien encontraremos con frecuencia a lo largo del libro, fue mi principal colaborador en Roma durante cuatro años. Todavía recuerdo nuestra primera conversación:

—No soy creyente —me dijo— y eso me permite tener la mente más abierta y más libre. Me interesa todo lo que concierne a la comunidad LGBTQ aquí, en Roma, las noches, las apps y los espectáculos gay *underground*. También soy un fiera en informática, muy *geek*, muy digital. Me gustaría ser mejor periodista y aprender a contar historias.

Fue así como empezó nuestra colaboración profesional. El novio de Daniele cultivaba plantas exóticas y él tenía que cuidar todas las noches de Argo, un perro de raza Welsh Corgi Pembroke que necesitaba un trato especial. El resto del tiempo estaba libre para investigar a mi lado.

Antes de conocer a Daniele acudí a varios periodistas romanos para pedirles que me ayudaran en mis indagaciones, pero todos se mostraron indiferentes o distraídos; o demasiado militantes o demasiado poco. A Daniele le gustaba el tema que yo estaba investigando. No tenía cuentas pendientes con la Iglesia ni sentía compasión por ella, lo único que quería era hacer un trabajo periodístico de manera neutra, al estilo, me dijo, de los buenos artículos del *New Yorker* y de la llamada «*narrative non fiction*», lo cual encajaba con mis planes. Él aspiraba a hacer *straight journalism*, como se dice en Estados Unidos: periodismo basado en hechos, solo en hechos, pero que sean verificables. Nunca habría imaginado que el mundo recién descubierto a mi lado sería a tal punto inverosímil y poco *straight*.[1]

—Disculpe, Su Eminencia me ha hecho saber que aún tardará un poco en llegar —nos explica de nuevo don Adriano, el asistente de Burke, visiblemente apurado.

Para romper el hielo le pregunto si estamos en la vivienda del cardenal o en su despacho.

—Su Eminencia no tiene despacho —me contesta el joven cura—. Trabaja en su casa. Pueden seguir esperándola.

La antecámara del cardenal Burke, un amplio piso de soltero que se me ha quedado grabado en la memoria, es una especie de salón clásico, lujoso y desangelado a la vez. En inglés americano lo llaman *bland*: «soso». En medio de la habitación hay una mesa de madera oscura, copia moderna de un modelo antiguo, sobre una

---

1. Juego de palabras con el doble significado de *straight*: «directo», «honesto» (referido al género periodístico), y una de las maneras de referirse a las personas heterosexuales.

alfombra que hace juego con los muebles. Alrededor hay varios sillones suntuosos rojos, amarillos y ocres de madera tallada, con brazos torneados que lucen cabezas de esfinge y leones con melena. Encima de una cómoda hay una Biblia abierta en un atril, encima de una mesa una composición de piñas secas, entrelazadas y pegadas entre sí: arte ornamental de los viejos dandis. Una lámpara de tulipa complicada. Varias pedrerías y estatuas religiosas horrorosas. ¡Y tapetes! En las paredes, una biblioteca con los estantes bien provistos y el enorme retrato de un eclesiástico. ¿Burke? No. Pero la idea me pasa por la cabeza.

Sospecho que Burke es un héroe para su joven asistente, que seguramente le idolatra (el verbo es más bonito en inglés americano: *to lionize*). Trato de entablar una conversación sobre el sexo de los ángeles, pero don Adriano se muestra tímido y poco locuaz antes de dejarnos solos otra vez. La espera empieza a hacerse pesada, y al final salgo de la sala. Merodeo un poco por la vivienda del cardenal. De repente me topo con un altar muy singular metido en un decorado que imita un iceberg, un retablo en forma de tríptico de colores, con una capillita abierta adornada con una guirnalda iluminada que destella y, en el centro, el famoso capelo rojo del cardenal. ¿Un capelo? ¡Qué digo: un tocado!

Entonces me vienen a la mente las fotos extravagantes de Raymond Leo Burke que han provocado tantas burlas en Internet: el cardenal diva, el cardenal dandi, el cardenal *drama queen*. Hay que verlas para creerlas. Viéndolas uno empieza a imaginar un Vaticano muy distinto. ¡Burlarse de Burke es hasta demasiado fácil!

Mi imagen preferida del prelado estadounidense no es la más espectacular. Se ve al cardenal de setenta años sentado en un trono verde espárrago que es el doble de grande que él, rodeado de colgaduras plateadas. Lleva una mitra amarilla fluorescente en forma de alta Torre de Pisa y unos guantes largos azul turquesa que le hacen como dos manos de hierro; la muceta es verde berza, ribeteada de amarillo, con una capa verde pera por encima que deja asomar un roquete de encaje granate. Los colores son insólitos, el atavío inimaginable, la imagen excéntrica y *camp*. Nada más fácil que caricaturizar una caricatura.

Don Adriano me sorprende meditando delante del sombrero

rojo del cardenal y me orienta, con su dulzura de chambelán, hacia el aseo que ando buscando.

—Por aquí —murmura, lanzándome una mirada acariciadora.

Mientras Francisco abronca a Su Eminencia Burke, heme aquí en su cuarto de baño, el lugar de sus abluciones. Un extraño cuarto de baño digno de un spa de lujo, con mucha calefacción, como una sauna. Las pastillas de jabón de marca con perfumes sutiles están colocadas a la japonesa, y las toallitas más pequeñas dobladas sobre las medianas, colocadas a su vez sobre las grandes, y las grandes sobre las muy grandes. El papel higiénico es nuevo y tiene una protección que garantiza su inmaculada pureza. Al salir, en el pasillo, veo decenas de botellas de *champagne*. ¡*Champagne* de marca! ¿Para qué demonios necesitará un cardenal tanto alcohol? ¿Acaso la frugalidad no está inscrita en los Evangelios?

A unos pasos de allí diviso un armario de espejo, o quizá un *psyché*, esos grandes espejos abatibles que permiten verse de cuerpo entero, lo cual me encanta. Si hubiera hecho el experimento de abrir las tres puertas a la vez, me habría visto como el cardenal todas las mañanas: desde todos los ángulos, rodeado de su imagen, enlazado en sí mismo.

Delante del armario hay unas soberbias bolsas rojas, recién llegadas del almacén. ¿Serán también de Gammarelli, el sastre de los papas? Dentro de esas cajas de sombreros, los tocados del cardenal, sus mantos de piel de imitación y sus vestidos de volúmenes enormes. Tengo la impresión de estar en los bastidores de la película *Roma*, de Fellini, donde se prepara el extravagante desfile de moda eclesiástico. No tardarán en salir curas enamorados en patines de ruedas (para ir más deprisa al Paraíso), monjitas con toca, más curas con traje de novia, obispos con luces parpadeantes, cardenales disfrazados de farolas y, para cerrar el espectáculo, el Rey Sol con gran pompa, aureolado de espejos y luces. (El Vaticano reclamó que se censurase la película en 1972, pero sigue circulando de forma incesante, según me han confirmado, por los salones *gayfriendly* de ciertos seminarios.)

El ropero de la eminencia estadounidense no me ha revelado todos sus secretos. Don Adriano, superintendente encargado del guardarropa del cardenal, me acompañó prudentemente al salón, poniendo fin a mi exploración y privándome de ver la famosa capa magna del cardenal.

Burke es conocido por usar ese atavío de otros tiempos. Las fotos en las que lleva esta gran vestidura coral, reservada a las ceremonias, se han hecho famosas. El hombre es alto y, con capa magna, se convierte en gigante: ¡parece una dama vikinga! *Performance. Happening.* Con esa prenda larga tan chusca (es como si llevara puesta una cortina), Burke se pavonea y muestra a la vez su plumaje y su gorjeo. Esta chaqueta con vuelo es una capa de seda roja tornasolada con capucha abotonada detrás del cuello y abrochada por delante (las manos asoman por una abertura). La cola tiene una longitud que varía, dicen, según la dignidad. La «cola» de Burke, dependiendo las ocasiones, mide hasta doce o quince metros de largo. ¿Trata así el cardenal *larger than life* («más grande que la vida») de agrandarse a medida que el papa intenta empequeñecerle?

Francisco, que no teme enfrentarse a la nobleza de toga vaticana, le habría dicho a Burke que en Roma ya no se lleva la capa magna. «¡El carnaval ha terminado!», habrían sido sus palabras, quizá apócrifas, publicadas en los medios. Al papa no le gustan, como le habían gustado a su predecesor, los frufrús y los flecos de los cardenales «carcas». Quiere acortarles los vestidos. La verdad es que sería una lástima que Burke le obedeciese: ¡sus retratos son tan heterodoxos! En Internet, las fotos de sus atavíos hacen furor. Unas veces lo vemos tocado con capelo cardenalicio, un sombrero ancho y rojo, con borlas, que casi todos los prelados dejaron de llevar después de 1965 pero Burke sigue calándose a pesar de que, a sus casi setenta años, le da aspecto de vieja cascarrabias. En la Orden de Malta, donde escandaliza menos por ser una secta ritual que también tiene sus capas, sus cruces y sus propias insignias, puede vestir como corresponde a un hombre de la Edad Media sin riesgo de perturbar a sus sectarios.

En otras ocasiones Su Eminencia lleva ropa con relleno que le da holgura y oculta sus michelines. Hay una foto suya en la que da la campanada con su capa y un grueso armiño blanco alrededor del cuello que le hace una papada triple. Y en una más sonríe mostrando las ligas por encima de la rodilla y una medias, como el rey

49

de Francia ante la guillotina. A menudo se la ve rodeada de jóvenes seminaristas que le besan la mano; magníficas imágenes, a fin de cuentas, pues nuestro Adriano parece rendir culto a la belleza griega que, como es sabido, siempre fue más macho que hembra. Burke, admirable hazmerreír de Roma, siempre aparece rodeado de celestinas obsequiosas, Antínoos arrodillados ante él o edecanes que sostienen la larga cola roja de su capa magna, como los monaguillos la de una recién casada. ¡Qué espectáculo! ¡El cardenal con faldas regaña a sus efebos, y los pajes, apurados, ajustan su vestido arrugado! ¡Me hace pensar en la infanta Margarita de *Las meninas* de Velázquez!

La verdad es que nunca había visto nada tan fantástico. Ante este hombre disfrazado de mujer para ostentar su virilidad, uno vacila, se pregunta, enmudece. ¿*Girly*? ¿*Tomboy*? ¿*Sissy*? No hay palabras, ni siquiera en inglés, para describir a este cardenal enfundado en sus galas femeninas. ¡La teoría de género en su plenitud! La misma teoría que Burke, como no podía ser menos, ha vilipendiado. «La teoría de género es una invención, una creación artificial. Es una locura que provocará enormes desdichas en la sociedad y en la vida de los que la defienden... Algunos hombres [en Estados Unidos] se empeñan en entrar en los aseos de mujeres. Es inhumano», no ha tenido empacho en explicar el cardenal durante una entrevista.

Burke es contradictorio pero no es corriente. En todo este asunto pone el listón muy alto. Puede pasearse lleno de velos, con capa magna, con vestidos extralongilíneos, metido en una selva de encaje blanco o enfundado en un largo manto con forma de bata y, al mismo tiempo, durante una entrevista, denunciar en nombre de la tradición a «una Iglesia que se ha feminizado demasiado».

—El cardenal Burke es lo que él denuncia —resume severamente un partidario de Francisco. Cree que el papa estaba pensando en Burke cuando, en 2017, denunció a los prelados «hipócritas» de «almas maquilladas».

—Es verdad que Burke hoy se siente aislado en el Vaticano. Pero no es que esté solo, es que es único —corrige el inglés Benjamin Harnwell, uno de los fieles de Burke con quien conversé cinco veces.

Seguramente el prelado aún puede contar con algunos amigos que tratan de igualarlo con sus atavíos rojo chillón, amarillo caca de ganso o marron glacé: el cardenal español Antonio Cañizares, el cardenal italiano Angelo Bagnasco, el cardenal de Sri Lanka Albert Patabendige, el patriarca y arzobispo de Venecia Francesco Moraglia, el arzobispo argentino Héctor Aguer, el obispo estadounidense Robert Morlino o el suizo Vitus Huonder, que también usan la capa magna. Pero la especie está en vías de extinción. Estas autocaricaturas aún podrían probar suerte en *Drag Race*, el programa de telerrealidad que elige a la *drag queen* más bella de Estados Unidos, pero en Roma el papa los ha marginado o destituido a todos.

Sus partidarios en la santa sede aseguran que Burke «vuelve a dar espiritualidad a nuestra época», pero evitan hacer muy público su apoyo. El papa Benedicto XVI, que lo llamó a Roma porque lo consideraba un buen canonista, hizo mutis cuando Francisco lo castigó. Los detractores de Burke, que no quieren ser citados, me sugieren que «está un poco tocado» y difunden algunos rumores pero sin que ninguno, hasta hoy, me haya aportado la menor prueba de una ambigüedad real. Limitémonos a decir que, como todos los hombres de Iglesia, Burke es *unstraight* (bonito neologismo inventado por el escritor de la generación *beat* Neal Cassady en las cartas a su amigo Jack Kerouac para designar a alguien que no es heterosexual o a un abstinente).

Lo que le da a Burke su brillo es la apariencia. A diferencia de la mayoría de sus correligionarios, convencidos de que pueden disimular su homosexualidad prodigando declaraciones homófobas, él practica una cierta sinceridad. Es antigay y lo proclama a los cuatro vientos. No intenta ocultar sus gustos, alardea de ellos con afectación y provocación. No hay nada afeminado en Burke: según él, hay que respetar la tradición. ¡Lo que no es óbice para que viendo al cardenal con sus galas extravagantes y sus disfraces lo primero que nos venga a la cabeza sea una *drag queen*!

Julian Fricker, un artista *drag* alemán que trata de recuperar los espectáculos de transformismo con gran nivel de exigencia artística, me explica durante una conversación en Berlín:

—Lo que me llama la atención cuando veo la capa magna, los ropajes o el sombrero con adornos florales de cardenales como

51

Burke es la exageración. «La burra grande, ande o no ande»: eso es típico de los códigos *drag queen*. Hay esa *extravaganza* y esa artificialidad desmesurada, el rechazo de la *realness* («realidad»), propios de la jerga *drag*, para referirse a los que quieren parodiarse a sí mismos. También hay cierta ironía *camp* en la elección de la ropa de estos cardenales, cuyo estilo habrían podido copiar la andrógina Grace Jones o Lady Gaga. Se diría que estos religiosos juegan con la teoría de género y con las identidades cambiantes, fluidas y *queers*.

Burke no es corriente. Ni ordinario, ni mediocre. Es complejo, singular y, por tanto, fascinante. Es una rareza. Una obra maestra. A Oscar Wilde le habría encantado.

El cardenal Burke es el portavoz de los «carcas» y el adalid de la homofobia dentro del Vaticano. Sobre este tema ha prodigado declaraciones rotundas, juntando las cuentas de un verdadero rosario antigay. «No hay que invitar a las parejas gais a las cenas familiares cuando hay niños delante», dijo en 2014. Un año después afirmó que los homosexuales que viven con parejas estables son como «esos criminales que han asesinado a alguien y tratan de ser amables con los otros hombres». Declaró que «el papa no puede cambiar las enseñanzas de la Iglesia sobre la inmoralidad de los actos homosexuales o la indisolubilidad del matrimonio».

En un libro de entrevistas ha llegado a teorizar la imposibilidad del amor entre personas del mismo sexo: «Se habla del amor homosexual como amor conyugal, pero eso es imposible, porque dos hombres o dos mujeres no pueden experimentar las características de la unión conyugal». La homosexualidad, a su juicio, es un «grave pecado» porque, según la fórmula clásica del catecismo católico, es «intrínsecamente desordenada».

—Burke está en la onda tradicionalista del papa Benedicto XVI —me dice el excura Francesco Lepore—. Estoy totalmente en contra de sus posiciones, pero debo reconocer que aprecio su sinceridad. No me gustan los cardenales con doble rasero. Burke es uno de los pocos que se atreve a dar su opinión. Es un adversario feroz del papa Francisco y el papa le ha sancionado por eso.

El cardenal Burke, obsesionado con la «agenda homosexual» y la teoría de género, denunció en Estados Unidos los días gais de Disneylandia y la autorización de los bailes entre hombres en Disney World. En cuanto al matrimonio entre personas del mismo sexo, para él es claramente «un acto de desafío a Dios». En una entrevista, acerca del matrimonio gay afirma que «este tipo de mentira solo puede tener un origen diabólico: Satanás».

El cardenal emprende su propia cruzada. En Irlanda, en 2015, con motivo del referéndum sobre el matrimonio, sus comentarios en los debates fueron tan furibundos que obligaron al presidente de la Conferencia Episcopal Irlandesa a distanciarse de él (el «sí» ganó con el 62 % frente al 38 % de «no»).

En Roma Burke es como un elefante en un almacén de porcelana. Su homofobia es tan extrema que perturba hasta a los cardenales italianos más homófobos. Su legendario *hetero-panic* (expresión característica de un heterosexual con un miedo a la homosexualidad tan exagerado que llega a tener dudas sobre su propia inclinación) arranca sonrisas. Su misoginia irrita. La prensa italiana se burla de sus pretensiones de marisabidillas, sus vestidos violetas y su catolicismo de encaje.

Durante la visita de Francisco a Fátima, en Portugal, el cardenal Burke llegó a provocar al papa, mientras el papa pronunciaba su homilía, rezando ostensiblemente el rosario que llevaba en las manos y hojeando la Vulgata. La foto de este desprecio fue portada en la prensa portuguesa.

—Con un papa sin zapatos rojos ni hábitos excéntricos, Burke literalmente enloquece —ironiza un cura.

—¿Por qué hay tantos homosexuales en el Vaticano, entre los cardenales más conservadores y tradicionalistas?

Le hice la pregunta sin rodeos a Benjamin Harnwell, afín al cardenal Burke, después de menos de una hora de conversación con él. Harnwell estaba explicándome la diferencia entre cardenales «conservadores» y «tradicionalistas» en el ala derecha de la Iglesia. A su juicio, Burke, como el cardenal Sarah, son tradicionalistas, mientras que Müller y Pell son conservadores. Los primeros re-

chazan el Concilio Vaticano II y los segundos, en cambio, lo aceptan. Mi pregunta le pilla desprevenido. Harnwell me lanza una
mirada inquisidora. Al final exclama:

—Buena pregunta.

Harnwell, cincuentón, es inglés y habla con mucho acento. Soltero exaltado, algo esotérico y próximo a la extrema derecha, tiene
un historial complicado. Cuando me encuentro con él, viajo hacia
atrás en el tiempo y, debido a su conservadurismo, tengo la impresión de estar con un súbdito no de Isabel II, sino de la reina Victoria. Es un actor secundario de este libro, ni siquiera es sacerdote,
pero aprendí pronto a interesarme por estos personajes del montón
gracias a los cuales el lector puede entender ciertos intríngulis. Y
sobre todo he llegado a sentir afecto por este católico converso,
radical y frágil.

—Apoyo a Burke, le defiendo —me advierte de entrada Harnwell.

Yo ya sé que es uno de los confidentes y consejeros ocultos del
cardenal «tradicionalista» (y no «conservador», insiste).

Converso con Harnwell durante unas cuatro horas una noche de 2017, primero en el altillo de una tasca triste de la estación
Roma Termini, donde me ha citado por prudencia, antes de conti-
nuar nuestra charla en un restaurante hippie-pijo del centro de la
ciudad.

Benjamin Harnwell, con un sombrero negro Panizza en la
mano, es el director del Dignitatis Humanae Institute, una asociación utraconservadora y *lobby* político. Su presidente es el cardenal Burke, que lo dirige rodeado de una docena de cardenales.
El consejo de administración de esta secta «carca» reúne a los prelados más extremistas del Vaticano y coordina los sectores y las
órdenes más oscuros del catolicismo: monárquicos legitimistas,
ultras de la Orden de Malta y la orden ecuestre del Santo Sepulcro, partidarios del rito antiguo y varios parlamentarios europeos católicos integristas (Harnwell fue, durante mucho tiempo,
asistente parlamentario de un diputado británico del parlamento
europeo).

Este *lobby*, punta de lanza de los conservadores en el Vaticano, es abiertamente homófobo y visceralmente contrario al matrimonio gay. Según mis fuentes (y la *Testimonianza* de monseñor

Viganò, de la que pronto hablaremos), parte de los miembros del Dignitatis Humanae Institute en Roma y Estados Unidos serían homófilos u homosexuales practicantes. De ahí mi pregunta directa a Benjamin Harnwell, que repito aquí:

—¿Por qué hay tantos homosexuales aquí en el Vaticano entre los cardenales más conservadores y más tradicionalistas?

Fue así como la conversación siguió otro derrotero y habló largo y tendido. Curiosamente, mi pregunta hizo que se soltara. Hasta ese momento habíamos tenido una charla comedida y aburrida, pero ahora me miraba de otro modo. ¿En qué estaría pensando este soldado del cardenal Burke? Había debido de informarse sobre mí. Le habrían bastado dos clics en Internet para saber que ya he escrito tres libros sobre la cuestión gay y soy un ardiente partidario de las uniones civiles y del matrimonio gay. ¿Se le habrían escapado estos detalles, caso de que eso fuera posible? ¿O era la atracción de lo prohibido, esa suerte de dandismo de la paradoja, lo que le incitó a verme? ¿O la sensación de ser intocable, matriz de tantas perversiones?

El inglés se empeña en distinguir, como en una jerarquía de pecados, a los homosexuales «practicantes» de los que se abstienen:

—Si no hay acto, no hay pecado. Por otro lado, si no hay elección, tampoco hay pecado.

Benjamin Harnwell, que al principio tenía prisa y solo podía dedicarme un poco de tiempo entre dos trenes, no se despega de mí. Ahora me invita a echar un trago. Quiere hablarme de Marine Le Pen, la política francesa de extrema derecha con quien simpatiza, y también de Donald Trump, cuya política aprueba. También quiere hablar de la cuestión gay. Y henos aquí metidos de lleno en mi tema, que Harnwell no quiere soltar. Me propone ir a cenar.

«*The Lady doth protest too much, methinks.*» No descubrí el sentido profundo de esta frase de Shakespeare, que iba a ser la matriz de este libro, hasta más tarde, después de esta primera conversación con Benjamin Harnwell y mi visita a la casa del cardenal Burke. Lástima, porque no pude pedirles a esos anglosajones que me explicaran el famoso comentario del personaje de la madre de

55

Hamlet, que se suele traducir así: «Me parece que la reina promete demasiado» (traducción de Luis Astrana Marín).

Hamlet, atormentado por el espectro de su padre, está convencido de que su tío ha asesinado al rey antes de casarse con la reina, su madre; y es así como el padrastro habría ocupado el trono de su padre. ¿Tiene que vengarse? ¿Cómo estar seguro de este crimen? Hamlet vacila. ¿Cómo puede saberlo?

Es aquí donde Shakespeare inventa su famosa pantomima, verdadera pieza teatral secundaria dentro de la pieza principal (III, 2), y con ella Hamlet le tiende una trampa al rey usurpador. Para ello recurre al teatro, pidiéndoles a unos cómicos ambulantes que representen una escena delante de los verdaderos personajes. Gracias a estas sombras chinescas, con un rey y una reina de comedia en medio de la tragedia, Hamlet descubre la verdad. Los cómicos, con nombres falsos, consiguen adentrarse en la psicología de los personajes verdaderos a fin de sacar a la luz los aspectos más secretos de sus respectivas personalidades. Y cuando Hamlet le pregunta a su madre, que asiste a la representación como público: «Señora, ¿qué piensa de esta pieza teatral?», ella contesta, hablando de su propio personaje:

—Me parece que la dama promete demasiado.

La frase, que revela la hipocresía, significa que cuando una persona muestra una vehemencia exagerada, cuando repite demasiado menudo su declaración de inocencia, hay muchas posibilidades de que no sea sincera. Ese exceso la traiciona. Hamlet, al ver la reacción de su madre y la del nuevo rey, reflejados en la reina y el rey de la comedia, llega a la conclusión de que la pareja probablemente ha envenenado a su padre.

Aquí tenemos otra regla Sodoma, la tercera:

> Cuanto más vehemente es un prelado contra los gais, cuanto más fuerte es su obsesión homófoba, más posibilidades existen de que no sea sincero y de que su vehemencia nos oculte algo.

De modo que la pantomima de *Hamlet* me sirvió para encontrar la solución al problema en torno al que giraba mi investigación. No se trataba de «destapar» por principio a homosexuales vivos, homófobos o no. Yo no pretendía atacar a nadie y mucho menos hurgar en la herida de unos curas, frailes o cardenales que experimentan su homosexualidad —cerca de un centenar de ellos me lo confesaron— con sufrimiento y miedo. Mi planteamiento, por decirlo con una bonita expresión inglesa, es *non-judgmental*: ¡yo no soy juez! No vamos a juzgar, pues, a esos curas gais. Su abundancia será una revelación para muchos lectores, pero eso, a mi entender, no es en sí mismo escandaloso.

Aunque tengamos derecho a juzgar su hipocresía —y este sí es uno de los temas centrales de este libro—, no vamos a reprocharles su homosexualidad. Y de nada sirve dar demasiados nombres. Lo que hace falta, como dice el Poeta, es «inspeccionar lo invisible y oír lo inaudito». Por tanto, las cosas solo podré explicarlas con el teatro de quienes hacen «demasiadas promesas» y con los «encantamientos» de un sistema montado casi por completo sobre el secreto. Mas por ahora, como dijo el Poeta, «¡solo yo tengo la llave de este desfile salvaje!».

57

Cerca de un año después de mi primer encuentro con Benjamin Harnwell, al que siguieron otros almuerzos y cenas, me invitó a pasar un fin de semana con él en la abadía de Trisulti en Collepardo, donde vive ahora, lejos de Roma.

El gobierno italiano ha encomendado a la asociación Dignitatis Humanae Institute, que él dirige junto con Burke, que cuide de este patrimonio, declarado monumento nacional. Todavía viven aquí dos monjes, y el día de mi llegada me sorprendió verlos sentados a los extremos de una mesa con forma de U, comiendo en silencio.

—Son los dos últimos hermanos de una comunidad religiosa que fue mucho más numerosa, pero cuyos miembros se han ido muriendo. Cada uno tenía su sitio, y los dos últimos se sientan donde lo habían hecho siempre, separados cada vez por más sillas vacías —me explica Harnwell.

¿Por qué se han quedado los dos ancianos en este monasterio aislado, y siguen diciendo misa del alba, cada mañana, para unos pocos fieles? Me intriga la determinación inquietante y magnífica de estos religiosos. Se puede ser un descreído —como yo— y encontrar esa dedicación, esa piedad, esa humildad admirables. Los dos hermanos, a quienes respeto profundamente, representan para mí el misterio de la fe.

Terminada la comida, cuando llevo los cubiertos a la cocina, austera pero amplia, veo un calendario mural que ensalza al Duce. Cada mes, una foto distinta de Mussolini.

—Aquí en el sur de Italia es muy frecuente encontrar fotos de Mussolini —trata de justificar Harnwell, visiblemente azorado por mi descubrimiento.

El proyecto de Harnwell y Burke consiste en convertir este monasterio en cuartel general italiano y centro de formación de los católicos ultraconservadores. En sus planes, que me describe detalladamente, Harnwell se propone ofrecer un «retiro» a cientos de seminaristas y fieles estadounidenses. Durante su estancia de semanas o meses en la abadía de Trisulti esos misioneros de nuevo cuño asistirán a clases, aprenderán latín, volverán a los orígenes y rezarán juntos. A largo plazo, Harnwell quiere crear un vasto movimiento que encauce la Iglesia «en la buena dirección»: comprendo que se trata de combatir las ideas del papa Francisco.

Para librar esta batalla, la asociación de Burke, Dignitatis Humanae Institute, cuenta con el apoyo de Donald Trump y de su famoso exconsejero de extrema derecha Steve Bannon. Como me confirma Harnwell, que organizó el encuentro entre Burke y el católico Bannon en la misma antecámara donde estuve yo en Roma, el entendimiento entre los dos hombres fue «instantáneo». Desde entonces han estrechado lazos en reuniones y coloquios. Harnwell habla de Bannon como de un «maestro» y forma parte del séquito romano del estratega estadounidense cada vez que este viaja al Vaticano para tejer sus intrigas.

Como el motivo del combate era el *fundraising*, Harnwell, el guerrero, también intenta recaudar dinero para su proyecto ultraconservador. Pide ayuda a Bannon y a algunas fundaciones norteamericanas de derechas. ¡Incluso necesita sacarse el permiso de conducir para poder ir por sus propios medios a Trisulti! Y durante un nuevo encuentro en Roma, exultante, me anuncia un día:

—¡Lo tengo! ¡Por fin! ¡A los cuarenta y tres años me he sacado el permiso de conducir!

En los últimos tiempos, Trump envió a la santa sede a otro emisario en la persona de Callista Gingrich, tercera mujer del republicano expresidente de la Cámara de Representantes, a la que Trump ha nombrado embajadora. Harnwell y Burke también le dan coba desde su llegada a Roma. Ha nacido una alianza objetiva entre la ultraderecha estadounidense y la derecha ultra vaticana. (Burke también se ha deshecho en atenciones hacia los ultras europeos, recibiendo en su salón al ministro italiano del Interior, Matteo Salvini, y al ministro de la Familia, Lorenzo Fontana, un homófobo próximo a la extrema derecha.)

Volviendo a mi tema, aproveché el tiempo que pasé junto a Harnwell en su monasterio para hacerle preguntas sobre la cuestión gay en la Iglesia. El hecho de que Juan Pablo II, Benedicto XVI y Francisco estuvieran rodeados de homosexuales es un secreto a voces y Harnwell ya lo sabía. Pero que un cardenal exsecretario de Estado fuera gay, eso no se lo cree. Frente a mí, repite:

—¡El cardenal secretario de Estado, gay! ¡El cardenal secretario de Estado, gay! ¡El cardenal secretario de Estado, gay!

¡Y el asistente del papa Fulano, también gay! ¡Y Mengano, también gay! Harnwell no sale de su asombro.

Más adelante, durante otro almuerzo con él en Roma, me contará que mientras tanto ha hecho una pequeña indagación. Y me confirmará que, según sus propias fuentes, yo estaba bien informado:

—Sí, usted tenía razón, ¡en efecto, el cardenal secretario de Estado era gay!

Benjamin Harnwell calla un momento; en este restaurante que es como un templo cristiano en honor de la gula, de repente se persigna y reza una oración en voz alta antes de empezar a comer. El gesto aquí resulta anacrónico, un poco desfasado en este barrio laico de Roma, pero nadie le presta atención y él ataca como si nada su lasaña, regada con un (excelente) vino blanco italiano.

Nuestra conversación ha dado un extraño giro. Pero él defiende obstinadamente a «su» cardenal Raymond Burke: «no es político», «es muy humilde», aunque lleve la capa magna.

59

Harnwell es indulgente sobre el tema sensible de la capa magna: defiende con obstinación la tradición y no el travestismo. En cambio, sobre otros asuntos y otras figuras de la Iglesia se destapa, se arriesga. Ahora avanza a cara descubierta.

Podría explayarme sobre estas conversaciones y nuestros cinco almuerzos y cenas, contar los rumores que propagan los conservadores. Dejémoslo para más adelante, porque el lector, sin duda, no me perdonaría que lo revelase todo ahora. Llegados a este punto, baste con decir que, si me hubieran contado la historia inaudita que voy a relatar con todo detalle, confieso que no la habría creído. La realidad supera la ficción: gran verdad. *The lady doth protest too much!*

Sigo sentado en el salón del cardenal Burke, que no está; me consuelo de su ausencia pensando que una casa a veces es mejor que una larga entrevista y empiezo a darme cuenta de la magnitud del problema. ¿Es posible que el cardenal Burke y su correligionario Benjamin Harnwell ignoren que el Vaticano está repleto de prelados gais? El cardenal estadounidense es un sagaz cazador de homosexuales, a la vez que un erudito apasionado por la historia antigua. Conoce mejor que nadie la cara oscura de Sodoma. Es una larga historia.

Ya en la Edad Media, los papas Juan XII y Benedicto IX cometieron el «pecado abominable», y en el Vaticano todos conocen el nombre del amigo del papa Adriano IV (el célebre Juan de Salisbury), así como el de los amantes del papa Bonifacio VIII. La vida maravillosamente escandalosa del papa Pablo II es igual de notoria: según se cuenta, murió de un ataque al corazón en brazos de un paje. Por su parte, el papa Sixto IV nombró cardenales a varios de sus amantes, entre ellos a su sobrino Rafael, nombrado cardenal a los 17 años (la expresión «cardenal nepote» pasó a la posteridad). Julio II y León X, ambos protectores de Miguel Ángel, y Julio III también fueron papas bisexuales. ¡A veces, como señaló Oscar Wilde, algunos papas se hicieron llamar Inocente por antífrasis!

Más cerca de nosotros, el cardenal Burke está al corriente, como todo el mundo, de los rumores reiterados sobre las costumbres de los papas Pío XII, Juan XXIII y Pablo VI. Hay al respecto panfletos y libelos; por ejemplo, el cineasta Pasolini dedicó un poema a Pío XII en el que menciona a un supuesto amante (*A un Papa*). Es posible que estos rumores sean fruto de venganzas curiales cuyo secreto solo conocen el Vaticano y sus cardenales.

Pero Burke no necesita ir tan lejos. Para hacerse una idea cabal de estas amistades especiales le basta con mirar a su propio país, Estados Unidos. Como ha vivido en él mucho tiempo, sabe muy bien quiénes son sus correligionarios y conoce la lista, infinita, de escándalos que han salpicado a gran cantidad de cardenales y obispos estadounidenses. Contra todo pronóstico, en Estados Unidos son los prelados más conservadores, más homófobos, los que a veces han sido «sacados del armario» por un seminarista acosado y vengativo, un prostituto demasiado lenguaraz o la publicación de una foto subida de tono.

¿Doble rasero moral? En Estados Unidos, donde todo es más grande, más exagerado, más hipócrita, descubrí una moral de dos velocidades. Cuando surgieron las primeras revelaciones del enorme escándalo de pedofilia «Spotlight» yo vivía en Boston, y lo que había pasado me dejó atónito, como a todo el mundo. La investigación del *Boston Globe* liberó la palabra en todo el país y sacó a relucir un auténtico sistema de abusos sexuales: los curas acusados fueron 8.948 y las víctimas censadas más de 15.000 (el 85 %, chicos entre 11 y 17 años). El arzobispo de Boston, el cardenal Bernard Francis Law, se convirtió en el símbolo del escándalo. Su campaña de encubrimiento y su protección a muchos curas pedófilos acabaron pasándole factura y tuvo que dimitir (previo un oportuno traslado a Roma, organizado por el cardenal secretario de Estado, Angelo Sodano, para que pudiera disfrutar de inmunidad diplomática y zafarse de la justicia estadounidense).

Fino conocedor del episcopado estadounidense, Burke no puede ignorar que la jerarquía católica de su país, los cardenales, los obispos, son mayoritariamente homosexuales: el célebre y poderoso cardenal y arzobispo de Nueva York, Francis Spellman, era un «homosexual sexualmente voraz», según sus biógrafos, el testimonio del escritor Gore Vidal y las revelaciones del exdirector del FBI, Edgar J. Hoover. Asimismo, el cardenal de Washington, Wakefield

61

Baum, fallecido recientemente, vivía desde hacía muchos años con su asistente particular, un clásico del género.

El cardenal Theodore McCarrick, exarzobispo de Washington, también es un homosexual muy practicante. Se le conoce por sus *sleeping arrangements* («pernoctaciones») con seminaristas y curas jóvenes a quienes llamaba «sobrinos» (tras ser acusado de abusos sexuales, en 2018 el papa le suspendió del ejercicio de cualquier ministerio público). Un antiguo *boyfriend* («novio») del arzobispo Rembert Weakland lo «sacó del armario» (Weakland describió más tarde en sus memorias su trayectoria homófila). Otro cardenal estadounidense fue despedido del Vaticano y mandado de vuelta a Estados Unidos por su conducta inapropiada con un guardia suizo.

Otro cardenal estadounidense, obispo de una gran ciudad del país, «lleva años viviendo con su *boyfriend*, exsacerdote», mientras que un arzobispo de otra ciudad, partidario del rito antiguo y ligón inveterado, «vive rodeado de una nube de jóvenes seminaristas», como me confirma Robert Carl Mickens, un vaticanista estadounidense que conoce bien la vida gay de la alta jerarquía católica de Estados Unidos. El arzobispo de St. Paul y Minneapolis, John Clayton Nienstedt, también era homófilo y ha sido investigado por *sexual misconduct with men* («conducta sexual inapropiada con hombres», acusación que él ha negado categóricamente). Más tarde, dimitió cuando la archidiócesis fue imputada por su modo de manejar los cargos contra un sacerdote que luego fue condenado por abusar de dos menores.

En un país donde el catolicismo es minoritario y su mala prensa viene de lejos, los medios investigan a fondo, y a menudo, la vida privada de los cardenales y tienen menos escrúpulos que en Italia, España o Francia a la hora de revelar la doble vida de los prelados. A veces, como en Baltimore, el señalado es el entorno del cardenal por sus malas costumbres y sus comportamientos disolutos. El cardenal en cuestión, Edwin Frederick O'Brien, antiguo arzobispo, no quiso contestar a mis preguntas sobre las amistades especiales de su diócesis. Ahora vive en Roma, donde ostenta el título y los atributos de Gran Maestre de la orden ecuestre del Santo Sepulcro de Jerusalén (ahí es nada). Hizo que me recibieran su adjunto, Agostino Borromeo, y su portavoz, François Vayne, un francés simpático que en las tres charlas que tuve con él se encargó de desmentir todos los rumores.

Pero según mis informaciones, recogidas por mis investigadores en una decena de países, un número significativo de «lugartenientes», «grandes priores», «grandes oficiales» y «cancilleres» de la orden ecuestre, en los países donde está representada, serían *closeted* y «practicantes». Lo que ha dado pie a que algunos digan que la jerarquía de esta orden es «un ejército de locas a caballo».

—La presencia de muchos homosexuales practicantes en las estructuras jerárquicas de la Orden Ecuestre no es un secreto para nadie —me asegura un gran oficial de la Orden que también es abiertamente homosexual.

El papa Benedicto XVI entabló un procedimiento de alejamiento acelerado, *promoveatur ut amoveatur*, contra el cardenal estadounidense James M. Harvey, prefecto de la Casa Pontificia del Vaticano, un cargo sensible, por haber contratado a Paolo Gabriele, el mayordomo del papa acusado de la fuga de información conocida como Vatileaks. ¿Tuvo Harvey, acusado de formar parte de un «*lobby* gay», algún papel en el escándalo?

¿Qué piensa el cardenal Burke de esos escándalos continuos, de esas extrañas coincidencias y de esos cardenales que en tan gran número forman parte de «la parroquia»? ¿Cómo puede erigirse en adalid de la moral cuando el episcopado estadounidense está a tal extremo desacreditado?

Recordemos también (aunque sea otro tema) que diez cardenales estadounidenses estuvieron implicados en casos de abusos sexuales, bien como autores (como Theodore McCarrick, dimitido), bien como encubridores de los curas depredadores, trasladándoles de parroquia en parroquia, como Bernard Law y Donald Wuerl; o mostrándose insensibles a la suerte de las víctimas y tratando de quitar importancia a su sufrimiento para proteger a la institución (Roger Mahony de Los Ángeles, Timothy Dolan de Nueva York, William Levada de San Francisco, Justin Rigali de Filadelfia, Edwin Frederick O'Brien de Baltimore y Kevin Farrell de Dallas). Todos han sido la comidilla de la prensa, han sido señalados como sospechosos por las asociaciones de víctimas o «destapados» por

63

monseñor Viganò en su *Testimonianza*. La asociación estadounidense de referencia, Bishop Accountability, también ha citado
a declarar al propio cardenal Burke por su tendencia a minimizar
los hechos y su escasa sensibilidad hacia los demandantes en casos
ocurridos en las diócesis de Wisconsin y Misuri, donde fue primero obispo y luego arzobispo (Burke ha negado que cometiera
cualquier error).

El papa Francisco, refiriéndose especialmente a los cardenales
estadounidenses, tuvo palabras duras en el avión de regreso de su
viaje a Estados Unidos en septiembre de 2015: «Los que han encubierto estas cosas [los abusos sexuales] también son culpables,
incluidos algunos obispos».

Francisco, exasperado por la situación estadounidense, nombró en 2016 tres cardenales de ruptura: Blase Cupich en Chicago,
Joseph Tobin en Newark y Kevin Farrell, llamado a Roma como
prefecto para llevar el ministerio encargado de los laicos y la familia. Estos nuevos cardenales, en las antípodas del perfil reaccionario
y homófobo de Burke, son pastores bastante sensibles a la causa
de los migrantes y de las personas LGBT, y partidarios de ser in-
flexibles con los abusos sexuales. Aunque uno de ellos podría ser
homosexual (Viganò acusa a los tres de defender una «ideología
progay»), parece que los otros dos no son «de la parroquia», lo cual
tendería a confirmar la cuarta regla de Sodoma:

> Cuanto más progay es un prelado, es menos susceptible de ser gay;
> cuanto más homófobo es, hay más probabilidad de que sea homosexual.

Y luego está Mychal Judge. En Estados Unidos, este fraile franciscano es el anti-Burke por excelencia. Su trayectoria ha sido un
ejemplo de sencillez y pobreza, a menudo en contacto con los excluidos. Tras un pasado alcohólico, Judge logró convertirse en abstemio
y dedicó su vida de religioso a ayudar a los pobres, a los drogadictos,
a los sintecho y a los enfermos de sida, a quienes —imagen todavía
insólita a principios de los años ochenta— llegó a tomar en sus brazos. Como capellán del Cuerpo de Bomberos de Nueva York, acompañaba a los bomberos a los lugares donde había incendios, por lo
que la mañana del 11 de septiembre de 2001 fue uno de los primeros

en acudir a las Torres Gemelas del World Trade Center. Murió allí, a las 9.59 de la mañana, de un traumatismo craneal.

Cuatro bomberos cargaron con su cadáver, como muestra una de las fotos más famosas del 11 de septiembre, inmortalizada por Shannon Stapleton para Reuters; una verdadera «Pietà moderna». Identificado inmediatamente en el hospital, el padre Mychal Judge fue la primera víctima oficial del 11 de septiembre: n.º 0001.

Mychal Judge se convirtió después en uno de los héroes de la historia de los atentados. Tres mil personas asistieron a su entierro en la iglesia neoyorquina de San Francisco de Asís, en Manhattan, con asistencia de Bill y Hillary Clinton y el alcalde republicano de la ciudad, Rudolph Giuliani, quien declaró que su amigo era «un santo». Bautizaron con su nombre una parte de la Calle 31 Oeste de Nueva York, llevaron su casco de bombero a Roma para ofrecérselo al papa Juan Pablo II y Francia le condecoró con la Legión de Honor a título póstumo. Cuando estuve investigando en Nueva York en 2018 hablé con varios oficiales y con el portavoz de los bomberos de la ciudad, y pude comprobar que su recuerdo sigue vivo.

Poco después de su muerte sus amigos y colegas de trabajo revelaron que Mychal Judge era un cura gay. Sus biógrafos confirmaron esta orientación sexual, lo mismo que el antiguo jefe de bomberos de Nueva York. Judge era miembro de Dignity, una asociación de católicos gais. En 2002 una ley reconoció los derechos sociales a los compañeros homosexuales de los bomberos y policías muertos el 11 de septiembre. Es la que se conoce como The Mychal Judge Act («Ley Mychal Judge»).

El homófobo cardenal Raymond Burke y el *gay-friendly* cura-capellán Mychal Judge: dos ejemplos, dos caras opuestas de la Iglesia católica estadounidense. Pero dos caras de la misma moneda.

Cuando le paso los primeros resultados de mi investigación y estas informaciones escuetas al cardenal estadounidense James Francis Stafford, exarzobispo de Denver, durante las dos entrevistas que tuve con él en su vivienda privada de Roma, se queda de piedra. Me basta el primer vistazo para saberlo. La primera impresión (lo que los norteamericanos llaman «*blink*») es la mejor, casi siempre. Me escucha religiosamente y encaja los golpes. Dado que mi *gaydar* («radar para detectar gais»), como suele decirse, funciona bastante bien, su actitud y su sinceridad me convencen de que Stafford probablemente no es homosexual, algo infrecuente en la curia romana. No por ello su reacción es menos tajante:

—No, Frédéric, no es verdad. Es falso. Te equivocas.

Acabo de pronunciar el nombre de un importante cardenal estadounidense al que él conoce bien, y Stafford desmiente categóricamente su homosexualidad. Le he herido. Pero yo sé que no me equivoco, porque tengo testigos de primera mano, luego confirmados. Así descubro que el cardenal nunca se ha planteado realmente la cuestión de la posible doble vida de su amigo.

Ahora parece pensativo, titubeante. Su curiosidad puede más que su legendaria prudencia. En mi fuero interno, hablando para mis adentros, me digo a mí mismo que el cardenal «tiene ojos pero no ve». Él mismo, poco después, me confesará con aire santurrón que a veces es «un poco ingenuo» y que muchas veces es el último en enterarse de lo que todo el mundo sabe.

Para relajar el ambiente dejo por un momento de lado al cardenal, menciono otros nombres, hablo de casos concretos y Stafford reconoce que ha oído ciertos rumores. Hablamos de la homosexualidad sin tapujos, de los interminables escándalos que han empañado la imagen de la Iglesia en Estados Unidos y en Roma. Stafford parece sinceramente consternado, incluso desesperado por lo que le cuento y que él a duras penas puede desmentir.

Le hablo también de grandes figuras literarias católicas, como el escritor François Mauriac, que tanto le influyó en su juventud; la publicación de la biografía escrita por Jean-Luc Barré, bien documentada, confirmó su homosexualidad de un modo definitivo.

—Como ve, a veces se entienden tarde los verdaderos motivos de las personas, sus secretos bien guardados —le digo.

Stafford está abatido. «Incluso Mauriac», parece pensar, como si yo hubiera hecho una revelación sensacional, cuando en realidad a nadie le interesa ya la homosexualidad de Mauriac. Stafford parece un poco perdido. Ya no está seguro de nada. Noto en su mirada su desazón insondable, su miedo, su tristeza. Sus ojos se empañan, magníficos y ahora anegados en lágrimas.

—No suelo llorar —me dice Stafford—. No lloro fácilmente.

Junto con el francés Jean-Louis Tauran, James Francis Stafford será sin lugar a dudas mi cardenal preferido en esta larga investigación. Es la dulzura en persona y siento afecto por este hombre anciano, frágil, que me enternece por esa misma fragilidad. Sé que su fe es sincera.

—Espero que esté equivocado, Frédéric. Lo espero con toda mi alma.

Hablamos de nuestra pasión común por Estados Unidos, de las tartas de manzana y los helados, que, como en la novela *On the Road* (*En el camino*, de Jack Kerouac), van mejorando y son más cremosos a medida que se viaja hacia el Oeste del país.

No sé si contarle mi viaje a Colorado (él fue arzobispo de Denver) y mis visitas a las iglesias más tradicionales de Colorado Springs, bastión de la derecha evangelista estadounidense. Me gustaría hablarle de esos curas y pastores violentamente homófobos a los que entrevisté en Focus on the Family o en la New Life Church: el fundador de esta última resultó finalmente ser homosexual después de que algún *escort* («prostituto») harto de su hipocresía lo denunciara. Pero ¿es necesario seguir pinchándole? No es responsable de lo que hicieran esos locos de Dios.

Sé muy bien que Stafford es conservador, provida y anti-Obama, pero, aunque haya podido parecer rigorista y puritano, nunca ha sido sectario. No es un polemista y no aprueba la actitud de los cardenales que han asumido la dirección del ultaconservador Dignitatis Humanae Institute. Sé que ya no se hace ilusiones con Burke, aunque tiene palabras amables, más bien convencionales, para su persona:

—Es un hombre de bien —me dice Stafford.

¿Nuestra conversación, en el otoño de su vida (tiene 86 años), ha sido la del fin de las ilusiones?

—Pronto regresaré definitivamente a Estados Unidos —me revela Stafford mientras pasamos por delante de las estanterías alineadas en su enorme piso de la Piazza di San Calisto.

Le he prometido mandarle un pequeño regalo, un libro que me gusta mucho. Este librito blanco, como veremos a lo largo de este trabajo, será un código para mí. Y cuya llave prefiero guardar. Siguiendo el juego, en los próximos meses también se lo regalaré a más de veinte cardenales, como Paul Poupard, Camillo Ruini, Leonardo Sandri, Tarcisio Bertone, Robert Sarah, Giovanni Battista Re, Jean-Louis Tauran, Christoph Schönborn, Gerhard Ludwig Müller, Achille Silvestrini y, por supuesto, Stanislaw Dziwisz y Angelo Sodano. Sin olvidar a los arzobispos Rino Fisichella y Jean-Louis Bruguès ni a monseñor Battista Ricca. También se lo regalé a otras eminencias y excelencias que deben permanecer anónimas en este libro.

La mayoría de los prelados agradecieron ese regalo de esquizofrénico. Muchos de ellos me hablaron de él después, entusiasmados o más prudentes. El único que quizá lo leyera realmente, Jean-Louis Tauran (uno de los pocos cardenales del Vaticano que se pueden llamar cultos), me dijo que ese librito blanco le había inspirado mucho. Y que lo citaba a menudo en sus homilías.

En cuanto al viejo cardenal Francis Stafford, volvió a hablarme con afecto del librito de color alabastro cuando, meses después, volví a verle. Y añadió, mirándome fijamente:

—Frédéric, rezaré por usted.

Don Adriano interrumpe de repente la ensoñación que me había llevado tan lejos. El asistente del cardenal Burke vuelve a asomar la cabeza en el salón. Se disculpa otra vez, incluso antes de darme las últimas noticias. El cardenal no va a poder llegar a tiempo a la cita.

—Su Eminencia pide disculpas. Sinceras disculpas. Estoy desolado, yo también pido disculpas —repite el padre Adriano, aturullado, sudando obediencia y bajando la vista cuando me habla.

Poco después me enteraré por la prensa de que Francisco ha vuelto a sancionar al cardenal.

Salgo de la casa con frustración, sin haber podido estrechar la mano de Su Eminencia. Fijaremos otro encuentro, me promete el padre Adriano. *Urbi* u *Orbi*.

En agosto de 2018, cuando llevaba varias semanas viviendo en un apartamento situado en el interior del Vaticano, y justo cuando yo estaba a punto de terminar este libro, la publicación por sorpresa de la *Testimonianza* del arzobispo Carlo Maria Viganò provocó una verdadera deflagración en la curia romana. ¡Decir que este documento, centrado en Estados Unidos, tuvo el efecto de «una bomba» sería un eufemismo y una atenuación! Enseguida la prensa manifestó sus sopechas acerca de que el cardenal Raymond Burke y sus tentáculos estadounidenses (como Steve Bannon, el estratega político de Donald Trump) podían encontrarse en parte detrás de esa publicación y que ellos habían urdido el complot. Ni en sus peores pesadillas el viejo cardenal Stafford habría podido imaginar semejante misiva. En cuanto a Benjamin Harnwell y los miembros de su Dignitatis Humanae Institute, no cupieron en sí de gozo... antes de llevarse una decepción.

—Usted fue el primero que me dijo que ese secretario de Estado y esos cardenales eran homosexuales, y tenía razón —me dijo Harnwell durante nuestro quinto almuerzo en Roma, justo al día siguiente de la ruptura de hostilidades.

En una carta de once páginas publicada en dos idiomas por varios periódicos y webs ultraconservadores, el antiguo nuncio en Washington, Carlo Maria Viganò, atacó al papa Francisco en un panfleto vitriólico. Publicado a propósito el mismo día del viaje pontificio a Irlanda, país donde el catolicismo está en la picota por los casos de pedofilia, el prelado acusaba al papa de haber encubierto personalmente los abusos homosexuales del excardenal estadounidense Theodore McCarrick, que hoy tiene 88 años. El papa Francisco había privado de su título cardenalicio y obligado a dimitir al cardenal, expresidente de la Conferencia Episcopal de Estados Unidos, un prelado poderoso, gran amasador de dinero (y de amantes). Sin embargo, Viganò escogió justamente el caso McCarrick para ajustar cuentas, sin ningún recato. Aportando gran cantidad de datos, notas y fechas en respaldo de su tesis, el nuncio aprovechaba la ocasión, sin elegancia, para insinuar que el papa debía dimitir. Aún más solapadamente, nombraba a los cardenales y obispos de la curia romana y del episcopado estadounidense que según él participaron en este inmenso encubrimiento: era una lista infinita de nombres de prelados, entre los más importantes del Vaticano, a los que él «sacaba del armario», y pregonando sus nombres a los cuatro vientos, con razón o sin ella. (En descargo del papa, sus allegados me indican que «Viganò había informado al papa de que McCarrick mantenía relaciones homosexuales con seminaristas mayores de edad, lo que a juicio del pontífice no bastaba para condenarle». En 2018, cuando supo de buena tinta que además de las relaciones homosexuales había abusos sexuales con menores, «sancionó inmediatamente al cardenal». La misma fuente duda de que el papa Benedicto XVI tomara ninguna medida seria contra McCarrick; en todo caso, nunca se aplicó ninguna.)

La publicación de la *Testimonianza* de monseñor Viganò a finales del verano de 2018, auténtico «Vatileaks III», tuvo una repercusión internacional sin precedentes. En todo el mundo se publicaron miles de artículos, los fieles estaban perplejos y la imagen del papa Francisco quedó empañada. Consciente o no de ello, Viganò acababa de dar argumentos a los que llevaban mucho tiempo pensando que dentro del mismo Vaticano había complicidades activas en relación con los crímenes y abusos sexuales. Y aunque *L'Osservatore Romano* no dedicó ni una sola línea al informe («un nuevo episodio de oposición interna», se limitó a escribir el órgano oficial de la santa sede), la prensa conservadora y de extrema derecha se desmelenó y exigió una investigación interna, cuando no la dimisión del papa.

El cardenal Raymond Burke —que días antes había afirmado: «Creo que ha llegado el momento de reconocer que tenemos un grave problema de homosexualidad en la Iglesia»— fue uno de los primeros en tocar a rebato: «La corrupción y la infamia que han entrado en la Iglesia deben purificarse de raíz», tronó el prelado, y reclamó una «investigación» sobre la *Testimonianza* de Viganò teniendo en cuenta el magnífico pedigrí del acusador, cuya «autoridad» estaba fuera de duda, según él.

—El cardenal Burke es amigo de monseñor Viganò —me confirma Benjamin Harnwell justo después de la publicación de la fatídica carta. (Harnwell me dice también que tiene una cita con Burke, ese mismo día, para «conversar».)

Varios prelados ultraconservadores se abalanzaron sobre la brecha abierta para arremeter contra Francisco. El arzobispo de San Francisco, el reaccionario Salvatore Cordileone, por ejemplo, salió a la palestra para acreditar y legitimar el texto «serio» y «desinteresado» de Viganò y denunciar violentamente la homosexualización de la Iglesia, lo que no deja de tener su gracia.

El ala derecha de la curia acababa de declarar la guerra a Francisco. Nada impide pensar, incluso, que fuera una ofensiva lanzada por una facción gay contra otra facción gay de la curia, esta anti-Francisco y de extrema derecha, y la otra pro-Francisco y de izquierda. Una esquizofrenia singular, que el sacerdote y teólogo James Alison me resumirá durante una entrevista en Madrid con una frase significativa:

—*It's an intra-closet war!* ¡El caso Viganò es la guerra del viejo armario contra el nuevo armario!

Aunque el arzobispo Carlo Maria Viganò es un gran profesional de probada seriedad, su gesto no estaba exento de sospecha. Este hombre irascible y *closeted* no es ningún revelador de secretos. No cabe duda de que el nuncio conocía al dedillo la situación de la Iglesia en Estados Unidos, donde fue embajador de la santa sede durante cinco años. Antes había sido secretario general de la gobernación de la Ciudad del Vaticano, lo que le permitió consultar un sinfín de expedientes y estar informado de todos los asuntos internos, incluidos los referentes a las costumbres esquizofrénicas de los más altos prelados. Es posible, incluso, que guardara expedientes sensibles sobre muchos de ellos. (Viganò sucedió en este cargo a monseñor Renato Boccardo, hoy arzobispo de Spoleto, donde le he entrevistado y me ha contado algunos secretos interesantes.)

Como también fue el responsable de elegir destinos para los diplomáticos de la santa sede, un cuerpo escogido del que han salido numerosos cardenales de la curia romana, Viganò parecía un testigo fiable; y su carta, irrefutable.

Se ha afirmado repetidamente que esta *Testimonianza* era una maniobra del ala dura de la Iglesia para desestabilizar a Francisco, dado que Viganò estaba vinculado estrechamente a los círculos de la extrema derecha católica. Mis informaciones no me permiten sostener esta tesis. Incluso creo que, más que un «complot» o un intento de «golpe», como se ha dicho, fue un acto aislado y fruto de un momento de exaltación. Antes que conservador y «rígido»,

71

Viganò es un «curial», es decir, un hombre de la curia y un puro producto del Vaticano. Según un testigo que le conoce bien, es «de esa clase de hombres que son siempre leales a los papas: pro-Wojtyla con Juan Pablo II, pro-Ratzinger con Benedicto XVI y pro-Bergoglio con Francisco».

—Monseñor Viganò es un conservador, digamos que en la línea de Benedicto XVI, pero ante todo es un gran profesional. Acusa con fechas, hechos, es muy preciso en sus ataques —me explica durante un almuerzo en Roma el célebre vaticanista italiano Marco Politi.

El cardenal Giovanni Battista Re, pese a ser uno de los pocos que salen airosos del documento, se muestra severo cuando le pregunto en su vivienda del Vaticano, en octubre de 2018:

—¡Triste! ¡Es muy triste! ¿Cómo ha podido hacer algo así Viganò? Hay algo que no funciona bien en su cabeza... —Hace una seña como para decir que está loco—. ¡Es una cosa increíble!

Por su parte, el padre Federico Lombardi, que había sido portavoz de los papas Benedicto XVI y Francisco, me sugiere durante una de nuestras frecuentes charlas, tras la publicación de la carta:

—Monseñor Viganò siempre ha sido riguroso y decidido. Al mismo tiempo, en cada uno de los cargos que ha desempeñado ha sido un factor de gran división. Siempre en pie de guerra. Al ponerse en manos de conocidos periodistas reaccionarios, se pone al servicio de una operación contra Francisco.

No cabe duda de que el escándalo Viganò ha contado con el respaldo de medios y periodistas ultraconservadores contrarios a la línea del papa Francisco (los italianos Marco Tosatti y Aldo Maria Valli, el *National Catholic Register*, LifeSiteNews.com o el multimillonario estadounidense Timothy Busch de la cadena de televisión EWTN).

—La prensa católica reaccionaria instrumentalizó inmediatamente ese texto —me explica el fraile benedictino italiano Luigi Gioia, un excelente conocedor de la Iglesia, durante una conversación en Londres—. Los conservadores se obstinan en negar la causa de los abusos sexuales y el encubrimiento de la Iglesia: el clericalismo. Es decir, un sistema oligárquico y condescendiente cuyo fin no es otro que conservar el poder a toda costa. Con tal de no reconocer que el quid de la cuestión es la propia estructura de la Iglesia, se buscan chivos expiatorios: los gais, que según ellos se han infiltrado en la institución y la han puesto en peligro con su incapacidad para refrenar su instinto sexual. Es la tesis de Viganò. La derecha no ha desaprovechado esta ocasión inesperada para tratar de imponer su agenda homófoba.

Aunque la campaña contra Francisco existe, sigo creyendo que el gesto de Viganò es más irracional y solitario de lo que se piensa. Es un acto desesperado, una venganza personal, fruto de una herida íntima profunda. Viganò es un lobo, sí, pero un lobo solitario.

Entonces ¿por qué rompe bruscamente con el papa? Un influyente *monsignore* del círculo más cercano a monseñor Becciu, por entonces todavía sustituto de la Secretaría de Estado («ministro del Interior» del papa), me explicó su hipótesis en una conversación que mantuvimos en el Vaticano, poco después de la publicación de la carta (esta entrevista, como la mayoría, se grabó con el acuerdo del entrevistado):

—El arzobispo Carlo Maria Viganò, que siempre ha sido vanidoso y un poco megalómano, soñaba con ser cardenal. Era su sueño absoluto, su único sueño, en realidad. El sueño de una vida. A la mayoría de sus predecesores les habían elevado a la púrpura, ¡y a él NO! Francisco lo envió primero a Washington, luego lo dejó sin su magnífica vivienda que estaba aquí mismo, en el Vaticano, y tuvo que mudarse a una residencia donde viven otros nuncios jubilados. Todo este tiempo Viganò tascó el freno, pero seguía esperando. Después del consistorio de 2018, cuando vio que no le creaban cardenal, sus esperanzas se desvanecieron. Iba a cumplir 78 años y comprendió que se le había pasado el turno. Se desesperó y decidió vengarse. Es así de sencillo. Su carta tiene poco que ver con los abusos sexuales y todo que ver con esta decepción.

Desde hace tiempo a Viganò le llueven críticas por su engreimiento, sus habladurías, su paranoia, incluso le han acusado de filtraciones a la prensa. Por eso el cardenal-secretario de Estado Tarcisio Bertone, durante el pontificado de Benedicto XVI, se lo quitó de encima destinándole a Washington (las notas de Vatileaks lo aclaran todo). También corrían rumores sobre sus inclinaciones: su obsesión contra los homosexuales era tan irracional que podría ocultar una represión y una «homofobia interiorizada». Tal es la tesis del periodista estadounidense Michael Sean Winters, que ha «sacado del armario» a Viganò. Según él, su «odio a sí mismo» es lo que le hace odiar a los homosexuales; él sería justo eso que denuncia.

El papa, que se negó a comentar el panfleto en caliente, ha sugerido una interpretación parecida. En una homilía alusiva del 11 de septiembre de 2018 comenta: «El Gran Acusador se ha desatado y la ha tomado con los obispos», y añade que «intenta revelar los pecados», cuando más le valdría que, en vez de acusar a otros, «se acusara a sí mismo».

Meses después Francisco vuelve a la carga. Sin nombrarle, alude a Viganò en otra homilía contra los «hipócritas», palabra que repite una docena de veces. «Los hipócritas de dentro y de fuera», insiste, y añade: «El Diablo utiliza a los hipócritas [...] para destruir a la Iglesia». *The lady doth protest too much!*

74   Tanto si la *Testimonianza* obedece a un *drama queen* que traiciona su homofobia interiorizada, como si no es así, hay en ella otro aspecto más interesante. Más allá de las motivaciones secretas de monseñor Viganò, probablemente múltiples, está la veracidad de los hechos que revela. Es eso lo que convierte la carta en un documento único, en un testimonio fundamental y en parte irrefutable, sobre la «cultura del secreto», la «conspiración del silencio» y la homosexualización de la Iglesia.

A pesar de la opacidad de su texto, mezcla de hechos e insinuaciones, Viganò habla sin rodeos. Siente la necesidad de «confesar públicamente las verdades que hemos mantenido ocultas» y piensa que «es necesario erradicar las redes de homosexuales existentes en la Iglesia». Al decir esto el nuncio señala en especial a los tres últimos cardenales secretarios de Estado —Angelo Sodano con Juan Pablo II, Tarcisio Bertone con Benedicto XVI y Pietro Parolin con Francisco—, sobre los que podrían recaer sospechas, o eso al menos escribe él, de haber encubierto abusos sexuales o de pertenecer a la «*corrente filo omosessuale*», ¡la «corriente filohomosexual» del Vaticano! ¡Demonios!

Por primera vez un alto diplomático del Vaticano revela los

secretos de los casos de pedofilia y el fuerte arraigo de la homosexualidad en el Vaticano. De todos modos, de acuerdo con el análisis
de varios vaticanistas curtidos, soy de la opinión de que a monseñor Viganò lo que más le preocupa no es este tema sino la cuestión
gay. Según esto, el único y verdadero motivo de la carta sería el
outing. De todos modos, la prensa le ha de haber intentado cerrar
la investigación sobre el arzobispo Nienstedt, aunque Viganò lo ha
negado tajantemente.

Pero, si es así, el nuncio comete dos errores garrafales. De entrada, mezcla en una misma crítica varias categorías de prelados
que tienen poco que ver entre sí: sacerdotes sospechosos de haber
cometido abusos sexuales (el cardenal de Washington, Theodore
McCarrick), prelados que, según él, han encubierto (por ejemplo,
según la carta, los cardenales Angelo Sodano o Donald Wuerl),
prelados que «pertenecen a la corriente homosexual» (señala,
sin aportar pruebas, al cardenal estadounidense Edwin Frederick
O'Brien y al cardenal italiano Renato Raffaele Martino) y prelados
«cegados por su ideología progay» (los cardenales estadounidenses
Blase Cupich y Joseph Tobin). En total el texto señala con el dedo
o «destapa» a unos cuarenta cardenales y obispos. (Monseñor Cupich y monseñor Tobin han desmentido tajantemente las alegacio-
nes del nuncio; Donald Wuerl ha presentado su dimisión al papa,
que la ha aceptado; los demás no han hecho comentarios.)

Lo que más llama la atención en el testimonio de Viganò es la
gran confusión entre sacerdotes culpables de crímenes o encubrimientos, por un lado, y sacerdotes homosexuales o simplemente
gay-friendly por otro. Esta grave falta de honradez intelectual
que mezcla abusadores, tolerantes y simples homosexuales u homófilos, solo puede ser el fruto de una mente complicada. Viganò
se ha quedado anclado en la homofilia y la homofobia de los años
sesenta, cuando él era veinteañero. ¡No se ha dado cuenta de que
los tiempos han cambiado y de que, tanto en Europa como en
América, desde la década de 1980, hemos pasado de criminalizar la homosexualidad a criminalizar la homofobia! Su mentalidad trasnochada, por otro lado, recuerda los escritos de típicos
homosexuales-homófobos, como el cura francés Tony Anatrella o
el cardenal colombiano Alfonso López Trujillo, de quienes pronto

tendremos ocasión de hablar. Esta confusión inadmisible entre culpable y víctima es, a fin de cuentas, el quid de la cuestión de los abusos sexuales: Viganò es la ilustración caricaturesca de lo que denuncia.

Además de esta grave confusión intelectual generalizada, el segundo error de Viganò, el más grave en el plano estratégico para la vigencia de su «testamento», ha sido «sacar del armario» a importantes cardenales próximos a Francisco (Parolin, Becciu), pero también a los que marcaron los pontificados de Juan Pablo II (Sodano, Sandri, Martino) y Benedicto XVI (Bertone, Mamberti). Todo aquel que conoce la historia vaticana sabe que el caso McCarrick hunde sus raíces en los desmadres del pontificado de Juan Pablo II, de modo que, al mencionarlo, el nuncio se enajena muchos de sus apoyos conservadores. Menos estratega que impulsivo, Viganò se venga ciegamente «sacando del armario» a todos los que no le gustan, sin plan ni táctica, pensando que su mera palabra es una prueba suficiente para denunciar la homosexualidad de sus colegas. Por ejemplo, ¡a los jesuitas los considera como mayormente «desviados» (léase homosexuales)! Al acusar a todo el mundo menos a sí mismo, Viganò revela espléndidamente, sin proponérselo, que la teología de los integristas también puede ser una sublimación de la homosexualidad. De este modo Viganò se ha quedado sin aliados, pues la derecha del Vaticano, por enfrentada que esté a Francisco, no puede admitir que se siembren dudas sobre los pontificados anteriores de Juan Pablo II y Benedicto XVI. Al señalar a Angelo Sodano y a Leonardo Sandri (aunque por alguna extraña razón exime a los cardenales Giovanni Battista Re, Jean-Louis Tauran y sobre todo Stanizlaw Dziwisz), Viganò comete un grave error estratégico, tanto si sus afirmaciones con ciertas como si no lo son.

La extrema derecha de la Iglesia, que al principio apoyó al nuncio y defendió su credibilidad, no tardó en darse cuenta de la trampa. Después de una salida estruendosa, el cardenal Burke calló, indignado al ver que el nombre de su íntimo amigo ultraconservador Renato Raffaele Martino aparece en la carta (Burke validó un comunicado de prensa escrito por Benjamin Harnwell que niega rotundamente que Martino forme parte de la «corriente homosexual», sin aportar pruebas, por supuesto). También Georg

Gänswein, el colaborador más estrecho del papa retirado Benedicto XVI, se cuidó mucho de confirmar la veracidad de la carta. Para los conservadores, dar crédito al testimonio de Viganò sería tirar piedras contra su propio tejado y arriesgarse a desencadenar una guerra civil en la que todo valdría. Como es probable que los homosexuales que permanecen «en el armario» sean más numerosos en la derecha que en la izquierda de la Iglesia, el efecto bumerán sería devastador.

En medios próximos a Francisco, un arzobispo de la curia con quien hablé cuando se publicó la carta justificó la prudencia del papa con estas palabras:

—¿Qué quiere que conteste el papa a una carta que señala a varios exsecretarios de Estado del Vaticano y a decenas de cardenales como cómplices de abusos sexuales o como homosexuales? ¿Confirmar? ¿Desmentir? ¿Negar los abusos sexuales? ¿Negar la homosexualidad en el Vaticano? Como comprenderá, su margen de maniobra es limitado. Si Benedicto XVI tampoco reaccionó fue por los mismos motivos. Ninguno de los dos podía expresarse después de un texto tan perverso.

Mentira, doble vida, encubrimiento: la *Testimonianza* de monseñor Viganò por lo menos pone de relieve algo que comprenderemos al leer este libro: en el Vaticano todos se apoyan y todos parecen mentir. Lo cual nos remite a los análisis de la filósofa Hannah Arendt sobre la mentira en *Los orígenes del totalitarismo* o en su famoso artículo «Verdad y política». En ellos sugiere que «cuando una comunidad se embarca en la mentira organizada», «cuando todos mienten sobre lo que es importante» de forma permanente, y cuando «se tiende a transformar el hecho en opinión», a rechazar las «verdades de hecho», el resultado no es tanto que la gente se crea las mentiras, sino que se destruya «la realidad del mundo común».

El arzobispo de la curia concluye:

—Viganò apenas se detiene en la cuestión de los abusos sexuales y su memorándum es muy poco útil al respecto. En cambio, lo que ha querido es hacer una lista de los homosexuales del Vaticano, denunciar la infiltración de los gais en la santa sede. Ese es su objetivo. Y si hoy en día se esconde en un lugar secreto no lo hace

77

por el hecho de haber un sistema de abusos sexuales, cosa que le honraría; ¡sino porque ha «sacado del armario» a todo el mundo! Digamos que en este segundo aspecto su carta seguramente está más cerca de la verdad que en el primero.

(En este libro utilizaré la *Testimonianza* de Viganò con prudencia, porque mezcla hechos probados o probables con puras calumnias. Y aunque decenas de cardenales y obispos ultraconservadores han dado crédito a este texto, no hay ni que tomarlo al pie de la letra ni que subestimarlo.)

Henos aquí, pues, en Sodoma. Esta vez, sean cuales sean sus excesos, el testigo es irrefutable: un eminente nuncio y arzobispo emérito acaba de revelar sin ambages la presencia masiva de homosexuales en el Vaticano. Acaba de revelarnos un secreto bien guardado. Acaba de abrir la caja de Pandora. ¡Francisco está rodeado de Locas!

3

¿Quién soy yo para juzgar?

«*Chi sono io per giudicare?*» Giovanni Maria Vian repite esta sentencia como si aún quisiera averiguar su sentido profundo. «¿Quién soy yo
para juzgar?» ¿Es una nueva doctrina? ¿Una frase improvisada, un poco
al azar? Vian, en realidad, no sabe qué pensar. ¿Quién es él para juzgar?

La frase, en forma interrogativa, la pronunció el papa Francisco la noche del 28 de julio de 2013 en el avión que lo llevaba a
Brasil. Los medios se encargaron de difundirla por todo el mundo
y no tardó en convertirse en la más famosa del pontificado. Por
su empatía, se parece a Francisco, el papa *gay-friendly* que quiere
romper con el lenguaje «homófobo» de sus predecesores.

Giovanni Maria Vian, cuyo cometido consiste no tanto en comentar las palabras del papa como en divulgarlas, mantiene cierta
reserva. Me da la transcripción oficial de la conferencia improvisada
que incluye esta frase anecdótica de Francisco. Teniendo en cuenta
el contexto, el conjunto de la respuesta de Francisco, me dice, no es
seguro que se pueda hacer una lectura *gay-friendly* de ella.

Vian es un catedrático laico; se hace llamar «profesor» y dirige
L'Osservatore Romano, el periódico de la santa sede. Este diario
oficial se publica en ocho idiomas y tiene la sede en el mismo Vaticano.

—El papa ha hablado mucho esta mañana —me explica Vian
cuando llego.

Su periódico publica todas las intervenciones del santo padre,
sus mensajes, sus textos. Es el *Pravda* del Vaticano.

—Somos un periódico oficial, es evidente, pero también tenemos una parte más libre, con tribunas, artículos sobre la cultura,

textos más autónomos —añade Vian, sabedor de que su margen de maniobra es estrecho.

Quizá para liberarse de las responsabilidades del Vaticano y mostrar un talante travieso, está rodeado de figuritas de Tintín. Su despacho está lleno de historietas de *La Isla Negra, El cetro de Ottokar* y miniaturas de Tintín, Milú y el capitán Haddock. ¡Extraña visión de objetos paganos en plena santa sede! ¡Y qué decir de Hergé, a quien no se le ocurrió hacer un *Tintín en el Vaticano*!

No tan deprisa. Vian me corrige señalándome un largo artículo de *L'Osservatore Romano* sobre Tintín según el cual, pese a sus personajes descreídos y sus memorables juramentos, el joven reportero belga es un «héroe católico» animado por un «humanismo cristiano».

—*L'Osservatore Romano* es tan bergogliano con Francisco como era ratzingueriano con Benedicto XVI —relativiza un diplomático destinado en la santa sede.

Otro colaborador de *L'Osservatore Romano* confirma que el periódico sirve para «neutralizar todos los escándalos y recolocar a los prelados del Vaticano suspendidos».

—Los silencios del *Osservatore Romano* también hablan —relativiza Vian, guasón.

Durante mi investigación visitaré a menudo los locales del periódico. El doctor Vian aceptará ser entrevistado *on the record* (públicamente) cinco veces, y *off the record* (confidencialmente) más a menudo, lo mismo que otros seis colaboradores suyos encargados de la edición española, inglesa y francesa.

Fue una periodista brasileña, Ilze Scamparini, corresponsal de la cadena Globo en el Vaticano, la que se atrevió a plantearle al papa la cuestión del «*lobby* gay». La escena transcurre en el avión de regreso a Roma desde Río. Estamos ya al final de la conferencia de prensa improvisada y el papa está cansado. Su inseparable portavoz, Federico Lombardi, con ganas de terminar, lanza: «¿Una última pregunta?». Es entonces cuando Ilze Scamparini levanta la mano. Cito aquí en extenso ese diálogo a partir de la transcripción original que me proporciona Giovanni Maria Vian:

—Querría pedir permiso para plantear una cuestión un poco delicada. Otra imagen también ha dado la vuelta al mundo, la de monseñor Ricca, así como las informaciones sobre su vida privada. Me gustaría saber, santo padre, qué pretende hacer usted al respecto. ¿Cómo piensa abordar Su Santidad este problema y cómo pretende encarar la cuestión del *lobby* gay?

—En lo que respecta a monseñor Ricca —contesta el papa—, he hecho lo que el derecho canónico recomienda hacer: una *investigatio praevia*. De esta investigación no se desprende nada de lo que se le acusa. No hemos encontrado nada. Esa es mi respuesta. Pero querría añadir algo más. Veo a menudo en la Iglesia, más allá de este caso, pero en este también, que se va en busca, por ejemplo, de los «pecados de juventud» y se publican. No hablo de delitos, ¿eh? Los delitos son otra cosa, el abuso contra menores es un delito. No, los pecados. Pero si una persona laica, o un sacerdote, o una hermana, ha cometido un pecado y después se ha convertido, el Señor perdona… Pero volvamos a su pregunta más concreta: usted habla del *lobby* gay. ¡Pues bien! Se ha escrito mucho sobre el *lobby* gay. Todavía no he encontrado a nadie en el Vaticano que me presente su carné de identidad con «gay» escrito en él. Dicen que los hay. Creo que cuando te encuentras con una de estas personas debes distinguir entre el hecho de ser «gay» y el hecho de constituir un *lobby*. Porque no todos los *lobbies* son buenos. Ese es malo. Si una persona es gay y busca al Señor, si da muestras de buena voluntad, ¿quién soy yo para juzgar?… El problema no es tener esa tendencia, [sino] hacer de esa tendencia un *lobby*. Ese es el problema más grave a mi juicio. Le agradezco mucho que me haya hecho esa pregunta. ¡Muchas gracias!

Vestido completamente de negro, un poco resfriado, el día de nuestro primer encuentro el padre Federico Lombardi recuerda muy bien esta conferencia de prensa. Como buen jesuita, supo admirar la labia del nuevo papa. «¿Quién soy yo para juzgar?» Se puede decir que, con esta frase, obra maestra de dialéctica jesuítica, Francisco rozó la perfección. El papa contesta a una pregunta… ¡con otra pregunta!

81

Estamos en la sede de la Fundación Ratzinger, ahora presidida por Lombardi, en la planta baja de un edificio vaticano de la Vía della Conciliazione, en Roma. En estas oficinas mantendré cinco largas conversaciones con él, grabadas con su aprobación, sobre los tres papas a los que ha servido (Juan Pablo II, Benedicto XVI y Francisco). Lombardi fue el director del servicio de prensa del primero y portavoz de los otros dos.

Es un hombre afable y sencillo que rompe con el estilo glamuroso y mundano de muchos prelados vaticanos. Su humildad me impresiona, como les sucede a menudo a quienes han trabajado con él. Mientras que Giovanni Maria Vian, por ejemplo, vive solo en una torrecilla magnífica que se levanta en los jardines del Vaticano, Lombardi prefiere compartir su vida con sus compañeros jesuitas en una modesta habitación de su comunidad. Qué diferencia con esas viviendas cardenalicias de cientos de metros cuadrados que visité muchas veces en Roma, como las de Raymond Burke, Camillo Ruini, Paul Poupard, Giovanni Battista Re, Roger Etchegaray, Renato Raffaele Martino y tantos otros. Por no hablar del palacio del cardenal Betori, a quien visité en Florencia, el del cardenal Carlo Caffarra en Bolonia o el del cardenal Carlos Osoro en Madrid. Qué diferencia también con las mansiones, que no he visto, de los exsecretarios de Estado Angelo Sodano y Tarcisio Bertone, que causaron escándalo por su lujo ostentoso y su tamaño exagerado.

—Cuando el papa Francisco pronunció esas palabras, «¿Quién soy yo para juzgar?», yo estaba a su lado. Mi reacción fue un poco ambigua, digamos que mixta. Verá, Francisco es muy espontáneo, habla con mucha libertad. Aceptó las preguntas sin haberlas leído antes, sin preparación. Cuando Francisco suelta la lengua, durante noventa minutos en un avión, sin notas, con setenta periodistas, es espontáneo, muy sincero. Pero lo que dice no es necesariamente un elemento de la doctrina, es una conversación y hay que entenderla como tal. Es una cuestión de hermenéutica.

Cuando oigo la palabra «hermenéutica» de labios de Lombardi, que siempre se ha dedicado a interpretar los textos, jerarquizarlos y dar sentido a las frases de los papas cuando ha sido su portavoz, tengo la impresión de que el padre jesuita quiere quitar hierro a la expresión progay de Francisco. Añade:

—Lo que quiero decir es que esta frase no sanciona un giro o un cambio de doctrina. Pero tiene un aspecto muy positivo: parte de las situaciones personales. Es un planteamiento de proximidad, de acompañamiento, pastoral. Pero no significa que eso [ser gay] sea bueno; significa que el papa no se siente juez en estos casos.

—¿Es una frase jesuita? ¿De la tradición jesuítica?

—Lo es, si quiere llamarlo así, son palabras jesuitas. Es la opción de la misericordia, de la pastoral, la senda de las situaciones personales. Son palabras de discernimiento. [Francisco] busca un camino. Lo que dice, en cierto modo, es: «Estoy a tu lado para recorrer un camino». Pero Francisco responde a una situación individual [el caso de monseñor Ricca] con una respuesta pastoral; sobre la doctrina, permanece fiel.

Otro día, cuando le planteo al cardenal Paul Poupard este mismo debate semántico durante uno de nuestros encuentros regulares en su domicilio, este experto en la curia romana que fue «allegado a cinco papas», según su propia expresión, comenta:

—No olvide que Francisco es un papa jesuita argentino. Mejor dicho, jesuita y argentino. Las dos palabras son importantes. Lo que quiere decir cuando pronuncia la frase «¿Quién soy yo para juzgar?», lo que cuenta no es necesariamente lo que dice, sino cómo se recibe. Es algo así como la teoría del entendimiento de santo Tomás de Aquino: cada cosa se percibe con arreglo a lo que se quiere entender de ella.

Francesco Lepore no quedó muy convencido con la explicación del papa Francisco. Tampoco comparte la «hermenéutica» de sus exégetas. Para este excura que conoce bien a monseñor Ricca, esa respuesta del papa era un caso típico de doble lenguaje.

—Si seguimos su razonamiento, el papa da a entender que monseñor Ricca ha sido gay en su juventud, pero que ya no lo es desde que se ordenó sacerdote. De modo que sería un pecado de juventud y el Señor le ha perdonado. Pero el papa debía de saber que los hechos en cuestión eran recientes.

¿Una mentira? ¿Una media verdad? ¡Se dice que para un jesuita mentir a medias es decir la verdad a medias! Lepore añade:

—Hay una regla no escrita en el Vaticano que consiste en respaldar a un prelado en cualquier circunstancia. Francisco protegió a Battista Ricca contra viento y marea, manteniéndole en el cargo, lo mismo que Juan Pablo II encubrió a Stanislaw Dziwisz y a Angelo Sodano, o que Benedicto XVI defendió a Georg Gänswein y a Tarcisio Bertone hasta el final a pesar de todas las críticas. El papa es un monarca. Puede proteger a todos los que quiera proteger, en todas las circunstancias y sin que nadie pueda impedírselo.

El caso estalló a raíz de una investigación detallada de la revista italiana *L'Espresso* en julio de 2013. La portada, dedicada por completo al Vaticano, titula atrevidamente: «El *lobby* gay». En este reportaje, que menciona a monseñor Ricca con su verdadero nombre, se revela que mantuvo una relación con un militar suizo cuando estaba destinado en la embajada de la santa sede en Suiza y luego en Uruguay.

La descripción de la vida nocturna de Battista Ricca en Montevideo es especialmente detallada: se dice que una noche le dieron una paliza en una casa de citas y regresó a la nunciatura con la cara tumefacta después de llamar a unos sacerdotes para que le ayudaran. *L'Espresso* informó de que en otra ocasión quedó atrapado por la noche en un ascensor averiado, precisamente en los locales de la embajada de la santa sede, y a primera hora de la mañana los bomberos lo sacaron de allí en compañía de un «apuesto joven» que había quedado encerrado con él. ¡Qué mala pata!

La revista, que cita a un nuncio como fuente, también habla de los baúles del militar suizo, supuesto amante de Ricca, en los que se encontraron «una pistola, una cantidad enorme de preservativos y material pornográfico». Como siempre, el portavoz del papa Francisco, Federico Lombardi, desmintió los hechos diciendo que las noticias no eran «dignas de fe».

—La gestión del escándalo por el Vaticano fue bastante cómica. La respuesta del papa también. ¡El pecado era venial! ¡Era antiguo! Algo parecido a cuando se acusó al presidente Bill Clinton de haber consumido droga y él se disculpó diciendo que había fumado marihuana pero sin tragar el humo —ironiza un diplomático destinado en Roma que conoce bien el Vaticano.

La prensa se cachondeó de las tribulaciones del prelado, de su

84

supuesta doble vida y sus desventuras de ascensor. Pero ¿hay que olvidar que el ataque procedía de Sandro Magister, un temible vaticanista ratzingueriano de 75 años? ¿Por qué de repente, y doce años después de los hechos, denuncia a monseñor Ricca?

El caso Ricca, en realidad, es un ajuste de cuentas entre el ala conservadora del Vaticano, digamos ratzingueriana, y el ala moderada, representada por Francisco; es decir, fundamentalmente, entre dos clanes homosexuales. Battista Ricca, diplomático sin ser nuncio y Prelato d'Onore di Sua Santità (prelado de honor del papa) sin ser obispo, es uno de los colaboradores más estrechos del santo padre. Es director de la Domus Sanctae Marthae, la residencia oficial del papa, y también dirige otras dos residencias pontificias. También es uno de los representantes del soberano pontífice ante el muy controvertido banco vaticano (IOR). Esto lo coloca en el punto de mira.

Su supuesta homosexualidad ha sido un mero pretexto para debilitar a Francisco. Se ha aprovechado la agresión que sufrió para «sacarlo del armario», cuando habría sido más católico defenderlo de sus agresores, dada la violencia con que obraron estos. En cuanto al joven con el que se quedó encerrado en el ascensor, ¿hay que recordar que era un adulto y que la relación sería consentida? Para más inri, uno de los acusadores de Ricca, según mis informaciones, también es conocido por ser, a la vez, homófobo y homosexual: un doble juego típico de las costumbres vaticanas.

El caso Ricca es uno más en la larga serie de ajustes de cuentas entre distintas facciones gais de la curia romana, varias de cuyas víctimas han sido Dino Boffo, Cesare Burgazzi, Francesco Camaldo o incluso el exsecretario general de la Ciudad del Vaticano, Carlo Maria Viganò. Tendremos ocasión de hablar de ello. Las denuncias contra estos curas o laicos siempre procedían de prelados que, la mayoría de las veces, también eran corruptos en lo económico o reprimidos en lo sexual. Acudieron a la prensa para proteger su secreto, rara vez para servir a la Iglesia. Y esta es otra regla de Sodoma, la quinta:

> En la santa sede los rumores, las difamaciones, los arreglos de cuentas, la venganza y el acoso sexual son frecuentes. La cuestión gay es uno de los principales motores de estas intrigas.

85

—¿Sabía usted que el papa está rodeado de homosexuales? —me pregunta, falsamente cándido, un arzobispo de la curia romana. Su apodo en el Vaticano es La Païva en honor a una famosa marquesa y cortesana. Así es como lo llamaré en este libro.

Su Excelencia La Païva, con quien almorcé y cené regularmente, conoce todos los secretos del Vaticano. Me hago el ingenuo:

—Por definición, en el Vaticano nadie practica la heterosexualidad, ¿no?

—Hay muchos gais —prosigue La Païva—, muchos.

—Yo sabía que alrededor de Juan Pablo II y Benedicto XVI había muchos homosexuales, pero de Francisco no sabía nada.

—Pues sí, en Santa Marta son muchos los que forman parte «de la parroquia» —repite La Païva, que usa y abusa de esta bonita fórmula esotérica.

«Ser de la parroquia.» La Païva ríe. Está orgulloso de su expresión, como si hubiera inventado la pólvora. Adivino que a lo largo de su extensa carrera la ha usado cientos de veces, reservándola a los iniciados, sin que haya perdido su chispa.

«Ser de la parroquia» podría ser incluso el subtítulo de este libro. La expresión es tan antigua en francés como en italiano. La he encontrado en el argot homosexual de los años cincuenta y sesenta. Puede que sea anterior, pues encajaría bien en *Sodoma y Gomorra* de Marcel Proust o en *Santa María de las Flores* de Jean Genet (aunque creo que no aparece en estos libros). ¿Es más popular y propia de los bares equívocos de los años veinte y treinta? Puede ser. En todo caso, mezcla heroicamente el universo eclesiástico y el mundo homosexual.

—Usted sabe que le quiero mucho —me declara de repente La Païva—. Pero no le perdono que no quiera decirme si prefiere a los hombres o a las mujeres. ¿Por qué no me lo quiere decir? ¿Al menos es simpatizante?

La intemperancia de La Païva me fascina. El arzobispo piensa en voz alta y se entrega al placer de hacerme entrever su mundo, pensando que así se ganará mi amistad. Empieza a revelarme los misterios del Vaticano de Francisco, donde la homosexualidad es un secreto impenetrable. El truculento La Païva comparte sus secretos: ¡un hombre curioso! El doble de curioso que la media sobre este tema, *bicurious*. Así que empieza a largar los nombres y títulos de los que «practican» y los que «no practican», reconociendo que los homófilos sumados a los homosexuales forman, me dice, la gran mayoría del colegio cardenalicio.

Lo más interesante, desde luego, es «el sistema». Según La Païva, el predominio homosexual en la curia se ha mantenido muy constante de un papa a otro. De modo que el entorno de los papas Juan XXIII, Pablo VI, Juan Pablo I, Juan Pablo II, Benedicto XVI y Francisco sería mayoritariamente «de la parroquia».

Condenado a vivir con esa fauna tan especial, el papa Francisco hace lo que puede. Con su fórmula «¿Quién soy yo para juzgar?» trató de salirse por la tangente. Ir más lejos habría supuesto tocar la doctrina y provocar inmediatamente una guerra en el colegio cardenalicio. Era preferible la ambigüedad, nada rara en un papa jesuita que en una misma frase puede decir una cosa y la contraria. Ser a la vez *gay-friendly* y antigay: eso sí que es rizar el rizo.

Sus declaraciones públicas chocan a menudo con sus actos privados. Por ejemplo, Francisco defiende constantemente a los migrantes, pero como se opone al matrimonio gay, impide que los homosexuales sin papeles puedan regularizar su situación cuando tienen una pareja estable. El papa también se dice «feminista», pero prohíbe incluso probar suerte a las mujeres que no pueden tener hijos, pues les niega la reproducción asistida. En 2018 monseñor Viganò, en su *Testimonianza*, le acusó de haberse rodeado de homosexuales y mostrarse demasiado *gay-friendly*; al mismo tiempo Francisco sugirió recurrir a la «psiquiatría» para curar a los jóvenes homosexuales (aunque luego dijo que lamentaba haberlo dicho).

En un discurso anterior al cónclave de su elección, Jorge Bergoglio señaló cuál era su prioridad: las «periferias». Este concepto, llamado a tener un gran futuro, incluye según él las periferias «geográficas», esos cristianos de Asia, Suramérica y África que están alejados del catolicismo romano occidentalizado, y las periferias «existenciales», que engloban a todos los que la Iglesia ha dejado en la cuneta. Entre ellos, según la entrevista que concederá al jesuita Antonio Spadaro, están las parejas divorciadas, las minorías y los homosexuales.

Más allá de las ideas están los símbolos. De modo que Francisco se reunió públicamente en la embajada de la santa sede en Washington con Yayo Grassi, de 67 años, uno de sus exalumnos gais, que acudió acompañado de su novio Iwan, un indonesio. Varios selfis y un vídeo muestran a la pareja abrazando al santo padre. Según varias fuentes, la difusión de este encuentro entre el papa y la pareja gay no fue fruto de la casualidad. Presentado inicialmente como «un encuentro estrictamente privado», casi fortuito, por el portavoz del papa, Federico Lombardi, el mismo Lombardi lo promovió más tarde a verdadera «audiencia».

Hay que decir que mientras tanto había estallado una polémica. El papa, durante ese mismo viaje a Estados Unidos, presionado justamente por el muy homófobo monseñor Carlo Maria Viganò, nuncio apostólico en Washington, se había reunido con una representante local de Kentucky, Kim Davis, que se negaba a autorizar los matrimonios homosexuales en su condado (aunque ella misma se había divorciado dos veces). Ante la polvareda levantada por este favor concedido a una figura homófoba de primer plano, y lamentando la «encerrona» urdida por Viganò (que pagaría perdiendo su puesto en Washington), el papa recogió velas y desmintió que defendiera la posición de la señora Davis (quien fue detenida y encarcelada brevemente por su negativa a cumplir la ley estadounidense). De modo que, para dejar claro que no iba a dejarse enredar en ese debate, Francisco compensó este primer gesto homófobo recibiendo a su exalumno gay y a su novio. Un tira y afloja movido por un afán conciliador jesuítico a más no poder.

¿Francisco también es *gay-friendly*, como dicen? Algunos de los que así lo piensan, en respaldo de su creencia, me cuentan esta otra historia. Durante una audiencia del papa con el cardenal alemán Gerhard Ludwig Müller, prefecto de la importante Congregación para la Doctrina de la Fe, este se presenta con un informe sobre un viejo teólogo denunciado por su homofilia y le pregunta al papa qué sanción piensa aplicar. El papa (según cuentan dos testigos de la Congregación, que se lo han oído decir a Müller) responde: «¿No sería mejor invitarle a una cerveza, hablarle como a un hermano y encontrar una solución al problema?».

Al parecer el cardenal Müller, que no oculta su hostilidad pública hacia los gais, se quedó atónito con la respuesta de Francisco. De vuelta a su despacho, hecho una furia, se apresuró a contarles la anécdota a sus colaboradores y a su asistente personal, según un testigo presente en la escena. Dice que Müller criticó duramente al papa por su desconocimiento del Vaticano, su error de juicio sobre la homosexualidad y su gestión de los informes. Estas críticas llegaron a oídos de Francisco, que sancionó a Müller metódicamente, primero privándole de sus colaboradores, uno tras otro, luego humillándole públicamente, varios años después, al decretar su jubilación anticipada sin haberle restituido en su puesto. (Le pregunté a Müller por sus relaciones con el papa durante una conversación en su domicilio y me baso, en parte, en su testimonio.)

Cuando el papa denuncia las maledicencias de la curia, ¿está pensando en cardenales conservadores como Müller o Burke? El santo padre lanzó el ataque en una misa solemne celebrada en el Vaticano el 22 de diciembre de 2014, algo más de un año después de su elección. Ese día, ante los cardenales y obispos congregados para felicitar la Navidad, Francisco pasa a la ofensiva: hizo un repaso de las quince «enfermedades» de la curia romana, entre las que mencionó el «alzhéimer espiritual» y la «esquizofrenia existencial». Sobre todo censuró la hipocresía de los cardenales y obispos que llevaban «una vida oculta y a menudo disoluta», y criticó sus «habladurías», auténtico «terrorismo del chismorreo».

La acusación era severa, pero el papa todavía no había dado con su fórmula más rotunda. Lo consiguió al año siguiente, en una homilía matinal en Santa Marta, el 24 de octubre de 2016 (según la transcripción oficial de Radio Vaticana que cito aquí por extenso, dada la importancia de estas palabras):

> Detrás de la rigidez hay siempre algo escondido en la vida de una persona. La rigidez no es un don de Dios. La mansedumbre, sí;

la bondad, sí; la benevolencia, sí; el perdón, sí. Pero ¡la rigidez no! Detrás de la rigidez hay siempre algo escondido, en tantos casos una doble vida; pero hay algo también de enfermedad. ¡Cuánto sufren los rígidos: cuando son sinceros y se dan cuenta de esto, sufren! ¡Y sufren tanto!

Francisco ha encontrado por fin su fórmula: «detrás de la rigidez hay siempre algo escondido, en muchos casos una doble vida». Los que rodean al papa repiten a menudo la frase, abreviada para que resulte más eficaz: «Los rígidos que llevan una doble vida». Y aunque él nunca ha dado nombres, no es difícil imaginar a qué cardenales y prelados se refiere.

Varios meses después, en 5 de mayo de 2017, el papa volvió a la carga, casi con las mismas palabras: «Son rígidos de doble vida: se hacen ver bellos, honestos, pero cuando nadie los ve, hacen cosas malas... Usan la rigidez para cubrir debilidades, pecados, enfermedades de personalidad... Los hipócritas, los de la doble vida».

Una vez más, el 20 de octubre de 2017, Francisco criticó a los cardenales de la curia que son «hipócritas» y «viven de la apariencia»:

> Como pompas de jabón [estos hipócritas] esconden la verdad a Dios, a los demás y a sí mismos, ostentando una cara de estampita para maquillar la santidad... Por fuera se hacen ver como justos, como buenos: a ellos les gusta pasear y dejarse ver bien elegantes, ostentar cuánto rezan y cuánto ayunan, cuánta limosna dan... todo es aparentar, aparentar, pero dentro del corazón no hay nada. Estos maquillan el alma, viven del maquillaje: la santidad es un maquillaje para ellos.

Francisco no se cansa de repetir este mensaje. Como en octubre de 2018:

> Eran unos rígidos. Y Jesús conocía sus almas. Esto nos escandaliza... Son rígidos. Pero siempre, debajo o dentro de una rigidez, hay problemas. Graves problemas... Tengan cuidado con los rígidos. Estén atentos ante los cristianos —ya sean laicos, sacerdotes, obispos— que

se presentan tan «perfectos», rígidos. Estén atentos. No está el espíritu de Dios allí.

Francisco ha repetido tantas veces desde que accedió al pontificado estas palabras severas, cuando no acusadoras, hay que tomarlas por lo que son: un mensaje y una advertencia. ¿Es un modo de atacar a su oposición conservadora, denunciando su doble juego sobre la moral sexual y el dinero? De eso no cabe duda. Se podría ir más lejos: el papa lanza un aviso dirigido a ciertos cardenales conservadores o tradicionalistas que rechazan sus reformas haciéndoles saber que conoce su vida secreta. (Varios cardenales, arzobispos, nuncios y sacerdotes bergoglianos me han confirmado esta estratagema del papa.)

Mientras tanto, el bromista Francisco siguió hablando de la cuestión gay a su manera, es decir, como jesuita. Un paso adelante, otro paso atrás. Su política de pasitos es ambigua, a menudo contradictoria. Parece que no siempre sigue una línea coherente.

¿Es una simple política de comunicación? ¿Una estrategia perversa para torear a sus oponentes, tan pronto provocarlos como engatusarlos, pues sabe que para ellos aceptar la homosexualidad es un problema serio y un asunto íntimo? ¿Estamos ante un papa antojadizo, que juega con dos barajas por debilidad intelectual y carece de convicciones, como me han dicho sus detractores? El caso es que ni siquiera los vaticanistas más enterados saben muy bien a qué atenerse. Figura progay o antigay, cualquiera sabe.

«¿Por qué no tomarse una cerveza con un gay?», había propuesto Francisco. En realidad es lo que ha hecho varias veces en su residencia privada de Santa Marta o durante sus viajes. Por ejemplo, recibe oficiosamente a Diego Neria Lejárraga, un transexual, acompañado de su *girlfriend*. Otra vez, en 2017, Francisco recibió oficialmente en el Vaticano a Xavier Bettel, primer ministro luxemburgués, con su marido Gauthier Destenay, un arquitecto belga.

Fabián Pedacchio, secretario particular del papa, y Georg Gänswein, prefecto de la casa pontificia, se encargan de concertar

91

la mayoría de estas visitas. En las fotos se ve a Georg saludando calurosamente a los invitados LGBT, lo que no deja de tener su gracia, dadas las críticas recurrentes de Gänswein a los homosexuales.

En cuanto al argentino Pedacchio, menos conocido por el público en general, en 2013 pasó a ser el colaborador más estrecho del papa y vive con él en Santa Marta, en una de las habitaciones próximas a la de Francisco, la número 201, en el segundo piso (según un guardia suizo con el que hablé).

Pedacchio es una figura misteriosa: hay muy pocas entrevistas con él, o se han retirado de Internet; habla poco; su biografía oficial es mínima. También él ha encajado los golpes bajos del ala derecha de la curia romana y de monseñor Viganò en su *Testimonianza*.

—Es un hombre duro. Es como ese malo que todo hombre bueno y generoso debe tener a su lado —me confiesa Eduardo Valdés, exembajador de Argentina ante la santa sede.

En esta dialéctica clásica del «policía malo» y el «policía bueno», Pedacchio recibe las críticas de todos aquellos que no se atrevían a atacar directamente al papa. Por ejemplo, unos cardenales y obispos de la curia denunciaron la vida disoluta de Pedacchio sacando a relucir una cuenta que este habría abierto en la red social de encuentros Badoo para «buscar amigos» (la página se cerró cuando la prensa italiana denunció su existencia, pero sigue siendo accesible en la memoria de la web y en lo que se llama la Internet no indexada o Internet profunda: la *deep web*). En esta cuenta Badoo y en las pocas entrevistas que ha concedido, monseñor Pedocchio afirma que le gusta la ópera y «adora» el cine de Pedro Almodóvar, de quien ha visto «todas las películas», donde hay, reconoce, «escenas sexuales calientes». La vocación se la debe a un cura «un poco especial» que cambió su vida. En cuanto a Badoo, Pedocchio dice que es una intriga contra él y jura que es una cuenta falsa.

El papa Francisco, haciendo caso omiso de las críticas a sus colaboradores más próximos, ha seguido con su política de pasitos. Después de la matanza de 49 personas en un club gay de Orlando, en Florida, el papa, cerrando los ojos en señal de dolor, afirmó:

—Creo que la Iglesia debe pedir disculpas a las personas gais a las que ha ofendido [y también debe pedir disculpas] a los pobres, las mujeres explotadas, los jóvenes privados de trabajo, debe pedir perdón por haber bendecido tantas armas [de guerra].

A la vez que pronuncia estas palabras misericordiosas, el papa se ha mostrado inflexible con la «teoría de género». En ocho ocasiones entre 2015 y 2017 se ha pronunciado contra la ideología del «género», calificándola de «diabólica». A veces lo ha hecho de un modo superficial, sin saber de lo que habla, como en octubre de 2016, cuando denunció los libros de texto franceses que propagan «un adoctrinamiento solapado de la teoría de género»: los editores franceses y la ministra de Educación Nacional confirmaron que «los libros de texto no incluyen ninguna mención ni referencia a esa teoría de género». Al parecer, el origen de esta metedura de pata del papa está en unas *fake news* propaladas por asociaciones católicas próximas a la extrema derecha francesa a las que el soberano pontífice dio crédito sin haberlas verificado.

Uno de los redactores de las cartas de Francisco es un *monsignore* discreto que cada semana contesta a unas cincuenta cartas del papa, de las más sensibles. Acepta reunirse conmigo a condición de mantener el anonimato.

—¡El santo padre no sabe que uno de sus redactores es un cura gay! —me confiesa el interesado con orgullo.

El prelado tiene todas las puertas abiertas en el Vaticano gracias a la función que desempeña al lado del papa, y en los últimos años acostumbramos a reunirnos con frecuencia. Durante una de estas comidas, en el restaurante Coso, Vía in Lucina, mi fuente me revela un secreto que nadie conoce y muestra una enésima faceta de Francisco.

Después de pronunciar su frase memorable «¿Quién soy yo para juzgar?» el papa empezó a recibir un sinfín de cartas de homosexuales que le agradecían sus palabras y le pedían consejo. En el Vaticano, el manejo de esta copiosa correspondencia corre a cargo de la Secretaría de Estado, concretamente de la sección de monseñor Cesare Burgazzi, encargado de la correspondencia del santo padre. Según fuentes próximas a Burgazzi, con las que también hablé, estas cartas son «a menudo desesperadas». Están escritas por seminaristas o curas que a veces están «al borde del suicidio» porque no consiguen articular su homosexualidad con su fe.

—Llevábamos mucho tiempo contestando estas cartas con mucho esmero, y llevaban la firma del santo padre —me cuenta mi fuente—. Las cartas escritas por homosexuales siempre se han tratado con muchos miramientos y mucho tacto, dado el número importante de *monsignori* gais que hay en la Secretaría de Estado.

Pero un buen día el papa Francisco decidió que la gestión de su correspondencia no le convencía y pidió la reorganización del servicio. Añadiendo una instrucción desconcertante, según su redactor:

—De un día para otro el papa nos pidió que no contestáramos a las personas homosexuales. Debíamos dejar sus cartas sin respuesta. Esta decisión nos sorprendió y asombró. —Y mi fuente continúa—: En contra de lo que se pueda pensar, el papa no es *gay-friendly*. Es tan homófobo como sus predecesores.

94

(Otros dos curas de la Secretaría de Estado confirman la existencia de esta consigna, pero sin estar seguros de que procediera del propio papa, pues también la podía haber dado uno de sus colaboradores.)

Según mis informaciones, los *monsignori* de la Secretaría de Estado siguen «ejerciendo resistencia», según la expresión de uno de ellos: cuando los homosexuales o curas gais, en sus cartas, expresan su intención de suicidarse, los escribientes del papa se las arreglan para pasar a la firma del santo padre unas respuestas comprensivas, pero empleando perífrasis sutiles. De este modo, sin saberlo, el papa jesuita sigue mandando cartas misericordiosas a los homosexuales.

4

Buenos Aires

*L*a imagen se conoce como «la foto de los tres Jorges». Está en blanco y negro. Al futuro papa, Jorge Bergoglio, a la izquierda, con alzacuellos, se le ve muy contento. A la derecha se reconoce a Jorge Luis Borges, el más grande escritor argentino, ciego, con sus gruesas gafas y semblante serio. Entre los dos hombres se encuentra un joven seminarista, también con alzacuello, flaco, de una belleza turbadora; trata de esquivar el aparato fotográfico y baja la mirada. Estamos en agosto de 1965.

Esta foto, descubierta en los últimos años, dio lugar a murmuraciones. El joven seminarista en cuestión tiene hoy más de 80 años, la misma edad que Francisco. Se llama Jorge González Manent. Vive en una quinta situada a unos treinta kilómetros al oeste de la capital argentina, no lejos del colegio jesuita donde estudió con el futuro papa. Juntos hicieron los primeros votos religiosos cuando tenían 23 años. Amigos íntimos durante unos diez años, ambos recorrieron la Argentina profunda y viajaron por Latinoamérica, en especial por Chile, donde fueron estudiantes en Valparaíso. Un célebre compatriota había emprendido la misma ruta varios años antes: el Che.

En 1965 Jorge Bergoglio y Jorge González Manent, siempre inseparables, trabajan en otro centro, el colegio de la Inmaculada Concepción. Aquí, con 29 años, invitan al escritor Borges a participar en sus cursos de literatura. La famosa foto se debió de tomar después de la clase.

El 1968-1969 los caminos de los dos Jorges se separan. Bergoglio se ordena sacerdote y González Manent deja la Compañía de Jesús. ¡Cuelga los hábitos antes de tomarlos! «Cuando empecé Teología vi el sacerdocio muy de cerca y me sentí mal. [Y] cuando lo dejé le dije a mi madre que prefería ser un buen laico a un mal cura», dirá Jorge González Manent. Pese a lo que insinúan los rumores, no parece que González Manent abandonara el sacerdocio debido a su inclinación sexual, lo hizo para casarse con una mujer. Recientemente ha puesto por escrito sus recuerdos de la amistad con el actual papa en un opúsculo titulado *Yo y Bergoglio: jesuitas en formación*. ¿Esconde este libro algún secreto?

Extrañamente, ha sido retirado de las librerías y no está disponible ni siquiera en el almacén de la editorial que lo ha publicado, donde —lo he comprobado yendo a su sede— está registrado como «retirado a petición del autor». El editor tampoco ha depositado *Yo y Bergoglio* en la Biblioteca Nacional Argentina, como marca la ley. ¡Misterio! Los rumores sobre el papa Francisco abundan. Algunos son ciertos: es verdad que el papa trabajó en una fábrica de medias y también fue portero de discoteca. En cambio, algunas habladurías propaladas por sus adversarios son falsas, como una presunta enfermedad que le ha dejado «sin un pulmón» (en realidad solo le quitaron un pedazo pequeño del derecho).

A una hora de carretera al oeste de Buenos Aires se encuentra el seminario jesuita Colegio Máximo de San Miguel. En él me reúno con el sacerdote y teólogo, Juan Carlos Scannone, uno de los amigos más íntimos del papa. Me acompaña Andrés Herrera, argentino, mi principal investigador en Latinoamérica, que ha concertado esta cita.

Scannone, que nos recibe en un saloncito, tiene más de 86 años, pero se acuerda perfectamente de sus años con Bergoglio y Manent. En cambio, ha olvidado por completo la foto de los tres Jorges y el libro desaparecido.

—Jorge vivió aquí diecisiete años, primero como estudiante de filosofía y teología, luego como provincial de los jesuitas y por último como rector del colegio —me cuenta Scannone.

El teólogo es directo, sincero, y no elude ninguna pregunta.

Abordamos con mucha franqueza el tema de la homosexualidad de varios prelados argentinos influyentes con los que Bergoglio ha estado en abierto conflicto, y Scannone confirma o niega, según los nombres. Sobre el matrimonio gay es igual de tajante:

—Creo que Jorge [Bergoglio] quería conceder derechos a las parejas homosexuales, esa era realmente su intención. Pero no era favorable al matrimonio debido al sacramento. La curia romana, en cambio, era contraria a las uniones civiles. El cardenal Sodano era especialmente rígido. Y el nuncio que estaba en Argentina también estaba totalmente en contra de las uniones civiles. —El nuncio era Adriano Bernardini, compañero de viaje de Angelo Sodano, que tuvo una pésima relación con Bergoglio.

Hablamos de la matriz intelectual y psicológica de Francisco, en la que habría que resaltar, ante todo, su pasado jesuita y su trayectoria de hijo de emigrantes italianos. ¡El tópico de que «los argentinos, en general, son italianos que hablan español» no deja de ser verdad en su caso!

Sobre la «teología de la liberación» Scannone repite, algo maquinalmente, lo que ha escrito en varios libros.

—El papa siempre ha estado a favor de lo que se llama la opción preferencial por los pobres. Por eso no rechaza la teología de la liberación como tal, pero está en contra de su matriz marxista y contra cualquier uso de la violencia. Prefiere lo que aquí en Argentina llamamos «teología del pueblo».

La teología de la liberación es una poderosa corriente de pensamiento católico, sobre todo en Latinoamérica y, como veremos, un fenómeno esencial para este libro. Me detendré a describirla, porque tiene una importancia crucial en la gran batalla entre los clanes homosexuales del Vaticano durante los papados de Juan Pablo II, Benedicto XVI y Francisco.

Esta ideología posmarxista defiende, radicalizándola, la figura de Cristo: milita por una Iglesia de los pobres, de los excluidos y de la solidaridad. Popularizada a raíz de la Conferencia del Episcopado Latinoamericano celebrada en Medellín, Colombia, en 1968, encontró su nombre algo después en la pluma del teólogo peruano

Gustavo Gutiérrez, quien se preguntaba incansablemente cómo decirles a los pobres que Dios les ama.

Durante la década de 1970 esta corriente de pensamiento plural, basada en un corpus de textos heterogéneos, se propagó por Latinoamérica. A pesar de sus divergencias, los teólogos de la liberación compartían la idea de que las causas de la pobreza y la miseria eran económicas y sociales (todavía desdeñaban los factores raciales, de identidad o de género). También defendían una «opción preferencial por los pobres», lejos del lenguaje clásico de la Iglesia sobre la caridad y la compasión. Los teólogos de la liberación ya no veían a los pobres como «sujetos» a los que había que socorrer, sino como «actores» dueños de su propia historia y de su liberación. Por último, esta corriente de pensamiento era de esencia comunitaria. Partía del terreno y de la base, sobre todo de las comunidades eclesiales, las pastorales populares y las favelas, y en esto también rompía a la vez con una visión «eurocéntrica» y con el centralismo de la curia romana.

—Al principio la teología de la liberación surgió en las calles, las favelas, las comunidades de base. No se creó en universidades, sino en comunidades eclesiales de base, las famosas CEB. Después, teólogos como Gustavo Gutiérrez y Leonardo Boff sistematizaron sus ideas; de entrada, que el pecado no es una cuestión personal, sino social. Dicho de otra forma, hay que prestar menos atención a la masturbación y más a la explotación de las masas. Además, esta teología toma ejemplo de Jesucristo, cuya acción está inspirada en los pobres, tal como me explicó, durante una conversación en Río de Janeiro, el dominico brasileño Frei Betto, una de las principales figuras de esta corriente de pensamiento.

Algunos teólogos de la liberación fueron comunistas, guevaristas, próximos a las guerrillas latinoamericanas o simpatizantes del castrismo. Otros, tras la caída del Muro de Berlín, supieron evolucionar hacia la defensa del medio ambiente, las cuestiones de identidad de los indígenas, las mujeres o los negros de Latinoamérica, abriéndose a las cuestiones de «género». En los años noventa sus teólogos más renombrados, Leonardo Boff y Gustavo Gutiérrez, empezaron a interesarse por las cuestiones de identidad sexual y de género, contradiciendo las posiciones oficiales de los papas Juan Pablo II y Benedicto XVI.

¿Hubo proximidad entre Jorge Bergoglio y la teoría de la liberación? Este asunto se ha debatido mucho, teniendo en cuenta que en los años ochenta la santa sede desató una campaña furibunda contra esta corriente de pensamiento y redujo al silencio a varios de sus pensadores. En el Vaticano, los enemigos de Francisco resaltan el pasado «liberacionista» de Francisco y su relación con esos turbulentos pastores, y sus afines lo relativizan. En un libro de encargo y de propaganda, *Francisco, el papa americano*, dos periodistas de *L'Osservatore Romano* rechazan de plano cualquier afinidad del papa con esta corriente de pensamiento.

Las personas que conocieron a Francisco con las que hablé en Argentina son menos categóricas al respecto. Saben muy bien que los jesuitas en general y Francisco en particular han acusado la influencia de estas ideas de izquierda.

—He distinguido cuatro corrientes de la teología de la liberación. Una de ellas, la teología del pueblo, es la que mejor refleja el pensamiento de Bergoglio. Nosotros no utilizamos la categoría de la lucha de clases tomada del marxismo y rechazamos de plano la violencia —explica Juan Carlos Scannone.

Este amigo del papa insiste, sin embargo, en que tanto en Argentina como todavía hoy en Roma ha mantenido una buena relación con los dos principales teólogos de la liberación, Gustavo Gutiérrez y Leonardo Boff, ambos sancionados por Joseph Ratzinger.

Para saber más, viajo a Uruguay cruzando el Río de la Plata en barco, una travesía de tres horas desde Buenos Aires. Uno de los transbordadores se llama Papa Francisco. En Montevideo estoy citado con el cardenal Daniel Sturla, un prelado joven, afable y *gay-friendly*, que encarna la línea moderna de la Iglesia del papa Francisco. Sturla nos recibe, a Andrés y a mí, con una camisa negra de manga corta, y me fijo en el reloj Swatch que lleva en la muñeca, bien distinto de los relojes de lujo que ostentan muchos cardenales italianos. La entrevista, prevista para unos veinte minutos, dura más de una hora.

—El papa se encuadra en lo que aquí llamamos «teología del pueblo». Es una teología de la gente, de los pobres —me dice Sturla tomando un sorbo de mate.

Al igual que el Che, que lo compartía con sus soldados, Sturla

99

insiste en que pruebe esta bebida tradicional amarga y estimulante en la calabaza, indicándome que aspire por la bombilla.

Para el cardenal Sturla la cuestión de la violencia es la diferencia fundamental entre «teología de la liberación» y «teología del pueblo». Según él, era legítimo que la Iglesia rechazara a los curas guevaristas que empuñaban las armas y se unían a las guerrillas latinoamericanas.

En Buenos Aires el pastor luterano Lisandro Orlov, no obstante, relativiza estas sutilezas:

—La teología de la liberación y la teología del pueblo se parecen. Yo diría que la segunda es la versión argentina de la primera. Es muy populista, digamos que peronista. Es muy típico de Bergoglio, que nunca fue de izquierdas pero sí peronista.

Por último, Marcelo Figueroa, un protestante que durante años presentó con Bergoglio un célebre programa televisivo sobre la tolerancia interreligiosa, y con quien conversé en el famoso café Tortoni de Buenos Aires, comenta:

—Se puede decir que Bergoglio es de izquierdas aunque, en materia de teología, es más bien conservador. ¿Peronista? No lo creo. Tampoco es un verdadero teólogo de la liberación. ¿Guevarista? Puede que simpatizara con las ideas del Che Guevara, pero no con su práctica. No se le puede encasillar. Es ante todo un jesuita.

Figueroa fue el primero que se atrevió a hacer una comparación con el Che. Otros curas argentinos con los que hablé también sacaron a relucir esta imagen. Es interesante. No, desde luego, la del Che Guevara marcial y criminal de La Habana, del compañero revolucionario sectario con sangre en las manos, ni la del guerrillero adoctrinado de Bolivia. La violencia teórica y práctica del Che no tiene nada que ver con Francisco. Pero el futuro papa no fue indiferente a esta «poesía del pueblo» y el mito del Che le fascinó, como a muchos argentinos y muchos jóvenes rebeldes de todo el mundo (Bergoglio tenía 23 años cuando estalló la Revolución cubana). ¿Cómo no iba a sentirse atraído por su compatriota, el joven médico de Rosario que sale de su país en moto para conocer las «periferias» latinoamericanas, el que descubre *on the road* la pobreza, la miseria, a los trabajadores explotados, a los indios y a todos los «condenados de la tierra»? Eso es lo que le gusta al papa, el «primer» Che, todavía compasivo, generoso y poco ideológico, con la rebelión a flor de piel y el ascetismo social, el que rechaza los privilegios y, siempre con un libro a mano, lee poesía. Si el pensamiento de Francisco se inclina de alguna manera hacia el guevarismo (y no hacia el castrismo ni el marxismo) no es tanto por su catecismo leninista como por su romanticismo un poco ingenuo, esa leyenda que en el fondo no coincide con la realidad.

Como vemos, nada más lejos de la imagen que la extrema derecha católica intenta endosar a Francisco, la de un «papa comunista» o «marxista», como dicen sin rodeos varios obispos y nuncios en Roma. Las acusaciones contra él van desde haber llevado a la isla de Lesbos refugiados musulmanes y no cristianos, favorecer a los sintecho o querer vender las iglesias para ayudar a los pobres hasta, por supuesto, haber hecho declaraciones *gay-friendly*. Estas críticas obedecen a una agenda política y no a una fe católica.

¿Francisco, comunista? ¡Las palabras tienen un sentido! Figueroa no sale de su asombro ante la mala fe de los adversarios de Bergoglio que, con sus cardenales de extrema derecha, los Raymond Burke y Robert Sarah, forman un movimiento al estilo del Tea Party estadounidense.

Antes de ser romanos, los principales enemigos del papa Francisco fueron argentinos. Es interesante remontarse al origen de la oposición a Bergoglio, muy reveladora para nuestro asunto. Detengámonos aquí en tres figuras destacadas en las circunstancias tan especiales de la dictadura argentina: el nuncio Pío Laghi, Héctor Aguer, arzobispo de La Plata, y el futuro cardenal Leonardo Sandri.

El primero, nuncio en Buenos Aires de 1974 a 1980, no se malquistó con Jorge Bergoglio hasta mucho después, cuando, siendo ya cardenal, dirigió la Congregación para la Educación Católica. De todos modos durante sus años argentinos mantuvo una relación estrecha con las juntas militares, que fueron responsables de al menos 15.000 fusilamientos y 30.000 desapariciones, así como de un millón de exiliados. La actitud de Pío Laghi ha concitado muchas críticas, entre otras cosas porque el nuncio jugaba al tenis con uno de los dictadores. Aunque varias personas con las que hablé, como el teólogo y amigo del papa Juan Carlos Scannone y Eduardo Valdés, exembajador de Argentina en el Vaticano, quitan importancia a esta amistad y a su colaboración con la dictadura.

El arzobispo Claudio Maria Celli, que fue adjunto de Pío Laghi en Argentina a finales de los años ochenta, me dijo en una conversación que mantuvimos en Roma:

—Es cierto que Laghi se reunía con Videla [que lideró el golpe de Estado y presidió Argentina durante la dictadura], pero era una política más sutil de lo que se cuenta hoy. Trataba de influir en su línea de acción.

Los archivos desclasificados por el gobierno de Estados Unidos y también varios testimonios que recogí en Buenos Aires y en Roma señalan, por el contrario, que Pío Laghi fue cómplice de los militares, informador de la CIA y un homosexual introvertido. Los archivos del Vaticano, en cambio, que también se han desclasificado parcialmente, tienden a exculparle (como cabía esperar). Lo que se desprende de la lectura de las 4.600 notas y documentos de la CIA y del Departamento de Estado desclasificados, que hemos podido consultar minuciosamente, es ante todo la relación del nuncio con la embajada de Estados Unidos. En una serie de memorandos de 1975 y 1976 cuyo texto conservo, Laghi se lo cuenta todo al embajador estadounidense y sus colaboradores. En su presencia defiende constantemente la causa de los dictadores Videla y Viola, según él unos «hombres buenos» que querían «corregir los abusos» de la dictadura. El nuncio exculpa a los militares de sus crímenes y dice que la violencia la ejerce tanto el gobierno como la oposición «marxista». También niega ante los agentes estadounidenses que en Argentina exista persecución contra los curas. (Al menos diez fueron asesinados.)

Según mis fuentes, la homosexualidad de Pío Laghi podría explicar sus posiciones próximas a la dictadura, una matriz que se da con frecuencia. Por supuesto, la homosexualidad no le predestinaba a la colaboración, pero al hacerle vulnerable frente a los militares, que conocían su tendencia, pudo obligarle al silencio. No obstante, Laghi fue más lejos y optó por relacionarse con la mafia gay fascistoide que rodeaba al gobierno.

—Pío Laghi fue un aliado de la dictadura —zanja Lisandro Orlov, pastor luterano, uno de los que mejor conocen la Iglesia católica argentina y de los verdaderos opositores a la junta militar. Hablo con él varias veces en su casa de Buenos Aires y luego en París.

Una de las famosas Madres de la Plaza de Mayo, que reúnen a las madres de las víctimas, también ha declarado ante la justicia contra Laghi. En Buenos Aires pude ver las manifestaciones que celebraban las Madres todos los jueves a las 15.30 en la Plaza de Mayo.

En Argentina, varios periodistas de investigación con los que he hablado están indagando sobre los vínculos entre Laghi y la dictadura y sobre la doble vida del nuncio. Me hablan sobre todo de sus *taxi-boys*, un eufemismo argentino para decir prostitutos. En los próximos años saldrán a la luz más revelaciones.

Durante la dictadura, Héctor Aguer y Leonardo Sandri todavía   103
eran unos curas jóvenes, influyentes, sin duda, pero sin grandes responsabilidades. El primero llegaría a ser arzobispo de La Plata muchos años después; el segundo, futuro nuncio y cardenal, fue nombrado «sustituto» del Vaticano («ministro del Interior») en el año 2000 y se convirtió en uno de los prelados más influyentes de la Iglesia católica durante los papados de Juan Pablo II y Benedicto XVI. Ambos han sido tenaces enemigos de Jorge Bergoglio, quien, ya papa, obligó a Aguer a jubilarse apenas una semana después de cumplir los 75 años, y siempre mantuvo a raya a Sandri.

Según varios testimonios, los dos argentinos, que se hicieron amigos, eran «comprensivos» con la dictadura. Próximos a las corrientes más reaccionarias del catolicismo (el Opus Dei en el caso de Aguer, y más tarde los Legionarios de Cristo en el de Sandri), ambos fueron feroces adversarios de la teología de la liberación. El lema «Dios y Patria» del régimen, mezcla de revolución nacional y fe católica, les gustaba.

La prensa describe a Héctor Aguer como «ultraconservador» de la «derecha fascista», «cruzado», «cómplice de la dictadura» o «fundamentalista». Pese a su voz afectada —cuando nos reunimos con él citó de memoria en italiano fragmentos de *Madama But-terfly*—, también tiene fama de ser un homófobo recalcitrante. Él mismo reconoce haber estado en primera línea del combate contra el matrimonio gay en Argentina. Aunque niega cualquier afinidad ideológica con la dictadura, ataca con saña la teología de la liberación «que siempre ha estado infectada por el virus marxista».

—Aguer es la extrema derecha de la Iglesia argentina —me explica Miriam Lewin, una periodista argentina de Channel 13 que fue encarcelada durante la dictadura. (No pude hablar con Aguer durante mis viajes a Buenos Aires, pero mi investigador argentino y chileno, Andrés Herrera, le entrevistó en su casa de verano de Tandil, a 360 kilómetros de Buenos Aires. Aguer veraneaba allí en compañía de una treintena de seminaristas, y Andrés fue invitado a comer con el viejo arzobispo rodeado de sus «muchachos», como los llama, algunos de los cuales «reproducían todos los tópicos de la homosexualidad».)

En cuanto a Sandri, con quien pude hablar en Roma y que más tarde, como veremos, sería un personaje crucial del Vaticano, por entonces ya se situaba en la extrema derecha del espectro político católico. Amigo del nuncio Pío Laghi y enemigo de Jorge Bergoglio, falta de toda crítica hacia la dictadura llamó la atención y dio pie a muchos rumores sobre sus relaciones, su dureza política y su habilidad para el engatusamiento. Según el testimonio de un jesuita que estaba en el seminario menor con él, su juventud fue tormentosa y en el seminario se conocía su capacidad para crear problemas. Cuando todavía era adolescente «nos sorprendía con su afán de seducir intelectualmente a sus superiores, y les contaba todos los rumores que corrían sobre los seminaristas», me dice mi fuente.

Varios otros, como el teólogo Juan Carlos Scannone o el biblista Lisandro Orlov, me describen los años argentinos de Sandri y me dan informaciones de primera mano. Sus testimonios concuerdan. ¿Obligaron los rumores a Sandri, con su imagen inconformista, a marcharse de Argentina cuando cayó la dictadura? ¿Cogió el portante al sentirse en peligro? Es una posibilidad. El caso es que, siendo hombre de confianza de Juan Carlos Aramburu, arzobispo de Buenos Aires, Sandri fue enviado a Roma, donde se acabaría convirtiendo en un diplomático. Ya no volvería a vivir en su país. Fue destinado a Madagascar, luego a Estados Unidos, donde trabajó como adjunto de Pío Laghi en Washington y se codeaba con los ultraconservadores cristianos; después le nombraron nuncio apostólico en Venezuela y de allí pasó a México, donde los rumores sobre su vida mundana y su extremismo le persiguieron, según varios testimonios que he recogido en Caracas y en Ciudad de México. En el año 2000 se asentó en Roma para convertirse en «ministro del Interior» de Juan Pablo II. (En su *Testimonianza*, el arzobispo Viganò acusa a Sandri, sin aportar pruebas, de haber encubierto abusos sexuales en el ejercicio de sus funciones en Venezuela y en Roma, y de haber estado «muy dispuesto a colaborar» en las «maniobras de encubrimiento».)

Así las cosas, la actitud de Jorge Bergoglio durante la dictadura parece más valiente de lo que se ha dicho. Comparado con Pío Laghi, Héctor Aguer, Leonardo Sandri, un episcopado cuya prudencia rozaba la connivencia, y con muchos curas que siguieron el juego del fascismo, el futuro papa dio muestras de un indiscutible espíritu de resistencia. No fue un héroe, desde luego, pero tampoco colaboró con el régimen.

El abogado Eduardo Valdés, que fue embajador de Argentina ante la santa sede en la década de 2010 y que es una persona próxima a la expresidenta del país Cristina Fernández, nos recibe a Andrés y a mí en su café privado «peronista» del centro de Buenos Aires. El hombre es lenguaraz; estupendo, le dejo que hable delante de una grabadora bien visible. Me resume la que a su juicio es la ideología de Francisco (una teología de la liberación con salsa argentina y peronista) y me informa sobre las complicidades eclesiásticas con la junta militar. También hablamos del nuncio Pío Laghi, del arzobispo de La Plata, Héctor Aguer, del cardenal Leonardo Sandri y de muchos otros prelados que fueron adversarios notorios del cardenal Bergoglio. El embajador recuerda, ahora sin precaución, entre grandes carcajadas peronistas, las costumbres desvergonzadas y las francachelas de algunos obispos de la Conferencia Episcopal Argentina o de sus afines. De ser cierto, en este clero hay muchos curas de actitud rígida que en realidad tienen una doble vida. (Información confirmada por otros obispos y curas con los que he hablado en Buenos Aires y por el militante LGBT Marcelo Ferreyra, que tiene expedientes muy completos, elaborados por sus abogados, sobre los prelados más homófobos y «enclosetados» de Argentina.)

No tardaré en descubrir comportamientos parecidos en Chile, México, Colombia, Perú, Cuba y el resto de los 11 países latinoamericanos donde hice indagaciones para este libro. Y siempre me topé con esta regla de Sodoma, ya bien confirmada y que el futuro papa comprendió durante sus años argentinos: el clero más homófobo suele ser el más practicante.

Hay un último aspecto que permite explicar las posiciones del cardenal Bergoglio cuando llegó a papa: el debate sobre las uniones civiles (2002-2007) y el matrimonio (2009-2010). Contra todo pronóstico, en julio de 2010 Argentina se convirtió en el primer país latinoamericano que permitió el matrimonio para las parejas del mismo sexo.

Se ha vertido mucha tinta sobre la actitud equívoca del futuro papa, que nunca fue muy claro al respecto cuando estaba en Buenos Aires. Para resumir su postura podría decirse que Francisco ha sido relativamente moderado en materia de uniones civiles y no ha querido incitar a los obispos a echarse a la calle, pero se ha opuesto con todas sus fuerzas al matrimonio homosexual. En Argentina las uniones civiles se extendieron poco a poco, a raíz de decisiones locales, lo que dificultó una movilización de gran amplitud; mientras que el matrimonio, debatido en el parlamento con el respaldo de la entonces presidenta Fernández, suscitó un debate nacional.

Los detractores de Bergoglio señalan que también fue ambiguo sobre las uniones civiles y se contradijo cuando estas fueron aprobadas en el distrito de Buenos Aires. En realidad, como no dijo casi nada, ¡habrá que interpretar sus silencios!

—Yo creo que Jorge [Bergoglio] era favorable a las uniones civiles. A su juicio era una ley que ampliaba los derechos civiles. Las habría aceptado si [el Vaticano] no se hubiera cerrado en banda —comenta Marcelo Figueroa.

Los amigos más íntimos del futuro papa con los que hablé destacan las trabas que puso Roma a las iniciativas de Bergoglio a favor de los homosexuales. Según ellos, Bergoglio comentaba en privado que esa ley era un buen compromiso para evitar el matrimonio. «Estaba muy aislado», señalan sus amigos, añadiendo que entre el Vaticano y el futuro papa se entabló una durísima pelea. Ante la falta de apoyos y la ambigüedad de los curas argentinos, Bergoglio acabó renunciando a sus ideas más abiertas.

El hombre clave de Roma en Argentina era, justamente, el arzobispo de La Plata, Héctor Aguer. Benedicto XVI contaba con este homófobo visceral para poner coto a las ideas demasiado «violentamente moderadas» de Bergoglio. En su afán por quitarse de enmedio al cardenal de Buenos Aires, Benedicto XVI, según comentan, le prometió a Aguer que lo nombraría para ocupar su puesto en cuanto el otro cumpliera la edad límite de 75 años (Aguer hizo afirmaciones en este sentido). Sintiéndose respaldado desde las alturas, Aguer, por lo general afeminado, reforzó su faceta más machista. Rodeado de una retahíla de niños bonitos y efebos seminaristas, el prelado lanzó una campaña furibunda contra las uniones civiles y el matrimonio homosexual.

—Los cardenales Sodano y Sandri, y luego Bertone, dirigían desde Roma las maniobras argentinas contra Bergoglio apoyándose, sobre el terreno, en el arzobispo Héctor Aguer y el nuncio Adriano Bernardini —me explica Lisandro Orlov.

(El día en que eligieron a Francisco, Aguer estaba tan despechado que no hizo que tocaran las campañas del arzobispado de La Plata, como manda la tradición; el nuncio Bernardini enfermó por el disgusto…)

Por tanto, el futuro papa no tenía ningún margen de maniobra frente a Roma. Los testigos confirman, por ejemplo, que el Vaticano replicó a todos los nombres de sacerdotes propuestos para obispos por Bergoglio, generalmente progresistas, nombrando candidatos conservadores.

—Héctor Aguer quiso tenderle una trampa a Bergoglio. Radicalizó las posiciones de la Iglesia católica sobre el matrimonio para obligarle a salir de su mutismo. Para comprender a Bergoglio hay que escuchar sus silencios sobre las uniones civiles y sus palabras

107

contra el matrimonio homosexual —sigue explicando Lisandro Orlov.

Una opinión confirmada por el padre Guillermo Marcó, por entonces asistente personal y portavoz del cardenal Bergoglio, que nos recibe, a Andrés y a mí, en su despacho, una antigua nunciatura convertida en fundación universitaria, situada en el centro de Buenos Aires:

—El Vaticano era contrario a las uniones civiles y Bergoglio, como arzobispo, debía seguir esa línea. Yo era el portavoz y le aconsejé soslayar el tema, no hablar de uniones civiles para no tener que criticarlas. A fin de cuentas, era una unión sin sacramento y no se trataba de un matrimonio, ¿por qué hablar de ello? Jorge aprobó esa estrategia. Informé a las organizaciones homosexuales de Buenos Aires de que no nos pronunciaríamos al respecto y de que les pedíamos que no se mezclaran en esa batalla, ese era nuestro objetivo —me indica Marcó.

Un buen profesional, joven y *gay-friendly*, el padre Marcó. Hablamos un buen rato delante de una pequeña Nagra encendida y muy visible, la marca de grabadora preferida por los periodistas profesionales de radio. Recordando una batalla clásica, me explica el eterno conflicto entre los curas de ciudad y los curas de campo:

—El cardenal Bergoglio vivía en Buenos Aires, en una zona urbana, a diferencia de los otros obispos, que ejercían en provincias o en zonas rurales. En contacto con esta gran ciudad, evolucionó mucho. Comprendió lo que pasaba con la droga, con la prostitución, los desafíos de los barrios, de la homosexualidad. Se convirtió en un obispo urbano.

Según dos fuentes distintas, el cardenal Bergoglio se mostró comprensivo con los curas argentinos que bendecían las uniones homosexuales.

Sin embargo, en 2009, cuando se entabla el debate sobre el matrimonio de las parejas del mismo sexo, la actitud del arzobispo Jorge Bergoglio cambia. Eso fue después de su fracaso en el cónclave, al que no logró convencer de su postura, frente a Joseph Ratzinger. ¿Será que quería dar garantías?

El caso es que Bergoglio se vuelve beligerante, tiene palabras muy duras contra el matrimonio homosexual («un ataque que pretende destruir los planes de Dios») y convoca a los políticos, como al alcalde de Buenos Aires, para sermonearles. Se opone públicamente a la presidenta de la nación, Cristina Fernández, con quien mantiene un pulso que cobra visos de arreglo de cuentas, y acaba perdiendo. El futuro papa también intenta acallar a los curas que se expresan a favor del matrimonio homosexual, les sanciona y anima a las escuelas católicas a salir a la calle. Esta imagen de dureza contrasta, al menos, con la del papa que pronunciará su famoso «¿Quién soy yo para juzgar?». Bergoglio no es Francisco, resume con una sentencia ácida la periodista Miriam Lewin.

El pastor luterano argentino Lisandro Orlov, por su parte, añade:

—¡Eso explica que en Buenos Aires todos se pusieran en contra de Bergoglio! Aunque no todos se han vuelto partidarios de Francisco desde que es papa.

Sin embargo, los militantes homosexuales que se enfrentaron a Bergoglio en el asunto del matrimonio reconocen que había que tener en cuenta la situación. Tal es la opinión de Osvaldo Bazán, autor de una imprescindible historia de la homosexualidad:

—Cabe recordar que el cardenal Antonio Quarracino, arzobispo de Buenos Aires, ¡quería deportar a los homosexuales a una isla! En cuanto a Héctor Aguer, es tan caricaturesco que mejor no hablar de él. Bergoglio tuvo que tomar posición ante este ambiente visceralmente homófobo —me dice.

Al parecer, el cardenal Bergoglio también se mostró comprensivo con el obispo de Santiago del Estero, Juan Carlos Maccarone, cuando le denunciaron por homosexual. Este prelado, muy respetado y próximo a la teología de la liberación, tuvo que dimitir después que el Vaticano y los medios recibieran una cinta de vídeo donde se le veía con un joven de 23 años. Bergoglio, convencido de que era un arreglo de cuentas político y un chantaje, encargó a su portavoz Guillermo Marcó que le defendiera y expresara su «afecto y comprensión» al prelado. En cambio, el papa Benedicto XVI presionó para que fuera apartado.

(Sobre otro escándalo: no voy a ocuparme aquí del caso de Julio Grassi porque supera los límites de este libro. Según varios medios, el cura argentino, sospechoso de cometer abusos sexuales con 17 menores, contó con la protección de Bergoglio, que llegó a proponer a la Conferencia Episcopal, siendo su presidente, que pagara la defensa del abusador, y realizó una contrainvestigación para tratar de disculparle. En 2009 el padre Grassi fue condenado a quince años de cárcel, pena confirmada por la Corte Suprema de Justicia argentina en 2017.)

Uno de los especialistas en religión católica argentina, consejero influyente del gobierno actual, resume de este modo el debate:

—¿Qué espera usted de Francisco? Es un sacerdote peronista de 82 años. ¿Cómo quiere que a esa edad sea moderno y progresista? Es más bien de izquierdas en asuntos sociales y más bien de derechas en asuntos morales y de sexualidad. ¡Es un tanto ingenuo esperar que un viejo peronista sea progresista!

De modo que las posiciones del cardenal Bergoglio hay que situarlas en este contexto general. Según uno de sus allegados, fue «conservador sobre el matrimonio, pero no homófobo». Y añade, diciendo en voz alta lo que todos piensan para sus adentros:

—Si Jorge Bergoglio se hubiera mostrado favorable al matrimonio gay, nunca le habrían elegido papa.

5

El sínodo

—*H*ubo una reacción.

Lorenzo Baldisseri es un hombre flexible y pausado. Y en esa fase de nuestra conversación el cardenal escoge sus palabras aún más lentamente, con una prudencia extrema. Se toma su tiempo antes de decir, a propósito del sínodo sobre la familia:

—Hubo una reacción.

Le oigo tocar el piano. También se toma su tiempo, a diferencia de muchos pianistas, que se embalan. Es pausado cuando interpreta a los compositores que más le gustan, Vittorio Monti, Erik Satie, Claude Debussy o Frédéric Chopin. Y me gusta su ritmo, sobre todo en los fragmentos que mejor le salen, como la *Danza española* de Enrique Granados o el *Ave María* de Giulio Caccini.

El cardenal había hecho que le pusieran en su inmenso despacho del Vaticano el piano de media cola que había hecho traer desde Miami, donde lo compró cuando era nuncio en Haití. Es un piano viajero que ha visitado Paraguay, la India y Nepal, y ha vivido nueve años en Brasil.

—Todas las noches toco el piano de ocho a once en este despacho. No puedo dejar de hacerlo. Aquí en el Vaticano me llaman el pianista de Dios —añade con picardía.

Un cardenal que toca el piano solo, por la noche, en este palacio del Vaticano sin un alma: la imagen me encanta. Baldisseri me regala un estuche de tres CD editado por la Librería Editrice Vaticana. El suyo.

—También doy conciertos. He tocado para el papa Benedicto XVI en su residencia veraniega de Castel Gandolfo. Pero ¡es alemán y le gusta Mozart! Yo soy italiano, soy romántico.

Con 78 años, el cardenal pianista, para hacer dedos y no perder destreza, toca todos los días y en todas partes, en el despacho, en su casa o cuando está de vacaciones.

—También he tocado para el papa Francisco. Era todo un reto, porque él no es un gran amante de la música.

Baldisseri es uno de los hombres de confianza de Francisco. Desde su elección, a la que Baldisseri contribuyó como secretario del cónclave, el nuevo papa encargó al obispo italiano que preparese un sínodo extraordinario sobre la familia en 2014-2015, y otro sobre la juventud en 2018. Y le creó cardenal para investirle de la necesaria autoridad.

Un sínodo convocado por el papa es un momento importante para la Iglesia. Esta asamblea de los cardenales y de muchos obispos es la ocasión para debatir cuestiones de fondo y de doctrina. Una de ellas, más sensible que otras, es la familia.

Francisco sabía desde el principio que para que sus ideas tuvieran aceptación no había que desairar a los cardenales rígidos, en su mayoría nombrados por Juan Pablo II y Benedicto XVI. Había que andarse con diplomacia. Baldisseri es un nuncio, formado en la escuela de los diplomáticos (la grande, la de Casaroli y Silvestrini, no la más reciente, y hoy tan denostada, de Sodano y Bertone).

—Trabajé con un espíritu de apertura. Nuestro modelo era el concilio Vaticano II: estimular el debate, apelar a laicos e intelectuales, inaugurar un nuevo método, un nuevo enfoque. Que, por otro lado, era el estilo de Francisco, un papa llegado de Latinoamérica, abierto, accesible, que se comporta como un simple obispo.

¿Era lo bastante experto? ¿Fue imprudente?

—Yo era novato, es cierto. Lo aprendí todo organizando este primer sínodo. No había ningún tabú, ninguna moderación. Todas las cuestiones estaban sobre la mesa. Abiertas. ¡Candentes! Todo estaba sobre la mesa: el celibato de los sacerdotes, la homosexualidad, la comunión de las parejas divorciadas, la ordenación de mujeres… Se abrieron todos los debates a la vez.

Rodeado de un pequeño equipo sensible, alegre y sonriente, algunos de cuyos miembros conocí en los locales del Secretariado del Sínodo (los arzobispos Bruno Forte, Péter Erdöy Fabio Fabene, todos ellos ascendidos después por el papa), Lorenzo Baldisseri construyó una verdadera máquina de guerra al servicio de Francisco.

Desde el principio la banda de Baldisseri trabajó con los cardenales más abiertos y más *gay-friendly*: el alemán Walter Kasper, cabecilla de los liberales en el Vaticano, que recibió el encargo de escribir el informe preparatorio, el austríaco Christoph Schönborn y el hondureño Óscar Maradiaga, amigo personal del papa.

—Nuestra línea, en el fondo, era la de Kasper. Pero el método era igual de importante. El papa quiso abrir las puertas y las ventanas. El debate tenía que entablarse por doquier, en las conferencias episcopales, en las diócesis, entre los creyentes. El pueblo de Dios debía escoger —me cuenta Baldisseri.

Este método era inédito y suponía una ruptura con Juan Pablo II, que fue el arquetipo de un maníaco del control, o con Benedicto XVI, que evitaba este tipo de debates por principio y por miedo. Francisco pensó que podía dar un vuelco a la situación delegando en la base la preparación del sínodo con una consulta mundial sobre 38 asuntos. Quiso poner en movimiento la Iglesia. Con ello pretendía sobre todo esquivar a la curia y a los cardenales de toda la vida que, acostumbrados a la teocracia absoluta y a la infalibilidad papal, enseguida se dieron cuenta de la jugada.

—Se cambiaron las costumbres, es verdad. El método fue lo que sorprendió —me explica prudentemente el cardenal.

Desde luego la banda de Baldisseri no perdió el tiempo. Confiado, quizá temerario, Walter Kasper anunció públicamente incluso antes del sínodo que las «uniones homosexuales, si se viven de un modo estable y responsable, son respetables». ¿Respetables? La palabra ya era en sí misma una revelación.

Partiendo de esa inmensa consulta de campo, el secretariado del sínodo preparaba un texto preliminar que después discutirían los cardenales.

—Tras el llamamiento al debate las respuestas llegaron en masa, de todas partes, en todos los idiomas. Las conferencias epis-

113

copales respondieron, los expertos respondieron, muchos individuos también respondieron —dice Baldisseri con satisfacción.

Rápidamente se formó un grupo de quince sacerdotes para leer
todas esas notas, los miles de cartas, un aluvión inesperado, una
oleada sin precedentes. También había que examinar las respuestas de las 114 conferencias episcopales y de unas 800 asociaciones
católicas, en un sinfín de idiomas. Al mismo tiempo, varios redactores (entre los que había al menos un homosexual al que conocí)
escribieron el borrador de un texto que, al cabo de un año, sería la
célebre exhortación apostólica *Amoris Laetitia*.

En este borrador se incluyó adrede esta frase: «Los homosexuales tienen dones y cualidades que pueden ofrecer a la comunidad
cristiana». Otra era una referencia explícita al sida: «Sin negar las
problemáticas morales relacionadas con las uniones homosexuales,
se observan casos en que el apoyo mutuo hasta el sacrificio es una
ayuda maravillosa para la vida de la pareja».

—Francisco venía aquí todas las semanas —me cuenta Baldisseri—. Presidía personalmente las sesiones en las que debatíamos
propuestas.

¿Por qué optó Francisco por plantear las cuestiones de la familia y la moral sexual? Además de preguntárselo al cardenal Baldisseri y a varios colaboradores suyos, hablé de ello con decenas
de cardenales, obispos y nuncios, en Roma y en una treintena de
países, contrarios o partidarios de Francisco, defensores del sínodo
o refractarios. Estas entrevistas me permiten revelar el plan secreto del papa y describir la batalla inimaginable que no tardaría en
estallar entre facciones homosexualizadas de la Iglesia.

Desde el principio de su pontificado el papa previno a la curia
contra los escándalos tanto económicos como sexuales: «Todos somos pecadores, pero no todos somos corruptos. Hay que aceptar a
los pecadores, pero no a los corruptos». Se propuso denunciar las
dobles vidas y preconizó una «tolerancia cero».

Más aún que a los tradicionalistas y a los conservadores, Francisco detestaba, como hemos visto, a los rígidos hipócritas. ¿Por
qué seguir oponiéndose al sacramento para los divorciados vueltos

a casar cuando hay tantos curas que viven en concubinato con una mujer en Latinoamérica y África? ¿Por qué seguir odiando a los homosexuales cuando son tan mayoritarios entre los cardenales y, alrededor del papa, en el Vaticano? ¿Cómo reformar la curia, enredada en la negación y la mentira, cuando un número insensato de cardenales y la mayoría de los secretarios de Estado desde 1980 tienen prácticas contrarias a la moral católica (tres de cada cuatro, según sus informaciones)? Si ha llegado el momento de hacer limpieza, como suele decirse, ¿por dónde empezar, si la Iglesia está al borde del abismo a causa de su obsolescencia programada?

Oyendo a sus oponentes, esos cardenales rígidos que encadenan declaraciones conservadoras y homófobas y publican textos contra el liberalismo sexual —los Raymond Burke, Carlo Caffarra, Joachim Meisner, Gerhard Ludwig Müller, Walter Brandmüller, Mauro Piacenza, Velasio De Paolis, Tarcisio Bertone, George Pell, Angelo Bagnasco, Antonio Cañizares, Kurt Koch, Paul Josef Cordes, Willem Eijk, Joseph Levada, Marc Ouellet, Antonio Rouco Varela, Juan Luis Cipriani, Juan Sandoval Íñiguez, Norberto Rivera, Javier Errázuriz, Angelo Scola, Camillo Ruini, Robert Sarah y tantos otros—, Francisco no sale de su asombro. ¿Cómo se atreven?, piensa el santo padre. Sus allegados le han informado muy bien acerca de esa increíble parroquia.

Francisco, sobre todo, está exasperado por los casos de abusos sexuales que gangrenan a miles —a decenas de miles, en realidad— la Iglesia católica en todo el mundo. Cada semana se interponen nuevas denuncias, se señala o procesa a obispos, se condena a curas, y unos escándalos suceden a otros. En más del 80 % de los casos se trata de abusos homosexuales, pocas veces son heterosexuales.

En Latinoamérica los episcopados han sido muy criticados por la prensa, que afirmó que a menudo habían minimizado los hechos, ya sea en México (Norberto Rivera y Juan Sandoval Íñiguez) o en Perú (Juan Luis Cipriani). En Chile el escándalo es tan mayúsculo que todos los obispos del país han tenido que dimitir, mientras se señala a la mayoría de los nuncios y prelados, empezando por los cardenales Javier Errázuriz y Ricardo Ezzati son cuestionados por ignorar las denuncias de abusos sexuales. De hecho, la justicia chilena presentó en agosto de 2018 querella contra ambos por encubrimiento de abusos. En todas partes la Iglesia ha sido criticada por su modo de encarar los abusos: en Austria (Hans Hermann Groër), en Escocia e Irlanda (Keith O'Brien, Sean Brady), en Francia (Philippe Barbarin), en Bélgica (Godfried Danneels) y así sucesivamente, en Estados Unidos, en Alemania, etcétera. En Australia el «ministro de Economía» del Vaticano, George Pell, ya ha sido condenado en Melbourne. Los nombres de docenas de cardenales han aparecido en la prensa, muchos de ellos convocados por la justicia bajo la acusación de haber encubierto, por inercia o hipocresía, las fechorías sexuales cometidas por sacerdotes, cuando no se les acusa a ellos mismos de tales actos. Incluso en Italia se suceden escándalos de esta naturaleza en los que están implicados docenas de obispos y varios cardenales, aunque la prensa de la península todavía es extrañamente reacia a revelarlos. Pero el papa y sus afines saben que el dique no tardará en reventar también en Italia.

Durante una conversación informal en Roma, el cardenal Marc Ouellet, prefecto de la Congregación para los Obispos, me describe la difusión inimaginable de los escándalos de abusos sexuales. El hombre es un experto en doble lenguaje: un ratzingueriano que se hace pasar por defensor del papa Francisco. Sin embargo, las cifras que el quebequés repite ante mí son una locura. Describe una Iglesia literalmente a punto de estallar. A su juicio todas las parroquias del mundo, todas las conferencias episcopales, todas las diócesis están mancilladas. El panorama que me describe Ouellet es terrorífico: la Iglesia parece un Titanic a punto de hundirse mientras la orquesta sigue tocando. «Es imparable», me dirá, con cara de espanto, uno de los colaboradores gais de Ouellet con quien también me entrevisté. (En otro memorando monseñor Viganò denunciará el entorno homosexual de Marc Ouellet.)

Por tanto, en materia de abusos sexuales, Francisco no tiene intención de cerrar los ojos, como hicieron durante demasiado tiempo Juan Pablo II y sus lugartenientes Angelo Sodano y Stanislaw Dziwisz, ni de ser indulgente, que fue la tendencia de Benedicto XVI. Al menos eso es lo que pregona.

Su análisis, sobre todo, difiere del de Joseph Ratzinger y su adjunto el cardenal Tarcisio Bertone, para quienes este asunto era un problema intrínsecamente homosexual. Según los expertos del Vaticano y las confesiones de dos de sus colaboradores cercanos con quienes hablé, el papa Francisco, por el contrario, pensaba que la causa profunda de los abusos sexuales estaba en la «rigidez» de la fachada que oculta una doble vida y, lamentablemente, quizá también en el celibato de los sacerdotes. El santo padre pensaba que los cardenales y obispos que encubren los abusos sexuales no lo hacen tanto para proteger a los pedófilos como porque tienen miedo. Temen que si estalla un escándalo o se entabla un proceso sadrán a relucir sus inclinaciones homosexuales. De modo que podemos formular así otra regla de Sodoma, la sexta y una de las más esenciales de este libro:

> En la mayoría de los casos de abusos sexuales aparecen sacerdotes u obispos que han protegido a los agresores debido a su propia homosexualidad y por miedo a que esta saliera a relucir si estallaba el escándalo. La cultura del secreto, que era necesaria para guardar silencio sobre la fuerte prevalencia de la homosexualidad en la Iglesia, ha propiciado el ocultamiento de los abusos sexuales y la actuación de los depredadores.

Por todos estos motivos Francisco comprendió que los abusos sexuales no son un epifenómeno y menos aún meras «habladurías», como los calificaba el cardenal Angelo Sodano: es la crisis más grave que enfrenta la institución después del gran cisma. El papa sospecha incluso que la historia no ha hecho más que empezar. En el tiempo de las redes sociales y el Vatileaks, de la liberación de la palabra y la judicialización de las sociedades modernas —por no hablar del efecto Spotlight—, la Iglesia es una Torre de Pisa que amenaza con derrumbarse. Es preciso reconstruirlo todo, cambiarlo todo, so pena de que la religión desaparezca.

Esa era la filosofía que inspiraba el sínodo de 2014.

Francisco, por tanto, se decidió a hablar. Empezó a denunciar (¡y de forma sistemática!) en las misas matinales de Santa Marta, en conferencias de prensa improvisadas en aviones o con motivo de viajes simbólicos, la hipocresía de las «vidas ocultas y a menudo disolutas» de los miembros de la curia romana.

Ya había enumerado las 15 «enfermedades curiales»: sin nombrarles, señaló a los cardenales y obispos romanos que padecían «alzhéimer espiritual»; criticó su «esquizofrenia espiritual», su «maledicencia», su «corrupción» y el tren de vida de esos «obispos de aeropuertos». Por primera vez en la historia de la Iglesia, las críticas no procedían de los enemigos del catolicismo, de los panfletarios volterianos y otros «catolicófobos», sino del santo padre en persona. Un dato crucial para comprender el alcance de la «revolución» Francisco.

El papa también quiere pasar a la acción. Quiere «derribar un muro», en palabras de uno de sus colaboradores. Y lo hará con símbolos, con hechos y con la herramienta del cónclave. Empieza borrando de un plumazo, en la lista de futuros cardenales, a todos los arzobispos, nuncios y obispos envueltos en situaciones escabrosas durante los papados de Juan Pablo II y Benedicto XVI. El palacio de Castel Gandolfo, la residencia veraniega del papa cuyas movidas veladas durante el papado de Juan Pablo II han llegado a oídos de Francisco, se abrirá a los turistas y, en última instancia, será vendido. Sobre la cuestión homosexual emprende una larga tarea pedagógica. En este caso se trata de distinguir, de una manera nueva y fundamental para la Iglesia, entre crímenes como la pedofilia, los abusos o las agresiones a menores de quince años, así como los actos cometidos sin consentimiento o en situaciones de prevalencia de autoridad (catecismo, confesión, seminarios, etcétera.), y las prácticas homosexuales legales entre adultos que consienten. También pasa página en el debate sobre el preservativo poniendo el acento en «la obligación de tener cuidado».

Pero ¿qué hacer ante la crisis de vocaciones, por no hablar de esos cientos de curas que todos los años piden ser reducidos al estado laico para poder casarse? ¿No habrá llegado el momento de reflexionar sobre los retos futuros, sobre asuntos postergados durante demasiado tiempo, y salir de la teoría para hacer frente a situaciones concretas? Ese es el sentido de sínodo. El papa sabe que en este terreno debe andarse con pies de plomo.

—Francisco vio el obstáculo. Su función le colocaba en una posición de responsabilidad, de gobierno. Por eso se tomó su tiempo, escuchó todos los puntos de vista —me explica el cardenal Lorenzo Baldisseri.

Los textos que llegan de los episcopados son sorprendentes. Los primeros, que se hacen públicos en Alemania, Suiza y Austria, son demoledores para la Iglesia: el catolicismo romano está desconectado de la vida real, la doctrina ya no tiene ningún sentido para millones de familias recompuestas, los fieles no entienden en absoluto la postura de Roma sobre la contracepción, el preservativo, las uniones libres, el celibato de los sacerdotes y, una parte de ellos, su postura sobre la homosexualidad.

El «cerebro» del sínodo, el cardenal Walter Kasper, que sigue de cerca el debate alemán, se alegra de que sus ideas acaben revalidándose. ¿Está demasiado seguro de sí mismo? ¿El papa confía demasiado en él? El caso es que el texto preparatorio adopta la línea de Kasper y propone replantearse la posición de la Iglesia sobre los sacramentos a los divorciados y sobre la homosexualidad. El Vaticano está dispuesto a reconocer las «cualidades» del concubinato de los jóvenes, de los divorciados que vuelven a casarse y de las uniones civiles homosexuales.

Es entonces cuando, según la púdica expresión de Baldisseri, se produce una «reacción». Al hacerse público, el texto concita las críticas del ala conservadora del colegio cardenalicio, con el estadounidense Raymond Burke a la cabeza, que no se hacen esperar.

Los tradicionalistas se ponen de uñas contra los documentos distribuidos y algunos, como el cardenal surafricano Wilfrid Napier, no dudan en afirmar que, si se reconociera a las personas en «situaciones irregulares», se acabaría inevitablemente legitimando la poligamia. Otros cardenales africanos y brasileños alertan al papa, por motivos estratégicos, sobre los riesgos de relajar las posiciones de la Iglesia, dada la competencia de los movimientos evangelistas protestantes, muy conservadores, que tienen el viento en popa.

Todos estos prelados se declaran, eso sí, abiertos al debate y dispuestos a añadir notas a pie de página y codicilos donde haga falta. Pero su mantra secreto no es otro que la célebre frase, mil veces citada, del príncipe de Lampedusa en El Gatopardo: «Hay que cambiarlo todo para que todo siga igual». No en vano Francisco denunciará, sin nombrarles, a los «corazones petrificados» que «quieren que todo siga como antes».

119

Discretamente, cinco cardenales utraconservadores (los «sospechosos habituales» Raymond Burke, Gerhard Ludwig Müller, Carlo Caffarra, Walter Brandmüller y Velasio De Paolis) escriben un libro colectivo en defensa del matrimonio tradicional publicado en Estados Unidos por la editorial católica Ignatius. Pretenden repartirlo entre todos los asistentes al sínodo, pero Baldisseri requisa el panfleto. El ala conservadora pone el grito en el cielo ante lo que considera censura. El sínodo ya va camino de convertirse en una farsa.

Desde la primera asamblea, los puntos litigiosos sobre la comunión de los divorciados y la homosexualidad dan lugar a agrios debates que obligan al papa a rectificar. Durante varios días el documento se modifica, se edulcora, y la posición sobre la homosexualidad se endurece mucho. Pese a todo, los padres sinodales, en la votación final, también rechazan esta versión corregida.

La reacción contra el texto es tan fuerte, tan dura, que pone en evidencia un ataque al propio papa a través de ella. Una parte del colegio cardenalicio rechaza su método, su estilo y sus ideas. Los más «rígidos», los más tradicionales, los más misóginos se rebelan. ¿Son los que tienen la «inclinación» más fuerte? No deja de ser significativo que esta guerra entre conservadores y liberales se librara, con frente invertido, sobre la cuestión gay. Por tanto, si se quiere entender es preciso ser contraintuitivos. Aún más significativo es el hecho de que varios cabecillas de la facción anti-Francisco lleven una doble vida. Estos homosexuales disimulados, llenos de contradicciones y de homofobia interiorizada, ¿se indignan por odio a sí mismos o por miedo a ser descubiertos? La reacción contra el santo padre es tan fuerte porque ha atacado su talón de Aquiles: su vida íntima, disimulada tras un exceso de conservadurismo.

Es lo que James Alison, sacerdote inglés abiertamente gay, muy respetado por sus escritos teológicos sobre el tema, resume con una frase más sutil de lo que parece las veces que hablo con él en Madrid:

—¡Es la venganza del armario! ¡La venganza del armario!

El padre Alison resume a su manera la situación: los cardenales homosexuales «dentro del armario» han declarado la guerra a Francisco por animar a los gais a «salir del armario».

Luigi Gioia, un fraile benedictino italiano que fue uno de los responsables de la universidad benedictina Sant'Anselmo de Roma, me proporciona otra clave de lo que pasó en Roma:

—Para un homosexual, la Iglesia es una estructura estable. Este es uno de los motivos que explica, a mi entender, el que muchos homosexuales hayan optado por el sacerdocio. Pues bien, cuando necesitas esconderte también necesitas, para sentirte seguro, que lo que te rodea no se mueva. Quieres que la estructura donde te has refugiado sea estable y protectora, y entonces sabes cómo manejarte en su interior. Pero Francisco, al querer reformarla, ha hecho que la estructura se tambalee, lo que ha alertado a los curas homosexuales. Eso explica la violenta reacción que han tenido estos, y su odio al papa. Tienen miedo.

Por su parte, el principal artífice y testigo del sínodo, el cardenal Baldisseri, resume de un modo más condensado la situación después de la batalla:

—Hubo acuerdo sobre todo salvo sobre los tres puntos sensibles.

En realidad había una mayoría «liberal», pero no se alcanzó el cuórum de dos tercios necesario para aprobar los artículos controvertidos. De modo que, de los 62 apartados presentados, se rechazaron tres, los más emblemáticos. Al papa le faltó cuórum. El proyecto revolucionario de Francisco sobre la familia y la homosexualidad pasó a la historia.

121

Francisco perdió una batalla pero no perdió la guerra. Decir que su fracaso en el sínodo le dejó disgustado es quedarse corto. Este hombre autoritario pero franco estaba muy contrariado por la obstrucción montada por los cardenales conservadores de la curia. Su hipocresía, su doble juego y su ingratitud le indignaban. Las maniobras entre bastidores, el complot, el método expresamente contrario a las leyes de la curia, ya se pasaban de la raya. A sus colaboradores Francisco les dio a entender, en privado, que no tenía intención de ceder. Iba a pelear y pasar a la contraofensiva.

—Es un testarudo. Un testarudo obstinado —me dice un *monsignore* que le conoce bien.

La reacción del soberano pontífice tuvo varias etapas. Para empezar, podía preparar otro sínodo, previsto para el año siguiente, de modo que le diera tiempo a organizarlo. Luego, a finales de 2014, decidió lanzar una campaña de gran amplitud en defensa de sus propuestas para ganar la batalla de las ideas. Quiso transformar una derrota en victoria.

Esta guerra fue en gran medida secreta, a diferencia de la anterior, que pretendía ser participativa y consultiva. ¡Francisco, tras caer en la trampa de la democratización, hará que sus oponentes se enteren de lo que es un monarca absoluto en una teocracia cesarista!

—Francisco es rencoroso. Es vengativo. Es autoritario. Es un jesuita: ¡no da su brazo a torcer! —resume un nuncio al que el papa no le cae nada bien.

Francisco tenía tres recursos eficaces para salirse con la suya. A corto plazo podía tratar de fomentar un debate más moderno en todo el mundo, movilizando a los episcopados y a las opiniones públicas católicas: esa fue la nueva misión que encomendó a Baldisseri y su equipo. A medio plazo, sancionar a los cardenales que le habían humillado, empezando por Gerhard Ludwig Müller, el responsable de la doctrina de la Iglesia. A largo plazo, alterar la composición del colegio cardenalicio creando nuevos obispos favorables a sus reformas y, teniendo en cuenta el límite de edad, ir quitándose de encima a su oposición, como quien no quiere la cosa. Esa era el arma suprema, que solo estaba al alcance del sumo pontífice.

Maniobrero y ladino, Francisco pasó a la ofensiva recurriendo a las tres técnicas a la vez con una rapidez y, al decir de sus adversarios, una vehemencia inaudita.

Comenzó la labor de «preparación» del segundo sínodo, previsto para octubre de 2015. En realidad, lo que se puso en marcha en los cinco continentes fue una auténtica máquina de guerra. Los nuncios, los aliados, los cardenales amigos, todos fueron movilizados. Era Enrique V en vísperas de la batalla de Azincourt. Francisco tenía un reino por teatro: «No somos un tirano, sino un rey de Cristo, a cuya gracia está tan sometida nuestra cólera como nuestra indulgencia». Indulgencia, hay; cólera, mucha más.

Y

Pude seguir esta ofensiva en muchos países, donde comprobé cómo los episcopados se dividieron en dos bandos irreconciliables, cosa que ocurrió, por ejemplo, en Argentina, Uruguay, Brasil y Estados Unidos. La batalla fue dura.

De entrada, en Argentina. Aquí el papa movilizó a sus amigos en la retaguardia. El teólogo Víctor Manuel Fernández, un íntimo de Francisco y uno de sus *ghostwriters* («escritores fantasma», expresión que hace referencia a los «negros» literarios), hace poco ascendido a obispo, salió súbitamente de su reserva. En una larga entrevista para el *Corriere della Sera* (mayo de 2015) arremetía contra el ala conservadora de la curia y, sin nombrarlo, contra el cardenal Müller: «El papa va despacio porque quiere estar seguro de que no podrá dar marcha atrás. Se ha propuesto introducir reformas irreversibles... Y no está solo, en absoluto. La gente [los fieles] está con él. Sus adversarios son más débiles de lo que piensan... Por otro lado, es imposible que el papa le guste a todo el mundo. ¿Les gustaba a todos Benedicto XVI?». Es una «declaración de guerra» al ala ratzingueriana de la curia.

No lejos de Buenos Aires, en Uruguay, el arzobispo «bergogliano» de Montevideo, Daniel Sturla, también dio un inesperado paso al frente, pronunciándose sobre la cuestión homosexual. Después hizo pública una contribución sobre la cuestión gay en el sínodo.

—Aún no conocía al papa Francisco. Me activé espontáneamente, porque los tiempos han cambiado y aquí, en Montevideo, se había vuelto imposible no compadecerse de los homosexuales. ¿Y sabe qué? Aquí nadie censuró mis posiciones favorables a los gais. Creo que la sociedad está evolucionando por doquier y eso ayuda a la Iglesia a avanzar en este terreno. Entonces todos descubren que la homosexualidad es un fenómeno muy amplio, también dentro de la Iglesia —me dice Sturla en una larga conversación que mantuvimos en su despacho de Montevideo. (El papa Francisco lo proclamó cardenal en 2015.)

Otro amigo del santo padre que se volcó fue el cardenal hondureño Óscar Maradiaga. Coordinador del C9, el consejo de nueve cardenales creado por Francisco, el arzobispo viajó por todas las capitales latinoamericanas, acumulando «miles» en su tarjeta Platinum. En todas partes este «obispo de los aeropuertos» divulgó

123

el pensamiento de Francisco en público y su estrategia en *petit comité* para ganar apoyos, informar al papa sobre sus oponentes y preparar los planes de batalla. (En 2017 el arzobispado de Óscar Madariaga fue objeto de acusaciones por un caso de corrupción financiera, uno de cuyos beneficiarios fue su adjunto y amigo íntimo, un obispo auxiliar, sospechoso según la prensa de graves «conductas indebidas y conexiones homosexuales», que finalmente presentó su dimision en 2018. En su *Testimonianza* monseñor Viganò también juzga severamente a Madariaga a propósito de su intento de proteger a los acusados de los abusos homosexuales. Hoy por hoy el caso está en fase de instrucción y los prelados investigados aún se encuentran bajo presunción de inocencia.)

En Brasil, un gran país católico (el más importante del mundo, con una comunidad de unos 135 millones de fieles y diez cardenales que ejercen una influencia notable en el sínodo), el papa se apoyó en sus más afines: el cardenal Cláudio Hummes, arzobispo emérito de São Paulo; el cardenal João Bráz de Aviz, exarzobispo de Brasilia; y el nuevo arzobispo de la capital brasileña, Sérgio da Rocha, que tuvo un papel crucial en el sínodo y poco después fue recompensado por el papa con el cardenalato. Francisco les encargó que aislaran al ala conservadora, capitaneada por un cardenal antigay, el arzobispo de São Paulo Odilo Scherer, próximo al papa Benedicto XVI. La pugna tradicional entre Hummes y Scherer, que definía las relaciones de fuerza dentro del episcopado brasileño, se recrudeció en esta ocasión. Más tarde, cuando Francisco elevó a la púrpura a Sérgio da Rocha, sancionó además a Scherer, y le excluyó de la curia sin previo aviso.

Una tensión recurrente que me resume Frei Betto, el famoso dominico e intelectual brasileño, simpatizante del expresidente Lula y una de las figuras señeras de la teología de la liberación:

—Hummes es un cardenal progresista que siempre ha defendido las causas sociales. Es amigo del papa Francisco, con quien puede contar. El cardenal Scherer, en cambio, es un hombre limitado y un conservador que no tiene ninguna fibra social. Es muy tradicionalista —me confirma Betto durante una charla en Río de Janeiro.

Cuando le entrevisto, el cardenal Scherer me da una impresión mucho mejor. Afable y algo pícaro, me recibe en camisa azul celeste con una pluma Montblanc que asoma, blanca y negra, de su bolsillo, en su magnífico despacho del arzobispado de São Paulo. Allí, durante una extensa entrevista, se esfuerza por quitar hierro a las tensiones internas de la Iglesia brasileña, de la que es el máximo dignatario:

—Tenemos un papa, uno solo: Francisco. No tenemos dos, aunque haya un papa emérito. A veces lo que dice Francisco no les gusta a algunos y entonces se inclinan por Benedicto XVI; a otros no les gusta Benedicto y cierran filas con Francisco. Cada papa tiene su propio carisma, su personalidad. Un papa completa al otro. Juntos contribuyen a dar una visión equilibrada de la Iglesia. No hay que soliviantar a un papa contra el otro.

Estados Unidos era otro país decisivo, pues contaba con 17 cardenales, diez de los cuales eran electores. Extraño mundo, a fin de cuentas, que Francisco conocía mal y donde abundaban los cardenales rígidos con doble vida. Al no poder confiar en el presidente de la Conferencia Episcopal Estadounidense, el presunto liberal Daniel DiNardo (un oportunista ratzingueriano cuando estaba Ratzinger y bergogliano con Francisco), el papa, para su desconcierto, se dio cuenta de que tenía pocos aliados en ese país. Entonces optó por apoyarse en tres obispos *gay-friendly* poco conocidos: Blase Cupich, favorable a las parejas homosexuales, a quien acababa de nombrar arzobispo de Chicago; el voluble Joseph Tobin, arzobispo de Indianápolis y hoy de Newark, donde ha acogido a homosexuales casados y a católicos activistas LGBT; y Robert McElroy, un cura liberal y progay de San Francisco. Estos tres apoyos de Francisco en Estados Unidos hicieron un trabajo incansable de cara al sínodo; en 2016 los dos primeros fueron recompensados con la púrpura y McElroy fue nombrado obispo de San Diego durante los debates.

En España, Francia, Alemania, Austria, Países Bajos, Suiza y Bélgica, Francisco también buscó aliados y se acercó a los cardenales más liberales como el alemán Reinhard Marx, el austríaco *gay-friendly* Christoph Schönborn y el español Juan José Omella y Omella (a quien nombraría poco después arzobispo de Barcelona y a renglón seguido cardenal). En una entrevista del periódico *Die Zeit* el papa también lanzó una idea destinada a tener un brillante futuro: la ordenación de los famosos *viri probati*. En vez de proponer la ordenación de mujeres o el fin del celibato de los seminaristas —*casus belli* para los conservadores—, Francisco se propuso ordenar a hombres católicos casados de edad madura como un modo de paliar la crisis de vocaciones, frenar la homosexualidad en la Iglesia y tratar de frenar los casos de abusos sexuales.

Al abrir este debate el papa puso a los conservadores contra las cuerdas. Les «arrinconó», según dice un cura que trabajó para el sínodo, y les hizo ver que eran minoritarios en su propio país.

El papa habló claro ya en 2014: «Para la mayoría de la gente, la familia [tal como la concebía Juan Pablo II a principios de los años ochenta] ya no existe. Hay divorcios, familias arcoíris, familias monoparentales, el fenómeno de la gestión para otros, las parejas sin niños, las uniones del mismo sexo... La doctrina tradicional, desde luego, permanecerá, pero los retos pastorales requieren respuestas contemporáneas que ya no pueden venir del autoritarismo ni del moralismo». (Fue el cardenal de Honduras, Óscar Maradiaga, amigo personal de Francisco, quien se hizo eco de estas palabras audaces y no desmentidas por el papa.)

Por tanto, entre los dos sínodos, el de 2014 y el de 2015, la batalla entre liberales y conservadores ganó en amplitud y se extendió a todos los episcopados, mientras Francisco continuaba con su política de pequeños pasos.

—No hay que simplificar el debate —relativiza, sin embargo, Romilda Ferrauto, una periodista de Radio Vaticano que participó en ambos sínodos—. Hubo verdaderos debates que caldearon el ambiente vaticano. Pero no estaban los liberales a un lado y los conservadores al otro. No había una clara línea de fractura entre izquierda y derecha, sino muchos más matices, más diálogos. Algunos cardenales pueden estar de acuerdo con el santo padre sobre la reforma financiera, pero no sobre la moral, por ejemplo. La prensa ha presentado al papa Francisco como un progresista, pero eso tampoco es exacto: es un misericordioso. Tiene una actitud pastoral, tiende la mano al pecador, que no es lo mismo, ni mucho menos.

Υ

Más allá de los cardenales movilizados por todo el mundo y en la curia, que se movían en orden disperso, el equipo del papa también se interesó por los intelectuales. Estos *influencers*, pensaba la banda de Baldisseri, serían vitales para el éxito del sínodo. De modo que prepararon un gran plan secreto de comunicación.

Entre bastidores, un jesuita influyente, el padre Antonio Spadaro, director de *La Civiltà Cattolica*, se encargó de organizar este frente.

—No somos una revista oficial, pero la Secretaría de Estado relee todos nuestros artículos y el papa los «certifica». Puede decirse que es una revista autorizada, semioficial —me dice Spadaro en una oficina romana.

¡Y menuda oficina! La Villa Malta, en Vía di Porta Pinciana, sede de la revista, es un lugar magnífico del barrio de la Villa Medici y el Palazzo Borghese.

Antonio Spadaro, con quien me entrevisté y cené seis veces, siempre bajo los efectos de la cafeína y el *jet lag*, es el pez piloto del papa. Es un teólogo y además un intelectual, como no hay muchos hoy en el Vaticano. Su cercanía con Francisco provoca envidias. Dicen que es una de sus eminencias grises y en todo caso uno de sus consejeros oficiales. Joven, dinámico, encantador: Spadaro me impresiona. Sus ideas brotan con una rapidez y una inteligencia evidente. El jesuita se interesa por todas las culturas y ante todo por la literatura. Tiene en su activo varios libros, como un ensayo premonitorio sobre la ciberteología y dos libros biográficos sobre el escritor italiano, católico y homosexual muerto de sida a los 36 años Pier Vittorio Tondelli.

—Me interesa todo, hasta el rock —me dice Spadaro durante una cena en París.

Con Francisco la revista jesuita se ha convertido en un espacio de experimentación donde se ponen a prueba todas las ideas y se entablan debates. En 2013 Spadaro publicó la primera entrevista larga con el papa Francisco recién elegido. Fue todo un hito:

—Pasamos tres tardes juntos para esta entrevista. Me sorprendió su apertura mental, su sentido del diálogo.

Este texto famoso anuncia, en cierta medida, la hoja de ruta del futuro sínodo. Francisco expone sus ideas, innovadoras, y su méto-

127

do. Sobre los asuntos sensibles de la moral sexual y el sacramento de las parejas divorciadas se declara a favor del debate colegiado y descentralizado. En esta entrevista Francisco también desarrolla por primera vez sus ideas sobre la homosexualidad. Spadaro plantea sin rodeos la cuestión gay y acorrala a Francisco, obligándole a esbozar una verdadera visión cristiana de la homosexualidad. El papa pide que se acompañe a los homosexuales «con misericordia», propone una pastoral para las «situaciones irregulares» y los «heridos sociales» que se sienten «condenados por la Iglesia». Nunca un papa había sentido tanta empatía y, digamos la palabra, tanta fraternidad por los homosexuales. ¡Era un verdadero giro copernicano! Y esta vez sus palabras no fueron una improvisación, como quizá lo fuera su célebre frase «¿Quién soy yo para juzgar?». La entrevista fue releída atentamente y se sopesaron todos sus términos (como me confirma Spadaro).

Sin embargo, para Francisco lo más importante es lograr que la Iglesia deje atrás los asuntos espinosos que dividen a los creyentes y se centre en lo que de verdad importa: los pobres, los migrantes y la miseria. «No podemos seguir insistiendo solo en cuestiones referentes al aborto, al matrimonio homosexual o al uso de anticonceptivos. Es imposible… no es necesario estar hablando de estas cosas sin cesar», dice el papa.

Más allá de esta entrevista decisiva, Antonio Spadaro recurrió a sus contactos internacionales, muy numerosos, para que respaldaran la posición del papa sobre la familia. Fue así como se publicaron en 2015, en la revista *La Civiltà Cattolica*, puntos de vista y entrevistas favorables a las ideas de Francisco. Spadaro o el secretariado del sínodo también se pusieron en contacto con otros expertos, como los teólogos italianos Maurizio Gronchi y Paolo Gamberini, y los franceses Jean-Miguel Garrigues (amigo del cardenal Schönborn) o Antoine Guggenheim. Este último salió inesperadamente en defensa de las uniones homosexuales en el diario católico francés *La Croix*: «Creo que el reconocimiento de un amor fiel y duradero entre dos personas homosexuales, sea cual sea su grado de castidad, es una hipótesis que merece ser estudiada. Podría tener la forma que la Iglesia da habitualmente a su plegaria: una bendición».

Durante un viaje del primer periodo a Brasil, Spadaro también conoció a un sacerdote progay, jesuita como él, Luís Corrêa Lima. Tuvieron una larga conversación en la residencia de la Compañía de Jesús de la Universidad Católica de Río de Janeiro sobre las «pastorales a favor de los homosexuales» que organizaba el padre Lima. Seducido por esta idea, Spadaro le encargó a Lima un artículo para *La Civiltà Cattolica*, que al final no se publicó.

(Además de con Baldisseri, Kasper y Spadaro, hablé con Antoine Guggenheim y Jean-Miguel Garrigues, que me confirmaron la estrategia global. También me reuní con el padre Lima en Río de Janeiro y visité con él la favela de Rocinha, donde celebra misa los domingos, y el local donde tienen lugar esas «pastorales» LGBT.)

Otro intelectual de alto nivel siguió los debates previos al sínodo con mucha atención. Este dominico italiano, también teólogo, discreto y fiel, reside en el convento parisino de Saint-Jacques, anexo a la famosa biblioteca de Saulchoir.

El hermano Adriano Oliva es un reconocido historiador medievalista, un curtido latinista, doctor en teología. Y sobre todo es uno de los mejores especialistas mundiales en santo Tomás de Aquino. Preside la famosa Comisión Leonina, encargada de la edición crítica de las obras del pensador medieval. Una autoridad en la materia.

Entonces ¿por qué Oliva se activó inopinadamente a comienzos de 2015 y emprendió la escritura de un libro arriesgado a favor de los divorciados que se casan de nuevo y de la bendición de los matrimonios homosexuales? ¿Sería que el dominico italiano atendió la recomendación, salida directamente del secretariado del sínodo, cuando no del mismo papa, de aparcar todas sus tareas para intervenir en el debate?

Santo Tomás de Aquino, como es sabido, es la autoridad en que se apoyan los conservadores para negarles todos los sacramentos a los divorciados y a las parejas homosexuales. Por eso, abordar este asunto frontalmente es arriesgado, atrevido, pero también estratégico. El libro, que no tardó en publicarse, se titula *Amours* [Amores].

Es difícil encontrar hoy libros tan valientes como este. Aunque *Amours* es erudito y exegético y está reservado a especialistas, en sus escasas 160 páginas hace una crítica implacable de la ideología moralizante vaticana, de Juan Pablo II a Benedicto XVI. El hermano Oliva parte de una doble quiebra doctrinal de la Iglesia: la contradicción de su postura sobre los divorciados vueltos a casar y el atolladero en que se ha metido con la homosexualidad. Su planteamiento es claro: «La finalidad del presente estudio es mostrar que un cambio aconsejable del Magisterio en lo que concierne a la homosexualidad y el ejercicio de la sexualidad por parte de las parejas homosexuales correspondería no solo a los estudios antropológicos, teológicos y exegéticos actuales, sino también a los desarrollos de una tradición teológica, en especial tomista».

El dominico critica la interpretación dominante del pensamiento de santo Tomás de Aquino: se sitúa en el centro de la doctrina, no al margen. Oliva: «Se suele considerar "contra natura" no solo la sodomía, sino también la inclinación homosexual. Santo Tomás, en cambio, considera esta relación "conforme a la naturaleza" de la persona homosexual tomada en su individualidad». El teólogo se apoya en la «intuición genial» del Doctor Angélico: lo «"contra natura" natural», que puede explicar el origen de la homosexualidad. Y Oliva, en esto casi darwiniano, señala que «santo Tomás sitúa en el nivel de los principios naturales de la especie el origen de la homosexualidad».

Según santo Tomás, el hombre, con todas sus irregularidades y singularidades, forma parte del designio divino. La inclinación homosexual no es contra natura, sino que procede del alma racional. Según Oliva: «La homosexualidad no implica ninguna ilicitud, en cuanto a su principio, connatural al individuo y arraigada en lo que le anima como ser humano, y en cuanto a su fin, amar a otra persona, que es un buen fin». Oliva concluye con un llamamiento «a acoger personas homosexuales en el seno de la Iglesia y no en sus márgenes».

Varios cardenales y obispos y muchos curas me han dicho que tras la lectura de *Amours* su visión de santo Tomás de Aquino había cambiado y que la prohibición de la homosexualidad quedaba definitivamente levantada. Algunos, tanto fieles como jerarcas, llegaron a decirme que el libro tuvo sobre ellos el mismo efecto que el *Corydon* de Gide, y de hecho Adriano Oliva termina su texto con una alusión a *Si la semilla no muere* de André Gide. (Pese a mi insistencia, el hermano Oliva rehusó comentar la génesis de su libro y hablar de sus vínculos con Roma. Su editor, Jean-François Colosimo, de las Éditions du Cerf, fue más elocuente, lo mismo que el equipo del cardenal Baldisseri, quien confirmó el «encargo de análisis a expertos» como el hermano Oliva. Por último, me confirmaron que Baldisseri, Bruno Forte y Fabio Fabene [o sea, los principales artífices del sínodo] habían recibido a Adriano Oliva en el Vaticano.)

Como cabía esperar, el libro no pasó inadvertido en los ambientes tomistas, donde tuvo el efecto de una bomba de fragmentación. La polémica soliviantó a los círculos católicos más ortodoxos, ya que para más inri el ataque venía de dentro, firmado por un sacerdote difícil de refutar, tomista entre los tomistas. Cinco dominicos del Angelicum, la universidad pontificia San Tommaso d'Aquino de Roma, publicaron deprisa y corriendo una respuesta severa (también esquizofrénica, ya que algunos de ellos eran homófilos). Otros militantes «identitarios», a su vez, arremetieron contra el audaz sacerdote por haber convertido a santo Tomás en *gay-friendly*. La extrema derecha católica se soltó el pelo en sus páginas web y blogs.

131

Apoyado intelectualmente por el maestre de los dominicos, orden a la que pertenece, el hermano Oliva también fue blanco de duros ataques, esta vez académicos, en varias revistas tomistas. En respuesta a un artículo de 47 páginas se publicó otro de 48 páginas en defensa de Oliva en la *Revue des Sciences philosophiques et théologiques* que dirige el dominico Camille de Belloy, con quien también hablé. Y todavía se anuncian más andanadas…

Como vemos, el tema es sensible. Para el hermano Oliva, quien afirma haber «obrado con total libertad», era incluso el asunto más peligroso de su carrera. Por muy valiente que sea el dominico, es imposible que un investigador de su nivel se hubiera lanzado solo a publicar un trabajo sobre santo Tomás de Aquino y la cuestión gay sin haber recibido un respaldo firme de las alturas. ¿De los cardenales Baldisseri y Kasper? ¿Del propio papa Francisco?

El cardenal Walter Kasper me confirma la intervención personal de Francisco:

—Adriano Oliva vino a hablar conmigo. Antes me había mandado una carta y se la enseñé al papa, que quedó muy impresionado. Le pidió a Baldisseri que le encargara a Oliva un texto para difundirlo entre los obispos. Creo que ese texto es el que acabó convirtiéndose en *Amours*. —Y añade Kasper—: Adriano Oliva ha hecho un servicio a la Iglesia sin ser militante.

Amours, por recomendación del papa, se repartió durante el sínodo. El libro no es un panfleto más ni un ensayo aislado y algo suicida, como se ha dicho. Es un arma en un plan global concebido por el propio soberano pontífice.

La estrategia del papa, su maniobra, su máquina de guerra puesta en movimiento contra los conservadores de la Iglesia, no pasó inadvertida a sus adversarios. Cuando les pregunté a estos anti-Francisco, ya fueran cardenales o simples *monsignori*, prefirieron hablar *off the record*. Por tradición, un cardenal nunca habla mal del papa fuera del Vaticano. Los jesuitas y los miembros del Opus Dei son los que más callan sus desacuerdos. Los dominicos son prudentes y por lo general progresistas, como los franciscanos. Sin embargo, las críticas ad hominem contra Francisco no se hicieron esperar, con y sin micrófono. Fue un verdadero aluvión de odio.

Una de esas lenguas viperinas es un prelado ineludible de la curia con quien tuve en Roma más de una decena de citas, comidas y cenas, Aguisel (he alterado su nombre) es un homosexual divertido, malintencionado, realmente viperino y sin complejos que, pese a estar en la cuarentena, sigue siendo un gran seductor. ¡Aguisel es él solo un ejemplo de *gay-pride*! Coquetea con los seminaristas, a quienes invita a cenar por hornadas enteras; tira los tejos a los camareros de los bares y los restaurantes romanos donde cenamos, llamándoles por su nombre. Y resulta que yo le caigo bien.

—Yo soy del Antiguo Testamento —me dice nuestro prelado con una fórmula divertida, autoirónica y muy cierta.

Aguisel detesta a Francisco. Le reprocha su inclinación «comunizante», su liberalismo con respecto a la familia y, por supuesto, sus posiciones demasiado favorables a los homosexuales.

—Este papa es muy voluntarioso —me dice, y viniendo de él no es ningún elogio.

Otro día, cuando cenábamos en La Campana, un restaurante típico del romano Vicolo della Campana (una casa a la que Caravaggio solía acudir, según se dice), me señaló las incoherencias y bandazos de Francisco. Este papa, a su juicio, «es un veleta», y sobre la homosexualidad da un paso adelante y dos atrás, prueba de que improvisa:

—¿Cómo es posible que Francisco censure la teoría de género y al mismo tiempo reciba oficialmente a un transexual español en el Vaticano con su novio (o novia)...? No sabe uno a qué atenerse. Todo eso es incoherente y demuestra que no tiene doctrina, solo actos impulsivos de comunicación.

El prelado prosigue en tono confidencial, cuchicheando:

—Le diré una cosa: el papa se ha ganado muchos enemigos en la curia. Es malo. Echa a todo el mundo. No soporta que le contradigan. ¡Mire lo que le ha hecho al cardenal Müller!

Le sugiero que la inquina de Francisco contra Müller (a quien destituyó con cajas destempladas y sin previo aviso en 2017) tiene sus motivos. Mi interlocutor sabe todo esto y ve que estoy bien informado. Pero lo único que le obsesiona son las pequeñas ofensas inferidas a Müller y sus afines.

—El papa intervino desde su posición, personalmente, ante la Congregación para la Doctrina de la Fe, para que expulsaran a los asistentes de Müller. ¡De un día para otro los despacharon a sus respectivos países! Al parecer, hablaban mal del papa. ¿Eran unos traidores? No es verdad. Simplemente, estaban en la oposición. ¡Qué bonito, que todo un papa ataque personalmente a simples *monsignori*!

Después de un momento de vacilación Aguisel se atreve a decir:

—Francisco tiene un espía en la Congregación para la Doctrina de la Fe que se lo cuenta todo. ¿Lo sabía usted? ¡Tiene un espía! ¡El espía es el subsecretario!

Durante varias comidas, las conversaciones con el prelado han sido del mismo tenor. Conoce los secretos de la curia y, por supuesto, los nombres de los cardenales y obispos «practicantes». Se nota que le encanta decírmelos, contarlo todo, aunque cada vez que «saca del armario» a un correligionario se retracta, asustado por su audacia:

—Me he ido de la lengua. Hablo demasiado. No debería. ¡Pensará que soy un descarado!

La imprudencia calculada del prelado durante estos diálogos frecuentes que mantuve con él durante decenas de horas a lo largo de varios años me fascinaba. Como todos los prelados con los que hablé, él sabía de sobra que soy periodista de investigación y he escrito varios libros sobre el asunto gay. Si hablaba conmigo, como tantos otros cardenales y obispos contrarios a Francisco, no era por casualidad ni por accidente, sino por esa «enfermedad del rumor, la maledicencia y el cotilleo» de la que se burla el papa.

—El santo padre es un poco especial —añade el prelado—. La gente, las muchedumbres, en todo el mundo le quieren mucho, pero no saben quién es. ¡Es brutal! ¡Es cruel! ¡Es duro! Aquí le conocemos, y le detestamos.

Un día, cuando comíamos en el barrio romano de Piazza Navona, monseñor Aguisel me cogió del brazo súbitamente al final de la comida y me llevó hacia la iglesia de San Luis de los Franceses.

—Aquí tiene tres Caravaggios y es gratis. Hay que aprovechar.

Los cuadros murales, al óleo sobre lienzo, son de una belleza suntuosa, con su profundidad crepuscular y su negrura tenebrosa. Meto una moneda de un euro en un aparatito que está delante de la capilla y las obras se iluminan de repente.

Después de saludar a una «loca de sacristía» que le ha reconocido —en esta iglesia francesa, como en todas, abundan los curas y seminaristas gais—, Aguisel sostiene luego una plática meliflua con un grupo de jóvenes turistas, alardeando de su prestigioso cargo en la curia. Después de este intermedio reanudamos nuestro diálogo sobre la homosexualidad de Caravaggio. El erotismo que se desprende del *Martirio de san Mateo*, que representa a un hermoso guerrero desnudo matando a un viejo caído en el suelo, recuerda a su *San Mateo y el ángel*, cuya primera versión, hoy perdida, se consideró demasiado homoerótica para ser digna de una capilla. Para el *Tañedor de laúd*, el *Niño con un cesto de frutas* y *Baco*, Caravaggio usó como modelo a su amante Mario Minniti. Otros cuadros, como *Narciso*, *Los músicos*, *San Juan Bautista* y el extraño *Amor Vincit Omnia* (*El amor victorioso*, que he visto en la Gemäldegalerie de Berlín) han confirmado desde hace mucho la atracción que sentía Caravaggio por los muchachos. Dominique Fernandez, novelista y miembro de la Academia Francesa, ha escrito al respecto: «A mi juicio Caravaggio es el pintor homosexual más grande de todos los tiempos, pues nadie como él ha exaltado con más vehemencia el vínculo de deseo entre dos hombres».

No es de extrañar, pues, que Caravaggio sea, al mismo tiempo, uno de los pintores preferidos del papa Francisco, de los cardenales rígidos de la curia que siguen dentro del armario y de los militantes gais que organizan en Roma City Tours LGBT, una de cuyas etapas consiste, precisamente, en rendir homenaje a «su» pintor.

—A la iglesia de San Luis de los Franceses no paran de llegar autocares de visitantes. ¡Cada vez hay menos feligreses y más turistas *low cost*! Vienen solo para ver los Caravaggios. Se comportan con una vulgaridad que no osarían exhibir en un museo. ¡Tengo que llamarles la atención! —me explica monseñor François Bousquet, el rector de la iglesia francesa, con quien almuerzo en dos ocasiones.

Monseñor Aguisel quiere enseñarme otra cosa. Da un pequeño rodeo, enciende la luz de la hermosa capilla y ¿qué tenemos aquí? ¡Un *San Sebastián*! Este cuadro, del artista Numa Boucoiran, se muestra en esta iglesia desde el siglo XIX a petición del embajador de Francia ante el Vaticano («después de la guerra por lo menos cinco fueron homosexuales», añade Aguisel, que lleva la cuenta de todos los embajadores franceses). Este *San Sebastián*, convencional y de escaso valor artístico, reúne sin embargo todos los códigos de la iconografía gay: el muchacho está de pie, resplandeciente, gallardo y extasiado, con una desnudez exagerada por la belleza de sus músculos y el cuerpo atlético traspasado por las flechas de su verdugo que quizá sea su amante. Boucoiran es fiel al mito, aunque

135

carece del talento de Botticelli, el Sodoma, Tiziano, Veronés, Guido Reni, El Greco o Rubens, que también pintaron este icono gay, dibujado ocho veces por Leonardo da Vinci.

He visto varios *San Sebastián* en los museos del Vaticano, en especial el de Girolamo Siciolante da Sermoneta, tan provocador y libidinoso que podría figurar en la cubierta de una enciclopedia de las culturas LGBT. Por no hablar del *San Sebastián* de la basílica de San Pedro de Roma, un mosaico más prosaico, que tiene una capilla dedicada, entrando a la derecha, justo después de la *Piedad* de Miguel Ángel. (Ahora es también la tumba de Juan Pablo II.)

El mito de san Sebastián es un código secreto muy apreciado, conscientemente o no, por los hombres del Vaticano. Revelarlo significa descubrir muchas cosas, a pesar de prestarse a distintas interpretaciones. Se puede considerar una figura efebófila o, por el contrario, sadomasoquista; puede representar una pasividad sumisa de jovencito o el vigor marcial del soldado que resiste estoicamente. Y sobre todo esto: Sebastián, atado al árbol, con su vulnerabilidad absoluta, parece amar a su verdugo, enlazarse con él. Este «gozo en el dolor», con el verdugo y su víctima mezclados, unidos en un mismo suspiro, es una metáfora maravillosa de la homosexualidad en el Vaticano. En Sodoma se celebra San Sebastián todos los días.

Uno de los pocos adversarios de Francisco dispuestos a expresarse públicamente es el cardenal australiano George Pell, «ministro de Economía» del papa. Cuando Pell se me acerca para saludarme estoy sentado en una salita de espera de la Loggia I del Palacio Apostólico del Vaticano. Él de pie, yo sentado: tengo ante mí a un gigante. Es desgarbado, de andar algo vacilante, y va flanqueado por su asistente, también enorme, que camina con indolencia y tomará nota concienzudamente de nuestra conversación. ¡Jamás en mi vida me había sentido tan pequeño! Puestos el uno encima del otro llegarían a una altura de cuatro metros, por lo menos.

—Trabajo con el papa y me reúno con él cada quince días —me

cuenta Pell con mucha cortesía—. Desde luego, ambos tenemos una formación cultural muy distinta: él viene de Argentina y yo de Australia. Puedo tener divergencias con él, como por ejemplo sobre el cambio climático. Pero somos una organización religiosa, no un partido político. Debemos mantenernos unidos en lo que concierne a la fe y la moral. Al margen de esto pienso que somos libres y, como decía Mao Zedong, que florezcan cien flores...

George Pell contesta a mis preguntas a la manera anglosajona, con profesionalidad, concisión y sentido del humor. Es eficaz, está bien informado y sabe por dónde se anda. Con él, nada de *off*, todo es *on the record*. La cortesía del cardenal me impresiona, pues sus colegas me lo habían descrito como «brutal» y «pendenciero», cuando no temible como un «bulldog». En el Vaticano le han apodado Pell Pot.

Hablamos de las finanzas de la santa sede, de su trabajo de ministro, de la transparencia que está logrando donde antes, durante mucho tiempo, ha prevalecido la opacidad.

—¡Cuando llegué descubrí cerca de 1.400 millones de euros durmientes, olvidados en todos los balances contables! La reforma financiera es uno de los pocos asuntos que une en el Vaticano a la derecha, la izquierda y el centro, tanto en lo político como en lo sociológico.

137

—Entonces ¿hay una derecha y una izquierda en el Vaticano? —le digo, interrumpiéndole.

—Creo que aquí todos somos una variante de centro radical.

En el sínodo, George Pell, que está considerado como uno de los representantes del ala derecha y conservadora del Vaticano, un ratzingueriano, se sumó a los cardenales críticos con Francisco. Como me suponía, el cardenal quita importancia a las desavenencias que saltaron a la prensa haciendo alarde de sutileza, es decir, de retórica hueca:

—No soy adversario de Francisco. Soy un leal servidor del papa. Francisco alienta las discusiones libres y abiertas y quiere que los que no piensan como él le digan la verdad.

George Pell menciona varias veces la «autoridad moral» de la Iglesia, que sería su razón de ser y el motor principal de su influencia en el mundo. Cree que hay que permanecer fiel a la doctrina y a la tradición. Aunque la sociedad se transforme, no se puede cambiar la ley. Por eso la actitud de Francisco con las «periferias» y su empatía con los homosexuales le parecen vanas, cuando no equivocadas.

—Está muy bien eso de interesarse por las «periferias», pero también hay que tener una masa crítica de creyentes. Claro que hay que ocuparse de la oveja descarriada, pero también se debe prestar atención a las otras 99 ovejas que se han quedado en el rebaño.

Después de nuestra entrevista Pell tuvo que marcharse de Roma debido que fue interrogado en los juzgados de Australia por un caso antiguo de abusos sexuales contra niños y otras acusaciones de encubrimiento continuado de curas pedófilos a los que desplazaba de parroquia en parroquia cuando era obispo. El caso ha causado mucho revuelo en los medios. Su primer procesamiento, con miles de páginas de declaraciones, terminó con su condena a finales de 2018.

El resultado de unos dos años de debates y tensiones en torno al sínodo tiene un bonito nombre: *Amoris Laetitia* («La alegría del amor»). Esta exhortación apostólica postsinodal lleva la marca personal y las referencias culturales de Francisco. El papa insiste en el hecho de que ninguna familia es una realidad perfecta, por lo que la atención pastoral debe ir dirigida a todas, tal como son. Atrás ha quedado el discurso familiarista y patriarcal de los conservadores contrarios al matrimonio homosexual.

Algunos prelados, no sin razón, piensan que Francisco se ha echado atrás en su afán de reforma y ha optado por una suerte de statu quo sobre los asuntos más sensibles. Los defensores de Francisco, en cambio, consideran que *Amoris Laetitia* es todo un hito.

Según uno de los detractores del texto, los homosexuales han perdido la batalla del sínodo, aunque han logrado, en compensación, que en esta exhortación apostólica se incluyan tres referencias codificadas a la homosexualidad: una fórmula críptica sobre el «amor de amistad» o «amistad amorosa» (§ 127); una referencia a la alegría de san Juan Bautista (pintado con aspecto afeminado por Caravaggio y también por Leonardo da Vinci, que usó como modelo a su amante Salai, § 65); y, por último, el nombre de un pensador católico que acabó reconociendo su homosexualidad, Gabriel Marcel (§ 322)... ¡Una victoria pírrica!

—*Amoris Laetitia* es el resultado de dos sínodos —me dice el cardenal Baldisseri—. Si lee los capítulos 4 y 5 verá que es un texto magnífico sobre la relación amorosa y sobre el amor. El capítulo 8, el de los temas sensibles, es realmente un texto comprometido.

El ala conservadora del Vaticano no apreció el susodicho compromiso. Cinco cardenales, entre los que había dos «ministros» del papa, Gerhard Ludwig Müller y Raymond Burke, ya habían expresado su desacuerdo incluso antes del sínodo en un libro titulado *Permanecer en la verdad de Cristo,* una desaprobación pública tan insólita como clamorosa. Los cardenales George Pell, otro ministro de Francisco, y Angelo Scola, se les sumaron, incorporándose así a la oposición. Sin hacerlo formalmente, Georg Gänswein, el famoso secretario particular del papa Benedicto XVI, divulgó un mensaje público sibilino que respaldaba esta postura.

139

Cuando terminaron los debates del segundo sínodo, el mismo grupo volvió a tomar la pluma para expresar públicamente su desacuerdo. La carta, firmada por cuatro cardenales (el estadounidense Raymond Burke, el italiano Carlo Caffarra y dos alemanes, Walter Brandmüller y Joachim Meisner, que se ganaron el sobrenombre de los cuatro *dubia,* «duda» en latín), llamaba a «disipar» las «dudas» sembradas por *Amoris Laetitia.* Se publicó en septiembre de 2016. El papa ni siquiera se tomó la molestia de contestarles.

Detengámonos un momento en estos cuatro *dubia.* (Dos de los cuatro recientemente fallecidos.) Según numerosas fuentes de Alemania, Suiza, Italia y Estados Unidos, las cuales hablan de sus compañías «mundanas» y sus amistades especiales. La prensa alemana destacaba maliciosamente que vivían rodeados sobre todo de chicos guapos y afeminados; los periodistas de este país han confirmado su homofilia. En cuanto a Carlo Caffarra, exarzobispo de Bolonia creado cardenal por Benedicto XVI y fundador del Instituto Juan Pablo II «para estudios sobre el matrimonio y la familia», fue uno de los oponentes tan porfiados al matrimonio gay que esta obsesión trasnochada solo podía tener un origen.

Porque los *dubia* poseen un auténtico estilo: por un lado, las locas de sacristía, las *liturgy-queens*; los monaguillos repeinados con raya recta; por otro, la inquisición, la humildad en apariencia y la extravagante dignidad. Las risitas obsequiosas de los apolos y los efebos que les rodean; y los autos de fe. Un lenguaje sinuoso, en realidad torturado; y posturas medievales sobre la moral sexual. Junto con todo esto, ¡qué desatención hacia las personas del bello sexo! ¡Qué misoginia! ¡Qué gaidad divina y qué rigidez viril, o al revés! «*The lady doth protest too much!*»

Perfectamente informado sobre la homofilia de varios de estos *dubia* y las paradojas vitales de sus adversarios, esos dechados de intransigencia moral y rigidez, el papa estaba profundamente disgustado por tanta duplicidad.

Fue entonces cuando se entabló la tercera fase de la batalla de Francisco contra sus oponentes, la más luciferina. El papa castigó metódicamente, uno tras otro, a sus enemigos cardenales, bien retirándoles su ministerio (Gerhard Ludwig Müller fue destituido de la Congregación para la Doctrina de la Fe, Mauro Piacenza trasladado sin contemplaciones, Raymond Burke despedido de su cargo al frente del Tribunal Supremo), ya fuera vaciando de contenido su función (Robert Sarah se encontró al frente de un ministerio que era un cascarón vacío, y privado de todos sus apoyos), ya fuera despidiendo a sus colaboradores (los de Sarah y Müller fueron reemplazados por hombres afines a Francisco), o bien, por último, dejando que los cardenales se debilitaran ellos solos (las acusaciones de abuso sexual contra George Pell, las sospechas que recaen sobre Gerhard Ludwig Müller y Joachim Meisner de una mala gestión de los escándalos sexuales, la batalla interna de la orden de Malta en el caso de Raymond Burke). ¿Quién dijo que el papa Francisco era misericordioso?

La mañana que visito al cardenal Gerhard Ludwig Müller en su domicilio privado de la Piazza della Città Leonina, próxima al Vaticano, me da la impresión de que le he sacado de la cama. ¿Se habrá pasado toda la noche cantando maitines? El todopoderoso prefecto de la Congregación para la Doctrina de la Fe y enemigo número uno del papa Francisco abre personalmente la puerta... y está en ropa interior. ¡Es mi primer cardenal en pijama!

Delante de mí veo a un hombre alto con una camiseta arrugada, un chándal amplio, largo y elástico, de marca Vittorio Rossi, y zapatillas. Algo apurado, balbuceo:

—¿Era a las nueve cuando habíamos quedado?

—Sí, eso es. Pero no pensará sacar fotos, ¿verdad? —me pregunta el cardenal-prefecto emérito, que ahora parece darse cuenta de lo impropio de su vestimenta.

—No, no. Nada de fotos.

—Entonces puedo seguir [vestido] así —me dice Müller.

Pasamos a un enorme despacho con todas las paredes cubiertas por una impresionante biblioteca. La conversación es apasionante y Müller me parece más sofisticado de lo que me han dado a entender sus adversarios.

Este intelectual próximo a Benedicto XVI conoce a la perfección, lo mismo que el papa emérito, la obra de Hans Urs von Balthasar y de Jacques Maritain, y sobre ellos mantenemos una larga conversación. Müller me enseña sus libros, impecablemente ordenados en la estantería, para que vea que los ha leído.

141

La casa es clásica y de una fealdad poco católica. Este, por lo demás, es un rasgo común a las docenas de viviendas de cardenales que visité: un semilujo semimundano, una mezcla de géneros mal conjuntados, lo sucedáneo y lo superficial falto de profundidad, en una palabra, lo que podría llamarse *middlebrow*: es así como lo llaman en Estados Unidos a lo que no es ni exquisito ni popular, a la cultura del medio, a la de medio pelo; la cultura de la media y del término medio. Un gran reloj de pared opulento y falso art déco que ya no funciona, una cómoda barroca demasiado estilosa, una mesa ramplona, todo mezclado. Es la cultura «cuadernos Moleskine», falsos remedos de los de Bruce Chatwin o Hemingway, leyendas apócrifas. Este estilo en el estilo, amable y desangelado, es común a Müller, Burke, Ruini, Dziwisz, Stafford, Farina, Etchegaray, Herranz, Martino, Re, Sandoval y tantos otros cardenales en busca de *self-aggrandizement* (autoengrandecimiento) que he visitado.

En realidad Müller, cuando me reúno con él, acaba de «encoger». El papa le ha apartado sin miramientos de la Congregación para la Doctrina de la Fe, donde ocupaba el cargo de prefecto desde el papado de Benedicto XVI.

—¿Qué juicio me merece Francisco? Digamos que Francisco tiene su propia personalidad, tiene realmente un estilo propio. Pero, entiéndame, hablar de pro y anti-Francisco no tiene ningún sentido para mí. La sotana roja que llevamos significa que estamos dispuestos a verter nuestra sangre por Cristo, y servir a Cristo significa, para todos los cardenales, servir al vicario de Cristo. Pero la Iglesia no es una comunidad de robots y la libertad de los hijos de Dios nos permite tener distintas opiniones, distintas ideas, sentimientos distintos de los del papa. Pero lo repito, insisto, eso no quiere decir que no queramos ser profundamente leales al papa. Lo somos, porque queremos ser profundamente leales al Señor.

Sin embargo, el leal Müller se ha sumado a la larga lista de los Judas, junto con Raymond Burke, Robert Sarah, Angelo Bagnasco o Mauro Piacenza, que no ahorran ataques solapados e hirientes contra el papa. Con su índole pendenciera, el cardenal indócil ha querido dar lecciones al santo padre, contradiciendo taimadamente las orientaciones de Francisco sobre el sínodo. Ha dado entrevistas sobre la moral que desautorizaban a Francisco y ha prodigado los puntos de tensión, que no tardaron en ser de ruptura. Decir que ha caído en desgracia significaría que alguna vez gozó del favor del papa. Hacía meses que se había puesto precio a su capelo cardenalicio. Francisco le desmochó sin vacilar en un encuentro que, según Müller, «duró un minuto». ¡Y ahora está delante de mí en calzones!

De pronto una monjita llena de devoción que acaba de llamar suavemente a la puerta entra con el té del cardenal que ha preparado con la solicitud clerical que corresponde a Su Eminencia, por muy cesante que esté. El cardenal gruñón, visiblemente molesto, apenas le dirige la mirada mientras ella posa la taza y la despacha secamente. La religiosa sin edad, que había entrado con tanta diligencia, sale rebotada. ¡En una familia burguesa tratan mejor a las criadas! Sentí vergüenza por ella y más tarde, cuando me marché, me entraron ganas de ir a verla para disculparme de esa misoginia.

El cardenal Müller tiene el espíritu de la contradicción. En Baviera, donde fue obispo, dejó el recuerdo de un prelado «ambiguo» y quizá incluso «esquizofrénico» (por usar una palabra frecuente en el vocabulario del papa), según una docena de testimonios que he recogido en Múnich y Ratisbona. Varios curas y periodistas me describen sus amistades mundanas, en los ambientes del Regensburger Netzwerk («la red de Ratisbona»), al parecer bajo la influencia de Joseph Ratzinger y Georg Gänswein.

—Cuando Müller era obispo de Ratisbona, aquí en Baviera, su personalidad no se entendió bien. Su relación con el célebre cardenal alemán Karl Lehmann, un liberal y progresista, resultó especialmente difícil sobre la cuestión gay. Se escribieron cartas muy duras, muy amargas, como intercambiándose las posiciones, ya que Lehmann era bastante *gay friendly* y heterosexual, y Müller muy antigay. Al mismo tiempo Müller acudía asiduamente a las recepciones de la princesa Gloria von Thurn und Taxis en el castillo de Saint-Emmeram —me explica en Múnich el periodista del *Süddeutsche Zeitung* Matthias Drobinski, que cubre la Iglesia alemana desde hace veinticinco años.

El castillo de Ratisbona junta con audacia y cierta alegría un claustro románico y gótico, una abadía benedictina, un ala barroca y varios salones de baile rococó y neorrococó. Este palacio que juega con los estilos y las épocas también es conocido por haber sido el de la hermana de la emperatriz Sissi. La princesa Gloria von Thurn und Taxis, viuda de un adinerado industrial cuya familia se enriqueció con el monopolio del servicio postal durante el Sacro Imperio Romano Germánico antes de que Napoleón se lo expropiara, reside aquí. Su antro es el punto de referencia del sector más conservador de la Iglesia católica alemana, lo que quizá explique el apodo de la princesa, Gloria TNT, por su conservadurismo explosivo.

La dueña del castillo, recién llegada de su clase diaria de tenis, con polo rosa de marca, gafas ovaladas petulantes, reloj Rolex deportivo y gruesos anillos repletos de cruces, me concede audiencia. ¡Qué mujer! ¡Qué circo!

Tomamos una copa en el Café Antoinette —por el nombre de la reina francesa decapitada— y Gloria von Thurn und Taxis, de cuya rigidez y modales de marimacho me habían hablado, se muestra extrañamente afable y amistosa conmigo. Se expresa en un francés perfecto.

Gloria TNT se toma su tiempo para contarme su vida de *queen*: el tamaño de su patrimonio multimillonario, con las 500 estancias de su castillo que hay que mantener, sin contar los 40.000 metros cuadrados de tejado («es muy muy caro», se lamenta, abriendo desmesuradamente los ojos); una militancia política en la derecha más reaccionaria; su aprecio a los curas, entre los que destaca su «querido amigo» el cardenal Müller; y su vida en continua mudanza entre Alemania, Nueva York y Roma (donde, según dicen, comparte una residencia temporal en el centro con otra princesa, Alessandra Borghese, lo que ha desatado los rumores sobre la inclinación sexualmonárquica de ambas). Gloria TNT hace hincapié en su catolicismo desenfrenado:

144

—Soy de fe católica. Tengo una capilla privada personal en la que mis amigos sacerdotes pueden celebrar misa cuando quieran. Me encanta que se usen las capillas. Por eso tengo un capellán, un cura a domicilio, desde hace un año y pico. Estaba jubilado y me lo he traído aquí. Ahora vive con nosotros en unos aposentos del castillo. Es mi capellán privado —me dice Gloria TNT.

El cura en cuestión se llama monseñor Wilhelm Imkamp. Aunque le llaman monseñor no es obispo.

—Imkamp es un cura ultraconservador muy conocido. Quería ser obispo, pero se lo impidieron por razones personales. Es muy cercano al ala conservadora radical de la Iglesia alemana, en especial al cardenal Müller y a Georg Gänswein —me señala en Múnich el periodista Matthias Drobinski, del *Süddeutsche Zeitung*.

Extraño prelado, a fin de cuentas, este turbulento Imkamp que parece bien introducido en el Vaticano, donde ha sido «consultor» de varias congregaciones; también ha sido asistente de uno de los cardenales alemanes más delicadamente homófobos, Walter Brandmüller. ¿Por qué estos contactos activos y sus amistades ratzinguerianas no le permitieron ser obispo con Benedicto XVI? He aquí un misterio que merecería ser desvelado.

David Berger, un teólogo y exseminarista convertido en militante gay, me explica durante una charla en Berlín:

—Todas las mañanas monseñor Imkamp celebra una misa en latín por el rito antiguo en la capilla de Gloria von Thurn und Taxis. Él es un ultraconservador amigo de Georg Gänswein, ella una *madonna* de los gais.

La aristócrata decadente Gloria TNT también es rica en paradojas. Me describe su colección de arte contemporáneo, que incluye obras de Jeff Koons, Jean-Michel Basquiat, Keith Haring e incluso del fotógrafo Robert Mapplethorpe, un magnífico y famoso retrato suyo. Koons está vivo, pero dos de estos artistas, Haring y Mapplethorpe, eran homosexuales y murieron de sida; Basquiat era toxicómano y el propio Mapplethorpe fue blanco de los ataques de la extrema derecha estadounidense, que tildaba su obra de homoerótica y masoquista. ¿Esquizofrenia?

La princesa resumió sus contradicciones sobre la homosexualidad durante un debate del partido conservador bávaro (CSU) en presencia de monseñor Wilhelm Imkamp: «Todos tienen derecho a hacer lo que quieran en su dormitorio, pero eso no debe transformarse en programa político». Ahí está el truco: ¡manga ancha con los homosexuales «en el armario», pero tolerancia cero para la visibilidad de los gais!

En suma, esta Gloria TNT es un cóctel explosivo: rata de sacristía y *jet set* aristopunk, ferviente católica flipada y locatis integrista rodeada de una patulea de gais. ¡Gloria von Thurn und Taxis es una *cocotte* (mujer de vida alegre) de altos vuelos!

Tradicionalmente cercana a los conservadores de la CSU de Baviera, parece que en los últimos años ha adoptado algunas ideas de la AfD, el partido de la derecha reaccionaria alemana, aunque sin adherirse formalmente. Se la ha visto al lado de los diputados de esta formación durante las Demos für Alle, las manifestaciones contra el matrimonio gay. En una entrevista declara su estima por la duquesa Beatrix von Storch, vicepresidenta de la AfD, aunque reconoce que tiene desacuerdos con su partido.

—La señora von Thurn und Taxis es típica de la zona gris entre los cristianosociales de la CSU y la derecha dura de la AfD, que coinciden en su rechazo a la «teoría de género», su oposición

145

al aborto, al matrionio gay y en su crítica a la política migratoria de la canciller Angela Merkel —me explica en Múnich el teólogo alemán Michael Brinkschröeder.

Estamos en el meollo de la llamada «red de Ratisbona», una constelación en la que la Reina Sol Gloria TNT es el astro iluminado a cuyo alrededor «mil diablos azules bailan». Los prelados Gerhard Ludwig Müller, Wilhelm Imkamp y Georg Gänswein siempre han parecido estar a sus anchas en esta camarilla *gay-friendly* con mayordomos de librea, tartas decoradas con «sesenta mazapanes en forma de pene» (nos cuenta la prensa alemana) y curas, naturalmente, muy homófobos. La principesca Gloria TNT se encarga también del servicio posventa y participa en la promoción de los libros antigáis de sus amigos cardenales reaccionarios como Müller, el guineano ultraconservador Robert Sarah o el alemán Joachim Meisner, con el que ha escrito un libro de entrevistas. El homófilo Meisner fue la quintaesencia de la hipocresía del catolicismo, pues era a la vez uno de los enemigos del papa Francisco (uno de los cuatro *dubia*); un homófobo a machamartillo; un obispo que ordenó a curas gais practicantes, tanto en Berlín como en Colonia, a sabiendas de que lo eran; un *closeted* encerrado con siete llaves desde su pubertad tardía; y un esteta que vivía con su corte de afeminados y mayoritariamente LGBT.

¿Se puede tomar en serio el pensamiento del cardenal Müller? Grandes cardenales y teólogos alemanes se muestran críticos con sus escritos, que no son autoridad, y con su pensamiento, que no sería digno de fe. Destacan, pérfidamente, que ha coordinado la edición de las obras completas del Ratzinger, insinuando que esta proximidad explica su título de cardenal y su cargo en la Congregación para la Doctrina de la Fe.

Estos juicios tan severos requieren una matización, pues quien creó cardenal a Müller fue Francisco, no Benedicto XVI. Ha sido sacerdote en Latinoamérica y ha escrito libros profundos, especialmente sobre la teología de la liberación. Aunque esto no merma en modo alguno su conservadurismo, nos retrata a un personaje más complejo. Durante nuestra conversación me dice que es amigo de Gustavo Gutiérrez, el «padre fundador» de esta corriente religiosa, y es cierto que ha publicado con él un libro de entrevistas apasionante.

Su homofobia, en cambio, está fuera de duda. Cuando el papa, en una conversación privada, dio muestras de empatía con Juan Carlos Cruz, un homosexual víctima de abusos sexuales («Que seas gay no tiene ninguna importancia. Dios te hizo así y te ama, eso es lo que importa. El papa también te ama. Debes ser feliz tal como eres», le dijo Francisco), el cardenal Müller no ocultó su indignación y declaró públicamente que «la homofobia es un invento» (un *hoax* —«bulo»—, dijo).

Esta severidad, esta firmeza, contrastan con la inacción mostrada por el cardenal Müller en los casos de los abusos sexuales de que habría tenido conocimiento. Bajo su liderazgo, la Congregación para la Doctrina de la Fe, que se ocupa en el Vaticano de los expedientes pedófilos, fue acusado de negligencia (aunque él lo niega tajantemente) y de mostrar escasa empatía con las víctimas. También es notoria su falta de apoyo a la influyente laica irlandesa Marie Collins, víctima de curas pedófilos, de la Comisión para la Protección de los Menores creada por el Vaticano para luchar contra los abusos sexuales en la Iglesia.

Durante el sínodo de la familia Müller se alineó claramente con la oposición al papa Francisco, por mucho que hoy me diga, en plan farisaico, que no quiere «añadir confusión a la confusión, amargura a la amargura, odio al odio». Se sumó a la resistencia de los *dubia*, erigió en dogma la negativa a dar la comunión a las personas divorciadas y vueltas a casar, y mostró un obstinado rechazo a la ordenación de mujeres e incluso de *viri probati*. Para él, que se sabe de memoria todos los versículos del Antiguo Testamento y las epístolas que tratan de este «mal», las personas homosexuales merecen un respeto, pero a condición de que permanezcan castas. Por último, el cardenal se muestra iracundo frente a la «ideología del género», de la que hace una burda caricatura, bien distinta de la sutileza con que aborda la teología de la liberación.

Al papa Francisco no le gustaron nada las críticas de Müller al sínodo de la familia y en especial a *Amoris Laetitia*. En su saludo navideño de 2017 señaló, sin nombrarle, a Müller cuando denunció

147

a las personas «que traicionan su confianza y se dejan corromper por la ambición o por la vanagloria; y cuando se les despide con delicadeza, declaran falsamente que son mártires del sistema, cuando en realidad deberían haber entonado un mea culpa». Más severo aún, el papa denunció a los que traman «complots» y el «cáncer de las camarillas». Como vemos, la relación entre Francisco y Müller es espléndida.

Una llamada telefónica interrumpe de pronto nuestra conversación. Este, sin disculparse, se levanta de un salto y contesta. El que hace poco se mostraba desabrido, al ver el número en la pantalla adopta una postura afectada, se da tono: ahora es educado. Habla con voz afable en alemán. La conversación florida solo dura unos minutos, pero comprendo que es personal. Si no tuviera ante mí a un hombre que ha hecho voto de castidad y si no oyera resonar a lo lejos, en el aparato, una voz de barítono, podría suponer que se trataba de una conversación sentimental.

El cardenal vuelve a sentarse a mi lado, vagamente intranquilo. De repente me pregunta, con tono inquisitivo:

—¿Entiende usted el alemán?

En Roma a veces te sientes como en una película de Hitchcock. En el mismo edificio donde vive Müller también reside su gran enemigo, el cardenal Walter Kasper. Acudiré con frecuencia a este grupo de viviendas e incluso acabaré por conocer al portero del inanimado edificio art déco, a quien dejaré notas para los dos cardenales rivales y un ejemplar del famoso «libro blanco», mi regalo para Müller.

Los dos alemanes se baten en duelo desde hace mucho, y sus justas teológicas son memorables. Como la de 2014-2015, cuando el papa encargó a Kasper, su inspirador y teólogo oficial, la conferencia inaugural del sínodo sobre la familia, y Müller la echó por tierra.

—El papa Francisco reculó, es un hecho. No tenía elección. Pero siempre fue muy claro. Aceptó un compromiso, pero trató de mantener el rumbo —me dice Kasper durante un encuentro en su casa.

El cardenal alemán, vestido con un traje oscuro muy elegante, habla con voz clara y dulzura infinita. Escucha a su interlocutor, medita en silencio y luego se enfrasca en una larga y preparada explicación filosófica cuyo intríngulis solo él conoce, que me recuerda mis largas conversaciones con los católicos de la revista *Esprit* en París.

Ahora Kasper se entusiasma con santo Tomás de Aquino, al que está releyendo y que, a su juicio, fue traicionado por los neotomistas, esos exégetas que le radicalizaron y disfrazaron, como hicieron los marxistas con Marx y los nietzscheanos con Nietzsche. Me habla de Hegel y de Aristóteles y, mientras busca un libro de Emmanuel Levinas y quiere enseñarme otro de Paul Ricoeur, comprendo que estoy delante de un verdadero intelectual. Su amor por los libros no es fingido.

Nacido en Alemania el año en que Hitler llegó al poder, Kasper estudió en la Universidad de Tubinga, cuyo rector era el teólogo suizo Hans Küng, y allí conoció a Joseph Ratzinger. De esos años decisivos datan estas dos amistades esenciales que perdurarían hasta hoy, pese a sus crecientes desavenencias con el futuro papa Benedicto XVI.

—Francisco tiene unas ideas más parecidas a las mías. Le tengo un gran aprecio, siento mucho cariño por él, pero le veo poco. De todos modos mi relación con Ratzinger sigue siendo muy buena, pese a nuestras diferencias.

La «diferencia» se remonta a 1993 y ya se trataba de la cuestión de los divorciados vueltos a casar, el verdadero asunto de Kasper, mucho más que la cuestión homosexual. Con otros dos obispos y seguramente con el respaldo de Hans Küng, que había roto con Ratzinger, Kasper hizo leer una carta en las iglesias de su diócesis para abrir el debate sobre la comunión de las personas divorciadas. En ella se hablaba de misericordia y de la complejidad de las situaciones individuales, algo parecido a lo que dice Francisco hoy.

Frente a este acto de disidencia leve, el cardenal Ratzinger, que dirigía la Congregación para la Doctrina de la Fe, frenó en seco a los aventureros. Con una carta tan rígida como severa les conminó a volver al redil. Con este simple *samizdat*, Kasper se incorporó a la

149

oposición al futuro Benedicto XVI lo mismo que Müller, siguiendo una trayectoria contraria a la de su vecino de escalera, lo hizo con Francisco.

Kasper-Müller: esta fue, por tanto, la línea divisoria del sínodo, una batalla que también se reanudó en 2014-2015, después de haberse librado en los mismos términos y casi con los mismos actores veinticinco años antes entre Kasper y Ratzinger. El Vaticano da a menudo la impresión de ser un gran barco que no avanza aunque tenga el motor en marcha.

—Yo soy pragmático —corrige Kasper—. La vía trazada por Francisco y la estrategia de ir paso a paso es la buena. Si se avanza demasiado deprisa, como sobre la ordenación de mujeres o el celibato de los sacerdotes, se producirá un cisma entre los católicos, y yo no quiero eso para mi Iglesia. En cambio, sobre los divorciados podemos ir más lejos. Es una idea que defiendo desde hace mucho tiempo. En cuanto al reconocimiento de las parejas homosexuales, es un tema más difícil. Intenté avivar este debate en el sínodo, pero no me hicieron caso. Francisco encontró una vía intermedia al hablar de las personas, de los individuos. Luego, paso a paso, habrá que ir moviendo las líneas. El papa rompe también con cierta misoginia: nombra mujeres en todas partes, en las comisiones, en los dicasterios, en los grupos de expertos. Avanza a su ritmo, a su manera, pero tiene un norte.

Tras la victoria del *same-sex marriage* en Irlanda, Walter Kasper dijo que la Iglesia debía aceptar el veredicto de las urnas. Este referéndum de mayo de 2015 se celebró entre los dos sínodos; el cardenal pensaba que debía tenerse en cuenta y así lo declaró al diario italiano *Corriere della Sera*. En su opinión, el tema del matrimonio homosexual, que antes del primer sínodo todavía era «marginal», se había convertido en «central» cuando, por primera vez, el matrimonio se abrió a las parejas del mismo sexo «por un voto popular». En la misma entrevista el cardenal añadió: «Un Estado democrático debe respetar la voluntad popular. Si la mayoría del pueblo quiere estas uniones civiles es un deber del Estado reconocer estos derechos».

En su casa hablamos de todos estos asuntos en las dos entrevistas que me concede. Admiro la sinceridad y la probidad del cardenal. Abordamos la cuestión homosexual con gran libertad de tono y Kasper se muestra abierto, escucha, hace preguntas, y yo sé por muchas de mis fuentes y también por intuición —y por el llamado *gaydar*, al que me he referido más arriba— que probablemente estoy ante uno de los poquísimos cardenales de la curia que no son homosexuales. Es la séptima regla de Sodoma, que se verifica casi siempre:

> Los cardenales, los obispos y los curas más *gay-friendly*, y los que hablan poco de la cuestión homosexual, generalmente son heterosexuales.

Repasamos varios nombres de cardenales y Kasper, en efecto, está al corriente de la homosexualidad de varios colegas suyos. Se da el caso de que parte de ellos son también sus adversarios y los más «rígidos» de la curia romana. Tenemos dudas sobre algunos nombres y estamos de acuerdo sobre algunos otros. Nuestra conversación, llegados a este punto, es de orden privado y le prometo guardar en secreto nuestro pequeño juego de *outing*. Él se limita a decirme, como si acabara de hacer un descubrimiento inquietante:

—Se esconden. Disimulan. Esa es la clave.

Después hablamos de los «anti-Kasper» y por primera vez noto que el cardenal se irrita. Pero a los 85 años el teólogo de Francisco ya no tiene ganas de luchar contra los hipócritas, los retorcidos. Con un ademán despacha el debate y me dice, con una frase que podría considerarse vanidosa, autosuficiente, pero en realidad es una constatación severa contra los jueguecitos inútiles de esos prelados que viven al margen de la realidad y, lo que es peor, de su propia realidad:

—Vamos a ganar.

Cuando Kasper pronuncia estas palabras descubro la bonita sonrisa del cardenal, por lo general tan austero.

En una mesa baja hay un ejemplar del *Frankfurter Allgemeine Zeitung*, el periódico que lee a diario. Kasper me habla de Bach y de Mozart, y siento vibrar su alma alemana. Le obsesiona el tema del «desencanto». En la pared del salón hay un cuadro que representa un pueblo y le pregunto por él.

—Fíjese, la realidad es esa. Mi pueblo en Alemania. Todos los veranos vuelvo a mi región. Hay campanas, iglesias. Al mismo tiempo, las personas ya no van mucho a misa y parece que son felices sin Dios. Esa es la gran cuestión. Eso es lo que me preocupa. ¿Cómo volver a encontrar la senda de Dios? Tengo la impresión de que se ha perdido. Hemos perdido la batalla.

6

Roma Termini

$\mathcal{M}$ohammed está hablando con una chica, con una cerveza en la mano, una de esas *moeufs* («mujeres») a la que espera *emballer* («seducir»), como me dirá después, usando palabras de argot árabe francés. Al caer la tarde en el Twins es *happy hour*: «*With Your Cocktail, a Free Shot*» («Un chupito gratis si pides un cóctel») anuncia, en inglés, un volante que me pasan.

Mohammed está sentado en una moto, en la calle, delante del pequeño bar. La moto no es suya pero la usa, como todos en el barrio, para no pasarse todo el tiempo de pie. A su alrededor hay un grupo de migrantes: su banda. Se llaman a gritos por sus nombres, se silban, son agresivos, afectivos y canallas entre ellos, y sus voces se mezclan con el estrépito de Roma Termini.

Ahora le veo entrar en Twins, un barecito maravillosamente turbio, en Vía Giovanni Giolitti, frente a la entrada sur de la estación central de Roma. Quiere aprovechar el *happy hour* para invitar a un trago a esa chica de paso. Por Twins pasan durante toda la noche las clientelas más exóticas, los migrantes, los toxicómanos, los trans, las prostitutas y prostitutos; todos son bien recibidos. Si hace falta se puede comprar un bocadillo a las cuatro de la madrugada, una porción de pizza barata, o bailar un reguetón pasado de moda en la trastienda. En las aceras de los alrededores la droga circula sin problemas.

De pronto veo que Mohammed se va, alejándose de la moto y la chica, como si hubiera recibido una llamada misteriosa. Le sigo con la mirada. Ahora está en la Piazza dei Cinquecento, en el cruce de la Vía Manin y la Vía Giovanni Giolitti. Un coche se ha detenido en el borde de la calzada. Mohammed habla con el conductor, se monta y el vehículo se aleja. Delante del Twins la chica sigue hablando con otro chico, un rumano, también sentado en una moto. (En este capítulo se han cambiado todos los nombres de los migrantes.)

«Soy uno de esos migrantes que defiende el papa Francisco», me confiesa varios días después Mohammed, sonriendo. Estamos de nuevo en Twins, el cuartel general del tunecino, que se cita aquí con sus amigos: «Si quieres hablar conmigo, ya sabes dónde encontrarme, vengo aquí todos los días a eso de las seis de la tarde», me dirá en otra ocasión.

Mohammed es musulmán. Llegó a Italia embarcado en una lancha de pesca sin motor, arriesgando la vida en el Mediterráneo. Le vi por primera vez en Roma, cuando estaba empezando a escribir este libro. Mantuve el contacto con él durante casi dos años, antes de perderle de vista. Un día el teléfono de Mohammed no respondió. «El número marcado no existe», dijo la operadora italiana. No sé lo que ha sido de él.

Hasta entonces hablé con él unas diez veces en compañía de uno de mis investigadores, durante varias horas, en francés, a menudo mientras comíamos. Él sabía que yo iba a contar su historia.

Cuando el papa regresó de la isla griega de Lesbos en 2016 llevaba consigo en el avión tres familias de musulmanes sirios, un símbolo para proclamar su defensa de los refugiados y su visión liberal de la inmigración.

Mohammed, que forma parte de esa inmensa ola de refugiados, los últimos quizá que creyeron en el «sueño europeo», no solo no viajó con el papa, sino que fue explotado de un modo inesperado que él nunca habría imaginado cuando viajó de Túnez a Nápoles pasando por Sicilia. Porque aunque este joven de 21 años es heterosexual, para sobrevivir se vio obligado a prostituirse todas las noches junto a la estación central Roma Termini. Mohammed es *sex worker* («trabajador sexual»); él me dice «*escort*» porque como tarjeta de visita es mejor. Y un hecho aún más extraordinario: los clientes de este musulmán son sobre todo curas y prelados católi-

SODOMA

cos de las iglesias romanas y vaticanas. «Soy uno de esos migrantes que defiende el papa Francisco», insiste Mohammed con ironía.

Para indagar sobre las relaciones contra natura entre los prostitutos musulmanes de Roma Termini y los curas católicos del Vaticano, durante tres años entrevisté a unos sesenta migrantes que se prostituían en Roma (la mayoría de las veces iba acompañado de un traductor o un investigador).

De entrada cabe decir que los «horarios» de los prostitutos eran adecuados: por la mañana temprano y durante el día me reunía con curas, obispos y cardenales en el Vaticano, que nunca se citaban conmigo después de las seis de la tarde. Por la noche, en cambio, entrevistaba a los prostitutos, que pocas veces llegaban al trabajo antes de las siete. Mis entrevistas con los prelados tenían lugar mientras los prostitutos dormían, y mis entrevistas con los *escorts*, cuando los sacerdotes ya se habían ido a la cama. Por tanto, durante las semanas que pasé en Roma mi agenda se dividía así: cardenales y prelados de día, migrantes de noche. Acabé dándome cuenta de que esos dos mundos —esas dos miserias sexuales— en realidad estaban estrechamente imbricados. De que los horarios de esos dos grupos se solapaban.

Para introducirme en la vida nocturna de Roma Termini tuve que trabajar en varios idiomas —rumano, árabe, portugués, español, además de francés, inglés e italiano—, por lo que tuve que acudir a amigos, a *scouts* («buscadores») y, a veces, a intérpretes profesionales. Investigué en las calles del barrio romano de Termini con mi investigador Thalyson, un estudiante de arquitectura brasileño, Antonio Martínez Velázquez, un periodista gay latino llegado de México, y Loïc Fel, un militante asociativo llegado de París, que conoce bien a los trabajadores del sexo y a los toxicómanos.

Además de estos valiosos amigos, a medida que pasaba noches en el barrio de Roma Termini conocí a varios *scouts*, generalmente *escorts*, como Mohammed, que fueron mis «informadores» y «exploradores» indispensables. A cambio de una copa o una comida me informaban sobre la prostitución en el barrio. Escogí tres

155

lugares para nuestros encuentros que les garantizaban cierta discreción: el café del jardín del hotel Quirinale, el bar del hotel NH Collection, en la Piazza dei Cinquecento, y el segundo piso del restaurante Eataly, que todavía hace unos años era un McDonald, delante del cual tenían lugar justamente los encuentros tarifados gais de Roma.

Mohammed me cuenta su travesía del Mediterráneo.

—Me costó 3.000 dinares tunecinos (1.000 euros) —dice—. Trabajé como un condenado durante meses para reunir esa cantidad. Mi familia también hizo su aportación para ayudarme. Yo era inconsciente, no tenía la menor idea de los peligros. El barco de pesca no era nada sólido, me habría podido ahogar.

Dos amigos suyos, Bilal y Sami, partieron con él de Túnez vía Sicilia y también se prostituyen en Roma Termini. Hablamos en una «pizzería halal» de la Vía Manin, delante de un kebab a 4 euros poco apetitoso. Bilal, con un polo de Adidas y el pelo rapado en un lado, llegó en 2011 después de una travesía en una pequeña embarcación, una especie de balsa a motor. Sami, de pelo color caoba, cobrizo, desembarcó en 2009. Viajó en un barco más grande, con 190 personas a bordo, y le costó 2.000 dinares: más caro que un vuelo en una compañía de bajo coste.

¿Por qué vinieron?

—Por la suerte —Mohammed responde con esta extraña frase.

Sami añade:

—Tenemos que irnos por la falta de posibilidades.

En Roma Termini les encontramos metidos en este comercio ilícito con curas de las iglesias romanas y los prelados del Vaticano. ¿Tienen un protector? Parece que no tienen ni chulo ni macarra, o muy pocas veces.

Otro día como con Mohammed en el Pomodoro, en San Lorenzo, el barrio de Vía Tiburtina. Este restaurante es famoso porque allí cenó Pasolini con su actor fetiche, Ninetto Davoli, la noche de su asesinato. Un poco más tarde debía encontrarse, bajo los soportales próximos a la estación Roma Termini, con el gigoló de 17 años Giuseppe Pelosi, que le mataría. Como en el restaurante Al

Biondo Tevere, donde los dos hombres acudieron después, víctima y verdugo confundidos en la memoria colectiva, Italia conmemora estas «últimas cenas» de Pasolini. A la entrada del restaurante se ve el cheque original de la comida firmado por Pasolini —y sin cobrar—, erigido en trofeo sepulcral, detrás de un cristal. Si Pelosi encarnaba el *ragazzo di vita* y el tipo pasoliniano —una cazadora, vaqueros ceñidos, frente baja, pelo ensortijado y un misterioso anillo con una piedra roja y la inscripción «United States»—, Mohammed sería más bien la quintaesencia de la belleza árabe. Es más duro, más macho, más moreno, tiene la frente alta y el pelo corto, unos ojos azules de bereber, y apenas sonríe. Nada de anillos (eso sería demasiado femenino). Encarna a su manera el mito árabe que tanto gustaba a los escritores «orientalistas» colmados de deseos masculinos.

Este estilo árabe, que trae recuerdos de Cartago y Salambó, se aprecia mucho hoy en el Vaticano. Es un hecho: los «curas homosexuales» adoran a los árabes y los «orientales». Les encanta ese subproletariado migrante, lo mismo que a Pasolini le encantaban los jóvenes pobres de las *borgate*, los suburbios romanos. Las mismas vidas azarosas, las mismas fantasías. Cada cual, cuando viene a Roma Termini, deja atrás una parte de sí mismo: el *ragazzo* renuncia a su dialecto romano, el migrante a su lengua natal. En los soportales ambos tienen que hablar italiano.

La relación entre Mohammed y los curas es ya una larga historia. Extraño comercio, a fin de cuentas, insólito, irracional, que tanto en el lado católico como en el musulmán no es solo «contra natura», sino incluso sacrílego. No tardé en descubrir que la presencia de curas en busca de prostitutos en Roma Termini es un negocio bien montado, una pequeña industria. Concierne a muchos prelados, incluyendo obispos y cardenales, cuyos nombres se conocen. De estas relaciones se deduce una regla sociológica destacable, la octava de Sodoma:

> En la prostitución romana entre los curas y los *escorts* árabes se acoplan dos miserias: la frustración sexual abismal de los curas católicos hace eco con la restricción del islam, que pone trabas a los actos heterosexuales de los jóvenes musulmanes fuera del matrimonio.

—Con los curas estamos hechos para entendernos —tal es la alucinante conclusión de Mohammed.

Mohammed se dio cuenta enseguida de que el sexo era «el gran asunto» y «la única verdadera pasión» temporal de la mayoría de los curas que iban a buscarle. ¡Qué en serio se toman su «vicio»! Y este descubrimiento le fascinó por su singularidad, su animalidad, los intercambios de papeles que sugería, pero también, desde luego, porque se convirtió en la clave de su modelo económico. Su pequeña empresa no sabe lo que es la crisis. Mohammed me deja claro que trabaja solo. Su *start-up* no depende de ningún proxeneta.

—Me daría vergüenza, porque sería entrar en un sistema. No quiero convertirme en prostituto —me asegura, muy serio.

Como a todos los prostitutos de Roma Termini, a Mohammed le gusta tener clientes habituales. Le gusta «hacer relaciones», como él dice, tener el teléfono de sus clientes para «construir algo duradero». A su entender los curas son los clientes más «fieles». Se enganchan «instintivamente» a los prostitutos que les gustan y quieren volver a verlos. Mohammed aprecia esta regularidad que, además de las ventajas económicas, le da una sensación de ascenso social.

—Un *escort* es el que tiene clientes fijos. No es un prostituto —insiste el joven tunecino.

—*Bună ziua.*
—*Ce faci?*
—*Bine! Foarte bine!*
Hablo con Gaby en su propia lengua y mi rumano rudimentario, que al principio le sorprendió y ahora parece que le tranquiliza. Yo había vivido durante un año en Bucarest y aún recuerdo algunas expresiones simples. Gaby, de 25 años, trabaja en la zona «reservada» a los rumanos.

A diferencia de Mohammed, Gaby es un inmigrante legal en Italia, ya que Rumanía forma parte de la Unión Europea. Fue a parar a Roma un poco por casualidad: las dos principales rutas migratorias, la llamada «de los Balcanes» que arranca en Europa central y, más allá, en Siria e Irak, y la «del Mediterráneo», seguida por la mayoría de los migrantes de África y el Magreb, pasan por Roma Termini, la gran estación central de la capital italiana. Es literalmente el «términus» de muchas rutas migratorias. Todos se detienen allí.

Siempre de paso, como la mayoría de los prostitutos, Gaby ya está pensando en marcharse. Mientras tanto busca un trabajillo «normal» en Roma. Sin una verdadera formación ni oficio, pocas oportunidades se le presentan. Mientras tanto, de mala gana, se ha puesto a trabajar con su sexo.

Unos amigos periodistas de Bucarest ya me habían informado de este fenómeno desconcertante: Rumanía exportaba sus prostitutos. Periódicos como *Evenimentul zilei* hicieron una encuesta, ironizando sobre esta nueva «plusmarca» rumana: es el primer país europeo exportador de trabajadores del sexo. Según TAMPEP, una ONG holandesa, cerca de la mitad de los prostitutos de Europa, hombres y mujeres, son migrantes, y uno de cada ocho es rumano.

Gaby viene de Iasy. Primero cruzó Alemania, pero como no entendía el idioma y no conocía a nadie, no se quedó. Después de una temporada en Holanda «muy decepcionante», fue a parar a Roma, sin dinero pero con la dirección de un amigo rumano. Este chico, también prostituto, le alojó y le inició en el «oficio», revelándole el código secreto: ¡los mejores clientes son los curas!

Por lo general Gaby empieza su turno de trabajo a eso de las ocho de la noche en Roma Termini y termina a las seis de la madrugada.

—El *prime-time* es entre las ocho y las once. La tarde se la dejamos a los africanos. Los rumanos vienen por la noche. Los mejores clientes prefieren a los blancos —me dice, con cierto orgullo—. El verano es mejor que el invierno, cuando hay pocos clientes, pero agosto no es bueno porque los curas están de vacaciones y el Vaticano está casi vacío.

La noche ideal, según Gaby, es la del viernes. Los curas salen «de paisano» (es decir, sin alzacuellos). El domingo por la tarde también es muy provechoso, según Mohammed, que ese día trabaja sin parar. ¡No hay descanso del séptimo día! El tedio dominical hace que el barrio de Roma Termini esté siempre concurrido, antes y después de las vísperas.

159

Al principio yo apenas había prestado atención a esos discretos cruces de miradas, a todos esos movimientos alrededor de las calles Giovanni Giolitti, Gioberti o Terme di Diocleziano, pero gracias a Mohammed y Gaby soy capaz de interpretar las señales.

—La mayoría de las veces les digo a los clientes que soy húngaro, porque no les gustan los rumanos. Nos confunden con los gitanos —explica Gaby, y noto que esa mentira le duele, pues como muchos rumanos él odia al vecino y enemigo húngaro.

Todos los prostitutos del barrio se inventan vidas y fantasmagorías. Uno de ellos me dice que es español, pero su acento le delata como latinoamericano. Un chico barbudo de aspecto gitano, que se hace llamar Pittbul, suele presentarse como búlgaro pero es rumano de Craiova. Otro bajito que no quiere decirme cómo se llama —llamémosle Shorty— me explica que está allí porque ha perdido su tren; al día siguiente volveré a encontrármelo.

Los clientes también mienten y se inventan vidas.

—Dicen que están de paso, o en viaje de negocios, pero a nosotros no nos engañan; a un cura se le ve a la legua —comenta Gaby.

Cuando se acercan a un chico, estos curas usan una fórmula manida a más no poder, pero que sigue funcionando:

—¡Nos piden un cigarrillo aunque no fumen! Por lo general ni siquiera esperan a que les contestemos. Cuando hay cruce de miradas la cosa está clara y nos dicen, sin más preámbulos: «*Andiamo*».

Mohammed, Gaby, Pittbul y Shorty reconocen que a veces son ellos los que dan el primer paso, sobre todo cuando los curas pasan varias veces delante de ellos pero no se atreven a abordarles.

—Entonces yo les ayudo —me dice Mohammed— y les pregunto si quieren hacer café.

«Hacer café» suena bien en francés; es una expresión propia del vocabulario aproximativo de los árabes que todavía andan buscando sus palabras.

Durante los dos primeros años de mi investigación viví en el barrio romano de Termini. Cada mes alquilaba durante una semana, en promedio, un pequeño apartamento con Airbnb, unas veces en casa de S., una arquitecta que tenía un estudio encantador cerca de la basílica de Santa Maria Maggiore, y cuando estaba completo en los Airbnb de las calles Marsala o Montebello, al norte de la estación Termini.

A mis amigos siempre les pareció raro que prefiriera ese barrio de Roma sin alma. Las inmediaciones del Esquilino, una de las siete colinas de la ciudad, siempre fueron miserables, es un hecho, pero Termini está hoy en plena *«gentrificazione»*, como dicen los romanos usando un anglicismo italianizado. Estos romanos me aconsejaron que viviera más bien en el Trastevere, cerca del Panteón, en el Borgo o incluso en Prati, para estar más cerca del Vaticano. Pero yo permanecí fiel a Termini: es una cuestión de costumbre. Cuando se viaja, se procura crear una nueva rutina lo antes posible, se buscan referencias. En Roma Termini estaba al lado de un tren rápido bautizado Leonardo Express que lleva al aeropuerto internacional de Roma; los metros y autobuses tienen parada en la estación; por allí, en la Vía Montebello, tengo mi pequeña tintorería y sobre todo la librería internacional Feltrinelli, cerca de la Piazza della Repubblica, donde compraba libros y cuadernitos para tomar notas. La literatura es la mejor compañera de viaje. Y como siempre he pensado que hay tres cosas en la vida con las que no se debe ahorrar —los libros, los viajes y los cafés donde te reúnes con amigos—, quise permanecer fiel a esta regla en Italia.

Acabé «mudándome» de Termini en 2017, cuando me autorizaron a vivir en las residencias oficiales del Vaticano gracias a un *monsignore* con buenos contactos, Battista Ricca, y al arzobispo François Bacqué. Al vivir en la muy oficial Casa del Clero, un lugar «extraterritorial» situado cerca de la Piazza Navona, o en otras residencias de la santa sede y más tarde, durante varios meses, dentro del mismo Vaticano, a pocas decenas de metros de los aposentos papales, gracias a la invitación interesada de altos prelados, me alejé de Termini con pesar.

Necesité varios meses de atenta observación y de entrevistas para entender la sutil geografía nocturna de los muchachos de Roma Termini. Cada grupo de prostitutos tiene su lugar, en cierto modo asignado, y su territorio marcado. Este reparto refleja las

161

jerarquías sociales y toda una gama de precios. Por ejemplo, los africanos suelen sentarse en la barandilla que hay delante de la entrada suroeste de la estación. Los magrebíes y a veces los egipcios suelen estar en la Vía Giovanni Giolitti, en el cruce de la Vía Manin o en los soportales de la Piazza dei Cinquecento. Los rumanos se ponen cerca de la Piazza della Repubblica, al lado de las ninfas marinas desnudas de la fuente de las Náyades o alrededor del Obelisco di Dogali. Por último, los «latinos» se agrupan más al norte de la plaza, en el Viale Enrico de Nicola o en la Vía Marsala. A veces hay peleas territoriales entre grupos, y cada cual arregla las cuentas a puñetazos.

Esta geografía no es estable y varía con los años, las estaciones o las oleadas de migrantes. Ha habido un periodo curdo, otro yugoslavo, otro eritreo, en fechas más recientes la ola de los sirios y los iraquíes, y hoy están llegando a Roma Termini nigerianos, argentinos y venezolanos. Pero un elemento es muy constante: hay pocos italianos en la Piazza dei Cinquecento.

162

En toda Europa la despenalización de la homosexualidad, la proliferación de bares y saunas, las app para móviles, las leyes sobre el matrimonio homosexual y la socialización de los gais tienden a reducir el mercado de la prostitución masculina callejera. Con una excepción: Roma. La explicación es muy sencilla: los curas mantienen activo este mercado cada vez más anacrónico en los tiempos de Internet. Y por motivos de anonimato buscan sobre todo migrantes.

En Roma Termini el «servicio» no tiene precio fijo. En el mercado de los bienes y servicios, el precio del acto sexual está actualmente en mínimos. Hay demasiados rumanos disponibles, demasiados africanos sin papeles, demasiados travestis latinos para que pueda subir. Mohammed cobra un promedio de 70 euros por servicio, Shorty pide 50 euros a condición de que el cliente pague la cama, Gaby y Pittbul no suelen negociar el precio antes, señal de temor a los policías de paisano e indicio de miseria y dependencia económica.

—Cuando la cosa termina pido 50 euros si no me proponen

nada. Si me proponen 40, pido 10 más, y a veces me tengo que conformar con 20, si es un roñoso. Sobre todo, no quiero problemas, porque vengo aquí todas las noches —me dice Gaby.

No dice que debe mantener una «reputación», pero capto la idea.

—Tener un cliente fijo es lo que todos buscan aquí, pero no es fácil —señala Florín, un prostituto rumano que viene de Transilvania y habla un inglés fluido.

Conocí a Florín y a Christian en Roma en agosto de 2016 con mi *researcher* Thalyson. Ambos tienen 27 años y viven juntos, me dicen, en un cuchitril de las afueras de la ciudad.

—Me crie en Brasov —dice Christian—. Estoy casado y tengo un hijo. ¡Tengo que alimentarlo! Les he dicho a mis padres y a mi mujer que soy *bar tender* («camarero») en Roma.

Florín les ha dicho a sus padres que trabaja «en la construcción» y me dice que gana «en quince minutos lo que ganaría trabajando diez horas en una obra».

—Trabajamos en los alrededores de la Piazza della Repubblica. Es una plaza para la gente del Vaticano. Aquí todos lo saben. Los curas nos montan en el coche. Nos llevan a su casa o, las más de las veces, a un hotel —me dice Christian.

A diferencia de otros prostitutos con los que he hablado, Christian dice que no tiene dificultad para alquilar una habitación.

—No tengo ningún problema. Pagamos. No pueden negarse. Tenemos carné de identidad, todo está en regla. Y aunque a los dueños del hotel no les haga gracia que dos hombres alquilen una habitación para una hora, no pueden hacer nada.

—¿Quién paga el hotel?

—Ellos, claro está —replica Christian, sorprendido por la pregunta.

Christian me cuenta la cara oscura de las noches oscuras de Roma Termini. La lubricidad de los religiosos supera todos los límites y llega al abuso, según todos los testimonios recogidos.

—Un cura quiso que le mease encima. Otros quieren que nos vistamos de mujer, de travestis. Otros tienen prácticas sadomasoquistas de lo más repugnante. —Me da detalles—. Un cura quiso que hiciéramos un combate de boxeo conmigo desnudo.

—¿Cómo sabes que son curas?

—¡Tengo mucho oficio! Los identifico enseguida. Los curas están entre los clientes más asiduos. Se nota por las cruces cuando se desnudan.

—Pero muchas personas llevan una cruz o una medalla de bautismo.

—No, no es una cruz como esas. Se les reconoce de lejos, incluso cuando se visten de civil. Se nota por sus ademanes, mucho más reservados que los de los otros clientes. No están en la vida… Son desdichados —prosigue Christian—. No viven, no se quieren. Sus maniobras de aproximación, su jueguecito, con el móvil en la oreja para darse aires, para fingir una vida social cuando en realidad no hablan con nadie. Todo eso me lo sé de memoria. Y sobre todo, tengo los fijos. Los conozco. Hablamos mucho. Se confiesan conmigo. Yo también tengo una cruz colgada del cuello, soy cristiano. ¡Eso une! ¡Se sienten más seguros con un ortodoxo, les tranquiliza! Les hablo de Juan Pablo II, que me gusta mucho como rumano que soy. Lo sé todo de ese papa. Además, un italiano casi nunca nos lleva a un hotel. Los únicos que nos llevan al hotel son los curas, los turistas y los policías.

—¿Policías?

—Sí, tengo clientes que son policías… pero prefiero a los curas. Cuando vamos al Vaticano nos pagan muy muy bien porque son ricos…

Los chicos de Roma Termini no son nunca muy precisos sobre esos clientes de altos vuelos, pero el barrio conserva el recuerdo de los paseos al Vaticano. Más de uno me ha hablado de estas fiestas del viernes por la noche, «cuando un chófer venía a buscar a los prostitutos con un Mercedes y los llevaba al Vaticano», pero ninguno ha hecho personalmente ese viaje a la santa sede «con chófer» y tengo la impresión de que todos hablan de oídas. La memoria colectiva de los chicos de Termini repite esta historia sin que haya manera de saber si ha existido alguna vez.

De todos modos, Christian me dice que ha acompañado a un cura al Vaticano tres veces y un amigo suyo rumano, Razvan, que se ha unido a la conversación, dice que ha ido una vez.

—Si vamos al Vaticano y nos ha llamado un pez gordo, nos pagan mucho mejor. Ya no son los 50-60 euros, sino más bien los 100-200. Todos tenemos ganas de atrapar un pez gordo.

Christian continúa:

—La mayoría de los curas y las personas del Vaticano quieren a los fijos. Es menos visible y menos arriesgado para ellos, ya no tienen que venir a buscarnos aquí, a la Piazza della Repubblica, a pie o en coche, ¡basta con que nos manden un SMS!

Con aire pícaro, Christian alardea de su lista de contactos y va pasando los números de móvil. La lista es infinita. Cuando habla de ellos dice «mis amigos». Florín se ríe de él:

—¡Llamas «mis amigos» a unas personas que has conocido dos horas antes! Entonces ¡son *fast-friends*, lo mismo que hay *fast-food*!

Muchos de los clientes de Christian probablemente le habrán dado nombres falsos, pero los números son auténticos. Y me digo que si se publicara esta enorme lista de números de móviles de religiosos, ¡la Conferencia Episcopal Italiana saltaría por los aires!

¿Cuántos son los sacerdotes «acompañados» que acuden regularmente a Termini? ¿Cuántos prelados *closeted* y *monsignori unstraights* acuden a calentarse con esos soles de Oriente? Los trabajadores sociales y los policías aventuran cifras: decenas cada noche, cientos cada mes. Los prostitutos, más jactanciosos, hablan de miles. Todos valoran de más o de menos este mercado invaluable. En realidad nadie lo sabe.

Christian quiere dejarlo.

—Aquí soy un veterano. No es que sea viejo, solo tengo veintisiete años, pero me doy cuenta de que ya no funciona. Muchas veces, cuando pasan los curas, me saludan: «*Buongiorno*»... pero pasan de largo. Cuando un joven llega a Termini, es la novedad. Todos quieren estar con él. Es el *jackpot* («premio»). Está muy solicitado. Puede ganar mucho dinero si se lo propone. Pero para mí ya es demasiado tarde. Voy a volver en septiembre. Se acabó.

Con mis investigadores Thalyson, Antonio, Daniele y Loïc, visitamos los hoteles de Termini durante varias noches. Es una geografía llena de sorpresas, y el hecho de que sea por las alturas la hace aún más fabulosa.

En Roma Termini hemos contado más de un centenar de pensiones y hoteles situados en pisos de las calles Principe Amedeo, Giovanni Amendola, Milazzo y Filippo Turati. Aquí las estrellas no tienen mucho sentido: con dos estrellas puede ser una pensión cutre, y de una que se anuncia como «todo confort», con una estrella, dan ganas de echar a correr. Descubrí que a veces las pensiones de prostitutas ponen anuncios en Airbnb para llenar las habitaciones que tienen vacías: una privatización al margen de la ley... Les preguntamos a varios gerentes y responsables de establecimientos sobre la prostitución y en varias ocasiones tratamos de alquilar habitaciones «por horas» para ver cómo reaccionan.

Un bangladesí musulmán treintañero que regenta una pensión pequeña en la Vía Principe Amedeo, considera que la prostitución es «el azote del barrio».

—Si vienen preguntando precios por horas, les rechazo. Pero si cogen una habitación para toda la noche, no puedo echarles. La ley me lo prohíbe.

En los hoteles de Roma Termini, incluidos los más guarros, no es raro que los gerentes hayan declarado la guerra a los prostitutos ¡sin percatarse de que así espantan una clientela más respetable, los curas! Ponen digicódigos a la entrada, contratan vigilantes nocturnos intransigentes, instalan cámaras de vigilancia en las entradas, en los pasillos, hasta en las escaleras de incendios y los patios interiores, «que los chaperos usan a veces para meter a sus clientes sin que pasen por la recepción» (según Fabio, romano de pura cepa, treintañero, vagamente marginal, que trabaja en negro en una de estas pensiones). Los carteles de *Area videosorvegliata* que he visto a menudo en estos establecimientos asustan, por principio, a los religiosos.

Es frecuente que a los prostitutos migrantes les pidan los papeles para tratar de quitárselos de encima, o que multipliquen por dos el precio de la habitación (Italia todavía es uno de esos países arcaicos donde a veces se paga la noche en función del número de ocupantes). Después de haber intentado por todos los medios evitar este trajín, los gerentes acaban a veces echando con insultos («*Fanculo i froci!*») a los que han llevado un cliente a su habitación individual.

—Aquí, por la noche, se ve de todo —me dice Fabio—. Muchos chaperos no tienen papeles, de modo que se los pasan, se los prestan. Una vez vi entrar a un blanco con papeles de un negro. ¡Eso ya es pasarse! Pero hacemos la vista gorda y les dejamos.

Según Fabio no es raro que un gerente prohíba la prostitución en uno de sus establecimientos pero la fomente en otro. Entonces da la tarjeta de visita del hotel alternativo y, con mucho disimulo, recomienda a la pareja efímera una dirección mejor. A veces el gerente se preocupa de la seguridad del cliente y, para controlar a los sujetos peligrosos, guarda el carné de identidad del prostituto en la recepción hasta que baje con su maromo para asegurarse de que no ha habido violación ni violencia. ¡Una vigilancia que sin duda ha evitado varios escándalos eclesiásticos extras!

En Roma Termini el turista de paso, el visitante, el burgués italiano, a falta de un ojo experto, tienen una visión superficial. Solo ven los alquileres de vespas y las ofertas a tarifa reducida de recorridos en autobuses de dos pisos. Pero aquí, detrás de estos carteles tentadores para visitar el Monte Palatino, existe otra vida, en los pisos de las pensiones de Roma Termini, que no es menos tentadora.

En la Piazza dei Cinquecento observo el trajín de los chicos y los clientes. Ese ajetreo no es nada sutil, ni los clientes son muy lucidos. Muchos de ellos pasan en coche, con la ventanilla abierta, titubean, dan media vuelta, retroceden y finalmente se llevan a los jóvenes *escorts* en una dirección desconocida. Otros van a pie, con paso inseguro, y terminan su diálogo bíblico en una de las pensiones cutres del barrio. Aquí viene uno más arrogante y seguro de sí mismo: ¡cualquiera diría que es un misionero obrero en África! ¡Y este otro, por su modo de observar a los animales, da la impresión de que está en un safari!

Le pregunto a Florín, el prostituto rumano cuyo nombre recuerda a la antigua moneda de los papas del tiempo de Julio II, si ha visitado los museos, el Panteón, el Coliseo.

—No, solo he visitado el Vaticano, con clientes. No puedo pagar doce euros para visitar un museo… Normal.

Florín tiene una barbita corta «de tres días» y se la cuida porque forma parte, según me dice, de su «poder de atracción». Tiene ojos azules y pelo repeinado y engominado «con gel Garnier». Me dice que quiere «tatuarse el Vaticano en el brazo, porque es muy bonito».

—A veces los curas nos pagan vacaciones —me explica Florín—. Yo fui tres días con un religioso. Lo pagó todo. Normal. También hay clientes —añade— que nos alquilan regularmente,

167

todas las semanas, por ejemplo. Pagan una especie de abono. ¡Y les hacemos un descuento!

Le hago a Gaby la misma pregunta que a los demás: cuáles son los elementos que le permiten saber que está con un cura.

—Son más discretos que los demás. En el aspecto sexual, son lobos solitarios. Tienen miedo. Nunca dicen palabrotas. Y por supuesto siempre quieren ir a un hotel, como si no tuvieran casa: esa es la señal, se les reconoce por eso. —Y añade—: Los curas no quieren italianos. Están más a gusto con personas que no hablan italiano. Quieren migrantes porque es más fácil, es más discreto. ¿Ha visto a algún migrante denunciar a alguien en una comisaría?

Gaby prosigue:

—Tengo curas que me pagan solo para dormir conmigo. Hablan de amor, de historias de amor. Tienen una ternura delirante. ¡Parecen modistillas! Me reprochan que les beso mal, y esos besos parecen importantes para ellos. Luego están los que quieren «salvarme». Los curas siempre quieren ayudarnos, «sacarnos de la calle»…

He oído suficientes veces esta observación como para pensar que se basa en experiencias reales y repetidas. Los curas se enamoran instantáneamente de su migrante, a quien ahora susurran al oído, en *broken english*, un «*I luv you*» —expresión en jerga estadounidense para no decirlo bien, lo mismo que se jura diciendo «*Oh my Gosh*» en vez de blasfemar diciendo «*Oh my God*»—. Los prostitutos, a menudo, se quedan pasmados con los excesos de ternura de los curas, con su ansia de amor; ¡decididamente su travesía del Mediterráneo está llena de sorpresas!

Y yo me pregunto con ellos: ¿los curas se enamoran de sus chaperos más que los otros hombres? ¿Por qué tratan de «salvar» a los prostitutos de los que se aprovechan? ¿Será un residuo de moral cristiana que les humaniza cuando traicionan su voto de castidad?

Florín me pregunta si en Francia los hombres pueden casarse entre sí. Le contesto que sí, que el matrimonio entre personas del mismo sexo está autorizado. Él no ha pensado mucho en eso, pero en el fondo le parece «normal».

—Aquí en Italia está prohibido. A causa del Vaticano y porque es un país comunista.

Florín remata todas sus afirmaciones con la palabra «normal», pese a que su vida es cualquier cosa menos normal.

Lo que me impresiona de estas frecuentes charlas con Christian, Florín, Gaby, Mohammed, Pittbul, Shorty y tantos otros es que no juzgan a los curas con los que se acuestan. No les crea problemas de moral ni de culpabilidad. Si un imán fuera gay, los musulmanes se escandalizarían; si un pope fuera homosexual, a los rumanos les parecería raro; pero les parece «normal» que unos curas católicos recurran a la prostitución. En todo caso, para ellos es una ganga. El pecado no les concierne. Mohammed quiere dejar claro que él siempre es «activo», lo que, al parecer, le tranquiliza sobre la gravedad de su pecado en el islam.

—¿Un musulmán puede acostarse con un cura católico? Esa pregunta se puede plantear cuando se tiene elección —añade Mohammed—. Pero yo no tengo elección.

Otra noche me encuentro con Gaby en la Agenzia Viaggi, un cibercafé de la Vía Manin (hoy cerrado). Unos treinta prostitutos rumanos chatean en Internet con sus amigos y familiares de Bucarest, Constanza, Timisoara o Cluj. Hablan por Skype o WhatsApp y actualizan su cuenta de Facebook. En la biografía en línea de Gaby, mientras él charla con su madre, leo: «*Life lover*» en inglés, y «Vive en Nueva York».

—Le cuento cómo es mi vida aquí. Ella está muy contenta de que visite Europa: Berlín, Roma, dentro de poco Londres. Noto que me tiene un poco de envidia. Me hace muchas preguntas y se alegra mucho por mí. Por supuesto, no sabe a qué me dedico. Nunca se lo diré.

(Como los otros chicos, Gaby usa lo menos posible conmigo las palabras «prostituto» o «prostituirse» y prefiere las metáforas o las imágenes.)

Mohammed me dice más o menos lo mismo. Él acude a un cibercafé llamado Internet Phone, en la Vía Gioberti, y le acompaño. Llamar a su madre por Internet, como él hace varias veces por semana, cuesta 50 céntimos el cuarto de hora o 2 euros la hora. Llama a su madre delante de mí, vía Facebook. Habla con ella diez minutos en árabe.

—Yo soy sobre todo Facebook. Mi madre se maneja mejor con Facebook que con Skype. Acabo de decirle que todo va bien, que tengo trabajo. Qué contenta se ha puesto. A veces me dice que le gustaría que volviera. Que estuviera allí, aunque fuera unos minutos. Me dice: «Vuelve un minuto, un minuto nada más, para que te vea». Me dice: «Tú eres toda mi vida».

Regularmente, como para hacerse perdonar su ausencia, Mohammed manda un poco de dinero a su madre vía Western Union (denuncia sus comisiones abusivas; le recomiendo PayPal, pero no tiene tarjeta de crédito).

Mohammed sueña con volver «algún día». Se acuerda de la línea de TGM, tan arcaica ella, el trenecito que va de Tunis Marine a La Marsa, con sus paradas de leyenda cuya lista me recita en voz alta, recordando los nombres de las estaciones en orden: Le Bac, La Goulette, L'Aéroport, Le Kram, Carthage-Salammbo, Sidi Bousaïd, La Marsa.

—Añoro Túnez. Mi madre me pregunta muchas veces si paso frío. Le digo que me pongo un gorro y que también tengo una capucha. Porque aquí en invierno hace un frío que pela. Ella se lo figura, pero no imagina el frío que puede hacer aquí.

No todos los árabes que conoce Mohammed en Roma han optado por la prostitución. Varios amigos suyos prefieren la venta de hachís y de cocaína (la heroína, demasiado cara, parece ausente del barrio, según todos los prostitutos con los que he hablado, y el éxtasis solo llega de forma marginal).

¿La droga? No es para Mohammed. Su argumento es irreprochable:

—La droga es ilegal y me arriesgaría mucho. Si me meten en la cárcel, mi madre lo descubriría todo. No me lo perdonaría nunca. Lo que hago en Italia es completamente legal.

Sobre el escritorio de Giovanna Petrocca hay dos crucifijos colgados de la pared. Al lado, en una mesa, unas fotos donde ella posa junto al papa Juan Pablo II.

—Es mi papa —me dice Petrocca, sonriendo.

Estoy en la comisaría central de Roma Termini y Giovanna

Petrocca dirige esta importante oficina de policía. Tiene el grado de comisario; en italiano, su título, tal como figura en la puerta del despacho, es: «*Primo dirigente, commissariato di Polizia, Questura di Roma*».

Es una cita concertada oficialmente por el servicio de prensa de la dirección central de policía italiana, y Giovanna Petrocca contesta a todas mis preguntas sin rodeos. La comisaria es una gran profesional que conoce perfectamente el tema. Es evidente que la policía conoce muy bien, con todos sus detalles, la prostitución de Roma Termini. Petrocca me confirma la mayoría de mis suposiciones y, sobre todo, corrobora lo que me han dicho los prostitutos. (En este capítulo también utilizo información del teniente coronel Stefano Chirico, que dirige la oficina antidiscriminación de la Direzione Centrale della Polizia Criminale, el cuartel general de la policía nacional que se encuentra en el sur de Roma al que también acudí.)

—Roma Termini tiene una larga historia de prostitución —me explica la comisaria Giovanna Petrocca—. Se da por oleadas, según las migraciones, las guerras y la pobreza. Cada nacionalidad se agrupa por su idioma, es muy espontáneo, un poco salvaje. La ley italiana no castiga la prostitución individual, de modo que solo se intenta contener el fenómeno, limitar su expansión. Y, por supuesto, se deben respetar las reglas: nada de obscenidades o atentados al pudor en la calle, nada de prostitución con menores, nada de drogas y nada de proxenetismo. Eso está prohibido y se sanciona con dureza.

Petrocca, licenciada en leyes por la Universidad de La Sapienza, después de haber patrullado durante años por las calles, se incorporó a la nueva unidad de la policía judicial especializada en la lucha contra la prostitución, creada en 2001, donde trabajó trece años hasta acceder a la dirección. A lo largo de los años ha podido seguir los cambios demográficos de la prostitución: las mujeres albanesas prostituidas a la fuerza por las mafias; la llegada de moldavas o rumanas y el proxenetismo organizado; la ola nigeriana, a la que llama «medieval», porque las mujeres se prostituyen cumpliendo reglas tribales y preceptos del vudú. Vigila los pisos de masaje con final feliz, una especialidad de los chinos, prostitución más difícil de controlar porque tiene lugar en casas privadas. Conoce los hoteles por horas de Roma Termini y, por supuesto, lo sabe todo de la prostitución masculina en el barrio.

Con una precisión científica, la comisaria me detalla los casos recientes, los homicidios, los lugares donde se prostituyen los travestis, que son distintos de los transexuales. Pero Giovanna Petrocca (traducida por Daniele Particelli, mi investigador romano) no quiere dramatizar la situación. A su juicio Roma Termini es un lugar de prostitución como cualquier otro, semejante a todos los barrios que rodean las grandes estaciones de Italia, como las de Nápoles o Milán.

—¿Qué podemos hacer? Controlamos las actividades en la vía pública y hacemos inspecciones aleatorias, un par de veces por semana, en las pensiones del barrio de Roma Termini. Aceptar oficialmente prostitutas es un delito, pero en Italia alquilar una habitación por horas es legal. Por tanto, intervenimos si descubrimos que hay proxenetismo organizado, drogas o menores.

Giovanna Petrocca no tiene prisa y hablamos de los tipos de droga que circulan en el barrio, de las pensiones que he visitado y que ella también conoce. Pocas veces he conocido a un funcionario de policía tan competente, tan profesional y bien informado. No hay duda de que Roma Termini está «bajo control».

Aunque la comisaria no habló conmigo *on the record* sobre la importancia de los curas en la prostitución de Roma Termini, otros policías y guardias sí lo hicieron con todo lujo de detalles fuera de su comisaría. En este capítulo, y también en el resto del libro, recurro con frecuencia a las informaciones procedentes de la asociación Polis Aperta, que cuenta con cientos de militares, *carabinieri* y policías LGBT italianos. En Roma, Castel Gandolfo, Milán, Nápoles, Turín, Padua y Bolonia muchos de sus miembros, en especial un teniente coronel de *carabinieri*, me han descrito la prostitución de Roma Termini y, en general, la vida sexual tarifada de los eclesiásticos. (En algunos casos también utilizo datos y estadísticas anonimizados del SDI, el banco de datos común de las fuerzas del orden italianas, sobre denuncias, delitos y crímenes.)

Estos policías y *carabinieri* me confirman la abundancia de sucesos que implican a eclesiásticos: curas atracados, robados o violados, curas detenidos, curas asesinados también, en esos lugares de

172

prostitución sin homologar. Me describen los chantajes, los vídeos sexuales, el porno de venganza católico y los innumerables «vicios» del clero. Estos religiosos, aunque sean las víctimas, rara vez denuncian, pues el precio de hacer una declaración en la comisaría sería demasiado alto. Solo se deciden en los casos más graves. La mayoría de las veces callan, se esconden y vuelven a su residencia en silencio, cargando con su vicio y ocultando sus moratones.

También hay homicidios, infrecuentes pero que acaban por salir a la luz. En su libro *Omocidi (Homocidio)*, el periodista Andrea Pini revela el importante número de homosexuales asesinados por prostitutos en Italia, sobre todo a raíz de encuentros anónimos en locales nocturnos. Entre ellos, según fuentes policiales coincidentes, los curas están sobrerrepresentados.

Francesco Mangiacapra es un *escort* napolitano de lujo. Su testimonio es crucial porque, a diferencia de los otros prostitutos, acepta hablar conmigo con su verdadero nombre. Este jurista, que aunque es un poco paranoico sabe por dónde se anda, ha confeccionado largas listas de curas gais que han recurrido a sus servicios en la región de Nápoles y en Roma. Este banco de datos insólito recoge, a lo largo de varios años, fotos, vídeos y sobre todo identidades de los implicados. Cuando comparte conmigo estas informaciones masivas y confidenciales salgo de la entrevista cualitativa y anónima, como sucedía en las calles de Roma Termini, para entrar en lo cuantitativo. Ahora tengo pruebas tangibles.

A Mangiacapra me lo presentó Fabrizio Sorbara, un dirigente de la asociación Arcigay de Nápoles. Hablo con él varias veces en Nápoles y Roma, acompañado de Daniele y el activista e intérprete René Buonocore.

Con su camisa blanca abierta en el torso, el cabello fino de un bonito color castaño y la cara afilada y cuidadosamente mal afeitada, el joven es seductor. Nuestro primer contacto es prudente, pero Mangiacapra coge confianza enseguida. Sabe muy bien quién soy, porque meses antes asistió a una conferencia que pronuncié en el Institut Français de Nápoles cuando se publicó en Italia el libro *Global Gay*.

173

—No empecé a ejercer este oficio por el dinero, sino para conocer mi valor. Soy licenciado en derecho por la célebre universidad Federico II de Nápoles, y cuando me puse a buscar trabajo todas las puertas se cerraban. Aquí, en el sur de Italia, ya no hay empleo, no hay oportunidades. Mis compañeros de curso hacían pasantías humillantes en bufetes de abogados, donde les explotaban por 400 euros mensuales. Mi primer cliente, lo recuerdo bien, era un abogado. ¡Me pagó por 20 minutos lo que les pagaba a sus becarios por dos semanas de trabajo! En vez de vender mi mente por poco dinero prefiero vender mi cuerpo por mucho más.

Mangiacapra no es un *escort* cualquiera. Es un prostituto italiano político, que se expresa, como he dicho, con su verdadero nombre y a cara descubierta, sin avergonzarse. La fuerza de su testimonio me dejó impresionado.

—Conozco mi valor y el valor del dinero. Gasto poco, ahorro todo lo que puedo. Se suele pensar —añade el joven— que la prostitución es dinero fácil y rápido. No. Es dinero ganado con mucha dificultad.

Francesco Mangiacapra no tardó en descubrir un filón que nunca habría imaginado. La prostitución con curas gais.

—La cosa empezó del modo más normal. Tuve clientes curas que me recomendaron a otros curas, y esos me invitaron a veladas en las que seguí conociendo a curas. No se trata de ninguna red, ni de orgías, como creen algunos. Eran curas normales y corrientes que me recomendaban, sin más, a otros amigos curas.

Las ventajas de esta clase de clientes no tardaron en aparecer: la fidelidad, la constancia y la seguridad.

—Los curas son la clientela ideal. Son fieles y pagan bien. Si pudiera, solo trabajaría para ellos. Siempre les doy prioridad. Como estoy muy solicitado, tengo la suerte de poder escoger a mis clientes, a diferencia de los otros prostitutos que, en cambio, son ellos los elegidos. Tampoco diría que soy feliz con este trabajo, pero miro a los otros prostitutos, a los otros estudiantes que no tienen trabajo, y me digo que al fin y al cabo tengo suerte. Si hubiera nacido en otro lugar o en otro tiempo, habría recurrido a mis títulos y a mi inteligencia para hacer otra cosa. Pero en Nápoles la prostitución es el oficio más accesible que he podido encontrar.

El joven tose. Noto una fragilidad. Es endeble. Sensible. Dice que actualmente tiene «treinta curas fijos», clientes de los que está seguro que son curas, y muchos otros sobre los que tiene dudas. Desde que empezó a prostituirse ha tenido «cientos de curas», asegura.

—Los curas se han vuelto mi especialidad.

Según Mangiacapra, los eclesiásticos prefieren la prostitución porque les brinda cierta seguridad, un anonimato, todo ello compatible con su doble vida. Un ligue «normal», incluso en ambiente homosexual, requiere tiempo; implica una larga conversación, tienes que ponerte al descubierto y decir quién eres. La prostitución es rápida, anónima y no te expone.

—Cuando un cura se pone en contacto conmigo, no nos conocemos. No hay una relación anterior entre nosotros. Ellos prefieren una situación así, es lo que buscan. A menudo he tenido clientes curas que eran muy atractivos. ¡Me habría acostado con ellos gratis! No les habría resultado difícil encontrar un amante en los bares o las discotecas gais. Pero eso era incompatible con su sacerdocio.

El joven *escort* no hace *la strada* («la calle»), como los migrantes de Roma Termini. No vive al ritmo de *Las noches de Cabiria*. Contacta con sus clientes en Internet, en webs especializadas o en Grindr. Chatea con ellos en mensajerías como WhatsApp y, si quiere más discreción, Telegram. Después intenta fidelizarlos.

—En Roma hay mucha competencia; aquí, en Nápoles, la cosa es más tranquila. Pero hay curas que me hacen ir a la capital, me pagan el tren y el hotel.

Partiendo de sus experiencias con decenas, cuando no cientos de curas, Mangiacapra comparte conmigo varias reglas sociológicas.

—A grandes rasgos, entre los curas hay dos tipos de clientes. Están los que se sienten infalibles y tienen una posición sólida. Esos clientes son arrogantes y roñosos. Su deseo está tan reprimido que pierden el sentido de la moral y toda su humanidad: piensan que están por encima de las leyes. ¡Ni siquiera temen el sida! Muchas veces no ocultan que son sacerdotes. Son exigentes, duros, no te dejan tomar la iniciativa. No dudan en decir que si hay un problema te van a denunciar a la policía por prostituto. Pero se olvidan de que, si quiero, soy yo quien puedo denunciarles por curas.

El segundo tipo de clientes con los que trabaja Francesco tiene otro talante:

175

—Son los curas inseguros y deprimidos. Están necesitados de cariño, de caricias, quieren abrazarte todo el tiempo. Tienen una tremenda carencia de ternura. Son como niños.

Estos clientes, me confirma Mangiacapra, se enamoran a menudo de su fulano y quieren «salvarle».

—Esos clientes nunca regatean el precio. Se sienten culpables. Muchas veces me dan el dinero en un sobrecito que han preparado antes. Dicen que es un regalo para ayudarme, para que pueda comprar algo que necesite. Tratan de justificarse.

Conmigo Mangiacapra acepta las palabras más explícitas. Me dice que es prostituto e incluso *marchettaro*, una forma de decir «puta» (la palabra, en jerga, viene de *marchetta*, el «recibo» que permitía cuantificar el número de clientes que tenía una prostituta en una casa de citas). El *escort* utiliza deliberadamente este insulto para dar la vuelta al prejuicio, como se invierte un arma.

—Esos curas quieren volver a ver a su *marchettaro*. Quieren una relación. Quieren mantener el contacto. No quieren aceptar la realidad y se sorprenderían si les juzgaran mal, porque tienen la impresión de que son buenos sacerdotes. Por eso piensan que nosotros somos «amigos», se aferran a eso. Te presentan a sus amigos, a otros curas. Se arriesgan mucho. Te invitan a la iglesia, te llevan a ver a las monjas en la sacristía. Se confían enseguida, como si tú fueras su coleguilla. A menudo añaden una propina en especie: una prenda de ropa que han comprado antes, un frasco de perfume. Tienen esos detalles.

El testimonio de Francesco Mangiacapra es lúcido, y terrible. Es un testimonio crudo y brutal, como el mundo que describe.

—¿El precio? Tiene que ser el precio más alto que el cliente esté dispuesto a pagar. Se trata de marketing. Hay *escorts* que son más guapos, más seductores que yo, pero mi marketing es mejor. Según la página web o la app que utilicen para ponerse en contacto conmigo, según lo que me dicen, hago una primera evaluación del precio. Cuando nos vemos adapto ese precio preguntándoles en qué barrio viven, su profesión, observo su ropa, su reloj. Me resulta fácil evaluar su capacidad económica. Los curas están dispuestos a pagar más que un cliente normal.

Interrumpo al joven *escort* preguntándole cómo es que los cu-

176

ras, que no suelen ganar más de mil euros mensuales, pueden pagar esos servicios.

—*Allora*… Un cura no tiene elección. Por eso somos más exclusivos con él. Es una categoría más sensible. Son hombres que no pueden encontrar otros chicos, por eso a mí me tienen que pagar más. Son, digamos, un poco como los minusválidos.

Después de una pausa, siempre acentuada con un largo «*Allora*…», Mangiacapra prosigue:

—La mayoría de los curas pagan bien, pocas veces regatean. Supongo que ahorran en otros caprichos, pero nunca en el sexo. Un cura no tiene familia, no paga alquiler.

Como muchos de los prostitutos a los que pregunté en Roma, el *escort* napolitano me confirma la importancia del sexo en la vida de los curas. Se diría que la homosexualidad orienta su existencia, domina su vida, mucho más que las de la mayoría de los homosexuales.

El joven prostituto me revela ahora algunos de sus «secretos de marketing»:

—La clave es la fidelización. Si el cura es interesante, si paga bien, conviene que vuelva. Para eso hay que hacer todo lo posible para que no regrese a la realidad; tiene que permanecer en un mundo de ilusión. Yo nunca me presento como un prostituto, porque rompería la ilusión. Nunca digo que él es mi cliente, digo que es mi amigo. Al cliente siempre lo llamo por su nombre, y tengo que andarme con cuidado, porque son muchos clientes y no puedo equivocarme de nombre, pues debo hacerle creer que para mí es único. A los clientes les gusta que uno se acuerde de ellos, lo desean, ¡no quieren oír hablar de otros clientes! De modo que he hecho una agenda en mi móvil. Para cada cliente, lo anoto todo: el nombre que me ha dado, su edad, las posturas que prefiere, los lugares adonde hemos ido, las cosas relevantes que me ha dicho sobre él, etcétera. Tengo un registro minucioso de todo eso. Por supuesto, también marco el precio mínimo que ha aceptado pagar, para pedirle lo mismo o algo más.

Mangiacapra me muestra sus «expedientes» y me comunica, incluso por escrito, los nombres y apellidos de docenas de curas con quienes asegura haber tenido relaciones íntimas. Me resulta imposible verificar estas afirmaciones.

En 2018 hizo pública la vida sexual de 34 curas y un documento de 1.200 páginas con los nombres de los eclesiásticos en cuestión, sus fotos, grabaciones de audio y capturas de pantalla de sus actos sexuales a partir de WhatsApp o Telegram. Todo esto provocó cierto escándalo y dio pie a muchos artículos y programas de televisión en Italia. (He podido consultar este «dosier», llamado Preti gay: en él se ve a docenas de curas celebrando misa en sotana y luego, desnudos, celebrando otro tipo de retozos por webcam. Las fotos que alternan homilías y SMS sexuales son inimaginables. Mangiacapra mandó todo el dosier directamente al arzobispo de Nápoles, el voluble cardenal Crescenzio Sepe. Próximo al cardenal Sodano y gregario como él, hombre de tramas conniventes e híbridas, en cuanto le llegó el dosier se apresuró a mandarlo al Vaticano. Después monseñor Crescenzio Sepe se entrevistó en secreto, para interrogarle, con Mangiacapra, según afirma este último.)

—Cuando me acuesto con ricos abogados casados, con grandes médicos o con todos esos curas de doble vida, me doy cuenta de que no son felices. La felicidad no llega con el dinero ni con el sacerdocio. Ninguno de esos clientes tiene mi felicidad ni mi libertad. Están atrapados por sus deseos, son increíblemente desdichados.

El joven se queda un momento pensativo y añade, como para quitar hierro a lo que acaba de decir:

—Lo difícil de este oficio no es de tipo sexual, no es por tener una relación con alguien a quien no quieres, o que te parece feo. Lo difícil es tener sexo cuando no se tienen ganas.

La noche ha caído sobre Nápoles y yo tengo que coger el tren para volver a Roma. Francesco Mangiacapra está sonriente, se le ve contento de haber podido hablar conmigo. Seguiremos en contacto e incluso estaré dispuesto a firmar un breve prólogo al libro-relato que más adelante publicará sobre su experiencia de *escort*. Gracias a este librito Mangiacapra tendrá su momento de gloria contando sus experiencias por los programas populares de las televisiones italianas. Pero no es más que su palabra.

Cuando nos despedimos, el joven, de pronto, quiere añadir algo:

—No juzgo a nadie. No juzgo a esos curas. Comprendo su dilema y su situación. Pero lo encuentro triste. Yo soy transparente, no tengo una doble vida. Hago las cosas a las claras, sin hipocresía. No como mis clientes. Me dan pena. Soy ateo, pero no anticlerical. No juzgo a nadie. Pero lo que hago yo es mejor que lo que hacen los curas, ¿no cree? Moralmente es mejor, ¿no?

René Buonocore, un trabajador social de origen venezolano que vive y trabaja en Roma, me acompañó a Nápoles para entrevistar a Mangiacapra y también fue mi guía en los lugares gais de la noche romana. Habla cinco idiomas y ha participado en el proyecto Io faccio l'attivo («Yo soy solo activo») de una asociación romana de asistencia a los trabajadores del sexo. En este ambiente se usa la expresión MSM («*Men Who Have Sex with Men*»): hombres que tienen relaciones sexuales con otros hombres, sin reconocerse por ello como homosexuales. Según Buonocore y otras fuentes, los curas que no han salido del armario prefieren a los migrantes o el anonimato de los parques en vez de los establecimientos comerciales.

En Roma suelen acudir a la zona de Villa Borghese, a las calles que rodean Villa Medici o a los parques próximos al Coliseo o la plaza del Capitolio. Allí, acompañado de mi guía, observo cómo los hombres dan vueltas en coche junto a la Galleria Nazionale d'Arte Moderna o deambulan por la orilla del Templo de Esculapio. También se encuentra esta fauna en las bonitas calles en zigzag que rodean Villa Giulia. Me impresiona la tranquilidad nocturna de estos lugares, el silencio, las horas que van pasando y, de pronto, la aceleración, un encuentro, un coche que pasa, un chico que se apresura a montar con un desconocido. A veces, violencia.

Si se va hacia el este y se cruza por completo el parque, se llega a otro *corner* muy apreciado por los MSM: la Villa Medici. Aquí la escena nocturna se sitúa sobre todo en el Viale del Galoppatoio, una calle ensortijada como el pelo del joven Tadzio de *Muerte en Venecia*. Es un conocido lugar de citas, donde los hombres suelen circular en coche.

Estas calles, entre la Villa Borghese y la Villa Medici, fueron el escenario de un escándalo. Varios curas de la cercana parroquia de Santa Teresa d'Avila solían venir aquí ligeros de ropa. La aventura podía haberse prolongado si el amante de uno de los curas, un vagabundo, no le hubiera reconocido cuando decía misa. El escándalo tuvo cierta repercusión y otros curas también fueron reconocidos por sus parroquianos. El caso saltó a la prensa, un centenar de fieles mandaron una reclamación a la santa sede y todos los curas implicados, junto con los superiores que les habían encubierto, fueron destinados a otras parroquias, y a otros parques.

El jardín que está delante del Coliseo, llamado Colle Oppio, también fue un lugar de *cruising* al aire libre en los años setenta y ochenta (últimamente lo han cercado), así como el parque Vía di Monte Caprino, detrás de la famosa plaza del Capitolio proyectada por Miguel Ángel. Según fuentes policiales, allí identificaron a uno de los asistentes de Juan Pablo II. Un importante prelado holandés, muy conocido durante los papados de Juan Pablo II y Benedicto XVI, también fue detenido en el parquecito del Coliseo en compañía de un chico. Estos escándalos, filtrados anónimamente a la prensa, fueron rápidamente enterrados. (Me han confirmado los nombres.)

Uno de los obispos más influyentes del papado de Juan Pablo II, un francés creado después cardenal, también era conocido por sus merodeos en los parques próximos al Capitolio. El prelado, por prudencia, no había querido matricular su coche oficial con una placa diplomática del Vaticano, para pasar más inadvertido. ¡Nunca se sabe!

Por último, otro de los lugares exteriores de citas preferido por los curas no es otro que la plaza de San Pedro, pues el Vaticano es el único verdadero *gayborhood* de Roma.

—Recuerdo que en los años sesenta y setenta la columnata de Bernini de San Pedro era un lugar de citas de la gente del Vaticano. Los cardenales salían para dar un paseo y trataban de encontrarse con los *ragazzi* —me explica el especialista literario Francesco Gnerre.

En fechas más recientes un cardenal estadounidense entretenía al personal vaticano con sus buenos propósitos deportivos: salía a correr todos los días en pantalón corto alrededor de las columnas. Todavía hoy algunos prelados y *monsignori* acuden al lugar habitualmente. Los paseos a la caída de la tarde en la ascesis creativa, cuando se sienta la belleza en las rodillas, son el pretexto para encuentros inesperados que pueden llevar lejos.

Fenómeno desconocido por el gran público, pero corriente, las relaciones homosexuales acompañadas y tarifadas de los sacerdotes italianos forman un sistema de gran amplitud. Son una de las dos opciones que se brindan a los eclesiásticos practicantes; la segunda es conformarse con ligar dentro de la Iglesia.

—Hay muchas cabezas locas aquí en el Vaticano —me confía don Julius, el confesor de San Pedro, con quien hablo varias veces en el «Parlatorio». (A petición suya se ha cambiado su nombre.)

Sentado en un sofá de terciopelo verde, el sacerdote añade:

—Existe la creencia de que para hablar libremente de la curia hay que salir del Vaticano. Muchos piensan que hay que esconderse. Pero en realidad la mejor forma de hablar sin ser vigilados es hacerlo aquí, ¡en el interior del Vaticano!

Don Julius me habla de la vida traqueteada de los habitantes de Sodoma y me resume la alternativa que se ofrece a muchos sacerdotes: ligar dentro o fuera de la Iglesia.

En el primer caso los sacerdotes permanecen entre «los suyos». Se interesan por sus correligionarios o los jóvenes seminaristas recién llegados de su provincia italiana. Es un cortejo muy prudente, que tiene lugar en los palacios episcopales y las sacristías de Roma, un cortejo propio de la comedia social, en el que las miradas desnudan. Suele ser más seguro, porque los religiosos se relacionan con pocos laicos cuando optan por esta vida amorosa. Pero la seguridad que da tiene su inconveniente: desemboca inevitablemente en los rumores, el derecho de pernada y, a veces, el chantaje.

Robert Mickens, el vaticanista estadounidense, buen conocedor de las sutilezas de la vida gay en el Vaticano, cree que es la opción preferida por los cardenales y obispos, que no quieren arriesgarse a ser reconocidos en el exterior. Su regla es *«Don't fuck the flock»*, me dice, con una expresión audaz de reminiscencias claramente bíblicas (hay variantes en inglés: *«Don't screw the sheep»* o *«Don't shag the sheep»*, no hay que acostarse nunca con las propias ovejas, es decir, con tu pueblo, tu rebaño extraviado que espera a su pastor).

En este caso se podría hablar de «relaciones extraterritoriales», porque tienen lugar fuera de Italia, en el Estado soberano de la santa sede y sus dependencias. Tal es el código de la homosexualidad «de dentro».

La homosexualidad «de fuera» es muy distinta. En este caso, por el contrario, se evita cortejar dentro del mundo religioso para librarse de los rumores. La vida gay nocturna, los parques públicos, las saunas y la prostitución son los preferidos por los curas gais activos. Esta homosexualidad de las relaciones tarifadas, las salidas escoltadas y las fantasías morunas, más peligrosa, no es menos frecuente que la otra. Los riesgos son mayores, pero también los beneficios.

—Cada noche los curas tienen estas dos opciones —resume don Julius.

Vaticano *in*, Vaticano *out*: las dos vías tienen sus partidarios, sus adeptos y sus expertos, y cada una sus propios códigos. A veces los sacerdotes tardan en decidirse, cuando no los combinan, entre el mundo oscuro y duro del cortejo exterior, la noche urbana, su violencia, sus peligros, sus leyes del deseo, ese «camino de Swann», auténtica versión negra de Sodoma, y el mundo luminoso del cortejo interior, con todo lo que implica de frivolidad, sutileza, juego, ese «mundo de Guermantes»[2] que es una versión sodomita blanca, más brillante y radiante, la de las sotanas y los capelos. En definitiva, sea cual sea la vía escogida, el «camino» o el «mundo» de la hipernoche romana, nunca será una vida apacible y ordenada.

La historia del Vaticano debe escribirse teniendo en cuenta esta oposición fundamental, y es así como la contaré en los capítulos siguientes, remontándome en el tiempo hasta los pontificados de Pablo VI, Juan Pablo II y Benedicto XVI. Esta tensión entre un Sodoma «de dentro» y un Sodoma «de fuera» explica la mayoría de los secretos del funcionamiento de la santa sede, porque la rigidez de la doctrina, la doble vida de las personas, los nombramientos

2. Alusiones varias a *En busca del tiempo perdido*, de Marcel Proust.

atípicos y las innumerables intrigas obedecen casi siempre a uno u otro código.

Cuando llevamos un buen rato hablando en este Parlatorio del Vaticano al que acudiré con frecuencia y que está a pocos metros de los aposentos del papa Francisco, el confesor de San Pedro me espeta:

—Bienvenido a Sodoma.

SEGUNDA PARTE

Pablo

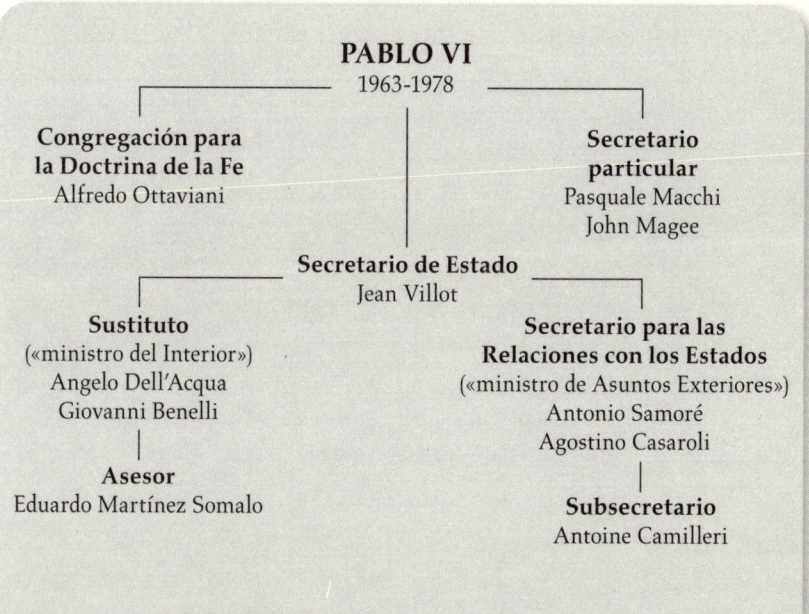

PABLO VI
1963-1978

**Congregación para
la Doctrina de la Fe**
Alfredo Ottaviani

**Secretario
particular**
Pasquale Macchi
John Magee

Secretario de Estado
Jean Villot

Sustituto
(«ministro del Interior»)
Angelo Dell'Acqua
Giovanni Benelli

**Secretario para las
Relaciones con los Estados**
(«ministro de Asuntos Exteriores»)
Antonio Samoré
Agostino Casaroli

Asesor
Eduardo Martínez Somalo

Subsecretario
Antoine Camilleri

7

El código Maritain

*E*l cardenal Paul Poupard posee una de las mejores bibliotecas del Vaticano. Cuento dieciocho estanterías de once estantes. Hecha a la medida, en arco de círculo, cubre las paredes de una enorme sala de recepción ovalada.

—En total hay más de 15.000 libros —me dice en tono pretencioso el cardenal Poupard, que me recibe en zapatillas rodeado de sus infolios y sus autógrafos en una de las numerosas visitas que le hice.

El cardenal francés vive en el último piso de un palacio adscrito a la santa sede de la Piazza di San Calisto, en el barrio romano hippie-pijo de Trastevere. El palacio es enorme, la vivienda también. Unas monjas mexicanas sirven a Su Eminencia, que reina como un príncipe en su palacio.

Frente a la biblioteca, el cardenal tiene su retrato en un caballete. Un cuadro de gran tamaño firmado por una artista rusa, Natalia Tsarkova, para la que también posaron Juan Pablo II y Benedicto XVI. La representación del cardenal Poupard es majestuosa. Está sentado en una silla alta, una mano le roza delicadamente la barbilla y la otra sostiene las hojas de un discurso manuscrito. En el anular derecho lleva un anillo episcopal adornado con una piedra preciosa de un azul verdoso Veronés.

—La artista me hizo posar durante cerca de dos años. Quería que fuese perfecto, que todo mi mundo impregnara el cuadro. Mire esos libros, el birrete rojo, es muy personal —me dice Poupard. Y añade—: Yo era mucho más joven...

Detrás de este Dorian Gray, cuyo modelo, extrañamente, parece haber envejecido más deprisa que su retrato, veo otros dos cuadros colgados de un modo más discreto en la pared.

—Son dos obras de Jean Guitton, que me las ha regalado —me explica Poupard.

Contemplo esos cuadros de aficionado. Así como el retrato en el caballete es interesante, los Guitton, de un azul de estampita, parecen pálidos Chagall.

El cardenal se ayuda de un escabel verde para alcanzar los libros en su biblioteca panorámica. Lo hace ahora y me enseña ejemplares de sus libros y un sinfín de separatas de artículos de revistas teológicas, que forman toda su producción. Tenemos una larga conversación sobre los autores franceses que me gustan, como Jean Guitton, Jean Daniélou y François Mauriac. Cuando pronuncio el nombre de Jacques Maritain el cardenal Poupard se anima, noto en él un estremecimiento de placer. Se dirige a una estantería para mostrarme las obras completas del filósofo francés.

188 —Pablo VI fue quien le presentó Maritain a Poupard. Era el 6 de diciembre de 1965, me acuerdo muy bien.

El cardenal habla ahora en tercera persona. Al principio de nuestra conversación advertí en él una vaga inquietud: que mi interés se centrase en Maritain más que en la obra ¡tan considerable! de Poupard; pero ahora entra en el juego sin pestañear.

Hablamos largo y tendido de la obra de Maritain y de sus relaciones, a veces tormentosas, con André Gide, Julien Green, François Mauriac y Jean Cocteau, y me percato de que todos esos escritores franceses de antes de la guerra tenían talento. Y también eran homosexuales. Todos.

De nuevo estamos ante los cuadritos de Jean Guitton y Poupard los escudriña como si quisiera descubrir en ellos algún secreto. Me dice que conserva cerca de doscientas cartas de él, una correspondencia inédita que seguramente sí esconde muchos secretos. Delante de las pinturas de Guitton le pregunto a Poupard sobre la sexualidad de su mentor. ¿Cómo es posible que Maritain, este hombre erudito, laico y misógino, miembro de la Academia Francesa, se hubiera mantenido casto durante casi toda su vida, a ejemplo de Maritain, y solo se hubiera casado tardíamente con una mujer de la que habló muy poco y a la que casi nadie vio, enviudando precozmente sin tratar de volverse a casar?

El cardenal reprime una carcajada mefistofélica, vacila, y luego dice:

—¡Jean Guitton estaba hecho para vivir con una mujer como yo para ser zapatero! —(Está en zapatillas.) Luego, poniéndose serio y sopesando cuidadosamente sus palabras, añade—: Todos somos más complicados de lo que se piensa. Las cosas no son en blanco y negro, son más enrevesadas.

El cardenal, que al principio estaba tan comedido y reprimido, sin dejar traslucir sus emociones, se explaya por primera vez.

—Para Maritain y para Guitton la continencia era su manera de salir del paso, era su apaño. Un viejo asunto personal.

Ya no dirá nada más. Se da cuenta de que quizá ha ido demasiado lejos. Y, con una evasiva de su cosecha, añade con petulancia esta cita que repetirá a menudo en nuestros frecuentes diálogos:

—Como diría Pascal, mi autor preferido: «Todo eso es de otro orden».

189

Para entender el Vaticano y la Iglesia católica, tanto del tiempo de Pablo VI como de hoy, Jacques Maritain es una buena puerta de entrada. Poco a poco he ido descubriendo la importancia de esa farmacopea, de esa contraseña compleja y secreta, verdadera clave de lectura de Sodoma: el código Maritain.

Jacques Maritain, el escritor y filósofo francés, falleció en 1973. Hoy el gran público apenas le conoce y su obra parece pasada de moda. Pero tuvo una influencia considerable en la vida religiosa europea del siglo xx, sobre todo en Francia y en Italia, y es un caso emblemático para nuestra investigación.

Los papas Benedicto XVI y Francisco todavía citan los libros de este converso, y su proximidad con dos papas, Juan XXIII y Pablo VI, es notoria y reviste un interés especial para nosotros.

—Pablo VI se consideraba discípulo de Maritain —me confirma Poupard.

Giovanni Montini, nombre real del futuro papa, ferviente lector de Maritain desde 1925, tradujo incluso al italiano el prólogo de uno de sus libros (*Tres reformadores: Lutero, Descartes,*

Rousseau). Ya proclamado papa, Pablo VI siguió sintiendo un gran aprecio por el filósofo y teólogo francés y se dice que pensaba «elevarle a la púrpura», es decir, nombrarle cardenal.

—Me gustaría acabar de una vez por todas con este rumor. Pablo VI estimaba mucho a Maritain pero nunca pensó crearlo cardenal —me dijo Poupard, que como muchos otros usa la fórmula consagrada de «crear cardenal».

Cardenal puede que no, pero Maritain, sin duda, cautivó a Pablo VI. ¿Cómo explicar esta influencia insólita? Según las personas a las que pregunté, su relación no fue del orden de la connivencia o la amistad interpersonal, como en el caso de Pablo VI y Jean Guitton. El «maritainismo» ejerció una fascinación duradera sobre la Iglesia italiana.

Hay que decir que el pensamiento de Maritain, centrado en el pecado y la gracia, ilustra un catolicismo generoso, cuando no ingenuo. La extrema piedad de Jacques Maritain, su fe sincera y de una profundidad admirable eran un ejemplo que impresionó a Roma. La vertiente política de su obra hizo el resto: en la Italia posfascista, Maritain defendía la idea de que la democracia es la única forma política legítima, y con ello propició la necesaria ruptura de los católicos con el antisemitismo y el extremismo de derechas. Esta reconciliación de los cristianos con la democracia inauguró en Italia una prolongada camaradería entre el Vaticano y la democracia cristiana.

El antiguo sacerdote de la curia Francesco Lepore confirma la influencia de Maritain en el Vaticano:

—La obra de Maritain es lo bastante importante como para que se siga estudiando en las universidades pontificias. En Italia sigue habiendo «círculos Maritain». Incluso hay una cátedra Maritain, recién inaugurada por el presidente de la república.

Durante un par de conversaciones en el Vaticano, el cardenal Giovanni Battista Re, «ministro del Interior» de Juan Pablo II, me habla de su entusiasmo por Maritain, sumándose así a otros prelados que han sentido la misma pasión por él:

—En mi vida no me quedó mucho tiempo para leer. Pero leí a Maritain, a Daniélou, a Congar, *La vida de Cristo* de Mauriac. Leí a todos esos autores cuando era muy joven. Para nosotros el francés era la segunda lengua. Y Maritain era la referencia.

Encuentro la misma admiración en el cardenal Jean-Louis Tauran, «ministro de Asuntos Exteriores» de Juan Pablo II, a quien entrevisto en Roma:

—Jacques Maritain y Jean Guitton tienen mucha influencia aquí, en el Vaticano. Pablo VI les apreciaba mucho, e incluso durante el pontificado de Juan Pablo II se citaba mucho a Maritain.

Sin embargo, un influyente diplomático extranjero destinado a la santa sede relativiza este atractivo:

—A los católicos italianos les gusta el lado místico de Maritain y su piedad, pero en el fondo piensan que es demasiado radical. ¡Ese laico tan exaltado siempre ha atemorizado a la santa sede!

El vicedecano del colegio cardenalicio, el francés Roger Etchegaray, a quien visito dos veces en su mansión de la romana Piazza di San Calisto, abre mucho los ojos cuando pronuncio el nombre clave:

—Conocí bien a Maritain. —El cardenal, que durante mucho tiempo fue embajador «volante» de Juan Pablo II, hace una pausa, me ofrece chocolate y añade, desdiciéndose—: Conocer, lo que se dice conocer, es imposible. No se puede conocer a alguien. Solo Dios nos conoce realmente.

El cardenal Etchegaray me dice que va a llevarse a Maritain a la casa del sur de Francia donde espera jubilarse, algo que lleva veinte años aplazando. En busca del tiempo perdido, el cardenal solo se llevará una parte de sus libros: los de Maritain, pues, pero también los de Julien Green, François Mauriac, André Gide, Henry de Montherlant y Jean Guitton, que fue íntimo amigo suyo. Todos estos amigos son sin excepción homófilos u homosexuales.

De pronto Roger Etchegaray me toma la mano con el afecto piadoso de los personajes de Caravaggio.

—¿Sabe cuántos años tengo? —me pregunta el cardenal.

—Creo que sí…

—Tengo 94 años. ¿A que no se lo cree? 94 años. A mi edad, mis lecturas, mis ambiciones, mis proyectos son un poco limitados.

La influencia duradera de Maritain arranca de su reflexión teológica y su pensamiento político, pero también se nutre de su ejemplo vital. En el centro del misterio Maritain están su boda con

191

Raïssa, su esposa, y el pacto secreto que les unió. Detengámonos un instante en esta relación, que entra de lleno en nuestro tema. El encuentro de Jacques y Raïssa se produjo, de entrada, con una espectacular doble conversión al catolicismo: él era protestante y ella judía. Unidos por un amor loco, su matrimonio no fue ni blanco ni de conveniencia. Tampoco fue un matrimonio burgués ni de sustitución, aunque es posible que Maritain hubiera querido huir así de la soledad y de lo que a veces se ha llamado «la tristeza de los hombres sin mujeres».

En este sentido, su matrimonio recuerda al de escritores como Verlaine, Aragon y más tarde Jean Guitton. También trae a la mente el célebre matrimonio de André Gide con su prima Madeleine, que al parecer no se consumó. «La mujer de Gide había reemplazado a su madre como polo de disciplina y virtud espiritual hacia el que siempre había que volver, y sin el cual su otro polo de alegría, de liberación, de perversión, habría perdido todo su significado», piensa George Painter, el biógrafo de Gide. El autor de *Los sótanos del Vaticano* equilibra la libertad con la sujeción.

192

Para Maritain también hubo dos polos: el de su mujer Raïssa y otro mundo, no de perversión, sino de «inclinaciones» amistosas. Como no cedió al «Mal», el diablo le tentó con la virtud de la amistad. Jacques y Raïssa formaron una pareja ideal, pero sin sexo durante la mayor parte de su vida. Esta heterosexualidad aparente no era solo una elección religiosa, como se creyó durante mucho tiempo. A partir de 1912 los Maritain decidieron hacer un voto mutuo de castidad, que se mantuvo en secreto por largo tiempo. ¿Fue un don a Dios este sacrificio del deseo carnal? ¿El precio de la salvación? Tal vez. Los Maritain hablaron de «camaradería espiritual». Dijeron que «querían ayudarse mutuamente a ir hacia Dios». También se puede ver detrás de esta versión casi cátara de la relación entre los sexos una elección propia de la época en que vivieron, la de muchos otros homófilos. Porque entre los que rodearon a Maritain había un número inimaginable de homosexuales.

Durante toda su vida Maritain fue el hombre de las grandes «amistades de amor» con las mayores figuras homosexuales de su siglo: fue el amigo o el confidente de Jean Cocteau, Julien Green, Max Jacob, René Crevel y Maurice Sachs, pero también de François

Mauriac, escritor siempre metido en el armario, cuyas verdaderas inclinaciones amorosas, no solo sublimadas, quedaron posteriormente al descubierto.

En su casa de Meudon, Maritain y Raïssa recibían continuamente, con grandes muestras de hospitalidad, a católicos solteros, intelectuales homosexuales y jóvenes efebos. Con esa gravedad que tanto gusta a sus amistades afeminadas, el filósofo diserta profusamente sobre el pecado homosexual y exclama «os amo» a sus jóvenes amigos, llamándoles «hijitos míos», él que ha optado por no tener relaciones sexuales con su mujer y no tendrá hijos.

La homosexualidad es una de las ideas fijas de Maritain. El amigo de Pablo VI aborda una y otra vez este asunto, como revela su correspondencia, hoy publicada. Lo hace, ciertamente, guardando la distancia, de un modo que podríamos llamar «ratzingueriano». Maritain pretende salvar a los gais que invita a su cenáculo de Meudon para protegerlos del «Mal». Odio de sí, seguramente, pero también desvelo por los demás, con sinceridad y honestidad. Una época.

Este católico exaltado, contraintuitivo, apenas se interesa por los católicos más ortodoxos, es decir, por los más heterosexuales. Aunque mantiene una correspondencia intensa con el jesuita Henri de Lubac, futuro cardenal, y menos intensa con el escritor Paul Claudel; aunque se relaciona profesionalmente con Georges Bernanos, por ese lado sus pasiones amistosas son pocas.

En cambio, a Maritain no se le escapó ninguna gran figura homosexual de su tiempo. Tenía un *gaydar* envidiable, como se diría hoy. Es un hecho que Maritain se especializó en las amistades homófilas so pretexto de traer de regreso a la fe y la castidad a algunos de los grandes escritores llamados «invertidos» del siglo XX. Y para evitarles a estos escritores el pecado y quizá el infierno —porque en esa época la condición homosexual todavía olía a azufre—, Maritain se propuso cuidarlos, «aclarar su problema», según su expresión, y por tanto tener un trato asiduo con ellos. Y así fue como André Gide, Julien Green, Jean Cocteau, François Mauriac, Raymond Radiguet y Maurice Sachs dialogaron con él, lo mismo que casi todos los grandes autores homosexuales de la época. Él aprovechaba para tratar de convertirles y convencerles de que fueran castos; como es sabido, la conversión y la continencia

193

como procedimiento de represión de esta clase de inclinación fue un gran clásico hasta finales de la década de 1960.

Este debate tiene muchas implicaciones para nuestro asunto. No se puede entender a los papas Juan XXIII, Pablo VI y Benedicto XVI, ni a la mayoría de los cardenales de la curia romana, si no se tiene en cuenta el «maritainismo» como punto de partida íntimo sublimado. En Italia, donde Maritain y la literatura católica y homosexual han tenido una influencia considerable, toda la jerarquía vaticana conoce el tema al dedillo.

Uno de los principales historiadores de la literatura gay en Italia, el profesor Francesco Gnerre, que ha publicado textos importantes sobre Dante, Leopardi y Pasolini, me explica, durante varias entrevistas en Roma, esta singularidad:

—A diferencia de Francia, que ha tenido a Rimbaud y a Verlaine, a Marcel Proust, a Jean Cocteau, a Jean Genet y a tantos otros, la literatura homosexual apenas ha existido en Italia hasta 1968. Se habla realmente por primera vez de homosexualidad en la portada de los periódicos durante los años setenta, digamos que con Pasolini. Hasta esas fechas los homosexuales leían a los franceses. Por lo demás, también sucedía algo parecido con los católicos italianos, que durante mucho tiempo leyeron a los católicos franceses, tan influyentes aquí. Pero ¡lo realmente insólito es que sean exactamente los mismos autores!

Entremos en detalles. Es preciso, porque el secreto de Sodoma se sitúa alrededor de ese «código Maritain» y de las «batallas» entre Jacques Maritain y cuatro grandes escritores franceses: André Gide, Jean Cocteau, Julien Green y Maurice Sachs.

Con Gide, para empezar, el debate es breve. La correspondencia de Maritain con el protestante Gide, el *Diario* del segundo y la larga conversación entre los dos hombres a finales de 1923 ponen de manifiesto que Maritain quiso disuadir al gran escritor de publicar *Corydon*, un tratado valiente en el que Gide se destapa y hace una labor militante a través de cuatro diálogos sobre la homosexualidad. Maritain acude a su casa para suplicarle, en nombre de Cristo, que no publique ese libro. También se preocupa por «la salvación de su alma» tras la confesión de homosexualidad que supondría dicha publicación. Gide le ve venir, y dado que su norma de vida, fundamento moral de *Los alimentos terrestres*, es dejar de resistir a la tentación, no tiene intención de perder su libertad para ceder al predicador gruñón.

—Me horroriza la mentira —le responde Gide—. Tal vez es ahí donde se refugia mi protestantismo. A los católicos no les gusta la verdad.

Maritain interviene varias veces para impedir que el escritor publique su breve tratado. Vano intento. Varios meses después de su encuentro, André Gide, que desde hace tiempo asume su homosexualidad en privado, publica *Corydon* con su verdadero nombre. Jacques Maritain y François Mauriac están horrorizados. Nunca le perdonarán a Gide su *coming out*.

La segunda batalla es con Jean Cocteau, y sobre el mismo tema. Hace tiempo que Cocteau y Maritain son amigos, y la influencia del segundo sobre el joven escritor converso es más fuerte que la que ejercía sobre el gran escritor protestante. Además, en la casa de Maritain en Meudon, Cocteau todavía parece discreto y buen católico. Pero lejos de allí tiene amantes, entre ellos Raymond Radiguet, y acaba presentándoselo. Extrañamente, el hombre de Meudon, en vez de rechazar esa relación homosexual visceralmente contra natura, trata de domesticar al joven amante de Cocteau. Radiguet, prodigio literario con *El diablo en el cuerpo*, que morirá poco después, con veinte años, de fiebre tifoidea, dirá de esa época, con una divertida frase: «Cuando no nos casábamos, nos convertíamos».

Pero Maritain vuelve a fracasar. Jean Cocteau da el paso y publica, primero sin nombre de autor y luego con su verdadera identidad, su *Libro blanco*, en el que confiesa su homosexualidad.

—Es un plan del diablo —le escribe Maritain—. Es su primer acto público de adhesión al Mal. Acuérdese de Wilde y de su ruina hasta la muerte. Jean, es su salvación lo que está en juego, es su alma la que debo defender. Entre el diablo y yo, escoja a quién quiere. Si usted me ama, no publicará ese libro y me dará el manuscrito para que lo guarde.

—Necesito amor y hacer el amor a las almas —le contesta Cocteau, con una frase desafiante.

El libro blanco se publicó y la incomprensión entre los dos hombres se agravó, pero su relación de pura «amistad amorosa»,

195

enfriada momentáneamente, se mantuvo contra viento y marea, como revela su correspondencia.

Durante una visita reciente al convento de los dominicos de Toulouse, donde Jacques Maritain pasó los últimos años de su vida, el hermano Jean-Miguel Garrigues me confirmó que Jean Cocteau siguió visitando a Maritain hasta su muerte, y que había ido a verle a Toulouse.

La tercera batalla fue más favorable a Maritain, aunque también terminó con su derrota frente a Julien Green. Durante cerca de cuarenta y cinco años los dos hombres mantuvieron una intensa correspondencia.

Su diálogo, místico y profundamente religioso, se eleva a alturas sublimes. Pero también en este caso su dinámica está basada en una «herida», la de la homosexualidad. Julien Green lucha contra su deseo masculino, que ha experimentado desde su juventud como un peligro difícilmente compatible con el Amor a Dios. Por su parte, Maritain ha adivinado enseguida el secreto de Green, aunque no lo menciona de forma explícita durante los primeros decenios de su correspondencia. Ninguno de los dos habla de la «inclinación» que les corroe y se andan con rodeos en todos los sentidos.

Maritain, él mismo converso, admira a Julien Green por su conversión en 1939, resultado de la «campaña» de un fraile dominico convencido de que el sacerdocio era la solución a la homosexualidad (después se supo que ese sacerdote también era gay). Maritain también admira al escritor por su continencia, dictada por su fe. Pero con el pasar de los años Julien Green evoluciona y da el paso: empieza destapándose en su obra, que se vuelve abiertamente homosexual (pienso en *Sud*, su gran libro), y tampoco oculta su vida amorosa, como revelan su *Journal* y los amantes que se le conocen. Maritain no rompe con Green como ha hecho con Gide. (El *Journal intégral* de Julien Green sin censurar está en vías de publicación; según mis informaciones, revela la homosexualidad de Green.)

La cuarta batalla, también perdida —¡y qué derrota!— es la que le enfrentó con su amigo sincero y escritor receloso de entreguerras Maurice Sachs. Este judío convertido al catolicismo es un amigo de Maritain que lo llama «Jacques querido», pero también un homosexual exaltado. Es piadoso, pero no puede evitar ser un seminarista escandaloso por culpa de sus amistades especiales y venenosas. En su novela *El sabbat* el narrador les cuenta a sus amigos que ha ido al «seminario» ¡y le preguntan si se trata de un nuevo club homo! El crítico literario Angelo Rinaldi escribirá a propósito de Maurice Sachs: «Un abad ora en sotana ora en slip rosa… refugiado en una cabina de sauna donde pasa días felices de glotón bebé felador». Sachs acabará aspirado por todos los abismos: después de 1940 este protegido de Jacques Maritain acabará siendo colaboracionista y pétainista y, pese a ser judío, soplón nazi antes de morir al final de la guerra, se cree que de un tiro en la nuca que le disparó un SS al borde de una fosa; un recorrido impensable, en suma.

Estas cuatro batallas perdidas por Jacques Maritain ponen en evidencia, junto con otros datos, la obsesión homosexual del filósofo. A mi juicio, la relación de Maritain con la cuestión gay es más que evidente.

Utilizo aquí la palabra «gay» a propósito, con un anacronismo deliberado. Aunque deben preferirse las palabras propias de cada época —y por eso utilizo los conceptos de «homofilia», «amistad amorosa» e «inclinaciones» cuando hace falta—, a veces también hay que llamar a las cosas por su nombre. Durante demasiado tiempo, en los libros de texto, se ha escrito que Rimbaud y Verlaine eran «amigos» o «compañeros» y todavía hoy leo en los Museos Vaticanos referencias a Antínoo como «favorito» del emperador Adriano, cuando se trataba de su amante. El uso anacrónico de la palabra «gay» es aquí políticamente fecundo.

Por tanto, junto con Cristo y santo Tomás de Aquino, la otra gran preocupación de la vida de Jacques Maritain es la cuestión gay. Aunque lo más probable es que practicase poco o nada la homosexualidad, la vivió con la misma inquietud apasionada que su fe católica. Tal es el secreto de Maritain, y uno de los secretos más oscuros del sacerdocio católico: la elección del celibato y la castidad como fruto de una sublimación o una represión.

Porque ¿cómo explicar, sino, que Maritain se relacionara con todos los escritores gais de su época, si tanto odiaba la homosexualidad? ¿Era homófobo? ¿Era voyeur? ¿Estaba fascinado por sus contrarios, como se ha dicho? Creo que ninguna de estas suposiciones es realmente convincente. La verdad me parece mucho más simple.

La confesión de Maritain se encuentra en una carta a Julien Green de 1927. Aquí el diálogo aparece en frentes invertidos: mientras que Julien Green está atormentado por el pecado homosexual, es Jacques Maritain quien, en su correspondencia, parece haber hallado la solución de lo que él llama «este mal misterioso».

¿Y qué le propone a Green? La castidad. Frente al «amor estéril» de la homosexualidad, «que siempre será un mal, un rechazo profundo de la cruz», Maritain defiende la que a su juicio es «la única solución», el «amor a Dios por encima de todo», es decir, la abstinencia. El remedio que ofrece a Green, ya preconizado para Gide, Cocteau y Maurice Sachs, que lo han rechazado, no es otro que el que ha escogido él con Raïssa: la sublimación del acto sexual con la fe y la castidad.

198

—El Evangelio no nos dice en ninguna parte que mutilemos nuestro corazón, pero nos aconseja que nos hagamos eunucos por el reino de Dios. Es así como la cuestión se plantea, a mi entender —le escribe a Julien Green.

Solventar la cuestión homosexual con la castidad, esa forma de castración, para agradar a Dios: la idea de Maritain, imbuida de masoquismo, es fuerte. Hará escuela en el Vaticano entre la mayoría de los cardenales y obispos de posguerra. «Ser el rey de mis dolores», habría dicho Aragon, otro escritor de genio que cantó ostentosamente en público a «los ojos» de su mujer Elsa mientras corría en privado detrás de los muchachos.

En una carta a Cocteau, Maritain hace otra confesión límpida: el amor a Dios es el único capaz de hacer olvidar los amores terrenales que ha conocido, algo que «aunque me cueste decirlo, no lo sé por los libros».

¿«No lo sé por los libros»? Se adivina que la cuestión homosexual fue tórrida en la juventud de Jacques Maritain, hombre por lo demás afeminado y sensible, prendado de su madre hasta la caricatura, y que optó por destruir sus cuadernos de notas íntimas para evitar que sus biógrafos «se aventurasen demasiado» y descubriesen «algún viejo asunto personal» (en palabras de su biógrafo Jean-Luc Barré).

—No quise escribir esa palabra, esa marca, «homosexualidad», en mi biografía de Maritain, porque todos habrían reducido mi libro a eso —me dice Jean-Luc Barré, su biógrafo, durante un almuerzo en París—. Pero debería haberlo hecho. Si lo escribiera hoy, diría las cosas más claras al respecto. No hay duda de que, a propósito de Maritain, se puede hablar de homosexualidad latente, cuando no bien real.

El gran amor de juventud de Jacques Maritain se llamaba Ernest Psichari. Los dos jóvenes todavía eran adolescentes cuando se conocieron en el liceo Henri IV de París, en 1899 (Jacques tenía 16 años). Fue un flechazo. No tardó en nacer entre ellos una «amistad de amor» de una fuerza inimaginable. Su vínculo, único, indefectible, es una «gran maravilla», le dice Maritain a su madre. A su padre, Ernest le confiesa: «Ya no concibo la vida sin la amistad de Jacques, eso sería concebirme sin mí mismo». Esta pasión es «fatal», escribe Maritain en otra carta.

Hoy conocemos bien su relación pasional. La correspondencia entre los dos chicos, publicada recientemente (175 cartas de amor), produce incluso una sensación de vértigo: «Siento que nuestros dos seres desconocidos se penetran suave, tímida, lentamente», escribe Maritain; «Ernest, tú eres mi amigo. Solo tú»; «Tus ojos son faros resplandecientes. Tus cabellos son una selva virgen, llena de susurros y de besos»; «Te amo, vivo, pienso en ti»; «Vivo en ti, solo en ti»; «Eres Apolo […]. ¿Quieres partir conmigo a Oriente, allá, a la India? Estaremos los dos solos en un desierto»; «Te quiero, te abrazo»; «Tus cartas, mi preciosidad, me deparan un placer infinito y las releo sin cesar. Me enamoro de cada una de tus letras, de tus *a*, de tus *d*, de tus *n* y de tus *r*». Y, lo mismo que Rimbaud y Verlaine, los enamorados firman sus poemas juntando sus iniciales.

Esta fusión total con el ser amado ¿se consumó, o permaneció casta? No lo sabemos. Yves Floucat, filósofo tomista, especialista en la obra de Maritain y de Julien Green, cofundador del Centre Jacques Maritain, con quien hablo en su casa de Toulouse, piensa que fue sin duda «una amistad pasional pero casta». Y añade, aunque naturalmente no hay ninguna prueba de su paso al acto ni de lo contrario, que fue «un verdadero amor entre personas del mismo sexo». El hermano Jean-Miguel Garrigues, del convento de los dominicos donde Maritain pasó el final de su vida, me explica:

—La relación entre Jacques y Ernest era mucho más profunda que una simple camaradería. Yo diría que fue *cariñosa* más que amorosa, en el sentido de que obedecía más al deseo de ayudar al otro a ser feliz que al apetito afectivo o carnal. Para Jacques era más del orden del «amistad amorosa» que de la homofilia, si entendemos la segunda como un deseo de la libido más o menos sublimado. Ernest, en cambio, tuvo una vida homosexual activa durante años.

En efecto, hoy está fuera de duda la homosexualidad practicante de Psichari, confirmada por una biografía reciente, por la publicación de sus «cuadernos de ruta» y por la aparición de nuevos testimonios. Incluso es una homosexualidad muy activa, pues tuvo innumerables relaciones íntimas en África (al estilo de Gide) y recurrió a prostitutos masculinos en la metrópoli hasta su muerte.

En una correspondencia que ha permanecido mucho tiempo inédita entre Jacques Maritain y el escritor católico Henri Massis, sus dos mejores amigos reconocen claramente la homosexualidad de Psichari. Massis teme incluso que «algún día se sepa la terrible verdad».

Resulta que André Gide no dudó en «sacar del armario» a Psichari en un artículo de *La Nouvelle Revue Française* de septiembre de 1932. El escritor católico Paul Claudel, muy apenado por esta revelación, propone un contrataque que ya ha empleado para Arthur Rimbaud: si Ernest se ha convertido siendo homosexual, es una victoria maravillosa de Dios. Claudel resume así el argumento: «La obra de Dios en semejante alma es aún más admirable».

En todo caso, Ernest Psichari murió en combate a los 31 años, el 22 de agosto de 1914, herido en la sien por una bala alemana. Jacques se enteró de la noticia varias semanas después. Según su biógrafo, el anuncio de la muerte de Ernest lo sumió en el estupor y el dolor. Jacques Maritain no se consoló nunca de la desaparición del ser amado ni logró olvidar al que fue su gran amor de juventud —antes que Cristo, antes que Raïssa—. Años después viajó a África siguiendo sus huellas, mantuvo un trato duradero con la hermana de Ernest y durante la Segunda Guerra Mundial quiso combatir para «morir como Psichari». Durante toda su vida Jacques recordó constantemente al ser amado y, habiendo perdido a su Eurídice, habló del «desierto de la vida» tras la muerte de Ernest. Una pena que, efectivamente, «no la supo por los libros».

Por tanto, para entender la sociología tan peculiar del catolicismo, y en concreto la del Vaticano sobre el asunto que nos ocupa, hay que tener en cuenta lo que aquí he dado en llamar el «código Maritain».

La homosexualidad sublimada, cuando no reprimida, se traduce a menudo en la elección del celibato y la castidad y, con más frecuencia todavía, en una homofobia interiorizada. La mayoría de los papas, cardenales y obispos que hoy tienen más de 60 años se formaron en esta atmósfera y este modo de pensar del «código Maritain».

Si el Vaticano es una teocracia, también es una gerontocracia. No se puede entender la Iglesia de Pablo VI a Benedicto XVI, ni siquiera la de Francisco, ni a sus cardenales, sus costumbres, sus intrigas, partiendo de los modos de vida gay de nuestros días. Para apreciar su complejidad debemos remontarnos a las matrices antiguas, aunque nos parezcan de otro tiempo. Un tiempo en que no se era homosexual, sino «homófilo», en que se diferenciaba la identidad homosexual de las prácticas que podía generar, un tiempo en que la bisexualidad era frecuente, un mundo secreto en que los matrimonios de conveniencia eran la regla y las parejas gais la excepción. Una época en que los jóvenes homosexuales de Sodoma asumían con alivio la continencia y el celibato heterosexual del sacerdote.

El sacerdocio fue una salida natural para unos hombres angustiados por tener costumbres que suponían antinaturales, de eso no hay duda. Pero las trayectorias, los modos de vida, variaron mucho entre la castidad mística, las crisis espirituales, las dobles vidas, a veces la sublimación, la exaltación o las perversiones. En todos los casos siempre había un sentimiento de inseguridad, bien descrito por los escritores católicos homosexuales franceses y su «perpetua vacilación entre los muchachos cuya belleza les condena, y Dios, cuya bondad les absuelve» (de nuevo palabras de Angelo Rinaldi).

Por eso el contexto, aunque tenga el atractivo de los debates

201

teológicos y literarios de otra época, es tan importante en nuestro asunto. Un cura asexuado en los años treinta puede convertirse en homófilo en los años cincuenta y practicar activamente la homosexualidad en los setenta. Muchos de los cardenales activos en este momento han pasado por estas tres etapas, la interiorización del deseo, la lucha contra sí mismo y la homofilia hasta que, un buen día, dejaron de «sublimar» o «superar» su homosexualidad y empezaron a experimentarla con prudencia, luego con temeridad o pasión y a veces arrebatadamente. Por supuesto, esos mismos cardenales que hoy han alcanzado una edad respetable ya casi no «practican», con 75 u 80 años, pero siguen estando intrínsecamente marcados, quemados de por vida por esa identidad compleja. Y sobre todo esto: su trayectoria siempre ha tenido un sentido único, contrariamente a lo que algunos han teorizado: va de la negación al desafío o, por decirlo en los términos de *Sodoma y Gomorra* de Marcel Proust, del rechazo de la «raza maldita» a la defensa del «pueblo elegido». He aquí otra regla de Sodoma, la novena:

> Por lo general los homófilos del Vaticano evolucionan desde la castidad hacia la homosexualidad; los homosexuales nunca hacen el camino inverso para volverse homófilos.

Como ya señalara el teólogo-psicoanalista Eugen Drewermann, existe «una suerte de complicidad secreta entre la Iglesia católica y la homosexualidad». Esta dicotomía me la encontré a menudo en el Vaticano, e incluso podría decirse que es uno de sus secretos: el rechazo violento de la homosexualidad fuera de la Iglesia y su valoración, extravagante, dentro de la santa sede. De ahí la existencia de una especie de «masonería gay» arraigada en el Vaticano, y muy misteriosa, cuando no invisible, desde fuera.

A lo largo de mi investigación fueron muchos los cardenales, arzobispos, *monsignori* y otros sacerdotes que me hablaron con insistencia de su pasión casi crística por la obra de François Mauriac, André Gide o Julien Green. Con prudencia, y sopesando sus palabras, me dieron las claves de su lucha desgarradora, la del «código Maritain». Creo que era su manera de revelarme, con infinita dulzura y miedo contenido, uno de los secretos que les atormenta.

8

Las amistades amorosas

*L*a primera vez que hablé con el arzobispo Jean-Louis Bruguès en el Vaticano cometí un error imperdonable. Cierto es que los rangos y títulos de la curia romana son a veces confusos, pues varían según los dicasterios (los ministerios), la jerarquía, las órdenes y, a veces, según otros criterios. A unos hay que llamarles Eminencia (un cardenal), a otros Excelencia (un arzobispo, un obispo) y a otros Monseñor (los que son más que sacerdote pero menos que obispo). A veces un prelado es un simple sacerdote, otras veces es un fraile, y algunas veces un obispo. ¿Y cómo dirigirse a los nuncios que tienen el título de arzobispo? Por no hablar de los *monsignori*, título honorífico que se atribuye a los prelados, pero también a simples sacerdotes.

De modo que cuando preparé una entrevista con el cardenal Tarcisio Bertone, que había sido «primer ministro» de Benedicto XVI y su asistente personal, él se adelantó y me precisó por correo electrónico la conveniencia de que me dirigiese a él, cuando le viera, con la fórmula «Su Eminencia Cardenal Bertone».

Para mí estos títulos se han convertido en un código y un juego. A un francés estas palabras le suenan a monarquía y aristocracia (¡y les cortamos la cabeza a los que abusaron de ellas!). En mis conversaciones en el Vaticano, por diversión, me complacía en exagerar y recargar estos títulos, mitad Tartufo, mitad Bouvard y Pécuchet.[3] También recargué las numerosas cartas que mandé a la santa sede, escribiendo a mano, con bonitas letras góticas, esas fór-

---

3. Prototipos del diletante. *(N. del T.)*

mulas insensatas, a las que añadía un sello monograma, una cifra y un escudo-firma en la parte inferior de mis misivas. Me pareció que las respuestas a mis solicitudes eran más positivas cuando había usado títulos pedantes y sellos de tinta marrón. En realidad, nada más ajeno de mí que esas fórmulas vanidosas propias de una etiqueta de otro tiempo. ¡Si me hubiera atrevido, habría perfumado mis misivas!

Sus respuestas eran deliciosas epístolas. Llenas de encabezados, de gruesas firmas con tinta azul y muestras de afecto («*Pregiatissimo Signore Martel*», me escribe Angelo Sodano), casi siempre redactadas en un francés impecable, con fórmulas obsequiosas. «Le deseo un buen camino hacia la Pascua», me escribió monseñor Battista Ricca; «Con la esperanza de saludarle próximamente *in Urbe*», dice monseñor Fabrice Rivet; «Asegurándole de mis oraciones», me escribió monseñor Rino Fisichella; «Con la seguridad de mis oraciones en Cristo», me escribió el difunto cardenal Darío Castrillón Hoyos; «Le ruego que crea en mis mejores sentimientos en Cristo», firmó el cardenal Robert Sarah. El cardenal Óscar Maradiaga, amigo después de dos cartas, siempre me respondió en español: «Le deseo una devota Semana Santa y una feliz Pascua de Resurrección, su amigo». Más amistoso todavía, el cardenal de Nápoles Crescenzio Sepe mandó una carta dirigiéndose a mí con un amable «*Gentile Signore*» y despidiéndose con un enrollado «*cordiali saluti*». Monseñor Fabián Pedacchio, asistente particular de Francisco, terminó así su misiva: «Recomendando vivamente al Papa que le tenga presente en sus oraciones, le ruego acepte el testimonio de mi devoción en el Señor». Conservo docenas de cartas de este tenor.

¡Dichosos estos epistológrafos de otro tiempo! Pocos cardenales utilizan el correo electrónico en 2019; muchos prefieren el correo postal y algunos el fax. A veces sus asistentes les imprimen los *e-mails* que reciben, ellos contestan en el mismo papel, a mano, se escanea y se remite a su destinatario.

La mayoría de los cardenales siguen viviendo en una comedia del poder digna del Renacimiento. Cuando le decía «Eminencia» a un cardenal, me entraba la risa, y me gusta la sencillez del papa Francisco, que ha querido acabar con estos títulos pretenciosos.

Porque ¿acaso no es extraño que simples minutantes se hagan llamar *monsignore*? ¿Que pobres nuncios postergados tengan el título de «Excelencia»? ¿Que unos cardenales sigan tomándose en serio a quienes les llaman «Eminencia»? Si yo estuviera en su lugar, me haría llamar señor. ¡O más bien Angelo, Tarcisio o Jean-Louis!

Como se puede comprobar, en este libro, como buen hijo de la laicidad francesa, he decidido no seguir siempre las convenciones vaticanas. Acabo de escribir «santa sede» en vez de «Santa Sede», y menciono siempre al santo padre, la virgen, el soberano pontífice, todos sin mayúscula. Nunca digo «Su Santidad» y escribo «el sanctasanctórum». Cuando uso «Eminencia» la ironía es evidente. Tampoco le pongo el título de «Santo» a Juan Pablo II, ¡sobre todo después de haber descubierto los dobles juegos de sus allegados! La laicidad francesa, tan mal comprendida en Roma (incluso, lamentablemente, por Francisco) consiste en respetar todas las religiones pero sin otorgar a ninguna una consideración especial. En cambio, escribo «el Poeta» (que en este libro es siempre Rimbaud) con mayúscula. Por suerte, en Francia se cree más en la poesía que en la religión.

Con monseñor Bruguès utilicé la palabra adecuada, Excelencia, pero diciendo a renglón seguido que me alegraba de conocer a un cardenal francés. ¡Grave error de principiante! Jean-Louis Bruguès me dejó hablar sin interrumpirme, y luego, cuando contestó, dejó caer entre dos frases secundarias, con tono anodino y falsamente modesto, como si su título no tuviera ninguna importancia:

—En realidad no soy cardenal. Eso no es automático. Solo soy arzobispo —me dijo Bruguès, interiormente pesaroso, con un bonito acento del suroeste francés que hizo que de inmediato me cayera simpático.

Había ido a entrevistar a Bruguès, esa primera vez, para un programa de radio, y le prometí borrar en la grabación ese tratamiento. Luego volvimos a vernos a menudo para charlar y no volví a cometer el error. Supe que había estado bastante tiempo en la lista para ser cardenal, teniendo en cuenta su proximidad con el papa Benedicto XVI, para quien había coordinado los pasajes delicados sobre la homosexualidad en el *Nuevo catecismo de la Iglesia católica*. Pero el papa dimitió. Y dicen que su sucesor, Francisco, nunca le perdonó a Bruguès que, siendo este secretario general de la Congregación para la Educación Católica, se peleara con él con motivo del nombramiento de su amigo rector de la Universidad de Buenos Aires. De modo que la púrpura le pasó de largo. (En 2018, al finalizar el mandato del arzobispo, el papa no le confirmó en la dirección de la biblioteca y Bruguès se fue de Roma.)

—El santo padre nunca olvida nada. Es muy rencoroso. Si alguien le ha ofendido alguna vez, aunque sea levemente, se lo guarda durante mucho tiempo. Mientras Bergoglio sea papa Bruguès nunca será cardenal —me da a entender otro arzobispo francés.

Jean-Louis Bruguès ha dirigido durante mucho tiempo la célebre Biblioteca Apostólica Vaticana y los no menos célebres Archivos Secretos. En la biblioteca se conservan religiosamente los códices del Vaticano, libros antiguos, papiros inestimables, incunables y un ejemplar en vitela de la Biblia de Gutenberg.

—Somos una de las bibliotecas más antiguas y más ricas del mundo. Tenemos en total 54 kilómetros de libros impresos y 87 kilómetros de archivos —me dice Bruguès, que es el hombre de la justa medida. El cardenal Raffaele Farina, el predecesor de Bruguès en los Archivos Secretos, con quien hablé varias veces en su domicilio del Vaticano, me da a entender que los expedientes más sensibles, en especial sobre los abusos sexuales de los sacerdotes, se conservan en la Secretaría de Estado: ¡los «Archivos Secretos» solo tienen de secreto el nombre! (Como quien no quiere la cosa, en una de nuestras conversaciones, Farina aprovecha para criticar a la comisión encargada de luchar contra la pedofilia en la santa sede, que «no hace nada».)

El padre Urien, que ha trabajado mucho tiempo en la Secretaría de Estado, donde realmente se archivan estos expedientes, es categórico (he alterado su nombre):

—Todos los informes sobre los escándalos económicos del Vaticano, todos los asuntos de pedofilia, todos los expedientes sobre la homosexualidad se conservan en la Secretaría de Estado, incluido lo que se sabe sobre Pablo VI. Si se hubieran hecho públicos esos documentos, algunos papas, cardenales y obispos quizá habrían tenido problemas con la justicia. Esos archivos son algo más que la cara oscura de la Iglesia. ¡Son el demonio!

En nuestras cinco conversaciones, el arzobispo Bruguès se muestra muy prudente y evita los temas ambiguos, aunque hablamos sobre todo de literatura (el hombre es un lector apasionado de Proust, François Mauriac, André Gide, Jean Guitton, Henry de Montherlant, Tony Duvert y Christopher Isherwood; viajó a Valparaíso tras las huellas de Pierre Loti, conoció a Jacques Maritain en el convento de los dominicos de Toulouse y mantuvo una larga correspondencia con Julien Green).

—Los archivos recientes no están abiertos —prosigue Bruguès—. Se hace por orden cronológico, por papados, y el santo padre es el único que puede decidir cuándo se hace público un nuevo periodo. Actualmente se abren los archivos de Pío XII, es decir, los de la segunda guerra mundial.

Para Pablo VI aún habrá que esperar mucho.

¿Hay un secreto Pablo VI? Los rumores sobre la homosexualidad del que fue papa durante quince años, de 1963 a 1978, son insistentes, y he hablado de ello muy libremente con varios cardenales. Una persona que ha tenido acceso a los archivos secretos de la Secretaría de Estado me asegura, incluso, que existen varias carpetas sobre el asunto. Pero no son públicas y no sabemos lo que contienen.

Por tanto, para tratar de desentrañar los misterios que rodean a este papa hay que ser contraintuitivos. A falta de el cuerpo del delito, es importante reunir todos los indicios: las lecturas de Pablo VI, quintaesencia del «código Maritain», son uno; sus buenas amistades con el mismo Maritain, así como con Charles Journet y Jean Daniélou, otro; el círculo de sus allegados en el Vaticano, espectacularmente homófilo, otro más. Luego está Jean Guitton. En el complejo enredo de las inclinaciones especiales, los amores de amistad y las pasiones de este papa docto y francófilo, se perfila una sola constante.

El lector, llegados a este punto, ya se las sabe todas. Puede que incluso esté un poco harto de confesiones con cuentagotas, de códigos crípticos para decir cosas que, al fin y al cabo, son de lo más trivial. Sin embargo debo insistir, porque aquí todo tiene su im-

207

portancia, y estos detalles, como en un gran juego de seguir la pista, nos llevarán enseguida, después de Pablo VI, al pontificado inquietante de Juan Pablo II y al gran fuego de artificio ratzingueriano. Pero no quememos etapas...

Jean Guitton (1901-1999), escritor francés católico de derechas, nació y murió con el siglo xx. Autor prolífico, fue amigo de Maritain, pero también del homosexual asumido Jean Cocteau. No se conoce bien su paso por la Segunda Guerra Mundial, pero se adivina que simpatizó con los colaboracionistas y fue un turiferario del mariscal Pétain. Su obra teológica es menor, lo mismo que su obra filosófica, y hoy en día sus libros están casi olvidados. En este naufragio literario solo sobrenadan algunas entrevistas famosas con el presidente François Mitterrand y, justamente, con el papa Pablo VI.

—En Francia nunca se tomaron en serio a Jean Guitton. Era un teólogo para la burguesía católica. Es un misterio que Pablo VI le tratara con tanta deferencia —me comenta el jefe de redacción de *Esprit*, Jean-Louis Schlegel, durante una conversación en la sede de la revista.

Un cardenal italiano completa el cuadro, pero sin que yo sepa si habla ingenuamente o me quiere mandar un mensaje:

—La obra de Jean Guitton casi no existe en Italia. Fue un capricho de Pablo VI, una amistad muy especial.

Lo mismo piensa el cardenal Poupard, que mantuvo una larga amistad con él:

—Jean Guitton es un hombre muy culto, pero no un verdadero pensador. A pesar de la superficialidad de su obra, la amistad que supo trabar con el papa Pablo VI se basaba, sin duda, en una comunidad de puntos de vista, especialmente sobre las costumbres y la moral sexual. Dos textos históricos sellan este acercamiento. El primero es la famosa encíclica *Humanae vitae*, publicada en 1968, sobre el matrimonio y la contracepción, que se hizo famosa con el nombre poco halagador de «encíclica de la píldora» porque prohibía taxativamente su uso, estableciendo como regla que todo acto sexual debe permitir la transmisión de la vida.

El segundo texto no es menos famoso: se trata de la «declaración» *Persona humana* del 29 de diciembre de 1975. Este texto decisivo se propone estigmatizar «el relajamiento de las costumbres».

Predica la castidad estricta antes del matrimonio (por entonces la moda era la «cohabitación juvenil» y la Iglesia quiso acabar con ella), sanciona severamente la masturbación («un acto intrínseca y gravemente desordenado») y proscribe la homosexualidad. «Según el orden moral objetivo, las relaciones homosexuales son actos privados de su ordenación necesaria y esencial. En la Sagrada Escritura están condenados como graves depravaciones e incluso presentados como la triste consecuencia de una repulsa de Dios.»

Textos importantes que, sin embargo, pronto resultaron anacrónicos. Ya entonces tuvieron una mala acogida en la comunidad científica, pues no habían tenido en cuenta sus descubrimientos biológicos, médicos y psicoanalíticos, y aún peor en las opiniones públicas. La Iglesia católica aparecía brutalmente a contracorriente de la sociedad y desde entonces la distancia con la vida real de los fieles no hizo más que ampliarse. La mayoría de los católicos no comprendieron estas reglas arcaicas, las nuevas parejas de jóvenes hicieron caso omiso de ellas y una amplia mayoría de creyentes las rechazó de plano. Se llegó a hablar, al respecto, de un «cisma silencioso» que dio por resultado una caída de las vocaciones y un abandono masivo de la práctica católica.

—El error no fue fijar una postura sobre la moral sexual; era deseable y la mayoría de los cristianos la sigue deseando. La humanización de la sexualidad, por usar una expresión de Benedicto XVI, es un asunto sobre el que la Iglesia tenía que expresarse. El error fue que al poner el listón demasiado alto, por así decirlo, al desconectarse y ser inaudible, la propia Iglesia se marginó de los debates sobre la moral sexual. Una posición dura sobre el aborto, por ejemplo, se habría entendido mejor si hubiera ido a la par con una posición transigente sobre la contracepción. Al preconizar la castidad para los jóvenes, las parejas divorciadas y los homosexuales, la Iglesia dejó de hablar a los suyos —se lamenta un cardenal entrevistado en Roma.

Hoy sabemos por testimonios y documentos de archivo que hubo largos debates sobre la prohibición de la píldora y quizá también sobre las otras condenas morales de la masturbación, la homosexualidad y el celibato de los sacerdotes. Según los historiadores, la línea dura, en realidad, era minoritaria, pero Pablo VI tomó su decisión en solitario, *ex cathedra*. Lo hizo uniéndose al ala conservadora representada por el viejo cardenal Ottaviani y por un recién llegado: el cardenal Wojtyla, futuro papa Juan Pablo II, que tuvo un papel tardío pero decisivo en este espectacular endurecimiento de la moral sexual de la Iglesia. Jean Guitton, militante de la castidad heterosexual, también fue partidario de que se mantuviera el celibato de los curas.

Muchos teólogos y expertos con los que he hablado le reprochan al papa Pablo VI, cuyas ideas eran tan poco heterodoxas, el haberse «aferrado a una línea dura» por malas razones, estratégicas o personales. Me señalan que históricamente han sido los componentes homófilos y homosexuales de la Iglesia los que han defendido el valor del celibato. Según uno de estos teólogos: «Son pocos los sacerdotes homosexuales que valoran la abstinencia; esa es fundamentalmente una idea propia de homosexuales o, por lo menos, de personas que tienen enormes dudas sobre su propia sexualidad». ¿Se revela así, con su defensa del celibato de los sacerdotes, el dulce secreto de Pablo VI? Hoy muchos lo piensan.

Esta prioridad, desfasada de su época, nos da una idea de la mentalidad del Vaticano. También invita a preguntarse sobre una conclusión casi sociológica, establecida al menos desde la Edad Media (de creer al historiador John Boswell) y que es aquí otra regla de Sodoma, la décima:

> Los sacerdotes y teólogos homosexuales son mucho más propensos a imponer el celibato que sus correligionarios heterosexuales. Se obstinan en hacer cumplir esta consigna de castidad, pese a que es intrínsecamente antinatural.

Los más fervientes partidarios del voto de castidad son, por tanto, los más sospechosos. Esto confiere su verdadero valor al diálogo entre Pablo VI y Jean Guitton, una verdadera comedia de época.

El tema de la castidad era una preocupación recurrente de los escritores homosexuales antes mencionados, de François Mauriac a Julien Green, por no hablar de Jacques Maritain, pero alcanzó un nivel delirante en Guitton.

Nacido en el seno de una familia burguesa católica en la que «se guardaban las distancias», Jean Guitton nunca exhibió su vida privada en la plaza pública, por lo que estuvo envuelta durante mucho tiempo en el misterio. Este asceta puritano no expresaba sus emociones y, aunque era laico, nunca hablaba de sus experiencias amorosas. Los testigos con los que hablé confirman que Jean Guitton se interesó poco por las mujeres. Para él eran «decorativas» u «ornamentales», como dicen esos personajes misóginos de *El retrato de Dorian Gray*. No obstante, ya mayor se casó con Marie-Louise Bonnet. En su autobiografía, *Un siècle, une vie*, le dedica un capítulo a su esposa que destila, también, una fuerte misoginia: «Yo había buscado un ángel para llevar la casa, encargarse del polvo. El ángel se presentó con la forma de Marie-Louise, que era profesora de Historia del arte y de Enseñanzas del hogar en el liceo de Montpellier». No tuvieron hijos y no se sabe si consumaron su matrimonio. Vivieron «como un hermano y una hermana», según la expresión que se le atribuye, y cuando su esposa murió prematuramente Guitton no se volvió a casar.

Una singularidad que no se le escapó a Florence Delay. La novelista, elegida para ocupar el sillón de Guitton en la Academia Francesa, tenía que hacer su «elogio», como manda la tradición, el día de su ingreso bajo la cúpula. Y sucedió algo bastante insólito: Florence Delay, en su apología del difunto, no ahorró alusiones a su misoginia legendaria: «¡Qué pensaría de que le suceda una mujer! ¡Él, que nos consideraba incompletas!». No se tomó más en serio su matrimonio tardío: «A algunos les sorprende o les parece divertido que el señor Guitton, aparentemente entregado a la castidad del monje o, más filosóficamente, al celibato kantiano, escribiera un ensayo sobre el amor humano, antes incluso de su afectuoso matrimonio otoñal con Marie-Louise Bonnet. Y es que el amor humano incluye también al que va del discípulo al maestro y del maestro al discípulo». ¡Ah, con cuánto refinamiento se expresan estas cosas![4]

Si la nueva académica hubiera sido más perversa, o más iró-

4. Frase de *El misántropo* de Molière: «Ah! *Qu'en termes galants, ces choses-là sont mises!*». (N. del T.)

nica, habría podido hacer una alusión discreta a una famosa observación del sexólogo Alfred Kinsey, un contemporáneo de Guitton. Autor del conocido *Informe Kinsey* sobre la sexualidad de los estadounidenses, el investigador destacaba, por primera vez de manera científica, la fuerte proporción de personas homosexuales en la población general. Al estar tan extendida, la homosexualidad no podía ser una anomalía, una enfermedad o una perversión. Y Kinsley añadía en son de burla que las únicas verdaderas perversiones que quedaban eran tres: la abstinencia, el celibato y el matrimonio tardío. ¡Guitton, según esto, sería un pervertido por partida triple!

Si a Guitton no le gustaban las mujeres y no hablaba nunca del bello sexo, que para él era invisible, fue en cambio «amante-amigo» de muchos hombres. Empezando por el cardenal Poupard, que mantuvo una larga correspondencia con él (algo que las más de doscientas cartas manuscritas e inéditas antes mencionadas quizá revelen algún día). Sus pasiones masculinas también incluyeron a sus alumnos y en especial a uno de ellos, un tal Louis Althusser, «tan rubio y tan guapo que de buena gana le habría convertido en su apóstol» (¡De nuevo Florence Delay, que no se corta nada!).

La relación entre Jean Guitton y el papa Juan XXIII, a quien conoció por el nombre de Roncalli cuando el italiano era nuncio en París, también parece singular, y es posible que estemos ante otro caso de «amistad amorosa».

De este orden fue también la relación precoz con Giovanni Battista Montini, el futuro papa Pablo VI. Esta proximidad provocó no pocas incomprensiones y rumores. Un teólogo tan influyente como el padre Daniélou no dudó en decir que «el papa [Pablo VI] ha cometido una imprudencia incluyendo a Guitton en el concilio». Otros se burlaron del santo padre por haberse «prendado de un escritor de segunda fila, poquita cosa literaria». Por último, según me cuenta uno de los antiguos directores de Radio Vaticano, por el Vaticano circulaba esta broma: «Guitton no debería incluirse entre los laicos del cónclave, porque no tiene hijos»…

Cuando se leen los muy exaltados *Diálogos con Pablo VI*, el libro de entrevistas reales o imaginarias de Jean Guitton con el papa (prologado por el cardenal Paul Poupard), llama la atención el extraño diálogo entre el santo padre y el laico sobre la abstinencia o sobre lo que llaman el amor «plus» entre Jesús y Pedro, que «contiene una exigencia, que da miedo».

Ya conocemos bien este lenguaje. Es el del primer Gide y el último Mauriac, también es el de Julien Green, Henri de Montherlant y Maritain. Es el lenguaje de la culpabilidad y la esperanza en la «civilización del amor» (por usar la famosa expresión de Pablo VI). Es el lenguaje de Platón, de nuevo accesible justamente porque Pablo VI acaba de sacarlo del Índice, donde Montaigne, Maquiavelo, Voltaire, André Gide y muchos otros le hacían compañía.

Tampoco en este caso conviene cargar las tintas. Es posible que Jean Guitton participara en los debates a la «manera de Maritain», con inocencia e ingenuidad, sin darse cuenta de sus probables inclinaciones y su sublimación gay. Por lo demás, Guitton afirmó que no entendía nada de la homosexualidad, lo cual, paradójicamente, podría ser señal de una orientación afectiva homófila, en este caso realmente inconsciente.

Además de Marie-Louise Bonnet, la única mujer que encontramos entre quienes rodeaban a Jean Guitton fue la «Mariscala» De Lattre de Tassigny, viuda de un gran jefe militar francés que según un rumor persistente, sobre todo en el ejército, había sido bisexual (el escritor Daniel Guérin lo afirma en su libro *Homosexualité et révolution*, y el editor Jean-Luc Barré, que ha publicado la obra del mariscal De Lattre de Tassigny, también lo cree).

Entre la muerte del mariscal de Francia en 1952 y la suya propia en 2003 a los 96 años, la Mariscala vivió rodeada de un enjambre de homosexuales en su salón parisino. Jean Guitton, travieso y siempre alegre según un testigo, era un habitual. Siempre llegaba «acompañado de personas apuestas del sexo fuerte y chulitos afeminados». Otro testigo confirma que Guitton siempre estuvo «rodeado de efebos y mancebos pasajeros».

Tenemos aquí a un hombre laico que vive como un cura, opta por no tener hijos, se casa tarde y a lo largo de su vida cultiva intensas amistades homófilas rodeándose de jóvenes deseables. ¿Fue un homosexual «refrenado»? Es probable, y no hay nada que hasta hoy demuestre lo contrario. Pero para definir una relación de este tipo es preciso encontrar otra palabra. El propio Guitton nos propo-

213

ne una, por imperfecta que sea: la «camaradería». Oigámosla en sus propias palabras, tomadas de su libro *Le Christ de ma vie*, en el que dialoga con el padre Joseph Doré, futuro arzobispo de Estrasburgo:

—Hay algo superior al amor del hombre por la mujer, es la camaradería. El amor de David por Jonatán, de Aquiles por Patroclo… Un jesuita puede sentir por otro jesuita un amor de camarada muy superior al amor que sentiría ese hombre si estuviera casado… En la camaradería hay algo (a menudo malinterpretado a causa de la homosexualidad) realmente único, extraordinario.

Magnífica confesión, con un juego de espejos, con una referencia a David y Jonatán escogida a propósito por un hombre que no puede desconocer la carga homoerótica de este código tan claramente gay (la principal asociación católica homosexual de Francia ha adoptado esos nombres).

Jean Guitton, como Jacques Maritain, trata de inventar un lenguaje para designar la complicidad masculina sin reducirla al sexo. Estamos de lleno en el llamado —una expresión más duradera que la mediocre «camaradería» de Guitton— «amistad amorosa».

El concepto es antiguo. Conviene que nos detengamos un momento para hacer un repaso de su génesis, ya que es crucial en nuestro asunto. La noción de «amistad amorosa» hunde sus raíces en el pensamiento griego antiguo de Sócrates y Platón, sistematizado después por Aristóteles. A través de Cicerón y san Agustín pasa de la Antigüedad tardía a la Edad Media. Encontramos la idea, aunque no la expresión, en san Alfredo de Rieval, un monje cisterciense del siglo XII que fue el primer «santo LGBT» (porque nunca ocultó sus amores). Un siglo después, en un tiempo en que no existía la noción de «homosexualidad» (como es sabido, la palabra se acuñó a finales del siglo XIX), la Edad Media se reapropia de este concepto de «amistad amorosa». Tomás de Aquino distingue entre el «amor de concupiscencia» (*amor concupiscentiae*) y, literalmente, el «amor de amistad» (*amor amiitiae*) que podría traducirse mejor como «amistad amorosa». La primera de esas formas de amor, a su juicio, busca al otro para su bien personal y egoísta, mientras que el otro, por el contrario, busca el bien del amigo, amado como otro sí mismo. Hoy diríamos, aunque imperfectamente, «amor platónico».

La idea de la «amistad amorosa» se utilizó después para definir la relación entre Shakespeare y el joven llamado Fair Youth en los *Sonetos,* entre Leonardo da Vinci y su joven discípulo Salai o entre Miguel Ángel y el joven Tommaso dei Cavalieri. ¿Amor? ¿Amistad? Hoy en día los especialistas creen que en estos casos concretos probablemente sería homosexualidad. En cambio, ¿qué decir de los escritores Montaigne y La Boétie, para quienes también se usó la expresión «amistad amorosa»? No desnaturalicemos aquí una relación que quizá no fuera nunca sexual y tal vez esté mejor resumida en una célebre frase de Montaigne, porque desafía la explicación racional: «Porque era él, porque era yo».

La expresión «amistad amorosa» también se utilizó para describir la relación entre el padre Henri Lacordaire, uno de los restauradores de la orden de los dominicos en Francia, y su «amigo» Charles de Montalembert. Durante mucho tiempo la Iglesia se tapó los ojos al respecto, haciendo hincapié en esa «amistad» que, como sabemos hoy, era homosexual (la inestimable correspondencia Lacordaire-Montalembert, publicada recientemente, revela no solo un diálogo ejemplar sobre el catolicismo liberal francés, sino también la relación explícita entre los dos hombres).

215

El concepto de «amistad amorosa» abarca, pues, un sinfín de situaciones distintas y se ha usado indistintamente, según las épocas, para un amplio abanico de relaciones que van de la pura amistad viril a la homosexualidad propiamente dicha. Según los entendidos en la materia —muy numerosos, por cierto, en el Vaticano—, este concepto solo debería aplicarse a los casos de homofilias castas. Lejos de ser un sentimiento equívoco, tendente a mantener una confusión entre el amor y la amistad, se trataría de un amor auténtico y casto, una relación inocente entre dos hombres. Su éxito en los ambientes homófilos católicos del siglo XX se debe a que pone el acento en las virtudes del ser amado más que en un deseo carnal, cuidadosamente negado; así se puede exaltar la afectividad sin sexualizarla. Los cardenales más conservadores (y más homófobos), como el estadounidense Raymond Burke, el alemán Joachim Meisner, el italiano Carlo Caffarra y el guineano Robert Sarah, que han hecho voto de castidad, predican con gran insistencia que los homosexuales deben limitarse a las relaciones de «amistad amorosa», es decir, ser castos, para no vivir en el pecado. De este modo cierran el círculo.

De Jacques Maritain a Jean Guitton, este mundo de los «amores-amistades» ejerció una influencia soterrada en el concilio Vaticano II.

Jacques Maritain ni siquiera participó en el concilio, pero tuvo un peso importante en él gracias a su amistad con Pablo VI. Algo parecido sucedió con otros teólogos influyentes, como los sacerdotes Yves Congar, Charles Journet, Henri de Lubac y Jean Daniélou.

Daniélou es el caso más esclarecedor. Antes de que Pablo VI lo nombrase cardenal, Juan XXIII lo convocó como experto para el concilio Vaticano II. Amigo de Jean Guitton (firmaron un libro juntos), Daniélou ingresó en la Academia Francesa gracias a él. Más bien progresista, fue uno de los amigos íntimos de Pablo VI.

Ha corrido mucha tinta sobre su muerte, tan súbita como extraordinaria, el 20 de mayo de 1974 en brazos de «Mimí» Santoni, una prostituta de la calle Dulong de París. Se supone que la causa de la muerte fue un infarto que tuvo durante el orgasmo. Versión desmentida, desde luego, por los jesuitas, que ante el escándalo provocado por el suceso dieron su propia versión de los hechos, inmediatamente recogida por *Le Figaro*: el cardenal había ido a llevar dinero a la prostituta y había muerto «en la epéctasis del apóstol al encuentro del Dios vivo».

Una versión que me confirma hoy el cardenal italiano Giovanni Battista Re, que fue «ministro del Interior» de Juan Pablo II:

—A Jean Daniélou le leíamos mucho. Le queríamos mucho. ¿Su muerte? Creo que quiso salvar el alma de la prostituta. Que fue allí para convertirla, quizá. A mi juicio, murió en apostolado.

El cardenal Poupard, amigo de Daniélou (firmaron un libro juntos), me confirma, también él, levantando las manos al cielo, la generosidad del cardenal, tan humilde de corazón, un pedazo de pan, que fue a redimir los pecados de la prostituta. Quizá incluso para tratar de sacar de la calle (¡un gesto tan galante!) a esa chica descarriada.

Más allá del jolgorio que provocaron estas explicaciones en su tiempo (Daniélou estaba completamente desnudo cuando llegaron los bomberos), para nosotros lo importante es otra cosa. Mientras que Daniélou era un heterosexual practicante que, evidentemente, no formaba parte de Sodoma, su hermano fue claramente homosexual. Alain era un conocido hinduista, experto en erotismo divinizado de la India sensual, en Shiva y en yoga. También fue amigo de François Mauriac y del coreógrafo Maurice Béjart. Su homosexualidad, conocida desde hace tiempo, ha sido confirmada recientemente por su autobiografía y por la publicación de los *Carnets spirituels* de su hermano Jean. Se sabe que Alain vivió mucho tiempo con el fotógrafo suizo Raymond Burnier.

La relación entre los dos hermanos Daniélou es interesante, porque hoy puedo afirmar que Jean secundó la opción vital de Alain y siempre le respaldó. Quiso cargar sobre sus hombros el peso del «pecado» de su hermano y salvar su alma.

El cardenal Jean Daniélou fue aún más lejos. A partir de 1943 empezó a celebrar todos los meses una misa por los homosexuales. Este dato está confirmado (por la autobiografía de Alain y por una biografía detallada de los dos hermanos). Parece que esta misa, a la que asistía también el famoso experto en islam Louis Massignon, también él cristiano homosexual, se prolongó durante varios años.

Por tanto, lo que aquí nos interesa no es la muerte de Jean Daniélou en brazos de una prostituta, sino el hecho de que un cardenal ilustre, un conocido teólogo próximo al papa, celebrase misas regularmente por la «salvación» de los homosexuales.

¿Lo sabía Pablo VI? Es posible, pero no seguro. El caso es que a lo largo de su pontificado, quintaesencia del «código Maritain», estuvo rodeado de personajes homófilos o progáis.

«Quien contempla esta secuencia pictórica se pregunta qué relación puede tener con nosotros ese pueblo de figuras vigorosas...» El 29 de febrero de 1976, con motivo del quinto centenario del nacimiento de Miguel Ángel, el papa Pablo VI rindió un asombroso homenaje *gay-friendly* al escultor italiano en la basílica romana de San Pedro. Con gran pompa, el santo padre canta la memoria del «incomparable artista» bajo la majestuosa cúpula que pintó, muy cerca de su sublime *Piedad*, que un «muchacho que aún no había cumplido los 25 años» hizo salir de ese mármol frío con enorme «ternura».

A dos pasos de allí se encuentran la Capilla Sixtina y su bóveda, pintada al fresco con su muchedumbre viril. Pablo VI alaba sus ángeles, pero no los *ignudi*, esos robustos efebos desnudos de insolente esplendor físico, voluntariamente olvidados. En el discurso del papa se habla del «mundo de las Sibilas» y del de los «Pontífices», pero no hay ninguna mención del Cristo desnudo de Miguel Ángel, de los santos en atuendo adánico ni de la «maraña de desnudos» del *Juicio final*. Con su silencio deliberado el papa vuelve a censurar estas carnaciones rosadas que ya había castrado uno de sus púdicos predecesores, mandando que se cubrieran las partes pudendas de los hombres desnudos con un velo.

Pablo VI, ahora superado por su propia audacia, se enardece, emocionado hasta las lágrimas por los cuerpos entrelazados y el juego de los músculos. Y «¡qué mirada!», exclama el papa. La de «ese joven atleta, el David florentino» (completamente desnudo y dotado de un lindo miembro) y la última *Piedad*, llamada de Rondanini, «llena de sollozos» y *non finita*. Pablo VI está visiblemente maravillado por la obra de ese «visionario de la belleza secreta» cuyo «éxtasis estético» iguala a la «perfección helénica». ¡Y de repente el santo padre se arranca a leer un soneto de Miguel Ángel!

En efecto, ¿«qué relación puede tener con nosotros ese pueblo de figuras vigorosas»? Probablemente, jamás en la historia del Vaticano se ha hecho un elogio tan *girly* en ese lugar sagrado a un artista tan atrevidamente homosexual.

—Pablo VI escribía personalmente, a mano, sus discursos. Se conservan todos sus manuscritos —me dice Micol Forti, una mujer culta y enérgica que es una de las directoras del Museo Vaticano.

La pasión de Pablo VI por la cultura también obedecía, en esa época, a una estrategia política. En Italia la cultura estaba pasando de la derecha a la izquierda y la práctica religiosa ya estaba en decadencia entre los artistas. Durante siglos los católicos habían dominado la cultura, los códigos, los entramados del arte, pero esta hegemonía se disipó a finales de los años sesenta y principios de los setenta. Pese a todo, Pablo VI pensaba que aún no era demasiado tarde y que la Iglesia podía recuperarse si era capaz de atraerse a las musas.

Los testigos con los que hablé me confirmaron que el compromiso artístico de Pablo VI era sincero y obedecía a una inclinación personal.

—Pablo VI era un «adicto a Miguel Ángel» —me dice un obispo que trabajó con el santo padre.

En 1964 el papa anunció el proyecto de reunir una gran colección de arte moderno y contemporáneo. Se lanzó a la gran batalla cultural de su vida para reconquistar a los hombres de la máscara y la pluma.

—De entrada Pablo VI pidió disculpas por el desinterés de la Iglesia por el arte moderno. Luego pidió a los artistas e intelectuales de todo el mundo que le ayudasen a reunir una colección para los museos del Vaticano —prosigue Micol Forti.

Los cardenales y obispos con los que hablé barajan varias hipótesis para explicar esta pasión de Pablo VI por las artes. Uno de ellos destaca la influencia decisiva que pudo tener sobre él un libro de Jacques Maritain, su ensayo *Arte y escolástica*, en el que concibe una filosofía del arte que permite las singularidades de los artistas.

Otro buen conocedor de la vida cultural del Vaticano durante el pontificado de Pablo VI destaca el papel del asistente personal del papa, el sacerdote italiano Pasquale Macchi, un intelectual apasionado por el arte y un homófilo consumado que conocía a muchos artistas.

—Gracias a Pasquale Macchi, Pablo VI reunió a los intelectuales y trató de que los artistas volvieran al Vaticano. Ambos se daban cuenta del abismo que se había abierto con el mundo del arte. Macchi fue el artífice de las nuevas colecciones —me dice un cura del Pontificio Consejo de la Cultura.

He visitado varias veces esta ala moderna de los Museos Vaticanos. Sin que se pueda comparar, en modo alguno, con las colecciones antiguas —misión imposible—, hay que reconocer que los conservadores vaticanos supieron escoger bien. Allí veo, por ejemplo, a dos artistas muy poco ortodoxos: Salvador Dalí, pintor bisexual, con un bello cuadro titulado *Crucifixión* de connotaciones soldadescas masoquistas. ¡Y sobre todo Francis Bacon, artista claramente gay!

La supuesta homosexualidad de Pablo VI es un viejo rumor. En Italia es muy insistente y se ha mencionado en artículos y hasta en la entrada de la Wikipedia, donde incluso se menciona a uno de sus presuntos amantes. Durante mis numerosas estancias en Roma me han hablado de ella cardenales, obispos y decenas de *monsignori* que trabajan en el Vaticano. Algunos la han desmentido.

—Puedo confirmarle que ese rumor existió. Y puedo demostrarlo. Hubo libelos, ya desde la elección de Montini [Pablo VI] en 1963, que denunciaban sus costumbres —me revela el cardenal Poupard, que fue uno de los colaboradores del papa.

El cardenal Battista Re, por su parte, me asegura:

—Trabajé con el papa Pablo VI durante siete años. Fue un gran papa y todos los rumores que oí son falsos.

También se atribuye a Pablo VI una relación con Paolo Carlini, un actor italiano de teatro y televisión veinticinco años más joven que él. Se dice que se conocieron cuando Giovanni Montini era arzobispo de Milán.

Aunque en Italia se habla a menudo de esta relación, algunos de los datos mencionados resultan anacrónicos o erróneos. La afirmación de que Pablo VI adoptó su nombre papal en homenaje a Paolo es desmentida por distintas fuentes que aportan otras explicaciones más creíbles. También se ha dicho que Paolo Carlini murió de un ataque al corazón «por la pena, dos días después que Pablo VI», pero, aunque quizá estuviera ya enfermo, murió mucho después. Y que Montini y Carlini compartieron un piso cerca del arzobispado, algo que no confirma ninguna fuente policial fiable. Por último, el supuesto expediente de la policía de Milán sobre la relación Montini-Carlini, citado a menudo, nunca se ha hecho público y no hay nada que demuestre su existencia.

El escritor francés Roger Peyrefitte, un homosexual militante que pretendía estar mejor informado que nadie, se dedicó a «sacar del armario» a Pablo VI en una serie de entrevistas. Primero en *Gay Sunshine Press*, luego en la revista francesa *Lui* en abril de 1976, artículo reproducido en Italia por el semanario *Tempo*. En estas entrevistas seguidas y más adelante en sus libros, Peyrefitte declaraba que «Pablo VI era homosexual» y que tenía «la prueba». El *outing* era su especialidad: el escritor ya lo había hecho con François Mauriac en un artículo publicado en la revista *Arts* en mayo de 1964 (esta vez con razón), con el rey Balduino, con el duque de Edimburgo y con el sha de Irán... hasta que se descubrió que algunas de sus fuentes eran falsas y que había sido víctima de un bulo inventado por periodistas.

Cuando yo era un joven periodista tuve ocasión de hablar con Roger Peyrefitte poco antes de su muerte sobre el rumor de la homosexualidad de Pablo VI. El viejo escritor me dio la impresión de no estar muy bien informado y de que en realidad solo estaba excitado por el olor del escándalo. En todos los casos, nunca aportó la menor prueba de su exclusiva. Al parecer, la tomó con Pablo VI después de la declaración *Persona Humana*, hostil a los homosexuales. Sea como fuere, este escritor mediocre y sulfuroso, próximo a la extrema derecha y aficionado a las polémicas, al final de su vida se había convertido en propagador de noticias falsas, cuando no de rumores homófobos, e incluso en un antisemita. El crítico Angelo Rinaldi comentó en estos términos la publicación de sus *Propos secrets*: «Ayer empadronador de judíos y masones (un trabajo muy útil para las futuras proscripciones), hoy Roger Peyrefitte echa una mano a la brigada de las costumbres con un libro tan atractivo como un atestado policial... En cuanto a lo de "hacer que progrese una causa maldita", hace falta ser, como mínimo, un inconsciente para pretenderlo... Si no existiera este coleccionista de chismes trasnochados, septuagenario con ricitos cuyas apariciones televisivas son el hazmerreír de los hogares y refuerzan los prejuicios, los "heteropolizontes" tendrían que inventárselo».

Lo más interesante fue sin duda la reacción pública de Pablo VI. Según varias personas con quienes hablé (en especial, cardenales que han trabajado con él), los artículos sobre su supuesta homosexualidad afectaron mucho al santo padre. Tomándose muy en serio el rumor, no ahorró intervenciones políticas para atajarlo. Cuentan que le pidió ayuda personalmente al jefe del gobierno italiano Aldo Moro, con quien le unía una fuerte amistad y una misma pasión por Maritain. ¿Qué hizo Moro? No lo sabemos. Meses después el dirigente político fue secuestrado por las Brigadas Rojas, que exigieron un rescate. Pablo VI intervino públicamente para pedir su liberación y se dice que incluso intentó reunir el dinero necesario. Pero al final asesinaron a Moro, para desesperación de Pablo VI.

Al final el papa optó por desmentir personalmente el rumor propalado por Roger Peyrefitte. El 4 de abril de 1976 hizo una declaración pública al respecto. He encontrado su intervención en la oficina de prensa del Vaticano. Esta es la declaración oficial de Pablo VI: «¡Queridísimos hermanos e hijos! Sabemos que nuestro cardenal vicario y después la Conferencia Episcopal Italiana os han invitado a rezar por nuestra humilde persona, que ha sido objeto de mofa y de horribles y calumniosas insinuaciones de cierta prensa que desprecia la honestidad y la verdad. A todos os agradecemos estas demostraciones de piedad filial y sensibilidad moral... Gracias, gracias de corazón... Es más, dado que el presunto origen de este y otros deplorables episodios ha sido una declaración de nuestra Congregación para la Doctrina de la Fe sobre algunas cuestiones de ética sexual, os exhortamos a dar a este documento... una virtuosa observancia, para fortalecer en vosotros un espíritu de pureza y amor que arrincone el licencioso hedonismo difundido en las costumbres del mundo actual».

¡Craso error de comunicación! Mientras que el rumor propalado por un escritor reaccionario poco creíble solo había tenido eco en ciertos ambientes homófilos anticlericales, el desmentido público de Pablo VI, en la solemnidad del ángelus del Domingo de Ramos, no hizo más que amplificarlo y darlo a conocer por todo el mundo. Se publicaron cientos de artículos acerca del desmentido, sobre todo en Italia, que arrojaron una sombra de duda. Lo que era un simple rumor se convirtió en una cuestión, quizá en un grave asunto. La curia aprendió la lección: ¡más valía hacer caso omiso de los rumores sobre la homosexualidad de los papas o los cardenales que acudir a los medios para desmentirlos!

Más tarde surgieron otros testimonios que parecían confirmar el «horrible» rumor. Primero el de un poeta italiano menor, Biagio Arixi, que era amigo de Carlini, quien le habría revelado su relación con el papa poco antes de morir. El chambelán y maestro de ceremonias de Juan XXIII y Pablo VI, Franco Bellegrandi, también ha mencionado el asunto en un libro de dudosa fiabilidad. Asimismo el arzobispo polaco Juliusz Paetz se ha explayado sobre la supuesta homofilia del papa, llegando a difundir fotos y sugerir que pudo haber un *bromance* (juego de palabras en inglés entre *brothers*, «hermanos», en este caso referido a «amigos», «colegas», y romance) entre ellos, como afirman varios testigos, unos periodistas (pero el testimonio de Paetz jamás ha sido tomado en serio). Un antiguo guardia suizo ha aportado datos que van en la misma dirección, y varios examantes reales o autoproclamados de Pablo VI han salido a la palestra, a menudo en vano y en todo caso sin resultar convincentes. Por el contrario, otros testimonios de cardenales y varios biógrafos serios desmienten tajantemente este aserto.

Más importante es el hecho de que la hipótesis de la homosexualidad de Pablo VI y su relación con Paolo Carlini se tomaran en serio en el proceso de beatificación del papa. Según dos personas a las que pregunté, los sacerdotes que prepararon este «proceso» analizaron minuciosamente el expediente. Si hubo debate, si hay un expediente, es que por lo menos hay dudas. La cuestión de la supuesta homosexualidad de Pablo VI aparece incluso sin tapujos en los documentos sometidos al papa Benedicto XVI, redactados por el padre Antonio Marrazzo. Según una fuente de primera mano que conoce bien el voluminoso expediente reunido por Marrazzo y que habló con él acerca de las costumbres atribuidas al santo padre, la cuestión aparece en muchos documentos y testimonios escritos. Según esta misma fuente, Marrazzo, después de una ardua labor de verificación y cotejo, llegó a la conclusión de que Pablo VI probablemente no era homosexual. Una conclusión adoptada por Benedicto XVI, quien, después de examinar él mismo detenidamente el expediente, decidió beatificar a Paulo VI y reconocer sus «virtudes heroicas», poniendo fin, por el momento, a la polémica.

223

Un último misterio rodea a Pablo VI: la abundancia de homófilos y homosexuales entre sus allegados. Fuera o no consciente de ello, este papa que prohibió severamente esta forma de sexualidad se rodeó al mismo tiempo de hombres que la practicaban.

Ya conocemos el caso del secretario particular de Pablo VI, Pasquale Macchi, que trabajó con él veintitrés años, primero en el arzobispado de Milán y luego en Roma. De este cura, dotado de una fibra artística legendaria, cabe destacar, además de su papel como artífice de la colección de arte moderno de los Museos Vaticanos, su amistad con Jean Guitton y sus numerosos contactos con los creadores e intelectuales de su tiempo, en nombre del papa. Más de una decena de testigos confirman su homofilia.

Del mismo modo, el sacerdote y futuro obispo irlandés John Magee, uno de los asistentes y confidentes de Pablo VI, era homosexual, según reveló la justicia en el proceso por el escándalo de Cloyne.

Se dice que otro personaje cercano a Pablo VI, Loris Francesco Capovilla, que también fue secretario personal de su predecesor Juan XXIII y un actor clave del concilio (en 2014 el papa Francisco lo nombró cardenal y murió a la venerable edad de 100 años en 2016), también fue homófilo.

—Monseñor Capovilla era un hombre muy discreto. Tiraba los tejos a los curas jóvenes y era muy amable. Flirteaba con delicadeza. Me escribió una vez —me confirma el antiguo sacerdote de la curia Francesco Lepore.

(Un cardenal y varios arzobispos y prelados del Vaticano también me confirman las inclinaciones de Capovilla en entrevistas grabadas.)

El teólogo oficial de Pablo VI, el dominico Mario Luigi Ciappi, un florentino de humor devastador, también pasaba por ser un «homófilo extravertido» que mantenía una relación estrecha con su *socius* o secretario personal, según tres testimonios convergentes de sacerdotes dominicos que recogí (Ciappi fue uno de los teólogos oficiales de cinco papas entre 1955 y 1989, y en 1977 Pablo VI le creó cardenal).

Lo mismo se puede decir del maestro de ceremonias pontificias de Pablo VI, el *monsignore* italiano Virgilio Noè, futuro cardenal.

En el Vaticano se solían burlar de este hombre de protocolo, tieso como una vela en público, al que las malas lenguas atribuían una vida torcida en privado.

—Todos sabían que Virgilio era practicante, ¡vaya si lo era! En el Vaticano bromeábamos con eso —me confirma un sacerdote de la curia romana.

El camarero del papa también era un conocido homosexual, lo mismo que uno de los principales traductores y guardia de corps del santo padre, el célebre arzobispo Paul Marcinkus, del que hablaremos más adelante. En cuanto a los cardenales de Pablo VI, muchos de ellos formaban parte de «la parroquia», empezando por Sebastiano Baggio, a quien el papa, después de elevarle a la púrpura, puso al frente de la Congregación de los obispos. Por último, un jefe de la guardia suiza con Pablo VI, íntimo del papa, todavía vive con su *boyfriend* en las afueras de Roma, donde una de mis fuentes ha hablado con él.

¿Qué quiso decirnos Pablo VI al rodearse de curas homófilos, *questioning, closeted* o practicantes? Lo dejo al juicio del lector, que tiene en sus manos todas las claves del expediente y todas las piezas del puzle. Sea como fuere, el «código Maritain», matriz surgida con Pablo VI, se perpetuó durante los pontificados de Juan Pablo II, Benedicto XVI y Francisco. El papa, astutamente, erigió la «amistad amorosa» en regla de fraternidad vaticana. El «código Maritain» nació bajo sus auspicios; hoy en día sigue vigente.

TERCERA PARTE

Juan Pablo

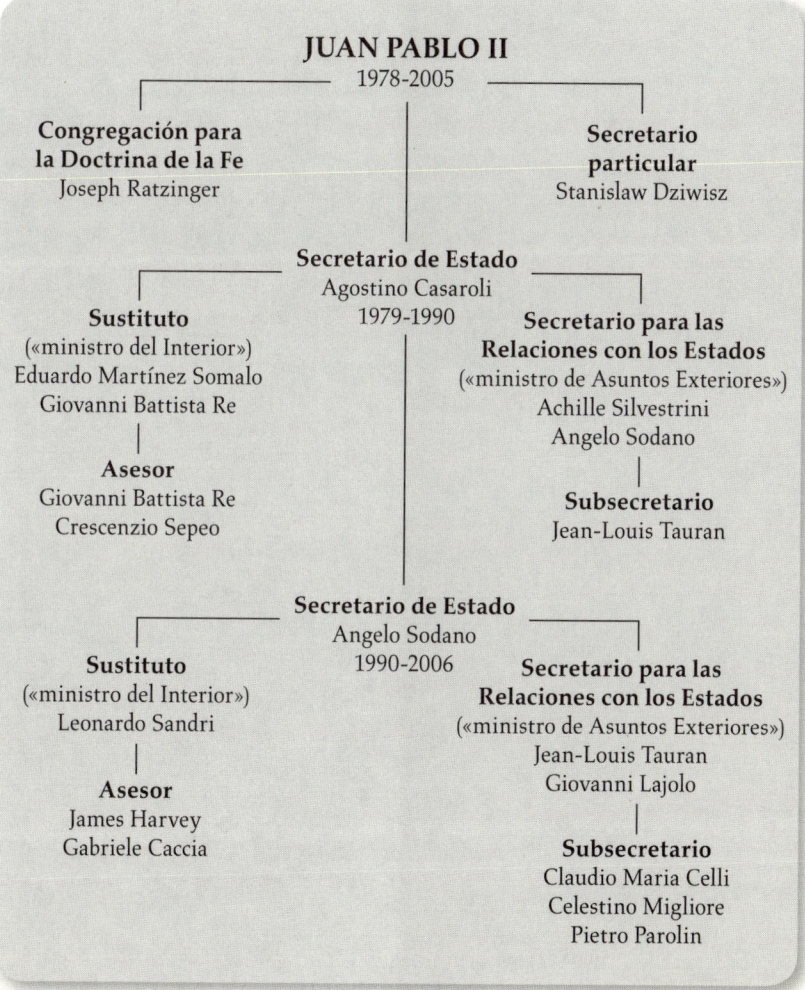

JUAN PABLO II
1978-2005

**Congregación para
la Doctrina de la Fe**
Joseph Ratzinger

**Secretario
particular**
Stanislaw Dziwisz

Secretario de Estado
Agostino Casaroli
1979-1990

Sustituto
(«ministro del Interior»)
Eduardo Martínez Somalo
Giovanni Battista Re

**Secretario para las
Relaciones con los Estados**
(«ministro de Asuntos Exteriores»)
Achille Silvestrini
Angelo Sodano

Asesor
Giovanni Battista Re
Crescenzio Sepeo

Subsecretario
Jean-Louis Tauran

Secretario de Estado
Angelo Sodano
1990-2006

Sustituto
(«ministro del Interior»)
Leonardo Sandri

**Secretario para las
Relaciones con los Estados**
(«ministro de Asuntos Exteriores»)
Jean-Louis Tauran
Giovanni Lajolo

Asesor
James Harvey
Gabriele Caccia

Subsecretario
Claudio Maria Celli
Celestino Migliore
Pietro Parolin

9

Intrínsicamente desordenado

—Con Pablo VI todavía estábamos en la homofilia y la «inclinación». Con Juan Pablo II las cosas cambiaron completamente de naturaleza y de amplitud. Entre los que lo rodeaban había más practicantes y un nivel de venalidad y corrupción a veces inimaginable. Alrededor del santo padre hubo un verdadero círculo de lujuria.

Es un sacerdote de la curia quien me habla así, uno de los testigos del pontificado. Cuando usa la expresión «círculo de lujuria», este *monsignore* no hace más que repetir la idea avanzada por Benedicto XVI y Francisco. Aunque se cuidaron mucho de mentar a tal o cual cardenal, o de criticar a su predecesor polaco, los dos papas estaban espantados por esa patulea híbrida que rodeaba a Juan Pablo II.

Francisco nunca habla por hablar. Cuando lanza un ataque severo, que luego repetirá en varias ocasiones, contra la «corriente de corrupción» de la curia, no cabe duda de que tiene nombres en la cabeza. Estamos en junio de 2013, al principio de su reinado, y el papa se expresa en español ante un grupo de representantes católicos latinoamericanos. La conversación, por una vez, versa sobre el *lobby* gay. Y si el nuevo papa habla de ese círculo de «corrupción» es porque tiene pruebas, se refiere a unos cardenales concretos. Piensa en algunos italianos, en algunos alemanes y, sin duda, en cardenales latinos y nuncios que han estado destinados en Latinoamérica.

Es de notoriedad pública que el pontificado de Juan Pablo II estuvo jalonado de escándalos y que varios cardenales de su círculo más cercano eran a la vez homosexuales y corruptos. Pero hasta que no emprendí esta investigación no pude apreciar el grado de hipocresía de la curia romana durante el pontificado de Karol Wojtyla. ¿Fue su pontificado «intrínsecamente desordenado»?

Juan Pablo II fue el papa de mi juventud, y muchos de mis parientes y amigos le respetaban. En la redacción de *Esprit*, una revista antitotalitaria de inspiración católica en la que yo colaboraba, se veía a Wojtyla como una de las figuras más importantes del fin del comunismo. He leído muchos libros y biografías sobre este gigante del siglo xx, viajero incansable. Al hablar con los cardenales, obispos y curas que trabajaron con él descubrí la cara oculta —la cara oscura— de su larguísimo pontificado. Un papa rodeado de intrigantes, de una mayoría de homosexuales en el armario, a menudo homófobos en público, por no hablar de los que protegieron, en secreto, a los curas pedófilos.

—Pablo VI había condenado la homosexualidad, pero fue con Juan Pablo II cuando se lanzó una verdadera guerra contra los gais. Ironía de la historia: la mayoría de los protagonistas de esta campaña desaforada contra los homosexuales lo eran ellos personalmente. Al optar por la homofobia oficial, Juan Pablo II y su círculo no se dieron cuenta de la trampa que ellos mismos se tendían y del riesgo que hacían correr a la Iglesia, tan corroída por dentro. Se lanzaron a una guerra moral suicida y perdida de antemano, puesto que consistía en denunciar lo que eran ellos. La caída de Benedicto XVI fue la consecuencia final —me dice un sacerdote de la curia que trabajó con el ministro de Asuntos Exteriores de Juan Pablo II.

Para tratar de entender uno de los secretos mejor guardados de este pontificado hablé en Roma con muchos cardenales, entre los que se encontraban los principales «ministros» del papa: Giovanni Battista Re, Achille Silvestrini, Leonardo Sandri, Jean-Louis Tauran y Paul Poupard, que ocupaban puestos clave en la curia romana. En Polonia visité a su secretario particular, Stanislaw Dziwisz. También hablé con diez de los nuncios que aplicaron su diplomacia, con varios de sus consejeros de prensa, con maestros de ceremonias, con teólogos y asistentes, con miembros de la Secretaría de Estado entre 1978 y 2005 y con muchos obispos o simples *monsignori*. En mis desplazamientos al extranjero, durante los estudios de campo que realicé en Latinoamérica y, por supuesto, en Polonia, también reuní muchas informaciones y confidencias. Por último, los archivos de la dictadura chilena, abiertos hace poco, han sido determinantes.

Hoy, cuando empiezo este descenso a los infiernos, sigo teniendo una duda: ¿qué sabía Juan Pablo II de lo que voy a contar? ¿Qué sabía de la doble vida de la mayoría de sus allegados? Ante los escándalos económicos y sexuales de quienes le rodeaban (ya que las dos perversiones, la del dinero y la de la carne, se sumaron hasta resultar inseparables durante su pontificado), ¿podemos hablar de desconocimiento ingenuo, de dejadez o de connivencia? A falta de una respuesta a este enigma, me gustaría creer que el papa, muy pronto enfermo y luego senil, no sabía nada y no encubrió las perversiones que voy a contar.

Los dos protagonistas de los años de Juan Pablo II fueron los cardenales Agostino Casaroli y Angelo Sodano. Ambos eran italianos y ambos habían nacido en el seno de una familia modesta del Piamonte. Fueron los principales colaboradores del santo padre desde el cargo, que ocuparon sucesivamente, de cardenal secretario de Estado, la función más importante de la santa sede, equivalente a la de un «primer ministro» del papa.

El cardenal Casaroli, fallecido en 1998, fue durante mucho tiempo un diplomático sutil y astuto encargado de las relaciones con los países comunistas durante los papados de Juan XXIII y Pablo VI, antes de convertirse en el hombre fuerte de Juan Pablo II. Todavía hoy la mayoría de los diplomáticos que me han hablado de él, como el nuncio François Bacqué, monseñor Fabrice Rivet y el nuncio Gabriele Caccia, con quien me entrevisté en Beirut, admiran su diplomacia de altura, hecha de diálogos, compromisos y pequeños pasos.

Con frecuencia he oído en la Secretaría de Estado que tal o cual nuncio sigue «la línea de la gran diplomacia de Casaroli». Parece que este nombre mágico sigue siendo un modelo para muchos, una referencia, como se diría de un diplomático estadounidense que está en la línea de Kissinger, o de uno francés que es «neogaullis-

231

ta». De paso es una forma sutil de desmarcarse de la diplomacia de su sucesor, Angelo Sodano, que ocupó el cargo en 1991.

La diplomacia de Casaroli se basaba en la «paciencia», según el título de sus memorias póstumas. Diplomático «clásico», si esta palabra tiene sentido en el Vaticano, Casaroli fue un pragmático que colocó la *realpolitik* por delante de la moral y el largo plazo por delante de los fuegos de artificio. Los derechos humanos son importantes, pero la Iglesia tiene tradiciones que también conviene respetar. Este realismo asumido no excluía mediaciones ni diplomacias paralelas de organizaciones como la comunidad de San Egidio o los «embajadores volantes» como el cardenal Roger Etchegaray, en misión secreta para Juan Pablo II en Irak, China y Cuba.

Según Etchegaray, con quien hablé, Agostino Casaroli «era un gran intelectual» que había leído mucho, en especial a los franceses Jacques Maritain y a su amigo Jean Guitton (que prologaría uno de sus libros). Y algo aún más importante: Casaroli fue un hombre práctico y valiente, a veces viajó de incógnito al otro lado del telón de acero y fue capaz de organizar una red de informadores locales para seguir los acontecimientos de la URSS y sus países satélites.

El cardenal Paul Poupard, que trabajó con él, me dice:

—Era un hombre de matices. Expresaba sus desacuerdos en términos claros y corteses. Era la quintaesencia de la diplomacia vaticana. ¡Y además era italiano! El cardenal secretario de Estado anterior, Jean Villot, un francés, había funcionado bien con Pablo VI, italiano. Al sucederle un papa polaco, Villot le recomendó que recurriera a un italiano. Le dijo: «Necesita un italiano». Casaroli cumplía todos los requisitos.

Siendo ya «primer ministro» del papa y cardenal, Casaroli desplegó todo su talento con la cuestión comunista. Secundando a Juan Pablo II, quien con sus viajes y discursos había hecho del anticomunismo una prioridad, el secretario de Estado llevó a cabo intervenciones sutiles o secretas que son hoy bien conocidas. Se financió masivamente, y con cierta opacidad, el sindicato polaco Solidaridad; se abrieron oficinas privadas en Europa Oriental; el banco del Vaticano, dirigido por el célebre arzobispo

Paul Marcinkus, organizó la contrapropaganda. (Los cardenales Giovanni Battista Re y Jean-Louis Tauran desmienten, cuando les pregunto, que la santa sede hubiera financiado nunca a Solidaridad.)

Esta batalla fue una decisión personal de Juan Pablo II. El papa concibió su estrategia en solitario, y solo un número muy reducido de colaboradores supieron desentrañarla a medida que se desplegaba (sobre todo Stanislaw Dziwisz, su secretario particular, los cardenales secretarios de Estado Casaroli y Sodano, y al principio del pontificado el cardenal arzobispo de Varsovia, Stefan Wyszynski).

El papel de Stanislaw Dziwisz, sobre todo, fue crucial, y aquí es preciso entrar en detalles, pues tiene una importancia significativa para nuestro asunto. Este prelado polaco conocía la situación comunista desde dentro y fue el principal colaborador de Juan Pablo II, primero en Varsovia y luego en Roma. Los testigos confirman que fue el hombre clave de todas las misiones secretas anticomunistas. Estaba al tanto de los documentos sensibles y la financiación paralela. Sabemos que su relación con el cardenal Ratzinger fue pésima, pero cuando el segundo accedió al papado, quizá cumpliendo una promesa hecha a Juan Pablo II en su lecho de muerte, lo eligió a pesar suyo arzobispo de Cracovia y luego lo creó cardenal.

—Monseñor Dziwisz fue un gran secretario particular, muy fiel, un excelente servidor. Acompañaba constantemente a san Juan Pablo II y se lo contaba todo al santo padre —me resume el cardenal Giovanni Battista Re.

El antiguo jefe de protocolo de Juan Pablo II, que frecuentemente acompañó al papa en sus viajes, Renato Boccardo, también me confirma la influencia decisiva de Dziwisz en una conversación que mantenemos en Spoleto, a 130 kilómetros de Roma, donde es hoy arzobispo:

—El secretario particular Dziwisz era indispensable. Desplegaba una intensa actividad en todos los viajes del papa y, por supuesto, si el viaje era a Polonia, no dejaba nada al azar. Entonces la gestión del viaje quedaba en manos de la «banda de los polacos»: el cardenal Grocholewski, el cardenal Deskur y Dziwisz. Me acuerdo del viaje de 2002; todos suponíamos que era el último viaje del

233

papa a su país natal. Dziwitz, que vino con nosotros, conocía a todo el mundo. La acogida fue extraordinaria.

Sin decirlo, Renato Boccardo da a entender que al final del pontificado Dziwitz, después de permanecer mucho tiempo en la sombra, se reveló como el verdadero amo del Vaticano.

—Se habló mucho de una «mafia polaca» encabezada por los cardenales Stanislaw Dziwisz, Andrzej Deskur, Zenon Grocholewski, Stefan Wyszynski y el primado de Polonia, monseñor Józef Glemp. ¡Se llegó a hablar de una banda! Creo que eso, en buena medida, es una leyenda. El único que tenía verdadera influencia sobre Juan Pablo II era su secretario particular Stanislaw Dziwisz —relativiza, de todos modos, el vaticanista polaco Jacek Moskwa cuando hablo con él en Varsovia.

Hoy jubilado en Varsovia, el cardenal Dziwisz ha dejado en Roma una reputación ambigua. Se admira su fidelidad al papa pero se critica su hipocresía. Cuesta trabajo entender sus claves autorreferenciales para iniciados, salen a la luz su afición a vagabundear y sus safaris, cuando le gustaba «robinsonear» por la Villa Medici, con cara de decir, como el Poeta: «Estoy escondido y no lo estoy». Y desde su alejamiento de la curia, las lenguas se soltaron.

Uno de los hombres más secretos de la historia contemporánea del Vaticano (Dziwisz casi nunca concedió entrevistas durante los cerca de treinta años que estuvo al lado de Karol Wojtyla) va saliendo poco a poco a la luz. Alguien cercano a Casaroli que sigue trabajando en el Vaticano me da a entender que las múltiples vidas de Dziwisz son uno de los mayores secretos del catolicismo romano:

—A Dziwisz lo apodamos «El papa ha dicho». Era el indefectible secretario de Juan Pablo II y todo pasaba por él. Evidentemente, muchas veces hacía de «pantalla», es decir, que le transmitía al papa solo lo que él quería. Poco a poco, y a medida que se fue agravando la enfermedad de Juan Pablo II, empezó a hablar por el papa sin que se supiera muy bien cuál de los dos daba las órdenes. Ocurrió así con los expedientes de pedofilia y los escándalos económicos; ahí fue donde se creó la tensión con el cardenal Ratzinger. Dziwisz era muy duro. Se dice que varias veces hizo llorar a Ratzinger.

Un sacerdote de la curia confirma estas informaciones:

—Dziwisz era muy esquizofrénico, muy agresivo. Era muy emprendedor y tramaba sus planes con la tranquilidad que le daba su cercanía al santo padre. Se sabía protegido e inmune.

Wdowa. El mote polaco de monseñor Stanislaw Dziwisz, que significa «la viuda», o en inglés *«the widow»*, es hoy una de las bromas más frecuentes en Polonia (no muy feliz, por cierto). Cuando investigaba en Varsovia y Cracovia oí ese peyorativo tan a menudo, dicho con ironía o mala uva, que es difícil pasarlo aquí por alto.

—Yo nunca usaré esa expresión. Los que lo llaman «la viuda» son unos calumniadores. Lo que sí es cierto, en cambio, es que Dziwisz solo habla de Juan Pablo II, es lo único que cuenta en su vida. Solo le interesa honrar a Juan Pablo II, su historia y su memoria. Siempre estuvo eclipsado frente a la talla del gran hombre. Hoy es su ejecutor testamentario —me explica el vaticanista polaco Jacek Moskwa, que durante mucho tiempo fue corresponsal en Roma y ha escrito una biografía del papa en cuatro volúmenes.

Hablé con docenas de curas, obispos y cardenales sobre la trayectoria de Stanislaw Dziwisz, y de estas entrevistas surge una imagen muy contradictoria. En Varsovia, en la sede de la Conferencia Episcopal Polaca, donde me reciben, destacan su papel «importante» y «determinante» al lado de Juan Pablo II. Oigo la misma clase de elogios cuando visito la fundación pontificia Papieskie Dziela Misyjne, que también tiene su sede en la capital polaca.

—Aquí todos somos huérfanos de Wojtyla —me explica Pawel Bielinski, un periodista de la agencia católica de información KAI.

El polaco Wlodzimierz Redzioch, que conoce bien a Dziwisz y ha trabajado en *L'Osservatore Romano* durante treinta y dos años en Roma, hace una semblanza ditirámbica del asistente de Juan Pablo II cuando me entrevisto con él. A su juicio, «su Eminencia Venerable Dziwisz» es «uno de los hombres más honestos y virtuosos de nuestro tiempo» con un «gran corazón», una «pureza» y una «piedad» extraordinarios, muy próximos a los de un «santo»...

235

Υ

Este niño pobre nacido en una aldea de Polonia se lo debió todo a un solo hombre, Karol Wojtyla. Fue este quien ordenó sacerdote al joven seminarista Stanislaw Dziwisz en 1963, y también quien lo promovió a obispo en 1998. Ambos fueron inseparables durante varias décadas. Dziwisz fue secretario particular del arzobispo de Cracovia y más tarde del papa Juan Pablo II en Roma. Estaba a su lado y lo protegió con su cuerpo, se ha dicho, cuando el papa sufrió el atentado en 1981. Conocía todos los secretos del papa y guardó sus cuadernos íntimos. Después de la larga enfermedad del pontífice y de su muerte dolorosa, símbolo universal del sufrimiento humano, Dziwisz también conservó como una reliquia una muestra de sangre del santo padre, extraño recuerdo fúnebre que ha provocado un sinfín de comentarios macabros.

—El cardenal Stanislaw Dziwisz es una figura muy respetada en la Iglesia de Polonia. Dese cuenta: fue la mano derecha del papa Juan Pablo II —me dice, durante una conversación en Varsovia, Krzysztof Olendzki, un embajador que hoy dirige el Instituto Polaco, agencia cultural del Estado próxima a la derecha ultraconservadora y católica que gobierna el país.

Otros testigos son menos generosos. Me cuentan que Dziwisz es un «aldeano bastante tosco» o un «hombre simple que se ha vuelto complicado». Algunos usan palabras más gruesas: «idiota», «genio maligno de Juan Pablo II». Me dicen que en Cracovia había que vigilar al cardenal disipado «como a la leche en la lumbre» para que no cometiera una imprudencia o metiera la pata en una entrevista.

—Desde luego no es ningún intelectual, pero ha ido progresando con los años —relativiza el periodista Adam Szostkiewicz, un influyente especialista en catolicismo de *Polityka* que le conoce bien.

Para desentrañar esta relación poco convencional entre el papa y su secretario particular hay quien propone otra explicación: la lealtad.

—Es cierto, no se trata de ninguna personalidad fuerte, siempre estuvo a la sombra de Juan Pablo II —admite el vaticanista Jacek Moskwa, que fue miembro del sindicato Solidaridad. Y añade a renglón seguido—: Pero fue un secretario ideal. Lo conocí cuando era un joven sacerdote al servicio de Juan Pablo II en el Vaticano.

Era honrado y fiel, dos grandes cualidades. Durante mucho tiempo Dziwisz fue bastante reservado, bastante discreto. No recibía nunca a los periodistas, aunque hablaba a menudo conmigo por teléfono, *off the record*. Al final, para venir de donde venía, acabó haciendo una carrera magnífica en la Iglesia. Y la clave de su relación con el papa fue la lealtad.

Mandado de vuelta a Cracovia como arzobispo por Benedicto XVI y de paso creado cardenal, Dziwisz reside hoy en un viejo palacete de la calle Kanonicza, donde me concede audiencia.

—El cardenal —me dice su asistente italiano Andrea Nardotto— no suele conceder entrevistas a periodistas, pero desea recibirle.

En un patio soleado, entre adelfas y jóvenes coníferas enanas, espero a que aparezca «la viuda». En el vestíbulo hay un escudo papal de bronce de Juan Pablo II, oscuro, inquietante; en el patio, una estatua de Juan Pablo II de color tiza. A lo lejos oigo un gorgoteo de voces monjiles. Veo pasar repartidores a domicilio que traen platos cocinados.

De repente, con un gesto brusco, Stanislaw Dziwisz abre la puerta de madera maciza de su despacho y, rígido, avanza hacia mí. Rodeado de guripas con alzacuello y viejas con toca, su eminencia se planta ante mí, severo como un cirio. El santo anciano me calibra, mirándome de arriba abajo, con una alegría curiosa, todo sonrisas. Le gustan esta clase de imprevistos, de encuentros inesperados. El asistente Nardotto me presenta como periodista y escritor francés. Sin más formalidades Stanislaw Dziwisz me introduce en su antro.

Es una amplia habitación con tres mesas de madera. Un pequeño escritorio rectangular cubierto de papeles, una mesa de comedor cuadrada, virgen, que parece servir de espacio de reunión, y un escritorio de madera parecido a un pupitre, rodeado de butacones de terciopelo granate. Monseñor Dziwisz me indica que tome asiento.

El cardenal me pregunta por «la hija mayor de la Iglesia» (Francia) sin escuchar realmente mis respuestas. Cuando me toca a mí preguntarle tampoco escucha mis preguntas. Hablamos de los intelectuales franceses católicos, de Jacques Maritain, Jean Guitton, François Mauriac...

237

—¡Y André Frossard, y Jean Daniélou! —insiste el cardenal, citando el nombre de los intelectuales a los que ha leído, o que por lo menos le suenan.

Esta retahíla, esta enumeración, este *name-dropping*, es como una confesión: no estoy en presencia de ningún intelectual. Parece que las ideas no interesan demasiado al cardenal emérito. Algo que me confirma durante un desayuno Olga Brzezinska, una prestigiosa profesora que anima varias fundaciones culturales y un importante festival literario en Cracovia:

—Dziwisz es muy conocido aquí, y bastante controvertido, pero no se le considera una gran figura intelectual de la ciudad. Su legitimidad obedece sobre todo a haber sido estrecho colaborador de Juan Pablo II. Conserva sus cuadernos, sus secretos, ¡hasta su sangre! Da grima…

En la pared del despacho de Dziwisz veo tres cuadros que representan a Juan Pablo II y un hermoso retrato púrpura del cardenal. En una de las tres mesas el solideo yace boca arriba, tirado allí con descuido, sin protocolo. Un reloj de pie, con el péndulo inmóvil, ha dejado de marcar el tiempo. La alegría desorbitante del cardenal me interpela:

—Es usted muy simpático —me dice de repente el cardenal, haciendo una pausa, jovial y campechano. Este hombre del sur de Polonia también es muy simpático.

Monseñor Dziwisz se disculpa por no poder alargar la conversación. Tiene que recibir a un representante de la Orden de Malta, un viejecito arrugado que espera ya en el vestíbulo. «Menudo pelma», parece estar diciéndome. Pero me propone que vuelva a verle mañana.

Hacemos un selfi. Dziwisz se toma su tiempo, adorable, y con un ademán femenino aunque siempre dominante, me coge el brazo para fijar bien el objetivo. «Alma centinela» que refrena sus locuras, sus impulsos, sus idilios, picardea conmigo y yo juego con él. Con un movimiento de orgullo, retrocedo y pienso en el Poeta que acaba de decir: «¿Quieres ver cómo rutilan los bólidos?». Pero a los ochenta años la felicidad es prófuga.

He estudiado tanto al personaje que, enfrentado a mi sujeto vestido de sacerdote delante de mí y oliendo a cuerno quemado, estoy maravillado. Nunca pensé que llegaría a admirar a esta criatura del cielo y de los cirios por su «agria libertad», sus bondades, sus hechizos. Me gusta su faceta «saltimbanqui, mendigo, artista, bandido; ¡sacerdote!». Un malabarista, un funámbulo; un nómada de cuyos viajes no hay relatos. Mientras mis últimas dudas se desvanecen, admiro, fascinado, la «ardiente paciencia» de este gran príncipe de la Iglesia sentado ante mí. Fuera de alcance. Libre de ataduras. No ha cambiado. Incurable. ¡Qué existencia! ¡Qué hombre!

En Cracovia el tren de vida del cardenal causa estupor. Me hablan de su rumbosidad, de sus indulgencias de advenedizo, de sus continuas donaciones filantrópicas a Mszana Dolna, su aldea natal. A nuestro hombre, barrigón y aburguesado, le encantan la buena carne y las buenas sorpresas; es humano. La noche de nuestro primer encuentro, cuando paseaba por la ciudad, le vi cenando en el Fiorentina, un restaurante lleno de estrellas donde se quedó casi tres horas y donde Iga, la gerente, me dijo después: «Somos uno de los mejores restaurantes de la ciudad. El cardenal Dziwisz es amigo del jefe».

¿De dónde vienen sus recursos? ¿Cómo puede este prelado llevar una vida tan mundana con su jubilación de sacerdote? Es una de las claves del sistema.

Otro misterio es el respaldo inquebrantable de Stanislaw Dziwisz, cuando era secretario particular del papa Juan Pablo II, a las figuras más siniestras de la Iglesia. Para indagar en Polonia he trabajado con mi investigador Jerzy Szczesny y con un equipo de periodistas de investigación del diario polaco *Gazeta Wyborcza* (sobre todo Miroslaw Wlekly, Marcin Kacki y Marcin Wójcik). Algunas asperezas de la cara oculta del secretario particular de Juan Pablo II empiezan a salir a la luz, y no deberían tardar revelaciones más vertiginosas. (El enorme éxito de la película *Kler*, estrenada en 2018, que trata de la pedofilia de los curas en Polonia, demuestra que en el país más católico de Europa se ha abierto el debate sobre la hipocresía de la Iglesia.)

El nombre de Stanislaw Dziwisz aparece en decenas de libros y artículos sobre los casos de abusos sexuales, no porque se le acuse a él de esos actos, sino porque es sospechoso de haber encubierto,

239

desde el Vaticano, a los curas corruptos. Su relación con el mexicano Marcial Maciel, el chileno Fernando Karadima, el colombiano Alfonso López Trujillo y los estadounidenses Bernard Law y Theodore McCarrick está demostrada. Su nombre también aparece en varios escándalos sexuales de Polonia, sobre todo en el caso Juliusz Paetz. Este obispo andaba detrás de los seminaristas ofreciéndoles ropa interior ROMA, que se podía leer, decía, al revés: AMOR (tuvo que dimitir). Dziwisz también conocía personalmente al sacerdote Józef Wesolowski, ordenado en Cracovia. Este arzobispo, siendo nuncio en la República Dominicana, se vio envuelto en un gran escándalo de abusos homosexuales antes de ser detenido en Roma por la gendarmería vaticana, a petición del papa Francisco. ¿Qué conocimiento preciso tenía Stanislaw Dziwisz de todos estos casos? ¿Le pasó a Juan Pablo II todas las informaciones de que disponía o las «filtró» y se las guardó para sí? ¿Fue responsable, con el cardenal Angelo Sodano, de no haber actuado como hubiese debido frente a alguno de estos asuntos?

Algunos prelados católicos polacos con los que hablé creen que Dziwisz no pudo estar relacionado con ninguno de estos escándalos, porque lo desconocía todo. Otros, por el contrario, piensan que «debería estar en la cárcel» por sus complicidades. Aparte de estas posiciones diametralmente opuestas, algunos llegan a afirmar, sin ninguna prueba, que los servicios secretos polacos, búlgaros o alemanes del este pudieron «manejar» a Dziwisz aprovechando sus «vulnerabilidades»; pero esta «infiltración» en el Vaticano, que es un rumor recurrente, no aporta ni el menor asomo de prueba.

El vaticanista polaco Jacek Moskwa me proporciona, cuando hablo con él en Varsovia, una explicación plausible. Sugiere que si Juan Pablo II y Dziwisz cometieron un error de apreciación sobre muchos de los curas sospechosos o acusados de abusos sexuales, dicho error fue involuntario y el resultado de una propaganda comunista:

—No olvide las circunstancias: antes de 1989 los servicios secretos polacos propalaban rumores de homosexualidad y pedofilia para desacreditar a los oponentes al régimen. Juan Pablo II y Dziwisz, acostumbrados a los chantajes y las manipulaciones políticas, no dieron crédito a ninguno de estos rumores. Tenían mentalidad de fortaleza asediada: unos enemigos de la Iglesia trataban de involucrar a los curas, por lo que había que cerrar filas y apoyarlos firmemente.

Adam Szostkiewicz, del semanario *Polityka*, abunda en este sentido, con un matiz:

—Juan Pablo II se había marcado un objetivo y una agenda política con respecto a Polonia y el comunismo. Nunca se desvió de su trayectoria. Esto le hizo bajar la guardia tanto ante sus allegados como en relación a la moralidad de sus apoyos.

Es probable que las justicias nacionales que hoy investigan en docenas de países sobre los abusos sexuales de la Iglesia consigan aclarar estos misterios algún día. De momento Stanislaw Dziwisz no ha sido requerido por la justicia, no ha sido denunciado ni procesado, y lleva una vida muy activa de jubilado en Cracovia. Pero si un día fuese sometido a escrutinio, la imagen misma del pontificado de Juan Pablo II sufriría el impacto.

241

Al día siguiente acudo otra vez a la calle Kanonicza y el cardenal Dziwisz me recibe para otra entrevista informal. Es más imprudente, no se controla tanto como los cardenales Sodano, Sandri o Re. Es más espontáneo.

Le entrego el librito blanco y abre el envoltorio de regalo con complacencia.

—¿Es su libro? —me pregunta, siempre tan bonachón y acordándose ahora de que soy periodista y escritor.

—No, es un regalo. Un librito blanco que me gusta mucho —le digo.

Me mira algo asombrado, divertido también con la idea de que un extranjero haya venido de París a regalarle un libro. Sus ojos me escudriñan. Son idénticos a los que he visto tantas veces en las fotos: el ojo glotón e idólatra habla mejor que la lengua. Es una mirada llena de reproches.

Reanudamos nuestro juego. El cardenal me pide que le dedique mi regalo y me alcanza su palillero XXL. Mientras escribo desaparece en una antecámara y le oigo abrir cajones o armarios.

Vuelve con cuatro regalos para mí: una foto, un vistoso libro y dos rosarios, uno de cuentas negras y el otro de cuentas blancas, con un escudo que lleva su efigie en los lindos estuches cardenillos. Su divisa episcopal es sencilla: «*Sursum Corda*» («Arriba los corazones»). En el tren de regreso a Varsovia le regalaré uno de los rosarios a un pasajero en silla de ruedas. El hombre, un católico practicante con párkinson, me dirá que ha estudiado en la Universidad Juan Pablo II de Cracovia y que venera a Dziwisz.

La foto regalada representa al papa Juan Pablo II con un animal en brazos.

—Es un cordero —me dice Dziwisz, manso también como un cordero.

El cardenal me dedica ahora, con su bonita pluma, tinta negra minuciosa de príncipe, el libro de fotografías.

—Es usted escritor, Frédéric. ¿Cómo escribe su nombre en francés? —me pregunta.

—Frédéric, como Frédéric Chopin.

Me da el regalo y le doy las gracias a pesar de que es un libro horrible, inútil y vano.

—Para ser periodista es usted muy simpático. De veras —insiste Dziwisz.

Al estarle vedada la «camaradería de las mujeres», capto su hastío cracoviano, su cansancio, él que estuvo bajo los focos y que fue el segundo, en el timón, para pilotar la marcha del mundo. En Roma conoció a todos los seminaristas y, por su nombre de pila, a cada guardia suizo. Anduvo el tiempo, y el *singleton* ya no cuenta las viudeces. En Cracovia, el anciano con su hábito sagrado, joven jubilado, me sondea. Ni siquiera tiene un compañero.

—No, no me aburro aquí. Prefiero Cracovia a Roma —me contradice Dziwisz, que no es de los que se ruborizan.

Ahora ya no estamos solos. Ha entrado un obispo, que acaba de inclinarse hasta el suelo, dirigiéndose a Dziwisz con un muy reverente «Eminencia».

Le recuerdo al cardenal, irónico y un poco avergonzado, que no he usado el término «Eminencia», y él se echa a reír y me coge la mano, como si me revelara un secreto, con cara de decir que no es grave, que los títulos no sirven para nada, que le traen completa-

242

mente al fresco. Con cara de decir, de vuelta de su temporada en el infierno: «¡No soy una eminencia! ¡Soy una viuda!».

Para entender el pontificado de Juan Pablo II hay que partir, por tanto, de los círculos concéntricos que rodeaban al papa. El primer círculo era el de sus allegados y el eslabón central era Stanislaw Dziwisz. Agostino Casaroli, el secretario de Estado, no formaba parte de él. En realidad el equipo que formó con el papa no funcionó bien. Entre los dos hombres no tardaron en crearse tensiones, y Casaroli, que rehuía el conflicto, presentó varias veces su dimisión, según varias fuentes coincidentes. Estas tensiones no salieron a la luz y su relación siempre pareció fluida, porque Casaroli se plegó a las exigencias del papa. Como buen diplomático, puso música a una partitura aun cuando no la aprobase. Pero en privado su relación se deterioró, sobre cuestiones de fondo y sobre la elección de los hombres.

De entrada, sobre el comunismo: el cardenal Casaroli era un hombre de la Guerra Fría y no previó la caída del comunismo, aunque la deseara. En un libro de entrevistas el papa Benedicto XVI confirmó lo siguiente: «Era obvio que, pese a todas sus buenas intenciones, la política de Casaroli, en lo fundamental, había fracasado... Estaba claro que en vez de tratar de ablandar [al régimen comunista] con compromisos, había que enfrentarse a él. Ese era el punto de vista de Juan Pablo II y yo lo aprobaba». No cabe duda de que, sobre este asunto, la historia ha dado la razón al papa polaco, a quien hoy se considera como uno de los principales artífices de la caída del comunismo.

La otra tensión entre el santo padre y su «primer ministro» estalló por la elección de los hombres. ¿El drama de la vida de Casaroli fue su sucesión, como me han dicho algunos? Sea como fuere, el viejo y poderoso cardenal, condenado al retiro por haber alcanzado el límite de edad en diciembre de 1990 (el papa habría podido alargárselo), deseaba que su puesto lo ocupara su asistente, Achille Silvestrini. La relación entre los dos hombres era magnética y antigua. Habían trabajado juntos muchas veces: Silvestrini fue su secretario particular antes de ser su asistente; prologaría

243

sus memorias póstumas. La prensa italiana llegó a mencionar documentos judiciales sobre la supuesta asociación entre ambos prelados, cómplices en casos de comisiones ilegales, que se repartían. Pero eso nunca se ha demostrado. (Hablé con monseñor Achille Silvestrini en su vivienda privada del Vaticano, cerca de la Piazza del Forno. Cruzamos algunas palabras, algunas miradas, y su equipo quiso que nos hiciéramos un selfi, pero estaba enfermo y demasiado viejo, con 95 años, para que se pudiera sacar algo en claro de su testimonio.)

De lo que no cabe duda, en cambio, es de su intimidad. Cuando interpelo a cardenales y obispos sobre esta relación singular, mi pregunta suele provocar lo que podríamos llamar «sonrisas de enterado». Pocos son los prelados que hablan con franqueza; pocos son los que usan las palabras adecuadas para decir las cosas como son. Sus respuestas son metafóricas, a veces poéticas, y salta a la vista que tras esas sonrisas se esconden secretos que nadie quiere revelar. Entonces recurren a imágenes muy alusivas. ¿Forman parte de «la parroquia»? ¿Son «de la cáscara amarga»? ¿Forman una «extraña pareja»?

Se dirá que hago suposiciones muy osadas, pero en realidad me quedo corto. ¡A veces debo limitarme a escribir en condicional lo que sé a ciencia cierta que se puede afirmar! Pues esto es lo que puedo decir ahora haciendo, justamente, acopio de osadía.

Pese a un sinfín de rumores, no parece que Casaroli fuera amante de Silvestrini. Oigamos al antiguo sacerdote de la curia Francesco Lepore, que fue asistente de varios cardenales y habla por primera vez públicamente de lo que sabe sobre la presunta pareja Casaroli-Silvestrini:

—Para empezar, Casaroli era homosexual y en el Vaticano todos lo sabían. Le gustaban los hombres, no los menores, no, sino los jóvenes adultos. No cabe duda de que Silvestrini fue uno de ellos. Pero probablemente no fueron nunca amantes, porque a Casaroli le gustaban más jóvenes. —Más de diez sacerdotes me confirman las inclinaciones de Casaroli y algunos incluso me certificaron que habían tenido relaciones íntimas con él.

El padre Federico Lombardi, exportavoz de los tres últimos papas, no quiere ni oír hablar de la supuesta homosexualidad de

Casaroli cuando le pregunto al respecto en una de nuestras cinco entrevistas:

—Todas esas acusaciones de homosexualidad son un poco excesivas —me dice—. No cabe duda de que hay homosexuales [en la Iglesia], es evidente. Algunos casos son incluso más evidentes que otros. Pero me niego a enfocar las cosas de ese modo y creer que la homosexualidad es un factor de explicación.

Lo cierto es que los dos hombres de esa extraña pareja, Casaroli y Silvestrini, siempre se ayudaron y compartieron amistades y odios. Por ejemplo, siempre desconfiaron del «ministro de Exteriores» de Juan Pablo II, Angelo Sodano, que a su vuelta de Chile en 1989 codiciaba el puesto de Casaroli.

¿Quería el intrigante para sí el puesto prometido a Silvestrini? El caso es que Juan Pablo II acababa de nombrar a Silvestrini prefecto del Tribunal Supremo de la Signatura Apostólica, y le había creado cardenal, lo cual indica que Silvestrini tenía todo su apoyo antes del anhelado ascenso.

—Me crucé con Silvestini varios días antes de la fecha fatídica y se comportaba como si ya fuera secretario de Estado —me señala el cardenal esloveno Franc Rodé durante una conversación en su despacho del Vaticano. Rodé procede del bloque comunista y analiza la elección entre Silvestrini y Sodano como una decisión política racional—: Yo estaba en Eslovenia y presentí, lo mismo que Juan Pablo II, que el comunismo estaba moribundo. Se podría decir que Casaroli representaba el ala izquierda. Algunos dirán incluso que Casaroli era la línea blanda y Silvestrini la línea blanda de la línea blanda. Juan Pablo II prefirió a alguien de derechas. Sodano era un hombre íntegro, un hombre sabio y fiel.

Todos comprendían que Juan Pablo II titubeara. Y lo que debería ser una mera formalidad se eternizaba. Pero el papa tranquilizó a Casaroli confirmándole que, al estar poco acostumbrado a las intrigas romanas y poco interesado en los asuntos de la península, quería tener a un italiano a su lado.

Casaroli no ahorró esfuerzos en defensa de su pupilo. Varios testigos directos de la campaña lo certifican: hablan de ella como de una epopeya shakespeariana, preparada como la batalla de Azincourt por Enrique V; otros, más franceses, prefieren describirla como una conquista napoleónica, empezada en Austerlitz pero terminada en Waterloo; otros, seguramente más realistas, hablan de una campaña solapada en la que valía todo, incluidas las heridas al amor propio. Por último, un cura cita a Platón y su elogio de las parejas de soldados que siempre van juntas al combate y por ello son las más valientes e invencibles, hasta la muerte.

—Decir que Casaroli «quería a toda costa» a Silvestrini no corresponde a la realidad —matiza, sin embargo, el cardenal Paul Poupard—. Casaroli tenía una preferencia, pero sabía que la elección le correspondía al papa. Lo que no le impidió impulsar la candidatura de Silvestrini y poner toda la carne en el asador.

Pese a las presiones insistentes de Casaroli, Juan Pablo II acabó dejando a un lado a Silvestrini para optar por Angelo Sodano. Y como en el Vaticano, teocracia feroz donde, a imagen de Silicon Valley, *the winner takes all* («el ganador se lo lleva todo»), Casaroli se retiró a continuación para dedicar su vida a ayudar a los chicos delincuentes de una cárcel romana. En cuanto a Silvestrini, herido y deprimido, no tardó en unirse a la oposición liberal a Sodano y Ratzinger (el llamado grupo de Saint-Gall) y empezó a ocuparse de un colegio de huérfanos del barrio romano de Cornelia (adonde me dirigí para interrogar a sus afines, en especial al arzobispo Claudio Maria Celli).

Dos hombres del Vaticano que trataron a Casaroli durante sus últimos años me han contado sus conversaciones. El antiguo «primer ministro» del papa no les ocultó ni su afición por los chicos, ni su despecho hacia Juan Pablo II, ni sus críticas a Sodano. Estos testigos que me contaron sus palabras y sus quejas se habían quedado atónitos cuando, al visitarle en su vivienda personal del Vaticano, vieron fotos de hombres desnudos colgadas en las paredes.

—Podría decirse que eran fotos artísticas, pero a mí, por supuesto, no me engañaban.

Un arzobispo de la curia me cuenta también que Casaroli tenía una pintura que representaba a san Sebastián en esa vivienda privada:

—Se hacían muchas bromas acerca de ese cuadro y alguien llegó a aconsejar al antiguo secretario de Estado que lo escondiera en su habitación. —El arzobispo, temiendo haber ido demasiado lejos, añade para quitar hierro—: Hay que tener en cuenta que Casaroli era un esteta...

Según una fuente diplomática vaticana digna de crédito, los partidarios de la candidatura de Angelo Sodano usaron las inclinaciones artísticas de Casaroli y sus amistades masculinas para desprestigiarle. Y torpedearon la candidatura de Silvestrini cuando le contaron al papa que la policía le había identificado un par de veces en los alrededores de la romana Villa Giulia, donde hay varios museos de arte contemporáneo.

—Ese infundio, esa mezquina habladuría, fue el beso de Judas —comenta un buen conocedor del asunto.

Otros cardenales y vaticanistas con los que hablé piensan, en cambio, que la dureza de este enfrentamiento y esta guerra de rumores no tuvieron nada que ver con los motivos de la exclusión de Silvestrini. Incluso uno de ellos me dice:

—Para Juan Pablo II no fue un asunto personal. Hay que entender esta elección en términos políticos. Cuando cayó el Muro de Berlín, Juan Pablo II decidió apartar a Casaroli. Fue casi automático, y el papa, por definición, no podía dejar que se perpetuase su línea con el nombramiento de Silvestrini en su lugar. En realidad Silvestrini nunca tuvo la menor posibilidad. De modo que el elegido fue Sodano.

247

Angelo Sodano es de otra pasta. Es el «malo» del pontificado de Juan Pablo II (y el «malo» de este libro). Vamos a aprender a conocerle. Diplomático como Casaroli y taciturno como pocos cardenales, Sodano, según todos los que le conocen, es un cardenal maquiavélico para quien el fin justifica todos los medios. Es la eminencia «negra», no solo «gris», con toda la negrura, la opacidad, de la palabra. Desde hace mucho también huele a azufre.

Su campaña para ser «primer ministro» de Juan Pablo II fue eficaz. El anticomunismo de Sodano prevaleció frente a la moderación de Casaroli y, de rebote, la de Silvestrini. La caída del Muro de Berlín varios meses antes seguramente convenció al papa de que una actitud *hard* («dura», línea Sodano) era preferible a una actitud *soft* («blanda», línea Casaroli-Silvestrini).

A la ideología hay que sumar la diferencia de personalidades.

—Durante una visita del papa a Chile, donde Sodano era nuncio, Juan Pablo II descubrió que pese a su apariencia, muy afeminada, tenía una personalidad fuerte. Es grande, muy macizo, parece una montaña. Tiene una gran autoridad y además, en eso radica su fuerza, es muy leal y dócil. Era exactamente lo contrario que Casaroli —me dice Francesco Lepore.

Federico Lombardi, que por entonces dirigía Radio Vaticana y después sería portavoz de Juan Pablo II y de Benedicto XVI, completa esta semblanza del personaje:

—Angelo Sodano era eficaz. Tenía una mente sistemática. Era un organizador muy bueno. No era muy creativo ni imprevisible, justo lo que el papa andaba buscando.

Al parecer el secretario particular de Juan Pablo II, Stanislaw Dziwisz, también intervino en favor de la candidatura de Sodano. Según un influyente laico del Vaticano:

—Casaroli fue un secretario de Estado muy poderoso. Sabía decirle «no» al papa. Dziwisz quería que ese cargo lo ocupara una persona inofensiva, un buen funcionario capaz de cumplir su tarea pero que dijera «sí». Y todos los que, como yo, vivieron en el Vaticano durante todo el pontificado de Juan Pablo II, saben bien que el que mandaba era Dziwisz.

El papa se rodeó así de un equipo muy peculiar. ¡Qué extraña pareja formaban! Los dos personajes van a aparecer mucho a lo largo de este libro.

Angelo Sodano vive hoy en un ático ostentoso de un edificio bautizado como «colegio etíope», en pleno Vaticano. Está recluido en su torre de marfil africano, con todos sus secretos. Si alguna vez existió el jardín del Edén, debió de parecerse a este pequeño paraíso en la tierra: cuando lo visito, cruzando un puente, me encuentro con céspedes impecablemente cortados, cipreses podados y magnolios de flores perfumadas. Es un jardín mediterráneo, con pinos, cipreses y, por supuesto, olivos. En los cedros de los alrededores veo unas cotorras de cabeza púrpura y bigotes, elegantes y multicolores, cuyos cantos, sin duda, depararán un grato despertar por las mañanas al cardenal Sodano.

Mientras estoy enfrascado en la contemplación de estas hermosas aves de cola larga que pueblan el colegio etíope, se me acerca un obispo africano que reside aquí temporalmente, Musie Ghebreghiorghis, un franciscano oriundo de la pequeña ciudad de Emdibir, a 180 kilómetros de Addis-Abeba. El obispo me enseña su colegio en compañía de Antonio Martínez Velázquez, periodista mexicano que es uno de mis principales investigadores, y nos habla mucho de Angelo Sodano y de su perfidia. Porque Musie está muy disgustado:

—Es un abuso. Sodano no debería vivir allí. Esto es el colegio etíope, es para los etíopes...

El motivo de su indignación y la de los otros curas etíopes que viven en el colegio es la presencia de Angelo Sodano, que ha privatizado el último piso del edificio. Para Musie Ghebreghiorghis no tendrían que haberle permitido vivir allí. (El papa Benedicto XVI y el cardenal Bertone también criticaron esta privatización.)

Salta a la vista que el ático está adaptado a las necesidades personales de Sodano. Un ascensor evita al cardenal, que ha preparado bien sus días de vejez, subir las escaleras. En los pasillos veo fotos del cardenal con Benedicto XVI —cuando todo el mundo sabe que fueron enemigos declarados—. El mobiliario es horrible, como sucede a menudo en el Vaticano. ¡Y qué aislamiento! Compruebo que en el ático solo vive otro cardenal italiano, al lado de Sodano: Giovanni Lajolo. Protegido e íntimo de aquel, Lajolo, en su calidad de secretario para las relaciones con los Estados, fue su asistente directo en la Secretaría de Estado. Un Silvestrini triunfante.

249

La leyenda negra, la terrible reputación de Angelo Sodano, tiene varios orígenes. Este italiano del norte cuyo padre fue durante mucho tiempo diputado de la democracia cristiana, ordenado sacerdote a los 23 años, es un hombre autoritario y de fuerte voluntad que ha usado su poder para hacer y deshacer carreras. Su ambición fue precoz. Cuando se ocupaba de Hungría en la Secretaría de Estado, Pablo VI se fijó en él y en 1977 lo nombró nuncio en Chile. Número dos del Vaticano durante catorce años del papado de Juan Pablo II y decano de los cardenales, acumuló funciones como pocos hombres de la Iglesia antes que él. Su balance suele considerarse positivo sobre la crisis yugoslava, la primera guerra del Golfo, los conflictos de Kosovo y Afganistán o las tensiones que estallaron en Tierra Santa durante su mandato.

A veces se ha comparado a Sodano con el cardenal Mazarino, el italiano prelado de Estado que sirvió al papa y a los reyes de Francia, cuyos abusos de poder, gran número de enemigos y amores secretos son legendarios. Durante el decenio en que Juan Pablo II, papa joven y deportista, de fuerte complexión y rebosante de energía, se convirtió en «papa del sufrimiento» y acabó paralizado por la enfermedad de Parkinson, incapaz de dirigir la curia, con pérdida progresiva de la movilidad e incluso del habla (según todos los testimonios), Sodano llegó a ser el auténtico papa interino.

Ya hemos visto que formó teóricamente un dúo con monseñor Stanislaw Dziwisz, secretario particular del Juan Pablo II, e incluso un trío con el cardenal Ratzinger, prefecto de la Congregación para la Doctrina de la Fe. Pero el primero, íntimo del papa, todavía no era obispo, mientras que el segundo, por importante que fuera, se limitaba a la doctrina y las ideas. La ambición de estos hombres fue en aumento, pero mientras tanto el tetrarca Sodano gobernó sin rival todos los asuntos internos y en la diplomacia vaticana.

Sus ideas políticas le concitaron un rechazo profundo, que se vino a sumar a unas animosidades personales ya bien conocidas en Roma. A diferencia del cardenal Casaroli y de su delfín Achille Silvestrini, hombres de compromiso, Sodano era un hombre inflexible y perentorio. Era un duro, se decía de él, un violento que devuelve centuplicados los golpes que recibe. Su sistema operativo: el silencio y la furia. Su motor ideológico, lo que le motivaba, era principalmente el anticomunismo. De ahí que congeniara tan pronto con Juan Pablo II, una confianza que nació o se confirmó durante el controvertido viaje del papa a Chile en 1987. Por entonces Angelo Sodano era nuncio en Santiago. Y su turbio pasado chileno, que nadie conoce en detalle, empañó mucho la imagen del cardenal secretario de Estado.

Por tanto, la historia del Vaticano de los años noventa y dos mil se fraguó diez años antes en la capital chilena, donde Sodano comenzó su ascensión. He viajado allí en dos ocasiones mientras preparaba este libro y he hablado con decenas de testigos. Algunos archivos de la dictadura también empiezan a «hablar», mientras continúan los juicios contra los cómplices del general Pinochet. Aunque al parecer casi no hay documentos escritos de la DINA, la policía secreta (debieron de destruirlos), recientemente la presión internacional ha logrado que se desclasificaran importantes archivos estadounidenses, en especial del Departamento de Estado y de la CIA. El gobierno de Estados Unidos ha entregado al chileno copias de estos documentos originales, que hoy se pueden consultar en el Museo de la Memoria y los Derechos Humanos de Santiago. He pasado muchas horas espigando en estos miles de documentos inéditos para la parte de este libro dedicada a Angelo Sodano. Muchas cosas que hace años no se conocían empiezan a salir a la luz, como los cadáveres que el dictador Pinochet quiso hacer desaparecer.

«En estos tiempos el hombre de bien apenas se distingue del hombre de mal.» La frase es de Chateaubriand, y a Sodano le viene como anillo al dedo.

Estoy investigando en Santiago de Chile, y es aquí donde me convierto, sin habérmelo propuesto, en una especie de biógrafo de Angelo Sodano. Me gustaría que el cardenal y su biógrafo se conocieran personalmente, pero, a pesar del intercambio epistolar amistoso, este encuentro no se llega a producir. Lástima. Soy consciente de mi responsabilidad. Sé que mi conocimiento del cardenal secretario de Estado, por desgracia, se reducirá probablemente a las páginas que siguen.

Ecce homo. Angelo Sodano fue el representante del Vaticano en Chile de marzo de 1978 a mayo de 1988. Llegó a Santiago a «la edad de las locas esperanzas»,[5] poco después del golpe de Estado de Augusto Pinochet. Ya conocía el país, pues había vivido allí de 1966 a 1968 como adjunto de la nunciatura. Era también un país crucial para el Vaticano, teniendo en cuenta las relaciones con el dictador chileno, «especialmente sensibles».

5. *Los tres mosqueteros*, Alejandro Dumas.

Sodano trabó una larga relación con Pinochet que los numerosos testigos con los que hablé no dudaron en calificar de «amistad profunda» o incluso de «amistad fusional».

—Angelo Sodano era muy respetuoso de los derechos humanos. Hicimos lo máximo que se pudo hacer. No olvide que llegamos a tener treinta refugiados políticos en las dependencias de la nunciatura de Santiago —se defiende el arzobispo François Bacqué, que fue adjunto de Sodano en Chile.

Varias veces tuve la ocasión de conversar y cenar en privado con este diplomático emérito, hoy jubilado. Tuve la suerte de que Bacqué tuviera de parlanchín lo que Sodano de callado, de campechano y jovial lo que el exsecretario de Estado de taciturno y ruin; uno necesitado de que le quisieran y el otro de que le odiaran. A diferencia de Bacqué, Sodano siempre reservó las frases amables para su camarilla de nuncios sibilinos y cardenales impenetrables. Sin embargo, esas dos índoles tan distintas, el nuncio que ha triunfado y el nuncio que ha fracasado, se parecían. Valiente par de acólitos.

252

La mayoría de los testigos y expertos con los que hablé en Santiago de Chile no comparten la apreciación positiva, y en realidad un poco forzada, de François Bacqué. Para ellos el pasado de Sodano es «más negro que su sotana».

De entrada está su tren de vida. Según el testimonio de Osvaldo Rivera, un consejero próximo a Pinochet, recogido en Santiago de Chile, Angelo Sodano llevaba una vida de lujo:

—Un día me llegó una invitación a cenar del nuncio y la acepté. Al llegar me di cuenta de que era el único invitado. Nos sentamos a una mesa muy elegante, con cubertería de plata. Y me dije: «Este cura quiere mostrarte lo que es el poder, el poder absoluto, y hacerte sentir como el peor de los miserables». Porque no se trataba únicamente de los objetos lujosos, todo el montaje era ostentoso.

Muchos otros testigos recuerdan ese tren de vida insólito para un sacerdote, por muy nuncio que fuera. La modestia no era precisamente la virtud de Sodano.

—Me acuerdo muy bien de Sodano. Era un príncipe. Le veía todo el tiempo: se daba la gran vida. Salía en coche con escolta policial y luz giratoria, algo sorprendente tratándose de un nuncio. Asistía a todas las inauguraciones y exigía un asiento reservado en primera fila. Era justo lo contrario que la Iglesia, porque él era partidario de Pinochet y la Iglesia chilena no —declara el escritor y activista Pablo Simonetti.

Ernesto Ottone, un profesor ilustre, fue durante mucho tiempo uno de los dirigentes del Partido Comunista de Chile. Conoció bien a Sodano, y me cuenta:

—En Chile, Sodano parecía todo menos un eclesiástico. Le gustaba la buena mesa y el poder. Me resultaba chocante su misoginia, que contrastaba con sus ademanes muy afeminados. Tenía un modo insólito de dar la mano: no la estrechaba, te hacía una especie de caricia femenina, ¡como una cortesana del siglo XIX justo antes de desmayarse y pedir que le traigan las sales para inhalarlas!

Los testigos, estupefactos, también veían a Sodano «hacer una reverencia hasta el suelo» en presencia del dictador. Con los subalternos se mostraba más *friendly*: «Te daba palmaditas en la espalda», me dice un testigo. Pero las mujeres, en efecto, eran las grandes ausentes en la vida del nuncio. Solía rodearse de un areópago de seres masculinos entregados en cuerpo y alma. Al final se impuso la maldad.

Una persona que trabajó con Sodano en la nunciatura confirma esta evolución:

—Al principio Sodano se mostraba prudente y reservado. Llegó a Chile con las ideas de Roma sobre la dictadura. Su opinión de Pinochet era más bien crítica y quería defender los derechos humanos. Pero poco a poco, en contacto con la realidad y con el dictador, se fue volviendo pragmático. Se dedicó a pactar con el régimen.

François Bacqué, que también trabajó con Sodano en Chile, tiene los mismos recuerdos:

—Al principio no quería comprometerse con Pinochet. Recuerdo que un día tenía que aparecer en público a su lado durante una ceremonia militar. Lo tradicional era que el nuncio asistiera, pero Sodano no quiso ir para no comprometer a la Iglesia.

Los archivos diplomáticos, hoy desclasificados, confirman que, efectivamente, hubo tensiones entre Sodano y Pinochet, sobre todo

253

los primeros años. Sobre todo en 1984, cuando cuatro extremistas de izquierda entraron en la nunciatura apostólica pidiendo asilo político. Pero son más numerosos los documentos que demuestran la lealtad inquebrantable de Sodano a Pinochet. El nuncio miró a otro lado cuando el gobierno detuvo a varios curas acusándoles de actividades subversivas.

De hecho, Angelo Sodano acabó siendo, a pesar suyo, el ángel guardián de Pinochet. Empezó a minimizar sus crímenes, en la línea de su predecesor en Santiago que, en 1973, los había desmentido tajantemente calificándolos de «propaganda comunista» (según los documentos de las misiones diplomáticas estadounidenses reveladas por Wikileaks). También trató de quitar importancia al sistema de torturas sistemáticas, pese a que era masivo y brutal, y abogó por mantener relaciones diplomáticas entre la santa sede y Chile después de que varios países, entre ellos Italia, las suspendieran.

No contento con ello, Sodano, según los numerosos testimonios que recogí (como el del sacerdote Cristián Precht, uno de los colaboradores estrechos del obispo de Santiago, Raúl Silva Henríquez), propició el nombramiento de obispos neutrales o partidarios de Pinochet en detrimento de los sacerdotes opuestos al régimen. En 1983 intrigó para sustituir a Silva Henríquez, un cardenal moderado que criticó los desmanes de la dictadura y se mantuvo leal al presidente de la república, Salvador Allende. Sodano logró que en su lugar fuera nombrado Juan Francisco Fresno Larraín, un notorio aliado de Pinochet y obispo «insignificante», según todos los testimonios.

—Al cardenal Fresno lo que más le preocupaba, en realidad, era su pasión por la torta de naranja —me dice en Santiago la periodista Mónica González.

No obstante parece que el cardenal Fresno fue una figura más ambivalente, pues a pesar de ser un anticomunista visceral, al parecer criticó severamente a Pinochet en privado, y el dictador, que al principio le apreciaba, acabó considerándole un «enemigo» del régimen. Dicen que Pinochet se quejó de Fresno a Sodano, ¡amenazando con «cambiar de religión»! Entonces Sodano presionó a Fresno para que moderara sus críticas al régimen (según los telegramas y las notas de la CIA desclasificados que he consultado).

Poco a poco Sodano se endureció. El nuncio, cada vez más rígido e impasible, guardó silencio sobre la detención y el asesinato de cuatro curas próximos a la teología de la liberación, un hecho que le valdría las críticas de los católicos progresistas chilenos (en especial por el Movimiento También Somos Iglesia, que le ha denunciado por su complicidad con la dictadura). También llamó al orden a muchos religiosos que participaban en acciones no violentas contra Pinochet. La de Sodano era una Iglesia de la fuerza movilizada contra los curas progresistas, los curas obreros, los débiles, no una Iglesia protectora y defensora.

Por último, con una habilidad política de la que haría gala al lado de Juan Pablo II, el nuncio se aseguró el control de la Conferencia Episcopal Chilena, propiciando el nombramiento de al menos cuatro obispos próximos al Opus Dei para dirigir y limitar los debates internos. (La mayoría de estos obispos ultraconservadores, cuando eran seminaristas, habían frecuentado la parroquia del sacerdote Fernando Karadima, que desempeñó un papel crucial en esta historia, como veremos.)

Desde Roma, cuando Juan Pablo II le nombró secretario de Estado, Angelo Sodano siguió moviendo los hilos en Chile y protegiendo al dictador. En 1998 logró que Francisco Javier Errázuriz fuera nombrado arzobispo de Santiago y después propició su nombramiento como cardenal. Errázurriz también fue acusado de encubrir casos de abuso sexual de varios curas pedófilos y en Santiago de Chile se burlaban de él por sus amistades mundanas y su vida privada: sin embargo, Sodano lo defendió con uñas y dientes.

El periodista y escritor Óscar Contardo, que en su reciente libro *Rebaño* analiza el sistema de los abusos sexuales en la historia de la iglesia chilena, no duda en criticar a quien favoreció el nombramiento de Errázuriz, entre otros muchos:

—El nombre de Angelo Sodano está en el núcleo de la mayoría de los escándalos que han ocurrido en Chile. El nuncio no estaba en Santiago para ocuparse solo de la fe.

Otra de las periodistas con quienes hablé en Santiago, que ha

255

escrito mucho sobre los crímenes de la dictadura, hace un juicio aún más severo:

—Llamemos al pan pan y al vino vino: en Chile, Angelo Sodano se comportó como un fascista y fue amigo de un dictador fascista. Esa es la realidad.

En el Vaticano varias voces, en privado, no dudan en comparar a Sodano con el cura Pietro Tacchi Venturi. Este jesuita italiano, también reaccionario, fue el mediador entre el papa Pío XI y Mussolini, y sabemos, por las revelaciones de los historiadores, que el hombre era una joya: era profascista y además un gran «aventurero sexual» (con muchachos).

En abril de 1987 Angelo Sodano supervisó la visita del papa Juan Pablo II a Chile en estrecha relación con el asistente particular del papa Stanislaw Dziwisz, que se encontraba en Roma y viajó con el papa. Según dos testigos que estuvieron presentes, las reuniones de preparación de esta visita arriesgada fueron «muy tensas» y en ellas se formaron «dos bandos» enfrentados, el conservador partidario de Pinochet y el progresista, contrario. Otro aspecto extraordinario de estas reuniones fue que sus participantes fueron «sobre todo sacerdotes homosexuales».

El obispo chileno que coordinó la preparación de la visita y uno de sus artífices más eficaces fue un tal Francisco Cox. Este conservador formó parte después en Roma del Pontificio Consejo para la Familia, donde destacó por su homofobia, antes de ser denunciado en Chile por abusos homosexuales.

Otro artífice de la visita, Cristián Precht, era un sacerdote cercano al cardenal progresista de Santiago; en este violento enfrentamiento entre la derecha y la izquierda del episcopado chileno representa al otro bando. Cuando hablé con él, Precht me describió detalladamente esas reuniones, en las que participó «tres o cuatro veces» el nuncio Angelo Sodano, y me comentó *on the record*: «Sobre ciertos asuntos Sodano se comportaba como si fuera el representante del gobierno de Pinochet y no de Juan Pablo II». (En 2011 y 2018 Precht también fue acusado de cometer abusos sexuales con chicos y Roma le suspendió y luego le redujo al estado laico.)

Esta visita del Juan Pablo II a Chile otorgó al dictador una legitimidad internacional inesperada en un momento en que empezaban a conocerse mejor sus crímenes y su crédito internacional estaba muy debilitado. Sodano y Dziwisz sirvieron al dictador en bandeja de plata un certificado de buena moralidad.

—En aquel entonces hasta Estados Unidos se había alejado de Pinochet, después de haberle apoyado. ¡El Vaticano se había quedado solo defendiendo la dictadura! ¡Salvo Angelo Sodano, nadie quiso otorgar una legitimidad política a Pinochet! —me dice en el café Starbucks de su universidad en Santiago Alejandra Matus, una periodista de investigación chilena que estudia la dictadura.

Durante el viaje, Sodano permitió (o según otras versiones, preparó) la muy simbólica aparición del papa y el general Pinochet juntos en el balcón del palacio presidencial de La Moneda. La foto de los dos hombres, sonrientes, levantó ampollas en todo el mundo y sobre todo en la oposición democrática y una parte de la Iglesia católica chilena.

Piero Marini, el «maestro de ceremonias» de Juan Pablo II, participó en el viaje. Durante dos charlas que mantuve con él en Roma, en presencia de mi investigador Daniele, relativiza esta versión:

—Se había preparado todo cuidadosamente, pero de repente Pinochet, por su cuenta y riesgo, invitó al papa a asomarse con él al balcón de La Moneda. Eso no estaba previsto en el protocolo. Fue una encerrona.

Al día siguiente, durante una misa delante de un millón de personas, se produjeron enfrentamientos con la policía, que cargó contra los revoltosos. Hubo unos seiscientos heridos. Según muchos testigos y varias investigaciones, los servicios secretos de Pinochet manipularon a los cabecillas de los disturbios. Pero Sodano sacó un comunicado que responsabilizaba a la oposición democrática y afirmaba que las víctimas habían sido los policías.

Esta visita de Juan Pablo II fue uno de las mejores jugadas políticas de Pinochet y, por tanto, de Sodano. El dictador no ahorró elogios al nuncio apostólico y meses después le agasajó con un verdadero banquete de honor para celebrar sus diez años de presencia en Santiago. Tuve ocasión de hablar con alguien que asistió a la comida y me habló de una complicidad «inhabitual», «inédita» y «anormal» entre el nuncio y el dictador. (Los documentos desclasificados del Departamento de Estado estadounidense lo confirman.)

Varias semanas después, en mayo de 1988, mientras se perfilaba un delicado referéndum para Pinochet (que perdió en octubre y le obligó a dejar el poder), Juan Pablo II llamó a Sodano a Roma y le nombró «ministro de Asuntos Exteriores» del Vaticano. En 1990 ascendió a «primer ministro» del papa.

Pero su luna de miel con Pinochet no había terminado. Es cosa sabida, desde Montesquieu: «Todo hombre que tiene poder se ve inclinado a abusar de él; y así lo hace hasta que encuentra algún límite». Sin límites, pues, y ahora en la santa sede, más que nunca aventurero y extremista, y menos que nunca discípulo del evangelio, Sodano siguió cultivando su amistad con el dictador y le apoyó incluso después de su caída. En 1993 insistió para que el papa Juan Pablo II dispensara sus «gracias divinas» al general Pinochet con motivo de sus bodas de oro. Y en 1998, cuando Pinochet ingresó en un hospital del Reino Unido y fue retenido al pesar sobre él una demanda de extradición a España por sus crímenes, Sodano estuvo al quite: el Vaticano se indignó, apoyó al dictador y se opuso públicamente a su extradición.

La primera vez que hablé con Santiago Schuler fue en el restaurante El Toro, de su propiedad. Este restaurante gay, santuario de la noche chilena, se encuentra en el barrio santiaguino de Bellavista. Nos caímos bien y volví a verle varias veces, como en 2017, durante mi segundo viaje, cuando le entrevisté en presencia de Andrés Herrera, mi investigador en Chile.

Santiago Schuler es un caso un poco especial. Es un gay partidario de Pinochet. Sigue sintiendo gran admiración por el dictador.

—En el recibidor de mi casa sigo teniendo dos retratos de Pinochet —me dice con total aplomo.

El dueño de El Toro, de 71 años, me cuenta su historia, en la que el catolicismo, el fascismo y la homosexualidad formaron un extraño cóctel. Nacido en Chile en el seno de una familia de viticultores franceses y con un padre de origen suizo, Santiago Schuler se crio en un ambiente cristiano próximo al Opus Dei. Está casado y es padre de nueve hijos. Después de permanecer mucho tiempo «en el armario», no salió de él hasta que cayó la dictadura, con más de sesenta años. Luego trató de recuperar el tiempo perdido. Su restaurante gay, El Toro, minúsculo por dentro pero mucho más amplio cuando se extiende por la calle con una terraza entoldada, es el centro de la vida gay de Santiago. ¡Tremenda paradoja! El lugar LGBT por excelencia de Chile está dirigido por un antiguo católico integrista que fue amigo personal de Pinochet.

—Los homosexuales no fueron muy perseguidos con Pinochet, aunque el régimen sí era muy machista —sugiere Santiago Schuler.

Según Schuler y otras fuentes, la esposa de Pinochet era católica practicante y también *gay friendly*. Los Pinochet se rodearon de una verdadera corte de homosexuales católicos. La pareja presidencial solía aparecer en compañía de figuras gais locales, lo mismo que el dictador con el nuncio Angelo Sodano.

Los historiadores y activistas gais con los que hablé en Santiago de Chile no comparten necesariamente esta opinión. Muchos niegan que la dictadura chilena fuera conciliadora con los homosexuales. Pero todos reconocen que el régimen toleró algunos ambientes.

—Yo diría que para Pinochet no existía la cuestión gay —me explica el escritor y activista Pablo Simonetti—. A juzgar por los documentos que se revelaron tras la caída de la dictadura, no parece que se ejecutara o torturara a nadie por su estilo de vida. De todos modos la sodomía siguió siendo un crimen hasta finales de los años noventa, y no se hizo nada para luchar contra el sida.

De hecho, a finales de los años setenta y principios de los ochenta, durante la dictadura pinochetista, llegó a existir un *gay circuit* en clubes privados, discotecas y bares donde «las ideas políticas solían quedarse en el vestuario». Se cerraron algunos bares y la policía se infiltró en algunos clubes. También hubo casos de persecución, asesinatos y homosexuales torturados por el régimen, pero según Óscar Contardo, Pablo Simonetti y otros expertos, la dictadura no persiguió a los homosexuales por serlo, de una manera específica (lo mismo que el régimen castrista de Cuba, el gobierno socialista anterior, el de Allende, tampoco era muy *gay friendly*).

259

Lo que resulta singular, en cambio, por no decir asombroso, es la existencia de una auténtica «corte gay» alrededor de Pinochet. Nadie la ha descrito nunca con detalle; me corresponde a mí hacerlo, porque entra de lleno en el asunto de este libro.

Durante otra cena en la que me da a probar un vino tinto de añada que solo él vende en Chile, le pregunto a Santiago Schuler por la «corte homosexual» de Pinochet. Repasamos una serie de nombres y, cada vez, Schuler coge su teléfono y, hablando con otros simpatizantes de Pinochet que siguen siendo amigos suyos, reconstruye el entorno gay o *gay friendly* del dictador. Hay seis nombres que aparecen siempre. Los seis están relacionados estrechamente con el nuncio apostólico Angelo Sodano.

El más ilustre es el de Fernando Karadima. Es un cura católico que en los años ochenta fue párroco de la parroquia de El Bosque, a la que acudo. Situada en un barrio elegante de la comuna Providencia, en la región metropolitana de Santiago, no dista mucho de la nunciatura. De modo que Angelo Sodano era vecino de Karadima. Iba a pie a visitarle.

También era la iglesia a la que acudía el séquito de Pinochet. El dictador tenía buenas relaciones con Karadima y le protegió durante mucho tiempo pese a los rumores insistentes, en los años ochenta, sobre los abusos sexuales que se cometían en su parroquia. Según varias fuentes, la policía secreta del régimen estaba infiltrada en la parroquia de Karadima, lo mismo que en la nunciatura de Sodano. Así que desde esta época los mandos policiales conocían la vida íntima del sacerdote chileno y sus abusos sexuales.

—Pinochet estaba fascinado por las informaciones que le transmitían sus amigos, sus espías y sus agentes sobre los homosexuales. Lo que le interesaba especialmente era la jerarquía católica gay —me dice Schuller.

Ernesto Ottone, un antiguo dirigente del partido comunista chileno que estuvo mucho tiempo exiliado, hace un análisis interesante:

—Al principio la Iglesia no veía con buenos ojos a Pinochet. De modo que él tuvo que crearse su propia Iglesia partiendo de cero. Tuvo que encontrar sacerdotes pinochetistas, curas, pero también obispos. La encargada de esta campaña de reclutamiento, de formación, fue la parroquia de Karadima. Sodano defendió esta estrategia. Y como el nuncio era un anticomunista notorio y además muy vanidoso, la atracción del poder hizo el resto. Era de la derecha dura. Para mí, Sodano era pinochetista.

(Otro dirigente de izquierda, Marco Enríquez-Ominami, varias veces candidato a la elección presidencial en Chile, también me confirma la faceta «pinochetista» de Sodano.)

Fue así como Sodano se hizo incondicional de Karadima. En la parroquia de El Bosque tenía una habitación reservada, conocida como «la sala del nuncio». Allí conoció a muchos seminaristas y curas jóvenes que Karadima le presentaba personalmente. El chileno hizo de intermediario y reclutador para el italiano, que le estaba agradecido por sus favores. Los jóvenes en cuestión gravitaban alrededor de la parroquia y de su organización, la Pía Unión Sacerdotal. Este grupo, que tenía cinco obispos y varias decenas de sacerdotes muy conservadores, estaba totalmente subordinado a Karadima, algo parecido a la relación entre los Legionarios de Cristo y el sacerdote Marcial Maciel.

—Era una especie de secta y Karadima era su gurú —comenta el abogado Juan Pablo Hermosilla—. Ni el Opus Dei ni los Legionarios de Cristo estaban todavía bien implantados en Chile, de modo que el grupo de Karadima desempeñó ese papel.

A través de esta red de curas y gracias a su don de gentes homosexual, Karadima estaba bien informado sobre el clero chileno.

—Karadima trabajaba mano a mano con Sodano —añade Hermosilla.

El sacerdote les aseguraba a sus visitantes que tenía influencias y que gracias a su buena relación con el nuncio estaba bien conectado con Roma y gozaba de la protección de Juan Pablo II (lo que probablemente era una exageración).

—Se hacía el santo y, de hecho, los seminaristas le llamaban «el santo, el santito». Decía que a su muerte le canonizarían —añade el abogado Hermosilla.

Mónica González, una destacada periodista de investigación chilena, confirma:

—Karadima quería enterarse de todos los detalles privados de los

261

curas, se hacía eco de todos los chismorreos, de todos los rumores. Hurgaba cuidadosamente en la vida de los curas progresistas para saber si eran gais. Luego transmitía todas estas informaciones al nuncio Sodano, para impedir la promoción de los que eran de izquierdas.

Es probable que estas informaciones, tanto si Sodano se las transmitía a sus amigos fascistas como si circulaban directamente de Karadima a Pinochet, se saldaran con la detención de curas progresistas. Varios testigos hablan de los conciliábulos de Sodano y Sergio Rillón, el incondicional de Pinochet, y de su intercambio de dosieres. Sodano, que contaba con los soplos de Karadima y alardeaba de todo lo que sabía, bien pudo compartir estas confidencias con la dictadura chilena.

Se podría decir que en los años setenta y ochenta El Bosque se convirtió en la parroquia de la dictadura y un lugar de peregrinaje de fascistas. ¡Eran tantos y tenían tantos crímenes o fechorías sobre su conciencia que uno se pregunta cómo osaban confesarse y comulgar con la esperanza de acabar en el purgatorio! A menos que el cura Karadima les prometiera el paraíso, con la bendición del nuncio.

Muchos oficiales del ejército, agentes de la policía secreta y consejeros personales de Pinochet, como Rodrigo Serrano Bombal, un militar retirado, y Osvaldo Rivera, su hombre de cultura, también acudían a la parroquia de Karadima. Los ministros y generales de Pinochet oían misa allí, como buenos practicantes.

Angelo Sodano era una figura omnipresente en El Bosque, según todos los testimonios, y siempre se le veía en compañía de Karadima, con quien a veces decía misa. El enviado del papa Juan Pablo II aparecía en algunos eventos al lado de Pinochet. El resto del tiempo se movía por los círculos fascistas y furiosamente anticomunistas; estaba en contacto directo con Sergio Rillón, la eminencia gris de Pinochet, que seguía personalmente los asuntos religiosos, y con Francisco Javier Cuadra, consejero especial del dictador, más tarde ministro y por último su embajador en el Vaticano. (Los archivos desclasificados de la CIA confirman estas informaciones, al igual que Osvaldo Rivera, otro consejero de Pinochet, con quien hemos hablado.)

Sodano parece estar a sus anchas en este ambiente fascista. Los íntimos de Pinochet le adoptan como uno de los suyos, porque el arzobispo es de fiar ideológicamente y no se va de la lengua. Y como está bien relacionado con Juan Pablo II y le ven como futuro cardenal, el nuncio es una pieza fundamental en un plan general. Él, por su parte, encantado de que le den tanta importancia, redobla su servilismo y su ambición. Como solía decir Roosevelt, ¡nunca subestimes a un hombre que se sobrestima! Vanidoso como pocos nuncios lo fueron, el futuro «decano de los cardenales» tiene un orgullo y un ego XXL.

El ambicioso Sodano navega, pues, entre sus múltiples identidades, evitando mezclar ambientes y dejar rastro. Sella sus vidas, lo que dificulta la investigación de sus años chilenos. Es la caricatura de lo que en inglés se llama un *control freak* («maníaco del control»). Reservado, indescifrable incluso, ya en Chile y más tarde en Roma se muestra prudente, discreto, secreto; salvo cuando no lo es. Como en su relación privilegiada, itifálica del género «marinero», con un tal Rodrigo Serrano Bombal.

¡Menudo personaje este Serrano Bombal! ¡Qué pedigrí! ¡Qué CV! Frecuentaba mucho El Bosque, era exoficial de la reserva de la armada, probablemente agente secreto de Pinochet. (Su pertenencia a la DINA, la Dirección de Inteligencia Nacional, policía secreta de Pinochet, está confirmada por su decreto de nombramiento, que la periodista Mónica González ha podido consultar.) En el libro de González sobre Karima, un asistente del cura llamado Francisco Prochaska «recuerda: "un día el padre me dijo que había que mantener a los jóvenes fuera del alcance de Serrano porque era 'peligroso', era homosexual"».

¿Cómo se sabe todo esto a ciencia cierta? Porque todas estas informaciones se pueden consultar en la documentación y los interrogatorios de los testigos del «caso Karadima».

Contra Fernando Karadima se han interpuesto varias denuncias por abusos sexuales, al menos desde 1984. Angelo Sodano, cuando se codeaba con él, no podía, pese a su sonrisa bífida, desconocer estos hechos.

—Fernando Karadima iba a la caza de chicos jóvenes con problemas familiares y se las arreglaba para vincularlos a su parroquia. Poco a poco iba apartándoles de su familia y al final abusaba

263

de ellos. Su método no dejaba de ser arriesgado, porque esos chicos solían pertenecer a las familias de la élite chilena —me cuenta el abogado de varias víctimas, Juan Pablo Hermosilla.

Las fechorías del sacerdote causaron indignación durante los años ochenta y noventa, pero el entorno gay de Pinochet y el episcopado chileno protegieron a Karadima y echaron tierra sobre todos los casos. El Vaticano, donde mientras tanto Angelo Sodano había accedido a la Secretaría de Estado, también encubrió a Karadima e incluso pidió a la Iglesia chilena que no le denunciara. (La versión oficial es que el Vaticano no fue informado del caso Karadima hasta 2010, cuando Sodano ya no era Secretario de Estado, y que fue el cardenal de Santiago, Francisco Javier Errázuriz, quien retuvo la información y se guardó el expediente durante siete años, motivo por el cual está siendo investigado.)

Se desconocen los motivos por los que Sodano (y el cardenal Errázurriz) protegió a este cura pedófilo. Todo hace pensar que no se trataba de encubrir únicamente a un cura acusado de abusos sexuales, sino todo un sistema en el que la Iglesia y la dictadura de Pinochet estaban conchabados y que tendría mucho que perder si el cura tiraba de la manta. Sodano defendió por sistema a todos los curas acusados de abusos sexuales para evitar el descrédito de la institución, proteger a sus amigos y, tal vez, a sí mismo.

Según los catorce testigos que declararon en el juicio y unas cincuenta denuncias registradas, los abusos sexuales empezaron a finales de los años sesenta y se prolongaron hasta 2010. Durante cincuenta años Karadima abusó de decenas de chicos de 12 a 17 años, por lo general blancos y rubios.

Hasta después de la dictadura, en 2004, no se iniciaron diligencias formales contra él. Y todavía hubo que esperar a 2011 para que fuesen vistas como creíbles cuatro denuncias detalladas (pero que habían prescrito). Por entonces el papa Benedicto XVI había destituido al cardenal Sodano y el Vaticano ordenó un proceso canónico. El padre Karadima fue declarado culpable de abusos sexuales sobre menores y sancionado, aunque solo en 2018 fue reducido al estado laico por el papa Francisco. Según mis informaciones, sigue viviendo en Chile, con más de 80 años, despojado de cualquier título religioso, en un lugar aislado y secreto.

Desde 2010 este escándalo ha sembrado el «descrédito» y la «sospecha» en la Iglesia chilena, al decir de Pablo Simonetti. El número de creyentes se ha hundido y el índice de confianza en el catolicismo ha pasado del 50 % a menos del 22 %.

La visita del papa Francisco en 2018 ha reabierto las heridas. Al principio dio la impresión de que Francisco protegía a un sacerdote próximo a Karadima. Lo más probable (y lamentable) es que esta actitud, más que un error, fuera un intento desesperado de evitar que todo el sistema Karadima, con sus connivencias que salpican a los cardenales Angelo Sodano, Ricardo Ezzati y Francisco Javier Errázuriz, se venga abajo estrepitosamente. Después de una profunda investigación, el papa ha terminado pidiendo perdón en una carta pública por haber «incurrido en graves equivocaciones de valoración y percepción de la situación, especialmente por falta de información veraz y equilibrada». Esto también deja en entredicho a los que le informaron mal. Según la prensa chilena, se trataría del nuncio Ivo Scapolo y los cardenales Ricardo Ezzati y Francisco Javier Errázurriz, los tres cercanos a Angelo Sodano.

A raíz de esta carta todos los obispos chilenos han dimitido en bloque y el asunto ha adquirido una dimensión internacional. La justicia chilena llamó a declarar en relación con casos de abusos sexuales cometidos por otros sacerdotes a varios miembros de la jerarquía chilena, entre los que hay solo dos cardenales, Errázuriz y Ezzati, y varios obispos. Todavía están por conocerse muchas revelaciones. (En este capítulo utilizo documentos del proceso y el testimonio de varias víctimas, como Juan Carlos Cruz, con quien he hablado, así como el material proporcionado por su principal abogado, Juan Pablo Hermosilla, que me ha ayudado en mi investigación. Un sacerdote cercano a Karadima, Samuel Fernández, que se ha arrepentido, también ha estado dispuesto a hablar conmigo.)

Sabemos, pues, que durante sus años chilenos Angelo Sodano tuvo un trato asiduo con la «mafia gay» de Pinochet y la parroquia de El Bosque. ¿Qué sabía exactamente? ¿Qué motivos tenía?

Conviene aclarar que en ningún momento, ni durante el proceso Karadima, ni en la prensa, ni en decenas de entrevistas que he mantenido en Santiago, ha saltado la sospecha de que Sodano participara personalmente en los abusos sexuales sobre menores cometidos en El Bosque. Lo confirma tajantemente Juan Pablo Hermosilla, el abogado de las víctimas:

—Hemos hecho una investigación profunda, partiendo de la relación entre Karadima y el nuncio Sodano, sobre la participación personal de Sodano en los abusos sexuales de Karadima, y no hemos encontrado ninguna prueba ni testimonio que le involucre en estos crímenes. No he oído a nadie decir que Sodano estaba presente cuando Karadima cometía sus abusos sexuales. Creo que no ocurrió tal cosa, porque a estas alturas lo tendríamos que saber. —Pero el abogado de las víctimas añade—: En cambio es casi imposible, teniendo en cuenta la magnitud de los crímenes sexuales de Karadima, su frecuencia y los rumores que circulaban desde hacía mucho tiempo, que Sodano desconociera lo que estaba pasando.

Hay algo que sigue sin aclararse: la proximidad del nuncio con el entorno de Pinochet. Su familiaridad, su trato, su compadreo con esa auténtica mafia gay no dejan de llamar la atención, conociendo las posiciones de la Iglesia católica en los años ochenta sobre la homosexualidad.

Por su connivencia contra natura con Pinochet el nuncio se ganó el apodo de Pinochete, según el testimonio de varias personas. En descargo de Angelo Sodano, sus defensores, como el nuncio François Bacqué, me explican que para un diplomático del Vaticano era difícil guardar distancias con la dictadura. Tenía que codearse con las personas próximas a Pinochet, y oponerse a él habría supuesto el fin de las relaciones diplomáticas con el Vaticano, la expulsión del nuncio y la detención de muchos sacerdotes. Es un argumento de peso.

Por otro lado, los cardenales con los que he hablado en Roma destacan un importante éxito diplomático de Sodano cuando llegó a Chile en 1978. Según ellos, el cardenal tuvo un papel decisivo de mediador entre Chile y Argentina en la disputa entre estos dos países católicos por el control fronterizo del extremo sur americano, cerca de la Tierra del Fuego. (Pero según otros testimonios dignos de fe, al principio Sodano se opuso a la mediación del Vaticano, que recayó en Raúl Silva Henríquez y el nuncio italiano Antonio Samorè, enviado expresamente por el papa.)

Los mismos cardenales sostienen que Juan Pablo II no se privó de criticar a Pinochet, incluso en un evento que fue decisivo. Durante su viaje de 1987 el papa, durante la misa que celebró, permitió que unos miembros de la oposición y disidentes se expresaran a su lado para criticar el régimen, al que acusan de censura, tortura y asesinatos políticos. Este viaje tuvo consecuencias duraderas para la evolución del país hacia la democracia a partir de 1990.

—Juan Pablo II ejerció una presión democrática sobre Pinochet que acabó dando sus frutos. Un año después de la visita del papa, un referéndum despejó el camino a la transición democrática —confirma Luis Larraín, que fue presidente de una importante asociación LGBT de Chile, y cuyo padre fue ministro del dictador.

Queda por explicar la extraña relación de la policía política de Pinochet con el nuncio Sodano.

—Si nos situamos en las circunstancias de los años ochenta, Pinochet consideraba cruciales sus relaciones diplomáticas con el Vaticano. Es normal que la pareja presidencial apadrinara en público a Sodano y que los servicios secretos chilenos «tuvieran trato» con él en privado. Lo que ya no es tan normal son sus relaciones íntimas con agentes y consejeros del dictador, entre los más encumbrados del régimen —se pregunta una periodista chilena que ha escrito mucho sobre los crímenes de la dictadura.

No menos de cuatro oficiales de Pinochet «tuvieron trato» personal con Sodano. En primer lugar el capitán Sergio Rillón, un consejero cercano al dictador y su «enlace» para los asuntos religiosos, que tenía un despacho en la planta noble de La Moneda, el palacio presidencial. Era muy próximo a Karadima y Sodano.

—Era un hombre de extrema derecha e incluso «facho», una de las eminencias grises de Pinochet, que representaba el ala dura —me dice la periodista Alejandra Matus en Santiago.

Aunque estaba casado, en Santiago circulaban rumores sobre las costumbres de Sergio Rillón.

—Rillón era un íntimo entre los íntimos de Pinochet. Y un íntimo entre los íntimos de Sodano —me dice Santiago Schuler.

También se relacionaba con Sodano otro oficial, Osvaldo Rive-

267

ra, un hombre mundano que proclamaba ser «experto cultural» de Pinochet y también frecuentaba las plantas nobles de La Moneda.

—Rivera se presentaba como el «zar cultural» del régimen, pero era sobre todo el que censuraba la televisión en nombre de Pinochet. Todos sabíamos que se movía a la vez en ambientes de extrema derecha y gais, comenta Pablo Simonetti.

Preguntado hoy, Osvaldo Rivera se acuerda muy bien de Sodano. Es incluso inagotable cuando habla de él. Rivera se extiende sobre la vida de Sodano en Chile y nos da muchas informaciones al respecto. Lo recuerda «bebiendo whisky rodeado de amigos ricos y refinados» y luego volviendo a su casa siempre debidamente acompañado, porque llevaba «una buena curadera».

Por último, Sodano también se relacionaba con Francisco Javier Cuadra, el factótum de Pinochet, su portavoz, futuro ministro y embajador en el Vaticano. A pesar de estar separado y ser padre de ocho hijos, aparece como personaje en la novela *La Patria* donde su personaje creado por Marcelo Leonart, también lleva una vida personal muy movida.

Cabe mencionar aquí a otros dos personajes turbios, porque también gravitaban alrededor del dictador y pertenecían a la misma «mafia». El primero, un homosexual extravagante aunque en el armario, Arancibia Clavel, llevaba a cabo operaciones de eliminación física de oponentes políticos por encargo del dictador y del ejército. Fue duramente condenado por sus crímenes antes de ser asesinado por un *taxi boy*. El segundo, Jaime Guzmán, era uno de los teóricos del régimen de Pinochet. Acerca de este ultracatólico rígido y profesor de derecho, la DINA tenía una carpeta etiquetada «homosexualismo», según el libro *Raro. Una historia gay de Chile*, de Óscar Contardo. En 1991 fue asesinado por la extrema izquierda. Ambos conocieron a Sodano, si la palabra «conocer» tiene aquí algún sentido.

Nadie ha descrito la trama homosexual de Pinochet: su existencia será una revelación para muchos chilenos. Varios investigadores y periodistas están indagando sobre esta red paradójica y sobre la posible financiación entre Pinochet y el Vaticano (especialmente vía los fondos especiales de las cuentas bancarias suizas que poseía el dictador en el banco Riggs y que podrían haber sufragado oficinas anticomunistas próximas a Solidaridad en Polonia). Aún es posible que más adelante salgan a la luz importantes revelaciones al respecto.

En todos los casos, estas colusiones políticas y sexuales dan sentido a una frase célebre atribuida a Oscar Wilde y recogida en la serie *House of cards*: «*Everything in the world is about sex; except sex. Sex is about power*» («Todo trata de sexo, excepto el sexo. El sexo trata del poder»).

No sabemos por qué el nuncio apostólico Angelo Sodano tenía tanta afición por este círculo homosexual. ¿Por qué frecuentaba este ambiente justo cuando Juan Pablo II proclamaba que la homosexualidad era un pecado abominable, el Mal absoluto?

Se pueden aventurar, en conclusión, tres hipótesis. La primera es que Angelo Sodano fue manipulado por los servicios secretos chilenos, que le espiaron y se infiltraron en la nunciatura aprovechando su ingenuidad, su inexperiencia o sus relaciones. La segunda es que Angelo Sodano era vulnerable, aceptando la hipótesis de que él mismo fuera homosexual, y hubiera sido obligado a comprometerse con el régimen para proteger su secreto. No cabe duda de que la policía política de Pinochet conocía todos los detalles de su vida profesional y privada, cualesquiera que fuesen; tal vez se los había arrancado. Por último, la tercera hipótesis es que Angelo Sodano, ese gran manipulador que compartía las ideas políticas de los consejeros de Pinochet y sus costumbres, se movió a sus anchas en un ambiente que le era familiar.

269

10

Los Legionarios de Cristo

Marcial Maciel es, sin duda, la figura más diabólica que ha engendrado y criado la Iglesia católica desde hace cincuenta años. A pesar de su riqueza desmesurada y su historial de violencias sexuales, fue protegido durante varias décadas por Juan Pablo II, por Stanislaw Dziwisz, secretario personal del papa, y por el cardenal secretario de Estado, Angelo Sodano, nombrado «primer ministro» del Vaticano.

Todas las personas que he consultado en México, España y Roma critican con dureza el respaldo que Roma dio a Maciel. Con la única excepción del cardenal Giovanni Maria Re, por entonces «ministro del Interior» del papa, que me dice en una de las conversaciones que mantuvimos en su vivienda privada del Vaticano:

—Juan Pablo II conoció a Marcial Maciel en su viaje a México de 1979. Era el primer viaje internacional del nuevo papa, justo después de su elección. Juan Pablo II tenía una imagen positiva de él. Los Legionarios de Cristo reclutaban muchísimos nuevos seminaristas, era una organización muy eficaz. Pero sobre la pedofilia, lo cierto es que no sabíamos nada. Empezamos a tener dudas, a oír rumores, solo al final del pontificado de Juan Pablo II.

Por su parte, el cardenal Jean-Louis Tauran, «ministro de Asuntos Exteriores» de Juan Pablo II, me explica a lo largo de cuatro entrevistas en su despacho de la Vía Della Conciliazione:

—No sabíamos lo de Marcial Maciel. No sabíamos nada de eso. Es un caso extremo. Es un nivel de esquizofrenia realmente inimaginable.

Y

Marcial Maciel Degollado nació en 1920 en Cotija de la Paz, en el estado de Michoacán, al oeste de Ciudad de México. Ordenado sacerdote por su tío en 1944, en esa época fundó los Legionarios de Cristo, una organización católica con fines pedagógicos y caritativos.

Al principio esa rama atípica de la Iglesia mexicana al servicio de Jesús no fue muy bien vista, ni en México ni en el Vaticano, debido a su carácter casi sectario. Al cabo de varios años, gracias a una energía fuera de lo común y, ya entonces, a oscuras fuentes de financiación, Marcial Maciel había fundado gran cantidad de colegios, universidades y asociaciones caritativas en México. En 1959 fundó Regnum Christi, la rama laica de los Legionarios de Cristo. Varios periodistas (una italiana, Franca Giansoldati; una mexicana, Carmen Aristegui; y dos estadounidenses, Jason Berry y Gerald Renner) han relatado la ascensión y caída espectaculares de Marcial Maciel; aquí retomo las líneas generales de su trabajo y también me baso en decenas de entrevistas que hice para esta investigación durante cuatro viajes a México.

271

El cura Maciel, a la cabeza de este «ejército» que erigía en mantra la lealtad al papa y en fanatismo la devoción a su persona, reclutó miles de seminaristas y recaudó decenas de millones, convirtiendo su sistema en un modelo de fundación católica y de nueva evangelización que colmaba las aspiraciones de Pablo VI y, sobre todo, de Juan Pablo II. A quienes no parece haberles preocupado que su «caridad estuviese embrujada».

Podríamos recordar aquí un episodio del Evangelio según san Lucas en el que aparece un personaje poseído por el demonio, y cuando Cristo le pregunta por su nombre, contesta: «Me llamo Legión, porque somos muchos (demonios)». ¿Pensó en él Marcial Maciel cuando creó su ejército diabólico?

Sea como fuere, el cura mexicano tuvo un éxito impresionante. Había creado una organización rígida y fanática en la que los seminaristas hacían voto de castidad, pero también de pobreza (y entregaban a los Legionarios de Cristo todos sus bienes, sus haberes y hasta el dinero recibido como regalo de Navidad). Maciel sumó a estos votos uno más, contrario a la ley canónica: el «voto de silencio». Estaba estrictamente prohibido criticar a los superiores, y sobre todo al padre Maciel, a quien los seminaristas debían llamar «nuestro padre». Antes de convertirse en una máquina de acoso sexual, los Legionarios de Cristo eran ya una empresa de acoso moral.

La obediencia al padre Maciel era una forma de sadomasoquismo inimaginable, incluso antes de los abusos sexuales. Todos estaban dispuestos a cualquier cosa con tal de que el padre los amara, sin imaginar a qué precio.

Para controlar a sus jóvenes reclutas de cabeza rapada que desfilaban en fila de a dos, en verano con pantalón corto y en invierno con chaquetón cruzado de dos hileras de botones y cuello chimenea, el gurú implantó un temible sistema de vigilancia interna. Se leían las cartas, se tomaba nota de las llamadas telefónicas y las amistades se miraban con lupa. Los más listos, los más guapos sobre todo, los atletas, formaban el séquito de Marcial Maciel, a quien le encantaba rodearse de jóvenes seminaristas: su belleza era una ventaja, los rasgos indígenas una desventaja. Si alguno tocaba un bonito instrumento de música, era un punto a su favor; si era enfermizo como el cura rural de Bernanos, uno en contra.

272

Queda claro que el físico importaba más que el intelecto. Lo resume con una frase aguda James Alison, un cura inglés que vivió mucho tiempo en México; hablé con él en Madrid:

—Los Legionarios de Cristo son opusdeístas que no leen libros.

La doble vida del jefe legionario se conocía de antiguo, contrariamente a lo que afirma el Vaticano. En los años cuarenta los superiores de Marcial Maciel lo echaron dos veces del seminario a causa de asuntos turbios de índole sexual. Los primeros abusos sexuales datan de los años cuarenta y cincuenta, y ya entonces fueron señalados oficialmente a los obispos y cardenales mexicanos. Los informes sobre la toxicomanía enfermiza de Marcial Maciel, una adicción que acompañaba sobre todo sus sesiones homosexuales, llegaron hasta Roma. En 1956 el Vaticano suspendió a Marcial Maciel por orden del cardenal Valerio Valeri: prueba irrefutable de que su caso se conocía ya en esa época.

Sin embargo, como ocurrió varias veces en la trayectoria de este hábil embustero y falsificador, Marcial Maciel logró que le perdonaran. El cardenal Clemente Micara limpió su expediente a finales de 1958. En 1965 el papa Pablo VI reconoció incluso a los Legionarios de Cristo con un decreto que los vinculaba directamente a la santa sede. En 1983 Juan Pablo II volvió a legitimar la secta convalidando la carta constitucional de los Legionarios, pese a que contravenía gravemente la ley canónica.

Cabe señalar que mientras tanto los Legionarios de Cristo se habían convertido en una máquina de guerra formidable que se granjeó todo tipo de alabanzas y elogios, mientras cundían los rumores sobre su fundador. Marcial Maciel encabezaba un imperio que al final de su carrera sumaba 15 universidades, 50 seminarios y centros de estudios superiores, 177 institutos secundarios, 34 colegios para niños desfavorecidos, 125 casas religiosas, 200 centros educativos y 1.200 oratorios y capillas, por no hablar de las asociaciones caritativas. La bandera de los Legionarios ondeaba al viento y su enseña era omnipresente.

273

El padre Marcial Maciel, absuelto y legitimado por Pablo VI y Juan Pablo II, redobló sus esfuerzos para desarrollar el movimiento, y su perversión para saciar su sed de cura depredador. Por un lado, el «comprachicos» tenía una excelente relación con multimillonarios como Carlos Slim, el rey de las telecomunicaciones mexicanas. Maciel lo casó y le captó como donante de los Legionarios. Se calcula que, mediante *holdings* y fundaciones, Marcial Maciel amasó una fortuna que incluía 12 inmuebles en México, España y Roma, y dinero en cuentas secretas por un importe de varios cientos de millones de dólares (según el *New York Times*). El dinero, evidentemente, fue una de las claves del éxito del sistema Maciel.

Por otro lado, aprovechando los secretos de confesionario y las fichas de numerosos seminaristas jóvenes, intimidó a los que tenían conductas homosexuales y abusó de ellos con total impunidad. Se calcula que el depredador Maciel agredió sexualmente a decenas de niños y un sinfín de seminaristas; hoy se cuentan más de 200 víctimas.

Su tren de vida también era excepcional para la época (y para un cura). El sacerdote que en público alardeaba de una humildad absoluta y una modestia a toda prueba vivía en privado en una casa blindada, viajaba y se alojaba en hoteles lujosos y conducía coches deportivos de alta gama. También usaba identidades falsas, mantenía a dos mujeres con las que tuvo al menos seis hijos y no dudó en abusar sexualmente de ellos; dos le denunciaron después.

Durante los años setenta, ochenta y noventa viajó con frecuencia a Roma, donde Pablo VI lo recibía como a un humilde servidor de la Iglesia y su «amigo personal» Juan Pablo II como a una estrella invitada.

Hubo que esperar a 1997 para que otra denuncia creíble y bien fundamentada llegase al despacho del papa. Sus autores eran siete sacerdotes, exseminaristas de la Legión, que afirmaban haber sufrido los abusos sexuales de Maciel. Se encomendaban al Evangelio y contaban con el respaldo de profesores de prestigio. La carta se archivó. ¿Se la pasaron al papa el cardenal secretario de Estado Angelo Sodano y el secretario personal del papa Stanislaw Dziwisz? No se sabe.

274

Lo que sí sabemos es que Angelo Sodano siempre defendió, por principio, a los sacerdotes sospechosos de abusos sexuales. Como si hubiera hecho suyo el famoso epígrafe de las estancias de Rafael que vi en el palacio apostólico: *Dei Non Hominum Est Episcopos Iudicare* («Corresponde a Dios, no a los hombres, juzgar a los obispos»).

Pero el cardenal Sodano fue mucho más lejos, pues durante una celebración pascual dijo públicamente que las acusaciones de pedofilia eran «cotilleos del momento». Más adelante otro cardenal, el valiente y *gay-friendly* arzobispo de Viena, Christoph Schönborn, le criticó duramente, llamándole por su nombre, por haber encubierto los crímenes sexuales de su predecesor, el cardenal Hans Hermann Groër. Este, que era homosexual, fue obligado a dimitir después de un sonado escándalo en Austria.

—La regla del cardenal Angelo Sodano era no abandonar nunca a un sacerdote, aunque le acusaran de lo peor. Nunca se desvió de esta línea. Creo que trataba de evitar las divisiones en la Iglesia, sin hacer la menor concesión a sus enemigos. Visto en perspectiva se puede decir que fue un error, pero el cardenal Sodano era un hombre nacido en los años veinte, era de otra época. En el caso de Marcial Maciel es evidente que se equivocó —me explica un arzobispo jubilado que conoce bien al cardenal.

Pero el secretario de Estado no se limitó a ser uno de los abogados de Marcial Maciel ante el santo padre; cuando era nuncio, y luego jefe de la diplomacia vaticana, fue uno de los principales «propagadores» de los Legionarios de Cristo en Latinoamérica. Antes del paso de Sodano esta organización no existía en Chile. Se puso en contacto con Marcial Maciel y ayudó a que su organización se implantase en ese país, y luego en Argentina y tal vez en Colombia.

Sol Prieto, una profesora argentina especialista en catolicismo con la que hablo en Buenos Aires, trata de explicarme los motivos racionales del cardenal:

—El propósito de Angelo Sodano era debilitar las órdenes religiosas tradicionales como los jesuitas, los dominicos, los benedictinos y los franciscanos, porque desconfiaba de ellas o sospechaba que eran de izquierdas. Prefería los movimientos laicos o las congregaciones conservadoras como el Opus Dei, Comunión y liberación, la orden del Verbo Encarnado o los Legionarios de Cristo. Consideraba que la Iglesia estaba en guerra y le hacían falta soldados, no solo frailes.

275

La Congregación para la Doctrina de la Fe, que dirigía en Roma el cardenal Ratzinger, no tardó en recibir nuevas acusaciones detalladas de pedofilia. A finales de los años noventa y principios de los dos mil todavía se denunciaron muchas violaciones, mientras iba apareciendo no ya una serie de hechos aislados, sino un verdadero sistema del Mal. En 1997 se reunió un completo expediente y al Vaticano ya solo le quedaba poner coto a las fechorías del depredador. En 2003 el propio secretario privado de Marcial Maciel informó al Vaticano de ciertos comportamientos criminales de su jefe, viajando personalmente a Roma con pruebas para presentárselas a Juan Pablo II, Stanislaw Dziwisz y Angelo Sodano, que no le escucharon (hecho atestiguado por una nota al papa Benedicto XVI revelada por el periodista Gianluigi Nuzzi).

Estos nuevos señalamientos transmitidos al Vaticano y estos expedientes cayeron en saco roto y una vez más fueron archivados.

El cardenal Ratzinger no incoó ningún procedimiento disciplinario. Según Federico Lombardi, exportavoz de Benedicto XVI, el cardenal informó en varias ocasiones a Juan Pablo II de los crímenes de Marcial Maciel y propuso que le destituyera y le redujera al estado laico, pero tropezó con el rechazo de Angelo Sodano y Stanslaw Dziwisz.

No obstante, parece que el cardenal Ratzinger se tomó el asunto lo bastante en serio como para perseverar. Pese a la postura conciliadora de Juan Pablo II, volvió a abrir un expediente sobre Marcial Maciel y reunió pruebas contra él. Pero era un hombre prudente, demasiado: solo se movía si el semáforo estaba en verde, y al endosarle el asunto a Juan Pablo II el semáforo siempre estaba en rojo, porque el papa no quería que nadie molestara a su «amigo» Marcial Maciel.

Para hacernos una idea de la mentalidad que prevalecía en esa época podemos recordar aquí que el propio adjunto de Ratzinger, Tarcisio Bertone, futuro secretario de Estado de Benedicto XVI, firmó todavía en 2003 el prólogo de un libro de Marcial Maciel, *Mi vida es Cristo* (el periodista español que lo entrevistó, Jesús Colina, reconocería después que fue manipulado). Y en la misma época *L'Osservatore Romano* publicó un elogio de Maciel, un texto que podría figurar en el libro Guinness como récord del vicio que se burla de la virtud.

Por aquel entonces el cardenal esloveno Franc Rodé también se deshizo en elogios al fundador de los Legionarios y saludó «el ejemplo del padre Maciel en pos de Cristo» (cuando hablé con Rodé me aseguró que «no sabía» y me dio a entender que Maciel se relacionaba con el asistente del papa Stanizlaw Dziwisz: «Cuando el papa creó cardenal a Dziwisz a la vez que a mí, los Legionarios hicieron una fiesta fastuosa para él y no para mí», me contó). En cuanto al cardenal Marc Ouellet, hoy prefecto de la Congregación de los Obispos, exculpó a su dicasterio diciendo que Maciel era un religioso y por tanto no dependía de él. Me señaló que Maciel nunca fue elegido obispo ni creado cardenal, señal de que no se fiaban de él...

¿Qué decir, finalmente, del último respaldo público de Juan Pablo II a Maciel en noviembre de 2004? Con motivo de los sesenta años de ordenación del sacerdote, el papa acudió en persona a una bonita ceremonia para despedirse de Maciel. Las fotos de los dos hombres, enlazados afectuosamente cuando el papa estaba en artículo de muerte, dieron la vuelta al mundo. En México salieron en la portada de muchos periódicos, provocando incredulidad y malestar.

Hubo que esperar a la muerte de Juan Pablo II en 2005 para que el recién elegido papa Benedicto XVI volviera a abrir el expediente Maciel. El nuevo pontífice autorizó la apertura de los archivos del Vaticano para que se completara la investigación y dispensó del «voto de silencio» a todos los Legionarios para que pudiesen hablar.

—La historia reconocerá que Benedicto XVI fue el primero en denunciar los abusos sexuales y condenar a Marcial Maciel en cuanto accedió al trono de San Pedro —me dice Federico Lombardi, exportavoz de Benedicto XVI y hoy presidente de la Fundación Ratzinger.

En 2005 Benedicto XVI removió de sus funciones a Marcial Maciel y también le obligó a retirarse de la vida pública. Reducido a «silencio penitencial», fue suspendido definitivamente *a divinis*.

Pero con el pretexto de las sanciones oficiales, Benedicto XVI, una vez más, salvó al sacerdote. Maciel no pudo seguir impartiendo los sacramentos hasta el fin de sus días, una pena sumamente leve, inferior a la que el mismo Ratzinger impuso a grandes teólogos como Leonardo Boff y Eugen Drewermann, castigados por haber cometido el crimen de defender sus ideas progresistas. La Iglesia no llevó a Marcial Maciel ante la justicia, no le excomulgó; no fue detenido ni entró en la cárcel. Se renunció incluso a un proceso canónico «debido a su avanzada edad y su frágil salud».

Entre 2005 y 2007, invitado a llevar una «vida de oración y penitencia», Maciel siguió viajando de residencia en residencia, de México a Roma, y disfrutando de su ilimitada fortuna. Simplemente se mudó a Estados Unidos para evitar posibles juicios, dando pábulo al dicho «Pobre México, tan lejos de Dios y tan cerca de Estados Unidos». Aquejado de un cáncer de páncreas, acabó retirándose a una residencia fastuosa de Florida, donde murió rodeado de lujos a la respetable edad de 88 años.

Hubo que esperar todavía al año siguiente, 2009, para que Benedicto XVI ordenara una investigación sobre todas las organizaciones vinculadas a los Legionarios de Cristo y a su rama laica Regnum Christi. Cinco obispos se encargaron de esta misión de control en los cinco continentes. Sus resultados, transmitidos confidencialmente al papa en 2010, debieron de ser tan críticos que el Vaticano acabó reconociendo en un comunicado los «actos objetivamente inmorales» y los «verdaderos crímenes» de Marcial Maciel.

Sin embargo, fuera o no su intención, Roma se limitó a celebrar un juicio parcial. Al denunciar a la oveja negra liberaba de responsabilidad indirectamente a sus afines, empezando por los sacerdotes Luis Garza Medina y Álvaro Corcuera, adjuntos de Maciel. En 2017 los Paradise Papers revelaron que Medina y Corcuera, junto con otros veinte sacerdotes legionarios cuyos nombres se publicaron sin que Benedicto XVI les molestara, disponían de fondos secretos gracias a montajes financieros *off-shore* en las Bermudas, Panamá y las islas Vírgenes británicas. También se descubrió que otros 35 curas de los Legionarios de Cristo estaban implicados en casos de abusos sexuales, no solo su fundador. Tuvieron que pasar todavía varios años para que el papa Benedicto XVI pusiera a la Legión bajo tutela del Vaticano y nombrara un administrador provisional (el cardenal Velasio de Paolis). Después se dio carpetazo al asunto y los Legionarios reanudaron su vida normal, limitándose a descolgar los innumerables retratos del gurú de las paredes de sus escuelas, a prohibir sus libros y a borrar todas sus huellas, como si no hubiera pasado nada.

Han seguido estallando nuevos escándalos. Óscar Turrión, el rector del colegio pontificio internacional de los Legionarios, llamado en Roma Maria Mater Ecclesiae, reconoció que vivía en secreto con una mujer y tenía dos hijos. Tuvo que dimitir.

Todavía hoy circulan rumores en México, pero también en España y en Roma, sobre la rama laica de los Legionarios, Regnum Christi, y sobre su universidad pontificia, el Ateneo Pontificio Regina Apostolorum, donde se han señalado anomalías. El periodista mexicano Emiliano Ruiz Parra, especialista en la Iglesia católica, no oculta su enfado cuando le pregunto en México:

—Ni Benedicto XVI ni Francisco han calibrado la gravedad del fenómeno. Y el problema sigue ahí: el Vaticano ya no controla a los Legionarios y puede que hayan vuelto las malas costumbres.

El cardenal Juan Sandoval Íñiguez vive en una residencia católica de alto standing en Tlaquepaque, una ciudad satélite de Guadalajara, en México. Le visito allí, en la calle Morelos, con Eliezer, un periodista de investigaión de la zona que me hace de cicerone y ha averiguado su número de teléfono. El cardenal no ha puesto pegas a la entrevista y nos ha citado en su casa esa misma noche.

Su residencia de arzobispo emérito es un pequeño paraíso lujuriante bajo el trópico protegido por dos policías mexicanos armados. Detrás de una tapia y una verja diviso la mansión del cardenal: tres casas pintadas de colores, enormes, unidas entre sí por una capilla privada y unos garajes donde hay varios Ford 4x4 rutilantes. Hay cuatro perros, seis loros y un tití. El arzobispo de Guadalajara acaba de retirarse, pero no por ello decae su ritmo de vida.

—La Iglesia católica mexicana era rica. Pero ahora es una Iglesia pobre. Fíjese que para un país de 120 millones de habitantes no tenemos más que 17.000 sacerdotes. ¡Nos han perseguido! —insiste el prelado.

Juan Sandoval Íñiguez es uno de los cardenales más antigáis de México. Usando con frecuencia la palabra «maricón» para referirse a los homosexuales, el cardenal ha denunciado con energía el uso de preservativos. Ha llegado a celebrar misas contra el «satanismo» de los homosexuales y fue el principal promotor del movimiento contra el matrimonio homosexual en México, encabezando las manifestaciones contra el gobierno del país. Los Legionarios de Cristo, con los que simpatiza, han nutrido a menudo los batallones de estos desfiles callejeros. Durante esta estancia en México yo mismo he podido asistir a la gran Marcha por la Familia contra el proyecto de matrimonio gay.

—Es la sociedad civil la que se moviliza espontáneamente —comenta el cardenal—. Yo no me implico personalmente. Pero la ley natural, por supuesto, es la Biblia.

El muy astuto es un seductor y me retiene varias horas hablando francés. De vez en cuando me coge la mano amablemente para recalcar sus argumentos o se dirige tiernamente a Eliezer para pedirle su opinión o hacerle preguntas sobre su vida.

Lo curioso, y es algo que enseguida me llama la atención, es que este arzobispo antigay está obsesionado por la cuestión gay. Prácticamente no hablamos de otra cosa. Ahora critica implícitamente al papa Francisco. Le reprocha sus gestos favorables a los gais y, como quien no quiere la cosa, me suelta los nombres de algunos obispos y cardenales que le rodean y que a su entender tienen esos gustos.

—Mire usted, cuando Francisco pronuncia la frase «¿Quién soy yo para juzgar?» no está defendiendo a los homosexuales. ¡Protege a uno de sus colaboradores, lo que no es lo mismo! ¡La prensa es la que lo ha embarullado todo!

Le pido al cardenal autorización para ver su biblioteca y el hombre se pone de pie, apresurándose a mostrarme sus tesoros. Un prelado literato: él mismo ha escrito algunos libros y se complace en señalármelos con el dedo.

¡Qué sorpresa! Juan Sandoval Íñiguez tiene estantes enteros dedicados a la cuestión gay. Veo en ellos libros sobre el pecado homosexual, la cuestión lesbiana y las terapias reparadoras. Toda una biblioteca de tratados a favor y en contra, como si los autos de fe que el cardenal predica por doquier no cruzaran el umbral de su casa.

De repente me topo, boquiabierto, con varios ejemplares del famoso *Liber Gomorrhianus* en su versión inglesa: *The Book of Gomorrah (El libro de Gomorra)*.

—Es un gran libro que data de la Edad Media y, mire, soy yo el que firma el prólogo de esta nueva traducción —me dice con orgullo el cardenal.

Este famoso ensayo de 1051, firmado por un sacerdote que podría ser san Pedro Damián, es un libro extraño. En este largo tratado dedicado a León IX el religioso denuncia las tendencias homosexuales, según él muy extendidas, del clero de la época. También fustiga las malas costumbres de los sacerdotes que se confiesan unos con otros para disimular su tendencia, e incluso «saca del armario» *avant la lettre* a algunos altos prelados romanos de su tiempo. Pero el papa desautorizó a san Pedro Damián y no ordenó ninguna de las sanciones que este reclamaba. Incluso le confiscó su libelo, nos dice John Boswell, que contó su historia, ¡dado que el colegio cardenalicio de entonces era muy practicante! Sin embargo, el libro tiene una gran importancia histórica, porque a partir de este panfleto del siglo XI el castigo divino a Sodoma se reinterpretó, no ya como un problema de hospitalidad, que es lo que da a entender la Biblia, sino como un pecado de «sodomía». ¡La homosexualidad se vuelve abominable!

Hablamos ahora con el cardenal Juan Sandoval Íñiguez de los tratamientos para «desintoxicar» a los homosexuales, pero también a los pedófilos, que él asimila sistemáticamente a los primeros, como si fueran iguales en el pecado. También de una clínica especializada que se destinaría a los pedófilos más «incurables». Pero el cardenal no entra al trapo y elude el asunto.

Sin embargo, yo sé que esta residencia existe y se llama Casa Alberione. Se fundó en 1989 por iniciativa, o con el respaldo, del cardenal en su propia parroquia de Tlaquepaque. Varios curas pedófilos extranjeros, «rebotados de país en país como si fueran residuos radiactivos», al decir de un buen conocedor del asunto, recibieron tratamiento en esta clínica de «rehabilitación», lo que permitía, además de cuidarles, mantenerles como curas y evitar que fueran entregados a la justicia. Como a partir de comienzos del nuevo siglo el papa Benedicto XVI había ordenado que la Iglesia dejara de proteger a los pedófilos, la Casa Alberione perdió su razón de ser. Tras una investigación del diario mexicano *El Informador*, el cardenal Juan Sandoval Íñiguez reconoció la existencia de esta residencia, que ha acogido, entre otros, a Legionarios de Cristo, pero afirmó que «desde 2001 ya no recibe sacerdotes pedófilos». (El director Pablo Larraín se basó en la existencia de esta clase de instituciones para rodar en Chile su película *El club*.)

«¡HOLA!»: de repente alguien me llama gritando a mi espalda cuando caminamos por el parque con el cardenal. Me vuelvo, sorprendido, aunque no tan asustado como Robinson Crusoe cuando oye por primera vez a un loro que le habla en su isla. Desde su amplia jaula, el bonito perico acaba de entablar conversación conmigo. ¿Me revelará algún secreto? En México a esta ave la llaman también papagayo. Otro nombre en francés es *papegai*.

Caminamos entre pavos reales y gallos. El cardenal parece contento y relajado. Su trato conmigo y con Eliezer, mi *scout* mexicano, es de una gentileza extrema.

El perro Oso retoza ahora con nosotros, e improvisamos un partido de fútbol a cuatro, el cardenal, el perro Oso, Eliezer y yo, ante la mirada divertida de cinco monjitas que se encargan a tiempo completo de limpiar, lavar la ropa y cocinar para el cardenal.

Le pregunto a Juan Sandoval Íñiguez:

—¿No se siente un poco solo aquí?

Parece que le hace gracia mi pregunta. Me describe su intensa vida social. Yo le cito a Jean-Jacques Rousseau, para quien, le digo, «el voto del celibato es contra natura».

—¿Cree que hay más soledad en los pastores casados o los imanes? —me replica el cardenal con otra pregunta—. Como ve —añade, señalándome a las monjas— aquí no estoy solo. —El cardenal me agarra del brazo. Y añade, tras un largo silencio—: Y además aquí hay un sacerdote, un cura joven que viene todas las tardes.

Y ante mi sorpresa por no haberle visto, a la caída de la tarde, el cardenal añade, quizá con un poco de candor:

—Esta noche acaba a las diez.

Hoy se conocen bien los apoyos que tuvo Marcial Maciel en México y en Roma. Varias víctimas del cura pedófilo han criticado al cardenal Juan Sandoval Íñiguez porque no le denunció, pudiendo hacerlo. Además de los Legionarios de Cristo, se dice que ingresó para su «reeducación» en su residencia Casa Alberione a varios curas acusados de abusos sexuales. (El cardenal desmiente cualquier infracción o responsabilidad.)

El arzobispo de México, Norberto Rivera, ha recibido parecidas críticas. Tan obsesivamente antigay como Sandoval Íñiguez, se ha prodigado en declaraciones, llegando a decir que «el ano no puede servir de orificio sexual». En otra intervención célebre reconoció que en México hay muchos curas gais, pero «Dios ya los ha perdonado». En fechas más recientes también ha declarado que «un niño tiene más posibilidades de que le viole su padre si este padre es homosexual».

Los periodistas especializados en México creen que Norberto Rivera, uno de los partidarios y sostenedores de Marcial Maciel, nunca quiso creer sus crímenes y se negó a transmitir algunas denuncias al Vaticano.

Por todo esto, y por haber declarado que los denunciantes eran unos fabuladores, el cardenal de México se ha ganado muchas críticas por su silencio en los casos de abusos sexuales. La prensa le fustiga con frecuencia y decenas de miles de mexicanos firmaron un manifiesto para alertar a la opinión pública e impedir su participación en el cónclave que elige a los papas. También figura en los primeros lugares de la lista de los *dirty dozen*, los doce cardenales sospechosos de encubrimiento de curas pedófilos, publicada por la asociación estadounidense de víctimas de abusos sexuales de la Iglesia católica, la SNAP, una ONG con buena reputación, pero cuyos métodos han sido criticados algunas veces.

Juan Pablo II creó cardenales a Sandoval Íñiguez y a Rivera, seguramente por recomendación de Angelo Sodano o Stanislaw Dziwisz. Ambos se habían opuesto enérgicamente a la teología de la liberación y al matrimonio homosexual. El papa Francisco, que había criticado severamente al cardenal Rivera por su homofobia y había pedido solemnemente a la Iglesia mexicana que cesara en sus ataques a los gais, se apresuró a pasar la página Rivera jubilándolo en 2017 en cuanto alcanzó el límite de edad. Esta decisión discreta, según un cura con el que hablé en México, es «una sanción divina con efecto temporal inmediato».

—Sabemos que un número muy significativo de clérigos, que apoyaron a Marcial Maciel o se manifestaron en su día contra el matrimonio gay, son ellos mismos homosexuales. ¡Es increíble! —exclama en su despacho de México el ministro de Cultura, Rafael Tovar y de Teresa. Y añade, en presencia de Marcela González Durán, editora mexicana de mis anteriores libros—: En México el aparato religioso es gay, la jerarquía es gay, los cardenales son en general gais. ¡Es increíble!

El ministro, cuando le revelo el tema de mi libro, también me confirma que el gobierno mexicano dispone de informaciones precisas sobre estos obispos «gais antigáis», que son docenas (y me da algunos nombres). Añadió que en los próximos días hablaría de mi investigación con el entonces presidente de la república Enrique Peña Nieto y con su ministro del Interior para que me hicieran llegar informaciones complementarias.

A esta primera conversación con Tovar y de Teresa le siguieron varias más. (También pude entrevistar a Marcelo Ebrard, exalcalde de Ciudad de México, que fue el principal artífice del matrimonio gay y conocía bien a los católicos que se oponían a ese proyecto de ley, y que en la actualidad es ministro de Asuntos Exteriores de su país. Otras personas, como el multimillonario Carlos Slim, el intelectual Enrique Krauze, un influyente consejero del presidente Enrique Peña Nieto, y varios directivos de Televisa, la principal cadena de televisión, así como José Castañeda, exministro de Asuntos Exteriores, me proporcionaron más informaciones. Estuve en México siete veces y visité otras ocho ciudades del país, donde recogí informaciones de una decena de escritores y militantes gais, como Guillermo Osorno, Antonio Martínez Velázquez y Felipe Restrepo. Mis investigadores mexicanos Luis Chumacero y, en Guadalajara, Eliezer Ojeda, también contribuyeron a este relato.)

La vida homosexual del clero mexicano es un fenómeno bien conocido y ya bien documentado. Se calcula que más de dos terceras partes de los cardenales, los arzobispos y los obispos mexicanos son «practicantes». Una importante organización homosexual, FON, ha «sacado del armario» a 38 jerarcas católicos haciendo públicos sus nombres.

Esta proporción, al parecer, no es tan grande entre los simples prelados y los obispos «indígenas». Según un informe transmitido oficialmente al Vaticano por monseñor Bartolomé Carrasco Briseño, tres cuartas partes de los curas de las diócesis de Oaxaca, Hidalgo y Chiapas, donde viven la mayoría de los indios, están casados en secreto o conviven con una mujer. En resumen: ¡de ser ciertos estos datos, el clero mexicano es heterosexual activo en el campo y homosexual practicante en las ciudades!

Varios periodistas especializados en la Iglesia católica confirman estas tendencias. Como Emiliano Ruiz Parra, autor de varios libros sobre el tema y antiguo periodista encargado de la rúbrica de religión en el diario *La Reforma*:

—Yo diría que en México la mitad de los sacerdotes son gais, tirando por lo bajo, aunque decir tres cuartas partes sería más realista. Los seminarios son homosexuales y la jerarquía católica mexicana es gay de un modo espectacular.

Ruiz Parra añade que en México ser gay en la Iglesia no es un problema; incluso se puede decir que es un rito de paso, un elemento de la promoción y una relación normal «de poder» entre el novicio y su maestro.

—En la Iglesia hay mucha tolerancia de puertas adentro, todo lo contrario que hacia fuera. Por supuesto, para proteger este secreto hay que atacar a los gais y mostrarse muy homófobos en la plaza pública. Ese es el quid. O el truco.

285

Emiliano Ruiz Parra, que ha investigado sobre los Legionarios de Cristo y Marcial Maciel, se muestra especialmente crítico con el Vaticano, hoy como ayer, y sobre los apoyos con que contaba el depredador en México. Como muchos otros, habla de dinero, de corrupción, de sobornos, pero también propone un argumento más nuevo para explicarlo: la homosexualidad de una parte de sus apoyos.

—Si Marcial Maciel hubiera hablado, toda la Iglesia mexicana se habría venido abajo.

Una de las primeras grandes obras de caridad de Marcial Maciel, la que inauguró su carrera haciendo olvidar sus primeras liviandades, fue la construcción de la iglesia de Nuestra Señora de Guadalupe en Roma. Pretende ser una réplica en miniatura de la famosa basílica mexicana, una de las más grandes del mundo, a la que todos los años acuden millones de peregrinos.

Ambas iglesias son lugares de gran devoción que impresionan por sus rituales arcaicos, casi sectarios. Las muchedumbres arrodilladas me sorprenden cuando visito la basílica mexicana. Siendo como soy un francés que conoce el catolicismo más bien intelectual de su país (el de los *Pensamientos* de Pascal, las oraciones fúnebres de Bossuet o *El genio del cristianismo* de Chateaubriand), me cuesta entender ese fervor y esa religiosidad popular.

—El catolicismo mexicano no se puede concebir sin la virgen de Guadalupe. El amor de la virgen, su fraternidad, como el de una madre, irradia en todo el mundo —me explica monseñor Monroy.

Este antiguo rector de la basílica de México me enseña el complejo religioso que, además de dos basílicas, incluye dos conventos, varios museos y gigantescas tiendas de *souvenirs*: a fin de cuentas, una verdadera industria turística. Monseñor Monroy también me enseña los numerosos cuadros que le pintan con todos los atuendos sacerdotales (hay un retrato magnífico realizado por el artista gay Rafael Rodríguez, a quien también entrevisté en Santiago de Querétaro, al noroeste de Ciudad de México).

Según varios periodistas, Nuestra Señora de Guadalupe es el escenario de varios asuntos mundanos y, por el comportamiento de algunos de sus sacerdotes, una suerte de «cofradía gay». En Ciudad de México y en Roma.

La sede oficial italiana de los Legionarios de Cristo, sita en la Vía Aurelia, al oeste del Vaticano, fue costeada por el joven Maciel a principios de los años cincuenta. Gracias a una increíble colecta realizada en México, España y Roma, la iglesia y su parroquia se construyeron a partir de 1955 y fueron inauguradas por el cardenal italiano Clemente Micara a finales de 1958. Justo cuando, en el interregno entre Pío XII y Juan XXIII, el informe crítico sobre la toxicomanía y la homosexualidad de Marcial Maciel se evaporaba en el Vaticano.

Por tanto, para tratar de entender, a la sombra de la pureza de la Virgen de Guadalupe, el fenómeno Maciel, hay que desentrañar las protecciones que ha tenido y el vasto sistema que ha hecho posible, tanto en México como en Roma, este inmenso escándalo. Varias generaciones de obispos y cardenales mexicanos, y muchísimos cardenales de la curia romana, han hecho la vista gorda o apoyado, a sabiendas, a uno de los mayores pedófilos del siglo xx.

Y

¿Qué decir del fenómeno Marcial Maciel? ¿Es un perverso mitómano, patológico y diabólico, o el producto de un sistema? ¿Una figura accidental y aislada o el síntoma de un desvarío colectivo? Dicho de otra forma: ¿es la historia de un solo hombre, como se dice en descargo de la institución, o el fruto de un modelo de gobierno propiciado por el clericalismo, el voto de castidad, la homosexualidad secreta dentro de la Iglesia, la mentira y la ley del silencio? Como en los casos del sacerdote Karadima en Chile y otros muchos en distintos países de Latinoamérica, la explicación, según los testigos con los que hablé, obedece a cinco factores (a los que añadiré un sexto elemento).

Ante todo, el deslumbramiento del éxito. Los logros fulgurantes de los Legionarios de Cristo fascinaron durante mucho tiempo al Vaticano, pues en ninguna parte del mundo el reclutamiento de seminaristas era tan impresionante, las vocaciones sacerdotales tan entusiastas ni la recaudación tan cuantiosa. Durante la primera visita de Juan Pablo II a México, en 1979, Marcial Maciel hizo un alarde de organización, de poder político y mediático, de cuidado de los mínimos detalles, con un ejército de ayudantes, todo ello con una actitud humilde y discreta. Juan Pablo II se quedó literalmente maravillado. Volvería a México en cuatro ocasiones, cada vez más fascinado por las dotes de su «querido amigo» Maciel.

El segundo factor es la proximidad ideológica entre Juan Pablo II y los Legionarios de Cristo, una organización de extrema derecha violentamente anticomunista. El ultraconservador Marcial Maciel fue el adalid, primero en México y luego en Latinoamérica y España, de la lucha contra los regímenes marxistas y la teología de la liberación. De un anticomunismo obsesivo, paranoico incluso, Maciel previó los atentados contra el papa, que se apoyó en él para establecer su línea dura. De este modo, sumando lo psicológico a lo ideológico, el padre Maciel supo acariciar astutamente el orgullo de Juan Pablo II, un papa místico al que varios testigos describen en privado como un hombre misógino y muy vanidoso.

El tercer factor, relacionado con el anterior, es la necesidad de dinero de Juan Pablo II para su misión ideológica anticomunista, sobre todo en Polonia. Parece confirmado, pese a los desmentidos de la santa sede, que Marcial Maciel sufragó oficinas antimarxistas en Latinoamérica y puede que, indirectamente, el sindicato Solidaridad. Según un ministro y un alto diplomático con quienes hablé en México, estas transferencias de dinero no salieron del ámbito «eclesial». En Varsovia y Cracovia varios periodistas e historiadores me confirmaron que hubo una relación financiera entre el Vaticano y Polonia:

—No cabe duda de que circuló dinero. Pasaba por canales como los sindicatos y las parroquias —confirma el vaticanista polaco Jacek Moskwa, que estuvo mucho tiempo de corresponsal en Roma y ha escrito una biografía de Juan Pablo II en cuatro volúmenes.

Pero durante esa misma conversación en Varsovia, Moskwa desmiente cualquier implicación directa del Vaticano:

—Se ha dicho insistentemente que el banco del Vaticano o el banco italiano Ambrosiano se usaron para este fin, pero no lo creo.

También el periodista Zbigniew Nosowski, que dirige en Varsovia la revista *Wiez*, me expresó sus dudas sobre la existencia misma de ese financiamiento:

—No creo que haya podido circular así el dinero entre el Vaticano y Solidaridad.

Al margen de estas posiciones de principio, otras fuentes apuntan en dirección contraria. El propio Lech Walesa, expresidente de Solidaridad y más tarde presidente de la república polaca, ha reconocido que su sindicato recibió dinero del Vaticano. Varios periódicos y libros también señalan flujos financieros. Su origen serían los Legionarios de Cristo de Marcel Maciel y su destino final el sindicato Solidaridad. En Latinoamérica también hay quien cree, sin pruebas, que el dictador chileno Augusto Pinochet pudo hacer su aportación (gracias a los contactos del nuncio Angelo Sodano), al igual que los narcos colombianos (por mediación del cardenal Alfonso López Trujillo). Hoy por hoy todas estas hipótesis son posibles, pero no se han podido confirmar. «*Dirty money for good causes?*» («¿Dinero sucio para buenas causas?»), se pregunta un buen conocedor del asunto: la causa no sería menos justa porque las fuentes fuesen opacas...

—Sabemos por testigos directos que monseñor Stanislaw Dziwisz, el secretario particular del papa Juan Pablo II, repartía en el Vaticano sobres de billetes a algunos visitantes polacos, ya fueran religiosos o civiles. En esa época, años ochenta, el sindicato Solidaridad estaba prohibido. Dziwisz les preguntaba a sus visitantes: «¿Cómo podemos ayudaros?». A menudo la falta de dinero era un problema, y entonces el asistente del papa se retiraba un momento a una habitación adyacente y volvía con un sobre —me cuenta Adam Szostkiewicz durante una entrevista en Varsovia. (Influyente periodista de la revista *Polityka,* se ocupa desde hace tiempo del catolicismo polaco; como miembro de Solidaridad, la junta militar comunista le encarceló durante seis meses.)

Según Szostkiewicz, había otras vías para la entrada en Polonia de productos de consumo común, medicinas, comida y, quizá, maletas de dinero. Estas «rutas» eran sobre todo «eclesiales»: la ayuda llegaba con curas y convoyes humanitarios que circulaban desde la Alemania federal. El dinero no pasaba nunca por la RDA ni por Bulgaria, porque allí los controles eran mucho más estrictos.

—Los católicos tenían más libertad de circulación que los demás. La policía polaca les toleraba mejor y no les sometía a registros tan severos. También les resultaba más fácil conseguir visados —añade Szostkiewicz. (En un libro reciente, *El caso Marcinkus,* el periodista Fabio Marchese Rapona revela, a partir de testimonios inéditos y documentos de la justicia italiana, que el Vaticano hizo posiblemente transferencias de «más de un millón de dólares a Solidaridad». Los actores decisivos para estos complejos montajes financieros fueron Paul Marcinkus y Stanislaw Dziwisz. También parace haber intervenido en la organización de este sistema el segundo asistente del papa, un sacerdote polaco llamado Mieczyslaw Mokrzycki, conocido como Mietek, actualmente arzobispo de Ucrania, al igual que el jesuita polaco Casimiro Przydatek, ambos de Dziwisz. Varios periodistas de investigación polacos están trabajando en este tema, sobre todo en la redacción de *Gazeta Wyborcza.* Es probable que en los meses o años venideros haya revelaciones.)

No se puede descartar que durante el pontificado de Juan Pablo II circularan maletas de dinero negro. Habrá quien considere que es un procedimiento discutible, pero la caída del régimen comunista polaco y, siguiendo la racha, la caída del Muro de Berlín y del imperio soviético, pueden dar una legitimidad retrospectiva a este uso singular del dinero santo.

Luego está el cuarto factor: los sobornos personales (porque de eso se trataba). Marcial Maciel «untaba» regularmente a prelados de la Curia. El psicópata recompensaba a sus protectores romanos con favores inimaginables. Les regalaba coches de lujo, viajes suntuosos, les entregaba sobres de billetes, tanto para ganar influencia y obtener ventajas para su secta de «legionarios» como para tapar sus propios crímenes. Hoy se conocen bien estos hechos, pero ¡ninguno de los prelados que se dejaron corromper ha sido sancionado y menos aún excomulgado por simonía! Fueron pocos los que rechazaron ese dinero sucio, y parece que el cardenal Ratzinger, con su austeridad de soltero, fue uno de ellos. Se dice que en México recibió uno de esos sobres de billetes y lo devolvió. El cardenal Bergoglio también fue un enemigo declarado de Marcel Maciel y uno de los primeros que le denunció, ya que Maciel odiaba no solo a los curas rojos de la teología de la liberación, sino también a los jesuitas.

Más allá de las cuestiones morales, el riesgo financiero que corrió el Vaticano es otro factor, el quinto, que podría explicar el silencio de la Iglesia. ¡Incluso cuando reconoce los hechos, no quiere pagar! En Estados Unidos los casos de abusos sexuales ya han costado decenas de millones de dólares para indemnizar a las víctimas. Para el Vaticano reconocer un error implica una responsabilidad económica. Este argumento de la cuantía de las indemnizaciones es crucial en todos los casos de abusos sexuales.

Por último —y con esto nos adentramos en el terreno de lo inconfesable—, entre los apoyos que recibió Marcial Maciel en México, España y el Vaticano hay algo que yo llamaría, púdicamente, el «clericalismo del armario». Es el sexto factor que puede explicar lo inexplicable, sin duda el más doloroso y también el más profundo, quizá la principal clave de lectura. Muchos de los cardenales de los que rodeaban a Juan Pablo II tenían una doble vida. No es que fueran pedófilos ni cometieran necesariamente abusos sexuales, pero sí en su mayoría homosexuales que llevaban una vida enteramente basada en el doble juego. Varios de estos cardenales recurrían habitualmente a los servicios de prostitutos y a préstamos para satisfacer sus deseos. No hay duda de que Marcial Maciel, alma negra, fue mucho más allá de lo tolerable, o legal, y en el Vaticano todos lo reconocían, pero denunciar sus esquemas mentales suponía cuestionarse su propia vida. También era exponerse a que saliera a relucir su propia homosexualidad.

Una vez más, la clave podría ser esta: gracias a la cultura del secreto, necesaria para proteger la homosexualidad de los curas, obispos y cardenales en México y en Roma (sobre todo de muchos personajes importantes próximos al papa), el pedófilo Maciel, por un efecto perverso del clericalismo, pudo obrar en secreto, con las manos libres, y gozar de protección duradera.

A fuerza de confundir pedofilia con homosexualidad (y parece que muchos cardenales lo han hecho), las diferencias se disipan. Si todo está mezclado, abuso sexual y pecado, pedofilia, homosexualidad y prostitución, y el crimen solo difiere por su gravedad, no por su naturaleza, ¿a quién se debe castigar? Los sacerdotes están desorientados: ¿dónde es arriba, dónde es abajo? ¿Dónde está el bien?, ¿el mal?, ¿la naturaleza, la cultura?, ¿dónde están los demás, dónde estoy yo? ¿Puedo excomulgar a Marcial Maciel por sus crímenes sexuales si yo también vivo en la mentira sexual y soy «intrínsecamente desordenado»? Denunciar abusos es exponerme inútilmente y, quién sabe, arriesgarme a que me señalen con el dedo. Tal es el secreto profundo del caso Maciel y de todos los crímenes de pedófilos que han encontrado, y siguen encontrando, en el Vaticano y el clero católico un ejército de apoyos, innumerables excusas e infinidad de silencios.

11

El círculo de lujuria

—¡*E*n el Vaticano lo llaman Platinette y todos admiran su audacia! —me dice Francesco Lepore.

Este apodo le viene de una famosa *drag queen* de la televisión italiana con pelucas rubio platino.

Me hacen gracia los seudónimos por los que son conocidos, de puertas adentro, varios cardenales o prelados. No me invento nada, me limito a recordar lo que me revelaron varios sacerdotes de la curia, pues la maldad es aún más cruel dentro de la Iglesia que fuera.

Un diplomático influyente me habla de otro cardenal cuyo apodo es La Montgolfiera. ¿A qué se debe ese nombre? A que tiene «una apariencia imponente, mucho vacío y poco aguante», me explica mi fuente, que quiere destacar la naturaleza aeronáutica, la arrogancia y la vanidad del personaje, «un confeti que se toma por un globo aerostático».

Los cardenales Platinette y La Montgolfiera tuvieron su momento de gloria con Juan Pablo II. Formaban parte de lo que podríamos llamar el primer «círculo de lujuria» alrededor del santo padre. Existían otros círculos lúbricos de homosexuales practicantes en niveles jerárquicos menos elevados. Entre los allegados a Juan Pablo II había pocos prelados heterosexuales, y castos aún menos.

Antes de seguir conviene hacer una puntualización sobre estos vicios cardenalicios que voy a desvelar. ¿Quién soy yo para juzgar? También ahora trato de ser *non-judgmental*; mi propósito no es «sacar del armario» a sacerdotes vivos, sino describir un sistema.

Por eso no diré los nombres de esos prelados. Creo que esos cardenales, obispos o sacerdotes tienen todo el derecho a echarse amantes y dar salida a su inclinación innata o adquirida. Como no soy católico, me da lo mismo si quebrantan el voto de castidad o están en regla con la Iglesia. En cuanto a la prostitución, tan frecuente en este grupo, en Italia es legal ¡y al parecer muy bien tolerada por el derecho canónico aplicado en zona extraterritorial de la santa sede! Lo único cuestionable es su hipocresía abismal, y ese es el propósito de este libro, que confirma que la infalibilidad del papa se convierte en impunidad cuando se trata de las costumbres de su entorno.

Lo que me interesa es sacar a la luz este mundo paralelo y hacer una visita de inspección en la época de Juan Pablo II. Además de La Montgolfiera y Platinette, de quienes hablaré más adelante, debo empezar por la figura de Paul Marcinkus, el hombre de las finanzas y las misiones secretas, uno de los que administraba el Estado de la Ciudad del Vaticano para el santo padre.

Mezcla de diplomático, guardia de corps, traductor anglófono, jugador de golf, transportista de dinero negro y estafador, el arzobispo estadounidense Marcinkus tenía ya una larga historia vaticana cuando fue elegido Juan Pablo II. Había sido uno de los traductores de Juan XXIII y luego una persona muy cercana a Pablo VI (protegió su vida de una agresión), y había ocupado varios cargos en las nunciaturas apostólicas antes de iniciar su espectacular ascensión romana.

Por motivos misteriosos Marcinkus llegó a ser uno de los favoritos de Juan Pablo II desde el principio de su pontificado. Según varias fuentes, el soberano pontífice sentía un «sincero afecto» por esta figura controvertida del Vaticano. Marcinkus no tardó en ser nombrado director del famoso banco del Vaticano, que se vio envuelto en un sinfín de intrigas financieras y varios escándalos espectaculares durante su mandato. La justicia italiana acusó y procesó al prelado por corrupción, pero él siempre estuvo protegido por la inmunidad diplomática vaticana. Sobre Marcinkus recae incluso la sospecha de haber urdido asesinatos como el de Juan Pablo I, muerto misteriosamente al cabo de un mes de pontificado, pero esos rumores nunca se han verificado.

293

Lo que sí se sabe con certeza es la homosexualidad de Marcinkus. Una decena de prelados de la curia que conocieron bien al estadounidense me confirman que era un aventurero goloso.

—Marcinkus era homosexual y sentía predilección por los guardias suizos. Les solía prestar su coche, un Peugeot 504 gris metalizado con un bonito interior de cuero. Recuerdo cuando salía con un guardia suizo, eso duró bastante —confirma una de mis fuentes, un laico cercano al arzobispo que trabajaba y sigue trabajando dentro del Vaticano.

Otro amante de Marcinkus fue un cura suizo que ha confirmado su relación a una de mis fuentes. Aunque la persecución de la justicia italiana lo mantenía confinado en el Vaticano, siguió cortejando descaradamente. Después se jubiló en Estados Unidos, adonde se llevó sus secretos con él: el arzobispo murió en 2006 en Sun City, una lujosa residencia de ancianos de Arizona. (Cuando, en presencia de Daniele, le pregunto dos veces a Piero Marini, que fue «maestro de ceremonias» de Juan Pablo II, este insiste ingenuamente en la «gran cercanía» de Marcinkus con «los obreros». Por su parte, Pierre Blanchard, un laico que fue secretario de la APSA durante mucho tiempo y conoce bien las tramas vaticanas, me ha proporcionado informaciones muy valiosas.)

Además del discutido Marcinkus, entre los allegados y oficiales de Juan Pablo II había otros homófilos. El principal era un sacerdote irlandés, monseñor John Magee, que fue uno de los secretarios particulares de Pablo VI, y luego, por poco tiempo, secretario personal de Juan Pablo I. Juan Pablo II le nombró obispo de la diócesis irlandesa de Cloyne, donde se vio envuelto en una polémica sobre unos casos de abusos sexuales que conmovieron al país. Un joven seminarista que prestó testimonio ante la Comisión Arzobispal de Investigación en Dublín sobre la diócesis de Cloyne (en relación con los casos de abuso sexual) dijo que el obispo le abrazó y le besó en la frente. Este testimonio fue publicado en el Informe Cloyne. Benedicto XVI acabó obligando a monseñor Magee a dimitir.

Uno de los asistentes del papa que «practicaba» activamente su homosexualidad era un cura que mezclaba la corrupción económica con la corrupción de chicos (mayores de edad, que yo sepa). También él se deshacía en atenciones con los guardias suizos y los seminaristas, audacias que compartía con uno de los organizadores de los viajes papales.

Bien lo sabe un joven seminarista de Bolonia que me contó con detalle su malandanza a lo largo de varias entrevistas. Durante la visita del papa a esta ciudad en septiembre de 1997, dos de los asistentes y prelados encargados de los desplazamientos de Juan Pablo II insistieron en ver a los seminaristas. Enseguida se fijaron en un joven rubio y guapo que entonces tenía 24 años.

—Mientras nos pasaban revista, de pronto me señalaron con el dedo. Me dijeron: «¡Tú!». Me pidieron que los acompañara y ya no me soltaron. Querían verme todo el tiempo. Era una técnica de ligue muy insistente —me explica el exseminarista (que, veinte años después, sigue siendo muy seductor).

Durante la visita de Juan Pablo II, los colaboradores estrechos del papa exhibieron a su seminarista entre mimos y zalamerías. Se lo presentaron al papa en persona y le pidieron que le hiciera subir al estrado con él en tres ocasiones.

—Me di cuenta de que estaban allí para ligar. Camelaban a los jóvenes y me hacían proposiciones sin tomar ninguna precaución. Cuando terminó su estancia me invitaron a visitarlos en Roma quedándome en su casa. Decían que podían alojarme en el Vaticano y enseñarme el despacho del papa. Yo me olí sus intenciones y no les hice caso. ¡Perdí la vocación! ¡Si no, puede que hoy fuera obispo!

La audacia no tiene límites. Otros dos fieles colaboradores del papa, un arzobispo que le aconsejaba y un nuncio muy conocido, también tuvieron una vida sexual llena de excesos inimaginables. Lo mismo puede decirse de un cardenal colombiano al que todavía no conocemos, pero no tardará en aparecer: Juan Pablo II encargó a este «satánico doctor» coordinar la política familiar del Vaticano, pero al caer la noche se entregaba con una regularidad desconcertante a la prostitución masculina.

En el entorno inmediato del papa también había un trío de obispos muy singular en su género, porque formaban una banda (no encuentro una palabra mejor). Era otro de los círculos lúbricos que rodeaban al papa. Comparados con los cardenales o prelados

295

majestuosos que acabo de mencionar, estos aventureros homosexuales de su santidad eran mediocres, no se arriesgaban.

El primero era un arzobispo al que se hace pasar por un ángel, con pinta de santurrón, que dio mucho que hablar en su día por su apostura. Cuando me encuentro con él treinta años después sigue siendo un hombre guapo. Por entonces era protegido del cardenal Sodano y el soberano pontífice también le adoraba. Hay muchos testimonios que confirman sus inclinaciones, incluso fue apartado de la diplomacia vaticana «cuando lo sorprendieron en la cama con un negro» (me asegura un sacerdote de la Secretaría de Estado que también se ha acostado varias veces con el interesado).

El segundo obispo del entorno de Juan Pablo II tenía un papel central en la preparación de las ceremonias papales. En las fotos se le ve al lado del santo padre. Conocido por sus prácticas S&M, dicen que acudía vestido de cuero al Sphinx, un club de *cruising* romano, hoy cerrado. En el Vaticano se hizo famosa una frase que le aludía: «*Lace by day; leather by night*» («Encajes de día y cuero por la noche»).

Al tercer obispo en discordia lo describen como una persona especialmente perversa, que acumulaba escándalos económicos y escándalos con chicos. La prensa italiana lleva tiempo hablando de él.

Los tres obispos formaban parte de lo que podríamos llamar el «segundo círculo de lujuria» alrededor de Juan Pablo II. No aparecían en primer plano, eran subalternos. El papa Francisco, que conoce bien a estos tunantes, se ha encargado de mantenerlos a raya privándoles de la púrpura. Se podría decir que los tres están en el armario por partida doble: agazapados y postergados.

Estos tres iniciados desempeñaron, alternativamente, funciones de alcahuetes y lacayos, mayordomo, camarero, maestro de ceremonias, maestro de celebraciones litúrgicas, canónigo y jefe de protocolo de Juan Pablo II. Serviciales cuando hacía falta, a veces dispensaban «servicios» a los cardenales más importantes, y el resto del tiempo practicaban el vicio por su cuenta. (En una serie de entrevistas grabadas me confirmaron el nombre de algunos de estos obispos y su homosexualidad activa en el entorno del cardenal Angelo Becciu, por entonces «ministro del Interior» del papa Francisco.)

Hablé largo y tendido, en compañía de Daniele, mi principal investigador italiano, con dos de estos tres mosqueteros. El primero se mantuvo fiel a su imagen de caballero y gran personaje. Por miedo a delatar su homosexualidad (sobre la que no cabe ninguna duda), se mantuvo reservado. El segundo, con el que conversamos varias veces en un palacio del Vaticano, en zona «extraterritorial», nos dejó patidifusos. En el inmenso edificio, donde también viven varios cardenales, el sacerdote nos recibió con ojos como platos, ¡como si fuésemos los Tadzio de *Muerte en Venecia*! Feo como él solo, le tiró los tejos a Daniele sin más preámbulos y se deshizo en cumplidos conmigo (a pesar de que nos veíamos por primera vez). Nos pasó contactos y nos prometimos que volveríamos a vernos (lo hicimos). Gracias a él se nos abrieron algunas puertas que nos dieron acceso inmediato al servicio de protocolo y al banco del Vaticano, donde es evidente que el trío posee ramificaciones. Daniele no las tenía todas consigo, sobre todo cuando lo dejé solo un momento para ir al cuarto de baño:

—¡Tenía miedo de que me metiera mano! —me confesó riendo cuando salimos.

Entre estos allegados a Juan Pablo II, la relación con la sexualidad y el ligue varía. Mientras que unos cardenales y obispos se arriesgan, otros redoblan las precauciones. Un arzobispo francés, creado cardenal más adelante, vivía en pareja estable con un sacerdote anglicano y luego con otro italiano, según su antiguo asistente; otro cardenal italiano vive con su compañero y me lo presentó como «el marido de su difunta hermana», pero en el Vaticano todos, empezando por los guardias suizos, conocían el tipo de relación que mantenían. Un tercero, el estadounidense William Baum, cuyas costumbres salieron a la luz, también vivía en Roma con su célebre amante, que no era otro que uno de sus asistentes.

Otro cardenal francófono con quien hablé varias veces, también próximo a Juan Pablo II, era conocido por un vicio algo especial: su técnica consistía en invitar a comer a seminaristas o futuros nuncios y luego, pretextando cansancio al final de la comida, sugerirles que durmieran la siesta con él. Entonces el cardenal se tumbaba en la cama, sin mediar palabra, y esperaba a que el joven novicio se le uniera. Ansioso de reciprocidad, esperaba pacientemente, inmóvil como una araña en medio de su tela.

Otro cardenal de Juan Pablo II era conocido por sus salidas del Vaticano en busca de chicos, sobre todo en los parques que rodean el Capitolio y, como ya hemos visto, no quiso que su coche oficial llevara matrícula diplomática del Vaticano para tener más libertad. (Según el testimonio de primera mano de dos curas que trabajaron con él.)

Otro cardenal más, que desempeñaba un importante cargo de «ministro» de Juan Pablo II, fue devuelto bruscamente a su país tras un escándalo con un joven guardia suizo, con dinero por medio. Más tarde le acusaron de encubrir casos de abusos sexuales.

Otros sacerdotes influyentes del entorno de Juan Pablo II eran homófilos y más discretos. El dominico Mario Luigi Ciappi, uno de sus teólogos personales, compartía fraternalmente su vida con su *socius* (asistente). Uno de los confesores del papa también era prudentemente homófilo. (Según informaciones de uno de los antiguos asistentes de Ciappi.)

Pero volvamos al primer «círculo de lujuria». Su núcleo, en cierto modo, eran los cardenales La Montgolfiera y Platinette, y los otros astros gravitaban a su alrededor. Al lado de estas grandes divas, los segundos círculos y otros cardenales periféricos palidecen. ¡Esos dos eran excepcionales, por sus «amores monstruos» y su «concierto de infiernos»!

Fueron sus asistentes, colaboradores o colegas cardenales quienes me contaron sus correrías; yo mismo pude hablar con Platinette en la santa sede y doy fe de su audacia: me agarró el hombro, cogiéndome virilmente el antebrazo, sin soltarme ni un momento pero sin ir tampoco más lejos.

Entremos, pues, en este mundo paralelo donde el vicio recibe una recompensa proporcional a sus excesos. ¿Será esta clase de práctica la que ha dado origen a la bonita frase inglesa *«They lived in squares and loved in triangles»* (Literalmente: «Vivían en cuadrados [*squares*, es decir plazas] y amaban en triángulos»)? Sea como fuere, los cardenales La Montgolfiera y Platinette, a los que no tardaría en unirse un obispo cuyo mote callaré por caridad, eran tres clientes habituales de los prostitutos romanos, con los que formaban cuartetos.

¿Se arriesgaban mucho La Montgolfiera y Platinette dejándose arrastrar por los torbellinos de una vida disoluta? A primera vista se diría que sí, pero, como cardenales, disfrutaban de inmunidad diplomática y de una protección en las más altas esferas del Vaticano, por ser amigos del papa y sus ministros. Además, ¿quién podía irse de la lengua? En esa época los escándalos sexuales aún no habían salpicado al Vaticano. La prensa italiana apenas publicaba nada al respecto, los testigos callaban y la vida privada de los cardenales era intocable. Las redes sociales aún no existían y hasta más tarde, tras la muerte de Juan Pablo II, no alteraron el panorama mediático. Hoy seguramente se publicarían vídeos comprometedores y fotos explícitas en Twitter, Instagram, Facebook o YouTube, pero en ese momento el gran camuflaje seguía siendo eficaz. 299

De todos modos, La Montgolfiera y Platinette tomaban precauciones para evitar rumores. Idearon un sistema complicado de reclutamiento de *escorts* a través de un triple filtro. Para ello recurrieron a un «gentilhombre de Su Santidad», un laico casado, posiblemente heterosexual que, a diferencia de sus comanditarios, tenía unas prioridades distintas de la homosexualidad. Andaba metido en enredos financieros dudosos y lo que pretendía a cambio de sus servicios era, ante todo, apoyos sólidos en las alturas de la curia y una recomendación.

A cambio de una generosa retribución, el gentilhombre de Su Santidad se ponía en contacto con otro intermediario cuyo seudónimo era Negretto, un cantante de Nigeria miembro de la coral del Vaticano, que a lo largo de varios años creó una red fértil de seminaristas gais, *escorts* italianos y prostitutos extranjeros. Con este sistema de muñecas rusas metidas unas en otras, Negretto recurría a un tercer intermediario que hacía de gancho. Reclutaban en todas direcciones, sobre todo migrantes que necesitaban permiso de residencia: el gentilhombre de Su Santidad les prometía que intervendría para que consiguieran papeles si ellos se mostraban «comprensivos». (Utilizo aquí datos extraídos de los informes de escuchas telefónicas realizados por la policía italiana e incorporados al proceso abierto sobre este caso.)

El sistema se mantuvo en pie durante varios años, durante el pontificado de Juan Pablo II y el principio del de Benedicto XVI, y sirvió para abastecer a los cardenales La Montgolfiera y Platinette, a su amigo obispo y a un cuarto prelado cuya identidad no he logrado averiguar.

La acción propiamente dicha se desarrolla fuera del Vaticano en varias residencias, sobre todo en un chalet con piscina, unos apartamentos de lujo en el centro de Roma y, según dos testigos, en la residencia de verano del papa, Castel Gandolfo. Esta residencia, que visité con un arzobispo del Vaticano, está convenientemente situada en zona extraterritorial, propiedad de la santa sede y no de Italia, donde no pueden intervenir los *carabinieri* (me lo han confirmado). Allí, lejos de las miradas, un prelado bien pudo, so pretexto de llevar a correr a sus perros, hacer que sudaran sus favoritos.

Según varias fuentes, el broche de esta trama de *escorts* de lujo era el modo de sufragarla. Los cardenales, no contentos con recurrir a la prostitución masculina para satisfacer su libido, no contentos con ser homosexuales en privado y homófobos furibundos en público, también se las arreglaban para no pagar de su bolsillo a sus gigolós. Metían mano en las arcas del Vaticano para remunerar a los intermediarios, y también a los *escorts*, cantidades que variaron según las épocas pero que siempre eran muy elevadas, a veces ruinosas (hasta 2.000 euros la noche para los *escorts* de lujo, según informaciones obtenidas por la policía italiana en este caso). Algunos *monsignori* del Vaticano, ampliamente informados del asunto, inventaron un mote irónico para esos prelados roñosos: los *ATM-Priests* («curas-cajeros automáticos»).

Al final, la justicia italiana, sin proponérselo, acabó con esta trama de prostitución cuando ordenó la detención de varios implicados por asuntos graves de corrupción. También fueron detenidos dos de los intermediarios, identificados en las escuchas realizadas por la policía en el teléfono del gentilhombre de Su Santidad. Fue así como la trama de prostitución quedó decapitada y la policía descubrió su alcance, pero no pudo remontarse ni acusar a los cabecillas, pues gozaban de inmunidad diplomática: los cardenales La Montgolfiera y Platinette.

En Roma hablé con un teniente coronel de los Carabinieri que conoce bien estos asuntos. Este es su testimonio:

—Parece que esos cardenales fueron identificados, pero no se les pudo interrogar ni detener debido a la inmunidad diplomática. Todos los cardenales tienen esa inmunidad. Si se ven envueltos en un escándalo, saben que están protegidos. Se refugian tras los muros de la santa sede. Ni siquiera podemos registrar su equipaje, aunque sospechemos que transportan droga, por ejemplo, ni interrogarles.

El teniente coronel de los Carabinieri prosigue:

—En teoría la gendarmería vaticana, que no depende de las autoridades italianas, habría podido interrogar a esos cardenales y abrir diligencias. Pero solo lo haría a petición de la santa sede y, evidentemente, en este asunto los cabecillas del tráfico estaban bien conectados con los altos responsables de la santa sede…

Pasaré por alto detalles de estas hazañas cardenalicias pese a que, según las escuchas de la policía, sus caprichos eran muy creativos. Hablan de los *escorts* en términos de «expedientes» y «situaciones». Los intermediarios obedecen y proponen perfiles adecuados que solo varían en la estatura y el peso. Extractos de las conversaciones (sacados de las notas procesales):

—No le diré más. Mide dos metros de altura, tal peso y tiene 33 años.

—Tengo una situación en Nápoles… No sé cómo decírselo, es algo que no se puede dejar escapar… 32 años, 1 metro 93, muy guapo…

—Tengo una situación cubana.

—Acabo de volver de Alemania con un alemán.

—Tengo dos negros.

—X tiene un amigo croata al que le gustaría saber si usted puede encontrar una hora.

—Tengo un futbolista.

—Tengo a uno de los Abruzos.

Etcétera.

Un buen resumen del asunto sería que en estos negocios se junta Cristo con el Viagra.

Después de un largo proceso y varios recursos, nuestro «gentilhombre» fue condenado por corrupción, la coral del Vaticano se disolvió y Negretto vive en una residencia católica fuera de Italia donde al parecer tiene los gastos pagados para comprar su silencio. En cuanto a los otros intermediarios, pese a conocer su identidad no he podido seguirles el rastro. Los cardenales implicados no solo se han ido de rositas, sino que sus nombres reales no han aparecido nunca en las actas procesales ni en la prensa.

El papa Juan Pablo II, admitiendo que no estuviera al corriente, tampoco fue capaz de separar, entre sus allegados, el grano de la paja, seguramente porque esa cura de desintoxicación afectaría a demasiada gente. El papa Benedicto XVI conocía el asunto y se esforzó por marginar a sus principales protagonistas, al principio con éxito, hasta que su empeño le condujo, como veremos, a su perdición. Francisco, asimismo bien informado, sancionó a uno de los obispos implicados negándose a crearle cardenal, pese a la promesa que le había hecho un exsecretario de Estado. Platinette, por ahora, conserva su puesto. El cabecilla de la trama y señor del campo de batalla, La Montgolfiera, tiene una jubilación dorada de cardenal. Sigue llevando una vida de lujo y, según cuentan, con su amante. Por supuesto, estos prelados se han sumado a la oposición al papa Francisco. Critican ásperamente sus propuestas favorables a los homosexuales y reclaman más castidad. Ellos, que la practicaron tan poco.

Este caso sería uno más del montón si no fuera la verdadera matriz de comportamientos recurrentes en la curia romana. No son desviaciones, es un sistema. Estos prelados se sienten intocables y se aprovechan de su inmunidad diplomática. Por eso, si hoy conocemos su perversión y su maldad, es porque ha habido testigos que han hablado. Aunque se ha intentado taparles la boca.

Conviene que nos extendamos un poco sobre una historia inverosímil estrechamente relacionada con el caso Montgolfiera. ¡Y menuda historia! ¡Una auténtica intriga «de genio», como diría el Poeta! Su protagonista es un prelado discreto, jefe de departamento en la Secretaría de Estado, monseñor Cesare Burgazzi, y el caso se hizo público. (Como Burgazzi no quiso responder a mis preguntas, para el relato de este asunto me baso en el testimonio detallado de dos curas y colegas suyos, en datos proporcionados por la policía y en las actas del proceso que se entabló.)

Una noche de mayo de 2006 unos policías sorprenden a monseñor Burgazzi dentro de su coche en un lugar de merodeo homosexual y prostitución bien conocido en Roma, Valle Giulia, cerca de Villa Borghese. Han visto varias veces su coche, un Ford Focus, dando vueltas por la zona. Al verlo parado con las luces apagadas, los respaldos inclinados y unas sombras moviéndose en el interior, se acercan para identificar a los ocupantes y detenerles por atentado contra el pudor. El desdichado prelado se asusta y huye al volante de su vehículo. La persecución, veinte minutos de vértigo por las calles romanas, termina como en las películas americanas, con colisiones en cadena: dos coches de la policía accidentados y tres policías heridos.

«¡Ustedes no saben quién soy yo! ¡No saben con quién se juegan los cuartos!», grita Burgazzi con un ojo morado cuando le llevan detenido después de pasarse un poco jugando a los autos de choque.

En el fondo, el asunto es tan trivial, tan frecuente en el Vaticano, que a primera vista no tiene gran interés. No sería la primera persecución que figura en los atestados policiales del mundo con curas, prelados y hasta cardenales implicados. Pero en este caso las cosas no son tan sencillas. En la versión de los policías, que según afirman se identificaron con sus placas, dentro del coche se han encontrado preservativos y un traje de *clergyman* (el sacerdote viste de calle cuando le detienen). La policía requisa el teléfono del prelado e identifica una llamada «a un transexual brasileño llamado Wellington».

Por su parte, Cesare Burgazzi afirma obstinadamente que los policías iban de paisano y tenían coches camuflados, por lo que creyó que querían desvalijarle e incluso llamó varias veces a los teléfonos de urgencia. El prelado también niega la llamada al transexual Wellington y que llevara preservativos en su coche. Afirma que varios pasajes de la declaración de los policías son falsos y que sus heridas eran más leves de lo que se dijo (algo que la justicia confirmaría en apelación). En definitiva, Burgazzi jura que, al creer que era un intento de robo, lo único que hizo fue intentar huir.

Esta tesis de los policías disfrazados de salteadores de caminos, o viceversa, parece cuando menos fantasmagórica. Pero el prelado fue tan insistente y la policía tan incapaz de demostrar lo contrario que el proceso duró más tiempo del previsto. En primera instancia Burgazzi fue absuelto debido a la inconsistencia de las declaraciones policiales. Pero recurrió, lo mismo que la acusación; él para quedar totalmente limpio y los policías para que le condenaran. Y resulta que en la apelación la justicia creyó la versión de los policías y le declaró culpable. Entonces Burgazzi presentó un recurso de casación y el caso terminó ocho años después con una absolución definitiva.

Aunque el fallo es inapelable, las circunstancias del asunto siguen siendo, cuando menos, poco claras. Una posibilidad es que alguien tendiera una trampa a Burgazzi. Según esta hipótesis, aventurada por varias personas que conocen bien el caso, Burgazzi, que es un hombre prudente y bien informado, gracias a sus funciones en el Vaticano había descubierto unas prácticas económicas escandalosas y la doble vida homosexual de varios cardenales muy próximos al papa Juan Pablo II: mezcla estrafalaria de desfalcos del banco del Vaticano, cajas B y redes de prostitución. El fogoso Burgazzi, precavido y, según dicen, incorruptible, había sacado fotocopias de todo y las había guardado en una caja fuerte con una clave que solo conocían él y su abogado. Según esta versión, poco después, sacando fuerzas de flaqueza, pidió una entrevista personal con el más poderoso de estos cardenales para contarle lo que había descubierto y pedirle explicaciones. No sabemos lo que pasó en esa reunión. Lo que sí sabemos es que Burgazzi no entregó esa carpeta a la prensa, lo que probaría su fidelidad a la Iglesia y su aversión al escándalo.

¿Tendría algo que ver la amenaza de Burgazzi con el caso rocambolesco de la Villa Borghese? ¿Cabe la posibilidad de que el poderoso cardenal implicado en el asunto se asustara y tratara de neutralizar al prelado? ¿Tendió una trampa a Burgazzi para comprometerle y obligarle a guardar silencio con el concurso de alguna trama próxima a la policía italiana o incluso de verdaderos policías (se sabe que un jefe de policía era amigo del cardenal)? ¿Querían desprestigiarle para que sus posibles declaraciones no tuvieran credibilidad? Seguramente todas estas preguntas permanecerán mucho tiempo sin respuesta.

Sabemos, no obstante, que el papa Benedicto XVI, elegido mientras se instruía el largo proceso judicial, insistió para que Burgazzi recuperase su puesto en la Secretaría de Estado. E incluso se le acercó durante una misa y le dijo: «Lo sé todo. Continúe» (según un testigo de primera mano a quien se lo contó Burgazzi).

Este respaldo inesperado del papa en persona da idea de la alarma creada en el Vaticano por este asunto y confiere cierto crédito a la hipótesis de una manipulación. Porque no dejan de sorprender las declaraciones tan deficientes de los policías, sus pruebas dudosas que acabaron siendo rechazadas por la justicia. ¿Fue un montaje? ¿Con qué fin? ¿Fue Cesare Burgazzi víctima de una maquinación urdida por uno de sus pares para hacerle callar o hacerle cantar? La sala de lo penal del tribunal de casación italiano, al refutar la versión de los policías, ha dado pábulo a estas sospechas.

305

Una de las claves de Sodoma, por tanto, son los asuntos de dinero y de costumbres, que en el Vaticano suelen estar estrechamente imbricados. El cardenal Raffaele Farina, uno de los que mejor conoce estos escándalos económicos (a petición de Francisco presidió la comisión de reforma del banco del Vaticano), fue el primero que me puso sobre la pista de estos enredos cruzados. En las dos largas entrevistas que me concedió en su domicilio de la santa sede, en presencia de mi investigador italiano Daniele, Farina habló de esas colusiones inverosímiles diciendo que eran como «dos demonios uncidos al mismo yugo por un mismo designio» (Shakespeare). El cardenal, por supuesto, no dio nombres, pero él y yo sabíamos a quién se refería cuando aseguraba, con el aplomo de quien tiene pruebas, que en el Vaticano la adoración a los muchachos y la adoración al becerro de oro van a la par.

Las explicaciones apuntadas por Farina y confirmadas por otros cardenales, obispos y expertos del Vaticano son auténticas reglas sociológicas. De entrada, el alto porcentaje de homosexuales en la curia romana explica estadísticamente, por así decirlo, que muchos de ellos hayan protagonizado intrigas financieras. A esto se añade el hecho de que para entablar relaciones en un mundo tan cerrado y controlado, vigilado por los guardias suizos, la gendarmería y el qué dirán, hay que extremar la prudencia. Solo puede haber cuatro soluciones. La primera es la monogamia, opción escogida por una proporción significativa de prelados que tienen así menos aventuras que los demás. Si los homosexuales no forman parejas estables, su vida se vuelve más complicada. Entonces tienen estas tres opciones: viajar para recuperar la libertad sexual (es el camino real que emprenden a menudo los nuncios y los minutantes de la Secretaría de Estado), frecuentar los bares y locales especializados o recurrir a prostitutos externos. En los tres casos se necesita dinero. Pero el sueldo de un cura gira en torno a 1.000 o 1.500 euros mensuales, que incluyen alojamiento y comida, cantidades muy insuficientes para satisfacer esos deseos secretos. Los curas y obispos del Vaticano son pobretones, de ellos se dice que «viven como príncipes cobrando el salario mínimo».

A fin de cuentas, la doble vida de un homosexual en el Vaticano implica un control muy estricto de su vida privada, una cultura del secreto y necesidad de dinero: incitaciones al camuflaje y la mentira. Todo esto explica los peligrosos vínculos entre el dinero y el sexo, la frecuencia de los escándalos financieros y las intrigas homosexuales, y los círculos de lujuria que se crearon durante el pontificado de Juan Pablo II, en una ciudad convertida en un dechado de corrupción.

12

Los guardias suizos

*N*athanael se encontró con dos problemas en el Vaticano: las chicas y los homosexuales. La escasez de las primeras y la omnipresencia de los segundos.

Conocí a este guardia suizo por casualidad en el Vaticano. Yo estaba un poco perdido en el laberinto de escaleras y me indicó el camino. No era huraño, y entablamos conversación.

Al principio pensé que Nathanael formaba parte del personal contratado en el interior del Vaticano para hacer reparaciones. El mono de trabajo que llevaba ese día le hacía pasar por un obrero italiano. Por eso me llevé una sorpresa cuando días más tarde le vi con el uniforme de gala rojo, amarillo y azul. ¡Era un guardia suizo! ¡Un guardia suizo con una caja de herramientas!

Me puse en contacto con Nathanael más adelante, durante otra estancia en Roma, y entonces me topé con su negativa, educada pero firme, a volver a vernos. Después me enteré de que era una de las reglas impuestas a los guardias suizos. Por motivos que callaré, a pesar de todo aceptó mi propuesta y acostumbramos a encontrarnos en el café Makasar, en el Borgo, un lugar que está a varios minutos a pie del cuartel de la guardia suiza, pero cuya discreción, lejos de los lugares frecuentados por los *monsignori* y los turistas, nos convenía a ambos.

Alto, de cara alargada, seductor, Nathanael era sin duda muy sociable. Desde nuestro primer encuentro me dijo su nombre (aquí lo he cambiado) y me dio su número de teléfono. Su apellido lo supe después, por un descuido, cuando metí sus datos en mi *smartphone* y su número de móvil se «acopló» automáticamente con su ficha Google+. Pero Nathanael no está en Instagram ni en Facebook, y tampoco aparece ninguna foto suya en Google Imágenes, de acuerdo con otra regla estricta, pues el Vaticano impone una discreción extrema a los guardias suizos.

—Ni selfis, ni perfiles en las redes sociales —me confirma Nathanael.

De modo que las chicas y los homosexuales son los dos problemas principales del guardia suizo en la santa sede. Desde que se incorporó al servicio ha logrado acostarse «con diez chicas», me dice, pero lleva mal la obligación de celibato. Las reglas, además, son muy estrictas.

—Hay que volver al cuartel antes de medianoche y no se puede dormir fuera. Nos prohíben vivir en pareja, el matrimonio solo está autorizado para los oficiales superiores y está terminantemente prohibido llevar chicas al cuartel. Nos disuaden de hablar con ellas en la ciudad y a veces se fomenta la delación.

Estas obsesiones pudibundas de los viejos cascarrabias del Vaticano enojan a Nathanael, quien considera que los asuntos esenciales relacionados con las misiones específicas de la guardia no se tienen en cuenta. Como la seguridad del papa que, a su entender, deja mucho que desear. Le cuento que muchas veces he entrado en el Vaticano por la puerta llamada Arco delle Campane —mágico donde los haya, bajo el reloj, a la izquierda de San Pedro— sin tener que identificarme y sin que me registren la mochila, porque un cardenal o un simple sacerdote que vive dentro ha salido a buscarme. También le revelé otro secreto: que yo disponía de una llave que me permitía entrar en el Vaticano sin control alguno, al atardecer, cuando me alojaba en su interior. El guardia suizo está consternado al oírlo.

Durante las cerca de diez citas secretas en el café Makasar, Nathanael me revela lo que realmente le tiene frito: el flirteo continuo y a veces agresivo de algunos cardenales.

—Como a alguno se le ocurra tocarme, le parto la cara y dimito —declara con rotundidad.

Nathanael no es gay, ni siquiera *gay-friendly*, y me confiesa que está harto de que los cardenales y obispos le tiren los tejos (me da nombres). Está traumatizado por lo que ha descubierto en el Vaticano en términos de doble vida, de ligoteo y hasta de acoso.

—Estoy asqueado por lo que he visto. No me lo puedo creer. ¡Y pensar que he jurado «sacrificar mi vida», si hace falta, por el papa!

Pero ¿acaso el gusano no estaba en la fruta desde el principio? Fue Julio II quien fundó la guardia suiza en 1506, y la bisexualidad de este papa está bien documentada. En cuanto al uniforme del ejército más pequeño del mundo, una casaca renacimiento *rainbow flag* («bandera arcoíris») y un casco de alabardero con dos picos adornado con plumas de garza, se dice que lo ideó Miguel Ángel.

Un teniente coronel de *carabinieri* me confirma en Roma que los guardias suizos deben guardar un estricto secreto profesional:

—Hay una *omertà* increíble. Les enseñan a mentir por el papa, por razón de Estado. Los casos de acoso o abusos sexuales son frecuentes, pero se ocultan y siempre le echan la culpa al guardia suizo. Les dan a entender que si hablan no volverán a encontrar un empleo. En cambio, si se portan bien, les ayudan a encontrar un trabajo cuando vuelven a la vida civil en Suiza. Su futuro depende de sus silencios.

A lo largo de mi investigación entrevisté a 11 guardias suizos. Además de Nathanel, con quien me reuní regularmente en Roma, a casi todos los demás los conocí durante la peregrinación militar a Lourdes o, en Suiza, durante más de una treintena de viajes a Zúrich, Basilea, Saint Gall, Lucerna, Ginebra y Lausana, donde me puse en contacto con antiguos guardias suizos. Han sido fuentes fiables y de primera mano para este libro, pues me han informado sobre las costumbres de la curia y la doble vida de muchos cardenales que, como la cosa más natural, flirtearon con ellos.

Conocí a Alexis en la cervecería Versailles. Todos los años, con motivo de una gran peregrinación, miles de policías, gendarmes y miembros de fuerzas armadas de todo el mundo, todos ellos católicos practicantes, se juntan en Lourdes, ciudad francesa de los Pirineos. También acude tradicionalmente un grupo de guardias suizos, entre los que se encontraba Alexis el año que fui para allá. (Su nombre está cambiado.)

—Por fin han llegado los guardias suizos —exclama en voz alta Thierry, el dueño del Versailles, contentísimo con la llegada de esos soldados de colorines que atraen a los clientes y llenan la caja.

La peregrinación militar a Lourdes es un festival caqui y multicolor en el que están representadas decenas de países. Se ven sombreros de plumas fluorescentes, sables afilados y brillantes, pompones, hombres con kilt y toda clase de fanfarrias. Se reza con fervor y se bebe fraternalmente, sobre todo en el Pont Vieux. Allí veo a cientos de militares católicos borrachos cantando, bailando y ligando. Hay pocas mujeres y los homosexuales están en el armario. ¡Es un verdadero botellón para bautizados!

En esa inmensa cogorza los guardias suizos siguen siendo la atracción principal, como me había anunciado el teniente coronel de los *carabinieri* que me facilitó las gestiones para participar en la peregrinación a Lourdes.

—Ya verá —me dijo el policía—, cuando están lejos de Roma los guardias suizos se desmadran un poco. La presión no es tan fuerte como en el Vaticano, el control de los oficiales se relaja y el alcohol rompe el hielo. ¡Se les suelta la lengua!

Efectivamente, Alexis ha bajado la guardia:

—En Lourdes no llevamos siempre el uniforme de gala —me dice el joven, que acaba de entrar en la cervecería Versailles—. Anoche vestíamos de calle, solo nos pusimos corbata. ¡Es peligroso, para la imagen, si se lleva el uniforme rojo, amarillo y azul estando un poco mamado!

Alexis no es más *gay-friendly* que Nathanael. Desmiente con vehemencia el tópico de que en la guardia pontificia suiza hay una alta proporción de homosexuales. Sospecha que cuatro o cinco compañeros suyos son «probablemente gais» y por supuesto conoce los rumores sobre la homosexualidad de uno de los responsables de la guardia suiza del papa Pablo VI, que hoy vive con su pareja en las afueras de Roma. También sabe, como todo el mundo, que varios cardenales y obispos han sido la comidilla en el Vaticano por vivir en pareja con un guardia suizo. Y, por supuesto, conoce la historia de las tres muertes violentas de 1998, en la muralla del Vaticano, donde un joven cabo de guardia, Cédric Tornay, habría asesinado «en un arrebato de locura» al comandante de la guardia suiza y a su mujer.

—Esa es la versión oficial, pero ningún guardia se la cree —me dice Alexis—. ¡A Cédric lo suicidaron! Lo asesinaron como a su comandante y a su mujer, y luego se hizo un montaje macabro para colar la teoría del suicidio después del doble asesinato.

(No me extenderé sobre este suceso dramático que ha hecho correr mucha tinta y sobre el que circulan las teorías más esotéricas. Entre ellas, bastará para nuestro asunto recordar que se ha hablado de un enredo entre el joven cabo y su comandante, sin que esta hipótesis resulte muy convincente a menos que su relación, real o supuesta, se utilizara para ocultar otro móvil del crimen. Sea como fuere, el misterio permanece. Por lograr que se haga justicia, el papa Francisco podría dar orden de que volviera a investigar este caso tan siniestro.)

Lo mismo que a Nathanael, a Alexis también le han cortejado decenas de cardenales y obispos, al extremo de que pensó en dimitir de la guardia:

—El acoso es tan insistente que estaba dispuesto a volver inmediatamente a mi casa. Muchos de nosotros estamos exasperados por las insinuaciones, por lo general poco discretas, de los cardenales y obispos.

Alexis me cuenta que un cardenal llamaba siempre en mitad de la noche a uno de sus colegas diciendo que necesitaba su presencia en su dormitorio. La prensa ha revelado otros incidentes del mismo tenor, desde el simple regalo sin consecuencias depositado en la cama de un guardia suizo, acompañado de una tarjeta de visita, hasta actitudes más insistentes que se pueden considerar acoso o agresiones sexuales.

—Tardé mucho en darme cuenta de que en el Vaticano estábamos rodeados de grandes frustrados y que a los guardias suizos nos veían como carne fresca. Nos imponen el celibato y nos niegan el derecho a casarnos porque quieren reservarnos para ellos, es así de sencillo. Son una panda de misóginos, de pervertidos. ¡Les gustaría que fuésemos como ellos, unos homosexuales agazapados!

Según Alexis, Nathanael y al menos otros tres antiguos guardias con quienes hablé en Suiza, hay normas internas muy precisas en lo concerniente a la homosexualidad, aunque casi no se la menciona como tal durante su formación. Se invita a los guardias suizos

311

a ser «sumamente amables» con los cardenales, los obispos «y todos los *monsignori*». A quienes están considerados como reclutas se les ruega que sean serviciales y de una amabilidad extrema. Nunca deben criticar a una eminencia o excelencia ni negarles nada, ¡al fin y al cabo un cardenal es el apóstol de Cristo en la tierra!

Sin embargo, esta cortesía debe ser de fachada, según una regla no escrita de la guardia. Si un cardenal da su número de teléfono a un joven militar o le invita a tomar un café, el guardia suizo debe darle las gracias educadamente y hacerle ver que no está disponible. Por mucho que el otro insista, debe recibir siempre la misma respuesta, y la cita, si se había aceptado por pusilanimidad, debe anularse con cualquier pretexto relacionado con las obligaciones del servicio. En los casos de acoso más evidentes, se invita a los guardias suizos a contárselo a sus superiores, pero deben abstenerse de responder, criticar o denunciar a un prelado. Casi siempre se echa tierra sobre el asunto.

312   Lo mismo que los demás guardias suizos, Alexis me confirma la gran cantidad de homosexuales que hay en el Vaticano. Pronuncia palabras fuertes: «predominio», «omnipresencia», «supremacía». Esta fuerte gaitud disgusta profundamente a la mayoría de los guardias con quienes he hablado. Nathanael, cuando se haya licenciado y tenga en mano su «liberación», no piensa volver a poner los pies en el Vaticano «salvo de vacaciones con mi mujer». Otro guardia suizo entrevistado en Basilea me confirma que la homosexualidad de los cardenales y prelados es uno de los temas estrella de las charlas cuarteleras, y las historias que cuentan sus compañeros no hacen más que amplificar las que conocen por experiencia propia.

Con Alexis, como ya había hecho con Nathanael y otros guardias suizos, repasamos unos cuantos nombres, y la lista de cardenales y arzobispos que les hicieron proposiciones se confirma, tan larga como la capa magna de Burke. Creía estar bien informado al respecto, pero qué va: el número de elegidos es aún mayor de lo que suponía.

¿Por qué estuvieron dispuestos a hablar con tanta libertad, llegando incluso a sorprenderse de su propia audacia? No por envidia o vanidad, como muchos cardenales u obispos; no por favorecer una causa, como la mayoría de mis contactos gais dentro del Vaticano. Sino por decepción, como hombres que han perdido sus ilusiones.

Y en esto Alexis me revela otro secreto. Mientras que los oficiales, como hemos visto, pueden casarse y no suelen ser homosexuales, muy distinto es el caso de los confesores, capellanes, limosneros y sacerdotes que rodean a los guardias suizos.

—Nos piden que vayamos a la capilla que tenemos reservada y nos confesemos por lo menos una vez a la semana. Pues bien, nunca he visto tantos homosexuales como entre los capellanes de la guardia suiza —me revela Alexis.

El joven me dice el nombre de dos capellanes y confesores de la guardia que, según él, son homosexuales (información confirmada por otro guardia suizo alemánico y un sacerdote de la curia). También me nombra a otro capellán que murió de sida (el periodista suizo Michael Meier también mencionó el caso en un artículo del *Tages-Anzeiger*, revelando su nombre).

313

Durante varias estancias en Suiza, adonde viajo todos los meses desde hace varios años, he conocido a abogados especializados y a responsables de varias organizaciones de defensa de los derechos humanos (como SOS Rassismus und Diskriminierung Schweiz). Me señalaron ciertas discriminaciones que afectan a la guardia suiza, desde el proceso de reclutamiento hasta el código de buena conducta que se aplica en el Vaticano.

Según un abogado suizo, los estatutos de la asociación que alista a los futuros guardias suizos en la confederación es ambiguo. ¿Se rige por el derecho suizo, por el derecho italiano o por el derecho canónico de la santa sede? El Vaticano mantiene esta ambigüedad para poder tocar los tres teclados. Pero como el reclutamiento de estos ciudadanos helvéticos tiene lugar en Suiza, debería ajustarse al derecho laboral suizo, pues la ley se aplica también a las empresas extranjeras que operan en el país. Pero las normas de reclutamiento de los guardias son discriminatorias, ya que se excluye a las mujeres (que pueden alistarse en el ejército suizo); un joven casado o en pareja no puede aspirar al puesto, solo se aceptan solteros; su reputación debe ser «irreprochable» y debe tener «buenas costumbres» (formulaciones dirigidas implícitamente a excluir a los gais, pero también a las personas transexuales); los migrantes, tan queridos por el papa Francisco, también deben quedar fuera; por último, entre los guardias casi no hay discapacitados ni personas de color, negros o asiáticos, lo que daría a entender que sus candidaturas fueron descartadas.

Según los abogados que he consultado, la mera prohibición de estar casado sería discriminatoria en Suiza, sin olvidar que también contradice los principios de una Iglesia que pretende alentar el matrimonio y prohibir cualquier relación sexual fuera de él.

Con este abogado de intérprete, pregunté en alemán a los responsables de la guardia suiza acerca de estas anomalías jurídicas y sus respuestas fueron significativas. Negaron que hubiera discriminación, porque las obligaciones militares imponen ciertas reglas (contrarias, sin embargo, a las ordenanzas del ejército suizo, que tiene en cuenta las peculiaridades militares referentes a la edad o las condiciones físicas del recluta). Sobre la homosexualidad, nos comunicaron por escrito que «ser gay no es un problema para el alistamiento a condición de no ser demasiado *openly gay*, demasiado visible ni demasiado afeminado». Por último, las normas orales impartidas durante la instrucción de los guardias suizos y su código de conducta (el *Regolamento della Guardia Svizzera Pontificia* que obra en mi poder, cuya última edición, con prólogo del cardenal Sodano, es de 2006) contienen irregularidades en materia de discriminación, derecho laboral y acoso.

Unas anomalías no solo jurídicas, con respecto al derecho suizo, italiano o europeo, sino también morales, que revelan los privilegios que se permite a sí mismo este Estado francamente insólito.

13

La cruzada contra los gais

Justo cuando el papa Juan Pablo II protege a Marcial Maciel y una parte de sus allegados acosan a los guardias suizos y se entregan a la lujuria, el Vaticano entabla su gran batalla contra los homosexuales.

Esta guerra no es nada nuevo. El fanatismo contra los sodomitas existe desde la Edad Media, lo que no obsta para que decenas de papas fueran sospechosos de tener inclinaciones, incluyendo a Pío XII y Juan XXIII. La norma ha sido siempre una fuerte tolerancia de puertas adentro en contraste con la intransigencia de puertas afuera. La Iglesia siempre ha sido más homófoba de palabra que en las prácticas de su clero.

Pero esta actitud pública del catolicismo se endureció a finales de los años setenta. La Iglesia se vio sorprendida por una revolución de las costumbres que no había sido capaz de prever ni de entender. El papa Pablo VI, desconcertado, reaccionó en 1975 con la célebre «declaración» *Persona Humana*, que estaba en la línea de la encíclica *Humanae Vitae*: se confirmaba el celibato de los sacerdotes, se valoraba la castidad, se prohibían las relaciones sexuales antes del matrimonio y se rechazaba tajantemente la homosexualidad.

En gran medida, y en el plano doctrinal, el pontificado de Juan Pablo II (1978-2005) se situó en esta continuidad. Pero la agravó con una actitud cada vez más homófoba, mientras sus afines se lanzaban a una nueva cruzada contra los gais (encabezada, entre otros, por Angelo Sodano, Stanislaw Dziwisz, Joseph Ratzinger, Leonardo Sandri y Alfonso López Trujillo).

El año de su elección, el papa puso los puntos sobre las íes. En un discurso del 5 de octubre de 1979 pronunciado en Chicago ante todos los obispos estadounidenses, les invitó a condenar los actos llamados «contra natura»:

> Como pastores llenos de compasión, ustedes han estado acertados cuando han dicho: «La actividad homosexual, distinta de la tendencia homosexual, es moralmente malvada». Con la claridad de esta verdad han dado un ejemplo de lo que es la caridad de Cristo; no han traicionado a quienes, a causa de la homosexualidad, enfrentan lamentables problemas morales, como habría ocurrido si, en nombre de la comprensión y la piedad, o por cualquier otra razón, hubieran dado falsas esperanzas a nuestros hermanos y nuestras hermanas.

(Nótese la expresión «o por cualquier otra razón», que podría ser una alusión a las costumbres, bien conocidas, del clero estadounidense.)

316 ¿Por qué optó Juan Pablo II por presentarse, y de un modo tan precoz, como uno de los papas más homófobos de la historia de la Iglesia? Según el vaticanista estadounidense Robert Carl Mickens, que vive en Roma, hay dos factores esenciales:

—Es un papa que no conoció la democracia, por lo que tomó las decisiones por su cuenta, con sus intuiciones geniales y sus prejuicios arcaicos de católico polaco, como el de la homosexualidad. Además, su modus operandi, su línea durante todo su pontificado, fue la unidad. Pensaba que una Iglesia dividida era una Iglesia débil. Impuso unas reglas muy rígidas para proteger esa unidad y la teoría de la infalibilidad personal del soberano pontífice hizo el resto.

Quienes conocieron a Juan Pablo II, tanto en Cracovia como en Roma, destacan su débil cultura democrática, así como su misoginia y su homofobia. No obstante, el papa toleró muy bien la omnipresencia de los homosexuales en su entorno. Entre sus ministros y asistentes eran tan numerosos, tan practicantes, que no podía desconocer sus estilos de vida o al menos sus «tendencias». Entonces ¿por qué alimentaba esa esquizofrenia? ¿Por qué dejaba que se instalara ese sistema de hipocresía? ¿Por qué semejante intransigencia pública y semejante tolerancia privada? ¿Por qué? ¿Por qué?

La cruzada que lanzó Juan Pablo II contra los gais, contra el preservativo y, poco después, contra las uniones civiles, obedecía a una situación nueva. Para describirla es preciso adentrarse en la máquina vaticana, la única que puede explicar su violencia, su motor psicológico profundo —el odio a sí mismo es un potente motor secreto— y, finalmente, su fracaso. Porque Juan Pablo II perdió esta guerra.

Voy a contarla primero a través de la experiencia de un antiguo *monsignore*, Krzysztof Charamsa, un simple eslabón de la máquina de propaganda, que nos reveló la parte oculta de esta historia cuando salió del armario. Luego me interesaré por un cardenal de la curia, Alfonso López Trujillo, que fue uno de sus protagonistas, siguiendo minuciosamente su trayectoria en Colombia, Latinoamérica e Italia.

La primera vez que oí hablar de Krzysztof Charamsa fue por correo electrónico: el suyo. Este prelado se puso en contacto conmigo cuando todavía trabajaba para la Congregación para la Doctrina de la Fe. Según me escribió, le había gustado mi libro *Global Gay* y me pedía ayuda para dar publicidad a la salida del armario que se disponía a hacer, pidiéndome que le guardara el secreto. Como entonces yo no sabía si era un prelado influyente, como afirmaba, o un charlatán, le pregunté a mi amigo italiano Pasquale Quaranta, periodista de *La Repubblica*, para comprobar su biografía.

Una vez confirmada la autenticidad del testimonio intercambié varios correos con monseñor Charamsa, le di el nombre de varios periodistas y en octubre de 2015, justo antes del sínodo sobre la familia, su *coming out*, pregonado a los cuatro vientos, saltó a los periódicos y televisiones y dio la vuelta al mundo.

Meses después me reuní con Krzysztof Charamsa en Barcelona, donde se había exiliado cuando el Vaticano lo relevó de sus funciones y se había convertido en un activista *queer* y militante a favor de la independencia de Cataluña. Me dio muy buena impresión. Cenamos en compañía de Eduard, su novio, y noté en él y en la mirada que le devolvía Eduard cierto orgullo, como el de alguien que acabara de hacer él solito su pequeña revolución, su *One-Man Stonewall*.

—¿Te das cuenta de lo que ha hecho? ¿De su valentía? Ha sido capaz de hacer todo eso por amor. Por amor hacia el hombre que ama —me dijo Pasquale Quaranta.

Volvimos a vernos en París al año siguiente. A lo largo de esas entrevistas Charamsa me contó su historia, de la que después sacaría un libro, *La primera piedra*. En sus entrevistas y escritos el exsacerdote conservó siempre una suerte de comedimiento, de reserva, quizá de miedo, a veces frases vacías que le impedían contar toda la verdad. Sin embargo, si un día le diera por hablar «de verdad», su testimonio sería fundamental, porque Charamsa estuvo en el centro de la máquina de guerra homófoba del Vaticano.

A la Congregación para la Doctrina de la Fe se la conoció durante mucho tiempo como el Santo Oficio, en recuerdo de la tristemente célebre Inquisición y su famoso Índice, la lista de libros censurados o prohibidos. Hoy este «ministerio» del Vaticano sigue fijando la doctrina, como su nombre indica, y definiendo el bien y el mal. Con Juan Pablo II, el cardenal Joseph Ratzinger dirigía este dicasterio estratégico, el segundo por orden protocolario después de la Secretaría de Estado. Fue él quien ideó y publicó la mayoría de los textos contra la homosexualidad y quien examinó la mayoría de los expedientes de abusos sexuales en la Iglesia.

Krzysztof Charamsa trabajaba allí como consultor y secretario adjunto de la comisión teológica internacional. Completo su relato con el de otros cuatro testimonios internos, el de otro consultor, el de un miembro de la comisión, el de un experto y el de un cardenal miembro del consejo de la Congregación. Además, gracias a la hospitalidad de un cura comprensivo, yo mismo tuve la posibilidad de alojarme varias noches en el sanctasanctórum, un apartamento del Vaticano próximo a la Piazza Santa Marta, a unos metros del palacio del Santo Oficio, en donde me he cruzado a menudo con los atareados funcionarios de la Inquisición contemporánea.

En la Congregación para la Doctrina de la Fe trabajan unos cuarenta empleados permanentes llamados *ufficiali*, *scrittori* y *ordinanze*, por lo general curas muy ortodoxos, fieles y fiables (Charamsa los llama «funcionarios de la Inquisición»). La mayoría tienen estudios superiores, a menudo de teología y también de derecho canónico y filosofía. Los asisten una treintena de *consultori* externos.

En general cada «proceso inquisitorial» (hoy diríamos cada «punto de doctrina») pasa por los funcionarios para su estudio, luego lo discuten los expertos y consultores, y por último se somete al consejo de los cardenales, que lo ratifica. Esta aparente horizontalidad, fuente de debates, en realidad enmascara una verticalidad, pues un solo hombre tiene autoridad para interpretar los textos y dictar «la» verdad. Porque el prefecto de la Congregación (Joseph Ratzinger con Juan Pablo II, William Levada y luego Gerhard Müller con Benedicto XVI, ambos afines a Ratzinger) es el que propone, enmienda y valida todos los documentos antes de presentárselos al papa en unas audiencias privadas decisivas. El santo padre tiene la última palabra. Como vemos —y como sabemos después de Nietzsche—, la moral es siempre un instrumento de dominio.

También es un terreno propicio a la hipocresía. Entre los veinte cardenales que figuran hoy en el organigrama de la Congregación para la Doctrina de la Fe, creemos que hay una docena de homófilos u homosexuales practicantes. Al menos cinco viven con un novio. Tres recurren habitualmente a prostitutos. (Monseñor Viganò critica a siete cardenales en su *Testimonianza*.)

Vemos, pues, que la Congregación es un caso clínico interesante y el centro de la hipocresía vaticana. Oigamos lo que dice Charamsa: «Este clero, que en gran parte es homosexual, impone el odio a los homosexuales, es decir, el odio a sí mismo, en un acto masoquista desesperado».

Según Krzysztof Charamsa y otros testimonios internos, con el prefecto Ratzinger la cuestión homosexual llegó a ser una auténtica obsesión enfermiza. Se leían y releían las pocas líneas del Antiguo Testamento dedicadas a Sodoma, se reinterpretaba una y otra vez la relación entre David y Jonatán, lo mismo que la frase de Pablo en el Nuevo Testamento que confiesa su sufrimiento por tener «una astilla en la carne» (según Charamsa, Pablo sugiere así su homosexualidad). Entonces, cuando uno está perturbado por ese desamparo, cuando comprende que el catolicismo abandona y aflige la existencia, que es un callejón sin salida..., ¿de repente se echa tal vez a llorar en secreto?

Estos eruditos «gaifobos» de la Congregación para la Doctrina de la Fe tienen su propio código SWAG («*Secretely We Are Gay*», «Somos gays en secreto»). Cuando estos curas hablan entre ellos en una jerga misteriosa del apóstol Juan, el «discípulo al que Jesús amaba», ese «Juan más querido que los otros», el que «Jesús, al verle, le amó», saben muy bien lo que quieren decir; y cuando recuerdan el episodio de la curación por Jesús del joven siervo de un centurión «a quien este quería mucho», según las insinuaciones insistentes del Evangelio según San Lucas, no les cabe la menor duda sobre lo que significa todo eso. Saben que pertenecen a un pueblo maldito; y a un pueblo elegido.

En nuestras charlas de Barcelona y París, Charamsa me describió minuciosamente este mundo secreto, la mentira que anida en los corazones, la hipocresía erigida en norma, el lenguaje estereotipado, el lavado de cerebros. Me decía todo eso con el tono de la confesión, como si contara la trama de *El nombre de la rosa* en la que los frailes se cortejan e intercambian favores hasta el día en que un joven fraile, acosado por los remordimientos, se tira de una torre.

320

—Me pasaba todo el tiempo leyendo y trabajando. No hacía más que eso. Era un buen teólogo. Por eso los jefes de la Congregación para la Doctrina de la Fe se sorprendieron tanto con mi *coming out*. Esperaban algo así de cualquiera menos de mí —me cuenta el cura polaco.

Durante mucho tiempo el ortodoxo Charamsa obedeció órdenes sin cuestionarlas. Incluso contribuyó a escribir textos de una violencia inaudita contra la homosexualidad «objetivamente desordenada». Con Juan Pablo II y el cardenal Ratzinger aquello se convirtió en un auténtico festival. En todo el *Syllabus* no hay palabras tan duras contra los gais. Decenas de declaraciones, exhortaciones, cartas, instrucciones, consideraciones, observaciones, homilías *motu proprio* y encíclicas destilan homofobia *ad nauseam*; sería engorroso citar aquí todas esas «bulas».

El Vaticano trató de prohibir el ingreso de homosexuales en los seminarios (sin darse cuenta de que así terminaba con las vocaciones); legitimó su exclusión del ejército (justo cuando en Estados Unidos se decidía suspender la regla del «*Don't ask don't tell*», «No preguntes, no cuentes»); se propuso legitimar teológicamente la discriminación de los homosexuales en el mundo laboral; y, por supuesto, condenó las uniones de personas del mismo sexo y su casamiento.

Al día siguiente de la World Gay Pride celebrada en Roma, el 8 de julio de 2000, Juan Pablo II toma la palabra durante el rezo tradicional del ángelus para denunciar «las manifestaciones bien conocidas» y expresar su «amargura por la afrenta al Gran Jubileo del año 2000». Pero ese fin de semana han acudido pocos fieles, comparados con las 200.000 personas *gay-friendly* que marchan por las calles de Roma.

«La Iglesia siempre va a decir lo que está bien y lo que está mal. Nadie puede exigir que considere justa una cosa que es injusta según la ley natural y la ley evangélica», afirma con motivo de este Orgullo Gay el cardenal Angelo Sodano, que ha hecho todos los esfuerzos posibles para que se prohíba la marcha LGBT. También cabe destacar, en ese momento, los ataques del cardenal Jean-Louis Tauran, que desaprueba esta manifestación «durante el Año Santo», y las del obispo auxiliar de Roma monseñor Rino Fisichella, cuya divisa episcopal es «He escogido la vía de la verdad» y no encuentra palabras lo bastante duras para criticar la World Gay Pride. En el Vaticano circula un chiste para explicar estas tres tomas de posición beligerantes: ¡los cardenales están furiosos contra el desfile gay porque no les han querido dar una carroza!

Hoy a Krzysztof Charamsa le atacan tanto la curia como el movimiento gay italiano, bien por haber hecho un *coming out* demasiado escandaloso, bien por haberlo hecho demasiado tarde. El prelado, que pasó como una exhalación de la homofobia internalizada al *drama queen*, molesta. En la Congregación para la Doctrina de la Fe me dicen que su dimisión se debió a que no obtuvo el ascenso esperado. Su homosexualidad era conocida, me señala una fuente oficial, porque vivía con su novio desde hacía varios años.

Un prelado de la curia, buen conocedor del caso y él mismo homosexual, me explica:

—Charamsa estaba en el centro de la máquina homófoba vaticana. Llevaba una doble vida: atacaba a los gais en público y vivía con su amante en privado. Se adaptó durante mucho tiempo a este sistema, hasta que de repente, en vísperas del sínodo, renegó de él,

321

poniendo en apuros al ala liberal de la curia. Lo problemático es que habría podido ponerse del lado de los progresistas, como los cardenales Walter Kasper o el muy *gay-friendly* Christoph Schönborn, que es lo que hicimos otros. Pero en vez de eso los denunció y atacó durante años. Para mí Charamsa sigue siendo un misterio.

(Estos juicios severos, típicos de la contraofensiva del Vaticano, no contradicen en absoluto el relato de Krzysztof Charamsa, quien reconoció que «soñaba con ser un prefecto inquisidor» y participar en un auténtico «servicio de policía de las almas».

Por otro lado, la comunidad gay italiana tampoco defendió a Charamsa y criticó su *pink-washing*, como confirma este otro activista:

—En sus entrevistas y su libro no ha explicado cómo funciona el sistema. Solo ha hablado de sí mismo, de su insignificante persona. Esa confesión no tiene ningún interés: ¡salir del armario en 2015 es llevar cincuenta años de retraso! Lo que nos habría interesado es que contara el sistema desde dentro, que lo describiera todo, a la manera de Soldzhenitsin.

Un juicio severo, sin duda, pero es verdad que Charamsa no ha sido el Soldzhenitsin gay del Vaticano que esperaban algunos.

La cruzada contra los gais, durante el papado de Juan Pablo II, tuvo otro protagonista, un prelado mucho más influyente que el exsacerdote Charamsa. Era uno de los cardenales más cercanos al papa. Su nombre: Alfonso López Trujillo. Su título: presidente del Pontificio Consejo para la Familia.

Entramos ahora en una de las páginas más negras de la historia reciente del Vaticano. Necesito tomarme todo el tiempo que haga falta, porque es un caso absolutamente fuera de lo común.

¿Quién era Alfonso López Trujillo? La fiera nació en 1935 en la localidad colombiana de Villahermosa, departamento de Tolima. Se ordenó sacerdote en Bogotá con 25 años y diez años después era obispo auxiliar de esta ciudad, de la que pasó a Medellín, donde fue nombrado arzobispo a los 43 años. Itinerario clásico, en suma, para un sacerdote de buena familia que siempre tuvo una posición desahogada.

La carrera notable de Alfonso López Trujillo le debe mucho al papa Pablo VI, que se fijó en él muy pronto, durante su visita oficial a Colombia en agosto de 1968, y aún más a Juan Pablo II, que desde el principio de su pontificado le tuvo como hombre de confianza en Latinoamérica. El motivo de esta gran amistad es sencillo e idéntico al de la amistad del papa polaco hacia el nuncio Angelo Sodano y el padre Marcial Maciel: el anticomunismo.

Álvaro León, hoy jubilado, fue durante muchos años fraile benedictino y, cuando era joven seminarista, el «maestro de ceremonias» de Alfonso López Trujillo en Medellín. Es allí donde me reúno con este hombre ya mayor de bello semblante fatigado, en compañía de mi principal investigador colombiano, Emmanuel Neisa. Álvaro León quiere que le mencione en mi libro con su verdadero nombre, «porque he esperado tantos años para hablar —me dice—, que ahora quiero hacerlo sin tapujos, con valentía y precisión».

Comemos en un restaurante cercano a la catedral de Medellín y Álvaro León hace un largo relato de su vida al lado del arzobispo, manteniendo el suspense hasta el final. Estaremos juntos hasta la noche, recorriendo la ciudad y sus cafés.

—López Trujillo no es de aquí. Él solo estudió en Medellín y tuvo una vocación tardía. Al principio se dedicaba a la psicología y más tarde se hizo seminarista en la ciudad.

El joven López Trujillo aspirante a sacerdote fue destinado a Roma para completar sus estudios de filosofía y teología en la Angelicum. Gracias a un doctorado y a un buen conocimiento del marxismo pudo luchar en pie de igualdad contra los teólogos de izquierda, y combatirles desde la derecha —o extrema derecha—, según revelan varios de sus libros.

De vuelta a Bogotá, el joven se ordenó sacerdote en 1960. Durante diez años ejerció su ministerio en la sombra, con una postura muy ortodoxa y no sin algunos incidentes.

—Los rumores sobre él empezaron muy pronto. Cuando lo nombraron obispo auxiliar de Bogotá, en 1971, un grupo de laicos y sacerdotes llegó a publicar un escrito que denunciaba su extremismo y a manifestarse contra su nombramiento delante de la catedral de la ciudad.

323

A partir de entonces López Trujillo se volvió completamente paranoico, me cuenta Álvaro León.

Según todos los testigos con quienes hablé en Colombia, la aceleración inesperada de la carrera de López Trujillo se produjo en el Consejo Episcopal Latinoamericano (CELAM), la asamblea de los obispos que define las orientaciones de la Iglesia católica en la región.

Una de las conferencias fundadoras tuvo lugar precisamente en Medellín en 1968 (la primera se celebró en Río de Janeiro en 1955). Aquel año, mientras las universidades se incendiaban en Europa y Estados Unidos, la Iglesia católica estaba en plena efervescencia, inspirada en el concilio Vaticano II. El papa Pablo VI hizo escala en Colombia para inaugurar la conferencia del CELAM.

Esta cumbre fue decisiva, pues en ella se definió una corriente progresista a la que el cura peruano Gustavo Gutiérrez llamaría más tarde «teología de la liberación». Fue un hito importante en Latinoamérica, donde amplios sectores de la Iglesia plantearon una «opción preferencial por los pobres». Muchos obispos defendieron la «liberación de los pueblos oprimidos» y la descolonización, y denunciaron a las dictaduras militares de extrema derecha. Una minoría no tardó en inclinarse a la izquierda, con sus curas guevaristas o castristas y algunos, como el sacerdote colombiano Camilo Torres Restrepo y el español Manuel Pérez, pasando de las palabras a los hechos, empuñaron las armas y se unieron a las guerrillas.

Según el venezolano Rafael Luciani, un especialista en teología de la liberación, él mismo miembro del CELAM y profesor de teología en el Boston College, «López Trujillo surgió realmente como reacción a la Conferencia de Medellín». Durante varias citas y cenas, Luciani me dio mucha información sobre el CELAM y el papel que el futuro cardenal desempeñó en él.

López Trujillo siguió de cerca los debates y las declaraciones de la Conferencia de Medellín como simple cura. Para él fue una revelación. Comprendió que la guerra fría acababa de extenderse a la Iglesia latinoamericana. Su interpretación fue binaria y le bastó con seguir su pendiente para escoger bando.

Poco después, el joven, recién elegido obispo, se incorporó a los órganos administrativos del CELAM y allí empezó su trabajo de *lobbying* interno a favor de una opción de derechas, oponiéndose, todavía con discreción, a la teología de la liberación y su opción preferencial por los pobres. Su propósito era lograr que el CELAM adoptara un catolicismo conservador. Permaneció siete años en ese puesto.

¿Estaba ya en contacto con Roma para perpetrar su labor de zapa? La respuesta es sí, porque ingresó en el CELAM gracias al respaldo del Vaticano y en especial del influyente cardenal italiano Sebastiano Baggio, que había sido nuncio en Brasil y dirigía la Congregación para los Obispos. Pero fue a partir de la conferencia de Puebla, en México (1979), cuando el colombiano pasó a ser la punta de lanza del dispositivo creado por Juan Pablo II contra la teología de la liberación.

—En Puebla, López Trujillo era muy influyente, muy fuerte, lo recuerdo muy bien. La teología de la liberación, en cierto modo, era una consecuencia del Vaticano II, de los años sesenta… y también del mayo francés. —Ríe—. A veces estaba demasiado politizada y había abandonado el verdadero trabajo de la Iglesia —me explica el cardenal brasileño Odilo Scherer durante una entrevista en São Paulo.

Aquel año, en Puebla, López Trujillo, que ya era arzobispo, pasó a la acción directa. «Preparen los bombarderos», le escribió a un colega antes de la conferencia. La organizó con sumo cuidado. Cuentan que viajó 39 veces entre Bogotá y Roma para preparar la reunión. Fue él quien logró que un teólogo como Gustavo Gutiérrez no pudiese entrar en la sala de conferencias con el pretexto de que no era obispo…

Cuando se inaugura en México la conferencia del CELAM con un discurso de Juan Pablo II, quien ha viajado para la ocasión, López Trujillo tiene un plan de batalla preciso: arrebatarle el poder al bando progresista y escorar la organización a la derecha. Entrenado «como un boxeador antes del combate», según su expresión, está dispuesto a batirse con los curas «izquierdistas». Me lo confirma el famoso dominico Frei Betto durante una charla en Río de Janeiro:

—Por entonces la mayoría de los obispos eran conservadores. Pero López Trujillo no era un simple conservador. Era claramente partidario del gran capital y de la explotación de los pobres; defendía el capitalismo, más que la doctrina de la Iglesia. Tenía tendencias cínicas. ¡En la conferencia del CELAM de Puebla llegó a abofetear a un cardenal!

Álvaro León, que fue colaborador de López Trujillo, prosigue:

—Puebla fue un éxito parcial de López Trujillo. Consiguió recuperar el poder y ser elegido presidente del CELAM, pero tampoco se deshizo de la teología de la liberación, que siguió cautivando a un número importante de obispos.

Ya en una posición de poder, Alfonso López Trujillo puede afinar su estrategia política y tomar medidas iconoclastas para acrecentar su influencia. Dirige el CELAM con mano dura de 1979 a 1983, y Roma aprecia su combatividad sobre todo por tratarse, como Marcial Maciel, de alguien local. Así no necesita soltar en paracaídas cardenales italianos ni utilizar a los nuncios apostólicos para reñir la batalla contra el comunismo en Latinoamérica, le basta con reclutar a buenos latinos serviles que «arrimen el hombro».

Y Alfonso López Trujillo es muy entregado, muy exaltado, hace su trabajo de erradicación de los seguidores de la teología de la liberación con ahínco, primero en Medellín y Bogotá y luego en toda Latinoamérica. ¡En una semblanza irónica, *The Economist* llega a comparar su birrete de cardenal con la boina del Che Guevara!

El nuevo papa Juan Pablo II y su entorno cardenalicio ultraconservador, que dirigen ahora a su guerrero López Trujillo, tienen como prioridad la rendición total de la corriente de la teología de la liberación. En esto coinciden con el gobierno estadounidense. El informe de la Comisión Rockefeller, confeccionado a petición del presidente Nixon, había considerado en 1969 que la teología de la liberación era más peligrosa que el comunismo. En los años ochenta, con Reagan, la CIA y el Departamento de Estado siguen vigilando las ideas subversivas de esos curas rojos latinoamericanos.

Por su lado, el soberano pontífice nombra en Latinoamérica una cantidad impresionante de obispos de derecha y extrema derecha durante los años ochenta y noventa.

—La mayoría de los obispos nombrados en Latinoamérica durante el pontificado de Juan Pablo II eran afines al Opus Dei —confirma el profesor Rafael Luciani, miembro del CELAM.

Al mismo tiempo, el cardenal Joseph Ratzinger, que encabeza la

Congregación para la Doctrina de la Fe, entabla una batalla teórica contra los pensadores de la teología de la liberación, acusándoles de utilizar «conceptos marxistas» y sancionando a varios de ellos (López Trujillo es uno de los redactores de los dos documentos contra la teología de la liberación publicados por Ratzinger en 1984 y 1986).

En menos de diez años la mayoría de los obispos del CELAM se escoran a la derecha. La corriente de la teología de la liberación se vuelve minoritaria en los años noventa, y hay que esperar a la quinta conferencia del CELAM, celebrado en 2007 en la localidad brasileña de Aparecida, para que reaparezca una nueva corriente moderada, encarnada por un cardenal argentino llamado Jorge Bergoglio. Una línea contraria a López Trujillo.

Una noche de octubre de 2017 me encuentro en Bogotá con un exseminarista, Morgain, que había tenido un trato prolongado con López Trujillo y había trabajado con él en Medellín. El hombre es de fiar y su testimonio irrefutable. Sigue trabajando para el episcopado colombiano, lo cual dificulta que haga declaraciones públicas (se ha cambiado su nombre). Pero cuando le aseguro que le citaré con seudónimo empieza a contarme primero los rumores, cuchicheando, y luego los escándalos en voz alta. También él se ha guardado durante tanto tiempo estas informaciones secretas que ahora se explaya, con un sinfín de detalles, a lo largo de una cena interminable en la que también está presente mi investigador colombiano Emmanuel Neisa.

—Por entonces yo trabajaba con el arzobispo López Trujillo en Medellín. Él vivía en la opulencia y se desplazaba como un príncipe, o más bien como una verdadera «señora». Cuando llegaba en uno de sus automóviles de lujo para hacer una visita episcopal nos mandaba que le pusiéramos una alfombra roja. Luego, para bajar del coche, sacaba la pierna, de la que al principio solo se veía el tobillo, luego apoyaba el pie en la alfombra, ¡como si fuera la reina de Inglaterra! Todos teníamos que besar sus anillos y debía estar envuelto en incienso. A nosotros ese lujo, ese show, el incienso, la alfombra nos resultaban muy chocantes.

Ese tren de vida trasnochado iba a la par con una auténtica caza

327

al cura progresista. Según Morgain, cuyo testimonio confirman otros curas, Alfonso López Trujillo, durante sus *tournées* de diva, localizaba a los curas simpatizantes de la teología de la liberación. Extrañamente, algunos de ellos desaparecían o eran asesinados por los paramilitares justo después de la visita del arzobispo.

Es cierto que en los años ochenta Medellín se convirtió en la capital mundial del crimen. Los narcotraficantes, sobre todo el famoso cartel de Medellín dirigido por Pablo Escobar —se calcula que controlaba el 80 % de la cocaína que iba a Estados Unidos—, sembraron el terror. Ante la explosión de violencia causada por la guerra contra los narcos, la amenaza creciente de las guerrillas y los enfrentamientos entre carteles rivales, el gobierno colombiano dictó el Estatuto de Seguridad (estado de excepción). Pero su impotencia resultó evidente, pues solo en el año 1991 se cometieron más de 6.000 homicidios en Medellín.

Frente a esta espiral infernal se crearon en la ciudad grupos paramilitares para organizar la defensa de las poblaciones sin que estuviera siempre claro si esas milicias, a veces públicas, a menudo privadas, trabajaban para el gobierno, para los carteles o para sí mismas. Los famosos paramilitares sembraron, a su vez, el terror en la ciudad, y luego, para financiarse, también ellos se lanzaron al tráfico de droga. Por su parte, Pablo Escobar reforzó su Departamento de Orden Ciudadano (DOC), que era su propia milicia paramilitar. Al final, la frontera entre los narcotraficantes, las guerrillas, los militares y los paramilitares se borró por completo y Medellín, como el resto de Colombia, se sumió en una verdadera guerra civil.

La trayectoria de López Trujillo hay que situarla en este contexto. Según los periodistas que han investigado sobre el arzobispo de Medellín (especialmente Hernando Salazar Palacio en su libro *La guerra secreta del cardenal López Trujillo* y Gustavo Salazar Pineda en *El confidente de la mafia se confiesa*) y las indagaciones que hizo para mí Emmanuel Neisa en Colombia, el prelado estuvo vinculado a ciertos grupos paramilitares próximos a los narcotraficantes. Se cree que estos grupos —puede que directamente Pablo Escobar, quien se declaraba católico practicante— le pagaron generosamente y él les mantuvo informados de las actividades izquierdistas en las parroquias de Medellín. El abogado Gustavo Salazar Pineda afirma en su libro que Pablo Escobar mandaba maletas llenas de billetes a López Trujillo, aunque este negaba conocer a Escobar. (Sabemos por una investigación detallada de Jon Lee Anderson en el *New Yorker* que Pablo Escobar tenía la costumbre de retribuir a los sacerdotes que le apoyaban con maletas llenas de dinero.)

Los paramilitares, en esa época, perseguían a los curas progresistas con una saña tanto más violenta cuanto que consideraban, no sin razón a veces, que esos curas de la teología de la liberación eran aliados de las tres principales guerrillas colombianas (las FARC, el ELN y el M-19).

—López Trujillo se desplazaba con miembros de los grupos paramilitares —afirma también Álvaro León (quien, como maestro de ceremonias del arzobispo, participó en muchos de estos viajes)—. Les señalaba a los curas que hacían una labor social en los barrios pobres. Los paramilitares tomaban nota y a veces volvían para asesinarles; a menudo estos curas tenían que huir de la zona o del país.

(Este relato, por inverosímil que parezca, es corroborado por testimonios recogidos por los periodistas Hernando Salazar Palacio y Gustavo Salazar Pineda en sus libros respectivos.)

Entre los lugares donde el prevaricador López Trujillo habría denunciado a los curas de izquierda estaba la parroquia Santo Domingo Savio, en Santo Domingo, uno de los barrios más peligrosos de Medellín. Cuando visito esta iglesia con Álvaro León y Emmanuel Neisa nos dan informaciones precisas sobre esos ataques. Varios misioneros que trabajaban allí en contacto con los pobres fueron asesinados y un cura de la misma corriente teológica, Carlos Calderón, ante la persecución de López Trujillo y los paramilitares, tuvo que huir del país y refugiarse en África.

—Aquí en Santo Domingo me ocupé de los desplazamientos de López Trujillo. Solía llegar con una escolta de tres o cuatro coches, rodeado de guardaespaldas y paramilitares. ¡Su séquito era impresionante! Todos estaban muy bien vestidos. Las campanas de la iglesia tenían que tocar cuando bajaba de su automóvil de lujo y por supuesto tenía que haber una alfombra roja. La gente se acercaba a besarle la mano. También tenía que haber música, un coro, pero a los niños les cortaban el pelo antes para que fueran perfectos, y no podía haber negros. Era durante estas visitas cuando se descubría quiénes eran los curas progresistas para denunciarlos a los paramilitares —me confirma Álvaro León en la escalinata de la iglesia parroquial de Santo Domingo Savio.

Unas acusaciones que niega tajantemente monseñor Angelo Acerbi, nuncio en Bogotá entre 1979 y 1990, cuando le hablo de ellas en Santa Marta, dentro el Vaticano, donde se ha jubilado:

—López Trujillo era un gran cardenal. Puedo asegurarle que en Medellín no tuvo la menor connivencia ni con los paramilitares ni con las guerrillas. Sepa usted que estuvo muy amenazado por las guerrillas. Y que también le detuvieron y estuvo en la cárcel. Era muy valiente.

Hoy se cree que López Trujillo fue directa o indirectamente responsable de la muerte de obispos y decenas de sacerdotes, eliminados por sus convicciones progresistas.

—Es importante que se conozca la historia de esas víctimas, porque la legitimidad del proceso de paz pasa hoy por este reconocimiento —me explica José Antequera, portavoz de la asociación de víctimas Hijos e Hijas, cuyo padre fue asesinado, durante varias entrevistas en Bogotá.

También hay que tener en cuenta la increíble riqueza que acumuló el arzobispo durante este periodo. Según varios testimonios, abusaba de su cargo para requisar todos los objetos de valor que encontraba en las iglesias que visitaba —las joyas, los copones de plata, los cuadros— y quedárselos.

—Confiscaba todos los objetos de valor de las parroquias y los revendía o se los regalaba a cardenales u obispos de la curia romana para congraciarse con ellos. Después un cura hizo un inventario minucioso de estos robos —me cuenta Álvaro León.

En los últimos años se han publicado en Colombia testimonios de arrepentidos de los narcos, o de sus abogados, que confirman los vínculos entre el cardenal y los carteles de la droga relacionados con los paramilitares. Estos rumores venían de lejos, pero, según la investigación de varios grandes periodistas colombianos, algunos traficantes de droga pagaron al cardenal, lo que podría explicar, además de su fortuna personal, su tren de vida y su colección de coches de lujo.

—Y luego, un buen día, López Trujillo desapareció —cuenta Morgain—. Se esfumó, literalmente. Se marchó y no volvió a poner los pies en Colombia.

En Roma empezó una nueva vida para el arzobispo de Medellín. Después de haber respaldado eficazmente a la extrema derecha colombiana, se sumó a la línea dura conservadora de Juan Pablo II sobre las costumbres y la familia.

Siendo ya cardenal desde 1983, se exilió definitivamente en el Vaticano cuando fue nombrado presidente del Pontificio Consejo para la Familia en 1990. El nuevo «ministerio» creado por el papa tras su elección era una de las prioridades del pontificado.

A partir de entonces, y de la confianza cada vez mayor depositada en él por el papa Juan Pablo II —al igual que por sus tres protectores y amigos íntimos Angelo Sodano, Stanislaw Dziwisz y Joseph Ratzinger—, la vanidad de López Trujillo, ya enorme, se volvió incontrolable. Parecía un personaje del Antiguo Testamento con su furia, sus excomuniones y sus delirios. Siempre con ese tren de vida inaudito para un sacerdote, aunque ya fuera cardenal. Arreciaron los rumores y algunos sacerdotes difundieron curiosas anécdotas sobre él.

Desde su despacho del «ministerio de la familia» convertido en una *war room* («sala de guerra»), López Trujillo derrochó una energía inenarrable para condenar el aborto, defender el matrimonio y denunciar la homosexualidad. Tremendamente misógino, según todos los que le conocieron, declaró la guerra a la teoría de género. *Workaholic* («adicto al trabajo), según varias fuentes, intervino en un sinfín de tribunas por todo el mundo para denunciar el sexo antes del matrimonio y los derechos de los gais. En estos foros siempre destacaba por su radicalismo y sus excesos de lenguaje contra los científicos «interruptores del embarazo», a los que acusaba de cometer crímenes con sus probetas graduadas, y los infames médicos de bata blanca que recomendaban el uso de preservativos en vez de preconizar la abstinencia antes del matrimonio.

El sida, que ya era un azote mundial, fue otra obsesión de López Trujillo, que hizo gala de una ceguera insensata. «El preservativo no es una solución», repetía en África valiéndose de su autoridad de cardenal, solo sirve para alentar la «promiscuidad sexual», mientras que la castidad y el matrimonio son las únicas respuestas válidas frente a la epidemia.

Por dondequiera que pasara, en África como en Asia y, por supuesto, Latinoamérica, conminaba a los gobiernos y las agencias de la ONU a no ceder a las «mentiras» e incitaba a la población a no usar preservativos. ¡A principios de los años dos mil llegó a declarar en una entrevista en la BBC que los preservativos estaban llenos de «microporos» que dejaban pasar el virus del sida, pues este es «450 veces más pequeño que un espermatozoide»! Si el tema del sida no fuera tan grave, se le podría objetar con la famosa observación de un ministro francés: «El cardenal no ha entendido nada del preservativo, lo ha puesto en el índice».

En 1995 López Trujillo escribió un *Léxico de términos ambiguos y coloquiales acerca de la vida familiar y preguntas éticas*, entre los que propuso suprimir la expresión «sexo seguro», la «teoría de género» o la «planificación familiar». También inventó varias expresiones como «colonialismo contraceptivo» y la muy notable «pansexualismo».

Su obsesión contra los gais era tan exagerada (incluso para los parámetros ya exorbitantes del Vaticano) que dio pie a habladurías. De puertas adentro esta cruzada no se entendía muy bien: ¿qué ocultaba el cardenal detrás de una batalla tan furibunda y personal? ¿Por qué era tan «maniqueo»? ¿Por qué buscaba siempre la provocación y el *spotlight* («estar en el foco de atención»)?

En el Vaticano algunos empezaron a burlarse de sus excesos y bautizaron ese reconcomio con un bonito apodo: Coitus Interruptus. Fuera del Vaticano la asociación Act Up la tomó con él y, cuando el cardenal intervenía en algún sitio, unos militantes disfrazados de condones gigantes o vestidos con camisetas explícitas (triángulo rosa sobre fondo negro) le montaban un número. Él condenaba a esos sodomitas blasfemos que le impedían hablar; ellos a ese profeta Lot que quería crucificar a los gais.

La historia juzgará severamente a Alfonso López Trujillo. Pero en Roma Juan Pablo II y Benedicto XVI ensalzaron el ejemplo de este heroico combatiente y los cardenales secretarios de Estado, Angelo Sodano y Tarcisio Bertone, le adularon hasta la caricatura.

A la muerte del papa se dijo que era «papable». Incluso que Juan Pablo II le había puesto en la lista de los posibles sucesores poco antes de su muerte en 2005, aunque eso no lo sabemos. Pero el hecho de que este apóstol provocador, que lanzaba anatemas e imprecaciones contra los católicos de izquierdas y aún peores contra las parejas divorciadas, las costumbres contra natura y el Mal, de repente, entre el final del pontificado de Juan Pablo II y el principio del de Benedicto XVI, se encontrara con una tribuna, un eco, y tal vez unos partidarios debido a un malentendido gigantesco, fue el regalo envenenado de las circunstancias.

En Roma la figura de Alfonso López Trujillo sigue siendo compleja y para muchos enigmática, detrás de sus virtudes cardinales.

—López Trujillo era contario al marxismo y la teología de la liberación, esa era su razón de ser —me confirma el cardenal Giovanni Battista Re, ex «ministro del Interior» de Juan Pablo II, durante una de nuestras conversaciones en su casa del Vaticano.

333

El arzobispo Vincenzo Paglia, que le sucedió como presidente del Pontificio Consejo para la Familia, es más reservado. Durante una charla en el Vaticano me da a entender, midiendo las palabras, que su línea dura sobre la familia ya no es la que se sigue en el pontificado de Francisco.

—La dialéctica entre el progresismo y el conservadurismo sobre las cuestiones sociales ya no es lo que interesa hoy. Debemos ser radicalmente misioneros. Creo que debemos dejar de ser autorreferenciales. Hablar de la familia no significa dictar normas, al contrario, significa ayudar a las familias.

(Durante esta entrevista, Paglia, cuyas dotes artísticas le han valido frecuentes burlas, me enseña su instalación que representa a la madre Teresa en versión pop art. La santa de Calcuta es de plástico azul pintado, quizá de látex, y Paglia la enchufa. Entonces la madre Teresa se enciende y, con un azul lapislázuli chillón, se pone a parpadear...)

Según varias fuentes, la influencia de López Trujillo en Roma también se debía a su fortuna. Él también, como el mexicano Marcial Maciel, habría «untado» a muchos cardenales y prelados.

—López Trujillo era un hombre de bandas y de dinero. Era violento, colérico, duro. Fue uno de los que «hizo» a Benedicto XVI; se empleó a fondo para lograr su elección, con una campaña muy bien organizada y muy bien costeada —confirma el vaticanista Robert Carl Mickens.

Esta historia no estaría completa sin su «final feliz». Y para contarlo, verdadera apoteosis, vuelvo a Medellín, justamente al barrio del arzobispado donde Álvaro León, el antiguo maestro de ceremonias de López Trujillo, nos guía a Emmanuel Neisa y a mí por las callejuelas que rodean la catedral. Este distrito central de la ciudad se llama Villa Nueva.

Un barrio curioso, sin duda, donde, entre el Parque Bolívar y la carrera 50, a la altura de las calles 55, 56 y 57, se suceden, literalmente emparejados, tiendas religiosas donde se venden artículos católicos y hábitos sacerdotales y bares gais que exhiben en los escaparates unos transexuales variopintos con tacones de aguja. Los dos mundos, celestiales y paganos, el crucifijo de bisutería y las saunas baratas, los curas y los prostitutos, se mezclan con un increíble buen humor festivo, tan típico de Colombia. Una transexual que parece una escultura de Fernando Botero se me acerca, muy decidida. Los prostitutos y los travestis que veo a su alrededor son más frágiles, más endebles, lejos de las imágenes folclóricas, fellinianas y *arty*; son símbolos de la miseria y la explotación.

A pocos pasos de allí visitamos el ¡Medellín Diversa como Vos!, un centro LGBT fundado sobre todo por curas y seminaristas. Gloria Ondoño, una de las que lo regenta, nos recibe.

—Estamos en un sitio estratégico, porque toda la vida gay de Medellín se concentra aquí, alrededor de la catedral. Los prostitutos, los transexuales y los travestis son poblaciones muy vulnerables y les ayudamos informándoles de sus derechos. También repartimos preservativos —me explica Londoño.

Al salir del centro, en la Calle 57, nos cruzamos con un cura acompañado de su novio y Álvaro Léon, que les ha reconocido, me los señala discretamente. Seguimos nuestra visita del barrio católico gay cuando, de repente, nos detenemos delante de un hermoso edificio de la calle Bolivia, también llamada Calle 55. Álvaro León señala con el dedo uno de los pisos:

—Allí ocurría todo. López Trujillo tenía un piso secreto adonde llevaba a los seminaristas, los jóvenes y los prostitutos.

La homosexualidad del cardenal Alfonso López Trujillo es un secreto a voces del que me han hablado docenas de testigos, confirmado incluso por varios cardenales. Su «pansexualismo», por usar la palabra de una de las entradas de su diccionario, era bien conocido tanto en Medellín como en Bogotá, Madrid y Roma.

El hombre era un experto en el abismo que separa la teoría de la práctica, el espíritu del cuerpo, un maestro absoluto de la hipocresía, como era notorio en Colombia. Un escritor que conocía al cardenal, Gustavo Álvarez Gardeazábal, llegó a escribir una novela de clave, *La misa ha terminado*, en la que denuncia la doble vida de López Trujillo que es, con seudónimo, el personaje principal. Muchos militantes gais con los que hablé en Bogotá durante mis cuatro viajes a Colombia —en concreto los de la asociación Colombia Diversa, que dispone de varios abogados— han reunido muchos testimonios que compartieron conmigo.

El profesor venezolano Rafael Luciani me indica que «los órganos eclesiásticos latinoamericanos y algunos responsables del CELAM» conocen la homosexualidad enfermiza de Alfonso López Trujillo. Al parecer, varios sacerdotes están preparando un libro sobre la doble vida y la violencia sexual del cardenal López Trujillo. Por su parte, el seminarista Morgain, que fue uno de los asistentes de López Trujillo, me da los nombres de varios de sus ganchos y amantes, en muchos casos obligados a satisfacer los deseos del arzobispo so pena de echar a perder su carrera.

—Al principio yo no entendía lo que quería —me cuenta Morgain durante nuestra cena en Bogotá—. Yo era inocente y sus técnicas de seducción me desconcertaban. Luego, poco a poco, comprendí cuál era su sistema. Iba a las parroquias, a los seminarios, a las comunidades religiosas en busca de chicos y los abordaba sin preámbulos, de un modo muy violento. ¡Se consideraba deseable! Obligaba a los seminaristas a ceder a sus proposiciones. Su especialidad eran los novicios. Los más frágiles, los más jóvenes, los más vulnerables. Aunque en realidad se acostaba con todo el mundo. También con muchos prostitutos.

Morgain me da a entender que López Trujillo había «bloqueado» su ordenación porque no había querido acostarse con él.

López Trujillo era uno de esos hombres que anhelan el poder para tener sexo y el sexo para tener el poder. Álvaro León, su antiguo maestro de ceremonias, también tardó en entender lo que pasaba:

—Algunos curas me decían, con retintín: «Tú eres del tipo de muchachos que le gustan al arzobispo», pero no entendía lo que estaban insinuando. López Trujillo les explicaba a los jóvenes seminaristas que debían ser totalmente sumisos con él, y a los curas que debían ser sumisos con los obispos. Que debían afeitarse bien, vestir de forma impecable, para «darle gusto». Había un montón de sobrentendidos que yo al principio no comprendía. Como me encargaba de sus desplazamientos, me pedía que le acompañara en sus correrías; de alguna manera me utilizaba para ponerse en contacto con otros seminaristas. Sus presas eran los jóvenes, los blancos de ojos claros, sobre todo los rubios; no los latinos, demasiado indígenas, como por ejemplo los de tipo mexicano, ¡y sobre todo nada de negros! Detestaba a los negros.

El de López Trujillo era un sistema bien experimentado. Álvaro León prosigue:

—Por lo general el arzobispo tenía «ganchos» como M., R., L. e incluso un obispo apodado La Gallina, curas que le proporcionaban chicos; les captaban para él en la calle y los llevaban a su piso secreto. No era algo ocasional, sino una verdadera organización.

(Conozco la identidad y la función de esos curas «ganchos», confirmadas por al menos otra fuente. Mi investigador colombiano, Emmanuel Neisa, ha investigado sobre cada uno de ellos.)

Más allá de la vida desenfrenada, de ese «ligoteo insaciable», los testigos también hablan de la violencia de López Trujillo, que abusaba de los seminaristas de forma verbal y física.

—Les insultaba, les humillaba —añade Álvaro León.

Todos los testigos coinciden en afirmar que el cardenal no experimentaba su homosexualidad de un modo apacible, como la mayoría de sus colegas en Roma. Para él era una perversión, arraigada en el pecado, y la exorcizaba con la violencia. ¿Era su manera, viciosa, de librarse de todos sus «nudos de histeria»? El arzobispo también tenía prostitutos en serie: su propensión a comprar cuerpos era notoria en Medellín.

—López Trujillo pegaba a los prostitutos, esa era su relación con la sexualidad. Les pagaba, pero ellos debían aceptar a cambio sus golpes. Ocurría siempre al final, no durante el acto. Terminaba sus relaciones sexuales golpeándoles por puro sadismo —asegura Álvaro León.

En ese grado de perversión, la violencia del deseo se vuelve extraña. Esas palizas sexuales, ese sadismo con los prostitutos, no son nada comunes. López Trujillo no tenía ninguna consideración con los cuerpos que alquilaba. Incluso tenía fama de pagar mal a sus gigolós, regateando duramente, con mirada turbia, para conseguir el precio más barato. Si hay un personaje patético en este libro es él, López Trujillo.

Porque los desvaríos de esta «alma equívoca» no se detuvieron, por supuesto, en la frontera colombiana. El sistema se perpetuó en Roma (donde merodeaba en Roma Termini, según un testigo), y después por todo el mundo, donde desarrolló su brillante carrera de orador antigay y carrozón millonario.

Viajando sin cesar por cuenta de la curia con su gorra de jefe propagandista antipreservativos, López Trujillo aprovechaba sus desplazamientos en nombre de la santa sede para encontrar chicos (según el testimonio de al menos dos nuncios). El cardenal visitó más de cien países con varios destinos favoritos, en Asia, adonde acudió con frecuencia después de descubrir los encantos sexuales de Bangkok y Manila en especial. Durante estos viajes innumerables, en el quinto pino, donde no le conocían tanto como en Colombia o en Italia, el cardenal peripatético se escapaba de los seminarios y las misas para dedicarse a su comercio, a sus *taxi boys* y a sus *money boys*.

Roma ciudad abierta, ¿por qué no dijiste nada? Esa vida maquillada de perverso narcisista que se hace pasar por santo es, una vez más, reveladora. Lo mismo que el monstruo Marcial Maciel, López Trujillo falsificó su existencia de un modo inimaginable; algo que todos, o casi todos, sabían en el Vaticano.

337

Al hablar del caso de López Trujillo con muchos cardenales, a ninguno le oí hacer su retrato ideal. Nadie me dijo, en estado de *shock* por mi información: «¡Le habría absuelto en confesión!». Todas las personas con las que hablé prefirieron callar, fruncir el entrecejo, hacer muecas, levantar los brazos al cielo o contestarme con palabras en clave.

Hoy las lenguas se sueltan, pero el encubrimiento sobre este caso clínico ha funcionado bien. El cardenal Lorenzo Baldisseri, que fue nuncio durante muchos años en Latinoamérica antes de convertirse en uno de los hombres de confianza del papa Francisco, compartió conmigo sus informaciones durante dos conversaciones en Roma:

—Conocí a López Trujillo cuando él era vicario general en Colombia. Era una persona muy controvertida. Tenía doble personalidad.

Igual de prudente, el teólogo Juan Carlos Scannone, uno de los mejores amigos del papa Francisco con quien hablé en Argentina, no se sorprendió cuando le hablé de la doble vida de López Trujillo:

—Era un intrigante. El cardenal Bergoglio nunca le apreció demasiado. Incluso creo que nunca tuvo contacto con él.

(Según mis informaciones, el futuro papa Francisco coincidió con López Trujillo en el CELAM.)

Por su parte, Claudio Maria Celli, un arzobispo que fue uno de los enviados del papa Francisco a Latinoamérica después de haber sido uno de los responsables de comunicación de Benedicto XVI, conoció bien a López Trujillo. Durante una conversación en Roma me da su opinión con una frase escueta:

—López Trujillo no era santo de mi devoción.

Los nuncios también lo sabían. ¿Acaso no era su cometido evitar que un cura gay fuese obispo, o que un obispo que iba con prostitutos ascendiera a cardenal? Pues bien, los nuncios que se sucedieron en Bogotá desde 1975, en especial Eduardo Martínez Somalo, Angelo Acerbi, Paolo Romeo, Beniamino Stella, Aldo Cavalli y Ettore Balestrero, todos afines a Angelo Sodano, ¿podían desconocer esa doble vida?

En cuanto al cardenal colombiano Darío Castrillón Hoyos, prefecto de la Congregación del Clero, ¡compartía demasiados secretos con López Trujillo y seguramente sus costumbres, como para decir nada! Fue de los que siempre le ayudaron, aunque estaba perfectamente informado de las juergas y los excesos. Por último, un cardenal italiano también fue determinante en la protección romana de que gozó López Trujillo: Sebastiano Baggio. Este excapellán nacional de los *boy scouts* italianos era especialista en Latinoamérica. Trabajó en las nunciaturas de El Salvador, Bolivia, Venezuela y Colombia. En 1964 fue nombrado nuncio en Brasil justo después del golpe de Estado. Se mostró más que comprensivo con los militares y la dictadura (según los testimonios que recogí en Brasilia, Río y São Paulo; en cambio, el cardenal arzobispo de São Paulo, Odilo Scherer, al preguntarle sobre él, recordaba «un gran nuncio que hizo mucho por Brasil»). Cuando regresó a Roma, Pablo VI creó cardenal al esteta coleccionista de obras de arte Sebastiano Baggio y le puso a la cabeza de la Congregación para los Obispos y de la Pontificia Comisión para América Latina. Cargos en los que fue ratificado por Juan Pablo II, que le nombró comisario para el subcontinente americano. El historiador David Yallop describe a Baggio como un «reaccionario» de «derecha ultraconservadora». Cercano al Opus Dei, supervisó el CELAM desde Roma y muy específicamente la batalla que se libró en la Conferencia de Puebla de 1979, a la que acudió con el papa. Los testigos le recuerdan al lado de López Trujillo despotricando contra la izquierda de la Iglesia y mostrándose «visceralmente» y «violentamente» anticomunista. Después de que Juan Pablo II le nombrara camarlengo, Baggio siguió ejerciendo un poder exorbitante en el Vaticano y protegiendo a su «gran amigo» López Trujillo a pesar de los rumores insistentes sobre su doble vida. Se dice que él también fue muy «practicante». Según más de diez testimonios que recogí en Brasil y en Roma, a Baggio se le conocían varios «amigos especiales» latinos y era muy osado con los seminaristas, a quienes solía recibir en calzoncillos o en *jockstrap*.

—Las extravagancias de López Trujillo se conocían mucho mejor de lo que se cree. Todos estaban al corriente. Entonces ¿por qué ascendió a obispo? ¿Por qué estuvo al frente del CELAM? ¿Por qué fue creado cardenal? ¿Por qué fue presidente del Pontificio Consejo para la Familia? —se pregunta Álvaro León.

Un prelado de la curia que conoció a López Trujillo comenta:

—López Trujillo era amigo de Juan Pablo II, contaba con la protección del cardenal Sodano y del asistente personal del papa,

339

Stanislaw Dziwisz. El cardenal Ratzinger también tenía muy buen concepto de él y le ratificó en la presidencia del Pontificio Consejo para la Familia para un nuevo mandato cuando fue elegido papa en 2005. Sin embargo, todos sabían que era homosexual. ¡Vivía con nosotros, aquí, en el cuarto piso del Palazzo San Callisto, en una vivienda del Vaticano de 900 metros cuadrados, y tenía varios coches! ¡Ferraris! Su tren de vida era fastuoso.

(Hoy la espléndida vivienda de López Trujillo está ocupada por el cardenal africano Peter Turkson, que vive en agradable compañía, en la misma planta que los cardenales Poupard, Etchegaray y Stafford, a quienes visité.)

Otro buen conocedor de Latinoamérica, el periodista José Manuel Vidal, que dirige una de las principales webs sobre catolicismo en español, recuerda:

—López Trujillo venía a España muy a menudo. Era amigo del cardenal de Madrid, Rouco Varela. Cada vez llegaba con uno de sus amantes. Recuerdo especialmente a un guapo polaco, y luego a un guapo filipino. Lo veían como «el papa de América Latina» y no se metían con él.

Por último, le pregunté sin rodeos a Federico Lombardi, que fue portavoz de Juan Pablo II y Benedicto XVI, sobre el cardenal de Medellín. Pillado por sorpresa, su respuesta fue instantánea, casi un reflejo: levantó los brazos al cielo en señal de consternación y espanto.

Pero al diablo le hicieron fiesta. Tras su fallecimiento inesperado en abril de 2008 de resultas de una «infección pulmonar» (según el comunicado oficial), el Vaticano se deshizo en elogios. El papa Benedicto XVI y el cardenal Sodano, todavía en activo, celebraron una misa mayor para honrar la memoria de esa caricatura de cardenal.

Pero a su muerte empezaron a circular varios rumores. El primero es que había muerto de sida; el segundo, que le enterraron en Roma porque no podían hacerlo en Colombia.

—Cuando murió López Trujillo se optó por enterrarlo aquí en Roma porque no se le podía enterrar en Colombia —me confirma el cardenal Lorenzo Baldisseri. ¡Ni siquiera muerto podía volver a su país!

¿El motivo? Según los testimonios que recogí en Medellín, habían puesto precio a su cabeza debido a su vinculación con los paramilitares. Esto explicaría que hubiera que esperar a 2017, es decir, unos diez años después de su muerte, para que el papa Francisco ordenara la repatriación del cadáver a Colombia. ¿Prefería el santo padre (como sugiere un sacerdote que participó en la repatriación expeditiva) que, si estallaba algún escándalo sobre su doble vida, los restos de López Trujillo no estuvieran en Roma? Sea como fuere, vi la tumba del cardenal en la gran capilla del ala oeste del transepto de la inmensa catedral medellinense. En esta cripta, bajo una losa de blancura inmaculada rodeada de velas siempre encendidas, reposa el cardenal. Detrás de la cruz, el demonio.

—Por lo general la capilla funeraria está cerrada con una verja. El arzobispo tiene mucho miedo del vandalismo y teme que la familia de alguna de las víctimas de López Trujillo o un prostituto rencoroso profanen la tumba —me explica Álvaro León.

Sin embargo, por extraño que parezca, en esta misma catedral que está emplazada misteriosamente en pleno barrio gay de Medellín, veo a varios hombres jóvenes y no tan jóvenes en pleno ligoteo. Se exhiben allí, sin disimulo, entre los parroquianos misal en mano y los turistas que visitan la catedral. Veo cómo deambulan lentamente en su apacible ronda, entre los bancos de la iglesia o sentados junto al muro oriental de la catedral. Es como si la calle gay atravesara literalmente la inmensa catedral. Y cuando Álvaro León, Emmanuel Meisa y yo pasamos por delante de ellos, nos reciben con simpáticos guiños, como un último homenaje a ese gran travesti a la antigua usanza, esa gran loca meapilas, esa diva del catolicismo declinante, ese doctor satánico y ese anticristo: su Eminencia Alfonso López Trujillo.

Para terminar, queda una última pregunta que no estoy en condiciones de contestar y que parece preocupar a mucha gente. López Trujillo, que pensaba que todo se compra, incluso los actos violentos, incluso los actos sadomasoquistas, ¿compró penetraciones sin preservativo?

—Oficialmente la defunción de López Trujillo se debió a su

diabetes, pero circulan fuertes e insistentes rumores que la atribuyen al sida —me dice uno de los mejores especialistas en la Iglesia católica latinoamericana.

Los exseminaristas Álvaro León y Morgain también han oído el rumor y lo consideran plausible. ¿Murió el cardenal anticondón por las secuelas del sida, después de un tratamiento de varios años? Este rumor ha llegado muchas veces a mis oídos, pero no puedo confirmarlo ni desmentirlo. Lo cierto es que su fallecimiento en 2008 se produjo cuando estaba siendo atendido correctamente, sobre todo tratándose de un cardenal tan opulento como él, en la clínica romana Gemelli, el hospital oficioso del Vaticano. La fecha de la muerte no se corresponde con su estado de salud. ¿Llegaría al extremo de ocultar su propia enfermedad y rechazar el tratamiento, al menos hasta el último momento? Es posible, pero poco probable. Yo más bien creo que es un rumor falso sugerido por la verdadera vida disoluta del cardenal. Con los datos que tengo en la mano no hay nada que me permita afirmar que López Trujillo fue víctima de una plaga de la que solo hubiese podido protegerle el uso del preservativo.

342

Y aunque hubiera muerto de esa enfermedad, el fallecimiento del cardenal López Trujillo no sería un caso nada excepcional en el catolicismo romano. Según una decena de testimonios que recogí en el Vaticano y en la Conferencia Episcopal Italiana, el sida hizo estragos en la santa sede y el episcopado italiano en los años ochenta y noventa. Un secreto que lleva mucho tiempo silenciado.

Muchos curas, *monsignori* y cardenales murieron de las secuelas de la enfermedad. Algunos enfermos revelaron su contagio y su sida en confesión (como me confirma, sin citar nombres, uno de los confesores de San Pedro). A otros se lo diagnosticaron a raíz del análisis anual de sangre, que es obligatorio para el personal del Vaticano (pero no para los *monsignori*, nuncios, obispos y cardenales). Este control incluye una prueba del sida. Según mis informaciones, se apartó a algunos sacerdotes cuando dieron «positivo».

Un estudio estadístico realizado en Estados Unidos a partir de los certificados de defunción de sacerdotes corrobora la proporción significativa de enfermos de sida en la jerarquía católica. El estudio concluye que el índice de mortalidad relacionado con el virus del sida es al menos cuatro veces superior al de la población general. Otro estudio, basado en exámenes realizados a 65 seminaristas romanos anónimos a principios de los años noventa, reveló que el 38 % eran seropositivos. Es cierto que las transfusiones de sangre, la toxicomanía o las relaciones heterosexuales pueden explicar el número elevado de casos en estos dos estudios. Pero, en realidad, nadie se llama a engaño.

En el Vaticano prevalecen el silencio y la negación. Francesco Lepore, antiguo sacerdote de la curia, me cuenta el caso de un religioso miembro de la Congregación de la Causa de los Santos muerto a causa del sida. Según él, este hombre, cercano al cardenal italiano Giuseppe Siri, murió de sida «ante la indiferencia de sus superiores» y «le enterraron con mucho sigilo al amanecer para evitar el escándalo». Un cardenal de lengua neerlandesa, cercano a Juan Pablo II, también murió por el mismo virus. Pero en ninguna acta de defunción de cardenal u obispo se menciona como causa el sida.

—Según las conversaciones que he mantenido dentro del Vaticano, creo que allí hay muchos seropositivos o enfermos de sida —me confirma otro monsignore—. Pero los sacerdotes seropositivos no son tontos y no van a comprar las medicinas para su tratamiento en la farmacia del Vaticano. Acuden a los hospitales de Roma.

He visitado varias veces la Farmacia Vaticana, esa institución insólita situada en el ala oriental del Vaticano —una tienda dantesca con diez ventanillas—, y, efectivamente, uno no se imagina que un cura pueda venir a buscar entre los biberones, las tetinas y los perfumes de lujo sus triterapias o su Truvada.

Con Daniele, mi investigador romano, varios trabajadores sociales y miembros de asociaciones italianas de prevención contra el sida (en especial del Progetto Coroh y del antiguo programa «Io faccio l'attivo»), anduvimos indagando en la capital italiana. Fuimos varias veces al Istituto Dermatologico San Gallicano (ISG), a la policlínica Gemelli, vinculada al Vaticano, y al centro de detec-

343

ción anónima gratuita del sida, ASL Roma, que se encuentra en la Vía Catone, próximo a San Pedro.

El profesor Massimo Giuliani es uno de los especialistas en enfermedades de transmisión sexual y sida en el Istituto Dermatologico San Gallicano. Me entrevisto un par de veces con él, acompañado de Daniele:

—Como en el Istituto Dermatologico San Gallicano llevamos mucho tiempo ocupándonos de las enfermedades de transmisión sexual, y en especial de la sífilis, nos movilizamos inmediatamente desde los primeros casos de sida, a principios de los años ochenta. En Roma fuimos de los primeros hospitales que trataban a los pacientes de este tipo. Por entonces, y hasta 2007, el Instituto estaba en el Trastevere, un barrio romano que no queda muy lejos del Vaticano. Hoy estamos aquí, en este complejo del sur de Roma.

Según varias fuentes, en los años setenta el Istituto Dermatologico San Gallicano era el preferido por los curas que contraían enfermedades de transmisión sexual. Por motivos de anonimato lo preferían a la policlínica Gemelli, vinculada al Vaticano.

Cuando apareció el sida, San Gallicano pasó a ser por este motivo el hospital de los curas, monseñores y obispos infectados por el virus.

—Vimos llegar aquí a muchos curas, a muchos seminaristas seropositivos —confirma el profesor Massimo Giuliani—. Creemos que el problema del sida existe con mucha intensidad en la Iglesia. Aquí no les juzgamos. Lo único que importa es que vengan a la consulta en el hospital para tratarse. Pero es de temer que la situación en la Iglesia sea más grave que lo que ya conocemos, a causa de la negación de la realidad.

La cuestión de la negación de la realidad está bien documentada en el caso de los curas. Son más reacios que la media de la población a hacerse análisis porque no se sienten concernidos, e incluso cuando tienen relaciones sexuales sin protección entre hombres evitan someterse a esas pruebas por un problema de confidencialidad.

—Creemos que actualmente —prosigue el profesor Massimo Giuliani—, debido a esa negación y al escaso empleo del preservativo, quienes pertenecen a la comunidad católica masculina corren un gran peligro de contagio. Dicho en nuestros términos, consideramos que los sacerdotes son una de las categorías sociales de más riesgo y de las más difíciles de abordar con vistas a la prevención del sida. Hemos hecho intentos de diálogo, de formación, sobre todo en los seminarios, sobre la transmisión y el tratamiento de las enfermedades sexuales y el sida. Pero es muy difícil. Hablar del riesgo del sida sería reconocer que los sacerdotes tienen prácticas homosexuales, y la Iglesia, evidentemente, rechaza este debate.

Mis entrevistas con los chaperos de Roma Termini (y con el *escort* de lujo Francesco Mangiacapra en Nápoles) confirman que los curas son de los clientes más imprudentes en sus actos sexuales:

—En general los curas no temen las enfermedades de transmisión sexual. Se sienten intocables. Están tan seguros de su posición, de su poder, que no toman en cuenta esos riesgos, a diferencia de otros clientes. No tienen el menor sentido de la realidad. Viven en un mundo sin sida —me explica Francesco Mangiacapra.

345

Alberto Borghetti es un interno de la unidad de enfermedades infecciosas de la policlínica romana Gemelli. Este joven médico e investigador nos recibe, a Daniele y a mí, a petición de la directora de la unidad, la infectióloga Simona Di Giambenedetto, que quiso echarnos una mano en nuestra investigación.

La policlínica Gemelli es el más católico de los hospitales católicos del mundo. ¡En términos médicos, estamos en el sanctasanctórum! Los cardenales, los obispos, el personal del Vaticano y muchos curas romanos vienen aquí a curarse y tienen un pasillo de entrada prioritario. Y, por supuesto, es el hospital de los papas. Juan Pablo II fue el paciente más célebre de Gemelli y las cámaras de televisión escrutaron aquí cínicamente la evolución de su enfermedad con una excitación sepulcral. Se dice que el papa, con sentido del humor, llamó al hospital Gemelli adonde acudía con tanta frecuencia «Vaticano III».

Cuando visito el hospital y sus dependencias y hablo con muchos internos y médicos, descubro un establecimiento moderno, lejos de las críticas que propaga la rumorología romana. Al ser un hospital vinculado al Vaticano, las personas que padecen enfermedades de transmisión sexual o de sida estaban mal vistas, me habían dicho.

El interno Alberto Borghetti, con su profesionalidad y su profundo conocimiento de la epidemia, desmiente estos bulos:

—Somos uno de los cinco hospitales de Roma más avanzados en el tratamiento del sida. Aceptamos a todos los pacientes y el ala científica, que está adscrita a la Università Cattolica del Sacro Cuore de Milán, es uno de los principales centros italianos de investigación sobre la enfermedad. Estudiamos los efectos indeseables y colaterales de las distintas terapias antirretrovirales, hacemos investigación sobre las interacciones de medicamentos y sobre los efectos de las vacunas en la población seropositiva.

En la unidad de enfermedades infecciosas, donde me encuentro, viendo los carteles y paneles, compruebo que los pacientes aquejados de enfermedades de transmisión sexual reciben tratamiento. Borghetti me lo confirma:

346

—Aquí tratamos todas las enfermedades de transmisión sexual, ya sean causadas por bacterias, como la gonorrea, la sífilis y la clamidia, o por virus, como el herpes, el papiloma y, por supuesto, las hepatitis.

Según otro profesor de medicina especializado en el tratamiento del sida con quien hablé en Roma, en la policlínica Gemelli sí que llegaron a producirse tensiones sobre las enfermedades de transmisión sexual y el anonimato de los pacientes.

Alberto Borghetti refuta estas informaciones:

—De entrada, el médico de cabecera es el único que conoce los resultados de los análisis relacionados con el virus del sida, que no pueden ser consultados por los demás profesionales sanitarios de la policlínica. En la Gemelli, además, los enfermos pueden pedir la anonimización de su historial, lo que refuerza aún más el anonimato de las personas seropositivas.

Según un sacerdote que conoce bien la Gemelli, esta anonimización no basta para ganarse la confianza de los pacientes eclesiásticos infectados:

—Ellos hacen todo lo posible para garantizar el anonimato, pero dada la gran cantidad de obispos y sacerdotes que acuden al policlínico a curarse, es fácil tropezarse con algún conocido. ¡«Unidad de Enfermedades Infecciosas» es un letrero bastante explícito!

Un dermatólogo con quien hablo en Roma me señala:

—Algunos curas nos dicen que se han infectado manipulando una jeringa o por una transfusión antigua. Hacemos como que les creemos.

Por su parte, Alberto Borghetti confirma que puede haber temores y negación de la realidad, sobre todo entre los sacerdotes:

—La verdad es que a veces recibimos aquí a seminaristas o sacerdotes en una fase de sida muy avanzada. Junto con los migrantes y los homosexuales, son el tipo de personas que no han querido hacerse la prueba de detección, o bien por miedo o bien porque se niegan a aceptarlo. Es una verdadera lástima, porque llegan al sistema sanitario con un diagnóstico tardío, a veces con enfermedades oportunistas, y al tratarse tarde corren el riesgo de no recuperar un sistema inmunitario eficaz.

347

Juan Pablo II fue papa de 1978 a 2005. Se calcula que el sida, que apareció en 1981, al principio de su pontificado, causó en los años siguientes más de 35 millones de muertos. En todo el mundo siguen viviendo con el VIH 37 millones de personas.

El preservativo, que el Vaticano de Juan Pablo II rechazó enérgicamente, oponiéndose a él con todas sus fuerzas y el poder de su red diplomática, sigue siendo el método más eficaz para luchar contra la epidemia, incluso en una pareja asintomática casada (en la que uno de sus miembros sea seropositivo). Todos los años, gracias a esos chubasqueros y a los tratamientos antirretrovirales, se salvan decenas de millones de vidas.

Desde la encíclica *Humanae Vitae* la Iglesia condena todos los métodos profilácticos o químicos, como la píldora o el preservativo, que impiden la transmisión de la vida. Pero, como subraya el vaticanista francés Henri Tincq, «¿debe confundirse el método que consiste en impedir la transmisión de la muerte con el que impide la transmisión de la vida?».

Más allá de Juan Pablo II, ¿quiénes son los principales artífices, los que idearon y aplicaron esta política mundial de rechazo

FRÉDÉRIC MARTEL

absoluto al preservativo en la época de la pandemia mundial del sida? Es un grupo de doce hombres fieles, devotos, ortodoxos, cuyo voto de castidad les impide ser heterosexuales. Según los resultados de mi investigación y basándome en los cientos de entrevistas realizadas para este libro, puedo afirmar que la gran mayoría de estos prelados son homófilos u homosexuales practicantes (yo he encontrado ocho de doce). En todo caso, ¿qué sabían estos hombres en materia de preservativos y de heterosexualidad para erigirse en jueces?

Estos doce hombres, todos ellos cardenales, son: el secretario particular Stanislaw Dziwisz; los secretarios de Estado Agostino Casaroli y Angelo Sodano; el futuro papa Joseph Ratzinger; los responsables de la Secretaría de Estado, Giovanni Battista Re, Achille Silvestrini, Leonardo Sandri, Jean-Louis Tauran, Dominique Mamberti y los nuncios en la ONU, Renato Raffaele Martino y Roger Etchegaray. A los que hay que sumar naturalmente a otro cardenal, a la sazón muy influyente: Alfonso López Trujillo.

348

14

Los diplomáticos del papa

—Ah, ¿es usted periodista? —Monseñor Ricca me mira con inquietud y una pizca de ansia—. Tengo problemas con los periodistas —añade Ricca mirándome a los ojos.

—Es un periodista francés, es francés —insiste el arzobispo François Bacqué, que acaba de presentarnos.

—Ah —exclama el célebre Ricca, con alivio fingido. Y añade—: Mi problema son los periodistas italianos. ¡Tienen la cabeza hueca! Cero inteligencia. Pero si usted es francés, a lo mejor hay una posibilidad de que sea distinto. ¡Es un buen presagio!

Mediada mi investigación, cuando ya había empezado a escribir este libro, me invitaron a residir en la Domus Internationalis Paulus VI. Antes, en Roma, vivía en pisos alquilados a través de Airbnb, por lo general alrededor de Roma Termini.

Un día el arzobispo François Bacqué, un nuncio apostólico francés jubilado, me propuso reservar para mí una habitación en la Domus Internationalis Paulus VI y fue así como empezó todo. Bastó con su recomendación para que me fuera a vivir al sanctasanctórum de la diplomacia vaticana.

La Domus Internationalis Paulus VI se encuentra en el número 70 de la romana Vía della Scrofa. Esta residencia oficial de la santa sede es un lugar «extraterritorial», fuera de Italia. Los *carabinieri* no pueden entrar allí, y si se comete un robo, una violación o un crimen, la muy mediocre gendarmería vaticana y la muy incompetente justicia de la santa sede son las que se hacen cargo.

También llamada Casa del Clero, la residencia diplomática tiene un emplazamiento ideal, entre la Piazza Navona y el Panteón, uno de los lugares más bellos de Roma, templo pagano, laico cuando no republicano, extraordinario símbolo de la «religión civil», dedicado a todas las creencias y a todos los dioses, que fue reconstruido por el emperador LGBT Adriano antes de sufrir una «apropiación cultural» abusiva por el catolicismo italiano.

La Domus Internationalis Paulus VI es un sitio capital de la santa sede. He tenido suerte al poder alojarme en el centro de la máquina vaticana. Aquí me tratan como a un amigo, no como a una personalidad exterior. Ante todo es un hotel de paso para los diplomáticos del Vaticano (los famosos nuncios apostólicos) cuando están en Roma. A veces también se alojan aquí, en vez de ir a Santa Marta, los cardenales y obispos extranjeros. El cardenal Jorge Bergoglio residía aquí durante sus estancias en Roma. Las imágenes que le muestran con sotana blanca pagando personalmente su cuenta con toda sencillez han dado la vuelta al mundo.

Además de alojar a los cardenales y diplomáticos de paso, la Casa del Clero es la residencia permanente de varios nuncios jubilados, obispos sin destino o *monsignori* que ocupan cargos prestigiosos en la santa sede. Muchos están en pensión completa o media pensión. Durante los desayunos en los salones del primer piso o las comidas en común en la inmensa sala del restaurante, así como en las charlas ante las máquinas de café y las largas veladas ante el televisor, aprenderé a conocer a los nuncios, diplomáticos apostólicos y minutantes de la Secretaría de Estado, o al secretario de la Congregación de los Obispos. ¡Los sirvientes de la Casa del Clero (entre ellos, un playboy digno de una portada de *The Advocate*) tienen nervios de acero! ¡Ante tantas miradas cruzadas de nuncios y *monsignori* en flor podría cundir el pánico!

El confort de las santas habitaciones de la Casa del Clero es espartano: una bombilla jubilada arroja una luz cruda sobre una cama de soltero, por lo general con un crucifijo torcido encima. Las camas estrechas de los curas, como las que he visto a menudo en las viviendas del Vaticano, llevan su conservadurismo en su tamaño.

En el cajón de la mesilla de noche anticuada y coja: una Biblia (que reemplazo de inmediato por *Una temporada en el infierno*). En el cuarto de baño, un neón de tiempos de Pío XI difunde una luz de horno microondas. El jabón lo dan con cuentagotas (y hay que reponerlo). ¿Quién ha dicho que al catolicismo le horroriza la vida?

Durante una de mis estancias, mi vecino de habitación, en el cuarto piso, estaba mucho mejor provisto. Es la ventaja de vivir en la Casa todo el año. Después de cruzarme muchas veces con ese minutante distinguido de la Secretaría de Estado, acabó dejándome escudriñar, un día que estaba en calzoncillos (¿se preparaba para ir a un concierto de Cher?) su gran apartamento de esquina. Cuál no fue mi sorpresa al entrever una cama de un rojo vivo, con dos plazas, que tal vez había servido para un decorado de Fellini. Nunca me pareció tan acertada la expresión «secretos de alcoba». No lejos de allí, otra habitación célebre, la 424, fue la de Angelo Roncalli, el futuro papa Juan XXIII.

El desayuno también es parco. Me uno para no hacer un feo a los curas que me invitan insistentemente a sentarme con ellos. Todo allí es hostil: el pan crucificado y sin tostar, los yogures naturales comprados por docenas, el café americano de grifo tan poco italiano, los *cornflakes* poco católicos. Solo los kiwis, disponibles en gran cantidad todas las mañanas, son jugosos; pero ¿por qué kiwis? ¿Y hay que pelarlos como un melocotón o abrirlos por la mitad como un aguacate? El asunto se debate en la Casa, me dice François Bacqué. Me como cuatro. Los desayunos de la residencia del Clero se parecen a los de un asilo de ancianos donde se ruega amablemente a los residentes que no se mueran demasiado despacio para ir haciendo sitio a otros prelados algo menos seniles: de esos no faltan en el gran hospicio que es el Vaticano.

También en los salones de lectura de la Domus Internationalis Paulus VI, en el primer piso, conozco a Laurent Monsengwo Pasinya, un eminente cardenal congolés de Kinshasa, miembro del Consejo de los Cardenales de Francisco, quien me dice que le gusta vivir en la Casa del Clero, «porque aquí hay más libertad» que en el Vaticano, antes de sus reuniones con el papa.

El director de la Casa y de todas las residencias vaticanas, monseñor Battista Ricca, también vive aquí en un apartamento hermético y al parecer inmenso, en el entresuelo izquierdo, puerta número 100. Ricca suele almorzar en la Casa, humildemente, con dos amigos íntimos, en una mesa un poco apartada, como en familia. Una noche, durante uno de nuestros encuentros en los salones del primer piso, delante del televisor, le regalé el famoso libro blanco a Ricca, el cual, con gesto zalamero, me lo agradeció calurosamente.

También se puede cruzar uno con Fabián Pedacchio, el secretario particular del papa Francisco, que según dicen ha vivido aquí mucho tiempo y conserva una habitación para trabajar apaciblemente con el obispo brasileño Ilson de Jesus Montanari, secretario de la Congregación de los Obispos, o con monseñor Fabio Fabene, uno de los organizadores del sínodo. Monseñor Mauro Sobrino, prelado de Su Santidad, también vive aquí, y hemos intercambiado algunos secretos. Una misteriosa pareja de chicos, *dinkies* y *bio-queens*, que escuchan «Born this way» de Lady Gaga sin parar, también se aloja aquí, y hemos tenido buenas conversaciones nocturnas. Un cura vasco también tiene sus alegres compañías en este «círculo mágico», como lo llaman aquí.

El arzobispo François Bacqué vive en la Casa desde que terminó su carrera diplomática. Este aristócrata venido a menos todavía sigue esperando la púrpura. Al parecer, Bacqué le preguntó al cardenal Jean-Louis Tauran, otro francés como él, natural de Burdeos y perfecto plebeyo: «¿Cómo es posible que sea usted cardenal si no es noble? ¿Y por qué yo no lo soy, si pertenezco a la nobleza?». (Me lo ha contado un asistente de Tauran.)

Especímenes como estos se encuentran a montones en la Casa del Clero, lugar donde los jóvenes ambiciosos esperan mucho y los jubilados venidos a menos se lamen las heridas de su ego. La Casa, con sus últimos retoños del catolicismo declinante, junta misteriosamente a la aristocracia espiritual que sube y a la que baja.

Tres capillas, en el segundo y el tercer piso de la Casa del Clero, permiten concelebrar misas a cualquier hora; a veces ha habido grupos gais que han celebrado allí oficios (me lo confirma, por escrito, un sacerdote). Gracias a un servicio de lavandería en las habitaciones, los nuncios no tienen que lavarse la ropa. Todo es barato, pero se paga en efectivo. Cuando me tocará pagar la cuenta, el lector de tarjetas de crédito de la Domus Internationalis Paulus VI estará «excepcionalmente» averiado. Esto se repetirá en cada una de mis estancias. Al final un residente me explicará que esa máquina «está averiada siempre, todos los años» (y la misma avería se repetirá varias veces cuando me aloje en la Domus Romana Sacerdotalis). ¿Será una manera de alimentar un circuito de dinero efectivo?

En la Casa del Clero no hay costumbre de acostarse tarde, al existir la de levantarse temprano, pero con excepciones. El día que intenté hacerme el remolón comprendí, por el trajín de las mujeres de la limpieza y por su impaciencia, que estaba al borde del pecado. Por la noche las puertas de la Casa se cierran a las doce y todos los nuncios noctámbulos y otros diplomáticos viajeros con *jet lag* se juntan en el salón de lectura charlando hasta las tantas. Es el mérito paradójico de las quedas de antaño.

La puerta cochera doble me fascina. Tiene algo de gidiano, y de hecho Gide dice en *Si la semilla no muere* que las buenas familias burguesas necesitaban tener este tipo de «puerta cochera», señal de una condición social elevada. En otro tiempo este porche servía para que entraran los carruajes sin desenganchar y por tanto «guardar las caballerías». ¡Todavía hoy, en la Casa del Clero, menudas caballerías!

En el número 19 de la Vía di San Agostino la puerta cochera, por detrás de la Domus Internationalis Paulus VI, es una entrada lateral y discreta, sin nombre. De color marrón habano, tiene dos batientes, pero ni escalinata, ni umbral. En el centro se abre un postigo, un pequeño batiente recortado en el grande para que los peatones puedan entrar discretamente por la noche. La acera está rebajada en curva. La pared es de sillería blanca y sirve de marco. En la puerta hay unos clavos vistos y una aldaba de hierro corriente, gastada por tantos pasos diurnos y tantos visitantes nocturnos. ¡Oh portal de viejos tiempos, tú sabes muchas historias!

Me he quedado muchas veces mirando la puerta doble, vigilando los movimientos de entrada y salida, haciendo fotos del hermoso porche. Esa puerta tiene profundidad. Hay una suerte de voyeurismo en la contemplación de estas puertas cerradas, verdaderos pórticos urbanos, y esta atracción seguramente explica que el arte de fotografiar puertas se haya convertido en un fenómeno muy popular en Instagram, donde se puede encontrar su retrato con el hashtag #doortraits.

353

Después de un pasillo, una verja, luego un patio: otra línea de fuga. Por una escalera interior que he subido a menudo, se llega discretamente al ascensor C y con él a las habitaciones de la residencia, sin tener que pasar por la conserjería ni la recepción. Y, si uno tiene las llaves adecuadas, puede entrar y salir por la verja y luego por la puerta cochera después del toque de queda reglamentario de medianoche. ¡Qué chollo!... ¡Que hace añorar el tiempo de las diligencias!

Sospecho que la puerta doble conoce muchos secretos del Vaticano. ¿Los contará algún día? Por suerte en ese lado no hay conserje. ¡Otro chollo! Un domingo de agosto de 2018 vi a un *monsignore* de la Secretaría de Estado esperando a su guapo *escort* con pantalón corto rojo y zapatillas azules, haciéndole dulces carantoñas en la calle y en el café Friends antes de entrar con él en la Casa. También me imagino que algunas noches un monje, empujado por una necesidad apremiante, siente la obligación de acudir al oficio de maitines en la iglesia de Sant'Agostino, que está justo enfrente de la puerta cochera, o que un nuncio viajero, con un deseo repentino de ver la espléndida *Virgen de los peregrinos* de Caravaggio, improvisa su salida con nocturnidad. La Arcadia, buen nombre, también está enfrente de la puerta cochera, así como la Biblioteca Angelica, una de las más bellas de Roma, donde, también allí, un religioso puede sentir la necesidad inaplazable de consultar unos incunables o las páginas iluminadas del famoso *Codex Angelicus*. Y luego, adosada a la Casa del Clero por el noroeste, se encuentra la Università della Santa Croce, más conocida como la universidad del Opus Dei; y hubo un tiempo en que se podía acceder directamente desde la residencia del clero por una pasarela, hoy condenada. Mecachis... ahora hay que salir por la puerta cochera de noche si se tiene que asistir a una clase de latín o a una reunión ultramontana con un joven y rígido seminarista de «la Obra».

La anomalía de la Casa del Clero se sitúa al oeste del enorme edificio, en la Piazza delle Cinque Lune: el McDonald's. El Vaticano, como es sabido, es demasiado pobre para mantener sus propiedades y ha tenido que sacrificarse tomando en concesión este símbolo de la comida basura americana. Según mis informaciones, monseñor Ricca firmó el contrato de cesión de arrendamiento sin que le pusieran una pistola en el pecho.

Hubo mucha polémica cuando se quiso instalar un McDonald's al lado del Vaticano, en un edificio que no pertenece a la santa sede, pero nadie se rasgó las vestiduras cuando el Vaticano autorizó un *fast food* de la misma cadena dentro de una de sus residencias romanas.

—Se desplazó un altarcillo dedicado a la Virgen que estaba en la entrada actual del McDonald's, simplemente lo colocaron cerca del pórtico de la Casa del Clero, en Vía della Scrofa —me explica uno de los residentes.

En efecto, veo esa especie de altar-retablo azul, rojo y amarillo, donde han sujetado a una pobre virgen contra su voluntad, desplazado trivialmente bajo el porche de la entrada principal. ¿Fue McDonald's el que presionó para que alejaran a la Santa Virgen de sus McNuggets?

En todo caso, el contraste es singular. Puerta estrecha del deber, con toque de queda y Ave María, por delante; puerta cochera de dos batientes, con sus fantasías, y muchas llaves, por detrás: he aquí la cruda realidad del catolicismo. El papa conoce todos los recovecos de la Casa del Clero; ha vivido aquí demasiado tiempo como para no saberlo.

Cuando empieza el buen tiempo, este remanso del misterio se prepara para el verano y es aún más intrigante. La Domus Internationalis Paulus VI se convierte en un resort. Vemos a unos jóvenes secretarios de nunciaturas que han perdido el alzacuellos charlando delante de la verja, antes de la queda, con camiseta beis ajustada y pantalón corto rojo; vemos a unos nuncios llegados de países en vías de desarrollo salir justo antes de medianoche de esta YMCA («*Young Men's Christian Association*», («Asociación Cristiana de Jóvenes») hacia noches DYMK (por «*Does Your Mother Know?*» «¿Lo sabe tu madre?»). Volverán de madrugada afónicos por haberse hartado a cantar «I Will Survive» o «I Am What I Am», bailando con el índice de la mano izquierda señalando al cielo como en el *San Juan Bautista* en el festival Gay Village Fantàsia del barrio del EUR, donde me he tropezado con ellos.

—En mis tiempos un cura nunca se habría puesto un short rojo así —observa, disgustado, el arzobispo François Bacqué cuan-

355

do pasamos por delante de estos especímenes coloridos que dan la impresión, esa noche, de haber organizado un *happy hour* delante de la Casa del Clero.

«¡Viajar solo es viajar con el Diablo!», escribe el gran novelista católico (y homosexual) Julien Green. Esa podría ser una de las reglas de vida de los nuncios apostólicos, cuyos secretos he ido descubriendo poco a poco.

Cuando empecé mi investigación, un embajador destinado en la santa sede ya me advirtió:

—En el Vaticano, como verá, hay muchos gais: ¿50 %, 60 %, 70 %? Quién sabe. Pero ¡comprobará que entre los nuncios ese porcentaje es el máximo! En el mundo ya mayoritariamente gay del Vaticano ellos son los más gais.

Y viendo mi asombro por esta revelación, el diplomático me dijo riendo:

356

—Verá usted, ¡decir «nuncio homosexual» es una especie de pleonasmo!

Para entender esta paradoja pensemos en las oportunidades que brinda una condición solitaria en la otra punta del mundo. ¡Las ocasiones son tan buenas cuando uno está lejos de casa, tan numerosas en Marruecos y en Túnez, y tan fáciles los encuentros en Bangkok o en Taipéi! Para los nuncios, nómadas por naturaleza, Asia y Oriente Próximo son tierras de misión, verdaderas tierras prometidas. En todos estos países los he visto en acción, rodeados de sus favoritos, afectados o efusivos, descubriendo la vida auténtica lejos del Vaticano y repitiendo sin cesar: ¡ah, ese culí!, ¡ah, ese barquero!, ¡ah, ese camellero!, ¡ah, ese conductor de *rickshaw*!

«Atacados por una rabia masculina de viajar», según la hermosa fórmula del poeta Paul Verlaine, los nuncios abrevan así en sus reservas naturales: los seminaristas, los propedeutas, los frailes jóvenes que en el tercer mundo son aún más accesibles que en Roma.

—Cuando viajo al extranjero me prestan legionarios de Cristo —me confiesa otro arzobispo. (No insinúa nada malo con esa expresión, pero da una idea de la consideración que tiene por los legionarios cuando va a una «antigua colonia».)

—Los nombres «factoría», «concesiones» y «colonias» suenan bien en los oídos de los viajeros europeos. ¡A muchos curas les ponen a cien! —me dijo, con insólita franqueza, un sacerdote de las Misiones Extranjeras, un francés que es él mismo homosexual, con quien hablé varias veces en París.

(A lo largo de esta investigación departí con muchos curas en sus misiones de África, Asia, el Magreb y Latinoamérica; también utilizo para esta parte los testimonios de una veintena de nuncios y diplomáticos que me contaron las costumbres de sus amigos y correligionarios.)

En realidad, una vez más es un secreto a voces. Los curas dejan rastro por todas partes. Los dueños de bares gais con los que hablé en Taiwán, Hanói o Hué no ahorran elogios a esta clientela fiel y seria. Los camareros del barrio Shinjuku Ni-chome de Tokio me señalaron con el dedo a los clientes habituales. Los periodistas especializados en el tema gay de Bangkok han investigado algunos incidentes de «conducta» o algunos asuntos de visado, cuando un prelado quiso llevarse a Italia a un joven asiático indocumentado. En todas partes se advierte la presencia de curas, frailes y religiosos.

Además de los nuncios, para quienes los viajes son la base misma de su profesión, los sacerdotes de la curia también aprovechan sus vacaciones para emprender exploraciones sexuales innovadoras lejos del Vaticano. Pero, como es lógico, estos *monsignori* no suelen pregonar su categoría profesional cuando peregrinan a Manila o a Yakarta. Se dejan el *clergyman* en casa.

—Por haberse dado principios más fuertes que su carácter y haber sublimado demasiado tiempo sus deseos, «explotan» literalmente en el extranjero —me señala el sacerdote de las Misiones Extranjeras.

Hoy en día Vietnam es uno de los destinos preferidos. El régimen comunista y la censura de prensa protegen las escapadas eclesiásticas en caso de escándalo, mientras que en Tailandia todo acaba ya en la prensa (como me da a entender el obispo tailandés Francis Xavier Vira Arpondratana durante varias conversaciones y comidas).

—El turismo sexual está migrando —me explica el señor Dong, dueño de dos bares gais de Hué—. Pasa de los países que

357

están bajo los focos, como Tailandia o Manila, a los que salen menos en los medios, como Indonesia, Malasia, Camboya, Birmania o aquí, Vietnam. —(El nombre de uno de los establecimientos del señor Dong, por el que pasé, me hace gracia porque se llama Ruby, como la *escort* de los bunga-bunga de Berlusconi.)

Asia no es la única meta de estos curas, pero sí una de las preferidas por todos los excluidos de la sexualidad normada, ya que el anonimato y la discreción que brindan son inigualables. África, Suramérica (por ejemplo, la República Dominicana, donde una importante trama de curas gais se ha descrito en un libro) y Europa del Este también tienen sus adeptos, sin olvidar Estados Unidos, matriz de todos los Stonewell unipersonales. Allí se les puede ver bronceándose en las playas de P'Town, alquilando un bungalow en los «Pines» o un Airbnb en los *gayborhoods* de Hell's Kitchen, Boystown o Fort Lauderdale. Un cura francés me dice que después de haber visitado metódicamente esos barrios *guppies* (*gay-yuppies*) y posgay estadounidenses, lamentó que hubiera «demasiada mezcla» y demasiado poca «gaitud».

Tiene razón: hoy el porcentaje de homosexuales seguramente es más alto en el Vaticano «enclosetado» que en el Castro posgay.

Los hay, por último, que prefieren quedarse en Europa para hacer la ronda de los clubes gais de Berlín, frecuentar las noches sadomasoquistas de sitios como The Church o el Amsterdam, no perderse la *closing* de Ibiza y luego celebrar en Barcelona su *birthday*, que se convierte en un *birthweek*. Estos lugares, más cercanos, no por ello son menos clandestinos. (Utilizo siempre ejemplos concretos relacionados con nuncios o sacerdotes que me han descrito su turismo sexual sobre el terreno.)

Así es como se concreta otra regla de Sodoma, la undécima:

> La mayoría de los nuncios son homosexuales, pero su diplomacia es esencialmente homófoba. Denuncian lo que son. En cuanto a los cardenales, obispos y sacerdotes, ¡cuanto más viajeros, más sospechosos acaban siendo!

El nuncio La Païva, del que ya he hablado, no incumple esta regla. ¡Él también es un buen espécimen! ¡Y de qué especie! Este arzobispo es genio y figura. Y evangeliza. Es de los que, en el vagón de un tren casi desierto o en los asientos de un autobús vacío, irá a sentarse junto a un efebo que viaja solo para tratar de traerlo a la fe. También está dispuesto a corretear por la calle, como le he visto, con esa pinta que recuerda al famoso nuncio del escultor Fernando Botero —gordo, orondo y colorado—, si eso le permite trabar conversación con un seminarista que le hace tilín.

Al mismo tiempo, La Païva es atractivo, pese a su temperamento reaccionario. Cuando vamos al restaurante en Roma quiere que me ponga camisa y chaqueta, aunque en la calle estemos a treinta grados. Una noche incluso me hizo una escena porque mi *look grunge* no le gustaba «nada de nada» y tenía que afeitarme bien. La Païva me abronca:

—No entiendo por qué los jóvenes de hoy se dejan barba.

(Me gusta que La Païva me llame joven.)

—No me dejo barba, Excelencia. Tampoco estoy mal afeitado. Es lo que se llama barba de tres días.

—¿Es por vagancia? ¿Es eso?

—Creo que me hace más guapo. Me afeito cada tres o cuatro días.

—Le prefiero imberbe, ¿sabe?

—El Señor también era barbudo, ¿no?

Pienso en el retrato de Cristo de Rembrandt (*Christuskopf*, un cuadrito que he visto en la Gemäldegalerie de Berlín), el más guapo de todos, quizá: tiene facciones finas y frágiles, cabello largo despeinado y una barba larga y desigual. En un Cristo *grunge*, justamente, ¡solo le falta llevar unos vaqueros rotos! Rembrandt lo pintó con un modelo anónimo vivo, una novedad en la pintura religiosa de la época, seguramente un joven de la comunidad judía de Ámsterdam. De ahí su humanidad, su sencillez. La vulnerabilidad de Cristo me impresiona, como impresionó a François Mauriac, que tanto amaba este cuadro y que, como todos nosotros, se enamoró de él.

Los nuncios, los diplomáticos y los obispos con los que me crucé en la Domus Internationalis Paulus VI son los soldados del papa repartidos por el mundo. Desde que fue elegido Juan Pablo II, su acción internacional ha sido innovadora, paralela a la política de grandes Estados y particularmente favorable a los derechos del hombre, la abolición de la pena de muerte, el desarme nuclear y los procesos de paz. En fechas más recientes, Francisco ha dado prioridad a la defensa del medio ambiente, el acercamiento entre Estados Unidos y Cuba y la pacificación con las FARC en Colombia.

—Es una diplomacia de la paciencia. El Vaticano no renuncia nunca, ni siquiera cuando las demás potencias tiran la toalla. Y cuando todo el mundo se va de un país, por ejemplo a causa de una guerra, los nuncios se quedan bajo las bombas. Se vio en Irak y más recientemente en Siria —destaca Pierre Morel, que fue embajador de Francia en la santa sede.

Morel me explica con detalle, durante varias conversaciones en París, el funcionamiento de esta diplomacia vaticana, con las funciones específicas de los nuncios, de la Secretaría de Estado, de la Congregación para las Iglesias Orientales, la función del «papa rojo» (el cardenal encargado de la «evangelización de los pueblos», es decir, del tercer mundo), del «papa negro» (el superior general de los jesuitas) y, por último, las «diplomacias paralelas». La Secretaría de Estado coordina toda la organización y marca el rumbo.

Este aparato diplomático, eficaz y desconocido, también fue puesto al servicio de una cruzada ultraconservadora y homófoba por Juan Pablo II y Benedicto XVI. Se puede narrar a través de dos nuncios emblemáticos que ocuparon el cargo de observador permanente del Vaticano en las Naciones Unidas: el arzobispo Renato Martino, hoy cardenal, y el nuncio Silvano Tomasi.

Cuando llego al domicilio de Renato Raffaele Martino, en la Vía Pfeiffer de Roma, a dos pasos del Vaticano, un filipino de entre veinte y treinta años, quintaesencia de la belleza asiática, me abre la puerta con una amplia sonrisa. Me acompaña sin pronunciar palabra al salón del cardenal, donde el prelado se reúne conmigo.

De repente no es un Renato Martino el que tengo ante mí, sino una docena. Estoy literalmente rodeado de retratos del cardenal, tamaño natural, pintados bajo todos los ángulos, a veces expuestos en paneles, que el nuncio ha colgado en todas las paredes y rincones de su vivienda.

Comprendo que a sus 86 años el cardenal esté orgulloso de todo lo que ha hecho desde que el gran Agostino Casaroli le ordenara obispo, y que tenga un alto concepto de sí mismo. Al fin y al cabo ha peleado con uñas y dientes para obstaculizar la lucha contra el sida en los cinco continentes y además con cierto éxito, y eso no lo hace cualquiera. Pero me digo que tantos retratos de sí mismo a la vez, de pie y de colores, tantas erecciones de estatuas, rozan el ridículo.

Lo que sigue es lo que cabía esperar. El anciano elude contestar francamente a mis preguntas, aunque, como la mayoría de los nuncios, se expresa en un francés impecable, pero se afana en enseñarme su morada. Martino me dice que durante su larga carrera de nuncio ha visitado 195 países; de estos viajes se ha traído un sinfín de objetos que ahora me enseña en el comedor, en la capilla privada, en el pasillo interminable, en los diez dormitorios y en la terraza panorámica, que tiene una hermosa vista sobre la Roma católica. El tamaño de su mansión es por lo menos quince veces mayor que la cámara del papa Francisco.

361

Es un museo, un verdadero gabinete de curiosidades (digamos que de cachivaches religiosos). El cardenal me enseña, una tras otra, sus 38 condecoraciones, sus 200 medallas grabadas con su nombre, los 14 títulos de doctor honoris causa y los 16 retratos suyos. También veo pañuelos con escudo, baratijas, elefantes en miniatura desportillados, un bonito panamá de colonialista y, adornando las paredes, certificados otorgados a «Su Eminencia reverendísima» con la efigie de no sé qué extraña orden de caballería (la de San Javier, puede ser). Y mientras caminamos en fila entre esas reliquias y esos grisgrises, me doy cuenta de que el paje filipino nos mira desde lejos, con desolación y una apatía irritada; cuántas veces no habrá visto esas procesiones.

En el gran caravanserrallo que es su casa, una leonera, veo ahora al cardenal en foto a lomos de un elefante, en compañía de un efebo; aquí posa confiadamente con un compañero tailandés y allí con unos jóvenes laosianos, malasios, filipinos, singapurenses y tailandeses, gratos representantes de países donde ha sido vicenuncio, pronuncio o nuncio. Está claro que Martino ama Asia. Y su pasión por los elefantes está exhibida con profusión en todos los rincones de su morada.

Según dos fuentes diplomáticas, la «creación» de Martino como cardenal por Juan Pablo II fue larga y estuvo plagada de obstáculos. ¿Tenía enemigos? ¿Falta de *straightness*? ¿Demasiados gastos, demasiados rumores sobre él? Sea como fuere, tuvo que esperar durante varios consistorios. Cada vez que la fumata no era blanca, a Martino le daba un bajón. Porque además había comprado, y bien caros, el birrete, el capelo, la muceta roja y el anillo de zafiro, sin esperar a dicha creación. La comedia humana duró varios años, y la capa de seda muaré y adamascada con hilo de oro estaba casi carmesí cuando el nuncio, frisando los 71 años, fue elevado por fin a la púrpura. (En su *Testimonianza*, monseñor Viganò «saca del armario» claramente a Martino acusándole de pertenecer a la «corriente homosexual partidaria de subvertir la doctrina católica acerca de la homosexualidad» de la curia, algo tajantemente desmentido por sus amigos en un comunicado.)

362

En la capilla del cardenal, esta vez, en medio de los medallones, los retratos de Martino y los amuletos, esmeradamente protegidos del sol por unas cortinas de ribetes dorados, descubro la santa trinidad de artistas LGBT: Leonardo da Vinci, Miguel Ángel y Caravaggio. En este lugar más íntimo cada uno de estos homosexuales notorios tiene derecho a una reproducción mutilada de una de sus obras. Hablamos como de pasada de su chico para todo filipino, y Martino, que al parecer no ha captado adónde yo quería llegar, pone los ojos en blanco y me hace una semblanza idílica del muchacho y me aclara que, en realidad, para servirle, tiene a «dos filipinos», y que los prefiere con creces a las tradicionales monjitas. Se comprende.

El Antiguo Testamento, como es sabido, está lleno de personajes más subidos de color, más aventureros y también más monstruosos que el Nuevo. El cardenal Renato Martino es, a su manera, un personaje de las Viejas Escrituras. Sigue siendo presidente honorario del Dignitatis Humanae Institute, una asociación católica de extrema derecha y un *lobby* político ultraconservador dirigido por el inglés Benjamin Harnwell. Si en este libro hay una organización estructuralmente homófoba, es esta, y Renato Martino es su brújula.

En los 195 países que ha visitado, en las embajadas donde ha sido nuncio, y como «observador permanente» de la santa sede en las Naciones Unidas durante dieciséis años (de 1986 a 2002), Renato Martino fue un gran defensor de los derechos humanos, un militante exaltado contra la interrupción voluntaria del embarazo y un ferviente opositor a los derechos de los gais y al uso del preservativo.

En la ONU Renato Martino fue el portavoz principal de Juan Pablo II y tuvo que aplicar la línea del papa. Su margen de maniobra, como el de todos los diplomáticos, era reducido. Pero según más de una veintena de testimonios que recogí en Nueva York, Washington y Ginebra, entre ellos los de tres embajadores en la ONU, Martino asumió su misión con una parcialidad, con una animosidad personal contra los homosexuales tan fuerte que ese odio resultaba sospechoso.

—El señor Martino no era un diplomático normal —me explica un embajador que fue su homólogo en Nueva York—. Nunca vi a nadie tan binario. Como observador permanente de la santa sede en la ONU, tenía dos caras y su línea política tenía claramente dos varas de medir. Su actitud en materia de derechos humanos era humanista, la clásica de la santa sede, y siempre muy moderada. Era un gran defensor de la justicia, de la paz y, lo recuerdo en especial, del derecho de los palestinos. Y luego, de repente, cuando se abordaba la cuestión de la lucha contra el sida, el aborto o la despenalización de la homosexualidad, se volvía maniqueo, obsesivo y vengativo, como si le afectara personalmente. ¡Sobre los derechos humanos su postura era similar a la de Suiza o Canadá, y de pronto, sobre la cuestión gay y el sida, hablaba como Uganda y Arabia Saudí! Y de hecho, el Vaticano hizo después una alianza contra natura, a mi entender, con Siria y Arabia Saudí sobre la cuestión de los derechos de las personas homosexuales. ¡Martino era el doctor Jekyll y Mr. Hyde!

Otro diplomático del Vaticano, Silvano Tomasi, desempeñó un papel parecido en Suiza. Si en Nueva York está la prestigiosa representación permanente de las Naciones Unidas y su Consejo de Seguridad, es en Ginebra donde se encuentran la mayoría de las agencias de las Naciones Unidas que intervienen en asuntos de derechos humanos y lucha contra el sida, a saber: el Alto Comisionado para los Derechos Humanos, la Organización Mundial de la Salud, la ONUSIDA, el Fondo Mundial de Lucha contra el Sida y, por supuesto, el Consejo de Derechos Humanos de las Naciones Unidas. El Vaticano está representado en todas estas agencias por un solo «observador permanente» sin derecho a voto.

Cuando me reúno con Silvano Tomasi en el Vaticano, donde me recibe en una pausa del encuentro internacional que se celebra en la sala de audiencias pontificias Pablo VI, el prelado se disculpa por no poder dedicarme mucho tiempo. Al final hablaremos durante más de una hora y no por ello se perderá la continuación de la conferencia a la que debía asistir.

—Hace poco el papa Francisco, dirigiéndose a los nuncios apostólicos, nos ha dicho que la nuestra debía ser una vida de *gypsies* («gitanos») —me dice Tomasi en inglés.

364

Por tanto, Tomasi ha recorrido el mundo como un saltimbanqui, un nómada, un gitano, como todos los diplomáticos. Fue embajador del Vaticano en Etiopía, en Eritrea y en Yibuti antes de dirigir el Pontificio Consejo para la Pastoral de los Migrantes e Itinerantes.

—Los refugiados y los migrantes son la prioridad del papa Francisco. Se interesa por las periferias, por los que están al margen de la sociedad, por las personas desplazadas. Quiere ser una voz para los que no tienen voz —me dice Tomasi.

Extrañamente, el nuncio tiene triple nacionalidad: es italiano, nacido al norte de Venecia en 1940, ciudadano del Estado del Vaticano como nuncio y estadounidense.

—Llegué a Nueva York con dieciocho años. Fui un estudiante católico en Estados Unidos, defendí mi tesis en la New School de Nueva York y durante mucho tiempo fui sacerdote en Greenwich Village.

El joven Silvano Tomasi se ordenó en la misión de San Carlos Borromeo, creada a finales del siglo XIX con la finalidad principal de evangelizar el Nuevo Mundo. En los años sesenta ejerció su ministerio en la parroquia neoyorquina Our Lady of Pompeii, dedicada a los inmigrantes italianos, una iglesia del Village en la esquina de Bleecker Street y la Sexta Avenida.

Es un barrio que conozco bien, pues viví en Manhattan varios años. Está a cinco minutos a pie de Stonewall Inn. Fue allí, en junio de 1969, justo cuando el joven Silvano Tomasi se mudó al barrio, donde nació el movimiento homosexual estadounidense en una noche de disturbios. Cada año se conmemora en todo el mundo este acontecimiento con el nombre de Gay Pride. En los años setenta Greenwich Village pasó a ser el lugar simbólico de la liberación homosexual, y fue allí donde el joven prelado ejerció su misión evangélica, entre los hippies, los travestis y los activistas gais que tomaron el barrio por asalto.

Durante nuestra conversación hablamos del Village y de su fauna LGBT. Silvano Tomasi, que no tiene un pelo de tonto, mide bien sus palabras y se muestra muy precavido; no se va a dejar enredar.

—Verá: ¡hablamos como amigos, me hace decir cosas y luego usted se queda solamente con lo que deje en mal lugar a la Iglesia, como todos los periodistas! —me dice Tomasi riendo, y sigue hablando por los codos.

(La entrevista se formalizará oficialmente a través del servicio de prensa del Vaticano y el prelado sabe que está grabada, porque utilizo un Nagra bien visible.)

Después de correr mucho mundo, el nuncio Silvano Tomasi terminó su carrera como «observador permanente» de la santa sede en la ONU de Ginebra. Aquí, entre 2003 y 2016, puso en práctica la diplomacia de los papas Juan Pablo II y Benedicto XVI.

Por tanto, durante más de diez años el jefe de la diplomacia vaticana, pese a haber conocido bien Greenwich Village, aplicó una política tan obsesivamente antigay como la de su colega Renato Martino en Nueva York. Los dos nuncios, de común acuerdo, desplegaron una energía considerable para tratar de torpedear las iniciativas encaminadas a la despenalización internacional de la homosexualidad y del uso del preservativo. No ahorraron esfuerzos para oponerse a todos los proyectos en este sentido de la OMS, ONUSIDA o el Fondo Mundial de Lucha contra el Sida, como me

365

confirman varios responsables de estas agencias de las Naciones Unidas con quienes hablé en Ginebra, entre ellos el director general de ONUSIDA Michel Sidibé.

Al mismo tiempo, ambos nuncios se mostraron muy discretos sobre los casos de abusos sexuales de los curas que en esos años ya se contaban por miles. Dos varas de medir, en suma.

—Un buen diplomático es el que representa bien a su gobierno. En este caso, para el Vaticano, un buen nuncio apostólico es el que se mantiene fiel al papa y a las prioridades que este defiende —me suelta Tomasi para justificar su actuación en Ginebra con estricta obediencia a la línea impuesta por Juan Pablo II.

En 1989, por primera vez, ante una asamblea de médicos e investigadores reunidos en el Vaticano, el papa dedica un discurso al tema del sida. En 1987 ya se le había visto abrazar a un niño condenado a muerte por el virus, y en el mensaje navideño de 1988 había pedido compasión con las víctimas de la epidemia, pero todavía no se había expresado públicamente sobre el asunto. Esta vez Juan Pablo II declara:

> Aparece profundamente lesivo de la dignidad de la persona, y por ello moralmente ilícito, propugnar una prevención de la enfermedad del SIDA basada en el recurso a medios y remedios que violan el sentido auténticamente humano de la sexualidad y son un paliativo para aquellos malestares profundos donde se halla comprometida la responsabilidad de los individuos y de la sociedad.

Aunque el papa no menciona el preservativo como tal (no lo hará nunca), esta primera declaración provoca un fuerte desasosiego en todo el mundo. En septiembre de 1990 y otra vez en marzo de 1993 repite el mismo planteamiento, esta vez en suelo africano, primero en Tanzania y luego en Uganda, dos de los países más afectados por la pandemia. Allí afirma una vez más que «la restricción sexual impuesta por la castidad es el único método seguro y virtuoso de acabar con la plaga trágica del sida». El papa no tolera ninguna excepción a su regla, ni siquiera en el caso de parejas casadas asintomáticas, en un momento en que uno de cada ocho ugandeses está infectado por el virus.

Estas posiciones provocaron un fuerte rechazo no solo de la comunidad científica y médica, sino también de cardenales influyentes como Carlo Maria Martini y Godfried Danneels (el arzobispo de París, Jean-Marie Lustiger, con una casuística inimitable, defendió la posición de Juan Pablo II pero proponiendo excepciones como «mal menor»).

En la ONU Renato Martino emprendió una campaña virulenta contra el sexo seguro y el recurso al preservativo. En 1987, cuando un comité de obispos estadounidenses publicó un documento que daba a entender la necesidad de informar a la población sobre el modo de protegerse, Martino recurrió a las altas instancias para que se prohibiera el texto. Después se movió para que la prevención del sida no figurase en los documentos o declaraciones de la ONU. Un poco después utilizó un artículo supuestamente científico, difundido masivamente por el cardenal López Trujillo, que alertaba de los peligros del «sexo seguro» y citaba muchos casos de contagios en relaciones sexuales protegidas. Todavía en 2001, poco antes de terminar su misión, cuando la Conferencia Episcopal de África del Sur publicó una carta pastoral que justificaba el uso del preservativo por las parejas casadas asintomáticas, Martino se movió por última vez para silenciar a los obispos surafricanos.

«El preservativo agrava el problema del sida.» La frase es una de las más célebres del pontificado de Benedicto XVI, aunque en realidad está deformada. Recordemos brevemente el contexto y las palabras exactas. El 17 de marzo de 2009 el papa vuela a Yaundé, en Camerún. Es su primer viaje a África. En el avión de Alitalia toma la palabra en una conferencia de prensa que se ha preparado cuidadosamente. Un periodista francés le hace una pregunta que estaba preparada. En su respuesta, después de elogiar la acción meritoria de los católicos en la lucha contra el sida en África, Benedicto XVI añade que el dinero no basta para vencer la enfermedad: «Si no hay alma, si los africanos no se ayudan, no se podrá resolver este flagelo repartiendo preservativos; al contrario, eso puede agravar el problema».

—Si somos sinceros, debemos reconocer que la respuesta del papa, tomada en conjunto, es bastante coherente. El único problema es esa frase, la idea de que el preservativo es «peor», de que «agrava» las cosa. El error es solo esa idea de «peor» —reconoce Federico Lombardi, el portavoz de Benedicto XVI.

(Lombardi, que estaba al lado del papa en el avión, me confirma que la pregunta sobre el sida se había aprobado y preparado de antemano.)

La frase provocó un gran revuelo en cinco continentes. A Benedicto XVI le llovieron críticas, se burlaron de él, incluso le ridiculizaron. Presidentes de muchos países, primeros ministros y un gran número de médicos de renombre mundial, a menudo católicos, denunciaron por primera vez esas «palabras irresponsables». Varios cardenales lo vieron como una «torpeza» o un «error». Otros, como la asociación Act Up, acusaron al papa de ser, simple y llanamente, «un criminal».

—Los obispos y sacerdotes que ya tenían un lenguaje contrario a los preservativos se consideraron respaldados por la frase de Benedicto XVI y redoblaron las homilías en sus iglesias contra la lucha contra el sida. Muchos de ellos, por supuesto, afirmaron que le enfermedad era un castigo de Dios a los homosexuales —me explica un cura africano que también es diplomático en la santa sede (y al que conozco casualmente en un café del Borgo romano).

Estos curas y obispos católicos a menudo hicieron causa común con los pastores estadounidenses homófobos, los evangelistas o los imanes que se oponían a los derechos de los gais y al preservativo como método de lucha contra el sida.

Según este diplomático del Vaticano, una de las misiones principales de los nuncios destinados en África era vigilar a los obispos y sus planteamientos sobre la homosexualidad y el sida. Debían informar a la santa sede de cualquier «desviación». Durante los papados de Juan Pablo II y Benedicto XVI bastaba con que un cura aprobase el reparto de preservativos o se mostrase favorable a la homosexualidad para que perdiera toda esperanza de llegar a obispo.

La famosa abogada Alice Nkom me explica que en su país, Camerún, donde he investigado, «se ha desatado una verdadera caza al homosexual». Y me informa de que el obispo Samuel Kléda se ha mostrado favorable a criminalizar la homosexualidad y pretende castigar a los enfermos de sida. En Uganda, donde han asesinado a un activista gay, el arzobispo católico Cyprian Lwanga es contrario a que se despenalice la homosexualidad. En Malawi, Kenia y Nigeria los representantes de la Iglesia católica han hecho pronunciamientos contra los homosexuales y los preservativos (dato confirmado por un informe detallado de Human Rights Watch transmitido al papa Francisco en 2013).

—Es una política moralmente injusta con efectos contraproducentes —me confirma durante una entrevista en Ginebra el maliense Michel Sidibé, director general de la agencia de las Naciones Unidas ONUSIDA—. En el África subsahariana el virus del sida se propaga sobre todo con las relaciones heterosexuales. De modo que, basándonos en las cifras, podemos afirmar que las leyes homófobas, además de atentar contra los derechos humanos, son completamente ineficaces. Cuanto más se esconden los homosexuales, más vulnerables son. A fin de cuentas, si los condenamos, nos arriesgamos a frenar la lucha contra el sida y multiplicar los contagios entre la población vulnerable.

De entre los prelados africanos homófobos, que son muchos, hay dos cardenales que llevan la voz cantante. En los últimos años no han ahorrado diatribas contra el preservativo y contra los gais: el surafricano Wilfrid Napier y el guineano Robert Sarah, elevados a la púrpura por Juan Pablo II y Benedicto XVI en una época en que ser homófobo era un plus en el currículum. Después Francisco les marginó a los dos.

Antes de ser homófobo, Wilfrid Napier fue un defensor de los derechos humanos durante mucho tiempo. Su trayectoria habla por él: el actual arzobispo de Durban fue un militante activo de la causa de los negros y del proceso democrático surafricano. Al frente de la Conferencia Episcopal de África del Sur tuvo un papel determinante en las negociaciones para acabar con el apartheid.

Sin embargo, Napier se opuso a las propuestas de Nelson Mandela de despenalizar la homosexualidad, introducir la noción de «orientación sexual» en la constitución del país y, más tarde, autorizar el matrimonio entre personas del mismo sexo.

Varios testimonios que recogí en Johannesburgo, Soweto y Pretoria describen a Napier como un «verdadero homófobo» y un «militante radical contra el preservativo». En 2013 el arzobispo de Durban criticó las propuestas de ley a favor del matrimonio gay que proliferaban por el mundo: «Es una nueva forma de esclavitud. Y Estados Unidos nos dice: "No habrá dinero si no repartís preservativos y no legalizáis la homosexualidad"». (Cabe recordar aquí que el matrimonio gay se adoptó en Suráfrica antes que en Estados Unidos.)

Estas tomas de posición provocaron vivas reacciones. El arzobispo anglicano Desmond Tutu, premio Nobel de la paz, se opuso frontalmente a Napier (sin nombrarle) y denunció a las Iglesias que estaban «obsesionadas por la homosexualidad» cuando había un grave problema de sida. Tutu comparó en varias ocasiones la homofobia con el racismo y llegó a afirmar: «Si Dios fuera homófobo, como pretenden algunos, yo no rezaría a ese Dios».

El escritor Peter Machen, director del festival de cine de Durban, también criticó al cardenal Napier con fuertes alusiones: *«Isn't it a little hard to tell, Archbishop, (who is gay) when most of your colleagues wear dresses?»* («¿No es un poco difícil decir, arzobispo, quién es homosexual, cuando la mayoría de sus colegas llevan vestidos [de mujer]?»).

Napier se prodiga en declaraciones contra los gais y denuncia, por ejemplo, «la actividad homosexual» dentro de la Iglesia, que según él es la causa de los abusos sexuales. «Alejarse de la ley de Dios siempre conduce a la desgracia», añade. Esta homofobia obsesiva de Napier genera reservas incluso en la propia Iglesia surafricana. Por ejemplo, los jesuitas de Johannesburgo criticaron las posiciones del cardenal en sus conversaciones privadas con el nuncio apostólico (según una fuente de primera mano) y aceptaron tácitamente, mirando para otro lado, el reparto de preservativos, como pude comprobar in situ.

El juez Edwin Cameron también se mostró crítico. Este amigo

de Nelson Mandela, uno de cuyos hijos murió de sida, es una de las figuras más respetadas de Suráfrica. Militante de la causa negra, se unió a la ANC en la época del apartheid, algo infrecuente para un blanco. Hoy es miembro del Tribunal Supremo del país y ha revelado que es seropositivo. Le entrevisté varias veces en Johannesburgo, donde Cameron me dijo, midiendo las palabras, lo que pensaba de Wilfrid Napier:

—Los que se preocupan de paliar la tragedia del sida en África o de proteger a las personas LGTBI en el continente se han tropezado con un adversario implacable en la persona del cardenal Wilfred Napier. Al oírle se siente una mezcla de angustia y desesperación. Ha utilizado su importante poder de prelado de la Iglesia romana católica para oponerse a los derechos de las mujeres, condenar los preservativos y rechazar cualquier protección jurídica de los homosexuales. Ha militado contra la despenalización de las relaciones sexuales entre dos hombres o dos mujeres adultos consintientes y, por supuesto, contra el matrimonio de parejas del mismo sexo. A pesar de esta obsesión, dice que no conoce a ningún homosexual. ¡Con eso nos ha juzgado e invisibilizado a la vez! Esta triste saga en la historia de nuestro país y esta página negra de la Iglesia católica en África ya se está acabando, eso espero, con el pontificado de Francisco.

Cabe precisar, por último, que el cardenal Wilfrid Napier se ha mostrado discreto sobre los abusos sexuales de la Iglesia católica, que en Suráfrica conciernen a decenas de sacerdotes. El arzobispo de Durban llegó a declarar, en una entrevista de la BBC, que no se debe «castigar» a los pedófilos porque «son enfermos, no criminales». Ante el revuelo provocado por sus palabras, el cardenal se disculpó y dijo que había sido un malentendido: «No puedo ser acusado de homofobia, eso está descartado, porque no conozco a ningún homosexual».

Robert Sarah es un homófobo de otra clase. Hablé de manera informal con él después de una conferencia, pero no pude entrevistarle oficialmente pese a mis repetidas peticiones. En cambio pude hablar varias veces con sus colaboradores, en especial con Nicolas

Diat, el coautor de sus libros. El cardenal Fernando Filoni, que en el Vaticano se encarga de las cuestiones africanas, y un cura que vivió con Sarah cuando este era secretario de la Congregación para la Evangelización de los Pueblos, también me han informado.

Robert Sarah no nació católico, se convirtió. Creció en una tribu conanigue, a quince horas de taxi de la capital Conakry, y compartió sus prejuicios, sus ritos, sus supersticiones e incluso la cultura de la hechicería y los morabitos. Su familia es animista, su casa es de tierra batida, donde se duerme en el suelo. Así nació el relato del jefe de tribu Sarah.

La idea de convertirse al catolicismo para luego hacerse cura se gestó en contacto con los misioneros del Espíritu Santo. Ingresó en el seminario menor en Costa de Marfil y se ordenó sacerdote en Conakry en 1969, en un momento en que el dictador de Guinea, Seku Turé, lanzaba la persecución contra los católicos. En 1979, cuando metieron en la cárcel al arzobispo de la ciudad, Roma nombró en su lugar a Sarah, que se convirtió en el obispo más joven del mundo. El prelado mantuvo un pulso con el reciente dictador y eso le incluyó en la lista de las personas... envenenables.

La mayoría de las personas con quienes hablé dan fe de la valentía de Sarah durante la dictadura, así como de su conciencia de las relaciones de fuerza. Haciendo alarde de una modestia que disimulaba su ego extravagante, el prelado logró llamar la atención del entorno tan reaccionario como homófilo de Juan Pablo II, que admiraba su oposición a una dictadura comunizante tanto como sus posiciones rígidas sobre la moral sexual, el celibato de los curas, la homosexualidad y el preservativo.

En 2001 Juan Pablo II le llamó a su lado. Se marchó de África y se volvió «romano». Fue un hito en su carrera, que le puso al frente de la importante Congregación para la Evangelización de los Pueblos, el «ministerio» vaticano que se ocupaba de África.

—Conocí bien a Robert Sarah cuando llegó a Roma. Es un biblista. Era humilde y prudente, pero también adulador y cortesano con el cardenal prefecto que por entonces era Crescenzio Sepe. Trabajaba mucho. Y luego cambió —me cuenta un sacerdote especialista en África que estuvo con Sarah en el «Palazzo di propaganda».

Varios observadores se muestran sorprendidos del dúo incongruente formado por Crescenzio Sepe y Robert Salah, que eran como el agua y el aceite. El joven obispo servía sin rechistar a un cardenal llamado el «papa rojo», que tenía una vida muy animada y sería alejado de Roma por el papa Benedicto XVI.

—Sarah es un gran místico. Reza continuamente, como alucinado. Da miedo. De verdad que da miedo —me dice un cura.

En la trayectoria de Robert Sarah, demasiado estupenda para ser verdad, hay importantes zonas de sombra. Su afinidad con las ideas de extrema derecha de monseñor Lefebvre, excomulgado por el papa en 1988, sale con frecuencia a relucir. Sarah se formó en una escuela de misioneros cuya figura tutelar era entonces Marcel Lefebvre; luego, en Francia, frecuentó los ambientes integristas. ¿La proximidad de Sarah con la extrema derecha católica es un simple pecadillo de juventud, o ha dejado una huella profunda en sus ideas?

Otra zona de sombra es la falta de idoneidad litúrgica y teológica del cardenal, que reclama la misa en latín *ad orientem* sin tener el nivel requerido. Ultraelitista (porque reclamar el latín aunque se hable mal es un modo de situarse por encima de la masa) y filisteo. Se han criticado mucho sus escritos sobre san Agustín, santo Tomás de Aquino y la Reforma, y sus elucubraciones contra los filósofos de la Ilustración denotan «un arcaísmo que sitúa la superstición por delante de la razón», según un teólogo. Quien añade:

—¿Por qué remontarse a antes del concilio Vaticano II pudiendo volver a la Edad Media?

Otro profesor y teólogo francés que vive en Roma y ha publicado muchos libros de referencia sobre el catolicismo me explica, a lo largo de tres entrevistas:

—Sarah es un teólogo de gama baja. Su teología es muy pueril: «Rezo, luego sé». Abusa de los argumentos de autoridad. Ningún teólogo digno de este nombre puede tomarle demasiado en serio.

El ensayista francés Nicolas Diat, próximo a la derecha reaccionaria, que ha escrito tres libros con Sarah, sale en defensa del cardenal las tres veces que comemos juntos en París:

—El cardenal Sarah no es un «carca», como se quiere hacer creer. Es un conservador. Empezó siendo un jefe tribal, no hay que olvidar eso. Yo le considero un santo con una enorme piedad.

373

Un santo al que algunos critican por sus amistades, su tren de vida y sus conexiones africanas. Defensor incondicional del continente negro, en sus declaraciones públicas Sarah ha restado importancia al comportamiento de algunos prelados africanos, como los de la Conferencia Episcopal de Malí o los que el cardenal-arzobispo de Bamako colocaba en cuentas secretas suizas (reveladas por el escándalo SwissLeaks).

A lo que cabe añadir un extraño misterio editorial que he descubierto. Las ventas en librería de los libros del cardenal Sarah no alcanzan a las cifras que se pregonan. No es raro, desde luego, que un autor «infle» un poco sus cifras de venta por vanidad. Pero en este caso los «250.000 ejemplares» anunciados por la prensa multiplican unas diez veces las ventas reales en librería. El «éxito sin precedentes» del cardenal es una exageración. Los libros del cardenal Sarah solo se venden medianamente bien en Francia: a finales de 2018 se vendieron 9.926 ejemplares de *Dieu ou rien (Dios o nada)* en primera edición de formato normal y de *La Force du silence (La fuerza del silencio)* 16.325, pese al curioso prólogo del papa jubilado Benedicto XVI (según las cifras de la base de datos de la edición francesa Edistat). Las ventas en Amazon tampoco son muy allá. Y aunque se añada la difusión en las parroquias y los seminarios, mal reflejadas en las estadísticas de la edición, y las ediciones de bolsillo (tan solo 4.608 ejemplares de *La Force du silence*), seguimos lejos de los «cientos de miles de ejemplares» que se anuncian. En el extranjero encontramos la misma fragilidad, y sobre todo un número de traducciones inferior al que han escrito por ahí algunos periodistas.

¿Cómo se explica este *hiatus*? Indagando en la editorial francesa de Sarah descubrí el pastel. Según dos personas que conocieron esas negociaciones delicadas, ciertos mecenas de fundaciones compraron «al por mayor» decenas de miles, cuando no cientos de miles, de ejemplares, que se repartieron gratuitamente, sobre todo en África. Esas *bulk sales* o ventas directas son totalmente ilegales. Al contribuir artificialmente a «inflar» las cifras de ventas, favorecen tanto a editores como a autores. A los primeros les sale muy a cuenta, porque puentean a distribuidores y libreros, y el beneficio de los autores es aún mayor, porque cobran a porcentaje (en algunos casos se añaden cláusulas al contrato de edición para renegociar los derechos, si en el inicial no se habían tomado en consideración estas ventas paralelas). Es posible que las versiones inglesas de los libros de Sarah se hayan publicado en condiciones parecidas. La editorial, católica y conservadora, es conocida por sus campañas contra el matrimonio homosexual: Ignatius Press de San Francisco.

De fuentes diplomáticas coincidentes se confirma que cierta cantidad de libros de Sarah se han repartido gratuitamente en África, en Benin, por ejemplo. Yo mismo vi en un centro diplomático cultural francés pilas de cientos de libros del cardenal envueltos en plástico.

¿Quién apoya la campaña del cardenal Sarah y, llegado el caso, estas distribuciones de libros? ¿Cobra algún tipo de subvención, europea o estadounidense? Lo cierto es que Robert Sarah tiene vínculos con asociaciones ultraconservadoras católicas y en especial con Dignitatis Humanae Institute (me lo confirma Benjamin Harnwell, su director). En Estados Unidos Sarah se relaciona sobre todo con tres fundaciones, el Becket Fund of Religious Liberty, los Chevaliers de Colomb y el National Catholic Prayer Breakfast, donde ha pronunciado una conferencia. En Europa Robert Sarah también puede contar con el apoyo de los Chevaliers de Colomb, sobre todo en Francia, y con la amistad de una multimillonaria de la que ya hemos hablado en este libro, la princesa Gloria von Thurn und Taxis, la riquísima monárquica alemana. Durante una entrevista en su castillo de Ratisbona, en Baviera, Gloria TNT me confirma:

—Aquí siempre hemos invitado al clero, eso forma parte de nuestra herencia católica. Recibo a conferenciantes llegados de Roma. Estoy muy comprometida con la Iglesia católica y me encanta invitar a conferenciantes como el cardenal Robert Sarah. Presentó su libro aquí en Ratisbona y yo invité a la prensa, fue una velada magnífica. Todo eso forma parte de mi vida social.

En las fotos de la recepción mundana se ve a la princesa Gloria TNT al lado de Robert Sarah y su coautor Nicolas Diat, el cardenal Gerhard Ludwig Müller, el sacerdote Wilhelm Imkamp y Georg Ratzinger, hermano del papa (la edición alemana del libro está prologada por Georg Gänswein). En una palabra: los cabecillas del llamado «*das Regensburger Netzwerk*» («la red de Ratisbona»).

Robert Sarah también mantiene vínculos con la organización de Marguerite Peeters, una militante extremista belga, homófoba y antifeminista. Entre otras cosas Sarah ha prologado un libelo de Peeters contra la teoría de género, cuya edición fue sufragada casi completamente por la autora. En el prólogo leemos:

> La homosexualidad es un sinsentido frente a la vida conyugal y familiar. Es, como mínimo, pernicioso recomendarla en nombre de los derechos humanos. Imponerla es un crimen contra la humanidad. Y es inadmisible que los países occidentales y las agencias de la ONU impongan a los países no occidentales la homosexualidad y todas sus depravaciones morales [...]. Promover la diversidad de las «orientaciones sexuales» en tierra africana, asiática, oceánica o suramericana es arrastrar al mundo a un total aberración antropológica y moral: ¡hacia la decadencia y la destrucción de la humanidad!

¿De dónde saca Sarah tantos recursos? No lo sabemos. Pero recordamos algo que, según cuentan, les dijo el papa Francisco a ciertos cardenales de la curia romana: «Está Dios y está el Dios del dinero».

Último misterio: los allegados al cardenal no dejan de sorprender a los observadores. Sarah viaja y trabaja rodeado de gais. Uno de sus estrechos colaboradores es un gay de extrema derecha muy conocido por sus coqueteos nada tímidos. Y cuando Sarah era secretario de la Congregación para la Evangelización de los Pueblos, en una de las viviendas del dicasterio se organizaban saraos homosexuales. Pero en el Vaticano la gente sigue bromeando sobre esa época insólita en que los *private dancers* y las *chemsex parties* («orgías químicas») eran tan frecuentes bajo el ministerio del «papa rojo».

—¿Acaso podía ignorar Sarah la vida disoluta de ciertos curas de la Congregación y las fiestas desvergonzadas que se celebraban en el edificio donde vivía y trabajaba? —se pregunta, visiblemente abrumado, un cura que por entonces vivía en ese ministerio (y con quien hablé en Bélgica).

Hoy en día quienes conocen bien la curia también destacan la proximidad profesional de Sarah con un *monsignore* al que pillaron en un escándalo de corrupción relacionado con la contratación de prostitutos. La prensa se burló de este prelado y luego le acusó de pertenecer a una trama de prostitución gay. El *monsignore*, sancionado por el papa, desapareció para reaparecer luego milagrosamente en el equipo vaticano de Sarah (su nombre todavía figura en el *Annuario Pontificio*).

—El cardenal más antigay de la curia romana está rodeado de homosexuales. Se exhibe con ellos en las redes sociales. En Roma o en Francia, adonde viaja con frecuencia, se le ve acompañado de gais muy activos y practicantes —dice, muerto de risa, un periodista francés que le conoce bien.

El papa Francisco también conoce bien a este Sarah. Porque si el cardenal, en público, expresa su admiración por el papa, en privado le critica agriamente. Cuando da conferencias sus allegados le presentan como «uno de los más próximos consejeros del papa» para atraer al público y vender sus libros, pero en realidad es uno de sus enemigos más implacables. Francisco, que nunca se ha dejado engañar por cortesanos obsequiosos e hipócritas redomados, le sanciona regularmente con una pérfida severidad. Hace mucho que Sarah no está en olor de santidad en el Vaticano.

—La técnica del papa contra Sarah es lo que yo llamaría la tortura china: en vez de echarle sin más, se le humilla poco a poco, privándole de recursos y de colaboradores, marginándole, desmintiendo sus palabras o negándole audiencia… hasta que al final llega el harakiri. Es una técnica perfeccionada por [Raymond] Burke y [Ludwig] Müller. A Sarah le llegará su turno a su debido tiempo —me indica un sacerdote de la curia que pertenece al círculo del cardenal Filoni.

La tortura china ya está funcionando. Creado cardenal por Benedicto XVI en 2010, Robert Sarah encabeza el poderoso Pontificio Consejo Cor Unum, que se ocupa de las organizaciones caritativas católicas. En él se ha mostrado sectario y más preocupado por la evangelización que por la filantropía. El papa Francisco, desde su elección, le margina por haber ejercido su misión caritativa de manera demasiado poco compasiva. Fase I de la tortura china: ¡en vez de destituirle, el papa reorganiza la curia y disuelve todo el Pontificio Consejo Cor Unum dejando a Sarah sin puesto! Premio de consolación: el cardenal, según la famosa técnica de *promoveatur ut amoveatur* («promovido para ser removido»), pasa a dirigir la congregación llamada «del culto divino y de la disciplina de los sacramentos». También aquí da pasos en falso y se revela como un partidario incondicional del rito latino y de la misa *ad orientem*: el sacerdote debe celebrar la misa de espaldas, mirando a Oriente. El papa le llama al orden: etapa II de la tortura china. Etapa III: Francisco renueva de una sentada a 27 de los 30 cardenales del equipo que aconseja a Robert Sarah y, sin tomarse la molestia de consultarle, nombra en su lugar a sus favoritos. Etapa IV: Francisco le deja sin colaboradores. Se salvan las apariencias, pues Sarah sigue en su puesto, pero el cardenal queda marginado dentro de su propio «ministerio».

Después de permanecer mucho tiempo en la sombra, Sarah reapareció a cara descubierta en el sínodo de la familia promovido por Francisco. El africano no dudó en afirmar que el divorcio era un escándalo y las segundas nupcias de los divorciados un adulterio. En 2015 pronunció en el sínodo un discurso histérico en el que denunciaba, como si todavía estuviera en su poblado animista, a la «bestia del Apocalipsis», un animal de siete cabezas y diez cuernos enviado por Satanás para destruir a la Iglesia. ¿Y quién era esa bestia diabólica que amenazaba a la Iglesia? Su discurso de 2015 era claro al respecto: se trataba de la «ideología del género», las uniones homosexuales y el *lobby* gay. Y el cardenal, rizando el rizo, comparó esta amenaza LGBT… con el terrorismo islámico: eran dos caras de la misma moneda, según él «dos bestias del apocalipsis» (le cito aquí a partir de la transcripción oficial que obra en mi poder).

Al comparar a los homosexuales con el Daesh, Sarah se pasó de la raya.

—Es un iluminado —resume severamente un cardenal próximo al papa, *off the record*.

Y un cura que participó en el sínodo me dice:

—Ya no se trata de religión, sino de un discurso típico de la extrema derecha. Es monseñor Lefebvre, no hay que buscar más lejos. Sarah es Lefebvre africanizado.

Lo realmente extraño es esa obsesión de Sarah con la homo-sexualidad. ¡Qué idea fija! ¡Qué psicosis sobre ese «apocalipsis»! En docenas de entrevistas oscurantistas el cardenal condena a los homosexuales o les suplica que se mantengan castos. Cuando está de buenas les propone a los menos frugales unas «terapias repa-radoras» por los que abogan el cura psicoanalista Tony Anatrella y otros charlatanes, que les podrían «curar» para que volvieran a ser heterosexuales. Si una persona homosexual no consigue man-tener la abstinencia, las terapias reparadoras pueden ayudarla: «En muchos casos, cuando la práctica de actos homosexuales aún no está estructurada, [estos homosexuales] pueden reaccionar positi-vamente a una terapia apropiada».

En el fondo, el cardenal cae en una suerte de esquizofrenia. En Francia llega a ser una de las figuras tutelares de la «Manif pour tous» sin ver que muchos de sus apoyos *anti-gender* son también puros racistas, que en la elección presidencial de 2017 llaman a votar a la extrema derecha de Marine Le Pen. El que defiende una visión absolutista de la familia se exhibe al lado de los que quieren reservar las ayudas familiares a los franceses «de pura cepa» y se oponen al reagrupamiento familiar de los padres africanos con sus hijos.

¿Imprudencia o provocación? Robert Sarah llega a prologar el libro de un tal Daniel Mattson, *Why I Don't Call Myself Gay* (*¿Por qué no me defino como gay?*). El libro, de título vertiginoso, es significativo por lo que propone a los homosexuales: ni caridad ni compasión, sino la abstinencia total. Sarah da a entender que ser homosexual no es un pecado si se permanece en la continencia. «¿Acaso Jesús no dijo, ante una adúltera, "No te condeno, ve y no vuelvas a pecar"?» Este es el mensaje de Sarah, extrañamente pa-recido al de muchos pensadores y escritores católicos homosexua-les que han valorado la castidad para frenar su caída.

Con una declaración así, Sarah se acerca, consciente o incons-cientemente, a los homófilos más caricaturescos, los que han subli-mado o reprimido su inclinación en el ascetismo o el misticismo. El prelado confiesa que ha leído mucho sobre esta «enfermedad» y asistido en Roma a las conferencias que trataban de la cuestión homosexual, sobre todo a las de la Università Pontificia San Tom-

379

maso (como cuenta en su prólogo del libro *¿Por qué no me defino como gay?*). «Sentí [al oír a esos homosexuales] la soledad, la pena y la desdicha que padecían al seguir una senda contraria [a la verdad] del Señor —escribe—. Y solo cuando empezaron a vivir en la fidelidad a las enseñanzas de Cristo pudieron hallar la paz y la alegría que buscaban.»

En realidad, el mundo de Robert Sarah es una ficción. Su crítica a la modernidad occidental opuesta al ideal africano solo pueden creerla quienes no conocen África.

—La realidad africana no tiene nada que ver con lo que pretende Sarah, por pura ideología —me explica el diplomático africano del Vaticano que ha trabajado con él.

La ilusión es palpable, sobre todo, en tres asuntos: el celibato de los sacerdotes, el sida y la supuesta homofobia de África. El economista canadiense Robert Calderisi, exportavoz del Banco Mundial en África, me explica, cuando le pregunto, que la mayoría de los sacerdotes del continente viven discretamente con una mujer; los otros suelen ser homosexuales y tratan de exiliarse en Europa.

—Los africanos quieren que los curas sean como ellos. Aprecian que estén casados y tengan hijos —añade Calderisi.

Todos los nuncios y diplomáticos a quienes pregunté, y todos mis contactos en los países africanos donde he llevado a cabo mi investigación, Kenia, Camerún y Sudáfrica, confirman esta doble vida frecuente de los curas católicos en África, sean heterosexuales u homosexuales.

—Sarah lo sabe, un número significativo de curas católicos africanos viven con una mujer. ¡De hecho, perderían su legitimidad en su aldea si no dieran muestras de su práctica heterosexual! Lejos de Roma, a veces hacen incluso como si estuvieran casados por la Iglesia en su aldea. Todo lo que dice Sarah sobre la abstinencia y la castidad es una pura patraña, conociendo la vida de los curas en África. ¡Es un espejismo! —comenta un sacerdote especialista en África que conoce bien al cardenal.

Este prelado también confirma que la homosexualidad es uno de los ritos de paso tradicionales de las tribus del África occidental, sobre todo en Guinea. Una singularidad africana que el cardenal no puede ignorar.

Hoy en día los seminarios africanos, como los italianos de los años cincuenta, son lugares homosexualizados y espacios de refugio para los gais. Una vez más se aplica una ley sociológica o, me atrevería a decir, una suerte de «selección natural» en el sentido de Darwin: al condenar a los homosexuales en África, la Iglesia les obliga a esconderse. Se refugian en los seminarios para protegerse y no tener que casarse. Si pueden, huyen a Europa, donde los episcopados italianos, franceses y españoles recurren a ellos para repoblar sus parroquias. Y así se cierra el círculo.

Las ideas de Robert Sarah se volvieron más rígidas a medida que se alejaba de África. El obispo era más ortodoxo que el sacerdote, y el cardenal más que el obispo. Mientras que ante muchos secretos de África cerraba los ojos, en Roma se volvió más intransigente que nunca. Los homosexuales se convirtieron en sus chivos expiatorios, junto con lo que, a su juicio, llevaban aparejado: el sida, la teoría de género y el *lobby* gay.

Robert Sarah es uno de los cardenales que más se ha pronunciado contra el uso del preservativo en África. Rechazó las ayudas internacionales al desarrollo que contribuían a esa «propaganda», negó que la Iglesia tuviese una misión social y sancionó a las asociaciones, y en concreto a Caritas, que repartían preservativos.

—En África hay un gran desfase entre el planteamiento ideológico de la Iglesia y el trabajo de campo, que a menudo es muy pragmático. En todas partes he visto monjas que repartían preservativos —me confirma el economista canadiense Robert Calderisi, antiguo jefe de misión y portavoz del Banco Mundial para África del Oeste.

Sarah comete otro error histórico sobre la homosexualidad. Su matriz es aquí neotercermundista: no se cansa de repetir que los occidentales quieren imponer sus valores a través de los derechos humanos. Al atribuir derechos a los homosexuales niegan la «africanidad» de los pueblos del continente negro. Sarah, por tanto, se rebela en nombre de África —aunque lleva mucho tiempo fuera, dicen sus detractores— contra el Occidente enfermo. A su juicio los derechos LGBT no pueden ser derechos universales.

En realidad, como descubrí en la India, casi todos los artículos homófobos vigentes en los códigos penales de los países de Asia y el África anglohablante, que apenas difieren entre sí, los impuso a partir de 1860 la Inglaterra victoriana a las colonias y los protectorados de la Commonwealth (se trata del artículo 377 del código penal indio, la matriz inicial que luego se generalizó, idéntica y hasta con el mismo número, en Botsuana, Gambia, Kenia, Lesoto, Malawi, Mauritania, Nigeria, Somalia, Suazilandia, Sudán, Tanzania, Zambia…). En otros lugares, como el norte y el oeste de África, este fenómeno también puede existir, esta vez como resultado de la colonización francesa. Por consiguiente, la penalización de la homosexualidad no es en absoluto algo local ni asiático, sino un vestigio del colonialismo. La supuesta singularidad de una «africanidad» fue una imposición de los colonos para tratar de «civilizar» a los autóctonos africanos, de inculcarles una «buena moral» europea y condenar las prácticas homosexuales.

Si tenemos en cuenta esta dimensión homófoba de la historia colonial, podemos apreciar hasta qué punto es tramposo el discurso del cardenal Sarah. Cuando afirma que «África y Asia tienen que proteger con uñas y dientes sus culturas y valores» o insiste en que la Iglesia no debe dejarse imponer «una visión occidental de la familia», el cardenal abusa de los creyentes, cegado por sus prejuicios y sus intereses. Su postura no deja de recordar a la del dictador africano Robert Mugabe, presidente de Zimbabue, para quien la homosexualidad es «una práctica occidental antiafricana», o la de los presidentes autócratas de Kenia o Uganda, quienes también afirman que es «contraria a la tradición africana».

En realidad, si los cardenales como Robert Sarah y Wilfrid Napier fueran coherentes con ellos mismos, deberían pedir la despenalización de la homosexualidad en África en nombre del anticolonialismo y para recuperar una verdadera tradición africana.

Hubo que esperar al papa Francisco para que la posición de la Iglesia sobre el preservativo se suavizara o, por lo menos, se matizara. Durante su viaje a África de 2015, el soberano pontífice reconoció explícitamente que el preservativo es «uno de los métodos» viables de lucha contra el sida. A falta de comentarios sobre la prevención, hizo hincapié en el protagonismo de la Iglesia en el tratamiento de la epidemia: miles de hospitales, dispensarios y orfelinatos, así como la red católica Caritas Internationalis, cuidan a los enfermos y les proporcionan terapias antirretrovirales. Mientras tanto el sida había causado en todo el mundo, y especialmente en África, más de 35 millones de muertos.

15

Extraña pareja

*D*espués de librar la batalla contra el uso del preservativo en África, los cardenales y nuncios de Juan Pablo II se volcaron en impedir las uniones civiles. Es su nueva cruzada. Abrimos ahora una de las páginas más sorprendentes de este libro: la de un ejército de homófilos y homosexuales que va a la guerra contra el matrimonio gay.

Fue en los Países Bajos donde se entabló el debate, con la sorprendente apertura, el 1 de abril de 2001, al matrimonio de las parejas del mismo sexo. En Ámsterdam la comunidad gay celebró el acontecimiento, asombrada de su propia audacia. La resonancia fue internacional. El nuevo artículo de la ley estaba redactado así, más sencillo no podía ser: «Un matrimonio puede ser contraído por dos personas de sexo distinto o del mismo sexo».

Algunos analistas de la santa sede ya habían percibido los signos precursores y hubo nuncios, como François Bacqué, entonces destinado en el país, que habían prodigado los telegramas diplomáticos alertando a Roma. Con todo, la espectacular decisión holandesa se recibió en el Vaticano como una segunda caída bíblica.

Por entonces el papa Juan Pablo II estaba fuera de juego debido a su estado de salud, pero el secretario de Estado se movió por dos. Angelo Sodano quedó literalmente *confused* y *puzzled* («confuso» y «perplejo»), al decir de un testigo, y compartió esta confusión y esta furia en términos muy explícitos con su equipo, aunque sin perder su inquebrantable placidez. Además de considerar inadmisible este precedente en Europa occidental, temía, como toda la curia, que la decisión holandesa abriera una brecha por la que podrían colarse otros países.

Sodano encomendó este asunto al «ministro de Asuntos Exteriores» del Vaticano, el francés Jean-Louis Tauran, con la ayuda del nuncio Bacqué, que había sido su adjunto en Chile. Poco después nombró en Ginebra a un obispo consagrado por él, Silvano Tomasi, para que siguiera el debate a escala multilateral. Más tarde el «ministro de Asuntos Exteriores» de Benedicto XVI, Dominique Mamberti, también se hizo cargo del asunto. (Para el relato que sigue me baso en mis entrevistas con estos cuatro actores fundamentales, Tauran, Bacqué, Tomasi y Mamberti, y en otras diez fuentes diplomáticas vaticanas. También conseguí copias de decenas de telegramas confidenciales enviados por los diplomáticos en la ONU que describen la postura del Vaticano. Por último, interrogué a varios embajadores extranjeros, al ministro francés de Asuntos Exteriores, Bernard Kouchner, al director de ONUSIDA, Michel Sidibé, y al embajador Jean-Maurice Ripert, que dirigió el *core group* («grupo central») en la ONU neoyorquina.)

Entre 2001, el *shock* holandés, y 2015, fecha en que el Tribunal Supremo estadounidense autorizó el *same-sex marriage* («matrimonio entre personas del mismo sexo») confirmando una derrota duradera de la santa sede, se libró una batalla sin precedentes en innumerables nunciaturas apostólicas y episcopados. Con Pablo VI la santa sede solo tenía 73 embajadas, pero su número ascendió a 178 al final del pontificado de Juan Pablo II (hoy son 183). En todas partes la movilización contra las uniones civiles y el matrimonio gay pasó a ser una prioridad, tanto más estrepitosa cuanto más sigilosa era la doble vida de los prelados movilizados.

En los Países Bajos François Bacqué recibió instrucciones de movilizar a los obispos y las asociaciones católicas e incitarles a echarse a la calle para lograr que el gobierno retrocediera. Pero el nuncio enseguida se dio cuenta de que la mayoría del episcopado holandés, salvo los cardenales dependientes de Roma (como «Wim» Eijik, muy antigay), era moderado, cuando no liberal. La base de la Iglesia era progresista y llevaba mucho tiempo reclamando el fin del celibato de los sacerdotes, la comunión para las parejas divorciadas e incluso el reconocimiento de las parejas homosexuales. La batalla holandesa estaba perdida de antemano.

En el Consejo de Derechos Humanos de Ginebra la resistencia

contra la «ola rosa» parecía más prometedora. No había ninguna posibilidad de que se debatiera el matrimonio gay, dada la oposición radical de los países musulmanes y varios países asiáticos. No obstante, Sodano puso en guardia al nuncio Tomasi, recién llegado de Suiza: era menester oponerse con uñas y dientes a la despenalización de la homosexualidad, que también allí sería un mal ejemplo y, con un efecto dominó, despejaría el camino al reconocimiento de las parejas.

En las Naciones Unidas ya se habían hecho propuestas de despenalizar la homosexualidad. En 2003 Brasil, Nueva Zelanda y Noruega plantearon algunas iniciativas modestas al respecto, a ejemplo de otros países nórdicos. Los Países Bajos también se movilizaron, como me explica Boris Dittrich durante una entrevista en Ámsterdam. El diputado y antiguo magistrado fue el impulsor del matrimonio gay en su país:

—Durante mucho tiempo fui militante y político, y después de contribuir a cambiar la ley de los Países Bajos pensé que había que seguir luchando a escala internacional.

Mientras tanto, en Roma, eligieron al papa Benedicto XVI y el cardenal Sodano, contra su voluntad, fue reemplazado por Tarcisio Bertone al frente de la curia romana. Para el nuevo papa la oposición al matrimonio homosexual también fue una prioridad y puede que también un asunto personal.

En realidad, lo que Tomasi aún no entendía era que los cardenales del Vaticano, demasiado cegados por sus prejuicios, no se daban cuenta de que las tornas iban a volverse a mediados de los años dos mil. En muchos países occidentales se puso en marcha una dinámica progay, y los de la Unión Europea quisieron imitar el modelo holandés.

En las Naciones Unidas la relación de fuerzas también cambió cuando Francia, en su presidencia de turno de la Unión Europea, optó por dar prioridad a la despenalización de la homosexualidad. Varios países latinoamericanos, como Argentina y Brasil, también pasaron a la ofensiva. Un país africano, Gabón, y también Croacia y Japón, se sumaron al *core group* que planteó la cuestión en Ginebra y Nueva York.

Tras varios meses de negociaciones secretas entre estados, en las que fue excluido el Vaticano, se tomó la decisión de presentar un texto a la Asamblea General de las Naciones Unidas que debía celebrarse en Nueva York en diciembre de 2008. La «recomendación» no sería vinculante, contrariamente a una «resolución», que debe aprobarse por mayoría de votos; pero eso no le restaba valor simbólico.

—Yo pensaba que no había que defender una resolución si no se estaba seguro de obtener una mayoría de votos —me confirma el exdiputado holandés Boris Dittrich—. De lo contrario nos arriesgábamos a provocar una resolución de las Naciones Unidas contra los derechos de los homosexuales y entonces habríamos perdido la batalla por mucho tiempo.

Para evitar que el debate pareciese algo estrictamente occidental y se abriera una brecha entre los países del Norte y los del Sur, los diplomáticos del *core group* invitaron a Argentina a presentar oficialmente la declaración. Así la idea sería universal y se defendería en todos los continentes.

Hasta 2006-2007 Silvano Tomasi no se tomó en serio la amenaza. Pero en Roma el nuevo «ministro de Asuntos Exteriores» de Benedicto XVI, el francés Dominique Mamberti, que conocía al dedillo la problemática gay, se enteró del plan. Los nuncios apostólicos suelen estar bien informados. La información se transmitió rápidamente a la santa sede. Mamberti alertó al santo padre y al cardenal Bertone.

El papa Benedicto XVI, para quien el rechazo a cualquier reconocimiento de la homosexualidad había sido una de las líneas maestras de su carrera, se desesperó. Durante un desplazamiento en persona a la sede neoyorquina de las Naciones Unidas, el 18 de abril de 2008, aprovechó una reunión privada con Ban Ki-moon, el secretario general de la organización, para sermonearle. Le recordó su oposición absoluta, en términos suaves pero infalibles, a cualquier forma de aceptación de los derechos homosexuales. Ban Ki-moon escuchó educadamente al teólogo plañidero y, poco después, la defensa de los derechos de los homosexuales pasó a ser una de sus prioridades.

Desde antes del verano de 2008 el Vaticano estaba convencido de que en las Naciones Unidas se votaría una declaración pro-

LGBT. Primero dio instrucciones a los nuncios para que interviniesen ante los gobiernos con el fin de impedir algo irreparable. Pero no tardó en darse cuenta de que todos los países europeos sin excepción iban a votar la declaración. ¡Hasta Polonia, la niña de los ojos de Juan Pablo II, y la Italia de Berlusconi! El secretario de Estado Tarcisio Bertone, que tomó cartas en el asunto puenteando a la Conferencia Episcopal Italiana, se activó y movió todos sus hilos políticos en el Palazzo Chigi y el parlamento, sin lograr que el gobierno italiano cambiara de postura.

Fuera de Italia, el Vaticano tanteó a varios *swing states* («susceptibles de cambiar de opinión»), pero en todas partes, de Australia a Japón, los gobiernos se disponían a firmar la declaración. En Latinoamérica, sobre todo, casi todos los países hispánicos y lusófonos seguían la misma línea. La Argentina de Cristina Fernández, por su parte, confirmó que estaba lista para presentar públicamente el texto, y en el país se murmuraba que incluso el cardenal Jorge Bergoglio, presidente del episcopado argentino, era contrario a cualquier forma de discriminación…

El Vaticano pergeñó una posición sofisticada, por no decir sofista, a base de argumentos retóricos, por no decir retorcidos: «Nadie está a favor de penalizar la homosexualidad o criminalizarla», insistía la santa sede. Y a renglón seguido afirmaba que los textos existentes sobre los derechos humanos «bastaban». Si se ideaban otros nuevos se corría el riesgo de crear «nuevas discriminaciones» so pretexto de luchar contra la injusticia. Los diplomáticos del Vaticano, por último, rechazaban las expresiones «orientación sexual» e «identidad de género», que, según ellos, carecían de valor jurídico en el derecho internacional. Al reconocerlos se podría acabar legitimando la poligamia o los abusos sexuales. (Cito las palabras que aparecen en los cables diplomáticos.)

—¡El Vaticano tuvo la osadía de agitar el espantajo de la pedofilia para impedir la despenalización de la homosexualidad! Era increíble. Un argumento retorcido donde los haya, dada la gran cantidad de casos en que están implicados curas pedófilos —señala un diplomático francés que participó en las negociaciones.

Con su oposición a que los derechos humanos se extendieran a los homosexuales, el Vaticano de Benedicto XVI sacaba a relu-

388

cir la vieja desconfianza católica hacia el derecho internacional. Para Joseph Ratzinger, las normas que él erigía en dogma eran de esencia divina y por tanto superiores a las de los Estados. Este espíritu ultramontano pronto resultó anacrónico. Francisco, desde su elección, tuvo una postura claramente contraria al «clericalismo» y trató de integrar a la Iglesia en el orden mundial, olvidando las ideas trasnochadas de Benedicto XVI.

Ante el fracaso de la estrategia ratzingueriana, la santa sede cambió de método. Como ya no podía convencer a los países «ricos», trataría de movilizar a los «pobres». De modo que Silvano, en Ginebra, se afanó en sensibilizar a sus colegas de los países musulmanes, asiáticos y sobre todo africanos (viejos conocidos, pues había sido observador en la Unión Africana en Adís Abeba) para detener el proceso que se había puesto en marcha en la ONU. En Nueva York, el nuncio ante las Naciones Unidas Celestino Migliore, sucesor de Renato Martino, hizo lo mismo. Desde Roma el papa Benedicto también se agitó, un poco perdido, en todos los sentidos.

—La línea de nuestra diplomacia obedecía a lo que podríamos llamar la voz de la razón y el sentido común. Estamos a favor de lo universal y no de los intereses particulares —me dice simplemente Silvano Tomasi para explicar la oposición de la Iglesia católica a la declaración de la ONU.

Fue entonces cuando el Vaticano cometió un error que para muchos diplomáticos occidentales fue un desliz histórico. En su nueva cruzada, la santa sede se alió con varias dictaduras o teocracias musulmanas. En diplomacia a eso se le llama «inversión de las alianzas».

De modo que el Vaticano formó una coalición heterogénea y de circunstancias acercándose a Irán, Siria, Egipto, la Organización de la Conferencia Islámica (OCI) ¡y hasta Arabia Saudí, país con el que no tenía relaciones diplomáticas! Según fuentes coincidentes, los nuncios apostólicos entablaron conversaciones con los representantes de unos países con los que mantenían fuertes diferencias en cuestiones como la pena de muerte, la libertad religiosa y, en general, los derechos humanos.

El 18 de diciembre de 2008, como estaba previsto, Argentina defendió la *Declaración sobre derechos humanos, orientación sexual e identidad de género* ante la prestigiosa audiencia de la Asamblea

General de las Naciones Unidas. La iniciativa fue apoyada por 66 países: todos los Estados de la Unión Europea, sin excepción, la firmaron, lo mismo que 6 países africanos, 4 asiáticos, 13 latinoamericanos, Israel, Australia y Canadá. Por primera vez en la historia de la ONU, países de todos los continentes se pronunciaron sobre las violaciones de los derechos humanos basados en la orientación sexual.

—Fue una sesión histórica muy emocionante. Confieso que se me saltaban las lágrimas —me dice en París Jean-Maurice Ripert, embajador de Francia en la ONU, que dirigió el *core group*.

Tal como también estaba previsto, Siria leyó una contradeclaración sobre las «supuestas nociones de orientación sexual e identidad de género» en nombre de otros 59 países. El texto se centra en la defensa de la familia como «elemento natural y fundamental de la sociedad» y critica la creación de «nuevos derechos» y «nuevos criterios» que traicionan el espíritu de la ONU. El texto criticaba especialmente la expresión «orientación sexual» por carecer de base legal en el derecho internacional y porque daba pie a legitimar «muchos actos deplorables, incluyendo la pedofilia». Casi todos los países árabes suscribieron la contradeclaración y también lo hicieron 31 países africanos, varios asiáticos y, por supuesto, Irán. Entre los firmantes estaba el Vaticano de Benedicto XVI.

—El Vaticano se alineó con Irán y Arabia Saudí de un modo inadmisible. Al menos habría podido abstenerse —critica Sergio Rovasio, presidente de la asociación gay Certi Diritti, próxima al Partito Radicale italiano, con quien hablé en Florencia.

Porque, además, 68 países «neutrales» entre los que estaban China, Turquía, la India, Suráfrica y Rusia rehusaron adherirse al texto presentado por Argentina y a la contradeclaración de Siria. El Vaticano, por lo menos, habría podido imitarles.

Cuando le pregunto al nuncio Silvano Tomasi sobre la posición del Vaticano, lamenta que esa declaración marcara «el comienzo de un movimiento de la comunidad internacional y las Naciones Unidas para incluir los derechos de los gais en la agenda global de los derechos humanos». Cierto: entre 2001, fecha en que se permitió el matrimonio de las parejas homosexuales en los Países Bajos, y el final del pontificado de Benedicto XVI, en 2013, hubo un verdadero *momentum* internacional sobre la cuestión gay.

Hillary Clinton, la secretaria de Estado estadounidense, no dijo otra cosa cuando declaró en la sede ginebrina de las Naciones Unidas, en diciembre de 2011: «Algunos dijeron que los derechos de los gais y los derechos humanos estaban separados y eran distintos; lo cierto es que los derechos de los gais forman parte de los derechos humanos, y a la inversa [*gay rights are human rights, and human rights are gay rights*]».

Los diplomáticos de Vaticano escucharon en silencio el mensaje, hoy común a la mayoría de las cancillerías occidentales y latinoamericanas: los derechos humanos se defienden globalmente o no se defienden.

Pese a todo, hasta el final de su pontificado Benedicto XVI no cedió un ápice. Es más, se lanzó a una cruzada contra las uniones civiles y el matrimonio gay. Para él se trataba de una cuestión de principios. Pero ¿se daba cuenta de que esta batalla, como la anterior, estaba perdida de antemano?

—Para un hombre como Benedicto XVI luchar contra la homosexualidad fue siempre el gran objetivo de su vida. Ni se le pasaba por la cabeza que el matrimonio gay pudiera legalizarse en alguna parte —me confirma un sacerdote de la curia.

¡En tiempos difíciles, ni un paso atrás! ¡Si es preciso, hay que dejarse la piel! Y se lanza a ciegas, se arroja al foso de los leones como los primeros cristianos. ¡Que sea lo que Dios quiera!

La historia irracional y vertiginosa de ese combate insensato contra el matrimonio gay es un capítulo decisivo de Sodoma, pues escenifica un ejército de curas homófilos y prelados homosexuales disimulados que, día tras día, país tras país, se movilizaron contra otro ejército de activistas *openly gay*. La guerra del matrimonio fue, más que nunca, una lucha entre homosexuales.

Antes de detenerme extensamente en España, Francia e Italia en los próximos capítulos, empezaré contando aquí las entrevistas que realicé en tres países: Perú, Portugal y Colombia.

Perilla blanca, reloj grueso y chaqueta marrón de ante: Carlos Bruce es una figura insoslayable de la América Latina LGBT. En 2014 y 2015 me entrevisto varias veces en Lima con este diputado, dos veces ministro en gobiernos de derecha moderada. Me describe una situación favorable en conjunto al avance de los derechos de los gais en el continente, aunque haya peculiaridades nacionales que, como en Perú, frenan su dinámica. En Lima la vida gay es activa, como pude comprobar, y la tolerancia es creciente. Pero el reconocimiento de los derechos de las parejas gais, unión civil y matrimonio, choca con la Iglesia católica, que impide cualquier avance a pesar de su fracaso moral y la proliferación de casos de pedofilia:

—Aquí, el cardenal Juan Luis Cipriani es visceralmente homófobo. A los homosexuales les llama «mercancías adulteradas y deterioradas» y el matrimonio gay sería, según sus palabras, equiparable al «holocausto judío y a los crímenes del Estado Islámico». Sin embargo, cuando acusaron de abusos sexuales a un obispo, él le defendió —comenta, visiblemente asqueado, Carlos Bruce. La fiscalía de Lima investiga ahora a Cipriani por encubrir los abusos de Luis Figari, fundador del Sodalicio de Vida Cristiana.

Cipriani, miembro del Opus Dei, fue creado cardenal por Juan Pablo II gracias al respaldo activo del secretario de Estado, Angelo Sodano, con quien comparte vinculación con la extrema derecha y animosidad hacia la teología de la liberación. Es cierto que algunos curas próximos a esta corriente de pensamiento tomaron las armas sumándose a las guerrillas maoístas de Sendero Luminoso o al más guevarista MRTA, lo que aterrorizó al clero conservador. Más allá de estas peculiaridades locales, el cardenal, como tantos correligionarios suyos, ha logrado la cuadratura del círculo: ser a la vez claramente hostil al matrimonio entre personas del mismo sexo (en Perú ni siquiera existen las uniones civiles) y no denunciar a los curas pedófilos.

En los años dos mil, el cardenal Cipriani decía tales barbaridades de los gais que la nueva alcaldesa de Lima, Susana Villarán, pese a ser una católica convencida, le salió al paso y le ridiculizó públicamente. Exasperada por la doble moral del cardenal Cipriani, que se oponía a los derechos de los gais pero hacía la vista gorda con los curas pedófilos, la alcaldesa se le enfrentó y en la Gay Pride se burló del cardenal fantasmón y de su dos varas de medir.

—Aquí la resistencia principal contra los derechos de los gais —añade Carlo Bruce— es la Iglesia católica, como en toda Latinoamérica. Pero creo que los homófobos están perdiendo terreno. La gente comprende muy bien el argumento de que hay que proteger a las parejas gais.

Un juicio que comparte el periodista Alberto Servat, un influyente crítico cultural con quien hablo varias veces en Lima.

—Esos escándalos sexuales de la Iglesia son muy chocantes para la opinión pública. El cardenal Cipriani ha dado la impresión de que no ha hecho nada para limitar los abusos sexuales. Uno de los curas acusados está hoy refugiado en el Vaticano…

Y Carlos Bruce concluye, proponiendo soluciones concretas que serían una desautorización definitiva de Cipriani:

—Creo que hace falta que la Iglesia saque todas las consecuencias de su fracaso moral. Tiene que dejar de criticar las relaciones homosexuales entre adultos consintientes y autorizar el matrimonio gay; además, tiene que salir de su silencio sobre los abusos sexuales y renunciar por completo a su estrategia de ocultamiento generalizado e institucionalizado. Por último, porque es el quid de la cuestión, hay que acabar con el celibato de los curas.

En Portugal, adonde viajé dos veces para investigar, en 2016 y 2017, el debate sobre el matrimonio gay se entabló al revés que en Perú o en otros países europeos, porque la jerarquía católica no siguió las consignas de Roma. Mientras que en Francia, Italia y España los cardenales se adelantaron a la posición de Benedicto XVI y luego la apoyaron, el episcopado portugués, por el contrario, atenuó sus prejuicios. El cardenal clave en este periodo, en 2009 y 2010, fue el arzobispo de Lisboa, José Policarpo.

—Policarpo era un moderado. Nunca se dejó arrastrar por Roma. Expresó tranquilamente su desacuerdo con el proyecto de ley sobre el matrimonio gay pero se opuso a que los curas salieran a la calle —me explica en Lisboa el periodista António Marujo, un especialista en temas religiosos que ha firmado un libro con Policarpo.

Hay que aclarar que la Iglesia portuguesa, comprometida con

la dictadura antes de 1974, guarda ahora las distancias con la extrema derecha católica. No se entremete en política y permanece al margen del debate parlamentario. Me lo confirma José Manuel Pureza, el vicepresidente del parlamento portugués, diputado del Bloco de Esquerda y católico practicante, que fue uno de los principales artífices de la ley sobre el matrimonio homosexual:

—El cardenal Policarpo, conocido por haber sido más bien demócrata durante la dictadura, optó por la neutralidad sobre el asunto del matrimonio. En el terreno de los principios y la moral familiar estaba contra el proyecto de ley, pero fue muy mesurado. La Iglesia tuvo la misma actitud sobre el aborto y la adopción hecha por parejas del mismo sexo.

(Este análisis coincide con el de otras tres figuras políticas de primera fila que han apoyado el matrimonio gay, con las que hablé en Lisboa: el intelectual Francisco Louçã, Catarina Martins, portavoz del Bloco de Esquerda, y Ana Catarina Mendes, portavoz del primer ministro António Costa.)

394

Durante mis viajes a este pequeño país católico me quedé impresionado por esta moderación política: las cuestiones sociales se discuten educadamente y la homosexualidad se trata con normalidad y discreción incluso en las iglesias. Hay mujeres que, debido a la crisis de vocaciones, a veces desempeñan funciones propias de los curas y, salvo dispensar los sacramentos, hacen todo lo demás. Muchos curas católicos están casados, en especial los anglicanos que ya vivían en pareja antes de unirse a la Iglesia de Roma. También conocí a varios curas y frailes homosexuales que parecían vivir apaciblemente su singularidad, sobre todo en los monasterios. La parroquia de Santa Isabel, en el centro de Lisboa, acoge con benevolencia a las parejas de todo tipo. El principal traductor de la Biblia al portugués, Federico Lourenço, se ha casado públicamente con su compañero.

Este liberalismo suave no pasó inadvertido en Roma. La neutralidad del episcopado de Lisboa sobre las cuestiones de sociedad no gustó nada, ni tampoco su débil movilización contra la ley del matrimonio gay. Roma esperaba el momento de asestar el golpe y el cardenal le dio el pretexto.

Con motivo de una entrevista que se consideró demasiado liberal (en especial sobre la cuestión de la ordenación de mujeres), el secretario de Estado Tarcisio Bertone, a petición del papa Benedicto XVI, convocó a Policarpo a Roma. Aquí, según fuentes coincidentes (y una investigación detallada del asunto publicada por el periodista António Marujo en *Público*), Bertone abroncó al cardenal, quien tuvo que publicar un comunicado para moderar su moderación. El papa esperaba pasar la página Policarpo lo antes posible.

Por entonces el hombre clave de Benedicto XVI en Portugal era el obispo auxiliar de Lisboa y vicerrector de la Universidade Católica, Carlos Azevedo. Después de organizar el viaje del papa en 2010, decidido oportunamente para contrarrestar la ley sobre el matrimonio gay, Azevedo se convirtió en la figura ascendente de la Iglesia portuguesa. El papa Benedicto tenía grandes ambiciones sobre su protegido; pretendía crearle cardenal y nombrarle patriarca de Lisboa en lugar del incontrolable Policarpo. Azevedo, que durante mucho tiempo había sido capellán de hospitales, no era ni verdaderamente liberal ni tampoco conservador. Todos respetaban su talla intelectual y su ascensión parecía imparable después de haber llamado la atención del papa.

—El obispo Carlos Azevedo era una voz muy escuchada, muy respetada —destaca el exministro Guilherme d'Oliveira Martins.

Pero ¡una vez más Benedicto XVI detectó un *closeted*! No deja de tener su gracia esta inflexibilidad del papa, experto a pesar suyo en el arte de rodearse de homosexuales que luego serían «sacados del armario» por su doble vida. Porque los rumores sobre la homosexualidad de Azevedo eran insistentes, divulgados por un prelado «enclosetado» que chismorreaba en los medios, por celos, en una suerte de *revenge porn* eclesiástica que los episcopados católicos conocen bien. Al final los rumores acabaron afectando a la carrera de Azevedo.

Los allegados a Ratzinger, tan benévolos con los prelados que tenían tendencias, activos o no, se llevaron a Roma al obispo Azevedo para sacarle de la trampa en que le habían metido muy a su pesar. Se creó un cargo a su medida y se encontró un título para el desdichado gracias a la gran comprensión del cardenal Gianfranco Ravasi, que conocía el percal: el obispo en el exilio fue

395

nombrado *delegato* del Pontificio Consejo para la Cultura, con sede en Roma. Poco después de este traslado artístico logrado, el gran semanario portugués *Visão* publicó una investigación detallada sobre la homosexualidad de Azevedo en su época de Oporto. Salió así a la luz, por primera vez en la historia reciente de Portugal, la posible homosexualidad de un obispo, lo que bastó para cubrir de oprobio al pobre prelado y condenarle definitivamente al ostracismo. Todos sus amigos portugueses le abandonaron, el nuncio le rechazó y el cardenal Policarpo le abandonó a su suerte, porque apoyarle supondría correr el riesgo de ponerse él mismo en la mira.

Claro que hubo un «escándalo» Azevedo, pero no es lo que todos pensarán: no es tanto la posible homosexualidad de un obispo como el chantaje al que fue sometido y la cobardía de varios prelados que compartían sus inclinaciones y le dejaron tirado.

—Azevedo fue víctima de un chantaje o una venganza. Pero el episcopado no le defendió como cabía esperar —me confirma Jorge Wemans, el fundador del diario *Público*.

En Roma hablé varias veces con el arzobispo portugués, que me contó su vida, sus errores y su exilio desdichado. Hoy pasa el tiempo en el Consejo Pontificio para la Cultura y dos tardes por semana en la biblioteca del Vaticano, donde hace indagaciones históricas sobre figuras religiosas portuguesas de la Edad Media. El hombre es moderado, tolerante, experto en ecumenismo: es un intelectual (¡hay tan pocos en el Vaticano!).

Cuando escribo estas líneas pienso en este obispo inteligente cuya carrera quedó truncada. No pudo defenderse ni reclamar. No pudo abogar por su causa ante el nuncio italiano en Lisboa, un rígido conservador estetizante cuya hipocresía sobre este caso supera lo imaginable. Muy digno, Azevedo nunca habló públicamente de su drama, que era mucho mayor, me dijo su «director espiritual». Añadió que «el muchacho era mayor de edad y nunca hubo abuso sexual».

Pues bien, ¿acaso la Iglesia de Roma no habría tenido que defender al obispo víctima? Y si hubiera una moral en la Iglesia del papa Francisco, ¿Carlos Azevedo no debería ser nombrado hoy patriarca de Lisboa y cardenal, como piensan la mayoría de los sacerdotes y periodistas con quienes hablé en Portugal? Un país donde el matrimonio gay se aprobó definitivamente en 2010.

Tercer ejemplo de la batalla contra el matrimonio gay: Colombia. Ya conocemos un poco este país a través de la figura del cardenal Alfonso López Trujillo. En Bogotá la obsesión antigay de la Iglesia católica no ha decaído tras la muerte de su cardenal homosexual más homófobo. Lo cual provocó un fiasco inesperado que disgustó y puso en dificultades al papa Francisco.

Estamos en 2015-2016. En esta época el Vaticano se sitúa en el centro de un baile diplomático de gran alcance para poner fin al conflicto armado con las guerrillas de las FARC, que dura desde hace más de cincuenta años. Siete millones de personas han sido desplazadas y al menos 250.000 han muerto durante lo que con razón se ha llamado guerra civil.

Junto con Venezuela y Noruega, el Vaticano participa en las largas negociaciones de paz colombianas que tienen lugar en Cuba. Las FARC se alojan en un seminario jesuita. El cardenal Ortega y el episcopado cubano en La Habana, los nuncios en Colombia, Venezuela y Cuba, y los diplomáticos de la Secretaría de Estado participan en las negociaciones entre el gobierno y la guerrilla. El papa Francisco se mueve entre bastidores y recibe en Roma a los principales protagonistas del proceso de paz, firmado en Cartagena de Indias en septiembre de 2016.

Sin embargo, varios días después, el acuerdo de paz es rechazado en el referéndum popular que debería aprobarlo. Y se descubre que el episcopado colombiano, con los cardenales y obispos a la cabeza, se ha unido al bando del «no» y al expresidente Uribe, ultracatólico y anticomunista virulento, quien ha hecho campaña con el lema: «Queremos la paz, pero no esta paz».

Los motivos de la indignación de las autoridades católicas no tienen nada que ver con el proceso de paz, a pesar de que han contribuido a descarrilarlo: es una forma de denunciar el matrimonio gay y el aborto. En efecto, meses antes la Corte Suprema colombiana ha legalizado la adopción y el matrimonio de las personas del mismo sexo y a juicio de la Iglesia católica, si el referéndum a favor del proceso de paz favorece al gobierno, legitimará definitivamente esta política. De modo que por oportunismo electoral la Iglesia sabotea el referéndum para defender sus posiciones conservadoras.

Por si fuera poco, la ministra de Educación de Colombia, Gina Parody, abiertamente lesbiana, propone en el mismo momento la aplicación de políticas antidiscriminatorias favorables a las personas LGBT en los colegios. La Iglesia colombiana interpreta este anuncio como un intento de introducir la teoría de género en las clases. Si se aprueba el referéndum por la paz, también lo será la defensa de la homosexualidad, dicen en sustancia sus representantes, que llaman a abstenerse o votar «no».

—La Iglesia colombiana siempre se ha aliado con las fuerzas más oscuras del país, sobre todo con los paramilitares. Así era en la época del cardenal Alfonso López Trujillo y así sigue siendo hoy. El matrimonio gay y la teoría de género eran meros pretextos. Llamaron a votar «no» porque ni los paramilitares ni la Iglesia colombiana querían realmente la paz. Y llegaron a desautorizar al papa por este motivo —sentencia un cura jesuita con el que hablé en Bogotá.

Un doble discurso y un doble juego que alcanzaría profundidades abismales en tres países europeos decisivos, España, Francia e Italia, sobre los que nos detendremos ahora.

16

Rouco

La batalla contra el «matrimonio gay» no se libra únicamente en territorios lejanos como Suráfrica o Latinoamérica. No se limita a los países del norte de Europa, que a menudo —magro consuelo para el Vaticano— son de predominio protestante. Lo más inquietante para Roma es que el debate, al final del pontificado de Juan Pablo II, llegó al núcleo duro del catolicismo: España, tan importante en la historia cristiana; Francia, «hija mayor de la Iglesia»; por último, la mismísima Italia, el corazón del papado, su ombligo, su centro.

Al final de su interminable pontificado, Juan Pablo II, enfermo, asiste impotente a la mutación de las opiniones públicas y al debate que se abre en España sobre el matrimonio de parejas del mismo sexo. Al final de su pontificado, en 2013, Benedicto XVI, aún más impotente, solo podrá constatar que Francia se dispone a adoptar la ley sobre el matrimonio antes de que Italia haga lo mismo para las uniones civiles, poco después de su partida. En su momento el matrimonio homosexual también llegará a Italia.

Entre estas dos fechas, las uniones homosexuales se impusieron en Europa, no siempre en el sistema legal, aunque sí en la mente de todos.

«¡No pasarán!» El mensaje de Roma es tajante. El cardenal Rouco lo recibe, alto y claro. En realidad tampoco se ha hecho de rogar. Cuando su amigo Angelo Sodano, el secretario de Estado de Juan Pablo II, convertido en papa bis desde la enfermedad del santo padre, le pide que frene a toda costa el «matrimonio gay», Rouco ya se ha puesto al frente de la «resistencia». Para Roma es fundamental que España no ceda. Si este país legaliza el matrimonio homosexual, el símbolo sería tan fuerte, sus efectos tan amplios, que toda América Latina podría caer.

«¡No pasarán!» no es, bien mirado, el lenguaje de Rouco. Este neo-nacionalcatólico está más cerca de las ideas del dictador Franco que de las de los republicanos. Pero entiende el mensaje, repetido con la misma intensidad por el cardenal Bertone cuando este sustituye a Sodano.

Viajé a España cinco veces, antes, durante y después de la batalla sobre el matrimonio. En 2017, cuando regresé a Madrid y Barcelona para mis últimas entrevistas, se estaba eligiendo el nuevo presidente de la Conferencia Episcopal. Más de diez años habían pasado desde la batalla sobre el matrimonio homosexual, pero la herida parecía abierta todavía. Los actores eran los mismos; la violencia, la rigidez y las dobles vidas también. Era como si la España católica estuviera atascada. Y ahí, moviendo los hilos, seguía el cardenal Rouco. En español se dice «titiritero», el que manipula las marionetas.

Antonio María Rouco Varela nació en el camino de Santiago. Se crio en la localidad gallega de Villalba, etapa de la gran peregrinación que hoy siguen haciendo cientos de miles de fieles. El año de su nacimiento, 1936, estalló la guerra civil española. Su carrera autoritaria, en las décadas siguientes, fue similar a la de muchos curas de su tiempo que respaldaron la dictadura franquista.

Nacido en una familia modesta, con una madre enferma y huérfano precoz de padre, el joven Rouco inició una ascensión social insólita. Su educación en el seminario menor fue estricta y conservadora. «Medieval» incluso, según un sacerdote que le conoce bien. Quien añade:

—Por entonces en esos colegios católicos españoles todavía se les decía a los muchachos que la mera masturbación era un pecado abominable. ¡Rouco se educó con esa mitología del Antiguo Testamento que hace creer en las llamas del infierno, donde arderán los homosexuales!

Ordenado sacerdote con 22 años en 1959, el hidalgo Rouco ya soñaba con ser uno de esos caballeros que combatieron contra los infieles con un escudo en el que figura la cruz púrpura representada por una espada teñida de rojo sangre, los de la orden militar de Santiago (la misma enseña que hoy puede verse en el Museo del Prado en el pecho de Velázquez, en uno de los cuadros más bellos del mundo, *Las Meninas*).

Sus biógrafos conocen mal los diez años que Rouco pasó después en Alemania, en los sesenta, donde estudió filosofía y teología, principalmente con el canonista Klaus Mörsdorf. Quienes le conocieron entonces le describen como un cura bastante moderado, poco sociable, de constitución frágil, afeminado, deprimido, inquisitivo; algunos pensaron incluso que era progresista.

De vuelta a España, Rouco pasó siete años en Salamanca. Fue ordenado obispo de la sede de Gergi y nombrado obispo auxiliar de Santiago durante el papado de Pablo VI. En los años ochenta se acercó a las posiciones del arzobispo de Madrid, Ángel Suquía Goicoechea, un conservador al que Juan Pablo II había elegido para suceder al liberal y antifranquista Vicente Enrique y Tarancón. Por cálculo, quizá, más que por convicción, Rouco se adhirió a la nueva línea madrileña y vaticana. Y eso tuvo su recompensa: a los 47 años es nombrado arzobispo de Santiago, su sueño. Diez años después es arzobispo de Madrid y más tarde Juan Pablo II le crea cardenal.

Tengo cita con José Manuel Vidal en el restaurante Robin Hood de Madrid. El nombre (Robin de los Bosques) está escrito en inglés, no en español. Esta cantina solidaria está regentada por el centro social de la iglesia de San Antón del Padre Ángel, que acoge a los vagabundos y a los niños de la calle. Vidal, que también ha sido cura durante trece años, come aquí para apoyar a la asociación. Y es aquí donde nos veremos en varias ocasiones.

—Al mediodía este es un restaurante como todos los demás. Por la noche, en cambio, es gratuito para los pobres. Comen lo mismo que nosotros: pagamos al mediodía para que ellos puedan comer gratis por la noche —me explica Vidal.

Hijo del Vaticano II, José Manuel Vidal también pertenece a esa gran familia, ese gran río inquieto y silencioso que cruzó los años setenta y ochenta: la de los curas que se salieron de la Iglesia para casarse. Admiro a Vidal por su franqueza en un país donde se supone que uno de cada cinco curas vive en concubinato con una mujer.

—En mi juventud, los años cincuenta, la Iglesia era la única vía de ascensión social para un hijo de campesino como yo —dice.

El cura que colgó los hábitos conoce la Iglesia española por dentro. Está al tanto de sus intrigas con todo detalle, y tras la «pureza asesina» descubre todos los secretos, como en la película *La mala educación* de Almodóvar. Ha sido periodista de *El Mundo* y luego director de la importante página web *Religión Digital,* primer sitio católico en idioma español. Vidal ha publicado una biografía del cardenal Antonio María Rouco Varela. Su título, en grandes letras mayúsculas, como si fuera un personaje tan famoso como Juan Pablo II o Franco, es un simple *ROUCO.*

—Mi pasado de sacerdote me ha permitido recoger informaciones desde dentro. Mi secularización actual me da una libertad que no suelen tener los eclesiásticos españoles —resume hábilmente Vidal.

El trabajo de José Manuel Vidal, de 626 páginas, es una fotografía fascinante de la España católica desde los años cuarenta hasta nuestros días: la colaboración con la dictadura franquista; la lucha contra el comunismo; el poder del dinero y la corrupción que ha gangrenado al clero; los estragos del celibato y los abusos sexuales. No obstante, la mirada de Vidal es benevolente con esos curas que fueron como él y que hoy siguen creyendo en Dios y amando a su prójimo.

El cardenal Rouco fue el hombre más poderoso de la Iglesia católica española durante unos veinte años, desde que le nombraron arzobispo de Madrid en 1994 hasta que el papa Francisco le retiró en 2014.

—Rouco es un hombre de lo más maquiavélico. Ha dedicado su vida a controlar la Iglesia y España. Tenía una auténtica corte a su alrededor. Y dinero, mucho dinero. Tenía soldados, tropas, un verdadero ejército —cuenta Vidal para explicar esta ascensión anormal.

Figura del «Antiguo Régimen», al decir de su biógrafo, Rouco Varela era un personaje sumamente anacrónico en España. A diferencia de sus predecesores, como el cardenal Vicente Enrique y Tarancón, que fue el hombre del Vaticano II y la transición democrática en España, no parecía «haber roto claramente con el franquismo», según la expresión del padre Pedro Miguel Lamet, un jesuita con quien hablo en Madrid.

Rouco era un «psicorrígido oportunista» que «optó por Roma contra España», dice Vidal. No tenía el menor escrúpulo en lanzar a los católicos al ruedo político. Movilizó al episcopado y luego a toda la Iglesia española en apoyo de la facción más sectaria del Partido Popular, el ala derecha del partido de José María Aznar.

La piedra angular del poder de Rouco estaba formada por cuatro tramas entrelazadas: el Opus Dei, los Legionarios de Cristo, «los Kikos» y el movimiento Comunión y liberación.

El Opus Dei siempre ha desempeñado un papel importante en España, donde se fundó esta cofradía secreta en 1928. Según varios testimonios coincidentes, Rouco no era miembro de «la Obra», pero supo manipularla. Los Legionarios, influenciables por sus pocas luces, formaron el séquito de Rouco (el cardenal fue partidario de Marcial Maciel incluso después de las primeras revelaciones sobre casos de violaciones y pedofilia).

La tercera trama de Rouco se conoce en España con el nombre de «los Kikos» (y en otros países como movimiento del Camino Neocatecumenal). Es un movimiento de juventud católica que pretende volver a los orígenes del cristianismo y rechaza la secularización que se propaga por el mundo. Por último, Rouco se apoyaba en el importante movimiento católico conservador Comunión y liberación, fundado en Italia pero con fuerte presencia en España (desde 2005 su presidente es español).

—Esos cuatro movimientos de derechas formaron la base social del poder de Rouco, eran su ejército. Cuando le convenía, el «general» Rouco les ordenaba echarse a la calle y entre los cuatro podían llenar las grandes plazas de Madrid. Ese era su modus operandi. Se vio cuando libró la batalla contra el matrimonio gay —me explica Vidal.

Antes del debate sobre el matrimonio Rouco había hecho alarde de su talento organizador durante las Jornadas Mundiales de la Juventud (JMJ) de 1989, que se celebraron justamente en la ciudad de Santiago. Allí el arzobispo echó el resto y su eficacia sedujo al papa Juan Pablo II, que le felicitó públicamente en su primer discurso. Con 52 años Rouco tuvo su momento de gloria y una consagración que otros esperaron toda la vida. (Rouco renovó la maniobra de seducción con Benedicto XVI, en 2011, para las JMJ de Madrid.)

Intelectualmente, el pensamiento de Rouco es calcado del de Juan Pablo II, que le creó cardenal. El catolicismo está asediado por sus enemigos y hay que defenderlo. Esta visión granítica de una Iglesia fortaleza puede explicar, según varios testigos, la rigidez del cardenal, su propensión autoritaria, la movilización de las tropas para el combate en la calle, su afición por el poder extravagante y el control.

Sobre la cuestión homosexual, su verdadera obsesión, Rouco estaba en la misma línea que el papa polaco: no hay que condenar a los homosexuales si optan por la abstinencia y, si no lo consiguen, hay que brindarles «terapias reparadoras» que les permitan alcanzar la castidad absoluta.

Elegido y reelegido cuatro veces al frente de la Conferencia Episcopal Española, Rouco ocupó el cargo doce años. A los que hay que sumar los años en que siguió moviendo los hilos, como un titiritero, sin tener oficialmente el poder (aún sigue haciéndolo). Siempre acompañado de su secretario, que no le deja ni a sol ni a sombra, y de su peluquero, que no se separa ni un pelo de él, «una bellísima persona», reconoce Rouco; al arzobispo se le han subido los humos. Un apellido que aquí nos vale como nombre común le define muy bien: ¡Rouco se ha convertido en un Sodano!

El poderío de Rouco Varela es español, pero también romano. Debido a sus inclinaciones ideológicas y a sus inclinaciones en general, Rouco siempre ha permanecido en olor de santidad en el Vaticano. Próximo a Juan Pablo II y Benedicto XVI, que le defendieron a capa y espada, también era íntimo de los cardenales Angelo Sodano y Tarcisio Bertone. Como el poder da poder, Rouco ha tenido mucha influencia en todos los nombramientos españoles, de modo que muchos sacerdotes y obispos le deben su carrera. Los nuncios le llevaban en andas. Y como en España la Iglesia mide su poder en la relación Roma-Madrid, le llaman «el vicepapa».

—Rouco gobernó con el miedo y la compra de favores. Siempre se ha dicho de él que era un «traficante de influencias» —me dice un cura en Madrid.

El arzobispo colocaba sus peones en todas partes y desplegaba su poder. Tenía sus «hombres de placer», como se llamaba en la corte de los Austrias a los bufones que hacían reír al rey. Cuando nombraron obispo al hijo de su hermana, Alfonso Carrasco Rouco, estalló una polémica sobre el nepotismo y se empezó a hablar de Rouco como el «cardenal nepote», lo que trae tristes recuerdos.

El dinero también, ¡y cuánto! Lo mismo que el cardenal López Trujillo, o los secretarios de Estado Angelo Sodano y Tarcisio Bertone, Rouco es, a su manera, un plutócrata. Gracias al dinero (de la Iglesia y quizá al de la Conferencia Episcopal Española) pudo cultivar su poder en Roma.

En España, el arzobispo de Madrid vivía como un príncipe en un ático restaurado en 2004 por varios millones de euros. Este auténtico *penthouse*, de un lujo inaudito, con cuadros de grandes maestros, se encuentra en el Palacio de San Justo, una mansión del siglo XVIII, magnífica, sin duda, y un poco mareante con su barroco tardío (estuve en el palacio cuando visité al cardenal Osoro, el sucesor de Rouco).

—En el extranjero no se hacen una idea de hasta qué punto la elección de Francisco fue un drama para el episcopado español —me explica Vidal—. Los obispos vivían aquí como príncipes, más allá del bien y del mal. Todas las sedes episcopales son palacios grandiosos y la Iglesia española posee un patrimonio inimaginable por todo el país, en Madrid, Toledo, Sevilla, Segovia, Granada, Santiago… Y de repente, Francisco les pide que sean pobres, que salgan de sus palacios, que vuelvan a la actividad pastoral y la humildad. Lo que les fastidia, con este nuevo papa latinoamericano, no es tanto la doctrina, porque siempre han sido muy acomodaticios en ese sentido; lo que les fastidia es tener que apartarse del lujo, dejar de ser príncipes, abandonar sus palacios y, para colmo, ¡tener que ponerse a servir a los pobres!

Si la elección de Francisco fue un drama para la Iglesia española, para Rouco fue una tragedia. Amigo de Ratzinger, su renuncia, que no habría imaginado ni en sus peores pesadillas, lo dejó anonadado. Y cuando salió elegido el nuevo papa, el cardenal-arzobispo de Madrid tuvo esta salida de actor trágico, recogida por la prensa: «El cónclave se nos ha ido de las manos».

405

¡Qué bien sabía lo que le esperaba! El papa Francisco solo tardó unos meses en pasarle a la reserva. Empezó apartándole de la Congregación de los Obispos, un puesto privilegiado que le permitía decidir el nombramiento de todos los prelados españoles. Marginado en el Vaticano, también le rogaron que en España dejara su cargo de arzobispo de Madrid, en el que pretendía apalancarse a pesar del límite de edad. Entonces, hecho una furia, acusando a todos los que le habían traicionado, exigió poder elegir a su sucesor y propuso tres nombres *sine qua non* al nuncio en España. La lista volvió de Roma con cuatro nombres: ¡ninguno de los que Rouco había propuesto!

Pero lo más duro aún estaba por llegar. Desde las altas esferas, desde la misma Roma, llegó la sanción más inimaginable para este príncipe de la Iglesia: le pidieron que dejara su palacio madrileño. Lo mismo que Angelo Sodano y Tarcisio Bertone en Roma en circunstancias parecidas, Rouco se negó categóricamente y dio largas al asunto. Apremiado por el nuncio, propuso que su sucesor viviera en el piso de encima, con lo que podría quedarse en su casa, en su palacio. Nueva negativa de la santa sede: Rouco tenía que mudarse y dejar su piso del Palacio de San Justo al nuevo arzobispo de Madrid, Carlos Osoro. Pero reaccionó haciendo reformar el famoso ático.

¿Es el cardenal Rouco una excepción, y un caso extremo, como dicen algunos hoy en España para disculparse y tratar de hacer olvidar sus calaveradas y su vida mundana? Nos gustaría creerlo. Pero ese mal genio es más bien el fruto de un sistema engendrado por el pontificado de Juan Pablo II, en el que los hombres se intoxicaron de poder y malas costumbres sin ningún contrapoder que frenara sus excesos. En eso Rouco no se diferencia de un López Trujillo o un Angelo Sodano. El oportunismo y el maquiavelismo, de los que ha sido maestro, fueron tolerados, cuando no alentados, por Roma.

También en este caso el patrón de interpretación es triple: ideológico, económico y homófilo. Durante mucho tiempo Rouco estuvo en sintonía con el Vaticano de Juan Pablo II y Benedicto XVI.

Se sumó sin titubear a las guerras contra el comunismo y la lucha contra la teología de la liberación declaradas por Wojtyla; hizo suyas las ideas contra los gais del pontificado de Ratzinger; mantuvo una relación estrecha con Stanislaw Dziwisz y Georg Gänswein, los famosos secretarios particulares de los papas. Rouco fue el eslabón esencial en España de su política, su aliado, su servidor y su anfitrión en un lujoso chalet de Tortosa (según tres testimonios de primera mano).

Su entorno era homófilo. De nuevo estamos ante una matriz como la que se da en Italia, Francia y muchos otros países. En los años cincuenta y sesenta los homosexuales españoles escogían con frecuencia el seminario para librarse de su condición o de la persecución. Alrededor de Rouco, muchos criptogáis hallaron refugio en la Iglesia.

—Con Franco, que era un dictador en apariencia muy piadoso, muy católico, la homosexualidad era un delito. Hubo detenciones, encarcelamientos, homosexuales enviados a campos de trabajo. De modo que a muchos jóvenes homosexuales el sacerdocio les pareció la única solución contra la persecución. Muchos acababan siendo curas. Esa era la clave, la regla, el modelo —explica Vidal.

Un jesuita con quien hablo en Barcelona me dice:

—Todos aquellos a los que en las calles de su pueblo les llamaban «maricón» acabaron en el seminario.

¿Fue ese el viacrucis que siguió, estación tras estación, en el camino de Santiago, el propio Rouco? No lo sabemos.

—He indagado mucho al respecto —prosigue Vidal—. Rouco nunca se interesó por las chicas. Las mujeres siempre fueron invisibles para él. Su misoginia es tremenda. De modo que el voto de castidad con las mujeres no sería un problema para él. En cuanto a los chicos, hay muchas cosas dudosas, personas gais a su alrededor, pero no hay indicios de inclinaciones reales. Mi hipótesis es que Rouco es asexuado.

Así estaban las cosas cuando Rouco, en 2004-2005, al final del pontificado de Juan Pablo II, se lanzó a la batalla española en contra del matrimonio gay.

—Hay que darse cuenta de que para Sodano, y luego para Ratzinger y Bertone, el proyecto de ley a favor del matrimonio gay en España se presentó como un enorme peligro. Temían el efecto dominó en toda Latinoamérica. Pensaban que había que detener definitivamente el matrimonio gay en España, antes de que el contagio se extendiera. Estaban aterrorizados por el peligro de un efecto bola de nieve. El hombre decisivo ante esa situación, para ellos, era Rouco. El único capaz de detener definitivamente el matrimonio era él —comenta Vidal.

Rouco no les decepcionó. En cuanto el presidente del gobierno, Rodríguez Zapatero, se comprometió a favor del matrimonio gay en 2004 (lo incluyó en su programa electoral sin pensar que saldría elegido y sin ninguna convicción), Rouco Varela se cruzó en su camino. Fue entonces cuando hizo su primera demostración de fuerza, sin previo aviso. Con sus «Kikos», sus Legionarios de Cristo y la ayuda del Opus Dei, el cardenal convocó a las masas. Cientos de miles de españoles llenaron las calles de Madrid con el lema: «La familia sí importa». Con ellos estaban los obispos; durante este periodo fueron veinte los que se manifestaron contra el matrimonio gay.

Después de sus primeros éxitos, Rouco sintió que su estrategia daba resultado. Roma aplaudía con entusiasmo. Se sucedieron las manifestaciones en 2004 y la duda empezó a hacer mella en la opinión pública. El papa Ratzinger felicitó a Rouco por medio de su secretario personal Georg Gänswein. Rouco había ganado su apuesta: el gobierno de Zapatero estaba en apuros.

—En ese momento Rouco se convirtió en nuestra bestia negra. Hizo que los obispos se echaran a la calle, para nosotros era inimaginable —me explica Jesús Generelo, presidente de la principal federación de asociaciones LGBT españolas, próxima a la izquierda.

Pero en la primavera de 2005 la situación dio un vuelco. ¿Habían ido demasiado lejos los obispos en sus soflamas? ¿Las pancartas exhibidas en las calles eran demasiado exageradas? ¿La movilización religiosa recordaba al franquismo, que también decía luchar por la familia y los valores católicos?

—El principal fallo de Rouco fue hacer que los obispos encabezaran las manifestaciones. Franco también lo había hecho. Los españoles interpretaron inmediatamente el mensaje: era la vuelta del fascismo. La imagen fue devastadora y hubo un viraje en la opinión pública —comenta José Manuel Vidal.

Después de un tira y afloja de varios meses, los medios se inclinaron a favor del matrimonio homosexual. Los medios, a pesar de tener en varios casos vínculos con el episcopado, empezó a criticar las manifestaciones y a parodiar a sus dirigentes.

El propio cardenal Rouco pasó a ser el blanco preferido. La vehemencia con la que lanzaba sus ataques contra esa ley le valió el mote usurpado de «Rouco Siffredi», incluso entre los curas (según el testimonio de uno de ellos). Las redes se burlaron del cardenal a placer: se convirtió en «Rouco Clavel», reina de día, en alusión al cómico Paco Clavel, reina de noche, un célebre cantante de la movida, travesti llegado el caso y siempre en la «extravaganza». «Es Rouco Varela de día y Paco Clavel de noche» fue la comidilla del momento. La Iglesia perdió el respaldo de la juventud y de las grandes ciudades; la élite del país y los poderes económicos también se desligaron de esas posiciones anti matrimonio gay para no parecer trasnochados. Los sondeos mostraron que dos tercios de los españoles apoyaban el proyecto de ley (hoy son cerca del 80 %).

409

Roma, que seguía los debates con mucha atención, empezó a alarmarse por el cariz que estaban tomando los acontecimientos. A Rouco se le reprochó el haber ido demasiado lejos y haber permitido que unos obispos iracundos desvariasen cada vez más. El nuevo secretario de Estado, Tarcisio Bertone, viajó urgentemente a Madrid para reunirse con Zapatero y para pedirle a Rouco que «se calmara». Que el nuevo hombre fuerte del Vaticano, el más estrecho colaborador del papa Benedicto XVI, él mismo muy homófilo, quisiera aplacar a Rouco, era todo un síntoma.

Hay que decir que, tras las consignas belicosas y las pancartas rabiosamente contrarias al matrimonio gay, el episcopado español estaba más dividido de lo que se ha dicho. Rouco perdió el apoyo de su propia Iglesia. Por ejemplo, el nuevo cardenal y arzobispo de Sevilla, Carlos Amigo, y el obispo de Bilbao, Ricardo Blázquez (a quien Francisco crearía cardenal en 2015), criticaron su línea. El arzobispo de Pamplona, Fernando Sebastián, un religioso y buen teólogo considerado de izquierdas, antiguo secretario del cardenal Tarancón (al que Francisco también crearía cardenal en 2014), llegó a atacar frontalmente la estrategia de Rouco, tachándola de regreso al franquismo.

Lo cual no quita para que Sebastián, Amigo y Blázquez desaprobaran el matrimonio gay defendido por Zapatero. Pero ellos rechazaban la movilización callejera de los obispos. Pensaban que la Iglesia no debía entremeterse en los asuntos políticos, aunque podía dar su punto de vista ético sobre los debates sociales.

El cardenal Rouco echó un pulso a sus rivales en la Conferencia Episcopal, apoyado por dos lugartenientes. Detengámonos un momento en estos dos hombres, figuras destacadas de la Iglesia española que serían apartados por Francisco. Porque en ninguna parte la batalla entre los ratzinguerianos y los partidarios de Francisco fue más dura que en España.

El primero era Antonio Cañizares, por entonces arzobispo de Toledo y primado de España. Este amigo de Rouco también era muy afín al cardenal Ratzinger, lo que le valió en España el apodo de «pequeño Ratzinger» (Benedicto XVI le crearía cardenal en 2006). Lo mismo que al cardenal estadounidense Burke, a Cañizares, como hemos visto más arriba, le encantaba ponerse la capa magna, el traje de boda de los cardenales que, con todos sus mantos desplegados, mide varios metros, sostenida por monaguillos y guapos seminaristas en las grandes ocasiones.

—Como Cañizares es bajito, verlo con esa cola tan larga le hacía aún más ridículo. ¡Parecía una Mari Bárbola! —me explica un conocido periodista español (refiriéndose a la enana de *Las Meninas*, una broma maligna que me han repetido varias de mis fuentes).

Arreciaron las críticas a Cañizares y los rumores sobre la gente que lo rodeaba. Varios políticos y asociaciones LGBT le denunciaron por sus declaraciones homófobas y por «incitación al odio». No se sabe si un cardenal así sirve la causa cristiana o si la parodia. Sea como fuere, poco después de su nombramiento Francisco optó por apartarlo de Roma, donde era perfecto de la Congregación para el Culto Divino y la Disciplina de los Sacramentos, y lo mandó de vuelta a España. Cañizares reclamó el arzobispado de Madrid con insistencia, pero Francisco lo borró de la lista y le forzó a aceptar ser arzobispo de Valencia.

El segundo hombre de Rouco Varela es, si cabe, aún más caricaturesco y extremista. El obispo Juan Antonio Reig Pla se lanzó a la batalla contra el matrimonio gay a su manera: con la sutileza de una *drag-queen* que entrase en el vestuario del Barça.

Indignado con el matrimonio gay y la «ideología de género», Reig Pla atacó a los homosexuales con una virulencia apocalíptica. Publicó testimonios de personas «curadas» gracias a las «terapias reparadoras». Equiparó los actos de pedofilia con la homosexualidad. Luego, en la homilía de una misa transmitida en abril de 2012 por la 2 de TVE, lo que provocó un escándalo también nacional, llegó a decir: «Os aseguro que [los homosexuales] encuentran el infierno».

—El obispo Reig Pla es una caricatura de sí mismo. Ha sido el mejor aliado del movimiento gay durante la batalla por el matrimonio. ¡Cada vez que abría la boca, ganábamos apoyos! ¡Menos mal que tenemos adversarios como él! —me declara un responsable de una asociación gay madrileña.

La batalla espiritual y la batalla personal que se entabló en el país entre estos seis cardenales y prelados, Rouco-Cañizares-Reig Pla contra Amigo-Blázquez-Sebastián, marcó profundamente la España católica del primer decenio del siglo XXI. Reprodujo la línea de fractura entre Benedicto XVI y Francisco, y todavía hoy, por su intensidad, puede explicar la mayoría de las tensiones que subsisten en el episcopado español. (En la última elección de la Conferencia Episcopal Española, que coincidió con uno de mis viajes a Madrid, Blázquez fue reelegido presidente y Cañizares vicepresidente, una manera de mantener el equilibrio de fuerzas a favor y en contra de Francisco.)

A pesar de la movilización excepcional instigada por el cardenal Rouco Varela, el 2 de julio de 2005 España pasó a ser el tercer país del mundo, después de Holanda y Bélgica, que abría el matrimonio a todas las parejas del mismo sexo. El 11 de julio se celebró la primera boda, y al año siguiente se casaron cerca de cinco mil parejas. Fue una derrota humillante para el ala conservadora del episcopado español. (Después, el Partido Popular, con el respaldo de la Iglesia, recurrió esa ley ante el Tribunal Constitucional. El fallo de los jueces, por ocho votos contra tres, fue inapelable y una victoria definitiva de los partidarios del matrimonio gay.)

Desde entonces la cuestión del matrimonio homosexual fue la principal línea de fractura en la Iglesia española. Para entenderlo hay que pensar de un modo contraintuitivo: no creer que los obispos «gais» pertenecen necesariamente al clan de los defensores del matrimonio y los prelados «heteros» al de los contrarios. La regla, como en todas partes, es más bien la contraria: los más alborotadores y homófobos suelen ser los más sospechosos.

No cabe duda de que el papa Francisco conoce perfectamente al episcopado español, sus charlatanes, sus *cocottes*, sus delirios, y ha descifrado sus códigos. Por eso, desde su elección en 2013, optó por hacer una limpieza general en España.

Los tres cardenales moderados creados por él (Osoro, Blázquez y Omella) confirman este control. El nuncio apostólico Fratino Renzo, que tampoco era del agrado de Francisco por su tren de vida y sus partidas de golf, fue totalmente puenteado (y su partida ya estaba programada). En cuanto al obispo Reig Pla, que esperaba la púrpura, todavía la sigue esperando.

—¡Estamos al principio de una nueva transición! —me asegura José Beltrán Aragoneses, nuevo director de *Vida Nueva*, el semanario de la Universidad Pontificia de Salamanca.

El nuevo arzobispo de Barcelona, Juan José Omella y Omella, me confirma el cambio de línea con palabras prudentes y diplomáticas, algo crípticas, cuando me recibe en su hermoso despacho, al lado de la catedral barcelonesa:

—Después del Concilio, el episcopado español aprendió la lección: no somos políticos. No queremos intervenir en la vida política, aunque podemos expresar nuestro pensamiento desde el punto de vista moral… [Pero] creo que debemos ser sensibles a las inquietudes de la gente. No comprometernos en el plano político, sino en el respeto. Un respeto, no una actitud beligerante, no una actitud de guerra; [la nuestra, por el contrario, debe ser] una actitud acogedora, de diálogo, no juzgar, como ha recordado Francisco [con su «¿Quién soy yo para juzgar?»]. Debemos ayudar a la construcción de una sociedad mejor, resolver sus problemas y siempre con la mirada puesta en los pobres.

La declaración es hábil. Quirúrgica. Se ha pasado la página Rouco. Omella, que había sido misionero en Zaire, es el nuevo

412

hombre fuerte del catolicismo español. Francisco ha creado cardenal a quien rehusó salir a la calle contra el matrimonio homosexual. En la Congregación de los Obispos ha quitado a Cañizares y le ha puesto a él. Intransigente con los abusos sexuales de los curas, nada sospechoso de llevar doble vida, Omella también es más tolerante con los gais.

Durante uno de mis viajes a Madrid, cuando los obispos debatían para la elección de su nuevo presidente de la Conferencia Episcopal Española (CEE), una importante asociación LGBT amenazó con publicar una lista de obispos «rosa». Esta promesa de *outing* no llegó a hacerse realidad. Pero el Observatorio Español contra la LGTBfobia sí llegó a publicar la lista de los catorce obispos más homófobos de España en junio de 2016. Según esa información, recogida por *eldiario.es*, uno de cada seis obispos españoles fomentan la exclusión de la sociedad y la Iglesia de los homosexuales. Encabezan el listado Cañizares, Reig Pla y López de Andújar, seguidos por Rico Parés, Demetrio Fernández y dos eméritos, Rouco y Sebastián.

Una noche, cuando yo asistía a un programa en directo en los estudios de la COPE, una radio de gran audiencia que depende del episcopado, me sorprendió que la elección del presidente de la CEE fuera un acontecimiento en España (cuando esa elección en Francia no suscita el menor interés). Faustino Catalina Salvador, jefe de redacción de los programas religiosos de la COPE, pronosticó la victoria del cardenal Blázquez, de la tendencia pro-Francisco; otros tertulianos la de Cañizares, el ala ratzingueriana y pro-Rouco.

Después del programa seguí conversando con algunos de los periodistas de la tertulia a la que acababa de asistir. Me sorprendió oírles decir que tal o cual cardenal español estaba «en el armario» o «enclosetado». Todos estaban al corriente.

—La gente piensa que el hombre de Francisco en España es Osoro. Pero no, el hombre de Francisco es Omella y Omella —resume un miembro importante de la CEE con quien paso varias veladas conversando.

Algo apartado de todos estos debates y prudente, el arzobispo de Madrid, Carlos Osoro, es el gran perdedor de esta elección de la

CEE. Cuando me reúno con él para entrevistarle comprendo que este hombre complicado, que procede del ala «derecha» pero se ha puesto del lado de Francisco, está buscando su sitio. Como todos los recién conversos a la línea del papa Francisco, que le nombró cardenal, quiere congraciarse. Y para ganar méritos ante Roma en el terreno pastoral fue a visitar la iglesia de los «pobres» del Padre Ángel en el barrio gay de Chueca. El día en que yo también fui, los vagabundos acudían allí muy contentos de encontrar un sitio donde el café caliente, el wifi, el pienso para su perro y los aseos eran gratis. «Alfombra roja para los pobres», me dijo el sacerdote de la CEE que me acompañaba.

—Los homosexuales también acuden a esta iglesia. Es la única que les trata bien —me dice.

Antes la iglesia de San Antón estaba cerrada, abandonada, como lo están cada vez más las pequeñas iglesias católicas aisladas en España. La crisis de vocaciones sacerdotales es tremenda y el número de fieles disminuye (menos del 12 % de los españoles son todavía practicantes, según los demógrafos), las iglesias se vacían y los numerosos escándalos de abusos sexuales gangrenan el episcopado. El catolicismo español declina peligrosamente en uno de los países del mundo donde fue más influyente.

—En vez de dejar la iglesia cerrada, el cardenal Osoro se la dio al Padre Ángel. Fue una buena idea. Desde entonces ha revivido. Hay gais todo el tiempo, curas gais, mezclados con los sin techo y los pobres de Madrid. El Padre Ángel les dijo a los gais y a los transexuales que eran bienvenidos, que esta iglesia era su casa, y acudieron —prosigue el sacerdote.

Las «periferias» de las que habla el papa Francisco están reintegradas en una iglesia del centro de la ciudad convertida en «la casa de todos». El cardenal Osoro, ahora *gay-friendly*, ha llegado a estrechar la mano a los miembros de la asociación Crismhom que se reúnen aquí (hoy en Madrid un cura gay celebra misas para las personas homosexuales, como he podido comprobar). El cardenal estaba un poco tenso pero salió airoso, según varios testigos.

—Intercambiamos algunas palabras y algunos números de teléfono —confirma un parroquiano.

El asistente de Osoro me ha dicho que le preocupa que «el cardenal le dé su número a todo el mundo: la mitad de los madrileños tiene su móvil», y de hecho Osoro también me lo dio durante nuestra entrevista.

—El Padre Ángel celebró en su iglesia el funeral por Pedro Zerolo. Fue muy emocionante. Toda la comunidad gay, todo el barrio de Chueca, a dos pasos de aquí, vino con sus banderas arcoíris —prosigue el sacerdote español de la CEE.

Zerolo, a quien he visto en muchas fotos de las asociaciones LGBT de Madrid, era un icono del movimiento gay español. Fue uno de los impulsores de la apertura del matrimonio a los homosexuales y se casó con su compañero meses antes de su muerte, causada por un cáncer. Y el sacerdote añade:

—Su funeral fue grandioso y muy emocionante. Pero ese día el cardenal Osoro, muy descontento, le dijo al Padre Ángel que había ido demasiado lejos.

415

17

La hija mayor de la Iglesia

*D*espués de España y antes de Italia, detengámonos ahora en Francia, que en los últimos años también ha padecido todos los excesos del catolicismo, sus prejuicios, sus ascensiones fulgurantes y sus abusos sexuales. La diplomacia vaticana movió allí sus peones y Francia se convirtió en un enorme terreno de juego, pese a la laicidad: esta guerra contra el «matrimonio para todos» declarada por el Vaticano empezó con una victoria en Marengo y terminó con una derrota pírrica.

Francia, «hija mayor de la Iglesia». Para empezar vamos a detenernos en esta expresión, repetida hasta la saciedad por todos los cardenales y obispos franceses y puesta otra vez de moda por el papa Juan Pablo II durante su primer viaje oficial a Francia. La fórmula, absurda y ya ridiculizada por Rimbaud, es un tópico de arzobispos sin ideas. Signo de una peculiaridad nacional y en su día de una crítica a Roma, fue inventada en 1841 por un dominico, Henri-Dominique Lacordaire, de quien hoy, tras la publicación de su correspondencia con su «amigo» Charles de Montalembert, sabemos que formaba con él una pareja homófila que no dice su nombre.

El cardenal Barbarin, arzobispo de Lyon, es justamente un «hijo mayor de la Iglesia» y le gusta recordar su título rimbombante de «primado de las Galias». Pero hoy es el más conocido, y criticado, de los prelados franceses. Él solo resume la grandeza y el descrédito de la Iglesia y su enorme hipocresía.

Sin embargo, todo había empezado bien. Durante mucho tiempo Philippe Barbarin había sido un sacerdote sin historia, hijo de militar, buen practicante, bien encarrilado en la buena parroquia, con una trayectoria rectilínea que llenaba de orgullo a los suyos. Lector de Jacques Maritain, Julien Green y François Mauriac, más que un intelectual era un literato. Este cura viajero, apasionado por el mundo árabe (había nacido en Marruecos), no dio mucho que hablar, salvo por su defensa de los cristianos de Oriente. Pero de repente, en 2012, se lanzó a la mayor batalla de su vida, la que le colocaría bajo todos los focos y le llevaría a la perdición. Decidió movilizarse, por motivos «especiales» (según la expresión irónica de uno de los portavoces de los obispos franceses), contra el «matrimonio para todos».

La apertura del matrimonio a las parejas del mismo sexo era una promesa de campaña del candidato François Hollande. En 2012, al ser elegido presidente de la república, decidió cumplir su promesa y presentar el proyecto de ley.

Ese otoño un grupo de asociaciones variadas, muchas de ellas católicas o próximas a los ambientes conservadores, formaron un colectivo para organizar las primeras manifestaciones de protesta. En noviembre se les unieron políticos de la derecha parlamentaria y la extrema derecha. Una pequeña porción del episcopado francés también se unió a las manifestaciones, y el cardenal Barbarin —hecho inusual en el país de la separación de la Iglesia y el Estado— se dejó ver por primera vez en la calle. Con lo que su mero nombre aportaba a la causa, no tardó en encabezar los cortejos.

¿Por qué se movilizó? ¿Por qué este intransigente versátil se arriesgó a dar la cara? Muchos comprendían la posición de la Iglesia en este debate, pero entre las decenas de obispos y sacerdotes franceses con quienes hablé, nadie puede explicar realmente una implicación tan personal, tan obsesiva, tan fanática como la de Barbarin. El cardenal no se limitó a expresar su desacuerdo con el proyecto de ley, lo que habría sido comprensible; lo convirtió en un asunto personal y se puso al frente de las movilizaciones, arriesgándose a arrojar dudas sobre sus motivos.

Los que se oponían al proyecto de «matrimonio para todos» inventaron un nombre ingenioso: «*la manif pour tous*» («la manifestación para todos»), capaz de reunir a mucha gente bajo la misma pancarta. ¡Y funcionó! En las calles, decenas de miles de personas, que pronto fueron cientos de miles, desfilaron con consignas a veces divertidas y otras más viciosas: «Queremos sexo, no género», «Alto a la familiofobia», «Papá lleva pantalones», o la muy delicada «No hay óvulos en los testículos». A veces las fórmulas poéticas arrancaban sonrisas: «Los niños nacen de las coles y de las rosas, no de los arcoíris».

El ex primer ministro François Fillon, próximo a la derecha católica, también se echó a la calle y prometió que cuando volvieran a gobernar los «republicanos» derogarían la ley y «descasarían» a las parejas gais. El cardenal Barbarin, valedor del clericalismo más oscuro, bramó contra una ley inicua que contradecía la Biblia. En contra de la laicidad y de toda la historia de Francia desde la revolución de 1789, negó la autoridad del Parlamento y afirmó que la Biblia prevalece sobre el derecho: «Para nosotros, la primera página de la Biblia, que dice que el matrimonio une al hombre y la mujer, tiene algo más de fuerza y verdad, que atravesará las culturas y los siglos, que las decisiones circunstanciales o pasajeras de un Parlamento». ¿Cómo es posible que un hombre tan inteligente cometiera ese error de bulto, que contradecía hasta la célebre frase de Cristo «dar al César lo que es del César y a Dios lo que es de Dios»?

En una entrevista radiofónica, Barbarin, como si no bastara con esa primera provocación, añadió que el reconocimiento del matrimonio gay era el primer paso para «formar parejas de tres o cuatro» y después cargarse «la prohibición del incesto» o la de la poligamia. Con estas amalgamas nauseabundas Barbarin se enajenó a gran parte de la opinión pública y, lo que era más grave para su lucha, de los católicos moderados.

Por su parte, el papa Benedicto XVI salió de su reserva en noviembre de 2012 para apoyar a los obispos de Francia en su lucha contra el matrimonio gay. Les llamó a expresarse «sin miedo», con «vigor» y «determinación», sobre los «debates de sociedad [como] los proyectos de leyes civiles que afecten a la protección del matrimonio entre el hombre y la mujer».

Es innegable que las movilizaciones fueron un éxito. Se habló de «Mayo del 68 conservador», aunque las masas que marcharon por las calles nunca fueron tan numerosas como las de las «*marches des fiertés*» («marchas de los orgullos», el nombre francés de la Gay Pride parisina anual). El gobierno de izquierda estaba paralizado y el proyecto de ley se revisó a la baja: se eliminó la «procreación asistida médicamente» y la «gestación para terceros», que debían acompañar la ampliación del matrimonio a las parejas del mismo sexo. Pero se mantuvo el derecho de adopción.

La Manif pour tous se convirtió en un movimiento social influyente que no tardó en crear su rama política, llamada Sens commun. La presencia de varias figuras controvertidas entre los líderes de estos dos grupos imbricados de forma maligna empezó a levantar críticas. Primero ocurrió con una tal Virginie Merle, una humorista cincuentona que ha actuado mucho tiempo en cabarets gais. Más conocida con el apodo de Frigide Barjot (algo así como «Frígida Insensata», juego de palabras con el nombre de la actriz Brigitte Bardot), se convirtió en portavoz del movimiento. Que la que cantaba «Hazme el amor con dos dedos porque con tres no entra» desfilara al lado del ex primer ministro François Fillon y el cardenal Barbarin no deja de sorprender. «¿Por qué misterio la Iglesia católica se ha juntado con su plumero rosa?», se pregunta un periodista del *Obs*.

Frigide Barjot, una burguesa que se crio en el Jaguar de un padre próximo a la extrema derecha y frecuentaba asiduamente los círculos lepenistas, era una caricatura de sí misma. Se la recuerda, borracha y provocativa, cantando en el tablado del club gay parisino Le Banana Café, rodeada de *drag queens*. Más aún: llegó a celebrar la boda paródica de un militante gay en una fiesta parisina. A los 55 años dice que «ha dejado de tomar la píldora».

Pues ahí la tenemos, propulsada como símbolo de la Manif pour tous con la pretensión de convertirla en un *cato-pride*. Dice que es «la portavoz de Jesús». Sus proclamas son tan extremistas, homófobas y sobre todo incoherentes que nadie entiende por qué unos notables y unas eminencias se arriesgan a codearse con ella.

El cardenal Barbarin, que llama «querida Frigide» a Barjot, acaba formando con ella la pareja más vistosa de La Manif, y su emblema. Que este hombre enclosetado en su sotana estricta desfile de la mano de una loca con minifalda rosa y crin amarilla disgusta a muchos católicos. «Soy una chica de maricas», repite ella sin cesar y sin darse cuenta de que compromete a todos los que la rodean.

Un sacerdote francés influyente en la Conferencia Episcopal de Francia se muestra especialmente crítico:

—La propensión populista de Barbarin nos sorprendió a todos. Ese antiintelectualismo no es propio del catolicismo francés. ¡Aquí somos hijos de Jacques Maritain, Georges Bernanos y Paul Claudel, no de Frigide Barjot! El catolicismo francés es culto, no iluminado; hay una corriente devota, sin duda muy de derechas, pero incluso esa siempre se ha considerado intelectual. ¡Barbarin se exhibe con una chiflada pasada de rosca!

Con su «querida Frigide Barjot», Barbarin se desvive por su nueva causa. Moviliza a los fieles y a los curas, que organizan el reparto de octavillas al fondo de las iglesias. Recorre su diócesis en sotana con un chal abigarrado, y se pasea por los platós de televisión en *clergyman*.

—El cardenal es bastante esquizofrénico —me revela uno de sus antiguos colaboradores que prefirió apartarse de él porque no se sentía muy a gusto a su lado.

La homofobia del cardenal, me dice la misma fuente, no dejaba de ser sorprendente, ya que los rumores sobre las personas que le rodeaban eran insistentes. Según el adjetivo usado por la policía, algunos de sus colaboradores eran gais «notorios». Lo mismo se puede decir de varios de los obispos que se movilizaron, histéricos, en algunas ciudades francesas. La homosexualidad del episcopado francés, como las relaciones incestuosas en la corte real de *Juego de tronos*, es uno de los secretos mejor guardados, pero también más conocidos.

En Francia el clericalismo, es decir, la intromisión abusiva del clero en la política, tiene mala prensa. Trae malos recuerdos: la monarquía, que se basaba en «la alianza del trono y el altar»; la contrarrevolución; la Restauración y los ultramontanos; los católicos antisemitas y hostiles a Dreyfus; la batalla en torno a la ley de 1905; el régimen de Pétain en Vichy basado en la «alianza del sable y el hisopo». Los impulsores de la lucha contra el matrimonio homosexual, desbordados por grupúsculos violentos, se acercaron a la extrema derecha. Por haber olvidado que en Francia su intromisión en los asuntos políticos es una tradición ajena a la cultura nacional, la Iglesia perdió la batalla de la opinión pública.

¡Manipuló el Vaticano al clerical Barbarin para que rompiera la matriz francesa de una Iglesia católica hasta cierto punto independiente de la santa sede? Es posible. Según varias fuentes, el Prima-

do de las Galias se había ordenado directamente en Roma y no en
París. ¡El vanidoso cardenal ha preferido siempre dirigirse a Dios,
más que a sus santos! Además, en esta época la Conferencia Episcopal Francesa no funcionaba nada bien. Su presidente, Georges
Pontier, estaba ausente, y el anodino cardenal André Vingt-Trois,
pese a ser arzobispo de la capital y tirando a *gay-friendly* (creó un
seminario pastoral para las personas homosexuales en el Collège
des bernardins de 2011 a 2013), era discreto y rehuía a la prensa.

Entre los que daban instrucciones a Barbarin desde Roma me
citan al cardenal francés Dominique Mamberti, por entonces «ministro de Asuntos Exteriores» de Benedicto XVI y hoy prefecto del
Tribunal Supremo de la Signatura Apostólica, el tribunal supremo
del Vaticano, en cuya sede me recibe. El hombre es discreto y elegante, longilíneo. Pocas veces me he tropezado con un cardenal tan
distinguido, lo que contrasta con tantos prelados desaliñados. Un
ensayista francés amigo suyo me dice que le llaman «el hombre
de las cien sotanas», lo que sin duda es exagerado. Su solicitud y su
cortesía no son fingidas, pese a la parquedad de su conversación, que
le ha hecho comentar al cardenal Jean-Louis Tauran que Mamberti es «intimidante por lo tímido que es». A tal punto que no dice
nada durante nuestra conversación algo protocolaria; está siempre
en guardia y me resulta difícil saber si Mamberti o uno de sus pares
«dirigió» realmente al cardenal Barbarin desde Roma o si este actuó
por su cuenta.

421

La ley sobre el «matrimonio para todos», a pesar de estas manifestaciones masivas, finalmente se votó el 17 de mayo de 2013. La
Asamblea la aprobó por una amplia mayoría de 331 diputados contra 225, es decir, con más de cien votos de ventaja. Francia se convirtió así en el decimocuarto país que autorizó el matrimonio entre
personas del mismo sexo. Miles de parejas homosexuales se casaron
en las semanas siguientes y una gran mayoría de franceses, más
de dos tercios, aprobaban la ley. Hay más: el 63 % de las personas
interrogadas consideran hoy que una pareja de homosexuales que
vive con sus hijos constituye «una familia completa». Prueba de este
consenso rápido: los principales candidatos de derecha a la elección

presidencial de 2017 no propusieron la derogación de la ley sobre el matrimonio. En cuanto a los católicos moderados, reconocieron que gracias a las uniones del mismo sexo la institución del matrimonio, que estaba de capa caída, se recuperó y la curva se invirtió.

La cruzada exageradamente caricaturesca del cardenal Barbarin y los excesos provocados por los extremistas de derecha favorecieron el cambio de tendencia de la opinión pública. Para la izquierda fue un regalo, porque ya no tenía que defender el matrimonio, sino solo movilizarse en nombre de la «laicidad». Para la Manif pour tous y su rama política Sens commun la derrota fue amarga, no solo porque la ley aprobada propició un consenso nacional, sino porque la mayoría de sus dirigentes se afiliaron al partido de Marine Le Pen o llamaron a votar por ella. Así que al final se cayeron las máscaras: después de varios años de combate un poco circular, el catolicismo de la intransigencia y la identidad rizó el rizo y acabó bailándole el agua a la extrema derecha. ¡Un *coming out*, en definitiva!

Para el cardenal Barbarin la situación también se invirtió. La policía de Lyon convocó al paladín de los «antimatrimonio» y le sometió a un interrogatorio de más de diez horas antes de ser citado para comparecer ante la justicia. Diez víctimas de abusos sexuales le acusaban de haber encubierto hechos graves de pedofilia y agresiones sexuales a menores cometidos por un cura de su diócesis. De inmediato 100.000 franceses firmaron un escrito para pedir su dimisión. Los cargos contra monseñor Barbarin eran no haber denunciado las fechorías del cura cuando le informaron de ellas y haberle mantenido en su puesto, en contacto con niños, hasta 2015. Poco después se conocieron otros abusos cometidos por sacerdotes bajo su autoridad, lo que elevó a ocho el número de casos. En total, la opinión pública descubrió, atónita, que más de 25 obispos habían encubierto metódicamente a más de 32 curas acusados de tales delitos, con 339 presuntas víctimas (según las revelaciones de Mediapart en 2017). Un verdadero Spotlight francés.

A partir de entonces Barbarin fue pasto de la actualidad. Se publicaron cientos de artículos, y varios libros de grandes periodistas, como los de Marie-Christine Tabet (*Grâce à Dieu, c'est prescrit*), Isabelle de Gaulmyn (*Histoire d'un silence*), o una larga investigación de Cécile Chambraud para *Le Monde,* y un programa *Cash Investigation* de Élise Lucet para la emisora France 2, han detallado las prácticas de ocultamiento del cardenal. Una verdadera *omertà.*

¿Hay una moral en la Iglesia católica? En todo caso la coincidencia de fechas es alarmante: ¡cuando el cardenal Barbarin desfilaba por las calles contra el «matrimonio para todos» estaba a punto de ser señalado por haber encubierto a curas pedófilos! (En el estado actual del procedimiento, monseñor Barbarin, que niega los hechos, está acusado de un delito punible con tres años de prisión; al no haber sido juzgado ni condenado —el juicio se ha aplazado a 2019—, en el derecho francés se beneficia de la presunción de inocencia.)

Otras dos figuras clave del catolicismo francés y auténticas estrellas de la Manif pour tous confirman la hipocresía del sistema católico. El primero es un famoso sacerdote y terapeuta perteneciente a la diócesis de París, Tony Anatrella. Los pontificios consejos para la familia y la salud habían nombrado «consultor» en el Vaticano a este pensador fetiche de los «antimatrimonio», afín al cardenal Ratzinger. Gracias a este reconocimiento romano se convirtió en la voz casi oficial de la Iglesia sobre la cuestión gay, justo cuando empezaba a dar un viraje cada vez más integrista.

A mediados de los años dos mil la Conferencia de los Obispos de Francia encargó a Anatrella el argumentario contra el matrimonio gay. Sus notas, sus artículos y sus libros eran cada vez más furibundos, no solo contra el matrimonio, sino contra los homosexuales en general. Con todas sus fuerzas y en todas las pantallas mediáticas, el cura-terapeuta llegó a rechazar «el reconocimiento legal de la homosexualidad» (que en Francia está despenalizada desde Napoleón). Adoptado por La Manif pour tous, se convirtió en uno de sus teóricos. «La Manif pour tous hace viejos a los políticos», se felicitaba el prelado en un sinfín de entrevistas, añadiendo que «el "matrimonio" homosexual es la decisión más anticuada de los ideales de Mayo del 68». Con espíritu caritativo, Anatrella también hacía un elogio de las «terapias reparadoras» que a su juicio brindaban a los homosexuales una solución para dejar de serlo.

Como el sacerdote también era psicoanalista —aunque no per-

423

tenecía a ninguna asociación de psicoanálisis—, ofrecía sesiones de «conversión» a sus pacientes, preferentemente masculinos, en una consulta especializada. Allí recibía a jóvenes seminaristas llenos de dudas y chicos de familias católicas burguesas con problemas de identidad sexual. El doctor Anatrella, sin embargo, escondía bien su juego: ¡para corregir el Mal, explicaba, había que desnudarse y dejarse masturbar por él! El charlatán ejerció durante muchos años, hasta que tres pacientes suyos decidieron denunciarle por agresiones sexuales y tocamientos recurrentes. El escándalo mediático tuvo una amplitud internacional, ya que Anatrella, en París, era afín al cardenal Lustiger, y en Roma, a los papas Juan Pablo II y Benedicto XVI. Extrañamente, antes de que se pronunciara ningún fallo, en las publicaciones oficiales se borró el nombre de Tony Anatrella, y el que fuera inspirador desapareció como por ensalmo de las referencias de La Manif pour tous. (Monseñor Anatrella ha negado estas acusaciones. En el juicio fue absuelto porque los hechos, pese a estar probados, habían prescrito. Le apartaron de su cargo y el cardenal de París entabló un proceso canónico; en julio de 2018, al término de este proceso religioso, el nuevo arzobispo de París, monseñor Aupetit, ha sancionado al sacerdote y le ha suspendido definitivamente de cualquier práctica religiosa pública.)

El segundo caso, el de monseñor Jean Michel di Falco, es distinto. Este prelado asiduo de los medios de comunicación fue durante mucho tiempo portavoz de la Conferencia Episcopal Francesa. El padre Di Falco, a diferencia de Anatrella, se mostró bastante comprensivo sobre la cuestión homosexual. Le conocí, y no era homófobo, al contrario, siempre me pareció especialmente *gay-friendly.* ¡Quizá hasta demasiado!

El fulgurante Di Falco, nombrado obispo de Gap, concitó severas críticas por su tren de vida suntuoso y sus relaciones mundanas. También se acusaba a este miembro de la *jet set* de haber dejado en su diócesis un agujero de 21 millones de euros. Y aún más grave: un hombre le acusó de abusos sexuales. El escándalo causó un gran revuelo antes de ser sobreseído por prescripción y falta de pruebas. (Di Falco siempre ha negado los hechos. El denunciante recurrió.) No obstante, el papa Francisco aceptó la jubilación del obispo más mediático del catolicismo francés.

En los últimos años, otros 72 curas franceses han sido detenidos o condenados por abusos sexuales cometidos, casi siempre, con chicos. Según cifras de la Conferencia Episcopal Francesa, todos los años se registran 220 nuevos casos de abusos.

Por culpa de su hipocresía, su doble vida y sus mentiras, la Iglesia francesa tiene hoy dificultades para convencer a una sociedad ampliamente descristianizada de la justeza de sus planteamientos morales. Sus seminarios se han vaciado, sus curas mueren sin ser reemplazados, sus parroquias se quedan sin gente, el número de bodas y bautizos católicos ha bajado en picado y el número de católicos «practicantes regulares» se ha vuelto marginal (entre un 2 y un 4 % de la población, frente al 25 % en 1960). Francia es hoy uno de los países menos creyentes del mundo.

El episcopado, dechado de opacidad, ha disimulado durante demasiado tiempo su sociología de predominio homosexual que está detrás de las movilizaciones eclesiásticas contra el matrimonio para todos. ¿Se ha convertido la «hija mayor de la Iglesia» en una de las capitales de Sodoma?

425

Desde enero de 2018 hay un nuevo arzobispo en París que aspira a fortalecer el catolicismo francés y poner orden en una máquina enferma. Se trata de monseñor Michel Aupetit, que durante muchos años fue médico y soltero. Ingresó en el seminario tardíamente, con 39 años. Ordenado sacerdote con 44, al principio su destino fue la iglesia de Saint Paul du Marais, la misma donde, en *Los miserables*, Marius se casa con Cosette.

—Es una elección muy juiciosa del papa Francisco —me confía, con tono untuoso, el cardenal francés Jean-Pierre Ricard durante una comida en Burdeos.

Una opinión positiva que muchos comparten.

—Antes de ordenarse Aupetit no se casó. No se le conoce ninguna mujer. Se diría que hizo voluntariamente voto de castidad heterosexual incluso antes de la obligación de castidad sacerdotal. Una vez ordenado, se dio el caso de que fue vicario de la parroquia de Sant Paul y capellán del Marais, el barrio gay de París —cuenta un cura de esa parroquia que le conoció bien.

Este cura, que también es practicante, añade sonriendo:

—Junto con la iglesia Sainte Eustache, donde oficiaba el padre Gérard Bénéteau, y la del obispo de Evreux, Jacques Gaillot, Saint-Paul-Saint-Louis-du-Marais es una de las parroquias más simbólicamente gais de Francia.

Un cura que trabajó mucho tiempo con Aupetit en la diócesis de Nanterre también me cuenta lo que sabe. Cuando habla conmigo también él asume sin rodeos su homosexualidad. En la docena de comidas o cenas que compartimos coquetea descaradamente con los camareros.

—Monseñor Aupetit es un obispo que le dedica tiempo a escuchar. A diferencia del cardenal Barbarin, por ejemplo, que nunca tenía tiempo para los curas de su diócesis, Aupetit nos conoce muy bien a todos. Es un hombre prudente y reflexivo. Desde luego no es ningún progresista: emplea a menudo los términos de la derecha dura y es muy contrario a la reproducción asistida y todo lo referente a la genética o la eutanasia. Pero es un hombre de diálogo. Puedes hablar con él hasta que se haga una opinión sobre un asunto; a partir de ahí se vuelve muy autoritario y muy clerical, un poco como los conversos.

Pese al aprecio que se ha ganado entre sus colaboradores y a su buena reputación, el nombramiento de Aupetit como arzobispo de París ha provocado fuertes rechazos en la Conferencia Episcopal Francesa. Le acusan de ser demasiado «de derechas», demasiado «rígido» o demasiado «afeminado». Varios prelados afines al arzobispo de Ruán, Dominique Lebrun, intentaron incluso torpedear su nombramiento y uno de los portavoces de la CEF me llegó a decir, poco antes de la designación, que «el papa Francisco nunca confirmará en París al obispo de Nanterre». La batalla en torno al nombramiento de Aupetit estuvo marcada por intrigas vertiginosas de iniciados, que enfrentaron a «varias facciones homófilas del episcopado», según dos fuentes internas.

En los próximos años se verá si el nuevo hombre fuerte de la Iglesia de Francia es capaz de enrumbar a los católicos franceses, profundamente divididos y duraderamente desorientados.

18

La CEI

*E*n esto el cardenal italiano Angelo Bagnasco se quita el anillo cardenalicio de su anular derecho y me lo da espontáneamente. Con una precisión de diamantista, este hombrecillo arrugado me tiende la sortija en la palma de su mano y yo la tomo con la mía. Admiro el gesto. La escena transcurre al final de nuestra conversación, cuando estábamos hablando del traje de los cardenales y el anillo cardenalicio. Para un obispo no es el «anillo del pescador», reservado al papa, sino la marca de su relación privilegiada con los fieles. Reemplaza a la alianza de las personas casadas, quizá signifique que se han casado con sus ovejas. En ese preciso momento, sin sus atributos y el símbolo de su cargo episcopal, ¿el cardenal se siente examinado, como desnudado?

A diferencia de su reloj lujoso y su cadena episcopal con cruz pectoral de metal precioso, que también es suntuosa, el anillo de Angelo Bagnasco es más sencillo de lo que me imaginaba. En el anular de muchos cardenales y arzobispos a los que visité, vi piedras tan preciosas, tan ostentosas con sus colores verde amatista, amarillo rubí y violeta esmeralda, que me pregunté si no serían simples cuarzos translúcidos pintados en Marraquech. He visto anillos que deformaban los dedos, a cardenales homófilos con un anillo granate que, según se dice, espanta a los demonios y, en las manos de cardenales enclosetados, sortijas con venturinas engastadas. ¡Y menudo engaste! Todos saben que el desliz sería ponerse el anillo en el pulgar. ¡O en el índice!

La verdad es que todos los alzacuellos y todos los *clergymen* se parecen. Y aunque Maria, una de las dependientas de De Ritis, prestigiosa tienda sacerdotal que está cerca del Panteón romano, ha tratado de explicarme la variedad de cortes y formas, para una mirada laica como la mía hay muy poca diferencia entre esos hábitos sofocantes. A falta de variedad en su ropa —no todos los cardenales tienen la audacia de Su Eminencia Raymond Burke—, los altos prelados compensan esa carencia con joyas. ¡Y qué joyas! ¡Una verdadera «lluvia de cientos de diamantes», como escribe el Poeta! Cuánta elegancia, cuánto estilo, cuánto gusto en la elección de las tallas, las combinaciones y los colores. Ese zafiro, ese diamante, ese rubí balaje, esas piedras son tan finas, están tan bien labradas, que se ajustan como un guante, piensa uno, a unos cardenales que también son preciosos. Y cuántos valores así reunidos, que convierten a esos hombres, culpables de tan dulces hurtos, en auténticas cajas fuertes. A veces he visto prelados *straight-laced* con unas cruces pectorales tan espectaculares, con sus diamantes engastados y sus animales bíblicos enroscados o enlazados, que parecen salidos de un dibujo de Tom of Finland. Y qué variedad también en los gemelos, a veces tan vistosos, que los prelados, sorprendidos de su propia audacia, casi no se atreven a llevar para no delatarse.

428

El anillo de Angelo Bagnasco, en cambio, es muy sencillo. Ni de un rectangular reluciente, ni de oro con diamante incluido, como uno de los que llevó el papa Benedicto XVI. Conociendo al hombre, esa sencillez no deja de asombrar.

—Los cardenales pasan mucho tiempo escogiendo su anillo. Muchas veces lo encargan a medida. Es una etapa importante y a veces una inversión económica nada desdeñable —me explica uno de los dependientes de Barbiconi, una famosa tienda de vestidos eclesiásticos, cruces pectorales y anillos, sita en la romana Vía Santa Caterina da Siena. Y añade, con espíritu comerciante—: No hace falta ser sacerdote para comprar un anillo.

El cardenal Jean-Louis Tauran, cuando lo visité, llevaba un reloj Cartier, una cruz ecuménica (regalo de su amigo íntimo, un sacerdote anglicano) y un sublime anillo singular, verde y oro, en el anular derecho.

—Este anillo que está mirando tiene mucho valor sentimental para mí —me dijo Tauran—. Lo mandé hacer con las alianzas de mi padre y mi madre fundidas juntas. Con ese material, el joyero formó mi anillo cardenalicio.

Como descubrí a lo largo de mi investigación, algunos prelados solo llevan un anillo. Con humildad, graban en el anverso la figura de Cristo, un santo o un apóstol, por ejemplo; a veces prefieren grabar un crucifijo o la cruz de su orden religiosa; en el reverso puede verse el escudo episcopal o, si es un cardenal, bajo su anagrama, el escudo del papa que le ha elevado a la púrpura. Otros cardenales tienen varios anillos, una verdadera panoplia, y los cambian para la ocasión como cambian de sotana.

Esta excentricidad es comprensible. Los obispos que llevan hermosas perlas me recuerdan a esas mujeres tapadas que vi en Irán, Catar, los Emiratos Árabes Unidos o Arabia Saudí. El rigor del islam, que no solo se extiende al cabello, al grosor y la anchura del hiyab, sino también a la longitud de las mangas de la camisa o de los vestidos, relega la elegancia femenina al pañuelo, que con sus colores llamativos, sus formas provocativas y sus caros tejidos de cachemira, seda pura o angora, son su consecuencia paradójica. Lo mismo sucede con los obispos católicos. Obligados por su panoplia de Playmobil, alzacuellos y zapatos negros, dan rienda suelta a su imaginación más loca exhibiendo sortijas, relojes y gemelos.

De tiros largos y repeinado, el cardenal Bagnasco me recibe en una residencia privada de la Vía Pio VIII, un callejón sin salida que está detrás del Vaticano, aunque se tarda en llegar veinte minutos a pie desde la plaza de San Pedro. Hay que dar un largo rodeo a pleno sol por una calle en cuesta, lo que retrasa mi llegada; además el cardenal ha fijado la hora de nuestra entrevista de manera imperiosa, como suelen hacer los prelados, que no conciertan citas sino que imponen su horario, sin posibilidad de discutir. ¡Hasta los ministros italianos son más acomodaticios y hospitalarios! Por todos estos motivos, llego un poco tarde a la convocatoria y un poco sudoroso también. El cardenal me invita a usar el cuarto de baño. Es en ese momento cuando me envuelve una nube de olores.

Refinado y coqueto, bien untado de pomadas; ya me habían hablado de los perfumes del cardenal Bagnasco, de bosque, de ámbar, de ciprés o de hespéride, y ahora entiendo por qué. ¿Es Égoïste de Chanel, La Nuit de L'homme de Yves Saint Laurent o Vétiver de Guerlain? Sea cual sea, al cardenal rebosante de colonia le gusta acicalarse. Rabelais se burlaba de la flatulencia de los cardenales italianos; ¡nunca imaginó que llegaría un día en que se burlarían de ellos porque huelen a *cocotte*!

En el fondo, los perfumes desempeñan más o menos la misma función que las sortijas. Permiten la singularidad cuando el *clergyman* impone la uniformidad. El ámbar, la violeta, el almizcle, la champaca, ¡qué de olores he descubierto en el Vaticano! ¡Qué de aceites! ¡Qué de fragancias! ¡Qué «desbandada de perfumes»! Pero ¿untarse con *Opium* no es ya hacer la apología discreta de una adicción?

Durante mucho tiempo Angelo Bagnasco fue el dignatario más poderoso y más alto de la Iglesia italiana. Más que cualquier otro obispo de su país, fue el gran visir del «catolicismo espagueti» (como se podría llamar al catolicismo italiano para distinguirlo del catolicismo de la santa sede). Hizo y deshizo carreras y contribuyó a crear cardenales.

En 2003 le nombraron arzobispo castrense, un cargo que, según decía, le excitaba «con trepidación» porque se trataba de una «diócesis muy grande» que consistía en evangelizar a «los soldados de toda Italia y más allá, de las misiones militares en el extranjero». Fue elegido arzobispo de Génova en 2006 en sustitución de Tarcisio Bertone cuando este pasó a ser secretario de Estado de Benedicto XVI; más tarde, el papa, con quien se dice que tenía afinidad, le creó cardenal. Lo más importante es que durante diez años, entre 2007 y 2017, presidió la Conferencia Episcopal Italiana, la famosa CEI, hasta que el papa Francisco le apartó.

Que un periodista y escritor francés le vaya a ver después de esa jubilación forzosa, a él, al proscrito, al desterrado, le enternece. No habla francés, ni inglés, ni español, ni ninguna lengua extranjera, a diferencia de la mayoría de los cardenales, pero pone buena voluntad para explicarse, traducido por Daniele, mi investigador italiano.

El cardenal Bagnasco es un hombre apresurado, de los que echan los terrones de azúcar en el café sin molestarse en quitar el papel para ganar tiempo. Los que le conocen, pero no le quieren, me lo han descrito como un hombre irascible y vengativo, ladino, «pasivo autoritario», según un sacerdote que le conoció bien en la CEI, donde alternaba la zanahoria y el palo para imponer sus criterios. Pero con nosotros se muestra cortés y paciente. Solo que Bagnasco no para de tamborilear con el pie, cada vez más deprisa. ¿Por tedio o porque querría hablar mal del papa pero se contiene?

Desde su caída, Bagnasco anda en busca de su nuevo paraíso. El que fuera un aliado cínico de Benedicto XVI y del cardenal Bertone hoy les reprocha que, con Francisco, hayan precipitado a la Iglesia en la aventura y lo desconocido. No es un cumplido ni para este ni para aquellos.

Por descontado, delante de nosotros el cardenal anillado y abotonado no critica a sus correligionarios, y menos aún al papa. Pero las expresiones de su cara delatan su pensamiento. Por ejemplo, cuando pronuncio el nombre de cardenal Walter Kasper y sus ideas geopolíticas, Bagnasco me corta, con una horrible cara de desprecio. El nombre del más progresista de sus adversarios provoca en su rostro un gesto tan explícito que, darwiniano a pesar suyo, Bagnasco es una prueba viviente de que el hombre desciende del mono.

—Ese no tiene ni idea de diplomacia —se limita a decir, secamente, Bagnasco.

Y cuando empezamos a hablar de las tensiones dentro de la Conferencia Episcopal Italiana, del intento del cardenal Bertone de recuperar el control de la CEI, Bagnasco se vuelve hacia Daniele y le dice en italiano, refiriéndose a mí, con ademán inquieto e interrogativo:

—*Il ragazzo è ben informato!* —(«El chico está bien informado».)

Entonces Bagnasco me dirige una mirada significativa. Una de esas miradas extrañas, decisivas, súbitamente distintas. Es uno de esos momentos en que los ojos de un cardenal se cruzan con los míos, como me ha sucedido varias veces. Me miran fijamente, me escrutan, me penetran. Dura solo un instante, un segundo, pero algo ha pasado. El cardenal Bagnasco se pregunta, me mira, titubea.

El cardenal baja la mirada y concreta su pensamiento:

—En efecto, el cardenal Bertone quiso ocuparse de las relacio-

431

nes entre la Iglesia y el gobierno italiano. Pero yo seguí con lo mío. El gobierno italiano es tarea del CEI, no del Vaticano.

(El cardenal Giuseppe Betori, antiguo secretario general de la CEI, lo confirma cuando hablo con él en Florencia.)

Y después de una pausa, el cardenal, que soñó con ser *papabile* pero tuvo que poner coto a sus ambiciones, refiriéndose indirectamente a Bertone, añade:

—Cuando estás en la curia, cuando estás en el Vaticano, ya no estás en la CEI. Y cuando has estado en la curia y se ha acabado tu misión, tampoco vuelves a la CEI. Se acabó y ya está.

Ahora le hablo de las uniones civiles homosexuales a sabiendas de que el cardenal Bagnasco fue su principal oponente en Italia. Y en un arranque de audacia trato de saber si la posición de la Iglesia ha evolucionado con el papa Francisco.

—Nuestra posición sobre las uniones civiles era la misma hoy que hace diez años —zanja el cardenal.

Y es entonces cuando Bagnasco trata de convencerme de la justeza de su posición. Comienza una larga disertación para justificar la discriminación homosexual alentada por la Iglesia italiana, como si la CEI fuese independiente del Vaticano. Como teólogo puede pasar, pero como filósofo deja mucho que desear: para respaldar su tesis me cita (bien) los Evangelios y el Catecismo católico, y se basa en el pensamiento de los filósofos Habermas y John Rawls (a quien parafrasea descaradamente). Como me pasa con la mayoría de los cardenales —Kasper era una excepción—, me llama la atención la mediocridad filosófica de su pensamiento, pues instrumentaliza a los autores, hace una lectura escorada de los textos y, por razones ideológicas, solo entresaca algunos argumentos de un razonamiento complejo y anacrónico. ¡A este paso solo falta que Bagnasco me cite *El origen de las especies*, un libro que he visto en la biblioteca de su sala de espera, para justificar la prohibición del matrimonio gay en nombre de la evolución de las especies!

Un poco sinuoso y ladino yo también, cambio de tema para preguntarle al cardenal Bagnasco sobre los nombramientos de Francisco y sobre su situación personal. ¿Qué piensa de que, para ser creado cardenal, con Benedicto XVI hubiera que ser antigay y con Francisco *gay-friendly*?

432

El tesorero mayor de las manifestaciones antigáis en Italia me mira y sonríe de dientes para afuera. Con el pelo bien peinado, la cadena al cuello, el alzacuellos bien abotonado, perfumado y acicalado, Bagnasco parece perturbado por mi pregunta, pero no se delata. Su lenguaje corporal habla por él. Nos despedimos como buenos amigos, con la promesa de volver a vernos. Hombre siempre con prisas, apunta nuestros *e-mails* y, dos veces, el móvil de Daniele.

La Conferencia Episcopal Italiana (CEI) es un imperio dentro del imperio. Durante mucho tiempo fue incluso el Reino.

Desde la elección del polaco Wojtyla, confirmada por las del alemán Ratzinger y el argentino Bergoglio, al quedarse los italianos sin papas, la CEI pasó a ser la antecámara del poder de una teocracia de otro tiempo como es el Vaticano. Cuestión de geopolítica y de equilibrio mundial.

A no ser que se apartara del poder a los cardenales de la CEI por haberlo ejercido de un modo demasiado imprudente con Angelo Sodano y Tarcisio Bertone. O que les estén haciendo pagar hoy sus camarillas y sus arreglos de cuentas asesinos que pervirtieron el catolicismo italiano y quizá le costaron la vida a Juan Pablo I y la corona a Benedicto XVI.

El caso es que la CEI ya no produce papas, y cardenales cada vez menos. Puede que esto cambie algún día, pero de momento el episcopado italiano se repliega en la península. Pese a todo, esos cardenales y obispos se consuelan con el ingente trabajo que queda por hacer a domicilio. Hay mucha tarea. Para empezar, la lucha contra el matrimonio gay.

Desde que Bagnasco fuera elegido presidente de la CEI, poco después de la elección de Benedicto XVI, las uniones civiles han pasado a ser una de las principales inquietudes del episcopado italiano. Lo mismo que Rouco en España o Barbarin en Francia, Bagnasco opta por dar la batalla: quiere echarse a la calle y convocar a las masas. Es más pérfido que el primero y más rígido que el segundo, pero llevó bien el timón.

No cabe duda de que la CEI, con sus propiedades inmobiliarias,

433

sus medios de comunicación, su *soft power*, su influencia moral y sus miles de obispos y curas instalados hasta en el pueblo más pequeño, tiene en Italia un poder exorbitante. También tiene un peso político decisivo, lo que a menudo va acompañado de abusos y tráficos de influencia.

—La CEI siempre ha intervenido en la política italiana. Es rica, es poderosa. En Italia el cura y el político caminan juntos, ¡se han quedado en *Don Camillo*! —ironiza Pierre Morel, exembajador de Francia en la santa sede.

Todas las personas con quienes hablé en el episcopado, en el Parlamento italiano o en el despacho del presidente del gobierno confirman esta influencia decisiva en la vida pública italiana. Ocurrió sobre todo cuando, con Juan Pablo II, el cardenal Camillo Ruini, predecesor de Bagnasco, presidía la Conferencia Episcopal. Fue la edad de oro de la CEI.

—El cardenal Ruini era la voz italiana de Juan Pablo II y tenía al parlamento italiano en un puño. Eran los grandes años de la CEI. Con Bagnasco y Benedicto XVI ese poder se redujo. Con Francisco se ha desbaratado por completo —me resume un prelado que vive dentro del Vaticano y conoce personalmente a los dos expresidentes de la CEI.

El arzobispo Rino Fisichella, que también tuvo un cargo en la CEI, me confirma esta opinión durante dos entrevistas:

—El cardenal Ruini era un pastor. Tenía una inteligencia profunda y una visión política clara. Juan Pablo II confiaba en él. Ruini era el principal colaborador de Juan Pablo II para los asuntos italianos.

Un diplomático destinado en Roma, fino conocedor de la máquina vaticana, confirma a su vez:

—Desde el principio del pontificado el cardenal Ruini le dijo a Juan Pablo II, en resumidas cuentas: «Voy a descargarle de los asuntos italianos, pero los quiero por completo, íntegramente». Cuando le dieron lo que quería hizo su trabajo. Lo hizo muy bien.

Desde el comedor del cardenal Camillo Ruini la vista de los jardines del Vaticano es tan espectacular como estratégica. Estamos en el último piso del Pontificio Seminario Romano Minore, un ático lujoso situado en el límite del Vaticano.

—Es un lugar fabuloso para mí. Se ve el Vaticano desde arriba, pero no se está dentro. Estamos pegados, al lado, pero fuera —bromea, con semblante serio, Ruini.

Para reunirme con este cardenal de 88 años tuve que mandar muchas cartas y hacer muchas llamadas telefónicas, en vano. Un poco desconcertado por la falta repetida de respuesta, nada corriente en la Iglesia, acabé dejándole al portero de la residencia el libro blanco como un regalo para el cardenal retirado, con una nota. Entonces su asistente me concertó una cita, precisando que «Su Eminencia ha aceptado recibirle por la belleza de su letra escrita con pluma azul». ¡De modo que el cardenal era un esteta!

—He estado veintiún años al frente de la CEI. Gracias a mi labor y a las circunstancias favorables pude convertir la CEI en una organización importante. Juan Pablo II se fiaba de mí. Siempre lo hizo. Fue para mí un padre, un abuelo. Fue un ejemplo de fuerza, sabiduría y amor a Dios —me dice Ruini en un francés más que correcto.

Al viejo cardenal se le ve muy contento de conversar con un escritor francés y se toma su tiempo (cuando me marcho, al final de nuestra entrevista, me escribe su número de teléfono privado en un papelito y me anima a volver a verle).

Mientras tanto Ruini me cuenta su historia; cómo se convirtió en un joven teólogo, su pasión por Jacques Maritain y los pensadores franceses, la importancia de Juan Pablo II, cuya muerte fue el primero en anunciar, como corresponde al cardenal vicario de Roma, con una «declaración especial» antes de que el sustituto Leonardo Sandri hiciera el anuncio oficial en San Pedro; la historia de la CEI y de su «proyecto cultural», pero también el abandono de la religión y la secularización que tanto han debilitado la influencia de la Iglesia italiana. Sin acritud, pero con cierta melancolía, habla del glorioso pasado y la decadencia actual del catolicismo. «Los tiempos han cambiado mucho», añade, no sin tristeza.

Le pregunto al cardenal por los motivos de la influencia de la CEI y sobre el papel que tuvo en ella:

—Creo que mi capacidad fue el arte de gobernar. Siempre era capaz de tomar decisiones, de marcar una dirección y avanzar. Esa fue mi fuerza.

Se ha hablado a menudo del dinero de la CEI, la clave de su influencia.

—La CEI es el dinero —me confirma un alto dignatario del Vaticano. Ruini lo reconoce sin titubear:

—El concordato entre el Estado italiano y la Iglesia dio mucho dinero a la CEI.

También hablamos de política y el cardenal insiste en sus lazos con la democracia cristiana, lo mismo que con Romano Prodi y Silvio Berlusconi. Durante varias décadas ha conocido a todos los presidentes del gobierno de la república.

—Hay una auténtica compenetración entre la Iglesia italiana y la política del país, ese es el problema, es lo que lo ha pervertido todo —me explica, por su parte, uno de los sacerdotes italianos que ha estado en la CEI, Menalcas (se ha cambiado su nombre).

Mi conversación con Menalcas fue una de las más interesantes de este libro. Este sacerdote estuvo en el centro de la máquina CEI durante los años en que el cardenal Camillo Ruini, y luego el cardenal Angelo Bagnasco, eran los presidentes. Estuvo en primera fila. Hoy Menalcas es un cura amargado, cuando no anticlerical, una figura compleja e inesperada como las que segrega el Vaticano con una regularidad desconcertante. Decidió hablar conmigo y describirme minuciosamente desde dentro, y de primera mano, el funcionamiento de la CEI. ¿Por qué habla? Por varios motivos, como algunos de los que se expresan en este libro: primero a causa de su homosexualidad, ya asumida, posterior a su salida del armario, que le hace considerar intolerable «la homofobia de la CEI»; luego para denunciar la hipocresía de muchos prelados y cardenales de la CEI a los que conoce mejor que nadie, antigáis en público y homosexuales en privado. Muchos ligaron con él, y conoce los códigos y las reglas opacas del derecho de pernada dentro de la CEI. Menalcas también habla por primera vez porque ha perdido la fe, y al haber pagado un alto precio por su infidelidad

—desempleo, pérdida de amigos, que le han dado la espalda, aislamiento— se ha sentido traicionado. Hablé con él durante unas diez horas, en tres ocasiones, con varios meses de intervalo, lejos de Roma, y sentí afecto por este cura dolorido. Fue el primero en revelarme un secreto que nunca habría imaginado. Este es el secreto: la Conferencia Episcopal Italiana, según él, es una organización de predominio gay.

—Como muchos curas italianos, como la mayoría de ellos, entré en el seminario porque tenía un problema con mi sexualidad —me cuenta Menalcas en una de nuestras comidas—. No sabía lo que me pasaba y tardé mucho en entenderlo. Era, sin duda, una homosexualidad reprimida, un rechazo interno tan fuerte que no solo era impronunciable, sino también incomprensible, incluso para mí. Y como la mayoría de los curas, no tener que ligar con chicas, no tener que casarme, fue para mí un verdadero alivio. La homosexualidad fue uno de los motores de mi vocación. El sacerdocio célibe es un problema para un cura heterosexual, pero un chollo para el joven gay que era yo. Era la liberación.

El sacerdote casi nunca ha contado esta parte de su vida, su parte de sombra, y me dice que este diálogo es como un bálsamo para él.

—Fue cerca de un año después de ordenarme sacerdote cuando el problema se presentó realmente. Yo tenía 25 años. Traté de olvidarlo. Me decía que no era afeminado, que no era como ellos, que no podía ser homosexual. Y luché.

La lucha era demasiado desigual. Dolorosa, injusta, tormentosa. Habría podido llevarle al suicidio, pero se cristalizó en el odio a sí mismo, matriz clásica de la homofobia interiorizada del clero católico.

Al joven cura se le presentan dos soluciones, como a la mayoría de sus correligionarios: asumir su homosexualidad y salirse de la Iglesia (pero solo tenía títulos de teología y ninguna experiencia en el mercado de trabajo) o empezar una doble vida secreta. La puerta o el armario, en suma.

En Italia la rigidez del catecismo sobre el celibato y la castidad heterosexual siempre tuvieron por corolario una gran tolerancia hacia la «inclinación». Todos los testigos con quienes hablé confirman que durante mucho tiempo la homosexualidad fue un

437

auténtico rito de paso en los seminarios italianos, en las iglesias y en la CEI, siempre que fuera discreta y permaneciera relegada a la esfera privada. El acto sexual con una persona del mismo sexo no hipoteca la regla sacrosanta del celibato heterosexual, al menos el espíritu, cuando no la letra. Y mucho antes de que Bill Clinton inventara la fórmula, la regla del catolicismo italiano sobre la homosexualidad, la matriz de Sodoma, fue: *«Don't Ask, Don't Tell».*

Siguiendo un itinerario clásico, que concierne a la mayoría de los dirigentes de la CEI, Menalcas fue cura y gay. Un híbrido.

—La gran fuerza de la Iglesia es que se ocupa de todo. Uno se siente seguro y protegido, es difícil marcharse. De modo que me quedé. Empecé a llevar una doble vida. Opté por ligar en el exterior y no dentro de la Iglesia para evitar los rumores. Fue una decisión precoz; otros, en cambio, prefieren la opción contraria y solo ligan dentro de la Iglesia. Mi vida de cura gay no fue sencilla. Era una batalla contra mí mismo. Hoy, cuando miro hacia atrás y me veo en esa pelea, aislado, solo, me veo desesperado. Lloraba delante de mi obispo, que me hacía creer que no entendía por qué. Tenía miedo. Estaba aterrorizado. Estaba en una trampa.

Fue entonces cuando el cura descubrió el secreto principal de la Iglesia italiana: la homosexualidad es tan general, tan omnipresente, que la mayoría de las carreras dependen de ella. Si se escoge bien al obispo, si se sigue la senda adecuada, si se hacen buenas amistades, si se juega al «juego del armario», se suben rápidamente los escalones jerárquicos.

Menalcas me dice el nombre de los obispos que le «ayudaron», de los cardenales que le cortejaron descaradamente. Hablamos de las elecciones de la CEI, «una batalla mundana», me dice; del poder de los imperios que crearon a su alrededor los cardenales Camillo Ruini y Angelo Bagnasco; de la actuación solapada de los secretarios de Estado Angelo Sodano y Tarcisio Bertone en el Vaticano; de la actuación igual de extravagante del nuncio apostólico encargado de Italia, Paolo Romeo, un íntimo de Sodano, futuro arzobispo de Palermo y cardenal creado por Benedicto XVI. Hablamos también de los nombramientos de los cardenales Crescenzio Sepe en Nápoles, Agostino Vallini en Roma y Giuseppe Betori en Florencia, que obedecen a las lógicas clánicas de la CEI.

Por otro lado, Menalcas me explica los nombramientos «negativos» del papa Francisco, esos obispos influyentes que no han llegado a cardenales, unos «no nombramientos» que para él son tan reveladores. Así, por castigos o penitencias, varias grandes figuras de la CEI siguen esperando la púrpura: ni el obispo de Venecia, Francesco Moraglia, ni el obispo Cesare Nosiglia en Turín, ni el obispo Rino Fisichella han sido creados cardenales. En cambio, Corrado Lorefice y Matteo Zuppi (conocido con el nombre cariñoso de «Don Matteo» en la comunidad de Sant'Egidio de la que procede) fueron nombrados respectivamente arzobispo de Palermo y de Bolonia, y parece que encarnan la línea de Francisco, cercanos a los pobres, los excluidos, los prostituidos y los migrantes.

—¡Aquí me llaman «Eminencia» aunque no soy cardenal! Es por costumbre, porque todos los arzobispos de Bolonia han sido siempre cardenales —me dice Matteo Zuppi, divertido, cuando me recibe en su despacho de Bolonia.

Gay-friendly, relajado, expresivo, locuaz, abraza a sus visitantes, habla sin rodeos y acepta dialogar regularmente con las asociaciones LGBT. Sincero o estratega, en todo caso es lo contrario que su predecesor, el hipócrita cardenal Carlo Caffarra, maníaco del control, homófobo furibundo y, por supuesto, *closeted*.

Menalcas es tranquilo y preciso. Me habla de la postura antigay del cardenal italiano Salvatore De Giorgi, al que conoce bien; de las interioridades secretas del movimiento Comunión y liberación y del célebre *Progetto Culturale della CEI*. En nuestra conversación sale a relucir un escándalo, el caso Boffo, del que hablaré más adelante. Cada vez, Menalcas, que lo ha vivido todo desde dentro, que ha participado en las reuniones decisivas e incluso en los encubrimientos, me explica estos sucesos con lujo de detalles, revelándome los motivos ocultos.

La salida de Menalcas de la CEI se llevó a cabo sin escándalo ni *coming out*. El sacerdote sintió la necesidad de apartarse y recuperar su libertad.

—Un día me fui. Eso es todo. Mis amigos me querían mucho cuando era cura, pero cuando dejé de serlo se olvidaron de mí. No han vuelto a llamarme. No he recibido ni una sola llamada.

En realidad los dirigentes de la CEI hicieron todo lo posible

439

para que el sacerdote Menalcas permaneciera dentro del sistema. Dejar que se marchara, con todo lo que sabía, era demasiado arriesgado. Le hicieron proposiciones que no se rechazan, pero él se mantuvo en sus trece.

La salida de la Iglesia es un camino de sentido único. Cuando se hace esa elección, se queman las naves. Toda salida es definitiva. Para el antiguo abad Menalcas el precio fue exorbitante.

—Ya no tenía amigos ni dinero. Todos me abandonaron. ¿Es esa la enseñanza de la Iglesia? Me da pena por ellos. Si pudiera volver atrás, está claro que no sería cura.

—¿Por qué se quedan ellos?

—¿Por qué se quedan? Porque tienen miedo. Porque no tienen adónde ir. Cuanto más tiempo pasa, más difícil es irse. Siento pena por los amigos que se han quedado.

—¿Sigues siendo católico?

—Por favor, no me hagas esa pregunta. El modo en que me ha tratado la Iglesia, el modo en que me han tratado esas personas, eso no se puede llamar «católico». ¡Me siento tan feliz por haberme marchado y estar *out*! *Out* de la Iglesia y también públicamente gay. Ahora respiro. Es una pelea diaria para ganarme la vida, para vivir, para reconstruirme, pero soy libre. SOY LIBRE.

440

La CEI, organización con predominio gay por su sociología, es ante todo una estructura de poder. Cultiva con paroxismo las relaciones de fuerza. En ella la cuestión homosexual es central, porque está presente en las tramas que se enfrentan, en las carreras que se hacen y deshacen, y porque puede servir de arma de presión, pero la clave de su funcionamiento estructural es ante todo el poder.

—Soy un gran admirador de Pasolini, como todos los curas. Y diría que en algunos aspectos la CEI es parecida a *Salò o las 120 jornadas de Sodoma*, su película de Pasolini inspirada en el marqués de Sade, en términos de la instrumentalización del poder. Cuanto más se asciende en la jerarquía, más te conmocionan los abusos de un poder que no tiene límites —me explica Menalcas.

A excepción del breve intento del cardenal Bertone, secretario de Estado de Benedicto XVI, para recuperar el control a finales de los años dos mil, la CEI siempre ha sido celosa de su autonomía. Pretende gestionarse a sí misma sin la intervención del Vaticano y se encarga directamente de las relaciones entre la Iglesia católica y la clase política italiana. De esta «compenetración», por usar el término del antiguo abad Menalcas, han nacido «acuerdos» de gobierno casi cocinados, muchos compromisos, fuertes tensiones y multitud de escándalos.

—Siempre fuimos muy autónomos. El cardenal Bertone trató de recuperar la CEI pero fue un desastre. El conflicto entre Bertone y Bagnasco fue lamentable. Causó daños muy graves. Pero Bagnasco resistió bien —me explica el cardenal Camillo Ruini (quien no menciona en nuestra conversación el hecho de que el desastre en cuestión fue el caso Boffo, otro que gira alrededor de la cuestión gay).

Durante mucho tiempo la CEI fue afín a la Democracia Cristiana, el partido político italiano de centro derecha fundado alrededor de una suerte de cristianismo social con un fuerte espíritu anticomunista. Pero su oportunismo la ha mantenido siempre próxima al poder de turno. Cuando Silvio Berlusconi presidió el gobierno italiano por primera vez en 1994, un sector importante de la CEI se dedicó a flirtear con su partido Forza Italia y a escorarse más a la derecha.

Oficialmente, por supuesto, la CEI no se rebaja a hacer política «politiquera» y se mantiene al margen de las disputas, pero como confirman las más de sesenta entrevistas que hice en Roma y en unas quince ciudades italianas, el noviazgo de la CEI con Berlusconi era un secreto a voces. Esta relación contra natura, que duró por lo menos de 1994 a 2011, con Juan Pablo II y Benedicto XVI, durante los tres periodos en que Berlusconi gobernó Italia, estuvo jalonada de discusiones, entre otras cosas sobre los nombramientos de cardenales.

En aquella época el cardenal arzobispo de Florencia, Giuseppe Betori, que me recibe en su inmenso palacio de la Piazza del Duomo, fue estrecho colaborador del cardenal Ruini, como secretario general de la CEI. Durante la conversación, registrada con su aprobación y en presencia de mi investigador Daniele, el amable

441

cardenal de cara de manzana, me cuenta detalladamente la historia de la CEI.

—Puede decirse que la CEI se creó con Pablo VI. Antes no existía. La primera reunión informal se celebró justamente aquí, en Florencia, en 1952, en este mismo despacho, donde se habían reunido los cardenales italianos que estaban al frente de una diócesis. Todavía era muy modesta.

Betori hace hincapié en el carácter «maritainiano» de la CEI (por el nombre del filósofo francés Jacques Maritain), lo que podría interpretarse como una opción democrática de la Iglesia y un deseo de romper con el fascismo de Mussolini y con el antisemitismo. También pudo ser un deseo de organizar la separación de la esfera política y la religiosa, una especie de laicidad a la italiana (algo que, dicha sea la verdad, nunca fue la idea de la CEI). Por último, se puede hacer otra lectura, la de una masonería católica, con sus códigos y sus cooptaciones.

—Desde sus comienzos la CEI consideró que todo lo concerniente a Italia y las relaciones con el gobierno italiano debía pasar por ella y no por el Vaticano —añade el cardenal.

Como secretario general de la CEI, Betori pudo sopesar el poder del catolicismo italiano. El cardenal fue uno de los principales impulsores de las manifestaciones de 2007 contra las uniones civiles e incitó a los obispos a echarse a la calle.

En aquella ocasión había dos estructuras que fueron esenciales para preparar la movilización antigay. La primera era intelectual, la segunda más política. El presidente de la CEI, Camillo Ruini, afín, como hemos visto, a Juan Pablo II y al cardenal Sodano, previó la batalla futura sobre las cuestiones de moral sexual. Con gran olfato político, Ruini ideó el famoso Progetto Culturale della Cei (su proyecto cultural). Este laboratorio ideológico definió la línea de la CEI sobre la familia, el sida y, poco después, las uniones homosexuales. Para prepararlo hubo reuniones confidenciales en torno al cardenal Ruini, su secretario general Giuseppe Betori, su *ghostwriter* Dino Boffo y un responsable laico, un tal Vittorio Sozzi.

—Éramos un grupo de obispos y sacerdotes con laicos, literatos, científicos y filósofos. Quisimos replantearnos juntos la presencia del catolicismo en la cultura italiana. Mi idea era reconquistar a las élites, volver a ganarnos al mundo de la cultura —me explica Camillo Ruini. Y añade—: Lo habíamos hecho ya con los obispos [Giuseppe] Betori, Fisichella y Scola, y también con el periodista Boffo.

(Mantuve contactos con Boffo en Facebook y con Sozzi por teléfono, pero rechazaron las entrevistas formales, a diferencia de monseñor Betori, Fisichella y, por tanto, Ruini. Por otro lado, el entorno de Mauro Parmeggiani, antiguo secretario particular del cardenal Ruini, hoy obispo de Tívoli, fue decisivo para este relato sobre la CEI.)

—Fue allí, en ese curioso cenáculo, donde se ideó la estrategia de la CEI contra el matrimonio gay. Su paternidad corresponde a Ruini, influido por Boffo, con una lógica profundamente gramsciana: reconquistar a las masas católicas para la cultura —me dice una fuente que asistió a varias de esas reuniones.

La matriz de esa auténtica «guerra cultural» recuerda a la que creó la «nueva derecha» estadounidense en los años ochenta, a la que se añade, pues, la dimensión del gramscismo político. Según Ruini, la Iglesia, para asegurar su influencia, debía recrear una «hegemonía cultural» apoyándose en la sociedad civil, sus intelectuales y sus intermediarios culturales. Este «gramscismo para zoquetes» puede resumirse en una frase: la batalla política se ganará con la batalla de ideas. Extraña apropiación, por cierto. Que el ala conservadora de la Iglesia italiana reivindicara a un pensador marxista para hacer semejante caricatura resultaba, de entrada, un tanto sospechoso. (Durante dos entrevistas el arzobispo Rino Fisichella, figura central de la CEI, me confirma el carácter neogramsciano del «proyecto cultural», pero considera que no hay que sobrevalorarlo.)

El cardenal Ruini, flanqueado por Betori, Boffo, Parmeggiani y Sozzi, pensó con buena dosis de cinismo e hipocresía que mediante la batalla de ideas se podía devolver la fe a los italianos. La sinceridad es otra historia.

—El Progetto Culturale della CEI no era un proyecto cultural, pese a lo que daba a entender su nombre, sino un proyecto ideológico. Era la idea de Ruini y terminó con él, cuando se fue, sin dar

443

ningún resultado —me dice el padre Pasquale Iacobone, un sacerdote italiano que hoy es uno de los responsables del «ministerio de
Cultura» de la santa sede.

Poco cultural, pues, e incluso poco intelectual, a juzgar por el
testimonio de Menalcas:

—¿Cultural? ¿Intelectual? Eso era sobre todo ideológico y un
asunto de cargos. El presidente de la CEI, primero Ruini, que estuvo tres mandatos, y luego Bagnasco, que estuvo dos, decidían
quiénes eran los curas que debían ascender a obispos y qué obispos
debían ser creados cardenales. Le pasaban su lista al secretario de
Estado del Vaticano, la discutían con él, y ya está.

La segunda fuerza que tuvo un papel en esta movilización antigay fue el movimiento Comunión y liberación. A diferencia de
la CEI o de su *progetto culturale*, que eran estructuras elitistas y
religiosas, CL, como se la conoce, es una organización laica con
varias decenas de miles de miembros. Fundado en Italia en 1954,
este movimiento conservador tiene hoy ramificaciones en España, Latinoamérica y muchos países. Durante los años setenta y
ochenta CL se acercó a la Democracia Cristiana de Giulio An-
dreotti, y luego, por puro anticomunismo, llegó a aliarse con el
Partido Socialista Italiano. En los años noventa, tras el declive de
la Democracia Cristiana y los socialistas, los dirigentes del movimiento pactaron con la derecha de Silvio Berlusconi. Decisión
oportunista que le saldría cara a Comunión y liberación y provocó
el inicio de su decadencia. Al mismo tiempo, CL se acercó a la pa-
tronal italiana y a los sectores más conservadores de la sociedad,
alejándose de su base y sus ideales originarios. El artífice de este
endurecimiento fue Angelo Scola, futuro cardenal de Milán, que
también fue uno de los organizadores de la batalla contra las uniones civiles en 2007.

Cuando la izquierda formó gobierno, su nuevo jefe Romano
Prodi anunció su intención de crear un estatuto legal para las parejas del mismo sexo, una suerte de unión civil. Para italianizarla
y no copiar el nombre estadounidense *civil union* ni el francés
pacte civil de solidarité, el proyecto adoptó un extraño nombre:
DICO («*DIritti e doveri delle persone stabilmente COnviventi*»),
(Derechos y deberes de las personas establemente convivientes»).

A raíz del anuncio oficial de Romano Prodi y la aprobación por el gobierno italiano del proyecto de ley en 2007, la CEI y Comunión y liberación se pusieron en pie de guerra. El cardenal Ruini (aunque era amigo de Prodi), seguido de su sucesor Bagnasco, pusieron en danza a la Iglesia italiana. El cardenal Scola, aliado cínico de Berlusconi, hizo otro tanto. Berlusconi, sin ser tan voluble como ellos, compartía la homofobia de los cardenales italianos. ¿Acaso no había declarado que «es mejor apasionarse por las bellas mujeres que ser gay»? Era un buen presagio. Y un aliado fiable.

—Prodi era amigo mío, es verdad. Pero ¡no sobre las uniones civiles! Paramos la ley. ¡Derribé su gobierno! ¡Derribé a Prodi! Las uniones civiles: ese fue mi campo de batalla —me cuenta con entusiasmo el cardenal Camillo Ruini.

Al gobierno de Prodi le cayó encima inmediatamente una multitud de textos, notas pastorales y entrevistas de prelados. Se crearon asociaciones católicas, algunas artificiales, y los grupos partidarios de Berlusconi se agitaron. La Iglesia, en realidad, no necesitaba que la empujaran, se movilizó sin ayuda, en conciencia, pero también por motivos internos.

—Los obispos y los cardenales más activos contra la DICO eran los prelados homosexuales, que con ese alboroto esperaban demostrar que no eran sospechosos. Era un gran clásico —comenta otro sacerdote de la CEI con quien hablé en Roma.

Esta explicación, evidentemente, es parcial. Una serie de circunstancias desafortunadas explica la movilización sin precedentes de los obispos y sus excesos. En efecto, justo cuando empezaron las discusiones sobre el proyecto de ley DICO estaba en curso el proceso de nombramiento del nuevo presidente de la CEI. Hubo una competición feroz entre varios candidatos potenciales, Ruini, el saliente, y dos arzobispos, Carlo Caffarra de Bolonia y Angelo Bagnasco de Génova, que se disputaban el puesto.

A esto hay que añadir otra incongruencia italiana. A diferencia de lo que ocurre en otras conferencias episcopales, tradicionalmente es el papa quien nombra al presidente de la CEI a partir de una lista de nombres propuestos por los obispos italianos. Juan Pablo II había nombrado a Ruini, pero en 2007 Benedicto XVI era quien tenía que abrir el melón sucesorio. Esto explica, en parte, la

445

increíble escalada homófoba que se abatió sobre el proyecto de ley de Prodi.

El cardenal Ruini escribió en esta época un texto tan furibundo contra las parejas gais que el Vaticano le pidió que moderase el tono (según dos fuentes internas de la CEI). El muy *closeted* Caffarra, por su parte, despotricó en los medios contra los gais y denunció la existencia de un *lobby* suyo en el parlamento, pues era «imposible considerar católico [a un diputado] si acepta el matrimonio homosexual» (Caffarra bajó el tono de la noche a la mañana cuando fue definitivamente descartado para ocupar la presidencia de la CEI). En cuanto a Bagnasco, más intransigente que nunca, aumentó su presión y encabezó la cruzada anti-DICO para congraciarse con Benedicto XVI. Quien acabó nombrándole presidente de la CEI, en medio de esta controversia, en marzo de 2007.

Un cuarto hombre se movió en la escena romana. Él también pensaba que estaba en la *short list* del papa Benedicto XVI y de su secretario de Estado Tarcisio Bertone, que vigilaba atentamente todo el asunto. ¿Quería dar garantías? ¿Le incitaron a hacer campaña? ¿Se lanzó solo por vanidad? Rino Fisichella, famoso obispo italiano, afín a Angelo Sodano, era el rector de la Universidad Pontificia Lateranense (más tarde Benedicto XVI le nombró presidente de la Pontificia Academia para la Vida, y desde 2010 es presidente del Pontificio Consejo para la Nueva Evangelización).

—No se puede ser cristiano y vivir de una manera pagana. Ante todo hay que poner el estilo de vida en primer plano. Si el estilo de vida de los creyentes no es coherente con la profesión de fe, hay un problema —me dice sin ningún rubor Rino Fisichella cuando, en presencia de Daniele, le entrevisto en su despacho. (También está grabado, con su autorización.)

De modo que para adecuar su fe y su estilo de vida Fisichella también hizo campaña. El que fuera uno de los ideólogos de la CEI, al frente de su comisión para la «doctrina de la fe», redobló la intensidad de sus actitudes de rigidez frente a la cuestión homosexual, tal como lo demuestra que participara al frente de las manifestaciones contra las uniones civiles.

—Durante quince años fui capellán del parlamento italiano. Por eso conocía bien a los diputados —me confirma Fisichella.

Esta guerrilla de la Iglesia italiana tuvo efectos políticos importantes. El gobierno de Prodi, tecnocrático y débil en lo político, no tardó en dividirse sobre la cuestión y sobre algunas otras, desgastándose rápidamente hasta caer menos de dos años después de su formación. Berlusconi volvió a gobernar por tercera vez en 2008.

La CEI había ganado la batalla. DICO pasó a la historia. Pero ¿no había ido la Iglesia demasiado lejos? Empezaron a alzarse voces, sobre todo después de una homilía, ya famosa, del arzobispo Angelo Bagnasco, a quien mientras tanto el papa Benedicto XVI había creado cardenal como recompensa por su movilización. Ese día Bagnasco llegó a poner en el mismo saco el reconocimiento de las parejas homosexuales, la legitimación del incesto y la pedofilia. Sus palabras causaron gran revuelo entre los laicos y los círculos políticos italianos. También le valieron amenazas de muerte, y aunque la policía de Génova consideró que la amenaza era poco seria, Bagnasco pidió y obtuvo, a fuerza de presiones, un guardaespaldas.

447

En Italia el ala «izquierda» del episcopado estuvo representada durante este periodo por el cardenal Carlo Maria Martini, que rompió el silencio para mostrar su desacuerdo con la línea de Ruini, Scola, Fisichella y Bagnasco. A Martini, antiguo arzobispo de Milán, se le puede considerar una de las figuras más *gay friendly* de la Iglesia italiana y también una de las más marginadas durante el papado de Juan Pablo II. Este jesuita liberal nacido en Turín ha escrito varios libros abiertos a los problemas sociales. También es conocido por una célebre entrevista con el exalcalde de Roma en la que se mostraba favorable a los homosexuales. En otros textos ha defendido la idea de un «Vaticano III» para hacer una reforma profunda de la Iglesia sobre los asuntos de moral sexual, y ha mostrado una actitud abierta en el debate sobre las uniones homosexuales, aunque no las fomente. Ha defendido el uso del preservativo en determinadas circunstancias, en claro desacuerdo con las posiciones del papa Benedicto XVI, que se opuso frontalmente a él. Por último, ha escrito una columna en el periódico *Corriere della Sera* donde no ha dudado en abrir el debate sobre el sacerdocio femenino o la ordenación de hombres casados, los famosos *viri probati*.

—La Iglesia italiana tiene una deuda con Martini. Sus intuiciones, su forma de ser obispo, la profundidad de sus opiniones, su propensión al diálogo con todos, en suma, su valentía, eran propios de una visión moderna del catolicismo —me explica el arzobispo Matteo Zuppi, próximo a Francisco, durante una entrevista en su despacho de Bolonia.

Al margen del Consejo de las Conferencias Episcopales Europeas que presidió de 1986 a 1992, Carlo Maria Martini formó parte del grupo llamado de San Galo, una ciudad suiza donde se reunieron durante varios años, entre 1995 y 2006, de manera privada, casi secreta, varios cardenales moderados entre los que estaban los alemanes Walter Kasper y Karl Lehmann, el italiano Achille Silvestrini, el belga Godfried Danneels y el británico Cormac Murphy-O'Connor, con el propósito declarado de proponer un sucesor progresista a Juan Pablo II: Carlo Maria Martini, justamente.

—La iniciativa de reunir este grupo partió de Martini. La primera reunión se celebró en Alemania, en mi diócesis, y luego todas las citas tuvieron lugar en San Galo —me cuenta el cardenal Walter Kasper a lo largo de varias conversaciones—. Silvestrini acudía siempre y era una de las principales figuras. Pero no era ninguna «mafia», como ha dado a entender el cardenal Danneels. ¡Nada de eso! Nunca se habló de nombres. Nunca se maniobró con vistas al cónclave. Éramos un grupo de pastores y amigos, no un grupo de conspiradores.

Tras la elección de Joseph Ratzinger y la enfermedad de Martini el grupo perdió su razón de ser y se disolvió poco a poco. Hoy, no obstante, cabe pensar que sus miembros presagiaron, cuando no prepararon, la elección de Francisco. El obispo de San Galo, Ivo Fürer, que también era secretario general del Consejo de las Conferencias Episcopales Europeas (con sede, precisamente, en San Galo), era su alma. (La historia de este grupo informal supera el marco de este libro, pero es interesante señalar que en él se discutió con regularidad la cuestión gay. Varios allegados a Ivo Fürer con quienes hablé en San Galo y el cardenal Danneels, entrevistado en Bruselas —hoy Fürer y Danneels están muy enfermos—, me confirmaron que era claramente «un grupo contrario a Ratzinger» y que «algunos de sus miembros eran homófilos».)

Carlo Maria Martini, opuesto a la postura conservadora de Juan Pablo II y a la política represiva de Benedicto XVI —quien no asistió a su funeral—, fue siempre hasta su muerte en 2012, a la edad de 85 años, una cara abierta y moderada de la Iglesia que hallaría meses después, con la elección de Francisco, a su mejor portavoz. (Los votos de los partidarios de Martini ya habían sido para Bergoglio en el cónclave de 2005 para evitar la elección de Benedicto XVI.)

Mientras la CEI trataba de evitar las uniones civiles y neutralizar al herético Martini, se estaba librando en su seno otra batalla grotesca cuyo secreto solo ella conoce. ¿Esa organización escorada claramente a la derecha tenía algunos miembros que eran gais.

Militante de Acción Católica y del movimiento Comunión y liberación, el laico Dino Boffo fue un estrecho colaborador de Camillo Ruini, futuro cardenal y presidente de la CEI, desde principios de los años ochenta. Confidente, íntimo, escritor en la sombra y maestro de Ruini, fue periodista del diario de la CEI, *Avvenire*, en el que ascendió a director adjunto a principios de los noventa y a director en 1994. Tras la elección de Bagnasco al frente de la CEI, Boffo se arrimó al nuevo cardenal, según varias fuentes. (He dialogado para este trabajo con Boffo en Facebook, donde se ha mostrado inmediatamente locuaz, terminando sus mensajes con un inolvidable «*Ciaooooo*», pero no quiso hablar *on the record*; en cambio, un periodista con quien trabajé en Roma se vio con él en un parque y pudo mantener una conversación en la que Boffo, imprudentemente, confirmó varias informaciones de este libro.)

A causa de las diferencias políticas dentro de la CEI y de unas revelaciones sobre los devaneos de Silvio Berlusconi con unas *call girls*, Dino Boffo, poco antes del verano de 2009, empezó a atacar al presidente del gobierno. ¿Lo hacía por cuenta de otro? ¿Seguía dependiendo de Ruini, o era ya un hombre del nuevo presidente de la CEI, Bagnasco, que presidía el consejo de administración de *Avvenire*? ¿Alguien quiso, a través de él, comprometer a los cardenales Bagnasco y Ruini? También es sabido que Boffo veía a diario a Stanislaw Dziwisz, el secretario particular del papa Juan Pablo II, de quien recibía órdenes. ¿Fue su protector quien le incitó a escribir esos artículos?

El caso es que Boffo publicó, quizá un poco ingenuamente, una serie de artículos contra Berlusconi poniéndole en la picota por sus calaveradas. El ataque, viniendo del periódico oficial de los obispos italianos, no pasó precisamente inadvertido. Se puede decir que era una declaración de guerra contra Berlusconi y lo que en lenguaje diplomático se llama una inversión de alianzas.

La respuesta del presidente del gobierno no se hizo esperar. A finales del verano de 2009 el diario *Il Giornale,* que pertenece a la familia Berlusconi, publicó un artículo que arremetía contra Boffo por tener la osadía de dar lecciones de moral a Berlusconi cuando él mismo había sido «condenado por acoso» y era homosexual (se publicó una copia de sus antecedentes penales).

450

El caso Boffo duró varios años y dio lugar a varios procesos. Mientras tanto la CEI removió a Boffo de su puesto en *Avvenire* por orden del entorno del papa Benedicto XVI, aunque el episcopado italiano, cuando se demostró que los antecedentes penales publicados eran una falsificación y que tampoco le habían condenado por acoso, le reintegró parcialmente. Dino Boffo fue indemnizado por el despido improcedente y al parecer sigue siendo un empleado de la CEI o de una de sus oficinas. Este asunto se saldó con varias condenas, pues el artículo de *Il Giornale* era claramente difamatorio.

Según personas que lo conocen bien, el vertiginoso escándalo Boffo fue una secuela de una serie de ajustes de cuentas políticos entre facciones homosexuales del Vaticano y la CEI sobre la cuestión Berlusconi, con un turbio papel del movimiento Comunión y liberación, que hacía de interfaz entre el partido del presidente del gobierno y la Iglesia italiana. El secretario personal del papa Juan Pablo II, Stanislaw Dziwisz, y el cardenal Ruini estuvieron en el centro de esta batalla, lo mismo que los cardenales Angelo Sodano y Leonardo Sandri, o el secretario de Estado Tarcisio Bertone; pero no necesariamente en el mismo bando... debido a las profundas discrepancias.

—En el Vaticano quisieron acabar con la influencia de Ruini, o por lo menos debilitarla, y para ello optaron precisamente por la cuestión gay —comenta el excura de la CEI Menalcas. (Según las revelaciones del libro de Gianluigi Nuzzi *Sua Santità*, Boffo acusó a Bertone, llamándole por su nombre, de estar detrás del ataque dirigido contra su persona, en unas cartas secretas, hoy públicas, dirigidas a Georg Gänswein. Pero como no aborda claramente la cuestión homosexual, el libro es opaco para quien no conoce esas tramas.)

Todo parece indicar que Boffo quedó atrapado en un enredo de alianzas maquiavélicas enfrentadas y delaciones en serie. Hay quien piensa que el infundio de su supuesta homosexualidad partió de los equipos del secretario de Estado Tarcisio Bertone, de la gendarmería vaticana o del director de *L'Osservatore Romano*, Giovanni Maria Vian. Todo ello debidamente desmentido, claro está, por un comunicado de la santa sede de febrero de 2010, al que se sumó, en este caso, la CEI. (Las veces que entrevisté —con su autorización para grabar— a Giovanni Maria Vian, afín a Bertone y enemigo de Ruini y de Boffo, negó tajantemente haber sido «el cuervo» del asunto, pero me dio unas claves interesantes. También hablé con el cardenal Camillo Ruini, que salió en defensa de Boffo y Dziwisz.)

—El caso Boffo es un ajuste de cuentas entre gais, entre varias facciones gais de la CEI y el Vaticano —confirma uno de los mejores conocedores del catolicismo romano, que fue consejero del presidente del gobierno italiano en el Palazzo Chigi.

Así aparece otra regla de Sodoma, la duodécima:

> Quienes propagan rumores sobre la homosexualidad de un cardenal o un prelado suelen ser homosexuales disimulados que atacan a sus adversarios liberales. Dichos rumores son las principales armas usadas en el Vaticano por unos gais contra otros.

Diez años después del fracaso de la primera proposición de ley, el segundo acto de la batalla sobre las uniones civiles se representa en el parlamento a finales de 2015. Algunos predicen el mismo circo que en 2007, pero en realidad los tiempos han cambiado.

El nuevo presidente del gobierno, Matteo Renzi, que había votado en contra de la proposición de ley diez años antes y había participado en las manifestaciones callejeras, también ha cambiado de parecer. En su discurso de investidura, en 2014, ha prometido una ley de uniones civiles. ¿Por convicción? ¿Por cálculo? ¿Por oportunismo? Seguramente por todas estas razones a la vez y, ante todo, para dar satisfacción al ala izquierda del Partido Democratico y de su mayoría, suma híbrida y cajón de sastre que junta a antiguos comunistas, la izquierda clásica y los moderados procedentes de la democracia cristiana. Uno de los ministros de centroderecha de Matteo Renzi, Maurizio Lupi, es afín al movimiento católico conservador Comunión y liberación. (Para contar esta nueva batalla utilizo mis entrevistas con varios diputados y senadores italianos y con cinco de los principales consejeros de Matteo Renzi: Filippo Sensi, Benedetto Zacchiroli, Francesco Nicodemo, Roberta Maggio y Alessio De Giorgi.)

452

Matteo Renzi se toma en serio el asunto de las uniones civiles, qué remedio, ya que es el tema candente del momento y un estorbo para la complicada mecánica de su gobierno. Su mayoría puede incluso saltar en pedazos con esta proposición de ley, que aunque no ha sido iniciativa suya, está dispuesto a defender si el parlamento se pone de acuerdo sobre el texto.

En 2014 Italia todavía es uno de los pocos países occidentales sin ley de protección para las *coppie di fatto* («parejas de hecho»), sean o no heterosexuales. El país está a la cola de Europa occidental, todos le critican y el Tribunal Europeo de Derechos Humanos le ha condenado varias veces. En la propia Italia el Tribunal Constitucional ha pedido al parlamento que haga una ley al respecto. Matteo Renzi ha incluido el asunto en su «agenda de los mil días», prometiendo un texto para septiembre de 2014 (luego olvidaría su promesa).

La presión no hace más que aumentar. El alcalde de Roma, Ignazio Marino, reconoce 16 matrimonios homosexuales celebrados en el extranjero, inscribiéndolos en el registro civil italiano, lo que provoca un vivo debate en la mayoría. Los alcaldes de Milán, Turín, Bolonia, Florencia, Nápoles y otras quince ciudades se suman. Con la intención de atajar el movimiento, Angelino Alfano, ministro del Interior de Renzi (miembro del Nuovo Centrodestra), declara que esas inscripciones son ilegales y no tienen efectos jurídicos: los alcaldes, ironiza, se han limitado a dar su «autógrafo» a esas parejas.

En Bolonia, adonde viajo a finales de 2014, el ambiente es tenso. El alcalde de la ciudad, Virginio Merola, acaba de replicar al ministro del Interior: «*Io non obbedisco*» («Yo no obedezco»). Y en un tuit proclama: «Bolonia está en *pole position* para defender los derechos civiles». La comunidad gay, especialmente bien organizada, se alinea detrás de su alcalde.

En Palermo, adonde viajo en el mismo periodo, el presidente de la asociación Arcigay, Mirko Antonino Pace, me describe una movilización sin precedentes en una región, Sicilia, que suele considerarse conservadora en asunto de costumbres.

—Durante las primarias —me dice Mirko— Matteo Renzi era el más tímido de los candidatos sobre los derechos LGBT. Su oposición al matrimonio era firme. Pero, a diferencia de los anteriores jefes de gobierno, ahora parece que quiere hacer algo.

En la primavera de 2015 viajo a Nápoles, Florencia y Roma para hablar con militantes gais italianos y tengo la impresión de que el movimiento LGBT es una verdadera olla a punto de estallar. En todas partes los militantes se reúnen, salen a la calle y se movilizan.

—Italia está cambiando paso a paso. Algo ha ocurrido después del referéndum de Irlanda. Italia no evoluciona sola, se ve obligada, invitada, a cambiar. ¿Cómo es posible que no haya ninguna ley a favor de las parejas homosexuales en Italia? ¡Todos se dan cuenta de que es injustificable! Si queremos que haya cambio, tenemos que creer en él —me explica Gianluca Grimaldi, un periodista a quien conocí en Nápoles en 2015.

Lo que sigue preocupando a Renzi es el calendario. En esos días le confiesa a su equipo: «Nos arriesgamos a perder el voto católico». Entonces titubea y trata de ganar tiempo. En efecto, el papa ha convocado un segundo sínodo sobre la familia en el Vaticano para octubre de 2015 y antes de esa fecha no se puede lanzar el debate sobre

453

las uniones civiles. A los parlamentarios que se impacientan, empezando por Monica Cirinnà, les dicen que todavía hay que esperar.

Cuando me entrevisto con Cirinnà, la senadora que fue la principal impulsora del texto para las uniones civiles, me resume sutilmente las tensiones internas que provocó la proposición de ley:

—Yo sabía que iba a ser una ley difícil y que iba a dividir al país. Una ley que causaría problemas dentro del Partido Democratico, que dividiría profundamente a los italianos entre conservadores y progresistas. Pero el debate no fue nunca entre laicos y católicos, eso sería un error de análisis. El conflicto dividió tanto a las derechas como a las izquierdas, porque en los dos bandos había conservadores y progresistas.

La Iglesia, que no ha dicho aún su última palabra, sigue apremiando a los parlamentarios, incluyendo a los de izquierda. El cardenal Bagnasco, que continúa al frente de la Conferencia Episcopal Italiana, amenaza con sacar a la calle a los obispos y parlamentarios para volver a derribar el gobierno.

454
—Sabíamos que los obispos italianos, movilizados por el cardenal Bagnasco, bien conocido por sus ideas ultraconservadoras, se disponían a usar todos sus contactos de dentro y fuera del parlamento para que no se aprobara la ley —confirma Monica Cirinnà.

Matteo Renzi, un antiguo *scout* católico, está bien informado de la situación interna de la Iglesia y de las motivaciones personales de ciertos prelados. En el Palazzo Chigi, sede de la presidencia del gobierno italiano, su jefe de gabinete, Benedetto Zacchiroli, antiguo seminarista y diácono, es abiertamente homosexual. Se encarga de las relaciones con la CEI y sigue el asunto de cerca. ¡La derecha conservadora ataca a Renzi en varias ocasiones por tener a un gay para encargarse de las relaciones con los católicos!

Los parlamentarios de izquierda atacan por el mismo flanco. Por ejemplo, en Bolonia y en Nápoles. Según dos testimonios de primera mano que participaron en la «negociación», el cardenal Carlo Caffarra, arzobispo de Bolonia, recibió un «aviso» a causa de su homofobia legendaria: en una tensa reunión le hicieron saber que circulaban rumores sobre su doble vida y su entorno gay, y que si se movilizaba contra las uniones civiles era probable que los activistas gais difundieran esta vez sus informaciones…

El cardenal escuchó, abrumado. En las semanas siguientes el reprimido bajó el tono por primera vez y atenuó sus ardores homófobos. (Carlo Caffarra ha fallecido, por lo que me he informado al respecto con políticos locales, un alto responsable de la policía, el gabinete del presidente del gobierno y el sucesor de Caffarra en Bolonia, el arzobispo Matteo Zuppi.)

En Nápoles, al parecer, se selló un pacto de otra naturaleza con el cardenal Crescenzio Sepe. Este antiguo prefecto de la Congregación para la Evangelización de los Pueblos era conocido por sus simpáticas difamaciones, sus pícaras alegrías y su afición a los encajes. Hombre de Juan Pablo II, se distinguió por unas declaraciones iracundas contra el Gay Pride de Nápoles, ciudad de la que es arzobispo desde 2006. En pleno debate sobre las uniones civiles, unos militantes homosexuales se pusieron en contacto con él discretamente para rogarle moderación. Como circulaban rumores sobre su gestión económica y sobre ciertos asuntos mundanos (recogidos por los medios y en varios libros) que habían afectado a su reputación y quizá le habían costado su puesto en Roma, Crescenzio Sepe se mostró esta vez menos rígido. El feroz antigay de 2007 pasó a ser casi *gay-friendly* en 2016. Quizá por miedo al escándalo, el cardenal llegó a ofrecer invitaciones a los activistas gais para que pudieran asistir a un encuentro con el papa. (Monseñor Sepe no quiso recibirme pese a mi insistencia; no obstante, dos militantes gais, un periodista napolitano y un diplomático destinado en la ciudad me han confirmado estas informaciones.)

Tal como se presentaba el debate, Matteo Renzi no tenía intención de renunciar a su proyecto de ley para dar gusto a unos obispos que, como hemos visto, se pirraban por los encajes, pero tampoco quería enfrentarse a la Iglesia. Entonces, a finales de 2015, decidió pactar con el ala moderada de la CEI (pues este organismo, como en el conflicto palestino-israelí, tenía sus «halcones» y sus «palomas»). Antes, con Juan Pablo II y Benedicto XVI, la CEI era un monolito brezneviano; entonces, con Francisco, papa gorvachoviano, un lugar de debates y de clanes. Podía haber acuerdo.

El diálogo se entabló al más alto nivel con monseñor Nunzio Galantino, el nuevo secretario de la CEI, *gay-friendly* y cercano a Francisco. Según mis informaciones, no hubo ningún chantaje, aunque es posible que el obispo tuviera miedo de que la prensa italiana sacara del armario algún capelo cardenalicio. Los parlamentarios movilizados y apoyados por el Palazzo Chigi presentaron a las «palomas» de la CEI, con una dialéctica muy propia de la izquierda, una alternativa simple. Era el lenguaje habitual de la izquierda, que agita la amenaza y el fantasma de la extrema izquierda para que se aprueben sus reformas. La alternativa era esta: uniones civiles con el gobierno actual, sin derecho de adopción, o matrimonio gay, y adopción, con la izquierda dura, los activistas gais y el Tribunal Supremo. Vosotros veréis.

A estas reuniones entre los responsables de la mayoría política y la CEI se sumaron —estoy en condiciones de revelarlo aquí— otras, secretas, entre Matteo Renzi y el propio papa Francisco, en las que se abordó franca y extensamente la cuestión de las uniones civiles. Lo tradicional era que los presidentes del gobierno italiano dialogaran «desde el otro lado del Tíber», según la famosa expresión que significa que solicitaban informalmente el parecer del Vaticano. Pero esta vez Matteo Renzi se reunió personalmente con el papa para solucionar el problema en directo. Hubo varias citas ultraconfidenciales, siempre de noche, entre Francisco y Renzi, ellos solos, sin la presencia de los respectivos consejeros. (Uno de los principales consejeros de Matteo Renzi me confirmó estos encuentros secretos, que al menos fueron dos.)

Es imposible conocer el contenido exacto de estos contactos confidenciales. Pero hay tres cosas claras: en Argentina, a comienzos de los años dos mil, el papa se había mostrado favorable a las uniones civiles, y luego se había opuesto al matrimonio, de modo que un posible acuerdo con Matteo Renzi en la misma línea parece coherente. Además, Francisco no se pronunció contra las uniones civiles en 2015-2016 ni se entremetió en el debate político italiano. Permaneció en silencio, ¡y es bien sabido que el silencio de los jesuitas también es una toma de posición! Y sobre todo: la CEI no se movilizó violentamente contra las uniones civiles en 2016, como lo había hecho en 2007. Según mis informaciones, el papa le pidió a su fiel monseñor Nunzio Galantino, después de ponerle al frente de la CEI, que mantuviera un perfil bajo.

El realidad en el Palazzo Chigi comprendieron que la Iglesia podía ser «nominalista», una divertida palabra que evoca los misterios entre los papas de Aviñón, los frailes franciscanos y sus novicios en *El nombre de la rosa* de Umberto Eco.

—La CEI se volvió nominalista. Quiero decir que estaba dispuesta a dejarnos las manos libres, sin decirlo, si no se tocaban la palabra «matrimonio» ni los sacramentos —me confía otro consejero de Renzi.

En el Palazzo Chigi siguen con atención la batalla interna de la CEI posterior a este acuerdo secreto y se divierten con el duro enfrentamiento entre facciones heteros, criptogáis, *unstraights* y enclosetados. La consigna del papa, que al parecer fue no oponerse a las uniones civiles, inmediatamente transmitida por Nunzio Galantino, provocó vivas reacciones del ala conservadora de la CEI. Francisco, a raíz de su elección, había impuesto a Galantino como secretario general, pero este no tenía plenos poderes. El cardenal Angelo Bagnasco seguía siendo presidente en 2014-2016, aunque sus días estaban contados (el papa le apartó en 2017).

—En 2016 nos movilizamos contra la proposición de ley exactamente igual que en 2007 —insiste y repite Bagnasco cuando hablo con él.

El cardenal Bagnasco, partidario de un catolicismo guerrero, movió todos sus hilos en la prensa, en el parlamento y, por supuesto, en el episcopado. El periódico *Avvenire*, beligerante, prodigaba artículos contra las uniones civiles. Asimismo, una contribución al debate dirigida a todos los parlamentarios en julio de 2015 hacía una «llamada a la cordura». Bagnasco se activó en todos los frentes, como en los momentos trepidantes de 2007.

Pero el espíritu del tiempo no era el mismo. El Family Day de febrero de 2007, cuando más de 500 asociaciones espoleadas por la CEI se movilizaron contra la primera proposición de ley sobre las uniones civiles, no tuvo el mismo éxito en junio de 2015.

—Esta vez fue un fiasco en todas partes —me dice Monica Cirinnà.

El movimiento se desinfló. En realidad, lo que había prevalecido era la línea de los franceses: el argumento de las uniones civiles como baluarte contra el matrimonio fue decisivo. Sin olvidar que como el papa nombraba a los cardenales y obispos, enfrentarse

457

a él significaba comprometer su futuro. Con Juan Pablo II y Benedicto XVI la homofobia era una condición para la consagración; con Francisco los «rígidos» que llevaban una doble vida ya no estaban en olor de santidad.

—Bagnasco estaba ya en decadencia. Se encontraba muy debilitado y ya no le apoyaban ni el papa ni la curia. Se dio cuenta de que, si se empecinaba y se significaba demasiado contra la proposición de ley, precipitaría su caída —me confía un consejero de Matteo Renzi.

—Las parroquias no se movilizaron —reconoce por su parte, con pena, un cardenal conservador.

La opción final por la que optó la CEI puede resumirse en una frase: «llegar a un compromiso». La CEI confirmó su oposición a la ley, pero, a diferencia de 2007, contuvo a sus huestes. En 2016 los halcones de 2007 se convirtieron en palomas. En lo que no cedió fue en la adopción. Incluso maniobró bajo cuerda para que ese derecho ofrecido a las parejas homosexuales se retirase del proyecto de ley (una línea que también podría ser la del papa).

La CEI halló un aliado inesperado en esta enésima batalla: el Movimiento Cinco Estrellas de Beppe Grillo. Según la prensa italiana y mis propias fuentes, el partido populista, que cuenta con varios homosexuales disimulados entre sus dirigentes, negoció con el Vaticano y la CEI un pacto maquiavélico: la abstención de sus parlamentarios sobre la adopción a cambio de que la Iglesia apoyara a su candidata en las elecciones municipales de Roma (en efecto, Virginia Raggi fue alcaldesa en 2016). En este sentido se habrían celebrado varias reuniones, una de ellas en el Vaticano, con tres dirigentes del Movimiento Cinco Estrellas, en presencia de monseñor Becciu, «ministro del Interior» del papa y, quizá, de monseñor Fisichella, un obispo que durante mucho tiempo fue muy influyente en la CEI. (Estas reuniones se hicieron públicas en una investigación de *La Stampa*. También me las ha confirmado una fuente interna de la CEI. Podrían indicar cierta ambigüedad del papa Francisco. Preguntado al respecto, monseñor Fisichella niega haber participado en ninguna reunión de este tipo.)

La pusilanimidad de Matteo Renzi y el pacto secreto del Movimiento Cinco Estrellas se tradujeron en otro compromiso: el derecho a la adopción se retiró de la proposición de ley. Gracias a esta importante concesión el debate se calmó. Las cinco mil enmiendas de la oposición se redujeron a varios cientos, y la ley llamada «Cirinnà», por el nombre de su impulsora, se aprobó por fin.

—Esta ley ha cambiado realmente a la sociedad italiana. Las primeras uniones se celebraron con fiestas, organizadas a veces por los propios ayuntamientos de las grandes ciudes, que invitaban a los vecinos a acudir a felicitar a las parejas. En los primeros ocho meses posteriores a la aprobación de la ley se celebraron en Italia más de tres mil uniones civiles —me dice Monica Cirinnà, la senadora del Partito Democratico que, por su lucha, se convirtió en uno de los iconos de los gais italianos.

El papa Francisco, por tanto, hizo limpieza a fondo en la CEI. Al principio le pidió al cardenal Bagnasco, con cierta perversión jesuita, que hiciera él mismo el trabajo de limpiar los desfalcos y los abusos de poder de la Conferencia Episcopal Italiana. El santo padre no quería una Iglesia italiana autorreferencial (uno de sus códigos secretos para hablar de los «practicantes») con sus potentados locales, su clericalismo y su corporativismo arribista. Dondequiera que mirase, en las grandes ciudades italianas siempre veía homófilos y *closeted* al frente de los principales arzobispados. ¡Había más «practicantes» en la CEI que en el ayuntamiento de San Francisco!

El papa le pidió sobre todo a Bagnasco que tomara medidas radicales en materia de abusos sexuales, mientras que la CEI siempre había evitado denunciar a la policía y a la justicia a los curas sospechosos. De hecho, en este aspecto, el papa Francisco se quedaba corto: desde que se reveló un documento interno en 2014 sabemos que la CEI de los cardenales Ruini y Bagnasco organizó un verdadero sistema de protección, exonerando a los obispos de la obligación de transmitir lo que sabían a la justicia y negándose incluso a escuchar a las víctimas. Y eso a pesar de que en los años noventa y dos mil los casos de abusos sexuales en Italia fueron numerosos, siempre minimizados por la CEI. (El caso de Alessandro Maggiolini, que era obispo de Como, es sintomático: el prelado, ultrahomófobo y a la vez *closeted*, fue respaldado por la CEI cuando se le acusó de proteger a un cura pedófilo.)

Después de pedirle a Bagnasco que hiciera el trabajo sucio y de imponerle un adjunto que no era de su agrado (el obispo Nunzio Galantino), el papa apartó definitivamente al cardenal.

—Es una técnica jesuita clásica. Francisco nombra un adjunto, Galantino, que empieza a decidirlo todo en lugar de su jefe, Bagnasco. Luego, un buen día, reemplaza al jefe acusándole de no decidir nada y haberse vuelto inútil —me explica una vaticanista francesa que conoce el Vaticano al dedillo. Y añade—: ¡El papa aplicó la misma técnica maquiavélica con el cardenal Sarah, con el cardenal Müller, con Burke, con Pell!

La relación se tensa un poco más cuando Bagnasco, que quizá se ha dado cuenta de la trampa en que ha caído, cuestiona la propuesta del papa de vender iglesias italianas para ayudar a los pobres: «Será una broma», comenta, pendenciero, Bagnasco.

Francisco le sanciona por primera vez excluyéndole de la sesión plenaria de la importante Congregación para los Obispos, que tiene una función crucial en el nombramiento de todos los prelados. En su lugar, contra la costumbre establecida, nombra al número dos de la CEI. Como el cardenal sigue oponiéndose a las reformas, minimizando el problema de los abusos sexuales y denostándole en privado, el papa impone al sustituto de Bagnasco sin dejarle siquiera la esperanza de poder ser candidato a su propia sucesión. Así, en 2014, Francisco crea cardenal a Gualtiero Bassetti, un obispo bergogliano bastante favorable a las uniones civiles homosexuales (es uno de los pocos italianos elevados a la púrpura en este pontificado) y en 2017 le nombra presidente de la CEI.

Otras cabezas caen en esta escabechina. El obispo de curia Rino Fisichella, gran manipulador de la CEI, que esperaba el cardenalato, se cae de la lista de posibles candidatos. Angelo Scola, poderoso cardenal arzobispo de Milán y figura tutelar de la corriente conservadora Comunión y liberación, también pasa a la reserva por decisión de Francisco, que le cobra así a este representante del ala ratzingueriana sus trapicheos políticos, su alianza cínica con Berlusconi y sus silencios sobre los abusos sexuales de los sacerdotes.

Al mismo tiempo Francisco decapita el Progetto Culturale della CEI, estructura tan homófila como homófoba de la CEI, destituyendo específicamente a Vittrio Sozzi y marginando a Dino Boffo.

La línea de Francisco es clara. Quiere normalizar e italianizar de nuevo la CEI. Es como si les dijera a sus obispos: «A fin de cuentas ustedes solo representan a Italia».

Durante mucho tiempo, en el Vaticano, la regla de las destituciones había sido el dulce eufemismo de *promoveatur ut amoveatur*: promovido para ser removido. Se nombraba a un prelado para una nueva misión cuando se le quería apartar de la que estaba desempeñando. Ahora Francisco ni siquiera se ponía guantes. Destituía sin previo aviso y sin nuevo destino.

—Francisco es de una perversidad muy ladina. Por ejemplo, para sustituir a un prelado conocido por su afición a los prostitutos ha nombrado en una ciudad italiana a un obispo conocido por su lucha contra la prostitución —me dice un arzobispo.

Un sacerdote de la curia, de los que están mejor informados, me hace este análisis, que comparten varios prelados o estrechos colaboradores del papa:

—Creo que Francisco, quien sin embargo no es nada ingenuo y sabía lo que se podía encontrar, se quedó patidifuso con la homosexualización del episcopado italiano. De modo que, si al principio llegó a pensar que podía «limpiar» de cardenales, obispos y prelados homófilos el Vaticano y la CEI, hoy se ve obligado a convivir con ellos. A falta de candidatos heterosexuales no ha tenido más remedio que rodearse de cardenales gais, sabiendo a ciencia cierta que lo son. Ya no se hace ilusiones de poder cambiar las cosas. Solo aspira a «contener» el fenómeno. Lo que trata de hacer es una política de «contención».

Algo es algo.

19

Los seminaristas

*D*aniele lleva varios meses investigando sobre los seminarios
y las universidades de Roma. Los dos hemos logrado identificar,
en estos años, a varios «informadores» que podrían ayudarnos
para cada uno de los seminarios mayores o «colegios» romanos.
En diez de estos establecimientos pontificios tenemos ya contactos:
en la Universidad Pontificia de Santo Tomás de Aquino (llamada
Amgelicum), la Universidad Urbaniana, la Universidad de Letrán,
el PNAC (Pontificio Colegio Norteamericano), la Gregoriana (jesuita), el Colegio Etíope, el seminario francés, el Germanicum alemán, la benedictina Universidad de San Anselmo, la Universidad
de la Santa Cruz (Opus Dei), el Colegio Sacerdotal Juan Pablo II e
incluso el Pontificio Ateneo Regina Apostolorum de los Legionarios de Cristo.

Gracias a estos contactos pudimos hablar con más de cincuenta seminaristas gais en Roma y, por capilaridad, con varias
decenas en varios países como Francia, España, Suiza y Latinoamérica. Así es como he podido investigar en la fuente misma del
«problema» homosexual dentro de la Iglesia: el alma máter de los
sacerdotes.

Mauro Angelozzi fue quien me presentó en Roma a «mis» dos
primeros seminaristas. Es uno de los responsables de la asociación
LGBT Mario Mieli. Nos vimos de manera confidencial en la sede de
este centro cultural. Volví a ver a esos seminaristas y gracias a ellos
pude ampliar mi primera red de contactos. Y una noche, cuando
estaba con Mauro, que todos los viernes por la noche organiza en
Roma las célebres fiestas gais Muccassassina (la «vaca rabiosa» o,

462

literalmente, «asesina»), me presentó a uno de sus colegas, que trabajaba con él en Muccassassina. Fue entonces cuando Mauro añadió, para acabar con las presentaciones: «¡Él también es seminarista!».

—He cambiado, ¿verdad?

El chico que me habla así es el camarero de uno de mis restaurantes preferidos de Roma, la Trattoria Monti, no lejos de la iglesia Santa Maria Maggiore.

—¡Como ve ya no soy tan joven! —añade el camarero que posó en el famoso calendario de los guapos seminaristas.

En efecto, hace meses que ese calendario, que se vende en las calles de Roma y hasta en las puertas del Vaticano, me tenía intrigado. Precio: 10 euros. Todos los años una docena de seminaristas y curas jóvenes posan para él. Las imágenes en blanco y negro, chicos guapos con alzacuello, son sencillamente provocadoras, y varios de estos religiosos son tan sexis que se diría que la Iglesia se ha convertido en el *line up* digno de un *cast* de *Glee*. Dicen que algunos cardenales compran el calendario todos los años; lo único que puedo decir es que no lo he visto colgado en ningún despacho del Vaticano.

Es entonces cuando descubro el pastel: el camarero que tengo enfrente ha posado para el célebre *Calendario Romano*. Es gay, sin duda alguna. ¡Pero nunca ha sido seminarista!

Mi gozo en un pozo. Robert Mickens, un vaticanista que ya ha estado investigando sobre este calendario misterioso y con quien ceno en la Trattoria Monti, me confirma la jugada. En realidad, el calendario es ficticio. Serán todo lo *hot* que quieran, pero los chicos que posan delante del objetivo del fotógrafo veneciano Piero Pazzi no son ni seminaristas ni curas jóvenes, sino modelos escogidos por una empresa *gay-friendly* a la que se le ocurrió este señuelo. ¡Y vaya si funciona! Todos los años, desde 2003, se publica una edición nueva, a veces con las mismas fotos. Se venden 100.000 ejemplares (según el editor, cifra imposible de verificar).

Uno de los modelos regenta un bar gay, otro es el camarero con quien hablo, que añade:

—No, no soy seminarista. Nunca lo he sido. Posé hace mucho tiempo y me pagaron por eso.

Él, por lo menos, nunca ha soñado con ser cura. La Iglesia, me confirma con una carcajada, «es demasiado homófoba para mí».

Pista falsa. Para investigar sobre los seminaristas gais de Roma había que seguir otro camino.

En 2005 el papa Benedicto XVI aprobó una importante instrucción, publicada por la Congregación para la Educación Católica, para que se dejara de ordenar sacerdotes a los candidatos que tuvieran «tendencias homosexuales profundas». La Congregación para el Clero confirmó el texto en 2016: para ser ordenado sacerdote primero había que ordenar la vida sentimental.

La Iglesia recuerda así la obligación de abstinencia sexual y estipula que el acceso al sacerdocio está vedado a «quienes practiquen la homosexualidad, presenten tendencias homosexuales profundamente arraigadas o apoyen la llamada cultura gay». El documento, prudentemente, añade una «excepción» para las personas que tengan «tendencias homosexuales que son la expresión de un problema *transitorio*, como por ejemplo el de una adolescencia incompleta». Por último, el documento recuerda que sería «gravemente imprudente» admitir en el seminario a alguien «que no haya alcanzado una afectividad madura, serena y libre, casta y fiel en celibato».

El autor de este texto de 2005, inspirado por Benedicto XVI y aprobado por él, fue el cardenal polaco Zenon Grocholewski, prefecto de la Congregación para la Educación Católica. En una nota para los obispos de todo el mundo (que obra en mi poder) el cardenal insiste en el hecho de que la regla se limita a los futuros sacerdotes: «La instrucción no pone en cuestión la validez de la ordenación ni la situación de los sacerdotes que han sido ordenados teniendo inclinaciones homosexuales».

Grocholewski conoce bien el tema, y no solo porque tiene el mismo nombre de pila que el protagonista bisexual de *Opus nigrum* de Marguerite Yourcenar. Sus colaboradores le han advertido que poner en cuestión la ordenación de los sacerdotes homosexuales provocaría tal sangría que la Iglesia probablemente no volvería a levantar cabeza: ¡ya casi no habría cardenales en

Roma, personajes importantes en la curia y quizá tampoco papa! El antiguo diputado italiano y activista gay Franco Grillini suele decir: «Si todos los gais de la Iglesia católica tuvieran que irse a la vez, algo que nos encantaría, le causarían graves problemas funcionales».

En el Vaticano, el cardenal polaco se interesó mucho por la vida sexual de los sacerdotes y obispos, por atavismo personal y por obsesión profesional. Según dos fuentes, una de ellas un cura que trabajó para él, Grocholewski llegó a abrir expedientes sobre las inclinaciones de varios cardenales y obispos. Uno de ellos, un obispo del famoso círculo de corrupción de Juan Pablo II donde la malversación y la prostitución eran uña y carne, aún sigue esperando el capelo rojo.

Más allá de las instrucciones concretas de Ratzinger y de su propia tendencia, Grocholewski, ante el deterioro de la situación, se vio impelido a dar instrucciones para conjurar el Mal. La homosexualidad estaba literalmente «fuera de control» en los seminarios. En todo el mundo se sucedían los escándalos y los abusos. Pero estos casos no eran nada comparados con otra realidad, aún más alarmante: las fichas que llegaban de las nunciaturas y los arzobispados revelaban una auténtica generalización del hecho homosexual. Muchos seminaristas vivían en pareja casi sin esconderse, en los centros católicos se celebraban actos pro-LGBT y salir por la noche a los bares gais de la ciudad llegó a ser una práctica, si no corriente, al menos posible.

En 2005, cuando escribe su circular, Grocholewski recibe, por ejemplo, una petición de ayuda procedente de Estados Unidos frente a la homosexualización de los seminarios. Algunos se habrían «casi especializado en el reclutamiento de personas homosexuales, con fenómenos de cooptación». El mismo fenómeno en Austria, en el mismo momento. El seminario de Sankt Pölten se convirtió en un modelo del género: las fotos divulgadas por la prensa muestran al director del establecimiento católico y al director adjunto besándose con los curas-estudiantes (a raíz del escándalo se cerró el seminario).

—Fue un gran escándalo dentro del Vaticano —confirma el excura Francesco Lepore—. Las fotos provocaron un gran malestar.

Pero era un caso extremo, eso no es nada habitual. El que el propio director del seminario esté implicado en esas calaveradas, que yo sepa, es un caso único. En cambio, el que en los seminarios haya una mayoría de jóvenes gais es moneda corriente. Experimentan su homosexualidad con normalidad y salen discretamente a los clubes gais sin demasiados problemas.

Tal como estaban las cosas, el episcopado estadounidense organizó la «visitación» de 56 seminarios. El encargado de esta inspección era el arzobispo castrense, el estadounidense Edwin O'Brien. Una elección que algunos pensaron que eera un poco rara. Más adelante, O'Brien fue señalado por monseñor Viganò como miembro de la «corriente pro-homosexual» en su *Testimonianza*.

Otro caso sintomático que Grocholewski conocía bien era el de los seminarios de su país natal. El arzobispo de Poznan, un tal Juliusz Paetz, ante la acusación de abusos sexuales sobre seminaristas, que él denegó, tuvo que dejar su cargo. También pueden citarse muchos casos de «comportamientos desordenados» que saltaron a los medios en los seminarios jesuitas de Alemania, dominicos de Francia, benedictinos de Italia e Inglaterra... En cuanto a Brasil, cientos de seminaristas, curas y hasta obispos fueron filmados ligando con un *top model* vía *webcam*, llegando a masturbarse delante de la cámara (con ese material se hizo el famoso documental *Amores Santos* de Dener Giovanini).

Todos estos escándalos y muchos otros menos conocidos, frente a los cuales la Iglesia se mostraba totalmente impotente, obligaron al Vaticano a tomar medidas. Según la propia confesión de los cardenales con quienes hablé, nadie creyó nunca en la eficacia de la circular, al menos por tres motivos. El primero es que privaba automáticamente a la Iglesia de vocaciones en un momento en que tenía una gran necesidad de ellas y gracias a la homosexualidad había podido nutrir sus filas durante décadas. Cabe pensar incluso que, en parte, la crisis de vocaciones en Europa tiene que ver con este fenómeno: la liberación gay ya casi no incita a los jóvenes a hacerse curas, sobre todo cuando se sienten cada vez más rechazados por una Iglesia grotescamente homófoba.

El segundo motivo es que obligaba a los seminaristas homosexuales que se habían quedado en la institución religiosa a esconderse aún más, a llevar una vida más *closeted* que antes. Los efectos psicológicos de esa represión y esa homofobia interiorizada en el seminario causaban, evidentemente, una gran confusión que podía desembocar en graves padecimientos existenciales, suicidios y perversiones futuras. La circular de Grocholewski, por tanto, no hizo más que agravar el problema en vez de ponerle coto.

El tercer motivo es legal: prohibir el ingreso en los seminarios a causa de la supuesta orientación sexual de ciertos candidatos al sacerdocio ya era discriminatoria. Y es ahora ilegal en numerosos países. (El papa Francisco renovó esta propuesta en diciembre de 2018, lo que le granjeó muchas críticas: «La homosexualidad dentro del sacerdocio —dijo— es un asunto serio que exige un discernimiento adecuado de los candidatos al sacerdocio y la vida religiosa… [la homosexualidad] es una realidad que no se puede negar. Es algo que me preocupa».

Ya conocemos a uno de los inspiradores de la circular Grocholewski. Era el sacerdote-psicoanalista Tony Anatrella, consultor de los pontificios consejos para la familia y la salud. Teórico cercano al cardenal Ratzinger y con cierta influencia en Roma, Anatrella afirmaba en 2005: «Es preciso quitarse de la cabeza la idea de que, en la medida en que un homosexual respeta su compromiso con la continencia y vive en la castidad, no dará problemas y por tanto podría ser ordenado sacerdote». Anatrella, por el contrario, insistía en que había que sacar de los seminarios no solo a los homosexuales practicantes, sino también a los que tenían «inclinaciones» y tendencias, aunque no pasaran al acto.

Según varias fuentes, monseñor Anatrella no solo inspiró sino que también participó en la redacción de la circular de Grocholewski, quien le consultó y llegó a reunirse con él. Según los que le rodeaban, Grocholewski se quedó impresionado con los argumentos del cura-psicoanalista que denunciaba los «fines narcisistas» de los curas gais y su obsesión por la «seducción». El papa Benedicto XVI, convencido más adelante por sus análisis sobre la castidad, le avaló e hizo de él un modelo y un intelectual católico de prestigio. (Como hemos visto, varios pacientes masculinos de monseñor Anatrella le acusaron de abusos sexuales y al final la Iglesia le sancionó y le prohibió la práctica sacerdotal.)

Ydier y Axel son dos seminaristas a los que he conocido en el centro cultural Mario Mieli (se han cambiado sus nombres).

—En mi seminario somos unos veinte. Siete son claramente gais. Unos seis más tienen, digamos, tendencias. Eso está bastante de acuerdo con el porcentaje habitual: entre el 60 y el 70 % de los seminaristas son gais. A veces pienso que sube al 75 % —me dice Axel.

El joven aspira a ingresar en la Rota, uno de los tres tribunales de la santa sede, razón principal de su paso por el seminario. Ydier, por su parte, quiere ser profesor. Lleva una cruz blanca sobre su camisa y tiene el pelo rubio chillón. Se lo comento.

—*Fake blonde!* ¡Es de bote! Soy moreno —me dice.

El seminarista prosigue:

—El ambiente de mi seminario también es muy homosexual. Pero hay matices importantes. Hay estudiantes que viven realmente su homosexualidad, otros que no la viven, o todavía no; hay homosexuales realmente castos; también hay heteros que la practican a falta de mujeres, digamos que en sustitución. Y hay otros que solo la viven en secreto y fuera del seminario. Es un ambiente muy especial.

Ambos seminaristas hacen más o menos el mismo análisis: consideran que la regla del celibato y la perspectiva de vivir entre chicos incitan a los jóvenes aún indecisos sobre sus inclinaciones a ingresar en los centros católicos. Al verse por primera vez lejos de su pueblo, sin familia, en un ambiente estrictamente masculino y un mundo fuertemente homoerótico, empiezan a entender su singularidad. Con frecuencia, incluso los no tan jóvenes son todavía vírgenes cuando entran en el seminario; en contacto con los otros muchachos sus tendencias se revelan o concretan. Los seminarios son entonces escenarios del *coming out* y de la iniciación de los futuros curas. Un verdadero rito de paso.

La historia del seminarista estadounidense Robert Mickens resume un camino que han seguido muchos otros:

—¿Cuál era la solución cuando descubrías que tenías una «sensibilidad» diferente en una ciudad de Estados Unidos como Toledo, Ohio, de donde yo vengo? ¿Qué opciones había? Para mí entrar en el seminario fue una forma de lidiar con mi homosexualidad. Estaba en conflicto conmigo mismo. No quise afrontar eso en Estados Unidos. Me fui a Roma en 1986 y estudié en el Pontifical North American College. Durante el tercer año de seminario, cuando tenía 25 años, me enamoré de un chico.

(Mickens no llegó a ordenarse sacerdote. Se hizo periodista de Radio Vaticano, donde trabajó once años, y luego de *The Tablet*, y hoy es jefe de redacción de la edición internacional de *La Croix*. Vive en Roma, donde hablé con él varias veces.)

Otro seminarista, un portugués con quien hablé en Lisboa, me cuenta una historia muy parecida a la de Mickens. Él sí que tuvo valor para hacer su *coming out* delante de sus padres. Entonces su madre le dijo: «Por lo menos tendremos un cura en la familia». (Entró en el seminario.)

Otro ejemplo: el de Lafcadio, un cura latinoamericano, treintañero, que hoy da clases en un seminario romano (se ha cambiado su nombre). Le conozco en el restaurante Propaganda después de que se ligara a uno de mis traductores. Como ya no podía disimular su homosexualidad optó por hablarme francamente y volvimos a vernos para cenar cinco veces a lo largo de esta investigación.

Lo mismo que Ydier, Axel y Robert, Lafcadio me cuenta su historia: una adolescencia difícil en la América Latina profunda, pero sin que sospechara de su sexualidad. Quiso entrar en el seminario «por vocación sincera», me dice, aunque la ociosidad afectiva y el tedio sin nombre, cuya causa ignoraba, pudieron tener algo que ver. Poco a poco logró poner un calificativo a ese malestar: homosexualidad. Y luego, de repente, un suceso inesperado: un día, en un autobús, un chico le pone la mano en el muslo. Me cuenta:

—Me quedé paralizado. No sabía qué hacer. Cuando el autobús se detuvo, hui. Pero por la noche ese gesto sin gravedad me obsesionó. No podía dejar de pensar en ello y en lo bueno que era. Y tuve ganas de que se repitiera.

Poco a poco descubre y acepta su homosexualidad y se va a Italia, pues según me dice los seminarios romanos eran «tradicio-

469

nalmente» los lugares «adonde se envía a los chicos sensibles de Latinoamérica». En la capital empieza a llevar una doble vida bien compartimentada, sin permitirse nunca dormir fuera del seminario donde se aloja y donde ha adquirido importantes responsabilidades.

Conmigo es *openly gay* y me habla de sus obsesiones y sus deseos sexuales intensos. «A menudo estoy *hot*», me dice. ¡Cuántas noches pasadas en camas azarosas, y siempre esa obligación de volver al seminario, antes del toque de queda, incluso cuando aún quedan tantas cosas por hacer!

Al asumir su homosexualidad, Lafcadio también empezó a ver a la Iglesia con otros ojos.

—Desde entonces descifro mejor los códigos. En el Vaticano muchos *monsignori*, arzobispos y cardenales me tiran los tejos. Antes no era consciente de lo que querían, ahora ya lo sé. (Lafcadio ha sido uno de mis mejores informadores porque, al ser joven y bien parecido y al estar bien introducido en la curia romana, muchos cardenales, obispos e incluso una *liturgy queen* próxima al papa han intentado ligar con él.)

Como muchos de los seminaristas con los que hablo, Lafcadio me describe otro fenómeno tan extendido en la Iglesia que hasta tiene un nombre: «*sollicitatio ad turpia*» («las solicitaciones en confesión»). Cuando confiesan su homosexualidad a su sacerdote o a su director espiritual, los seminaristas se exponen.

—Algunos de los curas a los que confesé mis dudas o mis deseos sexuales me hicieron proposiciones —afirma.

Muchas veces las proposiciones no van más allá; otras son correspondidas y desembocan en una relación; a veces se forman parejas. Pero otras veces —pese a que la confesión es un sacramento— se saldan con tocamientos, acosos, chantajes o agresiones sexuales. Cuando un seminarista confiesa que tiene inclinaciones o tendencias, corre un riesgo. En algunos casos el superior del joven le denuncia, como le ocurrió al excura Francesco Lepore en la Pontificia Universidad de la Santa Cruz:

—Durante una confesión le hablé de mis conflictos interiores a uno de los capellanes del Opus Dei. Yo era sincero y un poco ingenuo. Lo que no sabía era que él iba a traicionarme y a contarlo por ahí.

Otros seminaristas cayeron en una trampa y sus confesiones

se usaron para expulsarles del seminario, algo ilegal según el derecho canónico, porque el secreto de confesión es absoluto y traicionarlo implica excomunión.

—También en estos casos la Iglesia tiene dos varas de medir. Permite que se denuncie a los que han revelado su homosexualidad en confesión, pero cuando un sacerdote tiene conocimiento de abusos sexuales en confesión, le prohíbe que viole ese secreto —se queja un seminarista.

Según varios testimonios, durante los primeros meses de seminario, en el año de «discernimiento», llamado de «propedéutica», el cortejo en confesión es más frecuente; en el diaconato no tanto. En el clero regular, varios dominicos, franciscanos y benedictinos me han confirmado que cuando eran novicios sufrieron ese «rito de paso». Las proposiciones, consentidas o no, pueden valerse de una disculpa bíblica: en el Libro de Job el culpable es el que cede a la tentación, no el que tienta. Total, que en un seminario el culpable siempre es el seminarista, no su superior agresor; volvemos a encontrarnos con la inversión de los valores del Bien y el Mal que la Iglesia comete constantemente.

471

Para empezar a entender el sistema católico cuya antecámara son los seminarios es preciso descifrar otro código de Sodoma: el de las amistades, las protecciones y los protectores. La mayoría de los cardenales y obispos que entrevisté me hablaron de sus «asistentes» o «adjuntos», es decir, sus protegidos. Achille Silvestrini era el protegido del cardenal Agostino Casaroli; el laico Dino Boffo, de Stanislaw Dziwisz; Paolo Romeo y Giovanni Lajolo, del cardenal Angelo Sodano; Gianpaolo Rizzotti, del cardenal Re; Don Lech Piechota, del cardenal Tarcisio Bertone; Don Ermes Viale, del cardenal Fernando Filoni; Monseñor Graham Bell, del arzobispo Rino Fisichella; el arzobispo Jean-Louis Bruguès, del cardenal Jean-Louis Tauran; como también lo fueron los futuros cardenales Dominique Manberti y Piero Parolin; el nuncio Ettore Balestrero, del cardenal Mauro Piacenza; monseñor Fabrice Rivet, del cardenal Giovanni Angelo Becciu, etcétera. Podrían citarse cientos de ejemplos de este tipo que escenifican «el ángel de la guarda» y el «favorito» —a veces el «ángel malo»—. Estas «amistades especiales» pudieron evolucionar en relación homosexual, pero por lo general no lo hicieron; constituyen un sistema de alianzas jerárquicas muy compartimentadas, que puede desembocar en clanes, facciones, a veces camarillas. Y como en todo cuerpo vivo, hay inversiones, idas y vueltas, cambios de alianzas. A veces estos binomios en los que «dos se aburren juntos» acaban siendo verdaderas asociaciones de malhechores y la explicación de escándalos económicos o asuntos Vatileaks.

Este modelo del «protector» y su «protegido», que recuerda al de ciertas tribus aborígenes estudiadas por Claude Lévi-Strauss, existe en todos los niveles de la Iglesia, desde los seminarios hasta el colegio cardenalicio, y generalmente hace que los nombramientos sean incomprensibles y las jerarquías, opacas para el profano que no está en el secreto. ¡Habría que ser etnólogo para desentrañar toda su complejidad!

Un fraile benedictino que fue uno de los responsables de la universidad romana de San Anselmo me explica la regla implícita:

—En general, en una casa religiosa puedes hacer lo que te dé la gana siempre que no te descubran. E incluso cuando te pillan, los superiores hacen la vista gorda, sobre todo si das a entender que estás dispuesto a corregirte. En una universidad pontificia como San Anselmo hay que tener en cuenta que el profesorado también es mayoritariamente homosexual.

En *Un corazón bajo una sotana*, Rimbaud, visionario desde la atalaya de sus quince años, ya describía las «intimidades de los seminaristas», sus deseos sexuales que se revelaban una vez «revestida la vestidura sagrada», sus sexos que laten bajo su «capote de seminarista», la «imprudencia» de una «confidencia» traicionada y, tal vez ya, los abusos del padre superior cuyos «ojos emerg[en] de su grasa». El Poeta resumirá más tarde el problema a su manera: «Yo era muy joven y Cristo mancilló mis resuellos».

«El confesionario no es la sala de tortura», ha dicho el papa Francisco. El santo padre habría podido añadir: «Tampoco puede ser un lugar de abusos sexuales».

Y

La mayoría de los seminaristas me hicieron comprender una cosa que no había descubierto y resumió muy bien un joven alemán a quien conocí casualmente en las calles de Roma:

—Yo no lo veo como una doble vida. Una doble vida sería algo secreto y oculto. Pero en el seminario conocen mi homosexualidad. No es ruidosa, no es militante, pero se sabe. En cambio lo que está realmente prohibido es militar, reafirmarse. Pero mientras uno sea discreto no pasa nada.

La regla del «*Don't Ask, Don't Tell*» funciona a tope, como en toda la Iglesia. En los seminarios la práctica homosexual se tolera más cuanto menos se exhiba. Pero ¡ay de quien traiga el escándalo!

—Lo único que está realmente prohibido es ser heterosexual. Tener una chica, traerte una chica, supone la expulsión inmediata. La castidad y el celibato se entienden sobre todo con las mujeres —añade, con una amplia sonrisa, el seminarista alemán.

Un exseminarista que vive en Zúrich me explica su punto de vista:

—En el fondo, la Iglesia siempre ha preferido curas gais a curas heterosexuales. Con sus circulares antigáis pretende cambiar un poco las cosas, pero ¡una realidad no se cambia a golpe de circular! Mientras se mantenga el celibato de los curas, un cura homo será siempre mejor acogido en el seno de la Iglesia que un cura hetero. Es una realidad, y la Iglesia no puede hacer nada al respecto.

Los seminaristas con quienes hablé están de acuerdo en otra cosa: un heterosexual no puede sentirse completamente cómodo en un seminario católico debido a —cito sus expresiones— «las miradas», las «amistades especiales», los «*bromances*», las «cosas de chicos», la «sensibilidad», la «fluidez», la «ternura» y la «atmósfera homoerótica» que se respira. ¡Hay que tener mucho temple para permanecer célibe!

—Todo es homoerótico. La liturgia es homoerótica, los ropajes son homoeróticos, los chicos son homoeróticos, sin olvidar a Miguel Ángel —me hace ver el exseminarista Robert Mickens.

Y otro seminarista dominico añade, con un razonamiento que he oído varias veces:

—Jesús no habla nunca de la homosexualidad. Si es algo tan terrible, ¿por qué Jesús no habla de ella? —Y después de un titubeo añade—: Estar en un seminario es algo así como estar en *Bla-*

473

de Runner: nadie sabe quién es humano y quién es «replicante». Es una ambigüedad que los heteros suelen llevar muy mal. —De pronto, como si reflexionara sobre su propia suerte, dice—: ¡No olvidemos que muchos renuncian!

El periodista Pasquale Quaranta es uno de ellos. Él también me cuenta su etapa de seminarista que, por así decirlo, fue una historia familiar. Quaranta, hoy redactor de *La Repubblica*, fue una de las tres personas (junto con el editor Carlo Feltrinelli y un joven escritor italiano, Horatio) que me convencieron para que me lanzase a este proyecto, *Sodoma*. Durante muchas cenas y veladas, en Roma pero también en escapadas a Perugia o a Ostia, siguiendo las huellas de Pasolini, me contó su itinerario.

Hijo de un padre franciscano que colgó los hábitos para casarse con su madre, Pasquale eligió inicialmente la vía del sacerdocio. Estuvo diez años con los estigmatinos, una congregación clerical dedicada a la enseñanza y la catequesis.

—Tengo que reconocer que tuve una buena educación. Agradezco a mis padres que me mandaran al seminario. ¡Me inculcaron la pasión por la *Divina Comedia*!

¿Fue la homosexualidad uno de los motores secretos de esa vocación? Pasquale no lo cree; ingresó en el seminario menor siendo demasiado joven para que eso pudiera tener alguna influencia. Pero quizá fuera el motivo de que perdiera la vocación.

Cuando uno descubre su homosexualidad y habla de ello con su padre, la relación de complicidad, muy fuerte, que existe entre ambos se degrada instantáneamente.

—Mi padre dejó de hablarme. Dejamos de vernos. Se quedó traumatizado. Al principio pensó que el problema era yo, luego que el problema era él. Poco a poco, tras un largo recorrido de diálogo que duró varios años, nos reconciliamos. Mientras tanto yo había renunciado al sacerdocio y, en su lecho de muerte, él corrigió las pruebas de un libro que me disponía a publicar sobre la homosexualidad, escrito con un cura, que me ha permitido asumirme mejor.

Los seminaristas gais que aún no han renunciado ¿son felices y alegres? Cuando les hago esta pregunta sus expresiones se apagan, sus sonrisas se borran, la duda se instala. Salvo el suramericano Lafcadio, quien me dice que «le gusta su vida», los otros me hablan del malestar de estar siempre «en zona gris», un poco escondidos, un poco silenciosos, y de los riesgos que asumen para su futura carrera eclesiástica.

Para muchos el seminario ha sido la ocasión de «salir del armario», pero también la conciencia de estar en un callejón sin salida. La mayoría se pelean con su homosexualidad, que en estas circunstancias se vuelve opresiva. Como escribe el Poeta: «cargado con mi vicio, el vicio que ha hundido sus raíces de sufrimiento en mi flanco desde que tengo uso de razón, que sube al cielo, me golpea, me derriba, me arrastra».

Todos tienen miedo de emprender una vida equivocada, de volverse fósiles en un mundo que se les parece demasiado. En el seminario la vida se nubla. Descubren cómo será su existencia de curas en la mentira y las quimeras, una vida áspera de jansenista solitario, insincero, una vida temblorosa como la llama de una vela. Hasta donde alcanza la vista: el sufrimiento, el silencio, las bellezas «cautivas», las ternuras reprimidas apenas imaginadas, los «falsos sentimientos» y, sobre todo, los «desiertos del amor». Hasta donde alcanza la vista: el tiempo que pasa, la juventud que se marchita, casi viejo, ya. Por doquier «paraísos de tristeza», como también dice el Poeta.

La obsesión de los seminaristas es haber agotado su «capital nocturno» antes incluso de haberlo estrenado. En la comunidad gay se suele hablar de *gay death*, la fecha de «caducidad» para un homosexual, fijada en 30 años, edad que marcaría el fin del ligue fácil. ¡Más vale echarse novio antes de que llegue lo inevitable! Pero como no pueden dar rienda suelta a su pasión, suele ser a esas edades, cuando su «valor de mercado sexual» declina, cuando muchos curas empiezan a salir. Eso explica la obsesión de los seminaristas por recuperar el tiempo perdido, las *chem-sex parties* y las «quedadas de azotes». Acurrucados en sus seminarios, ¿van a tener que esperar treinta años para crecer en los cuartos traseros?

Este dilema, que me han descrito a menudo los curas católicos, se ha recrudecido desde la liberación homosexual. Antes de los años setenta la Iglesia era un refugio para los que sufrían discri-

475

minación fuera; después se ha convertido en una cárcel para los que han entrado o se han quedado. Todos se sienten encerrados, encogidos, ahora que los gais del exterior se han liberado. El Poeta, de nuevo: «¡Oh Cristo! eterno ladrón de energías».

A diferencia de otros seminaristas más viejos, que me han hablado de flagelaciones, azotes o castigos corporales, Ydier, Axel o Lafcadio no pasaron por etapas tan extremas, pero también ellos tuvieron su ración de lágrimas. Maldijeron la vida y ese sufrimiento que se nutre de sí mismo, como consentido, masoquista. Les habría gustado tanto ser diferentes, a fin de cuentas, repitiendo el grito atroz de André Gide: «¡Yo no me parezco a los demás! ¡Yo no me parezco a los demás!».

Queda el onanismo. Según todos mis interlocutores, la obsesión de la Iglesia contra la masturbación alcanza hoy su apogeo en los seminarios, mientras que los curas, por experiencia, saben que no te deja ciego. El afán exagerado de control y coerción apenas surte efecto ya: lejos quedó el tiempo en que los seminaristas «que habían cedido a un onanismo de circunstancia» podían temer por su salud y estar «convencidos de que olían a chamusquina» (según las bellas expresiones del crítico literario Angelo Rinaldi).

La masturbación, que en los seminarios de antes era un tema tabú del que no se hablaba, es hoy un asunto importante, mencionado con frecuencia por los profesores. Esta vana obsesión no va dirigida únicamente a impedir la sexualidad sin fin procreador (el motivo oficial de la prohibición), sino, ante todo, a un control totalitario del individuo, privado de su familia y su cuerpo, una verdadera despersonalización al servicio del colectivo. Una idea fija, tan repetida hoy, tan maniática, que el onanismo se convierte en una especie de «armario dentro del armario», una forma de identidad homosexual cerrada con doble llave. Entonces los curas abusan de él, soñando con «dulces ardores» que son sueños de libertad.

—¡Que la masturbación se siga enseñando en los seminarios como un pecado es medieval! Y que se hable de ella y se condene más que la pedofilia retrata bien a la Iglesia católica —me hace ver Robert Mickens.

Υ

Otro día, cuando regreso del Vaticano, un joven me fulmina con la mirada cerca del metro Ottaviano. Con una gran cruz de madera sobre la camiseta, va acompañado de un cura viejo (como le llamará más tarde) y después de un momento complicado se las arregla para abordarme. Se llama Andrea y, sin cortarse, me pide mi número de teléfono. Bajo el brazo lleva *AsSaggi biblici,* un manual de teología editado por Franco Manzi, lo que le delata y despierta mi interés. Hablo con él.

Ese mismo día, al caer la tarde, tomamos un café en un bar de Roma y no tarda en confesarme que me ha dado un nombre falso y que es seminarista. Tendremos varias charlas y, como los otros futuros curas, Andrea me describe su mundo.

Contra todo pronóstico, Andrea, abiertamente homosexual conmigo, es un fiel de Benedicto XVI.

—Prefería a Benedetto. No me gusta Francesco. No me gusta este papa. Me encantaría volver a la Iglesia de antes del Vaticano II.

¿Cómo concilia su vida gay con su vida de seminarista? Andrea menea la cabeza, visiblemente atormentado y lamentando esa ambigüedad. Con ademán entre orgulloso y abatido, contesta con rodeos:

—Verás, yo no soy tan buen cristiano. Y eso que lo he intentado. Pero no lo consigo. La carne, ya sabes. Y me consuelo diciéndome que la mayoría de los seminaristas que conozco son como yo.

—¿Escogiste el seminario porque eras gay?

—Yo no lo veo así. El seminario, de entrada, era una solución provisional. Quería comprobar si mi homosexualidad era una cosa pasajera. Después, el seminario se convirtió en una solución de compromiso. Mis padres quieren creer que no soy homosexual y les gusta que esté en el seminario. Y a mí me permite vivir, en cierto modo, con arreglo a mis gustos. No es sencillo, pero es mejor así. Si tienes dudas sobre tu sexualidad, si no quieres que se sepa a tu alrededor que eres gay, si no quieres darle un disgusto a tu madre, ¡te metes en el seminario! Si me fijo en mis propios motivos, el que predomina es claramente la homosexualidad, aunque al principio no lo tenía del todo claro. No tuve una verdadera confirmación de mi homosexualidad hasta que estuve dentro del seminario. —Y añade, en plan sociólogo—: Creo que es una es-

477

pecie de regla: una gran mayoría de curas han descubierto que les atraían los chicos en ese mundo homoerótico y estrictamente masculino que son los seminarios. Cuando estás en tu instituto, en tu provincia italiana, tienes pocas probabilidades de encontrar homosexuales que te gusten. Siempre es muy arriesgado. Y entonces llegas a Roma, al seminario, y solo hay chicos y casi todo el mundo es homosexual, y joven, y guapo, y comprendes que tú también eres como ellos.

Durante nuestras charlas el joven seminarista me cuenta con detalle el ambiente del seminario. Me dice que utiliza con frecuencia dos aplicaciones, Grindr e ibreviary.com, la herramienta de encuentros gais y un breviario católico en cinco idiomas que se puede descargar gratis en el móvil. ¡Un perfecto resumen de su vida!

Con 20 años Andrea ya ha tenido muchos amantes, unos cincuenta:

—Los encuentro en Grindr o entre los seminaristas.

Echándose la culpa a sí mismo de esa doble vida y para paliar su decepción por no ser un santo, se ha inventado algunas pequeñas reglas para darse buena conciencia. Por ejemplo, me revela que cuando conoce a alguien a través de Grindr, la primera vez evita la relación sexual. ¡Siempre espera, por lo menos, a la tercera!

—Es mi método, yo diría que mi lado Ratzinger —me dice con ironía.

Yo insisto para que me explique por qué sigue queriendo ser sacerdote. El joven, con ademán seductor, titubea. No sabe qué decir. Se lo piensa y luego me suelta:

—Solo Dios lo sabe.

Según numerosos testimonios recogidos en las universidades pontificias romanas, la doble vida de los seminaristas ha evolucionado mucho estos últimos años gracias a Internet y los *smartphones*. La gran mayoría de los que salían de noche cerrada en busca de encuentros casuales o, en Roma, a clubes como el Diabolo 23, el K-Men's Gay, el Bunker o el Vicious Club, hoy ligan tranquilamente desde su cuarto. Gracias a aplicaciones como Grindr, Tinder y Hornet, y a páginas de encuentros como GayRomeo (convertido en PlanetRomeo), Scruff (para los más mayorcitos y los *bears*), Daddyhunt (para los amantes de los *daddies*) o Recon (para los fetichistas y las sexualidades «extremas»), ya no necesitan desplazarse ni correr demasiados riesgos.

En Roma, con la ayuda de mis investigadores, también descubrí la homosexualidad de varios seminaristas, curas gais y obispos de la curia gracias a la magia de Internet. Muchas veces, cuando nos veíamos en el Vaticano, por cortesía o connivencia nos dieron su dirección electrónica o su número de móvil. Luego, cuando metíamos inocentemente estas informaciones en la libreta de direcciones de Gmail o de nuestros *smartphones*, aparecían automáticamente varias cuentas y nombres asociados en WhatsApp, Google+, LinkedIn o Facebook. Con frecuencia seudónimos. A través de esos nombres fingidos, la doble vida de esos seminaristas, curas y obispos de curia —todos ellos muy discretos pero no lo bastante *geeky*— asomaba en las páginas de encuentros, ¡como por obra y gracia del espíritu santo! (Pienso en diez casos concretos y sobre todo en varios *monsignori* con quienes ya nos hemos encontrado en este libro.)

479

Hoy son muchos los que se pasan noches enteras en Gay Romeo, Tinder, Scruff o el sitio Venerabilis, pero ante todo en Grindr. A mí nunca me gustó esa aplicación deshumanizada y repetitiva, pero comprendo su lógica: geolocalizada en tiempo real, te indica todos los gais disponibles en los alrededores. ¡Es diabólico!

Según varios curas, Grindr se ha convertido en un fenómeno de gran amplitud en los seminarios y las reuniones sacerdotales. El uso de la aplicación se ha vuelto tan masivo en la Iglesia que incluso han estallado varios escándalos (por ejemplo, en un seminario irlandés). A menudo los curas, sin querer, se descubren unos a otros al comprobar que a pocos metros hay otro religioso gay. Por mi parte, he comprobado con mi equipo que Grindr funciona todas las noches dentro del Vaticano.

En efecto, nos ha bastado colocar dos *smartphones* a ambos lados del pequeño Estado católico para identificar, con un margen de error pequeñísimo, la localización de los gais. Cuando hemos hecho el experimento, en dos ocasiones, no había muchos conectados desde el Vaticano, pero según varios contactos internos los diálogos vaticanescos en Grindr a veces son muy intensos.

El sitio Venerabilis merece un relato aparte. Creado en 2007, era una plataforma en la Red totalmente dedicada a los sacerdotes «homosensibles», que ponían anuncios y podían chatear. Lugar de intercambio y de apoyo, desembocó en la creación de grupos de discusión en la vida real. Hubo un tiempo en que estos grupos se reunían en el café de la famosa librería Feltrinelli del Largo Torre Argentina, con franjas horarias distintas según las universidades pontificias. Uno de los administradores de la web, monseñor Tommaso Stenico, próximo a Tarcisio Bertone, era conocido por ser homófobo dentro de la curia y practicante fuera del Vaticano (fue removido de su cargo después de haber salido del armario en un programa de televisión italiano). Pero, siguiendo una evolución muy natural, la web ha evolucionado hacia el ligue eclesiástico, y ahora, tras una denuncia de la prensa católica conservadora, está inactiva. Hemos encontrado su rastro en los archivos de la página y la *deep web*, pero ya no es accesible ni está indexada por los motores de búsqueda.

480 En Facebook, otra herramienta de ligue muy utilizada debido a su carácter mixto, es fácil encontrar a los curas o seminaristas gais. Como a varios prelados a los que investigábamos en Roma, pues la mayoría de ellos conocen mal las reglas de confidencialidad de la red social y dejan visible su lista de amigos. De hecho, basta con mirar esa cuenta desde la de un gay romano bien introducido en la comunidad homosexual de la ciudad para determinar casi con toda seguridad, a partir de los «amigos comunes», si el sacerdote es gay o no. Sin que una *timeline* condicione el menor mensaje gay, el funcionamiento de Facebook delata casi automáticamente a los gais.

En Twitter, Instagram, Google+ o LinkedIn, cruzándolos con Facebook, se puede hacer el mismo tipo de búsqueda y siempre legalmente. Gracias a herramientas profesionales como Brandwath, KB Crawl o Maltego se pueden analizar juntos las infos «sociales» de un sacerdote, sus amigos, los contenidos que le han gustado, ha compartido o ha enviado e incluso ver sus distintas cuentas vinculadas (a veces con distintas identidades). He tenido ocasión de utilizar este tipo de programas, muy eficaces, que permiten crear arborescencias generales y gráficos de todas las interacciones de una persona en las redes sociales a partir de las informaciones públicas que deja en Internet. El resultado es impresionante, porque aparece el perfil completo de la persona a partir de los miles de datos que ha comunicado ella misma en las redes sin acordarse siquiera. La mayoría de las veces, si esa persona es homosexual, la información aparece con un margen de incertidumbre pequeño. Si alguien quiere zafarse de herramientas como estas tiene que haber compartimentado de tal modo su vida, utilizando redes separadas y sin haber compartido nunca con sus amigos ninguna información personal, que resulta casi imposible.

Los *smartphones* e Internet, por tanto, están cambiando la vida de los seminaristas y los curas para bien y para mal. A lo largo de esta investigación yo mismo he usado bastante estos nuevos recursos de Internet para alquilar apartamentos en Airbnb, orientarme con Waze y circular con Uber; me he puesto en contacto con sacerdotes en LinkedIn o Facebook, he conservado importantes documentos o grabaciones en Pocket, Wunderlist o Voice Record, y me he comunicado en secreto con muchas fuentes mediante Skype, Signal, WhatsApp o Telegram. Hoy en día el escritor es un verdadero *digital writer*.

481

En este libro no trato de reducir la vida de seminaristas y curas a la homosexualidad, la orgía, la masturbación o la pornografía en línea. También hay, por supuesto, algunos religiosos a los que podríamos llamar «ascetas» que no se interesan por el sexo y experimentan pacíficamente su castidad. Pero según todos los testimonios, los curas que son fieles a su voto de castidad son una minoría.

En definitiva, las revelaciones sobre la homosexualidad de los sacerdotes y las dobles vidas del Vaticano no han hecho más que empezar. Con la proliferación de los *smartphones* que permiten filmarlo y grabarlo todo, con las redes sociales donde todo se sabe, los secretos del Vaticano serán cada vez más difíciles de guardar. La palabra se libera. En todo el mundo hay periodistas audaces investigando sobre la hipocresía generalizada del clero, y los testigos hablan. A mis preguntas sobre estos asuntos, algunos cardenales contestan que «no son esenciales», que «se han ventilado demasiado» y que «las polémicas sexuales ya han quedado atrás». Les gustaría que se pasara la página.

Yo pienso justamente lo contrario. Creo que apenas se han rozado, y que todo lo que cuento en este libro no es más que la primera página de una larga historia por escribir. Creo, incluso, que me quedo corto. La revelación, el descubrimiento y el relato del mundo secreto y todavía casi inexplorado de Sodoma no ha hecho más que empezar.

CUARTA PARTE

Benedicto

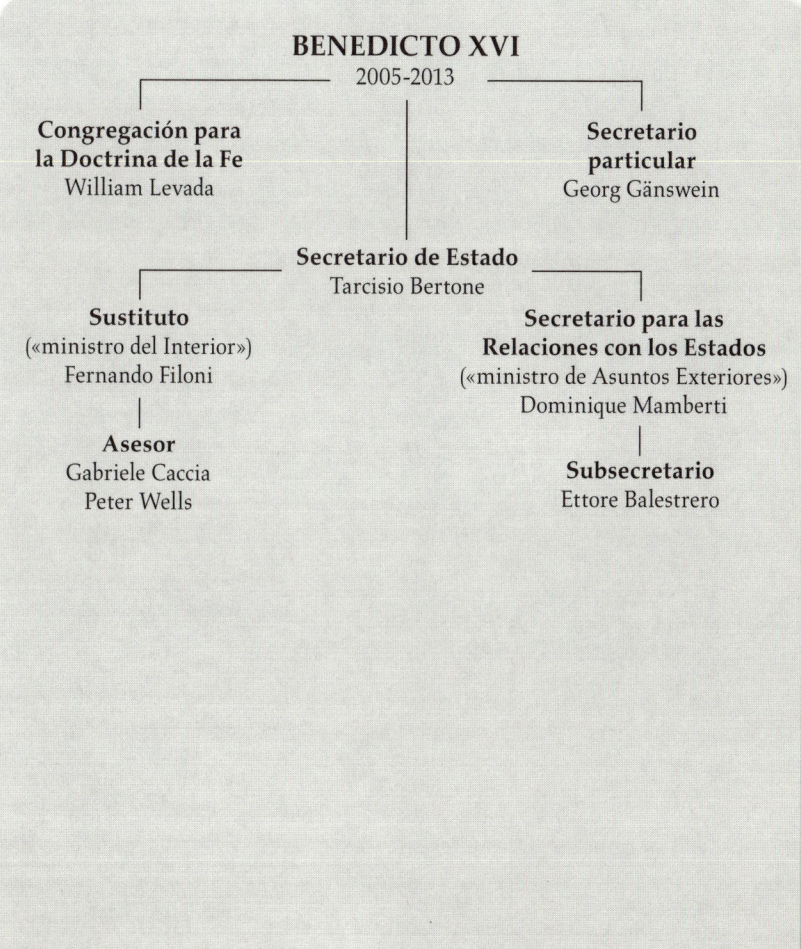

BENEDICTO XVI
2005-2013

**Congregación para
la Doctrina de la Fe**
William Levada

**Secretario
particular**
Georg Gänswein

Secretario de Estado
Tarcisio Bertone

Sustituto
(«ministro del Interior»)
Fernando Filoni

**Secretario para las
Relaciones con los Estados**
(«ministro de Asuntos Exteriores»)
Dominique Mamberti

Asesor
Gabriele Caccia
Peter Wells

Subsecretario
Ettore Balestrero

20

Passivo e bianco

*E*n la sede de la fundación Ratzinger, en Roma, la guerra ha terminado. Ahora ya solo la historia juzgará, y Dios en su misericordia. En las paredes, varias fotografías y cuadros representan a Benedicto XVI. En este, todavía cardenal; en aquel, ya jubilado, papa «emérito».

Entre estas dos figuras, me impresiona un inmenso retrato que ocupa un lugar destacado: el soberano pontífice todavía en activo, sentado con gran pompa en el trono papal rojo y dorado, sonriente, majestuoso en sus blancas vestiduras bordadas en oro. La mitra amarillo topacio, ostentosa también, agranda aún más su figura, *larger than life*. Amorcillos, faunos, psiques y cupidos decoran los montantes de madera del sillón. La figura de tez sonrosada del papa domina, *ex cathedra*, entre un arco iris de colores y una explosión de encajes. Benedicto XVI está sentado en el trono, como un rey. En la cima de su gloria.

Al mirar de cerca ese retrato intemporal, le encuentro cierto parecido con el papa Inocencio X, al que Velázquez pinta sentado también en majestad: ropaje púrpura y encajes, bonete rojo en la cabeza y el anillo resplandeciente (el hermoso *Retrato de Inocencio X* se encuentra en la galería Doria-Pamphili de Roma). Una mirada más atenta revela los cambios; las transformaciones radicales saltan a la vista. Adivino ahora el rostro del santo padre tal como lo reproduce Francis Bacon en su *Estudio según el retrato del papa Inocencio X de Velázquez*, del que está expuesta una versión en los museos del Vaticano.

El rostro cubista del papa aparece completamente distorsiona-

485

do: es como una máscara, con la nariz torcida, casi difuminada; la mirada inquisidora. ¿Está enojado el santo padre o esconde un secreto? ¿Es un perverso narcisista o una encarnación de la pureza del mundo? ¿Es víctima de máquinas deseantes o piensa en su juventud perdida? ¿Llora? ¿Por qué llora? Como observa el filósofo Gilles Deleuze, Francis Bacon deja hábilmente fuera de la escena las causas de la angustia del papa, privándonos así de una explicación racional.

Como en los cuadros de Velázquez y de Bacon, aunque con un talento infinitamente menor, el misterio Ratzinger se expone en ese gran retrato que nadie mira, en la sede de su fundación que nadie visita ya, y que está vacía. Un soberano pontífice en su simplicidad indecible y su complejidad indescifrable.

Benedicto es el primer papa moderno que dimitió de su cargo. Se dijo que por motivos de salud; sin duda una razón entre otras, una de las catorce estaciones de ese largo vía crucis que fue su breve pontificado. Benedicto XVI tampoco fue víctima de un *lobby* gay, como se dio a entender. Sin embargo, nueve de las catorce estaciones de esta Vía Dolorosa que fijaron su suerte y precipitaron su caída tienen que ver con la homosexualidad.

En la sede de la fundación Ratzinger no hay nadie. Cada vez que he visitado esas oficinas fantasma, locales oficiales del Vaticano, Vía della Conciliazione en Roma, para entrevistarme con el padre Federico Lombardi, lo he encontrado solo. Ni secretario, ni asistente: ni un alma. Y cuando alguien se presenta en la entrada, el guardia regordete y borrachín ni siquiera filtra las visitas: son tan pocas.

Llamo a la puerta. Me abre el propio Federico Lombardi.

Fiel, puntual, *soft-spoken* («que habla bajito») y siempre disponible, Lombardi es un misterio. Fue uno de los colaboradores más próximos de tres papas, y en la memoria de los periodistas sigue siendo el portavoz de Benedicto XVI en su largo vía crucis. ¿Quién es ese personaje? Ha hablado mucho, pero no sabemos nada de él.

De puertas afuera, es un jesuita tremendamente humilde, por lo general admirado y estimado. Su vida sobria y de lecturas, marcada por un cierto desapego, y su abnegación contrastan con algunos séquitos de los papas a los que ha servido, que vivían por encima de sus posibilidades en medio del lujo, el blanqueo de dinero y los escándalos sexuales; vivir por debajo de sus posibilidades ha sido para Lombardi un principio inquebrantable. Y aún hoy, acude a pie a nuestra cita desde el cuartel general de los jesuitas, en el Borgo, donde vive en una habitación espartana. Sin duda es uno de los que en el Vaticano respeta realmente los tres votos de la vida religiosa (pobreza, castidad y obediencia), a los que añade, como todos los miembros de su congregación, un cuarto voto de obediencia especial al papa.

De puertas adentro, el padre Federico es un «papimano», como bien dice Rabelais de los prelados que viven en la adoración del papa. Ese Loyola hizo de la obediencia al papa un valor absoluto, un valor situado por encima de la verdad. El adagio vale para él y para todos los jesuitas: «Vería negro lo que es blanco, si así lo dice la Iglesia». Daltónico bajo el papado de Ratzinger, Lombardi vio a menudo blancas las fumatas negras. Hasta el punto de que los periodistas le reprocharon con frecuencia su fraseología estereotipada: un portavoz que esquivaba verdades o relativizaba los escándalos de pedofilia que, cual tormentas imprevisibles, se abatían sobre el pontificado, cosa que le valió el sobrenombre de Pravda. Como escribió Pascal, que era poco amante de los jesuitas: «Se pueden decir cosas falsas creyéndolas verdaderas, pero la cualidad de mentiroso encierra la intención de mentir».

En las cinco entrevistas que mantuve con Lombardi, ese sacerdote de trato afectuoso respondió calmadamente a mis preguntas y corrigió con tacto mis interpretaciones:

—No creo que exista contradicción entre la verdad y la obediencia al papa. Como jesuita, ciertamente estoy al servicio de una interpretación positiva del mensaje del santo padre. Y a veces puse en ello toda mi pasión. Pero siempre dije lo que pensaba.

Al vaticanista estadounidense Robert Carl Mickens no le convence demasiado esta reinterpretación de los hechos, que critica con dureza:

—La Iglesia católica es sin duda la organización que más habla de verdad, palabra que está constantemente en su boca. Esgrime sin cesar la «verdad». Y, al mismo tiempo, es la organización que más miente en todo el mundo. El portavoz de Juan Pablo II, Joaquín Navarro-Valls, y el de Benedicto XVI, Federico Lombardi, nunca decían la verdad.

Durante el pontificado de Benedicto XVI —una sucesión casi ininterrumpida de fallos, de errores, de escándalos, de líos y de polémicas—, el soldado Lombardi se vio obligado a entrar en combate con mucha frecuencia. Encargado de tantos desmentidos e instado a defender lo indefendible, el anciano sacerdote comienza ahora una merecida jubilación.

Federico Lombardi llegó al Vaticano en tiempos de Juan Pablo II, hace más de veinticinco años, y fue nombrado director de la Radio Vaticana, un cargo tradicionalmente reservado a los jesuitas. No obstante, según sus amigos y excolaboradores a los que he interrogado, Lombardi nunca compartió la línea dura de Juan Pablo II ni de Benedicto XVI. Es un hombre más bien de izquierdas, cercano al catolicismo social italiano. En realidad, el padre Lombardi siempre ha ido un poco a contracorriente: sirvió a papas con los que tenía pocas coincidencias y finalmente fue despedido por un jesuita, Francisco, cuyas ideas compartía y que, si las cosas se hubieran hecho bien, debería haber sido «su» papa.

—Mi prioridad era estar al servicio del papa. Un jesuita apoya y se identifica con la línea pontificia. Además, como yo había estudiado en Alemania, sentía una gran admiración por la teología de Ratzinger, por su equilibrio —matiza.

Escalando los peldaños de la santa sede, como otros las nunciaturas, Lombardi asciende en el escalafón bajo el papado de Juan Pablo II: es nombrado director de la oficina de prensa del Vaticano (el conjunto de los servicios de comunicación) antes de convertirse en portavoz del papa, poco después de la elección de Benedicto XVI.

Sucede en este cargo al español Joaquín Navarro-Valls, cuyos vínculos con el Opus Dei son bien conocidos. Cuando era joven, todo el mundo le encontraba sexi: «¿Es que el buen Dios solo debería llamar a los feos?», respondió el papa Juan Pablo II, cuando se le comentaba ¡que estaba muy bien rodeado! Extrañamente, Navarro-Valls era un laico célibe que había hecho voto de castidad heterosexual sin estar obligado a ello, como hicieron en su momento Jacques Maritain o Jean Guitton.

Siempre me han divertido esos laicos castos y «numerarios» del Vaticano, que sienten escaso entusiasmo por las «personas del bello sexo» y tienen un único temor: ¡tener que casarse! ¿Por qué hacen un voto de castidad que nadie les exige? Si no están casados, las dudas aumentan; y si no se les conoce mujer, la duda ya no cabe. Federico Lombardi es sacerdote.

Veamos cómo el portavoz de los últimos tres papas se pone a hacer comparaciones en las distintas entrevistas que hemos mantenido. Es una persona sutil, casi siempre lúcida.

—Juan Pablo II era el hombre de los pueblos. Francisco es el hombre de la proximidad. Benedicto era el hombre de las ideas. Me atrae ante todo la claridad de su pensamiento. Benedicto no era un comunicador popular, como pudo serlo Juan Pablo II, o como lo es Francisco hoy en día. No le gustaban los aplausos, por ejemplo; en cambio, a Wojtyla le encantaban. Benedicto era un intelectual, un gran teólogo —me dice Lombardi.

489

Un intelectual, por lo tanto. Los numerosos cardenales que he entrevistado reconocen que si Juan Pablo II era un espiritual y un místico, Benedicto XVI fue ante todo un gran teólogo. Algunos anticipan este argumento para añadir a continuación, con aire contrito, que realmente no estaba hecho para ser papa.

—Creo que es el teólogo más importante de nuestra época —me explica el cardenal Giovanni Battista Re.

Su compañero, el cardenal Paul Poupard, añade:

—Fui colega de Ratzinger durante veinticinco años. Y digamos que gobernar no era su fuerte.

En su defensa diremos que el propio papa reivindicó su capacidad para el trabajo teológico a la vez que reconoció su debilidad para la gestión de los problemas y de las personas. «La gestión de gobierno realmente no es mi fuerte, lo que supone una cierta debilidad», escribe Benedicto XVI en su libro testamento *Últimas conversaciones*.

¿Es Ratzinger un intelectual? Sin duda. El teólogo deja a la

Iglesia católica una obra muy útil, aunque hoy en día existe cierta controversia entre quienes tienden a sobrevalorarla, hasta el punto de considerar a Ratzinger un «pensador fundamental» y quienes relativizan su importancia: un buen profesor, simplemente.

El objeto de este libro no es rastrear la vida, ni siquiera la vida intelectual, del futuro papa Benedicto XVI. Para el objetivo que me propongo me basta prestar atención a ciertas fechas y a algunos aspectos destacados. En primer lugar, la infancia bávara del joven Ratzinger, en el seno de una familia rural modesta y afectuosa, donde la fe, la música clásica alemana y los libros formaban parte de la vida cotidiana. En las fotografías de la época, Joseph muestra ya ese rostro aniñado de tez sonrosada, la sonrisa afeminada y el envaramiento del cuerpo, casi rigidez, que conservará como papa.

Una imagen curiosa: de pequeño, según dicen, le «gustaba jugar a sacerdotes» (como otros juegan a muñecas). Otra imagen: su madre es posesiva e hija natural. Tercera imagen: es hijo de un comisario de policía, con todo lo que eso implica de autoridad y de rigor; pero su padre es antihitleriano. Más tarde se acusará a Ratzinger de haber pertenecido a las juventudes hitlerianas en Alemania, y otros incluso le llamarán insultantemente el papa Adolf II que os bendecirá «En el nombre del Padre, del Hijo, y del tercer Reich».

Su paso por las *Hitlerjugend* está atestiguado y, además, el propio papa dio extensas explicaciones. Ingresa en las juventudes hitlerianas a los catorce años, como la gran mayoría de los jóvenes alemanes a mediados de la década de 1930, y esa militancia no supone necesariamente una proximidad ideológica con el nazismo. Más tarde, Joseph Ratzinger abandonará la Wehrmacht, en la que como repitió muchas veces fue reclutado a su pesar (la biografía de Benedicto XVI fue examinada minuciosamente en Israel cuando fue elegido papa, y se le exculpó de su presunto pasado nazi).

Apasionado de Goethe y de los clásicos griegos y latinos, amante de la pintura de Rembrandt, el joven Ratzinger compone poemas y estudia piano. Se alimenta muy pronto de la filosofía alemana —Heidegger y Nietzsche—, un tipo de filosofía que conduce a menudo al antihumanismo, y Ratzinger es efectivamente muy «anti-Ilustración». También lee a los pensadores franceses, empezando por el poeta Paul Claudel, hasta el punto de que (según me cuenta el cardenal Poupard) estudia el francés para poder leer a Claudel en el texto original. El autor de *El zapato de raso* influirá tanto en Ratzinger que interpretará su propia conversión a través de la de Paul Claudel, silenciando el hecho de que esta se produjo tras una lectura exaltada de *Una temporada en el infierno* firmada por un joven «místico en estado salvaje», homosexual y anticlerical: Arthur Rimbaud. Ratzinger también lee a Jacques Maritain, y varios estudios rigurosos han demostrado la semejanza entre algunas tesis de Ratzinger y de Maritain, especialmente en temas como la castidad, el amor y la pareja. Pero el futuro papa también tiene sus ingenuidades y sus debilidades: leyó muchas veces *El principito*.

No tenemos más información que algunas anécdotas y una autobiografía tan controlada que es posible que oculte zonas de sombra y elementos esenciales sobre la vocación eclesiástica del joven seminarista Ratzinger y sobre sus poderosos motivos, aunque la elección del sacerdocio, y de su corolario, el celibato, se corresponde con el carácter especulativo del futuro papa. En la fotografía de su ordenación, el 29 de junio de 1951, aparece feliz y orgulloso, vestido enteramente de encajes. Es un hombre más bien guapo. Todavía le llaman el Monaguillo.

«Colaborador de la verdad»: esa es la divisa elegida por Joseph Ratzinger cuando es consagrado obispo, en 1977. Pero ¿realmente le inspiraba la verdad? ¿Y por qué se hizo sacerdote? En esta cuestión, ¿hay que seguirle y creerle? Benedicto XVI miente a menudo, como todos nosotros; a veces hay que dejarle mentir. Y, según se nos cuenta, parece ser que en la articulación del sacerdocio y del celibato en el joven Ratzinger habría habido «complicaciones», como se llama a los mecanismos complejos de los relojes suizos.

La pubertad fue para él un paréntesis, del que quiso olvidar las dudas, el desorden, el vértigo tal vez, un período con muchas noches de insomnio. Según sus biógrafos, parece que este muchacho de voz débil, apagada como la de François Mauriac, se sintió confundido durante su juventud y tuvo dificultades de tipo emocional. ¿Es esa clase de pequeño prodigio que causa admiración entre sus profesores pero no sabe dirigirse a una muchacha en un bar? ¿Sospechó cierta dulce locura y algunas inclinaciones? No lo sabemos. No olvidemos nunca lo difícil que era para el adolescente, en la

491

posguerra (Ratzinger tiene 20 años en 1947), adivinar sus posibles «tendencias» o reconocerse «homófilo». A título meramente comparativo, una personalidad tan precoz y valiente como el cineasta italiano Pier Paolo Pasolini, que pertenece a la misma generación de Joseph Ratzinger, escribió en su juventud, en una carta de 1950: «Yo nací para ser sereno, equilibrado, natural: mi homosexualidad estaba de más, estaba fuera, nada tenía que ver conmigo. La vi siempre a mi lado como un enemigo».

La homofilia como «enemigo» interior: ¿es esta la experiencia personal de este papa intranquilo, «inseguro», que siempre evocó su gran «debilidad», su «santa inquietud», su «inadecuación» fundamental y sus amores secretos «en diversas dimensiones y bajo distintas formas», aunque por supuesto añade: «No se trata de entrar en detalles íntimos»? ¿Cómo podemos saberlo?

En cualquier caso, Joseph Ratzinger actuó como una vestal, como una virgen temerosa. Jamás se habría sentido atraído por el otro sexo, a diferencia de Juan Pablo II o de Francisco. En su vida no hay mención de ninguna chica ni de ninguna mujer; las únicas que cuentan son su madre y su hermana, y no mucho: Maria fue sobre todo y durante mucho tiempo el ama de llaves de su casa. Muchos testimonios confirman asimismo que su misoginia no cesó de endurecerse con los años. Sin embargo, cabe observar que, muy tardíamente, en 2016, el entrevistador oficial del papa, Peter Seewald descubrió milagrosamente una pulsión carnal única por una mujer, antes del seminario, cuando le entrevistó para el libro-testamento del santo padre. Ese «gran amor» habría atormentado mucho al joven Ratzinger y complicado su opción del celibato. No obstante, Seewald parece dar tan poco crédito a esta información que no aparece en su libro-entrevista al papa emérito, por «falta de espacio», dirá Ratzinger. Finalmente, esta información será revelada por Seewald al diario *Die Zeit* y, por tanto, prudentemente limitada a la audiencia alemana. ¡A sus casi 90 años, el papa se inventa de repente un *affaire*! Ese «loco por Elsa» deja entrever, entre líneas, y por persona interpuesta, que tiempo atrás (por supuesto, antes del voto de castidad) ¡estuvo enamorado de una mujer! ¡Un corazón debajo de una sotana! ¿Quién iba a creerle?

Y de hecho, ¡nadie le creyó! La última confesión era tan poco

492

creíble que inmediatamente fue interpretada como una mala operación de comunicación destinada a acallar los rumores, que se habían generalizado en la prensa de habla alemana, sobre la supuesta homosexualidad del papa. Siendo contradictorio, este romance secreto tal vez es incluso una confesión. ¿Es como esas pastorcillas de Virgilio que en realidad son pastores? ¿Es como esa Albertine, el célebre personaje de *En busca del tiempo perdido*, bajo la que se oculta el chófer bigotudo de Proust? Hasta tal punto la anécdota parecía fabricada y artificial que tuvo como consecuencia el efecto paradójico de aumentar un poco más las sospechas. «Solo se acaba con la ambigüedad en detrimento suyo», le gustaba decir al cardenal Retz, una frase válida para todo el mundo en el Vaticano.

Lo que es seguro es que Joseph Ratzinger eligió el sacerdocio solo a medias: como sacerdote, será también profesor; como papa, seguirá pasando las vacaciones en Castel Gandolfo dedicando jornadas enteras a la escritura; siempre estará dudando entre una vida de pastor y una carrera de sabio. Lo que no le impide avanzar muy deprisa, gracias a una inteligencia y a una capacidad de trabajo excepcionales: recién ordenado, se convierte en profesor; apenas nombrado obispo y ya es cardenal. Tras la muerte de Juan Pablo II, su elección a la silla de Pedro era previsible.

¿Es un hombre progresista o conservador? La pregunta parece extraña si tenemos en cuenta que a Ratzinger siempre se le asoció con el ala derecha del Vaticano. Si bien es evidente en el contexto actual, la respuesta a esta pregunta resulta más difícil en el contexto de la época. Contrariamente a los calificativos con que le ridiculizaron entonces —*Panzer-kardinal*, Rotweiler de Dios, Pastor alemán—, el joven Ratzinger empezó su carrera a la izquierda del Vaticano como exégeta del concilio Vaticano II (al que asiste como *peritus* o experto). Los cardenales que le conocieron en aquella época y los testigos a los que interrogué en Berlín, Múnich, Frankfurt y Ratisbona me hablaron de él como de un progresista de pensamiento complejo, poco intransigente. Joseph Ratzinger es un hombre más bien abierto y benévolo: los que discrepan de él no son considerados luteranos o ateos. En los debates, siempre se muestra dubitativo, casi tímido. «Los Ratzinger no son muy expresivos», dirá en una entrevista. Se dice que nunca impone su punto de vista.

Sin embargo, a diferencia del camino recorrido por su examigo teólogo Hans Küng o por su conciudadano cardenal Walter Kasper, Joseph Ratzinger hará una lectura cada vez más restrictiva del Vaticano II. De modo que pasa de ser hombre del concilio, y por tanto progresista, a guardián exigente, ortodoxo, hasta el punto de no aceptar más interpretación que la suya. El que calibró la importancia del Vaticano II, y celebró su modernidad, se dedicará más tarde a controlar sus efectos. Es que entre medio han transcurrido los *sixties* y el Mayo del 68, y Joseph Ratzinger tiene miedo.

—Ratzinger es un teólogo que tuvo miedo. Tuvo miedo del concilio Vaticano II, miedo de la teología de la liberación, miedo del marxismo, miedo de los *sixties*, miedo de los homosexuales —me cuenta el profesor Arnd Bünker, un influyente teólogo suizo alemán, con el que me entrevisté en San Galo.

Más que ningún otro papa, ni anterior ni posterior, Ratzinger rebosa de «pasiones tristes». Él, tan alegre por lo general, es enemigo de los placeres y de todos los *sexual-liberationists*: ¡le obsesiona el temor de que alguien, en algún lugar, pueda sentir placer! De sus obsesiones contra las «desviaciones nihilistas» (incluyan «Mayo del 68») saldrán sus encíclicas. De sus culpabilidades, saldrán sus bulas.

El pontificado de Benedicto XVI, en el que domina una estricta ortodoxia, se presenta a ojos de sus adversarios como una «restauración»: además, Benedicto XVI utiliza la palabra, sinónimo de retorno a la monarquía de derecho divino, cosa que suscita una polémica.

—Es cierto, puso en el congelador el Vaticano II —afirma un cardenal cercano al expapa.

¿Qué piensa, en esa época, de las cuestiones de la sociedad y, entre ellas, de la homosexualidad? Joseph Ratzinger conoce el tema al menos por sus lecturas. Hay que decir que muchos de los autores católicos que venera —Jacques Maritain, François Mauriac— están obsesionados por esa cuestión, que también aterrorizó a Paul Claudel.

El futuro papa Benedicto XVI utilizó una expresión significativa, como una forma de autocensura que es también un signo de aquellos tiempos: afirma que solo lee a los «escritores respetables».

A lo largo de su carrera, nunca mencionó el nombre de Rimbaud, Verlaine, André Gide o Julien Green, autores que forzosamente conoció, y probablemente leyó, pero que se habían convertido en intratables según su propia confesión. En cambio, mostró su pasión por François Mauriac y Jacques Maritain, escritores entonces «respetables», ya que sus inclinaciones no fueron reveladas hasta más tarde.

Finalmente, con respecto a su cultura, hay que añadir que Joseph Ratzinger hizo suya la sentencia filosófica de Nietzsche: «Sin música, la vida sería un error». Podemos decir incluso que el futuro papa es en sí mismo una «ópera fabulosa»: le apasiona la música alemana, de Bach a Beethoven, pasando por el homófilo Haendel. Y, sobre todo, Mozart, al que ya interpretaba de niño junto con su hermano («Cuando empezaba el Kyrie, era como si el cielo se abriera», explicó Ratzinger recordando su juventud). Le encantan las óperas de Mozart, en cambio le aburre la ópera italiana, que se resume a menudo, según una frase célebre, en los «esfuerzos del barítono por impedir que el tenor se acueste con la soprano». Joseph Ratzinger siente predilección por lo germánico, no por lo meridional: la sutilidad de *Così*, la ambigua erotomanía de *Don Giovanni* y, por supuesto, la androginia máxima de *Apollo et Hyacintus*. Mozart es el más *gender theory* de todos los compositores de ópera. Algunos *monsignori* a los que interrogué me hablaron de Joseph Ratzinger como de una «liturgia *queen*» o de una «ópera *queen*».

Benedicto XVI también es un *style*. Constituye por sí solo una verdadera teoría de género. «*Sua cuique persona*» («A cada uno su máscara»), reza la expresión latina.

El excéntrico papa se convierte, a partir de su elección, en el ídolo de la prensa rosa italiana: una figura de la moda, observada atentamente desde Milán, como ayer Grace Kelly, Jacqueline Kennedy Onassis o Isabel II.

Hay que decir que Benedicto es presumido. Al principio, como a todos los papas, la ropa se la hacen a medida en Gammarelli, la célebre «sastrería eclesiástica», situada a dos pasos del Panteón. Allí, en esa pequeña tienda oscura, discreta y cara, se puede comprar una mitra, un birrete, una muceta, un roquete o un simple alzacuello, toda clase de sotanas y de capas curiales, así como los famosos calcetines rojos Gammarelli.

—Somos una sastrería eclesiástica y estamos al servicio de todo el clero, desde los seminaristas hasta los cardenales, pasando por los sacerdotes, los obispos y, por supuesto, el santo padre, que es nuestro cliente más preciado —me dice Lorenzo Gammarelli, el responsable del negocio, en una entrevista. Y añade—: Pero evidentemente cuando se trata del papa, nos desplazamos al Vaticano, a sus apartamentos.

No obstante, mientras hablamos tengo la sensación de que hay «gato encerrado». Aquí se venera a Pablo VI, a Juan Pablo II y a Francisco, pero el nombre de Benedicto XVI apenas se pronuncia. Como si fuera un caso aparte.

Todo el mundo recuerda la ofensa hecha a Gammarelli: Benedicto XVI encargó su ropa a Euroclero, un competidor, cuya boutique está situada cerca de San Pedro. Su propietario, el ya célebre Alessandro Cattaneo, se hizo rico gracias a él. Tras haber sido criticado en este aspecto esencial de la liturgia, el papa Benedicto XVI regresará de forma notoria al sastre oficial, aunque sin abandonar Euroclero: «¡No se puede prescindir de Gammarelli!», confesará. Es mejor dos sastres que uno.

¿Solamente dos? Benedicto XVI se apasionó por la alta costura hasta el punto de tener una legión de sastres, de sombrereros y zapateros pegados a sus talones. Primero, es Valentino Garavani el que le confecciona su nueva capa roja; luego Renato Balestra le cose su gran casulla azul. En marzo de 2007, cuando visita la cárcel de menores, aparece el papa en todo su esplendor ¡con una extravagante capa larga de color rosa chicle!

Un día soleado, los italianos descubren boquiabiertos que su papa lleva Ray-bans; y al poco tiempo, con el mismo entusiasmo, calza unos Geox transpirables firmados por el fabricante de suelas veneciano Mario Moretti Polegato.

En cualquier caso, extraña selección la de este papa tan casto, si tenemos en cuenta que algunos de esos sastres y zapateros son conocidos por sus costumbres «intrínsecamente desordenadas». Criticado por las Ray-bans, el representante de Cristo sobre la tie-

496

rra opta por unas gafas de sol de la marca Serengeti-Bushnell, menos llamativas; criticado por los Geox, el papa cambia los zapatos informales por unos sublimes mocasines Prada de color rojo vivo brillante.

Las chinelas Prada hicieron correr ríos de tinta, se escribieron más de un centenar de artículos. Hasta el punto de que, tras unas investigaciones rigurosas y un reportaje de la célebre Christiane Amanpour en la CNN, se demostró que tal vez no eran zapatos de Prada. Si el diablo se viste de Prada, ¡el papa no!

A Benedicto XVI le gustan los complementos estrambóticos. Ningún papa había dado antes tanto trabajo a su camarero, el que le prepara la ropa. Y algunos sustos. Ratzinger aparece en una fotografía con la sonrisa adolescente del que acaba de hacer una gran travesura. ¿Ha ocultado en esta ocasión a su sastre su nueva locura? Se le ve muy contento con la cabeza cubierta por un gorro rojo forrado de armiño. Se trata del famoso «camauro», como lo llaman en el lenguaje eclesiástico, o sombrero de invierno, que los papas dejaron de llevar desde los tiempos de Juan XXIII. La prensa empieza ya a burlarse abiertamente del papa Ratzinger ¡que se cubre con un ridículo gorro de papá Noel!

¡Alerta en la santa sede! ¡Conflicto en el Vaticano! Benedicto XVI se ve obligado a dar explicaciones, y lo hace en esta confesión llamada del gorro de papá Noel: «Solo me lo he puesto una vez. Simplemente, tenía frío, soy muy sensible al frío en la cabeza. Y me dije, ya que tenemos el camauro, por qué no usarlo. Desde aquel día no me lo he vuelto a poner, para evitar interpretaciones superfluas».

Frustrado por esos cascarrabias y esos intransigentes, el papa se decanta de nuevo por las casullas y mucetas clásicas. Pero poco conocían a nuestro *queeny*: no tardó nada en rescatar del armario una muceta de terciopelo rojo chillón ribeteada de armiño. *Showgirl*, ¡el papa también resucita la casulla medieval de funda de violín!

Y por supuesto, los sombreros. Detengámonos un momento en los curiosos tocados elegidos por el papa, cuya audacia sobrepasa lo imaginable. Si un no papa llevara semejantes bicornios, semejantes sombreros, correría el riesgo, si no de ir al purgatorio, al menos de que le detuvieran los carabineros para ser identificado. El más famoso fue un sombrero de cowboy, versión *Brokeback Mountain*, de color rojo vivo. En 2007, la famosa revista estadounidense *Esquire* sitúa al papa a la cabeza de su palmarés de personalidades, el primero en la categoría: «Accesorio del año».

Añadamos un viejo reloj de oro de marca alemana Junghans, un iPod Nano, jubones con flecos, y los famosos gemelos que, según confesó el papa, fueron un auténtico quebradero de cabeza, y tenemos el retrato completo de Benedicto. Ni siquiera Fellini en el desfile eclesiástico de su película *Roma*, donde no faltaban el armiño y los zapatos rojos, habría tenido la audacia de llegar tan lejos. Y si nos atreviéramos, para describir al papa así disfrazado, podríamos evocar las rimas invertidas de un célebre soneto de Miguel Ángel: «*Un uomo in una donna, anzi uno dio*» («Un hombre en una mujer, o más bien un dios»).

El retrato más fiel del cardenal Ratzinger se lo debemos a Oscar Wilde, que describió magistralmente al futuro papa en el célebre capítulo del *Retrato de Dorian Gray* donde su héroe se transforma en dandy homosexualizado y se enamora de las vestiduras sacerdotales del catolicismo romano: el culto mezclado con el sacrificio; las virtudes cardinales y los jóvenes elegantes; el orgullo «que es lo que da la mitad de su fascinación al pecado»; la pasión por el perfume, las joyas, los gemelos de bordes dorados, los bordados, la púrpura y la música alemana. Todo está ahí. Y Wilde concluye: «En los oficios místicos, en los que se usaban tales cosas, había algo que excitaba su imaginación». Y sigue: «¿Es la insinceridad una cosa tan terrible? Creo que no. Es simplemente un método con el cual se pueden multiplicar nuestras personalidades».

498

Me imagino a Joseph Ratzinger exclamando, como el dandy Dorian Gray, tras haber probado todas las joyas, todos los perfumes, todos los bordados, y por supuesto todas las óperas: «¡Qué exquisita vida la de antes!».

Y también está Georg. Además de los trajes y de los sombreros, la relación del cardenal Ratzinger con Georg Gänswein fue tan discutida, dio pie a tantos rumores que debemos abordarla aquí con la prudencia que no siempre han demostrado los polemistas.

El *monsignore* alemán no fue el primer protegido del cardenal. Antes de Georg, se sabe de dos o tres amistades especiales de Ratzinger con jóvenes asistentes. En cada ocasión, esas relaciones vertiginosas fueron casos de verdadera ósmosis y sus ambigüedades suscitaron rumores recurrentes. Todos esos jóvenes tenían una característica común: una belleza angelical.

El obispo alemán Josef Clemens fue durante mucho tiempo el fiel secretario del cardenal Ratzinger. Dotado de un hermoso físico (aunque diez años mayor que Georg), Clemens sintió un auténtico flechazo intelectual por el joven sacerdote Gänswein, hasta el punto de convertirle en su secretario personal. Siguiendo un guion frecuente en las óperas italianas, pero más raro en la lírica alemana, Gänswein, que es el secretario del secretario, muy pronto se las apaña para ocupar el puesto de Clemens, que entretanto ha sido promocionado y consagrado obispo. Ese *capo del suo capo*, que consiste en acercarse «al patrón de su patrón» (la frase queda mejor en italiano) será celebre en los anales del Vaticano.

499

Dos testigos directos en el seno de la Congregación para la Doctrina de la Fe me explicaron la intriga de esta serie televisiva, sus temporadas y episodios, y hasta sus *cliffhangers*. Me hablaron de una «transfiliación» que fracasó, y esa palabra me entusiasmó.

Como me falta espacio, y lo siento por el *spoiler*, voy a ir directamente al episodio final: el suspense se acaba, como debe ser, con la derrota del pobre Clemens, imprudente ante el ambicioso prelado en prácticas. ¡Gana Georg! Es amoral, ya lo sé, pero así lo decide el guionista.

Mientras tanto, el divorcio psicológico fue una bronca dramática: peleas domésticas en público; golpes bajos de dramas *queens*; tergiversaciones y marcha atrás del papa paranoico, que finalmente duda si distanciarse de su «querida gran alma» antes que seguir su inclinación natural; negativa de Georg a dar su nuevo número de móvil a Josef; y, por último, el remake y el escándalo público, en una versión modernizada del *Ajuste de cuentas en OK Corral*, pasando por el primer episodio de la serie Vatileaks.

Poco amante del conflicto, y menos aún del escándalo (el asunto empezaba a divulgarse en la prensa italiana), Ratzinger consolará al hijo repudiado promocionándole *promoveatur ut amoveatur*. Y Georg se convierte en el verdadero asistente. El Premium.

Antes de llegar a este, debo citar a un segundo asistente, que también excitó la imaginación de Benedicto XVI y tuvo una ascensión rápida: el maltés Alfred Xuereb. Fue el segundo secretario privado del papa, el adjunto de Georg Gänswein —un segundo que no intentó o no consiguió ser califa en lugar del califa—. Benedicto XVI mantuvo excelentes relaciones con él y el día que se marchó a Castel Gandolfo se lo llevó consigo. Poco después, sería encomendado a Francisco, junto al que permaneció poco tiempo. El nuevo papa, que conoce los rumores que circulan sobre su maquiavelismo, le aleja rápidamente de su lado, pretextando que necesita un asistente hispano: el elegido será el prelado argentino Fabián Pedacchio, al que conoce desde hace tiempo. Alfred Xuereb fue recolocado finalmente junto al cardenal George Pell para velar por sus costumbres y las finanzas del banco del Vaticano.

Georg es el Marlboro Man. Gänswein tiene el físico atlético de un actor de cine o de un modelo publicitario. Su belleza luciferina es una ventaja. Muchas veces me han hablado de él en el Vaticano evocando el encanto de los actores de Visconti. Para unos, es el Tadzio de *Muerte en Venecia*: durante mucho tiempo Gänswein también lució una melena rizada; para otros es el Helmut Berger de *La caída de los dioses*. Podríamos añadir el Tonio de *Tonio Kröger*, tal vez por sus ojos azules que turban los espíritus (y porque Ratzinger había leído a Thomas Mann, escritor que simboliza las inclinaciones contrariadas o reprimidas). En resumen: Georg es un buen mozo.

Más allá de esos criterios estéticos, al fin y al cabo superficiales, hay al menos cuatro razones de fondo que explican el perfecto entendimiento entre el joven *monsignore* y el viejo cardenal. En primer lugar, Georg tiene treinta años menos que Ratzinger (es decir, casi la misma diferencia que había entre Miguel Ángel y Tommaso Cavalieri) y muestra una humildad y una ternura sin igual hacia el papa. Además, es un alemán de Baviera, con una visión vertiginosa, nacido en la Selva Negra, cosa que a Ratzinger le recuerda su propia juventud. Georg es virtuoso como un caballero teutónico y humano, demasiado humano, como el Sigfried de Wagner, siempre en busca de amistades. A Georg, como al futuro papa, le gusta la música sacra y toca el clarinete (la pieza preferida de Benedicto XVI es *Quinteto para clarinete* de Mozart).

Finalmente, la cuarta clave de esta amistad tan íntima: Georg Gänswein es un acérrimo conservador, tradicional y antigay que ama el poder. Varios artículos, que él ha desmentido, dejan entrever que en Écône, en la Suiza francófona, se había relacionado con algunos sacerdotes de la Hermandad sacerdotal san Pío X de monseñor Lefebvre, el disidente de extrema derecha que fue finalmente excomulgado. Otros rumores, sobre todo en España, donde he mantenido muchas entrevistas y donde Georg pasaba las vacaciones próximo a los círculos ultraconservadores, le consideran miembro del Opus Dei; también dio clases en la Universidad de Santa Croce en Roma, que pertenece a esa institución. Ahora bien, su obediencia a «la Obra» nunca ha sido confirmada ni probada. Las orientaciones de este hombre apasionado son, por tanto, claras.

En Alemania y en la Suiza alemana, donde estuve visitando durante más de quince días a amigos y enemigos de Georg Gänswein, su pasado continúa siendo fuente de rumores. Varios periodistas, con los que hablé en Berlín, Múnich, Frankfurt y Zúrich, todavía conservan dosieres que circularon mucho sobre sus supuestos vínculos con la extrema derecha del catolicismo alemán. ¿Es Gänswein el dandi hechicero del que me hablan?

Lo cierto es que Gänswein forma parte en Baviera de la llamada *das Regensburger Netzwerk* («la red de Ratisbona»). Se trata de un movimiento de derecha radical en el que pudieron participar el cardenal Joseph Ratzinger, su hermano Georg Ratzinger (que sigue viviendo en Ratisbona) y el cardenal Gerhard Ludwig Müller. La princesa Gloria von Thurn und Taxis, millonaria monárquica alemana parece ser desde hace tiempo la patrocinadora de este grupo. Entre los componentes de esta red incoherente figura también el sacerdote alemán Wilhelm Imkamp (que actualmente se aloja en el palacio de la princesa «Gloria TNT») y el «obispo de lujo» de Limburgo, Franz-Peter Tebarz-van Elst, que me recibió en Roma (gracias tal vez al apoyo del cardenal Müller y del obispo Georg Gänswein, ha sido reintegrado en el Consejo pontificio para la promoción de la nueva evangelización, dirigido por el arzobispo Rino Fisichella, a pesar de verse involucrado en un escándalo financiero: ese «Monseñor Bling Bling», Tebartz-van Elst, había hecho restaurar su residencia episcopal con un coste de 31 millones de euros, cosa que dio lugar a una enorme polémica y le valió una fuerte sanción por parte del papa Francisco).

No lejos de Baviera, existe una importante ramificación de esa «red de Ratisbona» en Coira, en la Suiza alemana, en torno al obispo Vitus Huonder y a su adjunto, el sacerdote Martin Grichting. Según más de cincuenta sacerdotes, periodistas y expertos del catolicismo suizo a los que entrevisté en Zúrich, Illnau-Effretikon, Ginebra, Lausana, San Galo, Lucerna, Basilea y por supuesto en Coira, el obispado de la ciudad tiene la particularidad de reunir a su alrededor a homófobos de extrema derecha y a homófilos a veces muy practicantes. Ese entorno híbrido y versátil es objeto de muchas habladurías en Suiza.

De modo que Georg es para Joseph lo que podríamos llamar «un buen partido». Junto con Ratzinger forman una hermosa alianza de almas. El ultraconservadurismo de Gänswein se parece, incluso en su esquizofrenia, al del anciano cardenal. Los dos *singles* que se han encontrado ya no se separarán. Vivirán juntos en el palacio episcopal: el papa en el tercer piso; Georg, en el cuarto. La prensa italiana se entusiasma con la pareja como no lo hizo jamás con ninguna reina, y le pone un mote a Georg: *Bel Giorgio*.

La relación de poder entre los dos hombres de Iglesia no es, sin embargo, fácil de descifrar. Hay quienes han escrito que Georg, al ver al papa débil y envejecido, se puso a soñar con ser un Stanislaw Dziwisz, el famoso secretario personal de Juan Pablo II, que ejerció un poder cada vez mayor a medida que el papa se iba debilitando. El amor al poder de Gänswein apenas deja lugar a dudas cuando uno lee los documentos secretos de Vatileaks. Otros han opinado que Benedicto XVI tenía tan solo un papel secundario y acompañaba a su secretario. Una típica relación de dominación inversa, afirman, sin excesivo convencimiento. Con cierto humor, como para burlarse de los chismorreos, Georg soltó la metáfora de la nieve: «Mi función es proteger a Su Santidad de la avalancha de cartas que recibe». Y añadió: «En cierto modo soy su quitanieves». El título de una de sus famosas entrevistas en *Vanity Fair*, publicada en «primera plana», es una cita de Georg: «Ser guapo no es pecado».

¿Podemos decir que se pasa? Ese Narciso contrariado adora exhibirse junto al santo padre. Existen cientos de fotografías: Don Giorgio sostiene la mano del papa; le susurra al oído; le ayuda a caminar; le tiende un ramo de flores; le coloca de nuevo delicadamente en la cabeza un sombrero que había volado. Algunas imágenes son aún más insólitas, como aquellas en las que, a la manera de Jack y Jackie Kennedy, Georg se lanza materialmente sobre el papa con un amplio mantelete de color rojo brillante, ondeando literalmente al viento, y lo deposita con suavidad sobre los hombros del personaje para preservarle del frío, con un movimiento masculino protector, antes de rodearle con ternura y de anudarle la prenda. En esta serie de imágenes, Benedicto XVI va completamente vestido de blanco; Georg, en cambio, lleva una sotana negra, con un fino ribete de seda violeta y abrochada con 86 botones de color rosa púrpura. Ningún secretario personal del papa había protagonizado una escena como esta: ni Pasquale Macchi con Pablo VI, ni Stanislaw Dziwisz con Juan Pablo II, ni Fabián Pedacchio con Francisco.

Un último detalle. Puede que el lector no le conceda ninguna importancia y diga que es algo frecuente, un uso muy común sin ningún significado. Pero el autor no piensa lo mismo; nada es demasiado insignificante para tener un sentido y, de repente, ciertos detalles traicionan a veces una verdad que se ha intentado ocultar durante mucho tiempo. Como bien sabemos, el diablo está en los detalles.

Aquí está: al parecer el papa le cambió el nombre a Georg: le llama Ciorcio, pronunciado con un fuerte acento italiano. No se trata de un sobrenombre utilizado en la curia, sino de un diminutivo afectuoso que solo el papa utiliza. Una manera de distinguirlo de su hermano mayor, que lleva el mismo nombre Georg; una forma de decir que esta relación profesional es también una amistad o como «amistad amorosa».

Lo que no hay que subestimar son los celos que la presencia de este Antínoo ilustrado junto al anciano cardenal Ratzinger suscitó

503

en la santa sede. Todos los enemigos de Georg en la curia aparecerán efectivamente en el primer escándalo Vatileaks. Al interrogar a sacerdotes, confesores, obispos o cardenales en el interior mismo del Vaticano, esos celos estallan sin apenas disimulo: a Georg lo describen alternativamente como «un hombre guapo», «agradable a la vista», «George Clooney del Vaticano» o prelado «para *paparazzi*» (un malévolo juego de palabras formado sobre «Papa Ratzi»). Hay quienes me hicieron observar que su relación con Ratzinger «era la comidilla» del Vaticano y que cuando en la prensa *mainstream* italiana aparecieron las fotografías de Georg vestido de excursionista o con short ajustado, el «malestar se hizo insostenible». Por no hablar de la colección «hombres» para el otoño-invierno de 2007, lanzada por Donatella Versace y bautizada como «Clergyman»: la modista de moda afirma haberse inspirado en el «Bello Georg».

Ante esas exuberancias, visiblemente toleradas por el santo padre, muchos cardenales postergados y *monsignori* relegados se sintieron heridos. Su resentimiento, que era también celos, se agudizó y contribuyó en parte al fracaso del pontificado. Se acusó a Georg Gänswein de haber hechizado al papa y de ocultar su juego bajo un disfraz de humildad: el prelado alemán sería un hombre con una fría ambición, que ya se veía cardenal, es decir ¡«papable»!

Esos chismes y esos rumores que me fueron revelados regularmente en el Vaticano, sin tener nunca ninguna prueba, dan a entender una única y misma cosa: una relación afectiva.

Esta es, por otra parte, la tesis de un libro de David Berger, publicado en Alemania, *Der Heilige Schein* (*La Santa impostura*). Testigo de primera mano, Berger fue un joven teólogo neotomista de Baviera, que hizo una carrera meteórica en el Vaticano como miembro de la Academia pontificia santo Tomás de Aquino de Roma y colaborador de varias revistas de la santa sede. Los cardenales y los prelados miman y a veces flirtean con ese homosexual encubierto, que jamás fue ordenado sacerdote. El joven les devuelve sus atenciones.

Por razones algo misteriosas, ese consultor de ego desmesurado opta de repente por la militancia homosexual y se convierte en el redactor jefe de uno de los principales diarios gais alemanes. Como era de esperar, el Vaticano le retira de inmediato su acreditación de teólogo.

En su libro, escrito a partir de sus propias experiencias, describe minuciosamente la estética litúrgica homoerótica del catolicismo y la homosexualidad subliminal de Benedicto XVI. Al sacar a la luz sus confidencias de teólogo gay en el corazón del Vaticano, aprovecha para calcular que el número de homosexuales que hay en la Iglesia es de «más del 50 %». Hacia la mitad del libro, va aún más allá y alude a unas fotografías eróticas y al escándalo sexual del seminario de Sankt Pölten, en Austria, que llegaría a salpicar incluso al entorno del papa. Después, en una entrevista televisada de la ZDF, David Berger denuncia la vida sexual de Benedicto XVI basándose en palabras que ha escuchado en boca de obispos o teólogos.

Esta operación de *outing* provocó un fuerte escándalo en Alemania, pero apenas fue más allá de los medios de habla alemana (el libro no se tradujo en el extranjero). Tal vez debido a la fragilidad de la tesis.

505

Cuando le entrevisto en Berlín, David Berger responde francamente a mis preguntas y entona un mea culpa. Comemos juntos en un restaurante de inmigrados griegos, pese a ser una persona muy criticada por sus posturas antiinmigración.

—Yo procedo de una familia de izquierdas, hippies. Reconozco que me costó mucho admitir mi homosexualidad en la adolescencia, y que se creó una gran tensión entre el hecho de ser sacerdote y de ser gay. Era seminarista y me enamoré de un muchacho. Yo tenía 19 años. Treinta años más tarde, sigo viviendo con él —me confía Berger.

Cuando llega a Roma, y se introduce con toda naturalidad en las redes gais del Vaticano, David Berger queda atrapado en el juego de la doble vida: su amante le visita regularmente.

—Desde siempre la Iglesia ha sido un lugar donde los homosexuales se han sentido seguros. Esta es la clave. Para un gay, la Iglesia es *safe*.

En su libro, que se alimenta de sus aventuras romanas, David Berger describe el mundo homoerótico del Vaticano. Sin embargo, cuando acusa al papa y a su secretario, este testigo de cargo, que se pasó al activismo gay, no aporta ninguna prueba. Incluso ha de acabar excusándose por haber ido demasiado lejos en su entrevista en la ZDF.

—Nunca me desdije de mi libro, contrariamente a lo que haya podido decirse. Simplemente, lamenté haber afirmado en la televisión que Benedicto XVI era homosexual cuando no tenía ninguna prueba. Me disculpé.

Después de comer, David Berger me propone ir a tomar café a su casa, que dista apenas unas manzanas, en el centro mismo de Schöneberg. Allí vive rodeado de libros y de cuadros en un piso berlinés de grandes dimensiones con una hermosa chimenea clásica. Continuamos con nuestra conversación sobre *das Regensburger Netzwerk* («la red de Ratisbona»), de la que habla extensamente en su libro con el nombre de «red Gänswein». Según Berger, el obispo Georg Gänswein, el cardenal Müller, el sacerdote Wilhelm Imkamp y la princesa Gloria von Thurn und Taxis pertenecen a esa misma *network* de derecha dura.

Extrañamente, David Berger comparte muchos puntos con sus detractores. Como ellos, evolucionó hacia posturas de la extrema derecha alemana (AfD), cosa que reconoce en nuestra entrevista, justificándose e insistiendo en los dos principales problemas a los que se enfrenta Europa: la inmigración y el islam.

—David Berger perdió mucha credibilidad cuando se aproximó a la extrema derecha alemana y al partido ultranacionalista AfD. Se convirtió asimismo en un obsesivo antimusulmán —me explica el exdiputado alemán Volker Beck, al que entrevisté en Berlín.

La tesis de David Berger sobre la homosexualidad activa de Joseph Ratzinger y Georg está hoy ampliamente desacreditada. Confesemos también que de la conversación concreta que mantienen el papa Benedicto XVI y su secretario particular no sabemos nada. Nadie, ni siquiera en el Vaticano, ha podido establecer la verdad. Todo son especulaciones. Y aunque Georg presencia dos veces al día los «levantamientos» del santo padre (el papa hace la siesta) y come y cena con él mano a mano, esto no es el principio de un conato de prueba.

Visto a distancia, los límites del *bromance* parecen confusos;

desde cerca, avanzamos la hipótesis más probable: la de la «amistad amorosa», siguiendo la gran tradición medieval, casto y de pura belleza. Esta idealización de los amores platónicos, ese sueño de fusión de las almas en la castidad concuerda perfectamente con la psicología de Ratzinger. Y tal vez es de esta «amistad amorosa» de donde saca su pasión y su energía.

Si esta hipótesis es cierta —quién lo sabe— cabe pensar que Ratzinger tal vez fue más sincero de lo que creían los activistas LGTB, que tanto le reprocharon mantenerse «en el armario». Tal vez Benedicto XVI no habría tenido otra ambición que imponer a los demás sus propias virtudes y, fiel a su voto de castidad, aun al precio de una lucha desgarradora, habría pedido a los homosexuales que hicieran como él. Por lo tanto, Ratzinger «sería un hombre digno de ser expulsado de la raza humana si no hubiera compartido y superado los rigores que impuso a los demás»: Chateaubriand pronuncia la palabra justa al referirse a su querido abad de Rancé, perfectamente aplicable a Ratzinger.

Si la vida íntima de Joseph Ratzinger sigue siendo para todos nosotros un misterio, en contra de lo que algunos han pretendido, no lo es tanto la vida privada de Georg. He hablado con obispos con los que convivió en Santa Marta, un secretario que trabajó con él y contactos con los que coincidió en España, en Alemania y en Suiza. Todas esas fuentes me describen con deseo a un sacerdote extraordinariamente amable, de una «belleza sinuosa», siempre de punta en blanco, un «ser evidentemente irresistible», aunque a veces «lunático», «versátil» y «caprichoso»; nadie habla mal de él, pero me explican que, en su juventud, al parecer al rubio le gustaban las noches fáunicas y, como todos los sacerdotes, pasaba las veladas entre chicos.

Lo que está fuera de duda es que Gänswein se interesa por la doble vida de los cardenales, de los obispos y de los sacerdotes. Siempre secreto, ese *control freak* pediría, según diversas fuentes, notas e informaciones sobre los prelados gais. En Sodoma, todo el mundo vigila a todo el mundo, y la homosexualidad es el centro de muchas intrigas.

El bello leonado también viaja con regularidad para huir del rigor del Vaticano, frecuentar otras parroquias y buscar nuevas amistades. Guapo como es, prefiere rodearse de hombres, en vez de exponerse a las críticas por sus relaciones con las mujeres, que también son numerosas y, al parecer, sin fundamento.

«Tiene una gran capacidad de acuerdo», me dijo un sacerdote entrevistado en Suiza. «Es muy sociable», me comentó un sacerdote entrevistado en Madrid. Tiene amistades «mundanas», afirmó un tercero, en Berlín. Hoy en día, menos cortesano que cortejado, teniendo en cuenta sus títulos de prestigio, tiene relaciones beneficiosas en las que su narcisismo forzosamente le resulta de utilidad.

Pese a los rumores y a las maledicencias, el papa Benedicto XVI nunca apartó a su favorito; al contrario, le promocionó. Tras el escándalo Vatileaks, en el que Georg era a la vez víctima y forzosamente responsable en parte (aunque solo sea por haberse fiado del topo que hizo las filtraciones), el soberano pontífice le renovó su confianza nombrándole director de la Casa pontificia (en resumidas cuentas, jefe de protocolo) y sobre todo arzobispo. El acto oficial tuvo lugar el 6 de enero de 2013, día de la Epifanía, un mes antes de la escandalosa dimisión del santo padre, y podríamos decir que esta misa extravagante marca el fin oficioso del pontificado.

«¡Benedicto XVI se atrevió!» La frase es de un sacerdote de la curia que contempló estupefacto aquel espectáculo, «el más hermoso que he visto en mi vida». Nunca un papa moderno tuvo la audacia de celebrar semejante misa de coronación, semejante desmesura, semejante locura para su bello protegido. El día de la consagración como arzobispo de Georg Gänswein, Benedicto XVI preside una de las fiestas litúrgicas más hermosas de todos los tiempos. (Cinco personas que asistieron, entre ellas dos cardenales, me explicaron el espectáculo, y en YouTube puede verse la ceremonia que dura casi tres horas. Yo he podido conseguir el *libretto* original de la misa, con las partituras musicales, ¡un documento de 106 páginas! También me informaron con todo detalle de la ceremonia algunos vaticanistas atónitos. Por último, el arzobispo Piero Marini, que era el maestro de ceremonias de los papas Juan Pablo II y Benedicto XVI, y Pierre Blanchard, que estuvo durante mucho tiempo al frente de la APSA, dos buenos conocedores del protocolo inmutable del Vaticano, me explicaron las reglas hieráticas y hasta el alto sitial.)

Bajo la grandiosa cúpula de Miguel Ángel y el baldaquino con las columnas barrocas de estuco dorado de Bernini, el papa arma caballero a Georg en la basílica de San Pedro de Roma. Pertinaz en su legendario *hostinato rigore* («obstinado rigor» es la divisa de Leonardo da Vinci), el papa no oculta nada, a diferencia de muchos cardenales que esconden a sus protegidos; él lo asume en público. Es algo que siempre he admirado en él.

Benedicto XVI quiso poner de nuevo personalmente a su excelencia bávara Georg Gänswein el anillo pastoral en una ceremonia felliniana grabada para siempre en la memoria de las 450 estatuas, 500 columnas y 50 altares de la basílica. En primer lugar la procesión, lenta, espléndida, con una coreografía perfecta: el papa con su inmensa mitra amarillo topacio y oro, de pie sobre un pequeño papamóvil de uso interior, auténtico trono con ruedas, recorre dominándolo todo los casi 200 metros de la nave al son de los apasionados metales, de los hermosos órganos y del coro de monaguillos de San Pedro, tiesos como cirios. Los cálices tienen incrustaciones de piedras preciosas; los incensarios humean. En las primeras filas de esta ordenación episcopal de un estilo nuevo, decenas de cardenales y centenares de obispos y sacerdotes con sus mejores galas ofrecen una paleta de colores rojos, blancos y escarlata. Flores por todas partes, como si fuera una boda.

A continuación, empieza la ceremonia propiamente dicha. Flanqueado por el secretario de Estado Tarcisio Bertone y por el incorregible cardenal Zenon Grocholewski, coconsagradores, el papa resplandeciente de orgullo y de satisfacción habla con una voz débil pero hermosa. Delante de él, en el cruce de la nave y del transepto, cuatro prelados, entre ellos Georg, están tendidos boca abajo, como manda la tradición. Un sacerdote corrige inmediatamente la ropa de Georg cuando se desajusta. El papa, inmóvil e imperturbable en su trono, está concentrado en su magna obra, sus «aromas sagrados» y su pasión. Sobre su cabeza, una multitud de angelitos contempla la escena con admiración, mientras que los ángeles arrodillados de Bernini comparten también su emoción. ¡Es la coronación de Carlomagno! ¡Es Adriano que ha removido

509

cielo y tierra, construido ciudades y mausoleos y movilizado a todos los escultores de su imperio para rendir homenaje a Antínoo! Y Adriano hará incluso que se arrodille ante su favorito un público compuesto por el todo Roma —cardenales, embajadores, políticos y exministros y hasta el presidente del Consejo italiano Mario Monti en persona— en una confusión de genuflexiones, protocolo sublime y extravagante.

De pronto, el papa toma entre sus manos la cabeza de Georg: la emoción ha llegado al máximo. «El aire está inmóvil.» Georg esboza una sonrisa leonardesca antes de introducir su cabellera entre las manos soberanas y pontificias, las cámaras se mantienen fijas, los cardenales —reconozco en las imágenes a Angelo Sodano, Raymond Burke y Robert Sarah— contienen la respiración; los angelitos mofletudos que sostienen las pilas de agua bendita están boquiabiertos. «El tiempo está suspendido.» Por una vez, entre Kyrie, Gloria, Credo, Sanctus y Benedictus, la música suena hermosa en San Pedro, perfectamente sincronizada por unos «liturgia queens». El papa acaricia detenidamente (19 segundos) los rizos grises de su George Clooney, con una infinita delicadeza y a la vez una infinita prudencia. Pero «el cuerpo no miente», como solía decir la gran coreógrafa Martha Graham, experta en *body language*.

Evidentemente, el papa está informado de los rumores que circulan y del nombre del amante que se le atribuye. ¿Él, infame? ¿Él, uranista? ¿Él, contra natura? Se ríe de todo esto. ¡Y agrava la situación! ¡Qué estilo! ¡Qué porte! Ratzinger tiene la grandeza de un Oscar Wilde que, cuando se le advirtió del peligro que corría por su relación con el joven Bosie, se mostró a su lado más que antes; o de un Verlaine, cuya familia le pide con insistencia que se aleje del joven Rimbaud, y que decide con más fuerza aún irse a vivir con él, cosa que costó a Oscar Wilde y a Verlaine dos años de cárcel. *«L'injure des hommes, / qu'est-ce que cela fait? / va, notre coeur sait / seul ce que nous sommes»* («La injuria de los hombres, / ¿qué nos importa? / vamos, solo nuestro corazón / sabe lo que somos»)[6]

A su manera, Ratzinger se mantiene fiel a su *singleton*, a pesar de las frenéticas advertencias de la curia. Esa gran misa es una decla-

510

---

6. De «Conseil falot», de Paul Verlaine.

ración grandiosa. Y ese día está radiante. Su sonrisa contenida es una maravilla. Él, que ha apurado el cáliz hasta las heces, no teme esa mañana beber un sorbo. Es guapo. Está orgulloso. Magnetizado por su propia audacia, ha ganado. Repasando la filmación, tan soberbiamente patética, nunca me ha gustado tanto como en ese momento.

En ese instante, Georg es consagrado arzobispo por el santo padre, sin que nadie sepa todavía que Benedicto XVI ha tomado la decisión más espectacular que un papa haya tomado jamás: en unos días anunciará su renuncia. ¿Lo sabe ya Georg? Es probable. En cualquier caso, para el papa ese día, esta misa de coronación, dedicada a Ciorcio, será su testamento para la historia.

De momento, el carnaval continúa. La misa no ha acabado, hasta el punto de que el papa llegará con más de veinte minutos de retraso al ángelus, y deberá excusarse ante la multitud impaciente que le aguarda en la plaza de San Pedro.

—¡Era una liturgia de celebración! ¡Un espectáculo! ¡Un error! La liturgia no puede ser un espectáculo —se extraña en una entrevista Piero Marini, el antiguo maestro de ceremonias de Juan Pablo II y de Benedicto XVI.

Más generoso, uno de sus sucesores, monseñor Vincenzo Peroni, maestro de ceremonias del papa Francisco, que también contribuyó, en su momento, a preparar esta misa, me explica durante una cena mano a mano.

—Una ceremonia como esta ilustraba la belleza que revela el rostro y la gloria de Dios: nada es suficientemente hermoso para Dios.

Al acabar, entre los aplausos prolongados —cosa rara— y el ruido de los disparos de los fotógrafos, reconozco *El arte de la fuga* de Bach, interpretado por una orquesta de cámara situada en los pisos de la basílica, y una de las «músicas para la vista» preferidas de Joseph Ratzinger. Acompañado por el ritmo sostenido y el rigor absoluto de Bach, el inmenso cortejo recorre la nave en sentido inverso, flanqueado por la multicolor guardia suiza y los guardaespaldas vestidos de negro.

¡Qué espectáculo! Cuando pasa por delante de la *Pietà*, una de las obras de arte más hermosas del mundo, no sería de extrañar que, desde el fondo de su capilla, la estatua de Miguel Ángel se quedara maravillada ante la comitiva que se ponía en marcha.

Otro hecho insólito: al casamiento en la iglesia le sucede otro en la alcaldía. Después de la misa, más de doscientos invitados participarán en una selecta recepción celebrada en la gran sala de audiencias Pablo VI. Finalmente, el atrevimiento del papa le llevará a organizar por la noche una cena de gala más íntima en los museos del Vaticano, a la que asistirá él mismo, rodeado para la ocasión de Leonardo da Vinci, Miguel Ángel, Caravaggio y El Sodoma.

El papa Francisco confirmó al gran chambelán Georg Gänswein en su doble función, tras la dimisión de Benedicto XVI y su propia elección. A situación inédita, título inédito: Georg es actualmente secretario personal del papa retirado y a la vez prefecto de la Casa pontificia del papa en activo.

Esa doble función tiene la ventaja de permitir comparaciones audaces. Y cuántas veces he escuchado en Roma esta frase atribuida a Georg Gänswein, que habría afirmado que trabajaba «para un papa activo y un papa pasivo». En las redacciones, en las asociaciones, la frase es célebre y ¡suena constantemente! ¡Los militantes gay se recrean en ella! He encontrado esta frase, ciertamente desafortunada, en el discurso original, pero no en esos mismos términos. En una conferencia pronunciada en 2016, Georg compara brevemente a los dos papas y dice: «Desde la elección de Francisco, no hay dos papas, sino, en realidad, un ministerio ampliado, con un miembro activo y un miembro contemplativo [*un membro attivo e un membro contemplativo*]. Por eso Benedicto XVI no renunció a su nombre ni a su sotana blanca». La frase inevitablemente fue sacada de contexto y alterada en numerosas webs gais y repetida hasta el infinito por docenas de blogueros. ¡Aunque nunca se habló de «papa activo» y de «papa pasivo»! Bueno, casi.

Georg es un puente entre los dos papas, un mensajero. Fue uno de los primeros a quien Benedicto XVI confió su proyecto de dimisión. Georg debió de responderle: «No, santo padre, no es posible». Cuando se produjo su marcha definitiva, en 2013, se le vio subir al helicóptero en el que acompañaría al papa hasta Castel Gandolfo, imagen que fue objeto de burla ¡como si el papa subiera a los cielos en vida! Después, Georg se mudó con el soberano pontífice y sus dos gatas al Vaticano, al monasterio Mater Ecclesiae, tras un portón dotado de vigilancia y altas rejas, cosa que no tiene ninguna otra residencia en el Vaticano.

Me dicen que Francisco aprecia la inteligencia de Georg, que no es simplemente un guapo muchacho, sino también un buen cerebro. Su vasta cultura, muy alemana, y tan distinta de la hispánica del papa le abre nuevas perspectivas. En su entrevista en *Vanity Fair*, el que querría aparecer como la eminencia gris de Benedicto XVI, formuló el deseo de «que no se detengan en [su] apariencia física, sino que se aprecie también el fondo que hay debajo de la sotana».

Ecce homo. Para acabar con la personalidad de Benedicto XVI, intentemos plantear una hipótesis que procede del análisis sutil y temerario que hace Freud de la homosexualidad de Leonardo da Vinci. Yo no soy psicoanalista, pero me sorprende, como a muchos, el hecho de que la homosexualidad haya sido una de las cuestiones cardinales, por así decir, de la vida y del pensamiento de Joseph Ratzinger. Es uno de los teólogos que más ha estudiado este tema. A su manera, la cuestión gay verticaliza su vida, y eso le hace muy interesante.

Cabe pensar, como dice Freud, que no hay vida humana que carezca de deseo sexual en sentido amplio, libido que perdura necesariamente con el sacerdocio, aunque sea en formas sublimadas o reprimidas. En el caso de Leonardo da Vinci, se trata, según Freud, de la homosexualidad reprimida en el conocimiento, la investigación, el arte y la belleza no consumida de los muchachos (estudios más recientes contradicen claramente a Freud, ya que el pintor fue un homosexual practicante). Por otra parte, Leonardo da Vinci escribió en sus cuadernos esta frase muy comentada: «La pasión intelectual expulsa la sensualidad».

En el caso de Joseph Ratzinger parece que se podría plantear una hipótesis similar, con toda la prudencia del mundo: ¿se sublimó en la vocación y reprimió en la investigación una cierta homosexualidad latente? ¿La estética literaria y musical, el afeminamiento, las extravagancias en el vestir, el culto a la belleza de los jóvenes podrían considerarse indicios? ¿Se trata simplemente de un «bovarismo», que consiste en vivir la vida a través de la de los personajes de novelas, para no tener que enfrentarse a la realidad?

La vida de Ratzinger está enteramente contenida en el horizonte de sus lecturas y de sus escritos. ¿Tuvo que construir su fuerza en torno a una rigidez interior y secreta? Que la actividad intelectual o estética sea una derivación del deseo es un proceso psicosexual bien conocido tanto de la vida artística y literaria como de la vida sacerdotal. Siguiendo a Freud, ¿se puede hablar de un complejo de Edipo sublimado en «neurosis obsesiva»: un complejo de Prometeo?

Es muy poco lo que sabemos de la vida emocional de Benedicto XVI, pero ese poco es más que significativo: su tendencia afectiva va en una sola y única dirección. Teniendo en cuenta los músicos que le gustan a Joseph Ratzinger, las figuras andróginas que valora en la óperas que le entusiasman, los escritores que lee, los amigos de que se rodea, los cardenales que nombra, las numerosas decisiones contra los homosexuales, y hasta su caída final que gira y se anuda en torno a la cuestión gay, se puede plantear la hipótesis de que la homofilia habría sido «la espina clavada en la carne» de Joseph Ratzinger.

No caben muchas dudas de que ha sido el hombre más atormentado y agobiado por el pecado o, al menos, por el sentimiento del pecado: en este sentido, es una figura trágica. Que ese rechazo explique su «homofobia interiorizada» es una hipótesis planteada por muchísimos psicoanalistas, psiquiatras, sacerdotes y teólogos progresistas y, por supuesto, por militantes gais. Alguno de ellos, como el periodista Pasquale Quaranta, incluso me propuso la expresión «síndrome Ratzinger» para definir ese modelo arquetípico de «homofobia interiorizada».

Pocas veces un hombre luchó tanto contra su «parroquia», y esta obstinación acabó siendo sospechosa. Benedicto XVI habría hecho pagar a los demás sus propias dudas. Yo creo, no obstante, que esta explicación psicologizante es frágil ya que, si analizamos detenidamente los textos de Joseph Ratzinger, descubriremos su secreto más querido, y el matiz es importante. Yo me inclinaría más bien por otra hipótesis, la que defiende que Ratzinger no es un «homosexual homófobo», como se ha dicho tantas veces, si entendemos la palabra en el sentido de una aversión profunda y general contra los homosexuales. En realidad, el cardenal Ratzinger siempre se esforzó por distinguir dos formas de homosexualidad. La primera, como ya sabemos, «intrínsicamente desordenada», la que se vive con su identidad y cultura específicas, y que Ratzinger rechaza con rotunda severidad porque lleva a cabo el acto homosexual. Las debilidades de la carne, la sexualidad entre hombres: he ahí el pecado.

En cambio, y creo que este aspecto no ha sido tenido en cuenta, hay una homosexualidad que Ratzinger nunca rechazó, convirtiéndola incluso en modelo insuperable, en su opinión muy superior al amor carnal entre un hombre y una mujer. Se trata de la homosexualidad ascética, la que ha sido corregida por «legislaciones sobrehumanas»: es esta lucha contra uno mismo, lucha enérgica, lucha incesante, lucha verdaderamente diabólica y que, finalmente, alcanza su plenitud en la abstinencia. Esta victoria sobre los sentidos es el modelo al que tienden toda la personalidad y la obra de Ratzinger. Nietzsche lo expuso ya en *El crepúsculo de los ídolos*, cuando convirtió al eunuco en el modelo ideal de la Iglesia: «El santo grato a Dios es el castrado ideal».

En definitiva, podríamos decir que si bien Ratzinger rechaza a las personas «LGTB», no trata con la misma dureza al que duda, al que se interroga, a ese agnóstico de la sexualidad, a esa persona *questionning* o «Q», de la que hablan los estadounidenses y que ha hecho que construyan una nueva sigla: LGBTQ. En definitiva, entre los gais despreciados, el papa estaría dispuesto a salvar a los que renuncian, a los que no cometen «actos de homosexualidad» y permanecen castos.

Este ideal del santo homosexual abstinente Ratzinger lo forjó y repitió en sus encíclicas, *motu proprio*, exhortaciones apostólicas, cartas, extractos de libros o entrevistas. Podemos remontarnos al texto más elaborado, y que tiene un notable valor: los artículos clave del *Nuevo catecismo de la Iglesia católica* (1992). Sabemos que el cardenal Ratzinger fue el redactor jefe, ayudado por un joven y talentoso obispo de lengua alemana, que el profesor Ratzinger tuvo como alumno y al que tomó bajo su protección: Christoph Schönborn. Aunque se trata de una obra colectiva, en la que participaban una quincena de prelados, con la colaboración de más de mil obispos, fue Ratzinger el que coordinó los trabajos y redactó personalmente, junto con Schönborn y el obispo francés Jean-Louis Bruguès, los tres artículos clave relativos a la homosexualidad (§ 2357 y siguientes). El apartado en el que están reunidos lleva además un título que anuncia ya la orientación: «Castidad y homosexualidad».

En el primer artículo, el *Catecismo* se limita a afirmar que «los actos homosexuales son intrínsecamente desordenados. Son contrarios a la ley natural. Cierran el acto sexual al don de la vida. No proceden de una verdadera complementariedad afectiva y sexual. No pueden recibir aprobación en ningún caso». Tras haber señalado que esas personas que «presentan tendencias homosexuales instintivas» constituyen un «número apreciable», que para la mayoría de ellas su condición homosexual es «una auténtica prueba», y que deben «ser acogidas con respeto, compasión y delicadeza», el *Catecismo* da paso a la gran teoría de Ratzinger. «Las personas homosexuales están llamadas a la castidad. Mediante virtudes de dominio de sí mismo que eduquen la libertad interior, y a veces mediante el apoyo de una amistad desinteresada, de la oración y de la gracia sacramental, pueden y deben acercarse gradual y resueltamente a la perfección cristiana.»

¡La perfección cristiana! ¡Los homosexuales no pedían tanto! Cabe pensar que el verdadero redactor del texto, Ratzinger, se delata aquí de forma asombrosa al sobrevalorar a los homosexuales «abstinentes» tras haber condenado a los homosexuales «practicantes» (los otros dos redactores, más *gay-friendly*, Schönborn y Bruguès, son en este aspecto más progresistas que él).

Esta es la proposición binaria: rechazo de las prácticas y del «ejercicio» de la homosexualidad; idealización de la castidad y de la homosexualidad «no consumada». El practicante es reprobado; el no practicante es alabado. Teoría de una esquizofrenia abismal, si se piensa un poco. Estamos ante el núcleo, la quintaesencia misma, del sistema ratzingueriano.

El papa Benedicto XVI insistirá en ello con toda su energía. En numerosos libros y entrevistas, repetirá esas frases de mil maneras distintas. Por ejemplo, en *Luz del mundo*, el libro de la entrevista oficial: «Si alguien tiene tendencias homosexuales profundamente enraizadas —a día de hoy ignoramos si son realmente innatas o si aparecen en la primera infancia—, en cualquier caso, si esas tendencias dominan a la persona, esta tiene que superar una gran prueba... Ahora bien, esto no significa que la homosexualidad esté bien». El periodista, por lo general menos temerario, reacciona mencionando el hecho de que en la Iglesia hay muchos homosexuales. Y Benedicto XVI responde: «Esto también forma parte de las dificultades de la Iglesia. Y las personas afectadas deben intentar al menos no ceder a esta tendencia de manera activa a fin de mantenerse fieles a la misión propia de su ministerio».

Esta homosexualidad «controlada» la conocemos bien: es Platón y el amor platónico más que Sócrates y los amores socráticos; es san Agustín heterosexual promiscuo sin duda, pero que lucha consigo mismo duramente y alcanza la santidad volviéndose casto; es Haendel, Schubert, Chopin y tal vez Mozart; es Jacques Maritain y el primer André Gide; es François Mauriac y el joven Julien Green; es el Rimbaud soñado por Claudel, que lo imagina abstinente; es Leonardo da Vinci y Miguel Ángel antes de pasar al acto. En otras palabras: todas las pasiones intelectuales y artísticas de Joseph Ratzinger.

Aceptar al homosexual a condición de que renuncie a su sexualidad. La apuesta de Ratzinger es atrevida. ¿Y qué hombre heroico puede conseguirlo, a base de flagelación? Tal vez un Ratzinger o, a base de sacrificios, ¡un replicante o un Jedi! Para todos los demás, los «normales» que saben que la abstinencia es contra natura, el pensamiento de Benedicto XVI conduce inevitablemente a la doble vida y, como dice el Poeta, a los «viejos amores mentirosos» y a las «parejas embusteras». El principio mismo del proyecto ratzingueriano estaba condenado al fracaso y a la hipocresía, tanto en el mundo como en el seno de la propia casa pontificia.

¿Fue demasiado lejos en ese elogio de la abstinencia que condena la práctica mucho más que la idea? ¿Abrió la puerta inocentemente a una gran hipocresía en una Iglesia que se está homosexualizando a grandes pasos? En realidad, el cardenal Ratzinger vio perfectamente la trampa y el límite de su gran teoría. En consecuencia, en 1986, con la ayuda del episcopado estadounidense

517

que le sugiere una versión del texto, aclara las cosas en su famosa *Carta a los obispos de la Iglesia católica sobre la atención pastoral a las personas homosexuales*, el primer documento de toda la historia del cristianismo consagrado exclusivamente a este tema. Al recordar que hay que establecer una distinción entre la «condición» y la «tendencia» homosexual por un lado y los «actos» homosexuales por el otro, el cardenal Ratzinger confirma que solo los últimos, los actos, son «intrínsecamente desordenados». Aunque inmediatamente añade una restricción importante: teniendo en cuenta las interpretaciones «excesivamente benévolas» que se han hecho, conviene recordar que «la inclinación» es en sí misma mala, aunque no sea pecado. La indulgencia tiene sus límites.

Tal vez más que ningún otro hombre de su generación, Joseph Ratzinger irá a contracorriente de la historia, y de su propia vida. Su razonamiento, absolutamente perverso, le llevará muy pronto a justificar las discriminaciones a personas homosexuales, a incitar su despido del trabajo o del ejército, a validar las negativas de empleo o el acceso a la vivienda. Al legitimar así la homofobia institucional, el cardenal y luego papa confirmará muy a su pesar que todos sus conocimientos teológicos no le han protegido contra los prejuicios.

¿Tal vez debía ser así? Ya que no olvidemos que Joseph Ratzinger nació en 1927 y que tenía ya 42 años cuando se produjo la «liberación» gay de Stonewall. Fue papa a los 78 años, ya anciano. Su pensamiento es el de un hombre que se quedó atrapado en las ideas homófobas de su tiempo.

En definitiva, y más que al comienzo de mi investigación, siento ternura por ese hombre autocensurado, bloqueado, reprimido, por esta figura trágica cuyo anacronismo me obsesiona. Ese intelectual de primer orden reflexionó sobre todo, excepto tal vez sobre la cuestión más importante para él. Un hombre de otro tiempo, al que no le ha bastado una vida para resolver su conflicto interno, cuando hoy en día decenas de millones de adolescentes, mucho menos cultos o inteligentes que él, llegan, a través del mundo, a descifrar el mismo enigma en unos pocos meses, antes de cumplir dieciocho años.

De modo que me pregunto si es que, en otros lugares o en otros tiempos, tal vez un Miguel Ángel habría podido ayudarle

518

a revelar su identidad sepultada en el mármol, y despertar a este hombre «reprimido», este Atlas, este Esclavo, este Prisionero joven o barbudo, como los que se ven surgir de la piedra, espléndidos, en la Galleria dell'Accademia en Florencia. ¿No deberíamos, al fin y al cabo, sentir respeto por este hombre que ha amado la belleza y ha luchado contra él mismo toda su vida, combate ilusorio sin duda, y patético, pero al fin y al cabo sincero?

Cualquiera que sea la verdad sobre esta cuestión —verdad que probablemente no conoceremos nunca—, prefiero conformarme con esta hipótesis generosa de un sacerdocio elegido para protegerse de sí mismo, hipótesis que otorga cierta humanidad y ternura a uno de los homófobos más tenaces del siglo XX.

«*Naturam expellas furca, tamen usque recurret*», escribe Horacio («Expulsa la naturaleza a horcazos, retornará siempre»). ¿Se puede disimular la verdadera naturaleza durante mucho tiempo? Una de las frases más reveladoras del pontificado de Benedicto XVI, y también una de las más extraordinarias, aunque aparentemente anecdótica, figura en su libro de entrevistas oficiales *Luz del mundo*. En esa larga entrevista, publicada en 2010, el papa habla mucho de la enorme polémica mundial suscitada por sus palabras oscurantistas sobre el sida (en su primer viaje a África, declaró que la distribución de preservativos «agravaba» la epidemia). El papa pretende corregir sus palabras para que le entiendan mejor. Y de pronto, suelta: «Podrá haber casos fundados de carácter aislado, por ejemplo, cuando un prostituido utiliza un preservativo, pudiendo ser esto un primer acto de moralización… Pero esta no es la auténtica modalidad para abordar el mal de la infección con el VIH. Tal modalidad ha de consistir realmente en la humanización de la sexualidad».

A Freud le hubiera gustado esta frase, que sin duda habría diseccionado con la misma minuciosidad con que analizó el recuerdo infantil de Leonardo da Vinci. Lo absolutamente extraordinario no es la frase del papa sobre el sida, sino su *lapsus linguae* repetido en un *lapsus calami*. Pronunciada verbalmente y releída por escrito, la frase fue validada dos veces tal cual (la comprobé en el original,

519

estaba escrita así, con el artículo masculino: «*ein Prostituierter*», página 146-147 de la edición alemana). En África, donde la gran mayoría de los casos de sida afectan a personas heterosexuales, la única concesión que acepta hacer Ratzinger es utilizar el masculino: «un» prostituido. Ni siquiera una trabajadora del sexo. El artículo debería ser, en buena lógica, femenino (una), o, al menos, utilizar la palabra en plural, sin artículo. Ningún heterosexual dirá espontáneamente «un» prostituido, siempre utilizará el femenino, sin darse cuenta. Pero cuando Benedicto XVI evoca a los prostituidos en África, y aunque le cueste, ¡los imagina varones! Nunca un lapsus fue más revelador. Y son innumerables los sacerdotes, obispos, periodistas o militantes gais que me han citado esta frase, molestos o radiantes, y a veces muertos de risa. Ese doble *lapsus linguae* y *calami* quedará sin duda como una de las más hermosas confesiones de toda la historia del catolicismo.

21

El vicepapa

*L*a fotografía es tan irreal que podríamos pensar que se ha retocado con photoshop. El cardenal secretario de Estado Tarcisio Bertone preside en majestad: está sentado en una silla elevada, dispuesta sobre una tarima azul, y cubre su cabeza con una mitra amarilla forrada de rojo. De modo que, gracias a esta triple disposición —tarima, trono y mitra—, parece un gigante algo terrorífico. Está rígido como un emperador en el momento de la coronación, a menos que sea debido a un exceso de calcio.

A la derecha, el cardenal Jorge Bergoglio parece muy pequeño: sentado en una sencilla silla de metal, fuera de la tarima, va vestido simplemente de blanco. Bertone lleva gafas oscuras de aviador; Bergoglio, sus grandes gafas graduadas. La casulla de Bertone, de color dorado, termina en un encaje blanco que me recuerda los tapetes de mi abuela; en la muñeca, resplandece un reloj, que se identificó como un Rolex. La tensión entre ambos es palpable: Bertone mira al frente, con una mirada inquisidora, rígido como una momia; Bergoglio tiene la boca abierta en un gesto de estupefacción, puede que provocado por ese César pedante.

La fotografía, que puede verse en Google e Instagram, es de noviembre de 2007: fue tomada con ocasión de un viaje del secretario de Estado a Argentina, para asistir a una ceremonia de beatificación. Por aquel entonces, Bertone era el personaje más poderoso de la Iglesia católica, después de Benedicto XVI: le llamaban el «vicepapa». Unos años más tarde, será relegado; y Bergoglio será elegido soberano pontífice con el nombre de Francisco.

Tarcisio Bertone nació en 1934 en el Piamonte. Comparte origen con Angelo Sodano, su predecesor en la Secretaría de Estado: la Italia del Norte. Junto con Sodano, es el segundo gran villano de este libro. Y por supuesto, en este gran teatro shakespeariano que siempre ha sido la curia romana, esos dos gigantes de vanidad y de intransigencia se convertirán en «enemigos complementarios».

Hijo de campesinos montañeses, Bertone es un salesiano, congregación católica fundada en Italia y dedicada fundamentalmente a la educación. Su carrera fue durante mucho tiempo tranquila. Durante treinta años, apenas se habla de él: es sacerdote y se dedica a la enseñanza. No obstante, va creando discretamente una red de relaciones que le permite ser nombrado, a los 56 años, arzobispo de Verceil, en su Piamonte natal.

Uno de los hombres que le conoce bien en esa época es el cardenal Raffaele Farina, también salesiano, que nos recibe, a Daniele y a mí, en su apartamento del Vaticano. Desde su ventana, se ven
los apartamentos del papa, a tan solo unos metros, y un poco más lejos, las espectaculares terrazas de los cardenales Giovanni Battista Re o Bertone. Más lejos aún, la terraza *penthouse* de Angelo Sodano. Todos estos cardenales octogenarios se observan con desconfianza, envidia y animosidad, desde sus ventanas respectivas. Una auténtica guerra de terrazas.

—Yo presidía la universidad salesiana cuando llegó Bertone —explica Farina—. Fue mi adjunto. Le conozco bien y jamás le habría nombrado secretario de Estado del Vaticano. Le gustaba viajar o dedicarse a sus propios asuntos. Habla mucho, sobre todo italiano y un poco de francés; tiene muchos contactos internacionales; no obstante, las cosas no le fueron demasiado bien en la universidad salesiana, antes de fracasar del todo en el Vaticano.

—Y añade, a modo de digresión—: Bertone no paraba de mover las manos. Es un italiano del Norte que habla con las manos, ¡como un hombre del Sur!

Farina conoce todos los secretos del Vaticano. Nombrado cardenal por Benedicto XVI, al que se sentía muy próximo, fue designado por Francisco para presidir la importante comisión de reforma del banco del Vaticano. Lo sabe todo de finanzas, corrupción y homosexualidad, y hablamos extensamente de estos temas con sorprendente libertad a lo largo de varias entrevistas.

Al término de una de nuestras citas, Farina se ofrece a acompañarnos. Subimos a su coche, un pequeño Volkswagen Up!, y terminamos la conversación a bordo del vehículo diplomático del Vaticano que conduce él mismo a los 85 años. Pasamos por delante del edificio del apartamento del cardenal Tarcisio Bertone, y luego por delante del de Angelo Sodano. Recorremos las calles empinadas del Vaticano, entre los cerezos en flor, bajo la mirada atenta de los guardias, que saben por experiencia que los reflejos del cardenal Farina no son todo lo buenos que deberían ser. A veces no respeta una señal de stop; otras veces emboca una calle en sentido contrario; en cada ocasión los guardias le hacen gestos y le reorientan prudentemente. Llegamos sanos y salvos a la Puerta de Santa Ana, tras algunos sustos y un recuerdo maravilloso de una conversación con un cardenal que le ha dado a la lengua. ¡Y de qué modo!

¿Acaso Bertone es estúpido? Es lo que todo el mundo me da 523 a entender hoy en el Vaticano. Realmente es difícil encontrar un prelado o un nuncio que le defienda, aunque esas críticas tan desmesuradas, que provienen de los mismos que ayer le encumbraban, olvidan las raras cualidades de Bertone, entre las que se encuentran su gran capacidad de trabajo, su fidelidad a las personas, su aptitud para establecer redes en el episcopado italiano y su dogmatismo ratzingueriano. Ahora bien, a falta de autoridad natural, es autoritario, como muchos incompetentes. Los que le conocieron en Génova le describen como un hombre formalista, pagado de sí mismo, y que, en el palacio donde recibía, tenía una corte de jóvenes solteros y de viejos solterones.

—Nos hacía esperar como si tuviéramos audiencia con el papa —me explica, describiéndome la escena, el embajador de Francia en el Vaticano, Pierre Morel.

Uno de los antiguos alumnos de Bertone, cuando daba clases de derecho y de francés, un sacerdote con el que hablo en Londres, me dice en cambio que «era un excelente profesor y muy divertido». Según la misma fuente, a Bertone le gustaba citar a Claudel, Bernanos o Jacques Maritain. Bertone me confirma en una carta esas lecturas; también pide disculpas por su francés un poco oxidado y me agradece habérselo «refrescado» con el libro que le regalé: el famoso librito blanco.

Según la opinión de muchos, Tarcisio Bertone demostró el máximo nivel de incompetencia en la Secretaría de Estado. El cardenal Giovanni Battista Re, antiguo «ministro» de Interior de Juan Pablo II, y enemigo de Bertone, me revela midiendo sus palabras:

—La Congregación para la Doctrina de la Fe era el sitio perfecto para Bertone, pero no estaba preparado para el cargo de secretario de Estado.

Don Julius, el confesor de San Pedro, que tuvo relación con él y hasta puede que le confesara, añade:

—Era presuntuoso, era un mal profesor de derecho canónico.

Los confesores de San Pedro, que en su mayoría son al menos homófilos, constituyen una fuente interesante de información en el interior del Vaticano. Viven en un edificio de edad indefinida, situado en la plaza de Santa Marta, en celdas individuales y disponen de espaciosos comedores colectivos. A menudo he celebrado mis entrevistas allí, en el parlatorio que, aunque se halla en el centro neurálgico de la santa sede, es el lugar más discreto del mundo: nadie molesta a un confesor que confiesa, o se confiesa.

Desde este puesto de observación situado entre el palacio de Justicia y las oficinas de la policía vaticana, a dos pasos de la residencia del papa Francisco y frente al apartamento de Bertone, los confesores lo ven todo y lo saben todo. Fue allí donde estuvo retenido Paolo Gabriele, después del asunto Vatileaks: por primera vez, sus celdas se convirtieron en una auténtica prisión.

Los confesores de San Pedro me lo cuentan todo de forma anónima. Saben qué cardenal está implicado en tal asunto de corrupción; quién se acuesta con quién; qué guapo secretario acude por la noche al apartamento de lujo de su patrón; a quién le gustan los guardias suizos y quién prefiere los policías más viriles.

Uno de los sacerdotes afirma, sin romper el secreto de confesión:

—¡Ningún cardenal corrupto ha dicho en confesión que es corrupto! ¡Ningún cardenal homófilo nos ha confesado sus inclinaciones! Nos hablan de estupideces, de detalles sin importancia. Y, sin embargo, nosotros sabemos que están tan corrompidos que no tienen ni idea de lo que es la corrupción. Mienten incluso en confesión.

La carrera de Bertone despega realmente cuando es reclamado por Juan Pablo II y Joseph Ratzinger para ser el número dos de la importante Congregación para la Doctrina de la Fe. Es el año 1995; tiene sesenta años.

Para un hombre rígido, estar en el cargo más doctrinal de toda la Iglesia es una bendición. «La rigidez al cuadrado», me dice un sacerdote de la curia. Allí es donde Bertone adquiere una mala reputación de policía del pensamiento.

Monseñor Krzysztof Charamsa, que trabajó muchos años en el palacio del Santo Oficio, lo compara con una «sucursal de la KGB», un «auténtico sistema totalitario opresor que controlaba las almas y los dormitorios». ¿Presionaba psicológicamente Bertone a ciertos obispos homosexuales? ¿Le hacía saber a algún cardenal que existía un dosier sobre él y que más le valía andarse con cuidado? Charamsa adopta una actitud evasiva cuando le pregunto.

El hecho es que esa forma de trabajar de Bertone en la Congregación le hace merecedor del sobrenombre de Hoover.

—Un Hoover, aunque con menos estilo —corrige el arzobispo que me desvela ese sobrenombre y me informa de esta interesante comparación con el fundador del FBI estadounidense.

Hoover, que estuvo al frente del FBI de Estados Unidos durante casi cincuenta años, combinaba un conocimiento de los hombres y de las situaciones con una organización estricta de su vida al margen. Luchando de manera incesante y diabólica contra él mismo, elaboró dosieres secretos muy bien sustentados sobre la vida privada de numerosas personalidades y políticos estadounidenses. Sabemos hoy que esta capacidad de trabajo fuera de lo común, ese gusto por el poder más perverso, esa obsesión anticomunista iban acompañados de un secreto: él también era homosexual. Ese hombre, al que le gustaba travestirse en privado, vivió buena parte de su vida esquizofrénica con su principal ayudante Clyde Tolston, al que nombró director adjunto del FBI, antes de convertirle en su heredero.

La comparación con Bertone solo funciona en algunos aspectos, pues la copia difiere del modelo, pero la psicología es la misma. Bertone es un Hoover que no tuvo éxito.

En 2002, Tarcisio Bertone es consagrado arzobispo de Génova por Juan Pablo II y creado cardenal a instancias de Joseph Ratzinger. Unos meses después de su elección, Benedicto XVI le llama para sustituir a Angelo Sodano como secretario de Estado: se convierte en el «primer ministro» del papa.

El arribista triunfador controla ahora todo el poder. Al igual que Sodano, que fue realmente el vicepapa durante los últimos diez años del pontificado de Juan Pablo II, debido a la larga enfermedad del santo padre, Bertone se convierte en vicepapa gracias al desinterés manifiesto de Benedicto XVI por la gestión de los asuntos ordinarios.

Según distintas fuentes, Bertone habría creado un sistema de control interno, compuesto de informes, fichas, *monitoring*: toda una cadena de mando que culmina en él para proteger los secretos del Vaticano. Ese sistema le habría permitido mantenerse mucho tiempo en el poder si no hubieran surgido dos complicaciones imprevistas en ese proceso perfecto: el escándalo Vatileaks en primer lugar y, algo más inesperado aún, la «renuncia» de Benedicto XVI.

Menos organizado que Hoover, al igual que él Bertone sabe corregir sus defectos eligiendo a las personas. De modo que se acerca a un tal Domenico Giani, al que hace nombrar jefe de la Gendarmería del Vaticano, pese a la oscura oposición del cardenal Angelo Sodano, que espera seguir siendo él quien mueva los hilos. A la cabeza de un centenar de gendarmes, inspectores y policías, este antiguo oficial de la Guardia di Finanza italiana se convertirá en el hombre en la sombra de Bertone para todos los escándalos y misiones secretas.

—Los responsables de la policía italiana son muy críticos con la gendarmería vaticana, que se niega a cooperar con nosotros y utiliza las zonas de extraterritorialidad y la inmunidad diplomática para tapar ciertos escándalos. Las relaciones son cada vez más tensas —me confirma un responsable de la policía italiana.

En un libro polémico, pero con información proporcionada por Georg Gänswein y por un secretario de Bertone, el ensayista Nicolas Diat sugiere que Domenico Giani estaría bajo la influencia o bien de la masonería, o bien del *lobby* gay, o de los servicios secretos italianos. Un cardenal al que cita considera que es «culpable de alta traición» y sería uno «de los ejemplos más graves de infiltración en la santa sede». (Esas graves insinuaciones jamás fueron probadas ni confirmadas, sino que fueron desmentidas rotundamente por el portavoz del papa Benedicto XVI, y el papa Francisco renovó su confianza en Giani.)

Con la ayuda de Domenico Giani y los servicios técnicos del Vaticano, Bertone vigila la curia. Se instalan cientos de cámaras en todas partes. Las comunicaciones pasan por un filtro. Se piensa incluso en autorizar un único modelo de teléfono móvil especialmente protegido. ¡Clamorosa protesta de los obispos! ¡Se niegan a ser escuchados! El intento de unificar los *smartphones* fracasará, pero el control existirá. (El cardenal Jean-Louis Tauran me confirmó ese hecho.)

—El Vaticano establece mecanismos de filtro y control en todos los medios de comunicación, teléfonos y ordenadores, de este modo saben todo lo que ocurre en la santa sede y, si es necesario, disponen de pruebas contra quienes pueden causar problemas. Pero en general suelen conservar toda esa información para uso interno —me confirma el exsacerdote Francesco Lepore, que también fue objeto de estrecha vigilancia antes de su dimisión.

El antiguo «ministro» del Interior de Juan Pablo II, Giovanni Battista Re, con el que hablo de este tema en presencia de Daniele, duda no obstante de que el Vaticano dispusiera de los medios para ejercer una vigilancia de este tipo:

—Por definición, en el Vaticano, el secretario de Estado lo sabe todo y, por supuesto, existen dosieres sobre todos. Pero no creo que Bertone estuviera tan bien organizado e hiciera fichas de todo el mundo.

Como la mayoría de los sistemas de vigilancia, el de Bertone-Giani dio lugar a estrategias de elusión o de evitación por parte de los prelados de la curia. La mayoría de ellos empezaron a utilizar aplicaciones seguras como Signal o Telegram, o se procuraron un segundo portátil privado, con el que podían hablar mal tranquilamente del secretario de Estado, discutir los rumores sobre sus co-

527

rreligionarios o trabar relaciones en Grindr. En el Vaticano, donde la red de fibra está sometida a filtros, ese segundo teléfono permite superar el *firewall* y acceder directamente, o desde el ordenador a través de conexiones compartidas, a direcciones prohibidas, como las páginas eróticas de pago o los agregadores gratuitos de vídeos del tipo YouPorn.

Un día en que me alojo en el apartamento privado de un obispo, en el Vaticano, hacemos una prueba. Intentamos acceder a varias webs eróticas que aparecen bloqueadas con el siguiente mensaje: «Si desea desbloquear esta web, por favor llame al número interno 181, antiguamente 83511, o al 90500». ¡Qué control parental más eficaz!

Repito la misma experiencia unos meses más tarde, desde el apartamento de un obispo, también en el Vaticano, y esta vez leo en la pantalla que «el acceso a la página web solicitada» está bloqueado debido a «la política de seguridad» del Vaticano. La razón que se indica es «Adulto». Puedo utilizar la tecla «Enter» para pedir el desbloqueo.

528

—Los personajes importantes del Vaticano creen escapar de esta supervisión. Se les deja hacer; pero si un día se convierten en un «obstáculo», se utilizará la información que se tiene sobre ellos para controlarlos —me explica Francesco Lepore.

La pornografía, básicamente gay, es un fenómeno tan frecuente en el Vaticano que mis fuentes me hablan de «graves problemas de adicciones entre los prelados de la curia». Algunos sacerdotes incluso han acudido a servicios especializados en la lucha contra esas adicciones, como NoFap, una web especializada, cuya sede se encuentra en una iglesia católica de Pennsylvania.

Esta vigilancia interna se fue ampliando durante el pontificado de Benedicto XVI, a medida que se multiplicaron los rumores y, por supuesto, estalló el primer escándalo Vatileaks. Cuando el objetivo de estas filtraciones fue el propio Tarcisio Bertone, su paranoia se disparó. Empezó a buscar micrófonos en sus apartamentos privados y a sospechar de sus colaboradores, e incluso llegó a despedir a su chófer al que acusó de informar al cardenal Sodano.

En esta época, la maquinaria del Vaticano se bloquea. Bertone, que tiene a su cargo las relaciones internacionales pero apenas habla idiomas, se aísla de los episcopados locales y multiplica los errores. Poco diplomático, se concentra en aquello que conoce menos mal, esto es, la política italiana del politiqueo y las relaciones con los dirigentes del país, que pretende gestionar directamente (ese aspecto me lo confirmaron dos presidentes de la CEI, los cardenales Camillo Ruini y Angelo Bagnasco).

El secretario de estado de Benedicto XVI se rodea además de colaboradores de poca talla, que dan pie a algunos rumores. Se habla, por ejemplo, del ya célebre Lech Piechota, el secretario preferido de Bertone, con el que parece tener una relación tan estrecha como Ratzinger con Georg Gänswein o Juan Pablo II con Stanislaw Dziwisz.

Intenté entrevistarme con Piechota, pero no lo conseguí. Desde la dimisión de Benedicto XVI, ese sacerdote polaco fue recolocado, según se me sugirió, en el Consejo pontificio para la cultura. En una de mis numerosas visitas a este ministerio, pregunto por Piechota con la intención de averiguar por qué milagro un hombre que al parecer jamás se interesó por las artes pudo aterrizar en ese lugar. ¿Acaso tendría un talento artístico oculto? ¿Estaría represaliado? Intento ingenuamente comprender, de modo que pregunto en dos ocasiones por Piechota a los responsables del Ministerio de Cultura. ¿Está aquí? La respuesta es categórica:

—No sé de quién me está hablando. No está aquí.

Extraña negación. Lech Piechota figura en el Anuario Pontificio como jefe de misión en el Consejo pontificio para la cultura, junto a los nombres del padre Laurent Mazas, del sacerdote Pasquale Iacobone y del arzobispo Carlos Azevedo, a los que entrevisté. Cuando hablé con el telefonista de este ministerio, me pasó con Piechota. Hablamos brevemente, aunque resulta extraño que ese exsecretario del «primer ministro», un hombre que hablaba a diario con decenas de cardenales y jefes de gobierno de todo el mundo, no hable francés, inglés ni español.

Así que Piechota es realmente uno de los jefes de misión del Ministerio de Cultura, pero parece que se ha olvidado incluso su presencia. ¿Hay algo que reprocharle desde que se filtró su nombre en los escándalos Vatileaks? ¿Es absolutamente necesario proteger a ese secretario personal y privado del cardenal Bertone? ¿Por qué ese sacerdote polaco Piechota actúa con tanta discreción? ¿Por qué abandona a veces su despacho del Consejo pontificio de la cultura, cuando

Bertone le avisa (según dos testimonios)? ¿Por qué se le ve circular en un gran coche oficial, un Audi A6 de lujo, con cristales tintados y matrícula diplomática del Vaticano? ¿Por qué Piechota sigue viviendo en el palacio del Santo Oficio, donde nos hemos cruzado en varias ocasiones, y donde se guarda ese gran coche, en una plaza de aparcamiento especial donde nadie tiene derecho a aparcar? Y cuando planteé estas preguntas a algunos miembros de la curia, ¿por qué se echaron a reír? ¿Por qué? ¿Por qué?

Hay que decir que Tarcisio Bertone tiene muchos enemigos en Roma. Entre ellos figura Angelo Sodano, recluido entre cuatro paredes al comienzo del pontificado de Benedicto XVI. Desde lo alto de su Colegio etíope, que mandó restaurar sin reparar en gastos, el exsecretario de Estado está al acecho. Ciertamente, está «relegado», pero sigue siendo decano del colegio cardenalicio: ese título le otorga todavía una enorme autoridad sobre todos los electores del cónclave, que le siguen considerando un fabricante de papas. Dado que Sodano ejerció el poder absoluto demasiado tiempo, también tiene sus malos hábitos: desde su retiro dorado, manipula a los hombres, y los dosieres sobre esos hombres, como si todavía estuviera al mando. Bertone comprendió demasiado tarde que Sodano había sido uno de los principales dinamiteros del pontificado de Benedicto XVI.

El origen de todo, como ocurre a menudo, es una humillación. El antiguo cardenal secretario de Estado de Juan Pablo II hizo todo lo posible por mantenerse en el puesto. Durante el primer año de su pontificado, el papa mantuvo a Sodano en el cargo, por razones formales y por otra razón más significativa: ¡no tenía ningún otro candidato! Joseph Ratzinger nunca fue un cardenal político: no tenía banda, ni equipo, ni a nadie a quien colocar o promover, excepto Georg, su secretario personal. No obstante, Ratzinger siempre sospechó de Sodano, sobre el que tenía, como todo el mundo, informaciones perturbadoras. Estaba estupefacto por lo que le habían contado sobre su pasado chileno, hasta el punto de no querer dar crédito a esos rumores. Utilizando como pretexto su edad avanzada, 79 años, Benedicto XVI acabó separándose de Sodano. El argumento, que repite en sus memorias, es el siguiente: «Tenía la misma edad que yo. Si el papa es viejo porque ha sido elegido viejo, conviene al menos que su secretario de Estado esté en plena forma».

Jubilar a un cardenal de casi ochenta años: Sodano no pudo soportarlo. Inmediatamente se enfurece, se rebela, empieza a echar pestes. Se resiste. Cuando comprende que la suerte está echada, reclama, y hasta exige, poder elegir a su sucesor (su protegido y asistente Giovanni Lajolo, un exmiembro del APSA que fue nuncio en Alemania), sin ningún éxito. Y cuando finalmente conoce el nombre de su sucesor, el arzobispo de Génova Tarcisio Bertone, se queda sin respiración: ¡habría podido ser mi asistente!, ¡ni siquiera es nuncio!, ¡ni siquiera habla inglés!, ¡no forma parte de la nobleza negra! (Como disculpa, cabe decir que Bertone, además de italiano, habla bastante bien el francés y el español, como yo mismo pude comprobar.)

Empieza entonces uno de los episodios de calumnias, habladurías y venganza como no ha habido en Italia desde Julio César: ¡el emperador castigó a sus soldados que, llamándole «Reina», lo habían sacado del armario!

Los rumores siempre han formado parte de la historia de la santa sede. Es el «amable veneno», del que habla el Poeta, y «la enfermedad del rumor, de la maledicencia y de la habladuría» denunciada por el papa Francisco. Esta típica práctica de chismes y de cotilleo recuerda el mundo homosexual anterior a la «liberación gay». Se trata de las mismas alusiones, los mismos chistes, las mismas calumnias que los cardenales utilizan hoy para hacer daño y difamar, con la esperanza de ocultar así su propia doble vida.

—El Vaticano es una corte con un monarca. Y como en el clero, no hay separación entre la vida privada y la vida pública, no hay familia y todo el mundo vive en comunidad, todo se sabe, todo se mezcla. De modo que los rumores, las habladurías y las difamaciones son sistemáticos —me explica la vaticanista Romilda Ferrauto, que fue durante mucho tiempo responsable de Radio Vaticano.

Rabelais, que también fue monje, percibió con toda claridad esta tendencia de los prelados de la corte pontificia a «hablar mal de todo el mundo» a la vez que «fornican a diestro y siniestro». En cuanto al *outing*, arma terrible de los homófobos, siempre ha sido muy apreciado por los propios homosexuales, en los clubes gais de los años cincuenta y en el principado del Vaticano hoy en día.

El papa Francisco, agudo observador de «su» curia, no se equivocó, como ya he mencionado, al evocar en su discurso «las quince enfermedades curiales», la esquizofrenia existencial, los cortesanos que «asesinan a sangre fría» la reputación de sus colegas cardenales, el «terrorismo de las habladurías» y esos prelados que se «crean un mundo paralelo, donde dejan a un lado todo lo que enseñan con severidad a los demás y empiezan a vivir una vida oculta y, a menudo, disoluta». ¿Se puede ser más claro? El vínculo entre las habladurías y las dobles vidas lo establece el testimonio más irrecusable que pueda haber: el papa.

El hecho es que el exsecretario de estado Angelo Sodano preparará minuciosamente su venganza contra Bertone: formado en el Chile de Pinochet, sabe cómo manejar la situación, los rumores que matan y los métodos expeditivos. De entrada, se niega a abandonar su lujoso apartamento, que Bertone debe recuperar. El nuevo secretario de Estado puede perfectamente contentarse con una vivienda de paso hasta que el nuevo ático de Sodano esté restaurado y bien reluciente.

Mientras resiste, el amargado Sodano agita sus redes en el seno del colegio cardenalicio y pone en marcha la máquina de los rumores. Bertone tarda demasiado en comprender la magnitud exacta de esta batalla de egos celestiales. Cuando lo haga, después del Vatileaks, será demasiado tarde. ¡Todo el mundo habrá sido jubilado anticipadamente junto con el papa!

Uno de los cómplices más afines a Sodano es un arzobispo argentino, que fue nuncio en Venezuela y en México: Leonardo Sandri, del que ya hemos hablado. El nuevo papa, que se fía tan poco de él como de Sodano, decide distanciarse también del molesto argentino. Por supuesto, mantiene las formas: en 2007, nombra cardenal a Sandri y le confía la responsabilidad de las Iglesias orientales. Pero eso es muy poco para ese machista dotado de un ego descomunal, que tampoco tolera haber sido privado de su cargo de «ministro del Interior» del papa. De modo que se une a la resistencia de Sodano, soldadito de una guerrilla que comienza a actuar en la Sierra Maestra vaticana.

La santa sede nunca ha estado a salvo de esas escenas de pareja y de esas riñas de familia. En medio del mar de ambiciones, perversiones y maledicencias del Vaticano, muchos papas consiguieron sobrevivir pese a los vientos contrarios. Otro secretario de Estado habría podido conducir a buen puerto la nave vaticana, incluso con Benedicto XVI; otro papa, si se hubiera ocupado de la curia, habría podido reflotar la nave, incluso con Bertone. Pero la unión de un papa ideólogo interesado únicamente en la teoría y un cardenal incapaz de controlar la curia, engreído y ávido de reconocimiento, no podía funcionar. La pareja pontificia es una yunta tambaleante desde el principio y su fracaso se confirma de inmediato. «Confiábamos el uno en el otro, nos entendíamos bien, y por tanto le conservé», confirmará mucho más tarde con clemencia y generosidad el papa emérito Benedicto XVI refiriéndose a Bertone.

Las polémicas estallan sucediéndose unas a otras con una rapidez y una violencia asombrosas: el discurso del papa en Ratisbona provoca un escándalo internacional porque sugiere que el islam era intrínsecamente violento, desmontando con ello todos los esfuerzos del diálogo interreligioso del Vaticano (el discurso no había sido revisado y el papa finalmente tendrá que excusarse); al rehabilitar rápidamente y sin condiciones a los ultraintegristas de Lefebvre, entre los que se encuentra un antisemita y revisionista notorio, se acusa al papa de apoyar a la extrema derecha y se suscita una enorme polémica con los judíos. Esos graves errores de fondo y de comunicación debilitan inmediatamente al santo padre. E inevitablemente vuelve a salir a la luz su pasado en las juventudes hitlerianas.

El cardenal Bertone será muy pronto el protagonista de un inmenso escándalo inmobiliario. A partir de las filtraciones de Vatileaks, la prensa le señala por haberse atribuido un ático, como Sodano: 350 metros cuadrados en el palacio de San Carlos, compuesto por la unión de dos apartamentos anteriores, prolongado en una inmensa terraza, también de 300 metros cuadrados. Los trabajos de reforma de su palacio, con un coste de 200.000 euros, habrían sido financiados por la fundación del hospital pediátrico Bambino Gesù. (El papa Francisco le pedirá a Bertone que devuelva esta suma y el Vaticano anuncia un proceso contra el cardenal dilapidador.)

Tenemos poca información, pero una camarilla gay se agita entre bastidores para avivar las polémicas e intrigar a diestro y siniestro. Participan en estas maniobras algunos cardenales y obispos, todos homosexuales practicantes. Comienza una auténtica guerra de nervios, cuyo objetivo es Bertone y, de paso, por supuesto, el papa. Detrás de esas intrigas se ocultan tantos odios viscerales, maledicencias, rumores y a veces historias de amor, de uniones y rupturas amorosas antiguas, que resulta difícil desligar los problemas interpersonales de las verdaderas cuestiones de fondo. (En su *Testimonianza*, el arzobispo Viganò sospecha que el cardenal Bertone «se había mostrado claramente favorable a la promoción de homosexuales a puestos de responsabilidad».)

En este agrio contexto, llegan a la santa sede nuevas y graves revelaciones de escándalos de abusos sexuales en varios países. Al borde ya de la explosión, el Vaticano será arrastrado por este mar de fondo, del que la ciudad papal, diez años después, no se ha repuesto todavía.

534

Tan homófobo como Sodano, Bertone tiene su propia teoría sobre la cuestión pedófila, que da a conocer al gran público y a la prensa con ocasión de un viaje a Chile, adonde llega muy rebotado, acompañado de su secretario favorito. El secretario de Estado habla oficialmente, en abril de 2010, sobre la psicología de los sacerdotes pedófilos. Está a punto de estallar una nueva polémica mundial.

Esto es lo que dice el cardenal Bertone:

—Muchos psicólogos y psiquiatras han demostrado que no hay ninguna relación entre el celibato [de los sacerdotes] y la pedofilia; en cambio, muchos otros han demostrado, según me han dicho recientemente, que existe una relación entre homosexualidad y pedofilia. Esto es cierto. Este es el problema.

El discurso oficial, en boca del número dos del Vaticano, no pasa desapercibido. Esas palabras, totalmente infundadas y en plena tormenta, dan lugar a una protesta internacional: cientos de personalidades y militantes LGTB, pero también ministros europeos y teólogos católicos denuncian las frases irresponsables del prelado. Por primera vez, sus declaraciones son objeto de un prudente desmentido por parte del servicio de prensa del Vaticano, refrendado por el papa. Que Benedicto XVI abandone su reserva para sugerir un matiz de desacuerdo con su «primer ministro» demasiado homófobo tiene su chispa. Así que el momento es grave.

¿Como pudo Bertone pronunciar una frase tan absurda? He interrogado sobre esta cuestión a muchos cardenales y prelados: la mayoría alega error de comunicación o torpeza; solo uno me da una explicación interesante. Según ese sacerdote de la curia, que trabajó en el Vaticano en tiempos de Benedicto XVI, la postura de Bertone sobre la homosexualidad es estratégica, pero también reflejaría el fondo de su pensamiento. Estratégica en primer lugar, porque es una técnica muy eficaz para echar la culpa a las ovejas descarriadas, que en la Iglesia no hacen otra cosa que cuestionar el celibato de los sacerdotes. La salida del secretario de Estado refleja también el fondo de su pensamiento porque corresponde, según indica la misma fuente, a lo que piensan los teóricos en los que se inspira Bertone, como el cardenal Alfonso López Trujillo o el sacerdote psicoanalista Tony Anatrella. ¡Dos homófobos obsesivamente practicantes!

Hay que añadir además elementos de contexto que descubrí en mis viajes a Chile. El primero es que la orden más afectada por los abusos sexuales en ese país es la de los salesianos de Don Bosco, a la que pertenece Bertone. En segundo lugar, y es algo que ha hecho reír a todo el mundo, cuando Bertone habla en público denunciando que la homosexualidad está en el origen de la pedofilia, en algunas fotos aparece rodeado de al menos dos reconocidos sacerdotes homosexuales. Según me indican distintas fuentes, su declaración «perdió credibilidad» por ese simple hecho.

Finalmente, Juan Pablo Hermosilla, uno de los principales abogados chilenos que intervinieron en los casos de abusos sexuales de la Iglesia, especialmente en el del sacerdote pedófilo Fernando Karadima, me ofreció esta explicación sobre los vínculos entre homosexualidad y pedofilia que me parece pertinente:

—Mi teoría es que los sacerdotes pedófilos utilizan las informaciones de que disponen sobre la jerarquía católica para protegerse. Es una forma de presión o de chantaje. Los obispos que también

535

mantienen relaciones homosexuales se ven obligados a callar. Eso explica por qué Karadima fue protegido por [obispos y arzobispos]: no porque fueran ellos mismos pedófilos, y además la mayoría no lo son, sino para evitar que su propia homosexualidad fuera descubierta. Esa es, en mi opinión, la verdadera fuente de corrupción del *cover up* institucionalizado de la Iglesia.

Se puede ir más lejos. Muchas desviaciones de la Iglesia, muchos silencios, muchos misterios se explican por esta simple regla de Sodoma: «Todo el mundo se apoya». ¿Por qué los cardenales callan? ¿Por qué todo el mundo cierra los ojos? ¿Por qué el papa Benedicto XVI, que estaba al corriente de muchos escándalos sexuales, casi nunca los comunicó sistemáticamente a la justicia? ¿Por qué el cardenal Bertone, destruido por los ataques de Angelo Sodano, no sacó los dosieres que tenía sobre su enemigo? Hablar de los demás es arriesgarse a que se hable de uno. Esta es la clave de la *omertà* y de la mentira generalizada en la Iglesia. En el Vaticano y en Sodoma es como en *El club de la lucha*, y la primera regla del club de la lucha es no hablar; nadie habla de *El club de la lucha*.

La homofobia de Bertone no le impide comprar una sauna gay en el centro de la ciudad de Roma. Así es, al menos, cómo presentó la prensa la insólita noticia.

Para informarme sobre este escándalo, me dirijo al local, situado en el número 40 de la Vía Aureliana: la sauna Europa Multiclub. Ese local gay, uno de los más frecuentados de Roma, es un club deportivo y además un lugar de ligue, con saunas y baños turcos. Allí puede uno retozar legalmente porque el club tiene la consideración de privado. Se requiere un carnet de miembro para entrar, como en la mayoría de clubes gais de Italia, una característica nacional. Durante mucho tiempo, este carnet fue distribuido por la asociación Arcigay; hoy lo vende a 15 euros Anddos, una especie de *lobby* que depende de los dueños de establecimientos gais.

—El carnet de miembro es obligatorio para entrar en la sauna, ya que la ley prohíbe tener relaciones sexuales en un lugar público. Somos un club privado, se justifica Mario Marco Canale, el gerente de la sauna Europa Multiclub.

Canale es a la vez el encargado de la sauna Europa Multiclub y el presidente de la asociación Anddos. Me recibe con esa doble condición en el lugar mismo de la polémica.

Sigue hablando, ahora desde la perspectiva asociativa:

—Tenemos casi 200.000 miembros en Italia, ya que la mayoría de bares, clubes y saunas exigen el carnet Anddos para entrar.

Este sistema de acceso a los locales gais con carnet es único en Europa. En su origen, en la Italia machista y antigay de la década de los ochenta, su objetivo era proteger los locales homosexuales, fidelizar a su clientela y legalizar la sexualidad en el local. Hoy en día, perdura por razones menos fundamentales, por presión de los dueños de los setenta clubes agrupados en Anddos, y tal vez también porque permite a la asociación realizar campañas de lucha contra el sida y recibir subvenciones públicas.

Para muchos militantes gais a los que he interrogado, «este carnet es una reliquia que ya debería suprimirse». Además del posible control de los homosexuales en Italia (cosa que Anddos desmiente tajantemente), este carnet sería, según un activista, el símbolo «de una homosexualidad reprimida, vergonzosa y que se pretende que sea una cuestión privada».

Le pregunto a Marco Canale por la polémica y los numerosos artículos de prensa que han presentado la sauna Europa Multiclub como un local gestionado por el Vaticano, incluso por el propio cardenal Bertone.

—Hay que saber que en Roma centenares de edificios pertenecen a la santa sede —me dice Canale sin desmentir claramente la información.

De hecho, el inmueble situado en la esquina de Vía Aureliana y Vía Carducci, en el que se encuentra la sauna, fue adquirido por el Vaticano por 20 millones de euros en mayo de 2008. El cardenal Bertone, entonces «primer ministro» del papa Benedicto XVI, supervisó y aprobó la operación financiera. Según mis informaciones, la sauna no es más que una parte del vasto conjunto inmobiliario, que incluye asimismo una veintena de apartamentos de sacerdotes y hasta el de un cardenal. Así es como la prensa mezcló las cosas y las resumió en un titular impactante: ¡el cardenal Tarcisio Bertone ha comprado la sauna más grande de Italia!

No obstante, desconcierta la poca profesionalidad, puesto que el secretario de Estado y sus servicios hubieran podido dar luz verde a esta operación inmobiliaria de envergadura sin que nadie supiera que en ella se incluía la sauna más grande de Italia, visible, conocida por todo el mundo y con un escaparate que da a la calle. En cuanto al precio que pagó el Vaticano, no parece normal: según una investigación realizada por el diario italiano *La Repubblica*, el edificio había sido vendido anteriormente por 9 millones de euros, por tanto ¡al Vaticano le estafaron 11 millones de euros en esta operación financiera!

En nuestra entrevista, Marco Canale se divierte con la polémica, y hasta me desvela otra sorpresa:

—A la sauna Europa Multiclub acuden muchos sacerdotes y hasta cardenales. Y cada vez que hay un jubileo, un sínodo o un cónclave, enseguida nos enteramos: la sauna se llena más de lo habitual. ¡Gracias a los sacerdotes que acuden!

Según otra fuente, también es muy elevado el número de sacerdotes que son miembros de la asociación gay Anddos. Es posible saberlo porque, para ser miembro, hay que aportar algún documento de identidad no caducado; en el carnet de identidad italiano aparece indicada la profesión, aunque inmediatamente es anonimizada por el sistema informático.

—Nosotros no somos la policía. No fichamos a nadie. Tenemos muchos miembros sacerdotes, ¡eso es todo! —concluye Canale.

Otro escándalo que se gestó en tiempos de Benedicto XVI y de Bertone, pero que fue descubierto en el papado de Francisco, es el de las *chemsex-parties*. Hace ya mucho tiempo que había oído hablar de la celebración de ese tipo de fiestas dentro de los muros del Vaticano, auténticas orgías colectivas en las que el sexo y la droga se mezclan en un cóctel a veces peligroso (*chem* significa aquí *chemicals*, droga sintética, a menudo MDMA, GHB, DOM, DOB y DiPT).

Durante algún tiempo, creí que eran meros rumores, como tantos otros que circulan en el Vaticano. Y luego, de repente, en el verano de 2017, la prensa italiana revela que un *monsignore*, el padre Luigi Capozzi, que era desde hacía diez años uno de los principales asistentes del cardenal Francesco Coccopalmerio, ha sido detenido por la gendarmería vaticana por haber organizado *chemsex-parties* en su apartamento privado del Vaticano. (Pregunté por este dosier a un sacerdote de la curia que conocía bien a Capozzi y también me entrevisté con el cardenal Coccopalmerio.)

Perteneciente al círculo de Tarcisio Bertone, y muy apreciado por el cardenal Ratzinger, Capozzi vivía en un apartamento situado en el palacio del Santo Oficio, rodeado de cuatro cardenales, varios arzobispos y numerosos prelados, entre los que se encontraba Lech Piechota, asistente del cardenal Bertone, y Josef Clemens, exsecretario particular del cardenal Ratzinger.

Conozco bien este edificio porque he tenido ocasión de cenar en él decenas de veces: una de sus entradas se sitúa en territorio italiano, la otra en el interior del Vaticano. Capozzi vivía en un apartamento con una situación ideal para organizar esas orgías sorprendentes, ya que podía jugar a dos bandas: la policía italiana no podía registrar su apartamento, ni su coche diplomático, porque residía en el Vaticano, pero podía salir impunemente de su casa, sin pasar por los controles de la santa sede, ni ser cacheado por los guardias suizos, porque una de las puertas de su residencia daba directamente a Italia. Esas *chemsex-parties* se desarrollaban siguiendo todo un ritual: luz roja tamizada, fuerte consumo de drogas duras, vodka-cannabis en la mano e invitados muy juguetones. ¡Auténticas «noches del infierno»!

Según los testigos con los que he hablado, la homosexualidad de Capozzi era conocida por todos y, lógicamente, también por sus superiores —el cardenal Coccopalmerio y Tarcisio Bertone—, y más si tenemos en cuenta que el sacerdote no tenía reparos en dejarse ver en los clubes gais de Roma o en asistir en verano a las grandes fiestas LGTB del Gay Village Fantasia, al sur de la capital.

—En esas *chemsex-parties* había otros sacerdotes y empleados del Vaticano —añade uno de los testigos, un *monsignore* que había participado en esas fiestas.

Tras esas revelaciones, el sacerdote Luigi Capozzi fue ingresado en la clínica Pío XI y nunca más se ha sabido de él. (Sigue siendo presuntamente inocente, puesto que no ha sido procesado por tenencia y consumo de drogas.)

El pontificado de Benedicto XVI arrancó a toda máquina y siguió avanzando a toda vela, en medio de una oleada de escándalos. En cuanto a la cuestión gay, la guerra contra los homosexuales se reanuda con más intensidad, como en tiempos de Juan Pablo II; la hipocresía se vuelve sistémica. Rechazo a los homosexuales de puertas afuera; homofilia y doble vida de puertas adentro. El circo continúa.

«El pontificado más gay de la historia»: la expresión procede del exprelado Krzysztof Charamsa. Cuando le entrevisto en Barcelona y luego en París, ese sacerdote que trabajó durante mucho tiempo junto a Joseph Ratzinger insiste muchas veces en esta expresión a propósito de los años del papado de Benedicto XVI: «El pontificado más gay de toda la historia». Y el sacerdote de la curia don Julius, que afirma que era «difícil ser heterosexual en tiempos de Benedicto XVI», aunque existen raras excepciones, utiliza una expresión dura para definir el entorno del papa: *Fifty shades of gay* («Cincuenta sombras de gay»).

El propio Francisco, evidentemente menos directo, ha señalado las paradojas de este entorno incongruente utilizando una expresión severa contra los ratzinguerianos: «Narcisismo teológico». Otra palabra en clave que también utiliza para insinuar la homosexualidad es «autorreferencial». Detrás de la inflexibilidad, como bien sabemos, se ocultan las dobles vidas.

—Siento una profunda tristeza al repasar el pontificado de Benedicto, uno de los momentos más sombríos para la Iglesia, en que la homofobia representaba el intento constante y desesperado por disimular la existencia misma de la homosexualidad entre nosotros —me dice Charamsa.

Durante el pontificado de Benedicto XVI, cuanto más se asciende en la jerarquía vaticana, más homosexuales se encuentran. Y la mayoría de los cardenales creados por el papa serían al menos homófilos, y algunos muy «practicantes».

—En tiempos de Benedicto XVI, un obispo homosexual que

dé la impresión de ser casto tiene muchas más posibilidades de ser cardenal que un obispo heterosexual —me confirma un célebre fraile dominico, buen conocedor del ratzinguerismo, y que fue titular de la cátedra Benedicto XVI en Ratisbona.

Acompañan al papa en todos sus desplazamientos algunos de sus colaboradores más cercanos. Entre ellos, el conocido prelado apodado por la prensa «Monseñor Jessica», aprovecha las visitas regulares del santo padre a la iglesia de Santa Sabina de Roma, sede de los dominicos, para entregar a los jóvenes frailes su tarjeta de visita. Su *pickup line*, o técnica de ligue, fue objeto de comentarios en todo el mundo, cuando fue divulgada en un artículo de investigación de la revista *Vanity Fair*: ¡pretendía seducir a los seminaristas proponiéndoles ver la cama de Juan XXIII!

Era muy *touchy* («sobón») y tenía un trato muy íntimo con los seminaristas —reconoce el padre Urien, que le vio actuar.

Otros dos obispos *gayissimi* asignados al protocolo, que tratan a Ratzinger con gran afecto y pertenecen al círculo del secretario de Estado Bertone, también multiplican los juegos sexuales: tras haber practicado sus técnicas en tiempos de Juan Pablo II, siguen perfeccionándolas en el papado de Ratzinger. (Los conocí a ambos con Daniele y uno de los dos flirteó insistentemente con nosotros.)

En el Vaticano, obviamente todo esto da pie a habladurías, hasta el punto de que hay prelados que se sienten escandalizados. El arzobispo y nuncio Angelo Mottola, destinado en Irán y en Montenegro, en una de sus estancias en Roma se dirige al cardenal Tauran y le dice (según un testimonio que presencia la escena):

—No entiendo por qué ese papa [Benedicto XVI] condena a los homosexuales cuando está rodeado de esos *ricchioni* —(La palabra italiana es difícil de traducir, lo más parecido sería «locas».)

El papa se desentiende de los rumores. A veces incluso lleva hasta el extremo esta imagen. Cuando el *San Juan Bautista* de Leonardo da Vinci se expone en el Palazzo Venezia de Roma, en el curso de la larga gira organizada por el museo del Louvre, después de su restauración, el papa decide ir a verlo en majestad. Benedicto XVI, rodeado de su séquito, efectúa un desplazamiento especial. ¿Le atrae el andrógino con rizos de color rubio veneciano o el índice de la mano izquierda con el que ese hijo del trueno apunta al cielo? En cualquier caso, el trabajo de limpieza de la obra supone para la misma un auténtico renacimiento: el adolescente afeminado y seductor, oculto detrás de años de suciedad, sale a la luz, a la vista de todos. Restaurado y sublime, *San Juan Bautista* acaba de hacer su *coming out* y el papa no ha querido perderse el acontecimiento. (Se cree que el modelo del *San Juan Bautista* fue Salaï, un muchacho pobre y delincuente, de una extraordinaria belleza angelical y andrógina, al que Leonardo encontró por casualidad en las calles de Milán en 1490: ese «pequeño diablo» de largos rizos que fue su amante durante mucho tiempo.)

Otra vez, en 2010, con ocasión de una audiencia general, el papa asiste en la sala Pablo VI a un breve espectáculo de danza: cuatro acróbatas sexis suben al escenario y, ante el ojo maravillado del papa, de repente se quitan la camiseta. Con los torsos desnudos, resplandecientes de juventud y de belleza, ejecutan un número animado, que puede verse en YouTube. El santo padre, que estaba sentado en su inmenso trono papal, se levanta espontáneamente, emocionado, para saludarles. Detrás de él, el cardenal Bertone y Georg Gänswein aplauden a rabiar. Más tarde se sabe que ese pequeño grupo había tenido el mismo éxito en el Gay Pride de Barcelona. ¿Acaso alguien del entorno del papa se había fijado en ellos?

Todo esto no impide que el papa redoble de nuevo los ataques contra los gais. Benedicto XVI, recién elegido, a finales de 2005 ya había pedido a la Congregación para la Doctrina de la Fe que redactara un nuevo texto para condenar la homosexualidad con mayor severidad aún, teniendo en cuenta «que la cultura homosexual no cesaba de progresar». Parece ser que sus equipos debatieron intensamente sobre si había que hacer una encíclica o un simple «documento». La versión final del texto, muy acabada, circuló para ser comentada, como exige la norma, entre los miembros de la Congregación para la Doctrina de la Fe (uno de los sacerdotes asistente del cardenal Jean-Louis Tauran tuvo acceso a ese texto y me lo describió con todo detalle). La violencia del texto era intolerable, según ese sacerdote, que también leyó las opiniones de los consultores y de los miembros de la Congregación —entre ellos Tauran— adjuntas al dosier (por ejemplo, las de los obispos y futuros cardenales Albert Vanhoye y Giovanni Lajolo, o también del obispo Enrico Dal Covolo, que revelan una gran homofobia). El sacerdote recuerda algunas frases rancias sobre el «pecado contra natura», la «bajeza» de los homosexuales o incluso el «poder del *lobby* gay internacional».

Cientos de personas consultadas abogaban por una intervención fuerte en forma de encíclica; otras se decantaban por un documento de rango menor, y finalmente otras aconsejaban que, dado el riesgo de que hubiera consecuencias contraproducentes, era preferible no insistir en este tema —recuerda el sacerdote.

La encíclica finalmente no verá la luz, ya que el entorno del papa le convenció de que no insistiera de nuevo —¿demasiado?— en el tema. Pero el espíritu del texto perdurará.

En un contexto ya de fin de reinado, tras menos de cinco años de pontificado, la máquina vaticana se bloquea casi totalmente. Benedicto XVI se encierra en su timidez y se echa a llorar a menudo. El vicepapa Bertone, desconfiado por naturaleza, se vuelve totalmente paranoico. ¡Ve complots por todas partes, maquinaciones, intrigas! Como respuesta habría aumentado los controles. La máquina de los rumores se intensifica, se rellenan fichas y con ellas las escuchas telefónicas de la gendarmería.

En los ministerios y en las congregaciones del Vaticano, se multiplican las dimisiones, voluntarias o forzosas. En la Secretaría de Estado, centro neurálgico del poder, Bertone se ocupa personalmente de las tareas domésticas, hasta tal punto teme a los traidores y más aún a los taimados, que podrían hacerle sombra. De modo que reciben el mismo trato los Judas, los Pedros y los Juanes, a todos se les invita a abandonar la cena.

Tarcisio Bertone excluye a dos de los nuncios más experimentados de la Secretaría de Estado: envía a a monseñor Gabriele Caccia al Líbano (donde lo visité); aleja a Pietro Parolin a Venezuela.

—Cuando Caccia y Parolin se fueron, Bertone se quedó solo. El sistema, que ya era gravemente disfuncional, se hundió violentamente —observa el vaticanista estadounidense Robert Carl Mickens.

Muchos empiezan a pedir audiencia al papa sin pasar por el molesto secretario de Estado. Sodano habla abiertamente con el papa y Georg Gänswein, al que acuden directamente para evitar a Bertone, recibe a todos los descontentos, que forman una cola constante delante de su despacho. Y mientras el pontificado está agonizando, cuatro cardenales de peso —Schönborn, Scola, Bagnasco y Ruini— aparecen de repente para pedir audiencia a Benedicto XVI. Esos expertos en intrigas vaticanas, agudos conocedores de los malos hábitos de la curia, le sugieren que sustituya de inmediato a Bertone. Y, casualmente, su iniciativa se filtra enseguida a la prensa. El papa no quiere ni oír hablar del asunto y corta en seco:

—Bertone se queda, ¡basta!

Que la homosexualidad es el núcleo de numerosas intrigas y de muchos escándalos es una certeza. Pero sería erróneo oponer aquí, como se ha hecho a veces, dos campos, uno *friendly* y el otro homófobo, o uno *closeted* frente a heterosexuales castos. El pontificado de Benedicto XVI, cuyos escándalos son en parte el producto de los «círculos de lujuria» que empezaron a destacar en tiempos de Juan Pablo II, enfrenta de hecho a varios clanes homosexuales que comparten la misma homofobia. Bajo ese pontificado, todo el mundo o casi todo el mundo estaban cortados del mismo patrón.

La guerra contra los gais, el preservativo y las uniones civiles se intensifica igualmente. Pero mientras que en 2005, cuando fue elegido Joseph Ratzinger, el matrimonio era todavía un fenómeno muy limitado, ocho años más tarde, en el momento en que Benedicto XVI dimite, se está generalizando en Europa y en América Latina. Su pontificado abreviado puede resumirse como una increíble sucesión de batallas perdidas de antemano. Ningún papa de la historia moderna ha sido tan antigay, y ningún papa ha asistido, impotente, a un *momentum* así a favor de los derechos de los gais y de las lesbianas. Muy pronto, más de treinta países reconocerán el matrimonio entre personas del mismo sexo, incluida su Alemania natal, que en 2017 adoptará, con una mayoría parlamentaria muy amplia, el texto contra el que Joseph Ratzinger luchó toda su vida.

Sin embargo, Benedicto XVI nunca dejó de luchar. La lista de bulas, breves, intervenciones, cartas y mensajes contra el matrimonio es infinita. Sin respetar la separación de Iglesia y Estado, intervino en el debate público en todas partes y, secretamente, el Vaticano manipuló todas las manifestaciones contra el matrimonio.

Cada vez, el mismo fracaso. Pero lo más revelador es que muchos de los actores de esta batalla son homófilos, «en el armario» o practicantes. A menudo forman parte de la parroquia.

La guerrilla contra el matrimonio gay la encabezan, bajo su autoridad, nueve prelados: Tarcisio Bertone, el secretario de Estado, asistido por sus adjuntos, Léonardo Sandri, como sustituto o «ministro del Interior», Fernando Filoni y Dominique Mamberti, como «ministro de Asuntos exteriores», y también William Levada y Gerhard Müller, a la cabeza de la Congregación para la Doctrina de la Fe. Giovanni Battista Re y Marc Ouellet desempeñan la misma función en el seno de la Congregación para los Obispos. Y, por supuesto, el cardenal Alfonso López Trujillo, que, al frente del consejo pontificio para la familia, al comienzo del pontificado se opone enérgicamente al matrimonio gay.

Tomemos por ejemplo el caso de ese otro ratzingueniano, el cardenal suizo Kurt Koch, obispo de Basilea, al que el papa mandó llamar a la curia en 2010. En aquella misma época, el veterano periodista Michael Meier, especialista en cuestiones religiosas en el *Tages-Anzeiger*, el principal diario suizo de habla alemana, publica un largo artículo de investigación basado en numerosos testimonios de primera mano y documentos originales. En él, Meier revela la existencia de un libro publicado por Koch, pero extrañamente desaparecido de su bibliografía, *Lebenspiel der Freundschaft, Meditativer Brief an meine Freund* (textualmente, *Juego de amistad, Carta reflexiva a mi amigo*). Ese libro, del que conseguí una copia, podría ser leído como una auténtica carta de amor a un joven teólogo. Meier describe también el entorno sentimental del cardenal. Revela la existencia de un apartamento secreto que Koch compartiría con otro sacerdote e insinúa que Koch llevaría una doble vida. Koch no lo ha negado nunca de forma pública.

545

—Todo el mundo entendió que Koch se sentía mal consigo mismo —me dijo Michael Meier, en una de las entrevistas que realizamos en su apartamento de Zúrich. Hasta donde yo sé, su artículo no ha sido desmentido por el obispo de Basilea: no ha habido ni derecho de réplica ni queja alguna por su parte.

¿Fue Koch víctima de denuncias calumniosas por parte de su entorno? El hecho es que Ratzinger llama a Koch a la curia. Al hacerle cardenal y nombrarle ministro del «ecumenismo», le rescata delicadamente de Basilea. (El cardenal Koch no quiso responder a mis preguntas, pero en Roma pude interrogar a uno de sus asistentes, el padre Hyacinthe Destivelle, que me describió detenidamente el grupo de *schülerkreis*, el círculo de discípulos de Ratzinger del que se ocupa Koch. También debatimos sobre la homosexualidad de Tchaikovski.)

En Italia, la homofobia enfermiza de Benedicto XVI empieza a exasperar a los medios *gay-friendly*. Cada vez tiene menos aceptación entre la opinión pública (¡los italianos han entendido su lógica!) y los militantes LGTB empiezan a devolver golpe por golpe. Los tiempos están cambiando. El papa lo experimentará en sus propias carnes.

Equivocándose trágicamente de enemigo —arremete básicamente contra la homosexualidad y apenas contra la pedofilia— el santo padre pierde de entrada la batalla de la moral. Será denunciado personalmente como no lo ha sido nunca antes ningún papa. Es difícil imaginar hoy las críticas que el papa Benedicto XVI tuvo que soportar durante su pontificado. Apodado, con una expresión inédita, *Passivo e bianco* por los medios homosexuales italianos, se le acusó regularmente de estar «en el armario» y se le convirtió en símbolo de la «homofobia interiorizada». Se produjo una verdadera crucifixión mediática y militante.

En los archivos de las asociaciones gais italianas, en Internet y en la *deep web*, he encontrado numerosos artículos, panfletos y fotografías que ilustran esta guerrilla. Ciertamente, nunca un papa fue tan odiado en la historia moderna del Vaticano.

—Nunca había visto nada semejante. Era literalmente una

oleada continua de artículos acusatorios, de habladurías, de ataques procedentes de todas partes, de escritos de blogueros violentos que alimentaban rumores, cartas insultantes, en todas las lenguas, procedentes de todos los países. Hipocresía, doblez, falta de sinceridad, doble juego, homofobia interiorizada, fue acusado de todo eso *ad nauseam* —me cuenta un sacerdote que trabajó en esa época en la sala de prensa del Vaticano.

En las manifestaciones a favor de las uniones civiles italianas en 2007, aparecen pancartas con esas inscripciones: *«Joseph e Georg. Lottiamo anche per voi»* («Joseph y Georg, luchamos también por vosotros»). O esta otra pancarta: *«Il Papa è Gay come Noi»* («El papa es gay como nosotros»).

En un librito que tuvo un éxito modesto pero que impresionó por su audacia, el periodista anarquista, representante de la cultura *underground* italiana, Angelo Quattrocchi literalmente «sacó del armario» a Benedicto XVI. Con el título de *The Pope is NOT gay*, este libro irónico reúne muchas fotos *girly* y *sissy* del papa y de su protegido Georg. El texto es mediocre, repleto de errores objetivos y no aporta ninguna prueba de lo que presenta, ni ninguna información nueva; pero las fotografías muestran su *bromance* y son muy cómicas. Apodado *the Pink Pope*, Ratzinger aparece en él descrito desde todos los ángulos.

Paralelamente, se difunden los motes de Benedicto XVI, a cual más cruel: uno de los peores, junto con *Passivo e bianco*, fue *La Maledetta* («la maldita», haciendo un juego de palabras con «Benedetto»).

Antiguos compañeros de clase o estudiantes que conocieron al papa también empiezan a hablar, como por ejemplo la alemana Uta Ranke Heinemann, que fue compañera de estudios en la universidad de Múnich. A los 84 años, aporta su testimonio diciendo que cree que el papa era gay. (No proporciona más prueba que su propio testimonio.)

En todo el mundo, decenas de asociaciones LGTB, medios de comunicación gais y también diarios sensacionalistas, como la prensa amarilla británica, lanzan una campaña feroz contra Ratzinger. ¡Y con qué habilidad esta prensa del corazón consigue mediante alusiones, frases veladas y juegos de palabras ingeniosos decir las cosas sin decirlas!

El célebre bloguero estadounidense Andrew Sullivan también incrimina al papa en un artículo que alcanza un notable éxito. Polemista conservador muy temido, militante gay desde los comienzos, el ataque de Sullivan tiene un impacto más considerable porque él es católico. Para Sullivan, no hay ninguna duda de que el papa es gay, aunque no aporta más prueba que los atuendos estrafalarios de Benedicto XVI y su *bromance* con Georg.

El blanco de todas esas campañas es justamente Georg Gänswein, descrito generalmente como el secretario «preferido» de Ratzinger, el *rumored boyfriend,* o incluso el «compañero en la vida del santo padre». En Alemania, jugando con la pronunciación de su nombre, apodan a Georg: *gay.org.*

Es tal el grado de maldad que, al parecer, un sacerdote gay solía ligar en los parques de Roma presentándose bajo la siguiente identidad: «Georg Gänswein, secretario personal del papa». Seguro que es todo una invención, pero pudo contribuir a acrecentar el rumor. Esta historia recuerda la técnica del gran escritor André Gide que, tras haber hecho el amor con bellos efebos en el Norte de África, les decía (según uno de sus biógrafos): «Recuerda que te has acostado con uno de los más grandes escritores franceses: ¡François Mauriac!».

¿Cómo se explica semejante ensañamiento? En primer lugar, tenemos el discurso antihomosexual de Benedicto XVI, que naturalmente se prestaba al ataque porque, como dice el proverbio, ¡se lo había servido en bandeja de plata!

Es un hecho: el papa olvidó el Evangelio de Lucas: «No juzguéis y no seréis juzgados; no condenéis y no seréis condenados».

El exsacerdote de la curia Francesco Lepore, al que Joseph Ratzinger prologó un libro, me explica:

—Es evidente que un papa tan refinado, tan afeminado y tan próximo a su magnífico secretario particular era un blanco fácil para los militantes gais, pero el motivo de esos ataques es sobre todo sus posturas tan homófobas. Se ha dicho repetidamente que era un homosexual encubierto, pero nadie ha aportado ninguna prueba. Yo, personalmente, creo que es homófilo, por muchas razones, pero también creo que nunca ha sido practicante.

Otro sacerdote italiano, que trabaja en el Vaticano, relativiza ese punto de vista y no concede demasiado crédito a la homosexualidad de Ratzinger:

—Hay imágenes y es cierto que cualquier gay que mire las fotografías de Benedicto XVI, su sonrisa, su porte, sus maneras, puede pensar que es homosexual. Todos los desmentidos del mundo no podrán disipar esta profunda convicción de la gente. Además, y esta es la trampa en la que cayó, siendo sacerdote no puede desmentir esos rumores, porque no ha podido tener mujeres o amantes. ¡Un sacerdote no podrá probar jamás que es heterosexual!

Federico Lombardi, el exportavoz de Benedicto XVI y actual director de la fundación Ratzinger, se queda petrificado ante esta avalancha de críticas que todavía continúa:

—Mire, yo viví la crisis irlandesa, la crisis alemana, la crisis mexicana… Creo que la historia reconocerá la labor de Benedicto en la cuestión de la pedofilia, por haber clarificado las posturas de la Iglesia y haber denunciado los abusos sexuales. Ha sido más valiente que nadie.

549

Falta cerrar la cuestión del *lobby* gay, que envenenó el pontificado y fue una auténtica obsesión de Ratzinger. Realidad o suposición, es cierto que Benedicto XVI tuvo muchos problemas por culpa de ese *lobby*, ¡de cuya «disolución» se felicitará mucho más tarde, con cierta bravuconería, en *Último Testamento*! También Francisco denunciará la existencia de un *lobby* gay en su famosa respuesta «¿Quién soy yo para juzgar?» (y en su primera entrevista con el jesuita Antonio Spadaro).

A partir de los centenares de entrevistas realizadas para este libro, he llegado a la conclusión de que no existe tal *lobby* en el sentido preciso del término. Si se hubiera probado su existencia, esa especie de francmasonería, secreta, debería trabajar por una causa, en este caso la promoción de los homosexuales. No hay nada de esto en el Vaticano, donde si existiera un *lobby* gay, tendría un nombre equivocado, puesto que la mayoría de los cardenales y prelados homosexuales de la santa sede actúan por lo general en contra de los intereses de los gais.

—Creo que hablar de un *lobby* gay en el Vaticano es un error

—me sugiere el exsacerdote de la curia Francesco Lepore. Un *lobby* significa que habría una estructura de poder que pretende en secreto alcanzar un objetivo. Esto es imposible y absurdo. La realidad es que en el Vaticano hay una mayoría de personas homosexuales con poder. Por vergüenza, por miedo, pero también por arribismo, esos cardenales, esos arzobispos, esos sacerdotes desean proteger su poder y su vida secreta. Esas personas no tienen ningún interés en trabajar a favor de los homosexuales. Mienten a los demás y a veces se mienten a sí mismos. Pero no hay ningún *lobby*.

Voy a exponer aquí otra hipótesis que me parece que refleja mejor, no el *lobby*, sino la vida gay del Vaticano: el «rizoma». En botánica, un rizoma es una planta que no es solamente un tallo subterráneo, sino que tiene ramificaciones horizontales y verticales que se multiplican en todas direcciones, hasta el punto de que no se sabe si la planta es subterránea o de superficie, ni tampoco se diferencia la raíz del tallo. En la sociedad, el «rizoma» (una imagen que saco del libro *Mil mesetas*, de los filósofos Gilles Deleuze y Félix Guattari) es una red de relaciones y de vínculos totalmente descentralizados, desordenados, sin principio ni límites; cada rama del rizoma puede conectarse con otra, sin jerarquía ni lógica, sin centro.

Creo que el hecho homosexual, construido a base de complicidades subterráneas, está estructurado en rizoma en el Vaticano, y más extensamente en la Iglesia católica. Con su propia dinámica interna, cuya energía proviene tanto del deseo como del secreto, la homosexualidad conecta entre sí a centenares de prelados y de cardenales de una manera que escapa a las jerarquías y a los códigos. De este modo, siendo a la vez multiplicidad, aceleración y derivación, da lugar a innumerables conexiones multidireccionales: relaciones amorosas, contactos sexuales, rupturas afectivas, amistades, reciprocidades, situaciones de dependencia y promociones profesionales, abusos de poder y del derecho de pernada. Sin embargo, las causalidades, las ramificaciones, las relaciones no pueden ser determinadas claramente desde fuera. Cada «rama» del rizoma, cada «fragmento» de la Gran Obra, cada «bloque» de esta especie de «cadena de bloques» (o *blockchain*, por usar una imagen del mundo digital) ignora a menudo la sexualidad de las otras ramas: es una homosexualidad a diferentes niveles, auténticos «cajones» aislados de un mismo armario (el teólogo estadounidense, Mark Jordan, eligió otra imagen que compara el Vaticano con una colmena con su *honeycomb of closets*: estaría constituida por muchos pequeños armarios, y cada sacerdote homosexual en cierto modo estaría aislado en su celdilla). No hay que subestimar, por tanto, la opacidad de los individuos y el aislamiento en el que viven, incluso cuando son partes interesadas del rizoma. Agrupación de seres débiles cuya unión no hace la fuerza, se trata de una red donde cada uno sigue siendo vulnerable y a menudo infeliz. Y esto explica por qué muchos obispos y cardenales a los que he entrevistado, pese a ser ellos mismos gais, parecían sinceramente consternados ante la extensión de la homosexualidad en el Vaticano.

En definitiva, las «mil mesetas» homosexuales del Vaticano, ese rizoma extraordinariamente denso y secreto, es mucho más que un simple *lobby*. Es un sistema. Es la matriz de Sodoma.

¿Tuvo el cardenal Ratzinger conocimiento de este sistema? Es imposible decirlo. En cambio, es cierto que el papa Francisco descubrió los resortes y la extensión del rizoma cuando llegó a la silla de san Pedro. Y no se pueden entender los Vatileaks, la guerra contra Francisco, la cultura del silencio sobre los miles de escándalos de abusos sexuales, la homofobia recurrente de los cardenales, ni tampoco la dimisión de Benedicto XVI si no se evalúa la extensión y la profundidad del rizoma.

Así que no hay *lobby* gay; hay mucho más que esto en el Vaticano: una inmensa red de relaciones homófilas u homosexualizadas, polimorfas, sin centro, pero dominadas por el secreto, la doble vida y la mentira, constituida en «rizoma». Y que también podríamos llamar: «El Armario».

22

Disidentes

—*T*emo que no pase de este invierno —me dice Radcliffe, en susurros.

El sacerdote saca una moneda del bolsillo y se la da a un anciano que está sentado en la calle, dirigiéndose a él por su nombre. Habla un momento con él, y luego reanudamos el camino por las calles de Oxford, en Inglaterra. Hace un frío glacial.

—Tengo la impresión de que cada año envejece cinco.

Timothy Radcliffe conoce a todos los sin techo de su barrio e intenta ayudarles con los pocos medios de que dispone. Un pequeño gesto que no es gran cosa, banal en su simplicidad, y que resulta raro en una Iglesia «autorreferencial», que ha tendido a alejarse de los pobres.

Ese fraile dominico no es propiamente dicho un rebelde: es un sacerdote y teólogo inglés de fama internacional y una de las grandes figuras de la Iglesia, puesto que fue «maestro» de la orden de los dominicos desde 1992 hasta 2001. Y sin embargo, Radcliffe se alinea con los espíritus críticos.

Mientras el Vaticano de Benedicto XVI se encuentra en estado de sitio, el secretario de Estado Tarcisio Bertone pierde el control de la situación y la oposición se intensifica en la curia romana, aparecen otros frentes. En todo el mundo, los «disidentes» empiezan a rebelarse contra la intransigencia y la inflexibilidad del papa. Timothy Radcliffe es uno de los que se oponen a la deriva conservadora del pontificado.

—Durante mucho tiempo detesté a Ratzinger, era más fuerte que yo. Incluso escribí un artículo contra él. Pero después, cuando fui a Roma como maestro de los dominicos y le conocí, cambié de opinión. Por aquel entonces él era cardenal y podía hablarle en confianza, porque yo representaba a una de las órdenes importantes de la Iglesia. Discutí mucho con él. Y debo decir que se podía debatir con Ratzinger, aunque estuviéramos en desacuerdo. Acabé respetándole y hasta le cobré afecto.

Tras una primera entrevista con Radcliffe en el convento de los Blackfriars, cerca del campus de la Universidad de Oxford, donde vive, continuamos la charla en un restaurante francés de la ciudad. Radcliffe tiene tiempo: convertido en conferenciante internacional, no ha de tomar el avión hasta la mañana siguiente. Pasamos la velada hablando y esa noche me quedo a dormir allí, en el convento de los hermanos de Blackfriars, para no tener que regresar a Londres en el último tren.

Cuando en 1992 los dominicos pusieron al frente de la orden al muy liberal y *gay-friendly* Timothy Radcliffe, el Vaticano se quedó estupefacto. ¿Cómo había podido producirse semejante error? ¿Se habrían vuelto todos locos los dominicos? Los cardenales Angelo Sodano y Giovanni Battista Re, escandalizados, buscan una estratagema para oponerse a esta elección. ¡Se insta al cardenal encargado de las órdenes religiosas, Jean Jérôme Hamer, un belga, a que tome medidas de retorsión!

—Hamer, que también era dominico, ¡me hizo el boicot! Tras mi elección, ¡solo iba a visitar la orden cuando yo no estaba! Luego, hablamos. Me aceptó mejor. Más tarde, ¡solo iba cuando yo estaba presente! —me cuenta Radcliffe.

Hay que decir que Timothy Radcliffe es una *rara avis* en el catolicismo romano: un teólogo abiertamente «progay». Siempre ha defendido a las personas LGTB y ha hecho gestos significativos para incluirlas en la Iglesia. Ha declarado específicamente que los homosexuales pueden ser fieles a Cristo y que las relaciones entre hombres pueden ser tan «generosas, vulnerables, tiernas o mutuas» como las relaciones heterosexuales. Ha publicado además un libro sobre el tema del sida y ha adoptado posturas valientes respecto a la cuestión del preservativo.

—Qué más da si uno es gay o heterosexual: lo esencial es amar —me dice Radcliffe en nuestra entrevista, en la que habla con una gran libertad, tal vez bajo la influencia de un Côtes-du-Rhone potente.

553

Son raros los prelados de ese nivel que hablan sin circunlo-
quios. Radcliffe no tiene ningún tabú respecto a la homosexualidad y la homofilia de la Iglesia. Nunca, él no milita: relata los
hechos. Con calma, serenamente. Predica.

Su cultura es inmensa, teológica por supuesto, pero también filosófica, geopolítica y artística. Es capaz de escribir largos artículos
sobre Rembrandt o ¡una apasionante comparación entre *Parque
Jurásico* y la *Cena* de Leonardo da Vinci!

Durante sus años romanos, el dominico se aproximó al ala moderada de la Iglesia y trabó amistad con los grandes cardenales
liberales Carlo Maria Martini y Achille Silvestrini. Me explica sus
paseos conjuntos por la capital en el pequeño coche de ese último.

Su larga etapa en el Vaticano estuvo marcada, al final del pontificado de Juan Pablo II, cuando la Iglesia de los cardenales Sodano
y Ratzinger se volvió ultraconservadora, por la necesidad de proteger a los teólogos disidentes que muchas veces estaban amenazados. Radcliffe defiende a numerosas figuras clave, entre las que
se encuentra en primer lugar el teólogo de la liberación Gustavo
Gutiérrez, que precisamente se hace dominico...

—Al entrar en la orden, estás protegido. Los dominicos, por supuesto, protegen a sus hermanos —comenta sencillamente Radcliffe.

El sacerdote actúa discretamente en estas luchas pero, según
otras fuentes, Timothy Radcliffe intercedió por algunos sacerdotes
que se exponían a ser excomulgados, envió numerosas cartas y, en
los casos más difíciles, fue a ver al propio cardenal Ratzinger para
defender una causa, evitar un castigo o solicitar un aplazamiento.
Frente a la «técnica del típex» del cardenal, que consistía en tachar
los nombres de los disidentes que no le gustaban, el dominico optó
por discutir.

¿Disidente? Radcliffe es simplemente creyente y exigente.
Cuando nos despedimos, añade, insistiendo mucho en ese punto:

—Amo a mi Iglesia. Sí, la amo.

James Alison es uno de esos disidentes que hubo que proteger. Inglés, como Timothy Radcliffe, y formado también en los
dominicos, ese sacerdote es una de las personas más valientes que

he encontrado en la Iglesia. Teólogo y sacerdote abiertamente gay, Alison es un buen especialista en América Latina, donde vivió muchos años, sobre todo en México y Brasil. También vivió una larga temporada en Estados Unidos, antes de instalarse en Madrid.

Nos encontramos en una vinoteca del barrio gay de Chueca, y Alison va acompañado de su perro Nicholas, un bulldog francés adoptado en Brasil. El sacerdote me habla de su trayectoria y de su pasión por viajar. Ese *travelling preacher* recorre el mundo dando conferencias, participando en coloquios y, de paso, no tiene reparos en celebrar misas para grupos LGTB. En Madrid, por ejemplo, le veo oficiar en un pequeño local de Chueca, donde se reúne la asociación Crismhom, un grupo de cristianos gais que cuenta con más de doscientos miembros.

Como Alison ejerció el sacerdocio durante mucho tiempo en América Latina, me explica el combate entre Joseph Ratzinger y los teólogos de la liberación. Durante varios decenios, el cardenal persiguió obsesivamente al teólogo peruano Gustavo Gutiérrez, instado a explicarse delante del gran profesor alemán, llamado a Roma y humillado. El brasileño Leonardo Boff, figura muy respetada en América Latina, también fue humillado y reducido después al silencio por Ratzinger por sus tesis controvertidas, antes de que decidiera abandonar la orden franciscana por razones personales. El sacerdote y teólogo jesuita Jon Sobrino, otro padre de la teología de izquierdas, fue literalmente atacado por Alfonso López Trujillo y Joseph Ratzinger durante muchos años. En cuanto al marxista Frei Betto, uno de los teólogos progresistas del Brasil, que pasó varios años en prisión durante la dictadura, también fue reprendido por el papa.

Lo que resulta paradójico en esta batalla de frente invertido es que las grandes figuras de la teología de la liberación —Gutiérrez, Boff, Sobrino y Betto sobre todo— eran religiosos manifiestamente no gais, mientras que la mayoría de los cardenales o de los obispos que les atacaban, en América Latina o en el Vaticano, y les acusaban de «desviaciones» de la norma ¡eran homófilos u homosexuales practicantes! Pensemos tan solo en los cardenales Alfonso López Trujillo o Sebastiano Baggio, entre otros… En definitiva, el mundo al revés.

—Siempre sentí mucho respeto por la teología de Benedicto XVI. Lo único que lamento es que Ratzinger acentuara la desolación intelectual decretada por Juan Pablo II. Y estoy muy contento de que el papa Francisco haya rehabilitado a muchos de esos pensadores marginados durante demasiado tiempo —resume Alison con prudencia.

El cardenal Walter Kasper, figura principal del ala liberal de la curia y uno de los inspiradores del proyecto del papa Francisco, matiza la situación:

—Esas figuras de la teología de la liberación son muy diferentes. Gustavo Gutiérrez, por ejemplo, estaba sinceramente comprometido con los pobres. No era agresivo, pensaba en la Iglesia. Para mí, era creíble. Boff, en cambio, tal vez tuvo una actitud muy ingenua ante el marxismo, por ejemplo, y era más agresivo. Otros decidieron unirse a las guerrillas y tomar las armas. Eso no podíamos tolerarlo.

Respecto a la problemática gay, la teología de la liberación actuó de forma relativamente lenta y dividida, pero luego se situó a la vanguardia de la *queer theology*. Prisioneros de la vulgata marxista, son pocos los pensadores de este movimiento «liberacionista» que comprendieron precozmente la importancia de las razas, del sexo o de la orientación sexual en la exclusión o la pobreza. Así lo reconoce en nuestra entrevista en Río de Janeiro el dominico brasileño Frei Betto, una de las figuras clave de ese movimiento:

—La teología de la liberación evolucionó en función del contexto. Al principio, en los años sesenta y setenta del siglo pasado, el descubrimiento del marxismo fue determinante como marco de análisis. Todavía hoy, Marx es fundamental para analizar el capitalismo. Al mismo tiempo, a medida que han surgido nuevas cuestiones, la teología de la liberación se ha ido adaptando. Respecto a la ecología, por ejemplo, Leonardo Boff es reconocido hoy en día como uno de los padres de la ecoteología, e influyó mucho en la encíclica del papa sobre la ecología integral *Laudato si!* Y gracias a las mujeres comprometidas en las comunidades de base, y también a las teólogas feministas, han surgido cuestiones como la sexualidad y el género. Yo mismo acabo de publicar un librito sobre temas de género y de orientación sexual. No hay ningún tema tabú para nosotros.

Por su parte, el cardenal arzobispo de São Paulo, Paulo Evaristo Arns, afín a la teología de la liberación, se atrevió a alentar el uso del preservativo y a criticar a Juan Pablo II por haber impedido el debate sobre el celibato de los sacerdotes, que, en su opinión, carecía de una base seria (también fue a Roma para defender a Boff contra Ratzinger). Afeminado y amanerado, Evaristo Arns era tan extrañamente *gay-friendly* que algunos teólogos brasileños, amigos suyos, sospechan que él también tenía tendencias, lo que explicaría, según ellos, su liberalismo. Pero esta suposición, que escuché varias veces durante mi investigación en Río, Brasilia y São Paulo, no parece estar basada en ningún hecho específico ni ha sido nunca confirmada. En cambio, lo que sí es cierto es que fue un opositor de la dictadura en Brasil y que «celebraba misas por las víctimas del poder militar» (según el testimonio, que recojo en São Paulo, de André Fischer, una de las principales figuras del movimiento gay brasileño).

En cualquier caso, fue en el movimiento de la teología de la liberación, y mucho más tarde (a partir de los años noventa), donde apareció finalmente una corriente activa progay, y el hermano James Alison fue uno de sus teóricos: una verdadera *gay theology*.

557

—Alison fue uno de los que se anticipó y acompañó a ese movimiento de la teología de la liberación hacia el feminismo, hacia las minorías, hacia los gais —me confirma Timothy Radcliffe.

En esta evolución intelectual un poco inesperada, la teología de la liberación empezó a reflexionar sobre la pobreza y la exclusión, ya no refiriéndose a una clase social, o a un grupo, sino a individuos. Este es el resumen del teólogo alemán Michael Brinkschröder, al que entrevisto en Múnich.

Comenzaron a interesarse por el individuo y su origen, su raza, su sexo y su orientación sexual. Por eso, las referencias marxistas fueron cada vez menos eficaces, y se sustituyeron por la *french theory* (la filosofía de Michel Foucault, Gilles Deleuze, Jacques Derrida, René Girard) y el pensamiento feminista radical (Judith Butler). Y así fue como se pasó de la teología de la liberación a la *gay theology*, y luego a la *queer theology*.

Teólogos como el estadounidense Robert Goss (un exjesuita abiertamente gay), la feminista radical Marcela Althaus Reid en Argentina, los brasileños Paulo Suess y André Musskopf (un luterano), o incluso el fraile dominico Carlos Mendoza-Álvarez en México contribuyeron a definir o a alimentar esa *queer theology*. Podemos citar también el nombre del brasileño Luiz Carlos Susin, un fraile capuchino que, según me dice, fue «el organizador de un *side event* sobre la teología *"queer"*», en 2005, en una de las primeras ediciones del foro social mundial de Porto Alegre. Ese taller sobre las cuestiones de género contribuyó a la expansión de la *queer theology* en América Latina.

Todavía hoy pervive esa corriente, gracias a la labor de numerosos grupos de lectura *queer* de la Biblia, aunque con tendencia a agotarse por falta de reconocimiento académico o por haberse fragmentado en capillas y en una gran cantidad de subcorrientes LGTBIQ+, declive natural de la «deconstrucción», un poco «a la manera del protestantismo» (según la expresión de Michael Brinkschröder).

Como era de esperar, la *queer theology* también fue violentamente cuestionada por el Vaticano en tiempos de Benedicto XVI. Se sancionó a algunos sacerdotes y se privó de la acreditación a algunos teólogos. En México, Ángel Méndez, de la Universidad jesuita iberoamericana, también fue castigado severamente por sus enseñanzas sobre la *queer theology*. «Abiertamente gay, seropositivo, y viviendo con mi *boyfriend*», como me confirma él mismo, Méndez fue despedido contraviniendo la ley mexicana que prohíbe cualquier discriminación en el trabajo. Pagó un alto precio por su sinceridad y sus enseñanzas teológicas LGTB. Recientemente, fue reintegrado en su puesto por el nuevo rector, un jesuita *gay-friendly*, David Fernández Dávalos.

La misma lógica es compartida por sacerdotes tan diferentes como Timothy Radcliffe, Paulo Evaristo Arns, James Alison, Carlos Mendoza Álvarez, Ángel Méndez, Luiz Carlos Susin y muchos otros teólogos gay o *queer*: la sinceridad, la autenticidad y el rechazo de la hipocresía en la cuestión de la homosexualidad. Sin ser ellos mismos necesariamente gais, saben que el porcentaje de homosexuales en la Iglesia es muy elevado.

James Alison, un hombre con sentido práctico que ha recorrido América Latina, pudo constatar que la mayoría de los sacerdotes llevan allí una doble vida.

—En Bolivia o en Perú, por ejemplo, los sacerdotes generalmente tienen una concubina. Los que son célibes a menudo son homosexuales. En realidad, yo diría que el clero diocesano rural es más bien heteropracticante; el clero religioso urbano, más bien homosexual practicante —resume Alison.

En cuanto a la guerra emprendida bajo el papado de Juan Pablo II contra los gais, y de la que el propio padre Alison fue una víctima, puesto que todavía hoy carece de título oficial, muchos consideran que fue muy contraproducente:

—Para la Iglesia, un derroche de energía desesperante —añade Alison.

Pero los tiempos cambian. La mayor parte de los teólogos de la liberación y de los sacerdotes progay mantienen hoy relaciones pacíficas con la santa sede. El papa Francisco mantiene buenas relaciones con Gustavo Gutiérrez, al que recibió en el Vaticano, y con Leonardo Boff, al que pide consejos. En cuanto a James Alison, el sacerdote sin parroquia que fue sometido a un proceso canónico irregular, acaba de recibir una llamada del Vaticano, en la que la persona que estaba al otro lado del hilo quería tener noticias suyas. ¡Todavía no ha salido de su asombro! Alison se niega a comentar conmigo esta conversación privada y a revelarme la identidad del que le llamó. Pero la información circuló por la curia y me entero del nombre de la persona que llamó a Alison desde la centralita del Vaticano: era el papa Francisco.

Durante los años ochenta, noventa y dos mil, Juan Pablo II y Benedicto XVI no descolgaban el teléfono: enviaban a sus perros guardianes. La Secretaría de Estado, la Congregación para la doctrina de la fe y la Congregación para los religiosos eran los organismos encargados de estos interrogatorios. Allí tienen un dosier de Timothy Radcliffe y James Alison, entre otros muchos. No faltaron las llamadas al orden, las vejaciones, los castigos y las imputaciones.

Durante treinta años, Joseph Ratzinger fue ese gran inquisidor. Prefecto de la Congregación para la Doctrina de la Fe, y luego soberano pontífice, creó un sistema sofisticado de sanciones, apoyado durante mucho tiempo por su genio maligno Tarcisio Bertone. Lo que impresiona no es tanto la violencia o las excomuniones, al fin y al cabo escasas, como la perversión de Ratzinger y su afición a las humillaciones «martíricas». No autos de fe: ¡exámenes de conciencia! Ratzinger usa y abusa de toda una paleta de castigos graduales. ¡Y qué imaginación a la hora de sancionar!

Los que le contradecían, a menudo homosexuales o *gay-friendly*, fueron marginados o castigados, reprobados o mortificados, reducidos al estado laico, «inculpados», obligados al «silencio penitencial» o incluso privados de *missio canonica* (su trabajo deja de tener valor a los ojos de la Iglesia). El célebre teólogo Eugen Drewermann, que en *Fonctionnaires de Dieu* dinamitó la ideología del Vaticano de Juan Pablo II, fue duramente sancionado. La lista de excluidos, castigados o marginados es larga: el padre Charles E. Curran (un estadounidense demasiado tolerante con el divorcio, la píldora y la homosexualidad); el hermano Matthew Fox (un dominico heterosexual que pretendía casarse); el sacerdote estadounidense Robert Nugent (que estaba a favor de los gais); el jesuita belga Jacques Dupuis (especialista en religión en India); la religiosa y teóloga inglesa Lavinia Byrne (defensora de la ordenación de las mujeres); la religiosa y teóloga brasileña Ivone Gebara (con ideas demasiado liberales sobre la moral sexual y el aborto); o también el padre italiano Franco Barbero (que, en un libro escrito con el periodista Pasquale Quaranta, defiende que el amor entre personas del mismo sexo no se contradice con los Evangelios). Ni siquiera los muertos se libran: diez años después de su muerte, se revisa la obra del jesuita indio Anthony de Mello, famoso por su enseñanza progay de la Biblia, que respaldaba las manifestaciones de afecto entre religiosos según una «tercera vía» que no era ni la sexualidad ni el celibato, y fue declarado no aceptable.

Benedicto XVI, dando muestras de una especie de fanatismo personal, también suspendió a sacerdotes y a monjas que distribuían preservativos en África. Por no hablar del insólito nombramiento por parte de Juan Pablo II y Joseph Ratzinger del obispo francés Jacques Gaillot, que defendía a los homosexuales y el preservativo como medio de lucha contra el sida: acabó siendo nombrado obispo *in partibus* de Partenia, una sede episcopal situada en el desierto de Argelia, sin parroquia ni fieles, puesto que la ciudad desapareció bajo la arena a finales del siglo v.

Joseph Ratzinger convoca a los recalcitrantes una y otra vez para que se justifiquen durante días enteros, les obliga a confesarse, a comentar insistentemente una desviación, a describir un error, a justificar un simple «tono». Convencido de que la Iglesia no es susceptible de crítica porque encarna la moral en sí misma, ese hombre doctrinario recurre a menudo a argumentos de autoridad. Sus detractores consideran sus posiciones arbitrarias y dogmáticas, «justificadas por la ausencia de justificación» (según escribe Albert Camus en *El hombre rebelde*). Una rigidez tan artificial que al papa Francisco no le costará mucho cambiar o tumbar la mayoría de esos dictados.

Todos los que fueron excluidos, castigados o reducidos al silencio conservaron secuelas y estigmas severos: el desarraigo, la idea de haber perdido una familia, la parálisis económica provocada por la dificultad de encontrar un nuevo trabajo, el sentimiento de fracaso al final del «sometimiento voluntario»; y por último, o tal vez en primer lugar, esa indefinible añoranza de lo que llamaría la «fraternidad».

Tanto si fueron excluidos como si se marcharon voluntariamente, los sacerdotes que colgaron los hábitos no hicieron más que acelerar la gran crisis de vocaciones, movimiento silencioso y duradero que se inició en los años setenta. Algunos perdieron la fe tras la rígida encíclica sobre la moral sexual de Pablo VI, *Humanae vitae*; miles de sacerdotes colgaron los hábitos para casarse en los años setenta y ochenta; otros abandonaron la Iglesia tras la liquidación sistemática de los avances del Vaticano II en el papado de Juan Pablo II; otros, finalmente, abandonaron su parroquia a medida que los teólogos de derechas y la homofobia empezaban a controlar la curia romana.

Paralelamente, decenas de millones de fieles se alejan de la Iglesia por su desfase con el espíritu de los tiempos, sus posturas ultraconservadoras sobre el matrimonio, los derechos de las mujeres, los derechos de los homosexuales o el preservativo y el sida; muchos creyentes también se sintieron ofendidos ante las revelaciones sobre los abusos sexuales y la protección de la que gozaron centenares de sacerdotes depredadores. Las repetidas censuras del cardenal Ratzinger apartan a la Iglesia de sus intelectuales; por último, los artistas también se alejan de una Iglesia que ya no se complace en la belleza de las cosas.

—Joseph Ratzinger creó a su alrededor un desierto teológico. Cerró todas las bocas. Era el único teólogo que tenía voz y voto. No toleraba que nadie le contradijera. Ratzinger fue el responsable de la asfixia de la libertad de pensamiento en la Iglesia y del espectacular empobrecimiento del pensamiento teológico católico de esos últimos cuarenta años —resume el padre Bento Domingues.

Ese reputado teólogo dominico al que entrevisté en Lisboa habla con absoluta libertad, porque a los 84 años ya no se deja impresionar por los autoritarismos. Añade, encolerizado:

—Ratzinger fue de una crueldad inimaginable con sus opositores. Llegó incluso a instruir un proceso canónico a un teólogo al que sabía condenado por un cáncer.

562   En el transcurso de esta investigación, he conocido en todo el mundo —en Portugal y en Japón, en Estados Unidos y en Hong Kong o en las misiones de África y de Asia— a sacerdotes liberales o *gay-friendly* que intentan hacer evolucionar a su Iglesia en su «periferia». Todos estuvieron en guerra contra Joseph Ratzinger o sus representantes conservadores locales.

Extrañamente, uno de los lugares donde esta oposición a Joseph Ratzinger fue más fuerte y a la vez más irreductible es el Oriente Medio. Durante mi estancia en ocho países árabes para realizar esta investigación, conocí a «cristianos de Oriente» y también a misioneros europeos que siguen «evangelizando» el Oriente Medio, olvidando a veces que el colonialismo es cosa del pasado.

En Roma, el «cerebro» del Vaticano encargado de esos cristianos de Oriente es el cardenal Leonardo Sandri. Ya conocemos a ese prelado: es un personaje como hay pocos, salvo quizá en el Antiguo Testamento, que está poblado de eminencias de este calibre, exuberantes, más allá del Bien y del Mal, cosa que les hace mucho más interesantes por sus contradicciones diabólicas y sus largas barbas que los personajes sosos de los *blockbusters* asépticos que son los evangelios.

El argentino, como ya sabemos, fue el «ministro del Interior» de Juan Pablo II y, tras haber sido condenado al ostracismo por Benedicto XVI, recibió como compensación un cargo, la dirección de la congregación encargada de los cristianos de Oriente. Cuando visito a ese «ministro» del papa, en su espectacular despacho de Vía della Conciliazione en Roma, me cruzo de entrada con una absurda camarilla de asistentes, secretarios, subjefes, ujieres y mayordomos que me atienden y me dejan impresionado. Varios de ellos habrían podido ser los compañeros de viaje de André Gide a Oriente.

Allí, más que en ningún otro lugar, el protocolo sigue tomándose muy en serio. Y descubro por qué son italianismos las palabras «antecámara», «peluca», «bancarrota», «caricatura» o «grotesco». Espero al cardenal Sandri primero en una inmensa sala, desde donde un ujier me conduce a un pequeño vestíbulo, luego un mayordomo me guía desde esta antecámara hasta una especie de gabinete, verdadero secretariado personal de su Eminencia, antes de introducirme por fin, con delicadeza, tal vez para no despertar a la bestia, en el gran despacho del coco en el que finalmente penetro.

El cardenal Sandri es imponente: tiene la frente ancha, obstinada, y un estilo apache. Recibe en su despacho, contraviniendo la orden oficial del Vaticano que obliga a todos los prelados a recibir en habitaciones privadas, por razones de confidencialidad. Rebelde y saltándose todas las normas, Sandri me invita a sentarme en su sofá. Habla un francés impecable, como muchos cardenales, y me trata con una simpatía encantadora. Me toma de la mano para enseñarme, desde su ventana, la oficina de la Orden de caballería del Santo Sepulcro de Jerusalén —eso no se inventa— y me entrega un regalo de bienvenida: una medalla de oro (o chapada en oro) con el rostro del papa Francisco.

—¿Es usted creyente? —me pregunta Sandri durante la entrevista. (La entrevista se graba, con el consentimiento del cardenal.)

Le respondo que, después de la Ilustración, después de Spinoza, Nietzsche y Darwin, después de Voltaire y Rousseau, después de Rimbaud, resulta difícil, sobre todo para un francés...

—Sí, ¡la secularización! ¡Lo sé! —me dice Sandri, con mirada penetrante, voz de trueno, y enfurruñado.

Como muchos en el Vaticano, y en el mundo católico, Leonardo Sandri siente pasión por Oriente. Ese latino de sonrisa leonardesca adora los largos paseos en camello, la separación clara de los sexos, aunque por su cargo no se ocupa de los circuncidados.

Gracias a ese nuevo destino, Sandri descubre un nuevo Oriente en su vida, del que me habla extensamente: ese gran conocedor de los caldeos, de los sirios y de los melquitas me describe las sutilidades bizantinas de las iglesias de Oriente. Me proporciona direcciones para un viaje que voy a realizar a Líbano y a los Emiratos Árabes Unidos: me recomienda buenos contactos a los que puedo dirigirme de su parte. Sandri conoce el terreno como la palma de su mano. Cardenal, exdiplomático, nuncio, es uno de los mejores especialistas del Vaticano en las mil sutilezas del Medio Oriente, con sus Aladinos, sus lunares, sus derviches y su Kamar, sus doncellas y su Budûr, sin olvidar —claro está— a sus Alibabá y los cuarenta ladrones.

Esta pasión por Oriente la conocemos bien, tanto él como yo. Es la de las cruzadas y del catolicismo conquistador, la del monte de los Olivos, de san Luis y Napoleón. Pero el «viaje a Oriente» fue también un género muy apreciado por los escritores homosexuales: Rimbaud a Adén, Lawrence a Arabia, André Gide a Túnez, Oscar Wilde al Magreb, Pierre Herbart a África, Henry de Montherland a Argelia y Marruecos, Pierre Loti a Galilea, Jean Genet a Palestina, William Burroughs y Allen Ginsberg a Tánger... Escribe el Poeta: «Oriente, la patria primitiva».

—Muchos escritores que quisieron realizar el «viaje a Oriente», un gran clásico, eran homosexuales. El nombre de Sodoma siempre ha encerrado una enorme carga simbólica —comenta Benny Ziffer, el redactor jefe literario de *Haaretz*, en una comida en Tel Aviv.

¡Oriente es también una pasión gay! En cualquier caso, un gran mito, y duradero, esta evasión hacia Oriente: patria primitiva de los católicos, nueva Sodoma para los gais. Una escapada que a menudo resulta ser una ilusión, un engaño; un mero acoplamiento de miserias sexuales.

En el Próximo y Medio Oriente, en el Levante y en el Magreb, he visto en todas partes *houmous queens*, como se llama en el

Líbano a los que, no pudiendo satisfacer sus inclinaciones en la curia romana, en su diócesis o en su monasterio, se dirigen a las tierras de sus antepasados cristianos y de sus amantes. Cómo me han fascinado esos caballeros de la Orden de caballería del Santo Sepulcro de Jerusalén, esos caballeros de la Orden de Malta, esos misioneros filántropos de la Obra de Oriente cuando mantienen una doble lealtad a la Iglesia y a las bellezas árabes. Qué extraños son esos peregrinos aterrorizados por el islam, pero que no sienten miedo alguno en los brazos de un musulmán que los condena. En Marruecos, en Argelia y en Túnez, donde también los he visto, esos sacerdotes a quienes halaga que les silben por la calle como si fueran princesas, me hablaron veladamente de los lugares *gay-friendly* que frecuentan, de los hoteles «conciliadores» y los riad lujuriosos. Por ejemplo, el clero católico europeo durante un tiempo solía ir al antiguo monasterio benedictino de Toumliline, aislado en las montañas del Atlas (según el testimonio de diplomáticos, de militares de alta graduación y de allegados de la familia real, con los que me entrevisté en Marruecos). También me describieron en Egipto el ambiente *gay-friendly* del Instituto Dominicano de Estudios Orientales de El Cairo.

Esta pasión por Oriente tiene ramificaciones incluso en el interior del Vaticano. Según el testimonio de un sacerdote de la curia y de un confesor de san Pedro, parece que el consumo de vídeos porno árabes en YouPorn sería importante, así como la utilización de la versión italiana de la plataforma vídeo citebeur.com y de una web que ofrece *escorts* árabes en Roma.

En Líbano, y gracias a la recomendación del simpático cardenal Sandri, me entrevisto con el nuncio apostólico Gabriele Caccia. El diplomático fue el joven asistente de Sandri en tiempos de Ratzinger, con el cargo de «asesor», es decir, una especie de número dos del «ministro del Interior» del Vaticano. Apartado por Tarcisio Bertone, fue desterrado a Beirut, donde me recibe. Una de las cabezas cortadas por Ratzinger parece encontrarse de maravilla y el arzobispo me dice que adora el Líbano (Francisco lo envió recientemente a Filipinas.)

La nunciatura está situada lejos del centro de la ciudad de Beirut, en Bkerké, al norte de la capital libanesa. Es un bastión cristiano: a dos pasos se encuentra Nuestra Señora del Líbano, y también la sede del Patriarcado de los Maronitas, una de las principales comunidades católicas de rito oriental. Caccia vive y trabaja allí, protegido por los soldados del ejército libanés, en una casita más abajo de la nunciatura (que estaba en obras cuando la visité). La vista sobre Beirut y el valle que la rodea es espectacular.

Como todos los diplomáticos del Vaticano, Caccia no puede hacer declaraciones sin autorización, de modo que nuestra conversación es en *off*. No obstante, me impresiona su conocimiento del país y su valentía: viaja a todas partes por su cuenta y riesgo vestido de arzobispo, con el birrete de seda tornasolada violeta de los nuncios apostólicos bien visible sobre la cabeza. La guerra está cerca de aquí: no hay apariencias ni recepciones elegantes. Caccia no me entrega un regalo de bienvenida, sino el Evangelio según san Lucas, traducido al árabe.

Las iglesias católicas de rito oriental se mantienen fieles a Roma, pero en ellas los sacerdotes pueden ser hombres casados. Es el núcleo de la gran contradicción del Vaticano, que se ha visto obligado, muy a su pesar, ¡a reconocer esta heterosexualidad activa!

—El celibato sacerdotal es una decisión relativamente reciente. ¡Incluso en Roma los sacerdotes se casaban hasta el siglo xi! Aquí, se mantienen fieles a la tradición: los sacerdotes a menudo están casados. En cambio, una vez ordenado, ya no es posible casarse y los obispos siempre se eligen entre los sacerdotes célibes —me explica el obispo Samir Mazloum, portavoz del patriarca maronita, al que entrevisté en Beirut.

Los papas Juan Pablo II y Benedicto XVI, muy disgustados por esta excepción oriental, que consideraban anormal, hicieron todo lo posible por restringirla. Para ello, se opusieron durante mucho tiempo a que los sacerdotes católicos de Oriente pudieran ejercer su ministerio en las iglesias europeas si estaban casados: una solución que habría podido atenuar la crisis de vocaciones en Europa. Pero el precedente de los anglicanos o de los luteranos convertidos los llevó a tolerar esas excepciones que el papa Francisco ha generalizado: ahora, muchos sacerdotes católicos que ejercen en las iglesias de Francia, de España o de Italia están… casados. Respecto al celibato y al casamiento de los sacerdotes, los cristianos de Oriente representan una oposición larvada a las reglas impuestas por el Vaticano.

El sacerdote maronita Fadi Daou, profesor de teología y presidente de la importante fundación Adyan, con el que hablo en Beirut en presencia de mi investigador árabe Hady el Hady, me resume así la situación:

—Somos cristianos de Oriente fieles a Roma pero independientes. Se calcula que el 55 % de los sacerdotes maronitas están casados; nosotros elegimos libremente a nuestros obispos. Somos más liberales en ciertas cuestiones, como el celibato de los sacerdotes, justamente; y más conservadores en otras, como la condición de las mujeres o la homosexualidad. El papa Francisco ha reconocido la singularidad de nuestras iglesias al autorizar a nuestros sacerdotes a ejercer su ministerio en Europa occidental. —(Con la misma prudencia, monseñor Pascal Gollnish de la Obra de Oriente y el cardenal Louis Raphael Sako, el llamado patriarca de Babilonia, que representa a la Iglesia católica caldea, me confirmaron en nuestras conversaciones en París esas informaciones.)

567

Algunos sacerdotes, periodistas y universitarios católicos, a los que conocí en la región, me señalaron que «los católicos estaban amenazados en Oriente, como los homosexuales». Esas dos «minorías» serían en el mundo árabe enemigos por igual. Un sacerdote libanés me lo confirma:

—El mapa de la persecución de los católicos coincide extrañamente, y casi perfectamente, con el mapa de las persecuciones contra los homosexuales.

En el Extremo Oriente, mucho más allá del Oriente Próximo, que tanto agrada a los franceses, y del Oriente Medio de los ingleses, la situación también es diferente. Las «periferias» más lejanas viven el catolicismo con mayor libertad, disidentes a su manera. Allí la Iglesia de Roma suele ser muy minoritaria, salvo en Filipinas y Timor Oriental y, en menor medida, en Corea del Sur y Vietnam.

En la santa sede, el responsable de la «evangelización» de Asia y de África es el cardenal Fernando Filoni. Apodado el «papa rojo», está al frente de uno de los ministerios estratégicos para el futuro del catolicismo. Nuncio también y próximo al cardenal Sodano, Filoni estuvo destinado en Irak a principios de los años dos mil, donde dio muestras de auténtico valor, cuando la mayoría de los diplomáticos occidentales habían abandonado el país, incluso antes de la intervención militar estadounidense contra Saddam Hussein.

Me encuentro con él en la sede histórica de Propaganda Fide, la Congregación para la Evangelización de los Pueblos, un edificio célebre diseñado por Bernini, en la Piazza di Spagna de Roma.

—El nombre de «papa rojo» se utiliza por contraste con el del santo padre, que es el «papa blanco», o con el del superior de los jesuitas, que es el «papa negro» —me explica Filoni en un perfecto francés.

En unos veinte viajes realizados a una decena de países de Asia, y especialmente en Japón, en Hong Kong, en Taiwán, en Singapur y en China, pude comprobar hasta qué punto el catolicismo asiático tendía a flexibilizar algunas de las intransigencias impuestas por Roma. En contacto con las iglesias locales y con las Misiones Extranjeras, observé una gran disparidad entre las reglas y las prácticas: el celibato de los sacerdotes heterosexuales, contrario a la cultura local, generalmente es poco respetado, y el número de misioneros católicos europeos homosexuales es especialmente importante en estos países.

En China, país donde el catolicismo romano es clandestino, la vida privada de los sacerdotes y de los obispos católicos es objeto de una vigilancia activa por parte del régimen que no duda en «utilizar» la posible doble vida de los eclesiásticos —a menudo activamente heterosexual— para controlarlos o «comprar» su cooperación (según distintos testimonios directos recogidos en Pekín, Shanghái, Cantón, Shenzhen, Hong Kong y Taiwán). No obstante, el trabajo de los sacerdotes locales en China, como el del padre jesuita Benoît Vermander, al que tuve ocasión de conocer, es ejemplar teniendo en cuenta los riesgos. El de los misioneros extranjeros, llamados aquí «paracaidistas» porque llegan a tierras de evangelización y se mantienen aislados durante mucho tiempo, muchas veces exige incluso un gran valor.

En Japón, en el entorno de un obispo influyente, me confirman que la iglesia nipona es muy liberal y que, por esta razón, sus obispos tuvieron problemas con Benedicto XVI:

—El episcopado prefiere evitar los conflictos. Somos fieles a los principios de tolerancia, de ecuanimidad y de consenso que prevalecen en la isla. Aceptamos con buena voluntad las órdenes de Roma, pero seguimos haciendo lo que creemos bueno para Japón, sin preocuparnos demasiado del Vaticano —me explica un sacerdote próximo a la Conferencia Episcopal Nipona.

Durante el sínodo de 2014, y según me confirma el padre Pierre Charignon, un capellán enviado a Tokio por las Misiones Extranjeras de París, la Iglesia católica japonesa elaboró un documento oficial de quince páginas en el que lamentaba las posturas de Roma; criticaba su «falta de hospitalidad» y sus normas «artificiales» sobre la contracepción, el preservativo o las parejas divorciadas.

—Nosotros preferimos a Francisco —me confirma en Tokio Noriko Hiruma, una de las responsables del comité Justicia y Paz de la conferencia de obispos japoneses.

Durante mi estancia, visité una iglesia católica defensora del movimiento LGTB en el distrito gay de Shinjuku ni-chome. En ella, un sacerdote defiende abiertamente el matrimonio para las parejas del mismo sexo y distribuye preservativos a los jóvenes del *gayborhood*.

La oposición a Joseph Ratzinger es menos discreta en las «periferias» espirituales de Europa occidental. En Alemania, en Austria, en los Países Bajos, en Bélgica, en Suiza, pero también en los países escandinavos y en Irlanda, se denuncia la inflexibilidad del papa. Sectores enteros de la Iglesia manifiestan incluso su disidencia.

—Esta es una parroquia católica como cualquier otra —me dice Monica Schmid.

Y en efecto, visito con ella la iglesia moderna y pulcra de Effretikon, en Suiza, donde no parece haber ninguna discordancia con la doctrina católica, ¡salvo que esta mujer generosa, Monica Schmid, es el párroco!

Schmid me describe su iglesia al detalle y con pasión, la amplia

569

serie de sacramentos y rituales disponibles, y adivino que tiene una preparación en teología y liturgia mayor que la mayoría de los sacerdotes. «Su» iglesia es moderna y abierta, y son muchos los parroquianos que le son fieles (según Meinrad Furrer, un asistente pastoral católico que me acompaña en varios viajes a Suiza).

Tras varias estancias en Illnau-Effretikon, Zúrich, Ginebra, Lausana, San Galo, Lucerna y Basilea, constato que cada vez son más las mujeres y los laicos que ofician en Suiza. Muchos religiosos asumen públicamente su homosexualidad y se organizan. Algunos, que se mueven en zona gris, todavía conservan la autorización para celebrar la misa; otros se limitan a predicar pero sin consagración. Existen asociaciones, como Network en Zúrich, que reúne específicamente a católicos LGTB. Algunos sacerdotes que conocí imparten bendiciones a las parejas homosexuales. Todos se enfrentaron abiertamente a Joseph Ratzinger y ahora exigen que se escuche por fin a «la iglesia de abajo» («Kirche von Unten»).

Por supuesto, Roma y en especial el papa Benedicto XVI procuraron por todos los medios llamar al orden a esas parroquias disidentes, pidiendo a los obispos suizos que las sancionaran. Estos últimos, a veces con mucho celo, intentaron que se aplicara la regla *unfriendly* de Roma, antes de ser «denunciados públicamente» por la prensa por su doble vida. De modo que se decretó un alto el fuego. ¡Y ahora ya no se meten con los disidentes suizos progáis!

En Alemania, la oposición es aún más frontal. En el seno mismo de la Iglesia, el episcopado alemán fue superado por la base, opuesta frontalmente al Vaticano. Los alemanes, que en un principio aceptaron favorablemente la elección de Benedicto XVI, muy pronto se sintieron decepcionados. El papa suscitó una oleada de protestas sin precedentes, hasta el punto de convertirse en persona non grata en su propio país. Sus posturas morales, consideradas reaccionarias, fueron rechazadas incluso por los católicos: cuando el papa viajó a Berlín, salieron a la calle decenas de asociaciones familiares, feministas, laicas u homosexuales. En ese mismo viaje, más de un centenar de diputados anunciaron el boicot a su discurso en el Bundestag, y hasta el presidente del parlamento reclamó al papa un cambio en su doctrina sobre el celibato de los sacerdotes. Por último, el presidente de la república, casado dos veces, criticó públicamente las posturas morales del santo padre frente a las parejas divorciadas.

—La mayoría de los teólogos alemanes se oponen a Ratzinger —me explica en Berlín el exdiputado Volker Beck, que participó en el boicot al papa.

La voz de Joseph Ratzinger apenas se escucha en su propio país. Casi el 90 % de los alemanes cuestiona el celibato de los sacerdotes y la prohibición de ordenar a las mujeres. Asimismo se han multiplicado los movimientos de sacerdotes homosexuales y las asociaciones de creyentes LGTB, hasta el punto de ser uno de los componentes más dinámicos de la Iglesia, apoyados a veces por el clero local. El cardenal Reinhard Marx, arzobispo de Múnich y presidente de la Conferencia Episcopal Alemana, es uno de los pocos ratzinguerianos que se ha mostrado receptivo a la cuestión gay: en 2018 ha dado a entender, midiendo sus palabras, que los sacerdotes católicos podrían organizar en algunos casos «ceremonias de bendición para las parejas homosexuales». Este prelado sabe, mejor que otros, que hay sectores enteros del catolicismo de lengua alemana enfrentados con el Vaticano, que los sacerdotes gais son mayoritarios en las iglesias germánicas y de la Suiza de lengua alemana, y más numerosos aún entre los jesuitas, franciscanos o dominicos alemanes.

El escándalo del cardenal arzobispo de Viena, Hans Groër, contribuyó a abrir los ojos: intransigente, homófobo y homosexual practicante, el cardenal llevó una doble vida hasta que le atraparon sus viejos demonios. Acusado por jóvenes sacerdotes de tocamientos y abusos sexuales, fue objeto de numerosas denuncias. Y, a medida que la lista de víctimas se ampliaba —más de mil entre niños y jóvenes de la diócesis—, el asunto Groër se convirtió en un escándalo en todo el mundo germánico.

Durante el proceso, salen a la luz los apoyos recibidos desde las altas esferas. El nuevo arzobispo de Viena, Christoph Schönborn, critica con valentía el papel del papa Juan Pablo II en este asunto, y el de su adjunto Angelo Sodano, que, en su opinión, habrían protegido al cardenal pedófilo.

Detengámonos un instante en la figura de Schönborn. El sucesor de Groër en Viena es uno de los cardenales más *gay-friendly* de la Iglesia actual. Lector apasionado de Jacques Maritain y de Julien Green (que está enterrado en Austria), enamorado de Oriente y visitante habitual del Hospicio austríaco de Jerusalén, en privado Schönborn se muestra sensible a los problemas de las personas homosexuales. A finales de los años noventa, por ejemplo, el arzobispo de Viena impulsa la creación del diario *Dialog*, editado por la diócesis y con una difusión de cientos de miles de ejemplares entre los católicos austríacos. En sus columnas surge el debate sobre el celibato de los sacerdotes o la administración de sacramentos a las parejas divorciadas.

—Lanzamos este diario alentados y financiados por la diócesis, con el apoyo constante del arzobispo Schönborn y de su vicario general Helmut Schüller. Seguíamos siendo leales a la Iglesia, pero al mismo tiempo el debate era cada vez más abierto… —me explica Martin Zimper, su redactor jefe, en varias entrevistas celebradas en Lucerna, donde ahora vive con Peter, su compañero.

La apertura tiene límites: Schönborn pone fin a la experiencia cuando la orientación homosexual de la revista es demasiado evidente; sin embargo, el impacto de esta publicación en el catolicismo persistirá durante largo tiempo.

También fue del entorno inmediato del arzobispo de Viena de donde surgió en 2006 la Pfarrer Initiative («Iniciativa de los párrocos»), cofundada justamente por el padre Helmut Schüller. Ese movimiento muy influyente pretende organizar grupos de sacerdotes que están en desacuerdo con la Iglesia. En 2011, el propio Schüller lanza una «Llamada a la desobediencia», firmada por unos cuatrocientos sacerdotes y diáconos, para reclamar la supresión del celibato y la ordenación de las mujeres. Por su parte, el grupo «Wir sind Kirche» («Somos Iglesia»), nacido en pleno escándalo Groër, también pretende reformar la Iglesia austríaca y reúne más de 500.000 firmas en apoyo de esta orientación liberal.

La mayor parte de esos movimientos y grupos recibió duros ataques por parte del cardenal Joseph Ratzinger y de Benedicto XVI, más tarde.

—El papa se mostró mucho más crítico con estas asociaciones católicas progáis que con el cardenal pedófilo multirreincidente Hans Groër. ¡Ni siquiera fue reducido al estado laical! —observa un teólogo de lengua alemana.

En este contexto, Christoph Schönborn navega con cautela, con una especie de silencio amable ante los numerosos sacerdotes y obispos gais de su país: una especie de *Don't Ask, Don't Tell* muy propio de él, según la expresión de uno de sus antiguos colaboradores. Se abstiene de plantear preguntas a su entorno, por miedo a las repuestas que podría obtener. De modo que sigue incluyendo gais en las iniciativas del arzobispado de Viena y confiesa estar impresionado por la solidaridad, de la que ha sido testigo, en las parejas homosexuales ante el problema del sida. «Era ejemplar. Punto», declaró. En sus frecuentes estancias en Francia, el cardenal viajero se encuentra con sus correligionarios *gay-friendly*, sobre todo en el convento de los dominicos de Toulouse, donde pude conocerles. Schönborn también escribió una carta de felicitación, que pude leer, a una pareja de homosexuales austríacos que acababa de comprometerse en una unión civil. Y el 1 de diciembre de 2017, Schönborn incluso celebró una misa *gay-friendly* en Viena, en la que rindió homenaje a los enfermos del sida. Naturalmente, hoy Schönborn forma parte del entorno del papa Francisco.

573

23

Vatileaks

Un mayordomo excesivamente curioso: esta es más o menos la versión oficial del caso, conocido hoy en día como Vatileaks. Esta tesis, elaborada por la santa sede, fue adoptada por los vaticanistas más ingenuos. La expresión «Vatileaks» se ideó en el entorno inmediato del papa (Federico Lombardi reivindica la paternidad cuando le pregunto). La realidad es obviamente un poco más compleja.

El culpable, que por supuesto actuó «en solitario», se llama Paolo Gabriele: era el «mayordomo» del papa (en inglés *butler*). El bribonzuelo habría fotocopiado cientos de documentos confidenciales, varios miles de páginas, en la secretaría personal del papa Benedicto XVI, que acabaron en manos de la prensa en 2012. Evidentemente, el escándalo es enorme. Se divulgan cartas manuscritas internas destinadas al papa, notas secretas entregadas en mano a Georg Gänswein, y hasta copias de cables diplomáticos cifrados entre las nunciaturas y el Vaticano. El culpable ideal es un laico de 48 años, casado y padre de tres hijos: un seductor italiano, un hombre guapo, al que le gustan las redes secretas. ¡Un chambelán! ¡Un *butler*! ¡Un chivo expiatorio!

En realidad, nadie puede creer que el mayordomo actuara solo: se trata de una campaña, si es que no de un complot, organizado al más alto nivel del Vaticano. El objetivo es desestabilizar al secretario de Estado Tarcisio Bertone y, a través de él, al papa Benedicto XVI. En el Vatileaks se acusó a un informático, lo que confirma que el *butler* tenía al menos un cómplice. La principal víctima del Vatileaks, el cardenal Bertone, hablará de un «nudo de víboras y de cuervos»: la expresión se utiliza en plural. ¡Es mucho para un solo «mayordomo»!

Una vez descartada la versión oficial, el caso que hace tambalear el pontificado de Benedicto XVI, y desencadena su caída, sigue siendo muy oscuro. Quedan aún muchas preguntas sin respuesta: ¿quiénes fueron los que inicialmente contrataron a Paolo Gabriele para ese puesto estratégico junto al papa? ¿Con qué cardenales tenía secretamente una mayor afinidad Paoletto, nombre con el que se conoce al mayordomo? ¿Por qué Gänswein permitió que Paolo Gabriele tuviera tanta libertad de maniobra en su propio despacho, donde fueron robados los documentos? ¿Fue el propio Paolo quien eligió qué documentos había que fotocopiar, o fue él quien los copió inicialmente a petición de Georg? ¿Qué papel desempeñó el exsecretario particular de Joseph Ratzinger, Josef Clemens, que, como era notorio, sentía un gran resentimiento hacia Gänswein y estaba en contacto con Paolo Gabriele? Y, finalmente, ¿por qué el Vaticano encubrió a la mayoría de los protagonistas de esta trama de altos vuelos e inculpó solamente al mayordomo, que aparece como un «chivo expiatorio» ideal?

Hay algo seguro: Vatileaks contribuyó a la caída del papa Benedicto XVI y a que saliera a la luz un grado de violencia inusitada en el corazón mismo del Vaticano. Sobre todo, porque no tardará en estallar un segundo caso, adecuadamente bautizado como Vatileaks II.

Varios altos dignatarios de la Iglesia fueron relacionados con ese primer episodio de Vatileaks: el cardenal estadounidense James Harvey, que contrató al mayordomo y con el que al parecer tenía una relación muy próxima; el cardenal italiano Mauro Piacenza, que también hizo de Pigmalión con Paolo Gabriele; el arzobispo Carlo Maria Viganò, que era el secretario general del gobernador de la ciudad del Vaticano; el arzobispo Paolo Romeo, el futuro nuncio Ettore Balestrero e incluso el exsecretario particular del cardenal Ratzinger, Josef Clemens. Se insinuó, sobre todo por parte de la prensa y en algunos libros que fueron inspirados por Georg Gänswein y el entorno de Bertone, que todos esos prelados habían participado de un modo u otro en el caso y, aunque el papel que desempeñaron no quedó establecido, el mero hecho de haber sido trasladados, marginados o apartados por Benedicto XVI o por Francisco permitiría deducir la existencia de alguna relación con este asunto.

El mayordomo, que durante su rápido proceso nunca declaró

haber actuado por encargo de nadie, repitió que había obrado por sentido del deber. Escuchémosle: «El sentimiento más fuerte que hay en mí es la convicción de haber actuado por amor exclusivo, diría incluso que visceral, a la Iglesia de Cristo y al [papa]». «No me considero un ladrón», insistió Gabriele, que opinaba que el Vaticano era el «reino de la hipocresía», que existía una *omertà* sobre la realidad de lo que ocurría. De modo que actuó para que la verdad saliera a la luz y para proteger «al santo padre, que no estaba correctamente informado». En una entrevista realizada para la cadena de televisión La Sette, Paolo Gabriele añadió: «Viendo el mal y la corrupción por todas partes en la Iglesia, llegué a un punto de no retorno, mis frenos inhibidores desaparecieron. Estaba convencido de que un choque, incluso mediático, podía ayudar a la Iglesia a retomar el buen camino». Paolo Gabriele, rodeado de hipocresía y corrupción gay, nunca quiso cargar con toda la responsabilidad del delito y siempre se negó a mostrar arrepentimiento.

De modo que es probable que Paolo Gabriele actuara a instancias de terceras personas, aunque fue el único en ser condenado por robo con agravantes y castigado a dieciocho meses de prisión. Finalmente, Benedicto XVI, que consideraba al mayordomo como «su propio hijo», indultó a Gabriele. El papa, que habló con él antes de perdonarle, insinuó que podría haber sido manipulado: «No deseo analizar su personalidad. Es una curiosa mezcla de convicciones propias y convicciones inspiradas por otros. Ha comprendido que no debería haber hecho eso», dijo Benedicto XVI en *Últimas conversaciones*.

—La mayoría de los actores de Vatileaks I y II son homosexuales —me confirma un arzobispo de la curia romana. Ese punto explica los dos casos, pero fue sistemáticamente disimulado por el Vaticano y minimizado por la prensa. No se trata de un *lobby*, como se dijo. Se trata simplemente de relaciones gais y de venganzas interpersonales consecuencia de ellas. Francisco, que conoce perfectamente el caso, castigó a los culpables.

El segundo caso Vatileaks empieza en Madrid. Si bien estalla en tiempos de Francisco, se había urdido en el papado de Ratzinger.

El malo de la historia se llama en esta ocasión Lucio Ángel Vallejo Balda y es un personaje muy diferente a Paolo Gabriele.

En una investigación exhaustiva que llevo a cabo en España, la trayectoria de Vallejo Balda aparece tan límpida como opacas serán sus acciones. El periodista José Manuel Vidal, también exsacerdote, me describe al personaje en varias entrevistas celebradas en Madrid:

—Vallejo Balda es la historia de un curita de pueblo al que se le suben los humos a la cabeza. Es guapo, atractivo y escala rápidamente los peldaños del episcopado español. Está en la órbita del Opus Dei, de modo que recibe el espaldarazo de los medios ultraconservadores. En Madrid, forma parte del entorno del cardenal Rouco Varela, un homófobo al que le gusta estar rodeado de ese tipo de jóvenes, herméticos y al mismo tiempo alocados, que se mueven en los medios católicos españoles *gay-friendly*.

Cuando el papa Benedicto XVI y el cardenal Bertone piden a Rouco que les recomiende un sacerdote de confianza para ocuparse de cuestiones financieras, el cardenal español les envía a Balda. La competencia financiera y la moralidad del joven sacerdote son cuando menos discutibles, pero para Rouco es una ocasión inesperada de colocar un peón suyo en el entorno del papa. Solo que Balda resultará ser un personaje perturbador, como el héroe de la película *Teorema* de Pasolini o el protagonista crístico de *El idiota* de Dostoievski: atraerá las miradas de todos y provocará literalmente una explosión en el interior del Vaticano.

Ordenado sacerdote a los 26 años, Lucio Ángel Vallejo Balda, un *small town boy* («chico de pueblo») madrileño de adopción, era «irresistible», según confirman quienes le conocieron en aquella época. Hoy, con 55 años y de vuelta al mundo rural, todavía sigue siendo un hombre atractivo.

—Era un provinciano recién llegado del pueblo. Era un ángel, como indica su nombre, con una atractiva mezcla de pueblerino y arribista. Impresionó de inmediato al cardenal Rouco Varela, y más por estar en la órbita del Opus Dei —me confía otro sacerdote con el que hablé en Madrid.

Su promoción, propiciada por su descubridor Rouco, y su espectacular ascenso romano, apoyado especialmente por el carde-

577

nal español Antonio Cañizares, suscitan no obstante reservas en el seno de la Conferencia Episcopal Española. Ahora, cuando las lenguas ya se han soltado, me entero de que algunos obispos y cardenales españoles criticaron públicamente el nombramiento de Balda en Roma, al que consideraban «un granujilla» que llevaba una «vida disipada», «impropia».

—Los responsables de la Conferencia Episcopal Española consideraron que esta elección no estaba justificada y era peligrosa para el papa. Hubo incluso una pequeña rebelión contra Rouco por este motivo, aquí en Madrid —me explica un sacerdote del entorno de la CEE.

El hecho es que Balda, procedente de una familia pobre, se encuentra en Roma con el diablo en el cuerpo, y allí este ángel en el exilio empieza a vivir la *dolce vita*: hoteles de lujo, grandes restaurantes, veladas con muchachos y una vida XXL de VIP. Más allá del Tíber provoca más de un desvanecimiento.

—En Roma, el hombre enloqueció —me resume con más severidad un sacerdote romano que le conoció bien.

Sin tener una inteligencia especial, pero con esa audacia que todo lo puede, Vallejo Balda se convierte inesperadamente en el número dos de la APSA, la administración de la curia que gestiona el patrimonio y el dinero del Vaticano. Encargado asimismo del control de la banca de la santa sede, el joven español dispone ahora de toda la información. La «frente llena de eminencias», sabe relacionarse y tiene dinero. La confianza que Bertone deposita en él es tanto más ciega ¡si tenemos en cuenta que la Italia católica se está convirtiendo, gracias a él, en la casa de Tócame Roque!

Cuando estalla el Vatileaks II, el ángel hispano lleno de ambiciones y con una vida ardorosa es el primer sospechoso. Documentos financieros ultrasensibles sobre el banco del Vaticano aparecen publicados en los libros de dos periodistas italianos, Gianluigi Nuzzi y Emiliano Fittipaldi. El mundo descubre, estupefacto, las innumerables cuentas corrientes ilegales, las transferencias de dinero ilícitas y la opacidad del banco del Vaticano, con pruebas que lo apoyan. El propio cardenal Tarcisio Bertone está en la picota, como hemos visto, por haber restaurado su lujoso apartamento, en el Vaticano, con el dinero de la fundación del hospital pediátrico Bambino Gesù.

Además, en el centro de todo el asunto hay una mujer, cosa rara en el Vaticano: Francesca Immacolata Chaouqui, una italoegipcia de 31 años. Laica, seductora y comunicativa, es del agrado de los conservadores de la curia por su proximidad al Opus Dei; Chaouqui altera la rutina vaticana con sus métodos empresariales aprendidos en Ernst & Young; pero por encima de todo enloquece a los pocos heterosexuales de la curia con su voluminoso pecho y su melena infantil. Misteriosamente, la consultora está bien introducida en el Vaticano, hasta el punto de ser nombrada experta de la comisión de reforma sobre las finanzas y la economía de la santa sede. ¿Mantiene esta mujer fatal una relación secreta con el sacerdote fatal Vallejo Balda? Esta es la tesis defendida implícitamente por el Vaticano.

—El Vaticano inventó la historia de la relación entre Vallejo Balda y Francesca Immacolata Chaouqui. El objetivo de este *storytelling* es dar un sentido a un asunto que no lo tiene, salvo si pensamos que Balda tenía otras relaciones que había que ocultar —me explica un sacerdote de la curia.

Un confesor de san Pedro me confirma:

—Cuando fue detenido, Vallejo Balda estuvo en arresto domiciliario en nuestra casa, aquí, entre el palacio de Justicia y la gendarmería, en la plaza Santa Marta. Le permitieron tener un teléfono y un ordenador, y desayunaba todos los días con nosotros. Sé con toda certeza que nunca fue amante de Chaouqui.

Con toda probabilidad, la pretensión de Vatileaks II era desestabilizar a Francisco, del mismo modo que el objetivo de Vatileaks I era destronar a Bertone y a Benedicto XVI. La operación podría haber sido diseñada por los cardenales de la curia ratzingueriana opuestos a la línea política del nuevo papa, y ejecutada por Balda.

Uno de ellos, persona inflexible y con una doble vida, desempeña un papel fundamental en este asunto: dirigía uno de los «ministerios» del Vaticano. El sacerdote don Julius, que lo frecuentaba en el Vaticano, lo define como una *old-fashion old-school gay lady* («una mujer que frecuenta a homosexuales a la vieja usanza»), cuyo único objetivo en la vida sería la denigración. El vaticanista Robert Carl Mickens me habla de él: «es una *nasty Queen*» («una loca venenosa»).

579

Por supuesto, Benedicto XVI estaba al corriente de la sexualidad contra natura de ese cardenal y de sus descomunales extravagancias. Sin embargo, lo quería, según afirman varios testimonios, porque durante mucho tiempo creyó que su homosexualidad no era practicante, sino casta o *questionning*. En cambio Francisco, que no es muy amante de los matices de *gayness*, pero estaba bien informado del «caso», lo apartó de la curia. Traidor, homófobo y ultragay, ese cardenal es en todo caso el nexo de unión entre los dos Vatileaks. Sin la clave homosexual, estos casos permanecen opacos; con esta clave de lectura, empiezan a aclararse.

En el proceso, el Vaticano acusó de organización criminal a cinco personas: Vallejo Balda, su secretario particular, la consultora Francesca Immacolata Chaouqui y los dos periodistas que divulgaron los documentos. Balda será condenado a dieciocho meses de cárcel; tras haber cumplido solamente la mitad de la pena, es puesto en libertad condicional y enviado a su diócesis de origen, en el noroeste de España, donde actualmente reside. Los cardenales que pudieron ser los promotores del caso o los cómplices de Balda no fueron importunados por los tribunales del Vaticano.

Los dos casos Vatileaks son las temporadas I y II de una misma serie televisiva, cuyo secreto posee la Italia católica. El nexo que las une gira en parte en torno a la cuestión homosexual, hasta el punto de que un vaticanista inglés bien informado habla irónicamente «del caso de Butler y de Hustler» sin que se sepa muy bien, en la trama de las responsabilidades cruzadas de estos dos casos imbricados, a quién van dirigidos esos calificativos poco amables.

Sigue habiendo un misterio que no he conseguido aclarar del todo. Entre los motivos que pueden explicar que un hombre actúe en contra de los suyos, ¿cuál es el dominante en Paolo Gabriele y en Lucio Ángel Vallejo Balda hasta el punto de incitarles a hablar? Si damos crédito al famoso código MICE, utilizado por los servicios secretos de todo el mundo, existen básicamente cuatro razones que pueden mover a alguien a revolverse contra los suyos: *Money*; *Ideology* (las ideas); *Corruption* y *Compromission* (y, sobre todo, chantaje sexual); por último, el Ego. Teniendo en cuenta la magnitud de la traición, y el grado de engaño, cabe pensar que a los distintos protagonistas de estos dos psicodramas les mueven a la vez las cuatro razones del código MICE.

Sobre el escritorio del cardenal Jozef Tomko, el libro de Francesca Immacolata Chaouqui. El cardenal eslovaco coge el libro, que evidentemente está leyendo, y me lo enseña.

El anciano, alegre y simpático, nos recibe a Daniele y a mí en su apartamento privado. Hablamos de su trayectoria como «papa rojo», nombre que recibe el cardenal encargado de la evangelización de los pueblos; evocamos sus lecturas, al margen del libro de Chaouqui: Jean Daniélou, Jacques Maritain y Verlaine, del que me habla con pasión ese cardenal perfectamente francófono. Sobre un estante del salón donde nos recibe, veo una hermosa fotografía del papa Benedicto XVI, envuelto en su capa roja, estrechando afectuosamente las manos de Tomko.

Gracias a esta proximidad con Joseph Ratzinger, Tomko fue uno de los tres cardenales encargados de investigar la curia romana después de Vatileaks. Junto con sus colegas cardenales, el español Julián Herranz y el italiano Salvatore De Giorgi, recibió del papa el encargo de realizar una investigación interna absolutamente secreta. El resultado —un informe de inspección muy detallado, dos tomos de 300 páginas— es un documento explosivo sobre las desviaciones de la curia y los escándalos financieros y homosexuales del Vaticano. Algunos comentaristas y periodistas incluso llegaron a pensar que ese informe había sido la causa de la dimisión del papa.

—Junto con Herranz y De Giorgi, escuchamos a todo el mundo. Intentamos comprender. Era un asunto entre hermanos, no era en absoluto un proceso, como algunos dijeron más tarde —precisa Jozef Tomko.

Y el anciano cardenal añade, a propósito del informe, con una frase sibilina:

—No entienden la curia. Nadie entiende la curia,

Los tres cardenales, de 87, 88 y 94 años, son conservadores. La mayor parte de su carrera ha transcurrido en Roma y conocen el Vaticano a la perfección. De Giorgi es el único italiano que ha sido obispo y arzobispo en varias ciudades del país y es el más inflexible de los tres. Tomko es un misionero más *gay-friendly*, que ha viajado por todo el mundo. El tercero, Herranz, es miembro del Opus Dei y fue el encargado de coordinar la misión y de dirigirla.

Cuando visito a Herranz, en su apartamento, cerca de la plaza de San Pedro, me enseña una antigua fotografía en la que el sacerdote español aparece de joven junto al fundador de la orden, Josemaría Escrivá de Balaguer, cogidos del brazo.

En la fotografía, el joven Herranz, de 27 años, es extraordinariamente seductor; ahora, a los 88 años, contempla esta imagen que le habla de un tiempo muy lejano, irreversible, como si al joven soldado del Opus Dei le resultara ajena. Hace una pausa. ¡Qué triste! Esta fotografía sigue siendo eternamente joven y él ha envejecido terriblemente. Herranz permanece en silencio unos segundos y ¿sueña tal vez con otro mundo al revés, en el que esta fotografía habría envejecido y él se mantendría joven?

Según los testimonios de los sacerdotes o asistentes que trabajaron con Tomko, Herranz y De Giorgi, los tres cardenales están literalmente obsesionados por la cuestión homosexual. De Giorgi es conocido por haber interpretado las relaciones de poder en el seno de la curia desde la óptica de las redes gais, y se le acusa, como a Herranz, de confundir a menudo pedofilia y homosexualidad.

—De Giorgi es un ortodoxo. También es un coqueto al que le gusta que hablen de él. ¡Al parecer, su objetivo en la vida era que el *Osservatore Romano* hablara bien de él! Se dirigía constantemente a nosotros con este objetivo —me explica un colaborador del diario oficial del Vaticano. (A pesar de las muchas peticiones, De Giorgi es el único de los tres cardenales que no quiso recibirme, negativa que explicó con palabras confusas, llenas de animosidad y de reproches.)

Herranz, Tomko y De Giorgi necesitaron ocho meses para llevar a cabo su investigación. Se interrogó a un centenar de sacerdotes que trabajan en el Vaticano. Oficialmente, solo cinco personas tuvieron acceso a ese informe (en realidad, una decena), tan delicado que al parecer se guarda una copia en la caja fuerte del papa Francisco.

Lo que descubren los tres informantes es la extensión de la corrupción en el Vaticano. Dos personas que leyeron este informe, entre esos cardenales, sus asistentes, el entorno de Benedicto XVI y otros cardenales o prelados de la curia, me describieron las grandes líneas y algunos pasajes de manera más detallada. El propio papa Benedicto XVI, en *Últimas conversaciones*, desveló los elementos del informe que estarían relacionados, según sugiere, con una «camarilla homosexual» y un *lobby* gay.

—Sabemos que los escándalos homosexuales constituyen uno de los elementos centrales del informe de los tres cardenales —me dice, a condición de mantener el anonimato, un sacerdote de la curia que había trabajado para uno de esos cardenales.

La conclusión más llamativa del informe, auténtica clave que permite comprender el Vaticano, es el vínculo entre los asuntos financieros y la homosexualidad, la vida gay oculta estrechamente relacionada con las malversaciones financieras. Esta articulación entre el sexo y el dinero es una de las claves para la comprensión de Sodoma.

El informe revela asimismo que un grupo de cardenales gais, al más alto nivel de la curia, buscaba la caída del cardenal Bertone. Habla también de los círculos de lujuria en el Vaticano e intenta describir la red que hizo posible la filtración y el escándalo Vatileaks I. Aparecen muchos nombres en ese informe: los de los cardenales James Harvey, Mauro Piacenza y Angelo Sodano. También habrían sido objeto de chantaje importantes prelados. Aunque no me concretan los hechos, sí me indican que los nombres de Georg Gänswein y del hermano del papa, Georg Ratzinger, aparecen en el informe.

Pese a su pretensión de seriedad, ese informe no es más que una «mascarada» y hasta una «hipocresía», según me informa una persona que tuvo acceso a él. Los tres cardenales homófobos pretenden desentrañar la realidad de Sodoma, pero pasan por alto el conjunto del sistema al no comprender su amplitud y sus códigos. A veces, identifican a algunos conspiradores y ellos mismos ajustan las cuentas. Atrapan ovejas descarriadas, como siempre, y elaboran algunos «registros sexuales» a partir de simples rumores, de chismes, de «se dice», sin un procedimiento contradictorio, fundamental en todo buen juicio. Esos prelados son extrañamente juez y parte.

La principal conclusión del informe es, por tanto, la actualización de un importante *lobby* gay en el Vaticano (la expresión se repite en el informe, según dos fuentes). Pero a los tres cardenales, al fin y al cabo bastante incompetentes, les cuesta descifrar unas realidades que apenas tratan superficialmente. O sobreestiman o subestiman el único problema real del Vaticano: su matriz homosexual inherente. Al final, la opacidad del informe es aún mayor por no haber entendido o no haber querido describir lo que realmente es Sodoma.

En cualquier caso, Benedicto XVI y Francisco repiten públicamente la expresión más fuerte del informe, el supuesto *lobby* gay, confirmando de hecho que ocupa un lugar central en el documento. En el traspaso de poderes entre Benedicto XVI y Francisco, veremos en las fotos de Castel Gandolfo una caja y unas carpetas bien precintadas encima de una mesa baja. Según varias fuentes, se trataría del famoso informe.

584

Se puede entender la reacción aterrorizada de Benedicto XVI al leer este documento secreto. Frente a tanta lujuria, tantas dobles vidas, tanta hipocresía, tantos homosexuales encubiertos en todas partes, dentro del mismo Vaticano, ¿se derrumban todas las creencias de este papa sensible sobre «su» Iglesia? Esto se dijo. También me cuentan que lloró al leer el informe.

Para Benedicto XVI es demasiado. ¿Es que no va a acabar nunca ese calvario? Ya no tiene ganas de luchar. Cuando lee el informe de los tres cardenales, toma la decisión: abandonará la barca de san Pedro.

Pero el vía crucis de Benedicto XVI, una figura trágica, aún no ha llegado a su fin. Le quedan todavía varias estaciones antes de su «renuncia».

Mucho antes de la entrega del informe secreto, los casos de pedofilia ya habían salpicado el naciente pontificado de Benedicto XVI. A partir de 2010, pasan a ser endémicos. Ya no son casos aislados o excesos, como estuvo repitiendo durante mucho tiempo el cardenal

Sodano para proteger a la Iglesia: se trata de algo sistémico, que ahora es el foco de atención.

«*¿Booze, Boys or Broads?*»: en las redacciones de habla inglesa surge la pregunta ante cada nuevo escándalo, un auténtico flujo incesante de abusos de toda clase bajo el papado de Ratzinger. ¿Alcohol, pedofilia o prostitutas? (En realidad, ¡pocas veces chicas!) Decenas de miles de sacerdotes (5.948 en Estados Unidos, 1.880 en Australia, 1.670 en Alemania, 800 en los Países Bajos, 500 en Bélgica, etcétera) son denunciados durante estos años, la mayor serie de escándalos en toda la historia del cristianismo moderno. Y se registran decenas, tal vez centenas o miles de víctimas (4.444 solo en Australia, 3.677 menores en Alemania, etcétera). Están involucrados decenas de cardenales y centenares de obispos. Los obispados están destruidos, las diócesis devastadas. Cuando Benedicto XVI renuncie al papado, la Iglesia católica será un campo de batalla asolado. Mientras tanto, el sistema Ratzinger se habrá hundido literalmente.

El propósito de este libro no es analizar esos miles de casos de pedofilia al detalle. Sí lo es, en cambio, intentar comprender por qué Benedicto XVI, tan exhaustivo y tan obsesionado en su guerra contra los actos homosexuales legales, se mostró impotente ante los abusos sexuales de menores. Es cierto que denunció muy pronto las «impurezas en la Iglesia» y, dirigiéndose al Señor, declaró: «¡Las vestiduras y el rostro tan sucio de Tu Iglesia nos causan espanto!». También publicó varios textos de una gran firmeza.

Pero entre la negación y el asombro, el amateurismo y el pánico, y demostrando siempre poca o ninguna empatía con las víctimas, el balance del pontificado respecto a este tema sigue siendo desastroso.

—Los abusos sexuales de la Iglesia no son una página sombría del pontificado de Benedicto XVI: se trata de la mayor tragedia, la mayor catástrofe de la historia del catolicismo desde la Reforma —me dice un sacerdote francés.

Sobre esta cuestión, hay dos tesis enfrentadas. La primera (por ejemplo, la de Federico Lombardi, exportavoz del papa, y en general la de la santa sede): Benedicto XVI actuó con destreza y fue el primer papa que se tomó en serio la cuestión de los abusos sexuales de los sacerdotes. En cinco entrevistas, Lombardi me recuerda que el papa «laicizó», es decir, redujo al estado laical, «a más de 800 sacerdotes» declarados culpables de abusos sexuales. Es imposible comprobar esta cifra y, según otros testigos, sería totalmente exagerada y no excedería unas pocas docenas (en el prefacio de *Últimas conversaciones*, un libro oficial de Benedicto XVI de 2016, se menciona la cifra de 400, es decir, la mitad). Dado que en el Vaticano existe un sistema de mentira generalizada sobre este tipo de asuntos, como mínimo cabe dudar de la realidad de esas cifras.

La segunda tesis (que es sobre todo la de la justicia en los países afectados y la de la prensa): la Iglesia de Benedicto XVI es responsable de todos estos expedientes. Sabemos, de hecho, que todos los casos de abusos sexuales, como había deseado Joseph Ratzinger, desde la década de 1980, iban a parar a la Congregación para la Doctrina de la Fe en Roma, donde eran estudiados. Joseph Ratzinger, que fue prefecto de este «ministerio» y luego papa, estuvo a cargo del archivo entre 1981 y 2013, es decir, durante más de treinta años. Los historiadores se mostrarán, sin duda, extraordinariamente severos ante las ambigüedades del papa y su forma de actuar; hay quienes piensan incluso que nunca podrá ser canonizado por esta razón.

586

A todo esto hay que sumarle el fracaso de la justicia vaticana. En la santa sede, una verdadera teocracia que no es un estado de derecho, no hay, en realidad, una separación de poderes. Según todos los testigos entrevistados, incluidos los principales cardenales, la justicia del Vaticano es muy defectuosa. El derecho canónico se falsifica constantemente, las constituciones apostólicas están incompletas, los magistrados carecen de experiencia y, en la mayoría de los casos, son incompetentes, y en los tribunales falla el procedimiento y no hay formalidad. Hablé con el cardenal Dominique Mamberti, prefecto del Tribunal Supremo de la Signatura Apostólica, y con el cardenal Francesco Coccopalmerio, presidente del Consejo pontificio para los textos legislativos, y me pareció que estos prelados no eran capaces de juzgar con total independencia casos de este tipo.

—La justicia no existe en el Vaticano. Los procedimientos no son fiables, las investigaciones no son creíbles, hay una grave falta de medios y las personas son incompetentes. ¡Ni siquiera hay una cárcel! Es una parodia de justicia —me confirma un arzobispo cercano a la Congregación para la Doctrina de la Fe.

Giovanni Maria Vian, el director del *Osservatore Romano*, del entorno del secretario de Estado Tarcisio Bertone, con un papel fundamental en el sistema, me confiesa también, en una de nuestras cinco entrevistas (todas ellas grabadas con su autorización), que se niega a publicar las reseñas de las audiencias y de los juicios en el periódico oficial del Vaticano porque desacreditaría a toda la institución...

Esta parodia de justicia vaticana es denunciada por numerosos especialistas del derecho, incluido un exembajador ante la santa sede, que también es jurista:

—Estos casos de abusos sexuales son de una enorme complejidad legal y técnica: requieren investigaciones de varios meses, numerosas audiencias, como muestra actualmente el procedimiento contra el cardenal George Pell en Australia, que ha movilizado a decenas de magistrados y de abogados y ha exigido miles de horas de trámites. No tiene sentido pensar que el Vaticano pueda juzgar uno de estos casos. No está preparado para ello: no tiene textos, ni procedimientos, ni abogados, ni magistrados, ni medios para investigar, ni siquiera derecho a ocuparse de ellos. El Vaticano no tiene otra solución que hacer constar su total incompetencia y dejar que actúen las justicias nacionales.

Ese juicio severo quedaría matizado si tomamos en consideración el trabajo riguroso que realizan algunos cardenales y obispos, por ejemplo el llevado a cabo por Charles Scicluna, arzobispo de Malta, en los casos Marcial Maciel en México y Fernando Karadima en Chile. No obstante, incluso la comisión antipedofilia del Vaticano, constituida por el papa Francisco, ha sido objeto de críticas: pese a la buena voluntad del anciano cardenal Sean O'Malley, arzobispo de Boston, que la preside, tres de sus miembros han dimitido para protestar contra la lentitud de los procedimientos y el doble juego de los dicasterios implicados. (O'Malley, de 74 años, pertenece a otra época y no parece ser la persona capaz de gestionar este tipo de casos: en *Testimonianza*, monseñor Viganò cuestiona su imparcialidad y en ocasión de una estancia en Estados

587

Unidos, en el verano de 2018, cuando le pido al cardenal una entrevista, su secretaria, incómoda, me confiesa que el cardenal «no lee sus correos electrónicos, no sabe utilizar Internet y no tiene portátil», me propone que le envíe un fax.)

Por último, resulta difícil no mencionar el caso que afecta al propio hermano de Benedicto XVI. En Alemania, Georg Ratzinger se vio implicado en un inmenso escándalo de sevicias y abusos sexuales a menores en su época como director del célebre coro de niños cantores de la catedral de Ratisbona entre 1964 y 1994, es decir, durante más de treinta años. Ahora bien, en 2010 la justicia alemana y un informe interno de la diócesis revelaron que más de 547 niños de la escuela a la que estaba vinculado este prestigioso coro habían sido víctimas de violencias y 67 habían sufrido abusos sexuales y violaciones. Cuarenta y nueve sacerdotes y laicos son hoy sospechosos de estos abusos y nueve de agresiones sexuales. A pesar de sus negativas, es difícil creer que Georg Ratzinger no estuviera al corriente de la situación. El papa probablemente también estaba informado: por otra parte, como se supo más tarde, este caso fue tomado tan en serio por la santa sede que fue seguido al más alto nivel de la Congregación para la Doctrina de la Fe. Varios cardenales y el entorno inmediato del soberano pontífice incluso habrían defendido al hermano mayor del papa. (Tres cardenales aparecen citados en los numerosos procesos judiciales que están en marcha en Alemania.)

Surgen hoy voces, incluso entre los sacerdotes y los teólogos, que consideran que el fracaso de la Iglesia católica en el caso de los abusos sexuales afecta en primer lugar a la gobernanza y a las ideas de Joseph Ratzinger. Uno de ellos me dice:

—Es un hombre que ha dedicado su vida a denunciar la homosexualidad. La ha convertido en uno de los peores males de la humanidad. Pero al mismo tiempo, ha hablado muy poco de la pedofilia y ha tardado mucho en tomar conciencia de la magnitud del problema. Nunca ha establecido realmente la diferencia teológica entre las relaciones sexuales entre adultos, libremente consentidas, y los abusos sexuales a menores de quince años.

Otro teólogo crítico con Benedicto XVI, al que entrevisté en América Latina, me dice:

—El problema de Ratzinger es la escala de valores, que está completamente pervertida desde el principio. Sancionó con dureza a los teólogos de la liberación y castigó a los sacerdotes que distribuían condones en África, pero disculpó a los sacerdotes pedófilos. ¡Decidió que el mexicano multirreincidente y pedófilo, Marcial Maciel, era demasiado viejo para ser reducido al estado laical!

El caso es que para el papa Benedicto XVI la sucesión ininterrumpida de revelaciones sobre los abusos sexuales de la Iglesia es mucho más que una «temporada en el infierno». Ataca la esencia misma del sistema ratzingueriano y su teología. Independientemente de los desmentidos públicos y de las posiciones de principio, el papa en el fondo sabe muy bien, me atrevería a decir que por experiencia, que el celibato, la abstinencia y el no reconocimiento de la homosexualidad de los sacerdotes constituyen el núcleo de todo el asunto. Su pensamiento, minuciosamente elaborado en el Vaticano durante cuatro décadas, estalla en pedazos. Este fracaso intelectual forzosamente debió contribuir a su renuncia.

Un obispo de lengua alemana me resume la situación:

—¿Qué quedará del pensamiento de Joseph Ratzinger, cuando se haga un balance real? Yo diría que su moral sexual y sus posturas sobre el celibato de los sacerdotes, la abstinencia, la homosexualidad y el matrimonio gay. Es su única novedad auténtica y su originalidad. Ahora bien, los abusos sexuales lo han destruido todo definitivamente. Sus prohibiciones, sus reglas, sus fantasmas: todo esto ya no se sostiene. No queda nada de su moral sexual. Y aunque nadie osa confesarlo públicamente en la Iglesia, todo el mundo sabe que no se podrá acabar con los abusos sexuales de los sacerdotes hasta que no se suprima el celibato, se reconozca la homosexualidad en la Iglesia para que los sacerdotes puedan denunciar los abusos y se permita la ordenación sacerdotal de las mujeres. Todas las otras medidas contra los abusos sexuales son inútiles. Básicamente, hay que invertir completamente la perspectiva ratzingueriana. Lo sabe todo el mundo. Y los que dicen lo contrario son ahora cómplices.

El juicio es duro, pero son muchos los que hoy, en la Iglesia, comparten si no estas palabras, al menos esas ideas.

En marzo de 2012, Benedicto XVI vuela a México y Cuba. Sus temporadas en el infierno continúan: después de un invierno marcado por nuevas revelaciones sobre la pedofilia, llega una primavera de escándalos. Nueva estación en su largo vía crucis, Joseph Ratzinger descubrirá en La Habana un mundo demoníaco cuya existencia no sospechaba, ni en la peor pesadilla. Y a la vuelta de su viaje a Cuba tomará la decisión de renunciar. A continuación veremos por qué.

24

La abdicación

Cuando llamo a la puerta de Jaime Ortega, durante mi visita a Cuba, me abre Alejandro, un joven encantador. Le explico que desearía hablar con el cardenal. Amable, simpático y trilingüe, Alejandro me dice que espere un momento. Cierra la puerta y me deja solo en el rellano. Transcurren dos o tres minutos y la puerta se abre de nuevo. De pronto, ante mí: Jaime Ortega y Alamino. Aquí está, en persona: un hombre anciano me observa de la cabeza a los pies, con una mirada inquisidora, dubitativa y obstinada. Es un hombre regordete, de barriga prominente, sobre la que pende una cruz gigante, cuyo tamaño parece aún mayor debido a la talla reducida del personaje.

Me invita a entrar en su despacho que hace esquina y se disculpa por no haber atendido a mis peticiones anteriores.

—Mi asistente habitual, Nelson, está en España preparándose para obtener un título. Desde que se fue, todo está un poco desorganizado —se disculpa Ortega.

Hablamos de la lluvia y del buen tiempo, tema muy oportuno, ya que Martinica acaba de ser azotada por un huracán, que se espera que llegue a Cuba en pocas horas. Al cardenal le preocupa que los aviones no despeguen y no pueda regresar a Francia.

Jaime Ortega habla un francés impecable. Sin acuerdo previo, empieza a tutearme, a la manera cubana. Y de repente, sin más formalidades, tras un intercambio de impresiones de apenas unos minutos, me dice mirándome insistentemente:

—Si te parece bien, podemos cenar juntos mañana.

Ⴔ

Para poder hablar con el cardenal de Cuba, uno de los prelados más famosos de América Latina, tuve que armarme de una paciencia infinita. Fui cinco veces a La Habana para obtener información, y las cinco veces el cardenal o estaba fuera del país, o no estaba disponible, o no atendía a mis peticiones.

En el arzobispado me dijeron que nunca recibía a los periodistas; en la recepción del Centro Cultural Félix Varela, donde reside con toda discreción, me aseguraron que no vivía allí; y su portavoz, Orlando Márquez, respondió a mis preguntas porque, según me advirtió, el cardenal no tendría tiempo de recibirme personalmente. La suerte hizo que una mañana, en el arzobispado, entrara en contacto con una amable persona que me invitó a visitar los lugares más reservados del catolicismo cubano, me confió algunos secretos fundamentales y, por último, me proporcionó la dirección exacta del cardenal Ortega.

—Allí vive Ortega, en el tercer piso, pero nadie se lo dirá, ya que desea mantener su privacidad —me confía mi fuente.

592

A semejanza de Rouco Varela en Madrid y de Tarcisio Bertone y Angelo Sodano en el Vaticano, Ortega se apropió de los dos últimos pisos de una especie de palacio colonial espléndido, asomado a la bahía de La Habana, y lo convirtió en su residencia privada. El lugar es magnífico, entre flores exóticas, palmeras e higueras, con una ubicación ideal en la calle Tacón, en la ciudad vieja, justo detrás de la catedral barroca y relativamente cerca de la sede del episcopado cubano.

Esta especie de hacienda urbana, que posee un claustro con un hermoso patio, fue durante mucho tiempo el cuartel general de los jesuitas, luego sede de la diócesis, y convertido hoy en el Centro Cultural Félix Varela.

En este edificio, la Iglesia cubana imparte cursos de idiomas y concede diplomas de enseñanza general reconocidos por el Vaticano, pero no por el gobierno cubano. Pasé varios días en la biblioteca, abierta a los investigadores, antes de descubrir, disimulado en el ala derecha, un ascensor privado que sube al tercer piso. En una puerta intermedia, se lee: «No pase. Privado», sin más indicaciones. Entro.

Y

Cuando Benedicto XVI visita Cuba por primera vez, en marzo de 2012, está al corriente de los abusos sexuales en América Latina, pero todavía no es consciente de su magnitud. Ese papa, que conoce poco el mundo hispánico, no sabe que en él la pedofilia se ha vuelto endémica, especialmente en México, en Chile, en Perú, en Colombia y en Brasil. Sobre todo cree, como todo el mundo, que Cuba está a salvo.

¿Quién le describió detalladamente al santo padre la situación de la Iglesia cubana? ¿Le informaron en el avión o fue al poner el pie en La Habana? Lo que me aseguraron dos fuentes diplomáticas vaticanas distintas es que Benedicto XVI descubre de repente, estupefacto, la extensión de la corrupción sexual de la Iglesia local. Tres diplomáticos extranjeros acreditados en La Habana y varios disidentes cubanos que permanecen en la isla también me describieron esta situación con todo detalle. Algunos católicos de Little Habana en Miami, el pastor protestante de origen cubano Tony Ramos, así como los periodistas de WPLG Local 10, una de las principales cadenas de televisión locales, me aportaron asimismo informaciones valiosas con ocasión de varios viajes a Florida.

Si ya es difícil preguntar en general sobre cuestiones sexuales en el seno de la Iglesia, hablar de los abusos cometidos por los sacerdotes cubanos es una misión prácticamente imposible. La prensa está completamente controlada; la censura en la isla es total; Internet está bloqueado, es lento y carísimo. Sin embargo, en Cuba todo se sabe, como iría descubriendo.

—Respecto a los abusos sexuales, aquí, en la Iglesia de Cuba, ocurre lo mismo que en Estados Unidos, en México o en el Vaticano —me previene de entrada Roberto Veiga—. Misas negras de domingo, orgías, casos de pedofilia, prostitución: la Iglesia cubana está muy comprometida.

Veiga fue durante mucho tiempo el responsable del diario católico *Espacio Laical*. Este cargo le permitió trabajar oficial y directamente durante diez años con el cardenal Jaime Ortega, y conoce el sistema católico desde dentro. Luego, se alejó de la Iglesia y entró a formar parte de Cuba Posible, un grupo de intelectuales disidentes que se distanciaron tanto de la Iglesia como del régimen castrista. Me entrevisto con Veiga en el hotel Plaza, en compañía de

Ignacio González, mi «mediador» cubano. Hablamos largamente sobre las tensas relaciones entre la Iglesia y el régimen comunista de los hermanos Castro.

—Aquí vivimos una auténtica guerra civil entre el gobierno y la Iglesia durante los años sesenta —prosigue Roberto Veiga—. Los hermanos Castro y el Che Guevara consideraban que el episcopado estaba en la oposición al régimen y se dedicaron a debilitar el poder del catolicismo: cerraron numerosas iglesias, nacionalizaron las escuelas privadas y hostigaron, controlaron o deportaron a los sacerdotes. El propio Jaime Ortega fue detenido, como él mismo ha explicado muchas veces, pero extrañamente fue enviado a los campos de las UMAP cuando acababa de ser ordenado sacerdote.

Los campos de las UMAP (Unidades militares de ayuda a la producción), de triste memoria, fueron campos de reeducación y de trabajos forzados, creados por el régimen castrista para deportar allí a todos los que no querían hacer el Servicio Militar Obligatorio. La gran mayoría eran, por tanto, objetores de conciencia, y aproximadamente el 10 % restante estaba compuesto por disidentes, opositores políticos, campesinos que se habían opuesto a la expropiación de sus tierras, testigos de Jehová, homosexuales y sacerdotes católicos. Si bien a partir de 1959 la Iglesia fue muy maltratada por los revolucionarios cubanos, parece que fueron pocos los seminaristas y los simples sacerdotes deportados a los campos de las UMAP, si exceptuamos a los que eran al mismo tiempo objetores de conciencia, disidentes políticos u homosexuales.

En su célebre relato, el escritor cubano homosexual Reinaldo Arenas explica que, entre 1964 y 1969, el régimen cubano abrió esos campos para «curar» a los homosexuales. Obsesionado por la virilidad y los prejuicios, Fidel Castro consideraba que la homosexualidad era un fenómeno pequeño burgués, capitalista e imperialista. De modo que había que «reeducar» a los homosexuales y reconducirlos al buen camino. La técnica utilizada, de triste recuerdo, la describe detalladamente Arenas, que estuvo internado en ellos: se proyectaban fotografías de hombres desnudos ante los ojos de los «pacientes», que recibían al mismo tiempo descargas eléctricas. Se creía que esas terapias «reparadoras» podían corregir poco a poco su orientación sexual.

Tras haber sido liberado de uno de esos campos, Jaime Ortega, que fue ordenado sacerdote a los 28 años, empieza una larga carrera discreta en la Iglesia cubana. Quiere pasar esa página negra y que se olviden de él. Tiene un buen sentido de la organización y del diálogo y, sobre todo, está dispuesto al compromiso con el régimen para evitar de nuevo la prisión y la marginación del catolicismo en Cuba. ¿Es esa estrategia la buena?

—Era la única opción posible. Ortega comprendió que la resistencia no era la solución y que solo el diálogo podía funcionar —subraya Roberto Veiga.

En el arzobispado de La Habana, donde le realizo la entrevista, monseñor Ramón Suárez Polcari, el portavoz del arzobispo actual, hace el mismo análisis:

—La difícil experiencia de los campos de las UMAP marcó profundamente al cardenal Ortega. A partir de entonces escogió el diálogo en vez de la confrontación. La Iglesia no debía presentarse ya como un partido de oposición. Era una decisión más valiente de lo que parece: significaba que había que quedarse allí, no exiliarse, no renunciar a la presencia católica en Cuba. También era una forma de resistencia.

En las paredes del arzobispado, una lujosa residencia de color amarillo y azul, situada en el centro de la ciudad de La Habana, veo grandes retratos del cardenal Ortega, colgados con motivo del cincuenta aniversario de su sacerdocio. Hay fotografías de cuando era niño, joven sacerdote, joven obispo y finalmente arzobispo: un verdadero culto a la personalidad.

El director del Centro Cultural Félix Varela, un laico llamado Andura, también me confirma la pertinencia de esta decisión de colaborar con el régimen comunista:

—La iglesia cubana no almacenó armas como se dijo, pero es cierto que estaba claramente en la oposición en la década de 1960. Para nosotros, los católicos, fueron unos años negros. Era absolutamente necesario retomar el diálogo. Pero ¡esto no quiere decir que seamos una rama del gobierno!

Descubierto por el nuncio apostólico del nuevo papa Juan Pablo II, Ortega es nombrado obispo de Pinar del Río en 1979 y luego arzobispo de La Habana en 1981. Tiene 45 años.

Jaime Ortega comienza entonces un meticuloso trabajo de acercamiento al régimen con el objetivo de que se reconozca plenamente a la Iglesia católica en Cuba. En 1986-1987 entabla negociaciones discretas al más alto nivel del Estado, que desembocan en una especie de pacto de no agresión: la Iglesia reconoce el poder comunista y los comunistas reconocen el catolicismo.

A partir de esta fecha, la Iglesia recupera una forma de legitimidad en Cuba, condición necesaria para su desarrollo. Poco a poco se autorizan de nuevo las clases de catecismo, el episcopado empieza a publicar revistas, prohibidas hasta entonces y los nombramientos de obispos se realizan con prudencia, aparentemente de forma independiente, pero con vetos discretos por parte del poder. Se producen encuentros, primero informales, luego más oficiales, entre Fidel Castro y Jaime Ortega. Se plantea la hipótesis de una visita del papa. Por esta estrategia eficaz, y por su valentía, el arzobispo de La Habana es elevado a la púrpura cardenalicia por Juan Pablo II en 1994. El sacerdote se convierte en uno de los cardenales más jóvenes de su época.

596

—Jaime Ortega es un hombre de una gran inteligencia. Siempre tuvo una visión a largo plazo. Posee un raro olfato político y muy pronto previó que el régimen tendría necesidad de pacificar su relación con la Iglesia. Cree en el tiempo —añade Roberto Veiga.

Monseñor Ramón Suárez Polcari también destaca el talento del cardenal:

—Ortega es un hombre de Dios, pero a la vez tiene una gran facilidad de comunicación. También es un hombre de ideas y de cultura. Está bien relacionado con artistas, escritores, bailarines…

A partir de entonces, Ortega organizó con un gran sentido de la diplomacia el viaje de tres papas a Cuba, el primero histórico, de Juan Pablo II en enero de 1998, después el de Benedicto XVI en marzo de 2012, y dos viajes de Francisco, en 2015 y 2016. También tuvo un papel importante en las negociaciones secretas que permitieron el acercamiento entre Cuba y Estados Unidos (para ello se entrevistó en Washington con el presidente Obama) y participó en las negociaciones de paz entre el gobierno colombiano y las guerrillas de las FARC que tuvieron lugar en La Habana, antes de retirarse en 2016.

El intelectual brasileño Frei Betto, que conoce bien Cuba y es autor de un importante libro de entrevistas con Fidel Castro sobre la religión, me resume el papel del cardenal en una entrevista en Río de Janeiro:

—Conozco bien a Ortega. Es un hombre de diálogo, que intentó un acercamiento entre la Iglesia y la revolución cubana. Tuvo un papel decisivo. Yo le respeto mucho, aunque siempre ha mostrado sus reservas respecto a la teología de la liberación. Él fue quien supervisó los viajes a Cuba de tres papas, y Francisco ha estado allí dos veces. Casi podría decir, bromeando, ¡que es más fácil encontrar hoy a Francisco en La Habana que en Roma!

El coste de esta extraordinaria trayectoria fue un compromiso inevitable con el régimen.

—A partir de la década de 1980, Ortega no tuvo relaciones fluidas con la oposición y los disidentes. Sus relaciones son mucho mejores con el gobierno —comenta con objetividad Roberto Veiga.

En el Vaticano, algunos diplomáticos comparten esta opinión, como por ejemplo el arzobispo François Bacqué, que durante mucho tiempo fue nuncio en América Latina:

—Nos parecía excesivamente condescendiente con el régimen —me dice Bacqué.

En Roma, hay otras voces aún más críticas: un nuncio se pregunta si no servía «a dos amos a la vez»: el papa y Fidel. Otro diplomático cree que la Iglesia cubana no es independiente del poder y que Ortega hizo un doble juego: al Vaticano le decía una cosa y a los hermanos Castro, otra. Es posible. Pero parece que el papa Francisco, que conoce bien la situación política cubana, sigue confiando en Jaime Ortega.

En otro viaje a Cuba, que realicé con el colombiano Emmanuel Neisa, uno de mis investigadores para América Latina (cambiando de pasaporte y varias veces de alojamiento para no llamar la atención), nos entrevistamos en La Habana con numerosos disidentes cubanos, entre otros Bertha Soler, la portavoz de las famosas Damas de Blanco, el valiente activista Antonio Rodiles, el artista Gorki o el escritor Leonardo Padura (y algunos otros que no puedo citar aquí). Los puntos de vista varían, pero casi todos enjuician con severidad el papel de Ortega, aunque esos disidentes reconocen que desempeñó un papel positivo en la liberación de algunos presos políticos.

—Yo diría que el cardenal Ortega defiende el régimen. No tiene una actitud crítica respecto a los derechos humanos o a la situación política. Y cuando el papa Francisco vino a La Habana, censuró el régimen mexicano y el régimen estadounidense por la cuestión de la inmigración, pero no dijo nada sobre la falta total de libertad de prensa, de libertad de asociación, de libertad de pensamiento en Cuba —me explica Antonio Rodiles, al que entrevisté en cuatro ocasiones en su domicilio de La Habana.

En cambio Bertha Soler, con la que también hablo, es más indulgente a la hora de juzgar a Jaime Ortega: su marido, Ángel Moya Acosta, un opositor político al que entrevisto junto con ella, fue liberado tras ocho años de cárcel, como otro cien disidentes, gracias a un acuerdo que el cardenal negoció con el régimen cubano, el gobierno español y la Iglesia católica.

Para Ortega, era inevitablemente difícil mantener el equilibrio entre, a la derecha, la línea anticomunista dura de Juan Pablo II y del cardenal Angelo Sodano, a cuyo círculo pertenece, y, a la izquierda, la necesidad de un compromiso con los hermanos Castro. Sobre todo teniendo en cuenta que, a principios de los años ochenta, Fidel se apasiona por la teología de la liberación: el líder máximo lee a Gustavo Gutiérrez y Leonardo Boff y publica, como he dicho, un libro de entrevistas con Frei Betto sobre la religión. De repente Ortega, diplomático versátil, empieza a denunciar con moderación, y a la vez, los excesos del capitalismo y del comunismo. En lugar de la teología de la liberación, elogiada por Castro pero combatida en toda América Latina por Juan Pablo II y Joseph Ratzinger, aboga sutilmente por «una teología de la reconciliación» entre los cubanos.

—En su juventud, Ortega se situaba más bien en el movimiento de la teología de la liberación, pero luego evolucionó —me confirma, en Miami, el pastor de origen cubano Tony Ramos, quien conoció a Ortega en La Habana, cuando tenía 18 años, y coincidió un tiempo con él en el mismo seminario.

Ramos precisa, con una frase sibilina (y desea mantener el resto de nuestra conversación en *off*):

—Ortega siempre ha vivido en conflicto, como muchos sacerdotes.

Es cierto, como me sugieren varios contactos entrevistados en La Habana, que el régimen conocía perfectamente las relaciones, los encuentros, los viajes, la vida privada y las costumbres de Jaime Ortega, fueran las que fueran. Dado su nivel jerárquico y sus frecuentes conexiones con el Vaticano, está claro que el cardenal era vigilado las 24 horas del día por la policía política cubana. Una de las especialidades de esta policía es precisamente comprometer a personalidades destacadas filmándolas en sus aventuras sexuales, en su domicilio o en hoteles.

—El cardenal Ortega es un títere completamente controlado por el régimen de Castro. Está en manos de Raúl Castro. No olvide que Cuba es la sociedad más vigilada del mundo —me dice Michael Putney, uno de los periodistas más respetados de Florida, al que entrevisto en la sede de WPLG Local 10 al norte de Miami.

¿Fue obligado a «cantar» Ortega, como sugieren algunos? ¿Era él, o su entorno, tan vulnerable que no tenía ningún margen de maniobra para criticar al régimen? Uno de los mejores especialistas anglosajones en cuestiones de inteligencia cubana me dice, durante un almuerzo en París, que el cardenal Ortega y su entorno fueron vigilados directamente por Alejandro Castro Espín, hijo del expresidente Raúl Castro. Incluso se dice que el jefe oficioso de todos los servicios secretos cubanos elaboró con los años, gracias a una tecnología de vigilancia muy sofisticada, un dosier completo sobre los líderes de la Iglesia católica en Cuba, y sobre Jaime Ortega en particular. En otras palabras, Ortega es «atendido» («protegido»), a muy alto nivel. Alejandro Castro Espín, personaje en la sombra, es el coordinador del Consejo de defensa y seguridad nacional, que reúne a todos los servicios de inteligencia y contrainteligencia cubanos: él mismo sería el oficial de enlace del cardenal Ortega. Se encargaría de todas las negociaciones con el Vaticano y, aunque prácticamente no tenemos ninguna imagen suya (sabemos que perdió un ojo en la guerra de Angola), apareció en los últimos años en una única fotografía, en compañía de su padre Raúl, junto al papa Francisco.

—El régimen castrista tiene una larga experiencia en comprometer a personalidades destacadas y opositores al régimen utilizando como arma su sexualidad. Y la homosexualidad es una de las herramientas más poderosas de chantaje cuando uno no ha salido del armario, sobre todo si se trata de un sacerdote o de un obispo —me dice esta misma fuente. (Estas informaciones se añaden a las impresionantes revelaciones de espionaje y chantajes sexuales del régimen, que el teniente coronel Juan Reinaldo Sánchez, guardia personal de Fidel Castro, realiza en su libro *La vida oculta de Fidel Castro*, publicado después de su exilio.)

Hace unos años, el testimonio en la televisión de un excoronel de las Fuerzas Armadas Revolucionarias cubanas, Roberto Ortega también fue noticia en los medios cubanos. Desde su exilio en Estados Unidos, dio a entender que el arzobispo Jaime Ortega llevaría una doble vida: habría tenido relaciones íntimas con un agente del servicio secreto cubano, descrito como un «negro macizo de seis pies de altura» (1,83 metros). Según este excoronel, el gobierno cubano tendría vídeos y pruebas concretas sobre Jaime Ortega. Estos elementos eran útiles como medios de presión o de chantaje al cardenal, a fin de garantizar su pleno apoyo al régimen de Castro. Aunque esta entrevista de televisión dio pie a muchos artículos de prensa, que se pueden encontrar en línea, y no fue desmentida por el propio cardenal Ortega, no proporciona ninguna evidencia concreta. En cuanto a las palabras del excoronel, si bien los expertos que entrevisté las consideran creíbles, también pueden haber sido alimentadas por rumores o por un deseo de venganza inherente al exilio político.

Lo que es seguro, en cualquier caso, es que los escándalos sexuales dentro de la Iglesia se han multiplicado en Cuba desde hace varias décadas, tanto en la archidiócesis y en el episcopado, como en muchas diócesis del país. Surge con frecuencia un nombre: el de monseñor Carlos Manuel de Céspedes, un cura de la parroquia de San Agustín, exvicario general de la archidiócesis de La Habana y persona cercana Ortega. Aunque le atribuían el título de «monseñor», Céspedes nunca fue consagrado obispo, tal vez a causa de su doble vida: su homosexualidad y su aventurismo sexual están bien documentados; su relación con la policía política cubana también (se decía que le gustaba «bendecir el pene de los muchachos», me comenta un célebre teólogo).

—Ha habido muchos escándalos de pedofilia aquí en Cuba, mucha corrupción sexual, una verdadera bancarrota moral de la Iglesia. Pero la prensa, obviamente, nunca ha hablado de ello. El gobierno lo sabe todo; tiene todas las pruebas, pero nunca las ha utilizado contra la Iglesia. Las guarda por si algún día necesita usarlas. Es la técnica de chantaje habitual del régimen —me dice Veiga.

Los rumores sobre la homosexualidad de muchos sacerdotes y obispos del episcopado cubano son tan frecuentes en La Habana que casi todas las personas que entrevisté en la isla —más de cien testimonios, incluidos los principales disidentes, diplomáticos extranjeros, artistas, escritores e incluso sacerdotes de La Habana— me los explicaron con toda clase de detalles y nombres.

—Hay que tener cuidado con los rumores. Pueden proceder de cualquier parte. No hay que subestimar el hecho de que siempre hay enemigos de la Iglesia en el seno del gobierno, aunque Fidel y Raúl Castro han evolucionado estos últimos años —relativiza M. Andura, el director del Centro cultural Félix Varela. Y añade, con cautela, negando aparentemente lo que acaba de decir—: Dicho esto, la homosexualidad ya no es un delito en Cuba desde hace mucho tiempo. Si los chicos tienen más de dieciséis años, que es la edad de la mayoría sexual aquí, si consiente, y no hay relación de dinero o de autoridad entre ellos, no es un problema en sí misma.

Orlando Márquez, el director del periódico del episcopado cubano *Palabra Nueva* y el portavoz del cardenal Ortega, con quien ha estado trabajando durante veinte años, también acepta recibirme. Buen comunicador, hábil y *friendly*, Márquez no elude ninguna pregunta. ¿Había que transigir con el régimen comunista?

—Si el cardenal Ortega no hubiera elegido la línea del diálogo, no habría obispos en Cuba, es así de sencillo.

¿Qué piensa de los rumores sobre la homosexualidad del cardenal Ortega?

—Es un rumor muy antiguo. Lo he escuchado muchas veces. Es porque lo enviaron a los campos de los UMAP, ahí es donde co-

601

menzó el rumor. ¡Hay personas que me dicen que yo también soy gay, porque estoy cerca de Ortega! —agrega Márquez, estallando en carcajadas.

¿Fue informado el cardenal Ortega de los abusos sexuales en el arzobispado de La Habana, como sugieren muchos diplomáticos acreditados en Cuba? ¿Los habría encubierto? ¿Qué sucedió exactamente en la jerarquía católica cubana? Cuatro testigos de primera mano me confirman el número de estos escándalos sexuales y su extensión a lo largo de muchos años: en primer lugar, un sacerdote, al que conocí por recomendación de un diplomático occidental; un responsable de la Mesa de Diálogo de la Juventud Cubana (una ONG especializada en derechos humanos y juventud); una pareja de activistas cristianos, y, finalmente, un cuarto disidente cubano. Estas informaciones también son confirmadas en Madrid por buenos conocedores de Cuba. En Santiago de Chile, dos personas próximas a Fidel Castro, a las que entrevisté, también me proporcionaron información valiosa (Ernesto Ottone, exdirigente del Partido Comunista de Chile, y Gloria Gaitán, la hija del famoso líder colombiano asesinado). En el mismo Vaticano, tres diplomáticos de la santa sede me confirman que ha habido graves problemas de abusos sexuales en Cuba. El expediente es altamente confidencial para la Secretaría de Estado, pero es bien conocido por algunos diplomáticos del papa Francisco, dos de los cuales, el «ministro del Interior» Giovanni Angelo Becciu y el diplomático monseñor Fabrice Rivet, han estado acreditados en La Habana.

También se me ha sugerido que el papa Francisco habría pedido al cardenal Ortega que abandonara el arzobispado de La Habana por su pasividad y su encubrimiento respecto a estos escándalos. Este dato no es correcto. Como me confirma Guzmán Carriquiry, que dirige la Comisión pontificia para América Latina en el Vaticano, Jaime Ortega tenía casi ochenta años en el momento de su renuncia, y el Papa ya le había prolongado mucho más allá de la edad límite, por lo que era normal que fuera reemplazado.

Monseñor Fabrice Rivet, que fue el número dos de la embajada de la santa sede en La Habana y que incluso estuvo junto a Benedicto XVI cuando este recibió a Fidel Castro en la nunciatura, se niega a hablar *on the record*, aunque nos vemos cinco veces en la Secretaría de Estado. A propósito de Ortega, del que en ningún momento habla mal, solo me hace el siguiente comentario sibilino: «Es muy controvertido». (Los cardenales Pietro Parolin y Beniamino Stella, que fueron respectivamente nuncios en Caracas y en Cuba, también están bien informados de la situación, al igual que Tarcisio Bertone, que viajó cinco veces a Cuba; uno de sus secretarios privados, el futuro nuncio, Nicolas Thévenin, estuvo acreditado en Cuba. Thévenin, evidentemente bien informado, me transmitirá, a través del periodista Nicolas Diat, con ocasión de un almuerzo con este último, información muy valiosa sobre Ortega, Cuba, la homosexualidad y los comunistas. Georg Gänswein, que también tuvo como asistente a Thévenin, está asimismo al corriente de todo el asunto.)

Interrogado en su casa de Roma en dos ocasiones, el cardenal Etchegaray, que fue embajador «volante» de Juan Pablo II y conoce muy bien Cuba, tiene una opinión más favorable de Ortega, al igual que el cardenal Jean-Louis Tauran, antiguo «ministro de Asuntos Exteriores» de Juan Pablo II, con quien discutí detalladamente estos casos de escándalos sexuales, y que afirma que se trata de «puras especulaciones».

603

Hay otros en Roma y en La Habana que son más locuaces. Y a veces basta con una pregunta aduladora, con la promesa del *off*, para que hablen abiertamente sobre los escándalos del arzobispado.

En primer lugar, es impresionante el número de homosexuales entre los sacerdotes y los obispos de Cuba. Protegidos en el obispado, esta auténtica masonería se hizo muy visible, desbordando ya el armario. Además, es muy «practicante». Me describen al detalle la famosa misa del domingo por la noche en la catedral de La Habana, que en la década de los noventa se convirtió en un lugar de ligue homosexual muy popular en la capital.

Luego están los sacerdotes y prelados del Vaticano que visitan Cuba regularmente como turistas sexuales, con la bendición de la jerarquía católica cubana. He visitado clubes y fiestas especializadas donde los sacerdotes europeos van de caza en La Habana.

De modo que Cuba se convierte, al menos desde mediados de la década de 1980, en un destino elegido por quienes son a la vez «de la parroquia» y siguen metidos «dentro del armario».

—En cierto modo, los religiosos creen que están al margen de las leyes de los hombres, y en Cuba más que en cualquier otro sitio. Creen que su estatus especial justifica y legitima el hecho de poder situarse en un terreno donde no rige el derecho común —me indica prudentemente Roberto Veiga.

En el episcopado cubano, también me hablan de abusos sexuales «internos» a seminaristas o sacerdotes jóvenes, perpetrados por prelados. Al parecer, algunos *monsignori* contrataban chicos de compañía, y abusaban de estos jóvenes a cambio de una módica suma de dinero. A menudo, y según un testimonio de primera mano, se invita a prostitutos para practicar sexo en grupo donde abundan las palabras groseras —«pinga», «friqui friqui», «maricones»— y las humillaciones. En caso de negarse a participar en estas fiestas sensuales, son denunciados a la policía, que detiene sistemáticamente a los chicos y deja en paz a los prelados.

La prostitución masculina es masiva en Cuba, especialmente gracias a una red de clubes y bares especializados. También se practica en las aceras cercanas a los lugares más de moda como Las Vegas, Humboldt 52 (ahora cerrado), La Gruta o el café Cantante. Abundan los chaperos en torno al Parque central, igual que por la noche en la Calle 23 o en el famoso Malecón. En un país donde la corrupción está generalizada, y donde no existe la protección que ofrecen los medios de comunicación ni hay garantías judiciales, no sorprende demasiado que la Iglesia católica adoptara malos hábitos en Cuba, más que en otros lugares.

—El cardenal Ortega está al corriente de todo lo que sucede en el arzobispado: lo controla todo. Pero si hubiera dicho algo sobre los abusos sexuales dentro de la Iglesia, los cometidos por las personas de su círculo más próximo y por los obispos, su carrera habría terminado. De modo que cerró los ojos —me dice un disidente entrevistado en La Habana.

Esta cobardía, estos silencios, esta *omertà*, estos escándalos son tan extraordinarios que hizo falta mucho valor para que el entorno de Benedicto XVI pusiera al corriente al papa antes o durante su estancia en La Habana. Cuando el santo padre escucha lo que le dicen, y se entera sobre todo del alcance del problema de la archidiócesis de La Habana, aunque ya conocía la extensión de la «suciedad» de la Iglesia (según sus propias palabras), siente ahora repugnancia. Según un testigo, el papa, al escuchar esta historia, lloró de nuevo.

A partir de ahí habría surgido una fuerte tensión entre Benedicto XVI y Ortega, quien ya tenía «relaciones muy especiales» con el papa (según un testigo que asistió a su reunión). Joseph Ratzinger ya no puede soportarlo más. Se derrumba. El papa, que se ha pasado toda la vida intentando combatir el Mal con intransigencia y dureza, se encuentra ahora rodeado, acorralado, literalmente cercado por sacerdotes homosexuales o escándalos de pedofilia. ¿Es que no hay un solo prelado virtuoso?

—El viaje de Benedicto XVI a Cuba fue un caos. El papa estaba fuera de sí, consternado y profundamente conmocionado porque acababa de enterarse de la magnitud de los abusos sexuales de la Iglesia cubana. Por qué continuó su viaje en estas condiciones es algo que no sé. Lo único cierto es que una semana después de su regreso a Cuba decidirá renunciar —me confirma Roberto Veiga, en presencia de uno de mis investigadores, Nathan Marcel-Millet.

Ya en México, durante el mismo viaje, el papa había sufrido un desengaño. Pero ¡Cuba! ¡Incluso en Cuba! Así que no se trata de excesos, ni de accidentes: es todo un sistema. La Iglesia está llena de «impurezas», dijo; pero ahora descubre que la Iglesia está corrompida en todas partes. Cansado a causa del *jet lag* y de su estancia en México, donde se hirió levemente en la cabeza en una caída, el santo padre sufre físicamente; en Cuba, comienza a sufrir moralmente. Todos los testigos lo confirman: el viaje es «horrible». Puede decirse incluso que fue un «verdadero calvario».

En la paradisíaca isla de Cuba, el papa descubre la extensión del pecado en la Iglesia. «En la red también hay peces malos», dirá más tarde, desesperado. El viaje a Cuba es la caída del viejo Adán.

—Sí, fue en su viaje a México y a Cuba cuando el papa Benedicto XVI empezó a contemplar la idea de su renuncia —me confirma Federico Lombardi, en una de las cinco entrevistas que

605

mantuvimos en la sede de la fundación Ratzinger. (Lombardi acompañó al papa a América Latina).

¿Por qué el régimen de Castro, que conoce todos los detalles de estos escándalos en los que está implicado el episcopado cubano, no actúa? Le pregunto sobre este aspecto a Roberto Veiga:

—Es un potente elemento de control del régimen sobre la Iglesia. No denunciar estos casos de prostitución y de pedofilia en cierto modo es encubrirlos. Pero también es una forma de garantizar que la Iglesia, que sigue siendo una de las principales fuerzas de oposición en la isla, nunca se volverá en contra del régimen.

A su regreso de La Habana, Benedicto XVI es un hombre destrozado. Algo se ha roto en su interior. Es «una gran alma asfixiada». Por todas partes, a su alrededor, las columnas del templo se han resquebrajado.

Unas semanas más tarde, el papa decide renunciar (no anunciará públicamente su decisión hasta seis meses más tarde). En su libro testamento, *Últimas conversaciones*, el papa apunta dos veces al viaje a Cuba como el momento desencadenante; y aunque solo se refiere a su fatiga física y a la «carga» que supone su misión papal, según varias fuentes se puede afirmar que estaba «conmocionado» por el conocimiento que tuvo sobre los abusos sexuales durante ese viaje. Cuba debió de ser la última estación del largo vía crucis que fue el pontificado de Benedicto XVI.

—¿La caída? ¿Qué caída? Es un acto de libertad —me dice el cardenal Poupard, malhumorado, cuando le pregunto sobre el final y la caída de Benedicto XVI.

¿Renuncia, abdicación, acto de libertad? Lo cierto es que el 11 de febrero de 2013, durante un consistorio de rutina, Benedicto XVI renuncia. Durante la misa inaugural del pontificado, ocho años antes, había declarado: «Rogad por mí, para que aprenda a amar cada vez más [a su] rebaño. Rogad por mí, para que, por miedo, no huya ante los lobos». Los lobos acaban de derrotarle. Es la primera vez en la era moderna que un papa renuncia y también la primera vez, desde el papado de Aviñón, que dos papas comenzarán a convivir.

Nos resulta difícil imaginar hoy lo que supuso ese trueno en el cielo del Vaticano. Preparada en secreto durante varios meses, la renuncia de Benedicto XVI resultó brutal. En el momento del anuncio, la curia, tan tranquila y despreocupada, se convierte por un momento en *La Última Cena* de Leonardo da Vinci, como si Jesucristo acabara de decir otra vez: «En verdad os digo que uno de vosotros me traicionará». El tiempo, una vez más, está fuera de quicio. Los cardenales, mudos, aterrorizados, miembros ahora de una comunidad dislocada, protestan en el desorden de su amor y de su verdad: «Señor, ¿soy yo?». Y el papa, sereno ante su decisión, conteniendo su drama interno, aliviado ahora que ha dejado de «luchar consigo mismo», sin preocuparse ya apenas por esta curia agitada, tan mezquina, tan perversa, tan falsa, por ese mundo de intrigas donde son tantos los rígidos que llevan una doble vida, donde los lobos le han derrotado, vence por primera vez. Su abdicación, estallido de luz, gesto histórico que le hace finalmente grande, la primera buena decisión, y quizá la única, de su breve pontificado.

El hecho es tan inaudito que aún hoy resulta difícil controlar todos sus flujos y efectos. Ya nada será como antes: al abdicar, el papa «descendió de la cruz», como dijo, pérfidamente, Stanislaw Dziwisz, el exsecretario privado del papa Juan Pablo II. El catolicismo romano alcanzó su perigeo. El oficio de papa es ahora un pontificado de duración fija, casi un CT [contrato temporal]; se requerirá un límite de edad; el papa se convierte en un hombre como cualquier otro, y su poder se reduce al volverse temporal.

Todo el mundo entendió también que la enfermedad no era más que una de las razones de la renuncia, entre todas las invocadas para explicar este gesto tan espectacular. El portavoz de Benedicto XVI, Federico Lombardi, multiplicó las intervenciones para insistir en que solo el estado de salud del santo padre, su debilidad física explicaban su gesto único en la historia. Su insistencia provocó risas.

El estado de salud del papa es un factor. Joseph Ratzinger sufrió un derrame cerebral en 1991, lo que le produjo, como él mismo explicó, una pérdida progresiva de visión del ojo izquierdo. También lleva un marcapasos para controlar una fibrilación auricular crónica. Pero no parece que en 2012-2013 hubiera aparecido un problema de salud nuevo que explicara su decisión. El papa no es-

607

taba al borde de la muerte, está vivo y tiene más de noventa años. La *storytelling* se ha repetido demasiado para ser verdad.

—El Vaticano explicó la renuncia del papa por problemas de salud: obviamente, era una mentira, como ocurre a menudo —afirma Francesco Lepore.

Pocos periodistas, teólogos o incluso miembros de la curia romana con los que me he reunido están dispuestos a considerar seriamente que la renuncia de Benedicto XVI tuviera relación con su salud. Tras el desmentido aparente, en la más perfecta tradición estalinista, incluso los cardenales a los que interrogué reconocen que hubo «otros factores».

Al final de su largo vía crucis, podemos afirmar aquí que el papa Benedicto XVI tiró la toalla por muchas razones mezcladas o superpuestas, entre las que la homosexualidad ocupaba un lugar central. De las catorce estaciones de esta Vía Dolorosa, yo mencionaría: el estado de salud; la edad; la incapacidad para gobernar; el fracaso del cardenal Bertone en la reforma de la curia; las polémicas religiosas y la desastrosa comunicación; el encubrimiento de los escándalos pedófilos; el fracaso de su teología sobre el celibato y la castidad de los sacerdotes debido a los abusos sexuales; el viaje a Cuba; Vatileaks I; el informe de los tres cardenales; el saqueo metódico del pontificado por parte del cardenal Sodano; los rumores o las posibles amenazas respecto a Georg Gänswein o a su hermano Georg Ratzinger; la homofobia interiorizada o el síndrome Ratzinger por último, Mozart, porque ese papa que detestaba el ruido prefirió recuperar su piano y la música clásica que tanto echaba de menos.

Dejaría aquí abierto el debate sobre el peso que cada una de las catorce estaciones del vía crucis de Benedicto XVI tuvo en el acto final de su crepúsculo de Dios. Cada uno puede aportar los matices que quiera, revisar el orden o el peso de una estación en relación con otra. Todo lo que puedo decir aquí es que de estas catorce estaciones del largo vía crucis de Benedicto XVI, que duró ocho años, al menos diez de ellas están relacionadas directa o indirectamente con la cuestión homosexual, una cuestión que fue también su drama personal.

Epílogo

«No me gustan las mujeres. Hay que reinventar el amor.» Esas frases emblemáticas, esas expresiones célebres en forma de manifiesto del joven poeta de *Una temporada en el infierno*, impregnadas de pulsiones crísticas y homosexuales entremezcladas, pueden servirnos de guía para este epílogo. La reinvención del amor es la revelación más sorprendente de este libro, también la más hermosa y optimista, y con ella me gustaría concluir este largo trabajo de investigación.

En el corazón mismo de la Iglesia, en un mundo muy reprimido, los sacerdotes viven sus pasiones amorosas y, al hacerlo, están renovando el género e imaginando nuevas familias.

Es un secreto más oculto aún que la homosexualidad de una gran parte del colegio cardenalicio y del clero. Más allá de las mentiras y de la hipocresía generalizadas, el Vaticano también es un lugar donde se llevan a cabo experimentos sorprendentes: donde se construyen nuevas formas de vida en pareja, se experimentan nuevas relaciones afectivas, se inventan nuevos estilos de vida gay; se explora la creación de la futura familia, se prepara la jubilación de los viejos homosexuales.

Al final de esta investigación, se dibujan cinco perfiles principales de sacerdotes, que coinciden en esencia con nuestros personajes: la «virgen loca», el «esposo infernal», el modelo «de la loca por amor»; el «Don Juan pipé» y, finalmente, el modelo «La Montgolfiera». En este libro, hemos conocido esos arquetipos, los hemos adorado u odiado.

El modelo «virgen loca», mezcla de ascetismo y de sublimación, es el de Jacques Maritain, François Mauriac, Jean Guitton y quizá también el de algunos papas recientes. Homófilos «contrariados», eligieron la religión para no ceder a la carne; y la sotana para escapar de sus inclinaciones. La «amistad amorosa» es su impulso natural. Cabe pensar que apenas han sido practicantes, aunque hoy sabemos que François Mauriac tuvo relaciones íntimas con otros hombres.

El modelo del «esposo infernal» es más práctico: el sacerdote *closeted* o *questioning* es consciente de su homosexualidad, pero teme vivirla; oscila siempre entre el pecado y el arrepentimiento, en medio de una gran confusión de sentimientos. A veces, las amistades especiales derivan en actos, lo que se traduce en profundas crisis de conciencia. Este modelo del «malviviente», que nunca «se sosiega», es el de muchos cardenales de los que hemos hablado en este libro. En estos dos primeros modelos, la homosexualidad puede ser una práctica, pero no es una identidad. Los sacerdotes de este modelo no se aceptan ni se reconocen como gais; incluso tienden a mostrarse homófobos.

En cambio, el modelo de la «loca por amor» es uno de los más frecuentes y, a diferencia de los anteriores, constituye una identidad. Si bien es característico, por ejemplo, del escritor Julien Green, lo comparten muchos cardenales e innumerables sacerdotes de la curia que he conocido. Esos prelados, si pueden, apuestan más bien por la monogamia, a menudo idealizada, con las gratificaciones que proporciona el hecho de ser fiel al otro. Construyen sus relaciones sobre la base de la duración y de la doble vida, en un «perpetuo equilibrio entre los chicos cuya belleza les condena y Dios, cuya bondad les absuelve». Son híbridos: archisacerdotes y a la vez archigáis.

El modelo «Don Juan pipé» es el del que va tras los hombres: «cortesanos», como se decía en otro tiempo de ciertas mujeres. Algunos cardenales y obispos de los que hemos hablado son ejemplos perfectos de esta categoría: no se reprimen, ligan sin complejos, con la famosa lista «Mil y tres» del cortesano empedernido, según los cánones. Y a veces lo hacen fuera de los caminos trillados. («Virgen loca», «Esposo infernal», «Loca por amor» son expresiones procedentes del Poeta, y la cuarta, «Don Juan pipé» pertenece a un poema de su amante. Algunas están inspiradas en los Evangelios.)

Por último, el modelo «La Montgolfiera» es el de la perversión o de las redes de prostitución: es, por antonomasia, el del mal cardenal La Montgolfiera, pero también de los cardenales Alfonso Pérez Trujillo, Platinette, y de otros muchos cardenales y obispos de la curia. (Dejo al margen los escasos porcentajes de cardenales realmente asexuados y castos, los heterosexuales que tienen relaciones según alguno de los modelos anteriores, pero con una mujer —igualmente numerosos, pero que no son el tema de este libro— y, por último, la categoría de depredadores sexuales, como el padre Marcial Maciel, que escapan a cualquier clasificación objetiva.)

Como vemos, los perfiles sexuales varían enormemente en el seno de la Iglesia católica, aunque la gran mayoría de los prelados del Vaticano y de los personajes de este libro encajan en alguno de estos grupos. Observo dos constantes: por una parte, la mayoría de esos sacerdotes no viven el «amor ordinario»; su vida sexual puede ser reprimida o exagerada, encubierta o disoluta, y en ocasiones todo a la vez, pero raramente es banal. Por otra parte, se mantiene cierta fluidez: las categorías no son tan herméticas como las describo, sino que representan todo un espectro, un *continuum*, y muchos sacerdotes, de género fluido, evolucionan de un grupo a otro a lo largo de su vida, entre dos mundos, como en el limbo. No obstante, hay varias categorías que no aparecen en el Vaticano, o muy raramente: los verdaderos transexuales prácticamente no existen y los bisexuales parece que están subrepresentados. En el mundo LGTB del Vaticano, apenas hay T ni B, solamente L y una multitud inmensa de G. (En este libro no he hablado de lesbianismo, porque no se puede realizar una investigación en un mundo tan discreto en el que no se puede probablemente acceder fácilmente si no eres de sexo femenino; no obstante, yo supongo, a partir de muchos testimonios, que la vida religiosa femenina en Gomorra está dominada por el prisma del lesbianismo, como la vida del clero masculino lo está por la cuestión gay.)

Aunque la homosexualidad es la regla y la heterosexualidad la excepción en el sacerdocio católico, esto no significa que esté asumida como una identidad colectiva. Aunque es la norma «por

611

defecto», aparece como una «práctica» muy individualizada y hasta tal punto disimulada y *closeted* que no se traduce ni en un modo de vida ni en una cultura. Los homosexuales del Vaticano y del clero son muy numerosos, pero no constituyen una comunidad y, por tanto, menos aún un *lobby*. No son, propiamente hablando, «gais» en el sentido de una homosexualidad asumida, vivida colectivamente. Sin embargo, tienen códigos y referencias comunes. Los de Sodoma.

En el transcurso de mi investigación, he descubierto en el seno del clero relaciones amorosas auténticas que, según las edades y las circunstancias, pueden adoptar la forma de un amor paternal, filial o fraternal, y esos amores de amistad me han reconfortado. ¿Historias de viejos solterones? ¿De célibes empedernidos? Muchos viven su homosexualidad con obstinación, y la practican con asiduidad, según el hermoso modelo descrito por Verlaine, el amante del Poeta: «La novela de vivir dos hombres / mejor que esposos modelo».

Es un hecho: las imposiciones de la Iglesia forzaron a esos sacerdotes a imaginar ingeniosos rodeos para poder vivir hermosos amores, como los autores del teatro clásico que conseguían la perfección literaria pese a estar obligados a respetar en sus tragedias la regla tan coactiva de las tres unidades: tiempo, lugar y acción.

Vivir el amor bajo las restricciones del Vaticano: algunos lo consiguen a base de inventar unos montajes increíbles. Pienso en un célebre cardenal, uno de los de más alto rango de la santa sede, que vive con un hombre. Cuando le entrevisté en su magnífico apartamento del Vaticano, y mientras nos demorábamos en la soleada terraza, llegó el compañero del cardenal. ¿Habíamos prolongado demasiado la conversación o el amigo había regresado antes de tiempo? En cualquier caso, percibí perfectamente el embarazo del cardenal, que consultó su reloj y rápidamente puso fin a nuestra conversación, aparentando una prisa que no había demostrado durante las horas que había pasado escuchándose a sí mismo e intentando engatusarnos. Al acompañarnos, a Daniele y a mí, hasta la puerta de su ático, se vio obligado a presentarnos a su compañero con una explicación muy rebuscada:

—Es el marido de mi hermana fallecida —farfulló el anciano cardenal, que sin duda creyó que yo me tragaría su mentira.

Ya me habían avisado. En el Vaticano, todo el mundo conoce el secreto del santo hombre. Los guardias suizos me hablaron de su dulce compañero; los sacerdotes de la Secretaría de Estado ironizaron sobre la duración inusual en él de esa relación. Me fui y los dejé tranquilos, divertido por la falsa distancia que los dos amigos se esforzaban por aparentar delante de mí, e imaginándolos a punto de empezar a comer, mano a mano, de sacar de la nevera un plato preparado por su cocinera, de mirar la televisión en zapatillas y acariciar a su perrito, llamado tal vez Perro: una pareja burguesa (casi) como cualquier otra.

Encontramos este tipo de relación innovadora con una variante en otro cardenal emérito, que también vive con su asistente, cosa que presenta algunas ventajas añadidas. Los amantes pueden pasar muchos momentos juntos sin despertar demasiadas sospechas; también pueden viajar e irse de vacaciones como una pareja de enamorados, porque tienen una coartada perfecta. Nadie criticará esta proximidad, basada en una relación laboral. A veces, los asistentes viven en el domicilio de los cardenales, cosa aún más práctica. Nadie se sorprende. Los guardias suizos me confirmaron que han de hacer la vista gorda ante «cualquier relación» de los cardenales. Desde hace mucho tiempo, tienen asumida la regla del *Don't Ask, Don't Tell*, que sigue siendo el mantra número uno del Vaticano.

Acostarse con el secretario privado es un modelo omnipresente en la historia del Vaticano. Es un gran clásico de la santa sede: los amantes-secretarios son tan numerosos, la tendencia está tan arraigada que hasta podríamos convertirla en una nueva regla sociológica, la decimotercera de Sodoma:

> No busquéis quiénes son los compañeros de los cardenales y de los obispos; preguntad a sus secretarios, a sus asistentes o a sus protegidos, y por su reacción conoceréis la verdad.

¿Acaso no afirmaba Nietzsche que «el matrimonio [ha de ser] considerado como una larga conversación»? Apareándose con un asistente, los prelados acaban construyendo relaciones duraderas, cuyos vínculos son tanto el trabajo como los sentimientos. Eso puede explicar su larga duración, ya que también son relaciones de poder. Muchos cardenales deben su éxito sexual a su posición: han sabido alimentar y alentar la ambición de sus favoritos.

Esos «arreglos» son vulnerables. Convertir al asistente en amante es como, para una pareja heterosexual, tener un hijo para salvar el matrimonio. ¿Qué ocurre en caso de ruptura, de celos o de engaño? El coste de la separación es mucho mayor que el de una pareja «normal». Romper con el asistente es arriesgarse a situaciones embarazosas: rumores, traiciones, a veces chantaje. Por no hablar de la «transfiliación», por decirlo utilizando una imagen religiosa: un asistente cercano a un cardenal puede pasar al servicio de otro cardenal, traspaso que a menudo provoca celos y a veces hasta situaciones violentas. Muchos escándalos y líos del Vaticano se explican por estas rupturas amorosas entre una eminencia y su protegido.

614 Existe una variante de ese modelo, creada por un cardenal que antes solía recurrir a prostitutos y ahora parece estar más calmado. Ha encontrado la solución: hace que en cada salida, en cada desplazamiento, por breve que sea, le acompañe su amante, ¡al que presenta como su guardaespaldas! (Anécdota que me confirman dos prelados, así como el anciano sacerdote Francesco Lepore.) ¡Un cardenal con un *bodyguard*! En el Vaticano a todo el mundo le hace gracia esta extravagancia. Por no hablar de los celos que esta relación suscita, ya que al parecer el compañero en cuestión es «una bomba».

Muchos cardenales y sacerdotes del Vaticano han inventado su propio *Amoris Laetitia*, una nueva forma de amor entre hombres. Ya no es el *coming out*, confesión sacrílega en tierra papal, sino el *coming home*, que consiste en llevarse al amante al domicilio. Esto se sabe, pero no se dice. Se trata de la esencia misma de la nueva novia de los gais de todo el mundo. ¿Acaso los sacerdotes habrían anticipado las nuevas formas de vida LGTB? ¿Estarían inventando lo que los sociólogos llaman ahora la fluidez afectiva o *liquid love*?

Un cardenal francés con el que trabé una relación de amistad estable vivió durante mucho tiempo con un sacerdote anglicano; un arzobispo italiano, con un escocés; un cardenal africano mantiene una relación a distancia con un jesuita del Boston College y otro con su *boyfriend* de Long Beach, en Estados Unidos.

¿Amor? ¿*Bromance*? ¿*Boyfriend*? ¿*Significant other*? ¿*Hookup*? ¿*Sugar daddy*? ¿*Friends with benefits*? ¿*Best Friend Forever*? Todo es posible y al mismo tiempo prohibido. Uno se pierde entre tantas palabras, incluso en inglés; es difícil descifrar la naturaleza exacta de estas relaciones que renegocian constantemente las cláusulas del contrato amoroso, pero que indudablemente son o han sido «practicantes». Una lógica ya analizada por el escritor francés Marcel Proust, en cuanto a los amores homosexuales, y en ella me inspiro para la última regla de Sodoma, la decimocuarta de este libro:

> A menudo nos equivocamos respecto a los amores de los sacerdotes y al número de personas con las que tienen relaciones, «porque equivocadamente interpretamos amistades como enredos, lo que es un error por adición», pero también porque cuesta imaginar amistades como enredos, que es otro tipo de error, en este caso por sustracción.

Otro modelo amoroso de la jerarquía católica son las «adopciones». Conozco una decena de casos en que un cardenal, un arzobispo o un sacerdote ha «adoptado» a su *boyfriend*. Así ocurrió, por ejemplo, con un cardenal francófono que adoptó a un inmigrante al que tenía un especial cariño, con gran asombro de la policía que descubrió, al interrogar al «sin papeles», ¡que el eclesiástico pretendía que legalizasen a su compañero!

Un cardenal hispano adoptó a su «amigo», que se convirtió en su hijo (y siguió siendo su amante). Otro cardenal anciano, al que visito, vive con su joven «hermano», y las hermanas que comparten su apartamento entienden perfectamente que es su novio, y se traicionan hablándome de él como de su «nuevo» hermano.

Un conocido sacerdote me explicó asimismo que «adoptó a un joven latinoamericano, huérfano, que vendía su cuerpo en las calles». «Cliente» al principio, la relación «pasó a ser muy pronto paternal, de común acuerdo, y ahora ya no es sexual», me dice el sacerdote. El joven es rebelde y esquivo, y su protector habla de él como de un hijo, lo que efectivamente es a ojos de la ley.

—Esta relación me humanizó —me dice el sacerdote.

El muchacho era un marginado, muy «inseguro»: esta relación ha seguido un proceso lleno de obstáculos, incluida la toxicomanía. Al final se consiguió la legalización tras mil trabas administrativas, que el sacerdote me describe en las numerosas entrevistas que hemos mantenido en su domicilio común. Le cuesta mucho ayudar a su joven amigo, le enseña su nueva lengua y le ayuda a conseguir una formación que le permita encontrar un trabajo. ¡Sueño insensato ese de querer ofrecer una vida mejor a un desconocido!

Afortunadamente, el exprostituto, que no posee nada más que la historia de su vida, está cambiando a mejor. En vez de un *coming out*, el sacerdote ofrece a su protegido un *coming of age*, un paso a la edad adulta. El sacerdote se lo toma con calma; no ejerce ninguna presión sobre su amigo, que ha hecho auténticas barbaridades, como amenazar con quemar su apartamento común. Sabe que nunca abandonará a su hijo, cuyo amor convertido en amistad es el producto no de los lazos de sangre, sino de una filiación electiva.

Esta relación generosa, creativa, está basada en el sacrificio y en un amor verdadero que suscitan admiración.

—Incluso a mi hermana le costó al principio creer que era una verdadera relación filial, en cambio sus hijas no han tenido ningún problema en aceptar a su nuevo primo —me cuenta el sacerdote.

También me comenta que ha aprendido mucho y ha cambiado mucho gracias al contacto con su amigo, y adivino en su mirada, en esos ojos tan bellos cuando me habla de su compañero, que esta relación ha dado a su vida de sacerdote un sentido que ya no tenía.

Esas amistades posgáis escapan a cualquier intento de clasificación. En cierto modo corresponden a lo que Michel Foucault preconizaba en su célebre texto «De la amistad como modo de vida». Y el filósofo homosexual se pregunta: «¿Cómo pueden dos varones estar y vivir juntos, compartir su tiempo, su comida, su dormitorio, su ocio, sus desgracias, sus experiencias, sus confidencias? ¿Qué significa estar entre hombres "a pelo", ajenos a las relaciones institucionales, familiares y de camaradería impuesta?». Por sorprendente que pueda parecer, los sacerdotes y eclesiásticos están inventando esas nuevas familias, esas nuevas formas de amor posgay, esas nuevas formas de vida tal como se las imaginó el filósofo homosexual muerto a causa del sida hace más de treinta años.

Los sacerdotes, que por lo general se separan precozmente de sus padres, han de aprender a vivir entre hombres desde la adolescencia: se crean así una nueva «familia». Sin parientes y sin hijos, esas nuevas estructuras de solidaridad recompuestas son una mezcla inédita de amigos, de protegidos, de amantes, de colegas, de *exlovers*, a los que se añaden a veces una madre anciana o una hermana de paso; amores y amistades se mezclan de una manera no exenta de originalidad.

Un sacerdote al que conocí en una ciudad al borde del océano Atlántico me explicó su historia. Los católicos italianos le conocen bien porque fue el personaje anónimo de *La Confessione* (reeditado con el título *Io, prete gay*), la historia de la vida de un homosexual en el Vaticano, publicada en 2000 por el periodista Marco Politi.

Ese sacerdote, que tiene hoy 74 años, quiso hablar de nuevo por primera vez después de *La Confessione*. Me conmovieron su sencillez, su fe, su generosidad y su amor a la vida. Cuando me explica su vida amorosa, o me habla de los hombres que ha amado, no solamente deseado, en ningún momento tengo la sensación de que su fe sea menor. Al contrario, me parece fiel a sus compromisos y, en cualquier caso, más sincero que muchos *monsignori* y cardenales romanos que predican la castidad de día y catequizan prostitutos de noche.

El sacerdote tuvo grandes amores y me habla de tres hombres que fueron especiales para él, especialmente Rodolfo, un arquitecto argentino.

—Rodolfo me cambió la vida —me dice simplemente el sacerdote.

Los dos hombres vivieron juntos cinco años en Roma, una época en que el sacerdote abandonó temporalmente su ministerio para no traicionar el voto de castidad, tras haber solicitado una especie de excedencia, aunque seguía trabajando diariamente en el Vaticano. La base real de la pareja no era tanto la sexualidad, como podría pensarse, sino la razón por la que estaban juntos. El diálogo intelectual y cultural, la generosidad y la ternura, la coincidencia de caracteres era tan importante como la dimensión física.

—Doy gracias a Dios por haber conocido a Rodolfo. Con él aprendí realmente lo que significa amar. Aprendí a prescindir de las grandes palabras que no van unidas a los hechos —me dijo el sacerdote.

Y también me confirma que vivió esa larga relación con discreción, no la ocultó: habló de ella a sus confesores y a su director espiritual. Optó por ser honesto, cosa rara en el Vaticano, y por rechazar los «amores mentirosos». Su carrera se resintió, por supuesto, pero esto le hizo mejor y más seguro de sí mismo.

Caminamos por el borde de un brazo de mar, sobre el Atlántico, y el sacerdote, que se ha cogido la tarde libre para enseñarme la ciudad donde vive, me habla continuamente de Rodolfo, ese gran amor, frágil, lejano, y me doy cuenta de hasta qué punto para el sacerdote esta relación es una especie de elección. Más tarde, me escribirá largas cartas para detallarme algunos aspectos que no tuvo tiempo de explicarme, para corregir alguna impresión, para añadir algún elemento. Tiene mucho miedo de que no le haya entendido bien.

Cuando Rodolfo muere en Roma, tras una larga enfermedad, el sacerdote acude a su funeral, y en el avión que le conduce hasta su examante le atormenta, y hasta paraliza, la idea de no saber si «debería», «podría» o «querría» concelebrar el oficio.

—Llegado el momento, el sacerdote que debía oficiar no se presentó —recuerda—. Era una señal del cielo. Como iba pasando el tiempo, me pidieron que le sustituyera. Y así fue como un breve texto que había garabateado durante el viaje que me conducía de nuevo junto a Rodolfo se convirtió en la homilía de sus funerales.

No voy a revelar el contenido del texto que el sacerdote me envió, porque es tan personal y tan conmovedor que forzosamente distorsionaríamos los secretos de esos bellos amores. Una intimidad durante largo tiempo indecible y, no obstante, revelada, y

618

hasta proclamada abiertamente, ante todo el mundo, en el corazón mismo de esta iglesia de Roma en la misa funeral.

En el corazón mismo del Vaticano, dos parejas homosexuales legendarias siguen brillando en la memoria de quienes les conocieron, y me gustaría terminar este libro con ellos. Trabajaban ambas en Radio Vaticano, el medio de comunicación oficial de la santa sede y portavoz del papa.

—Bernard Decottignies era periodista en Radio Vaticano. Casi todos sus compañeros conocían su relación con Dominique Lomré, que era un pintor. Los dos eran belgas. Su relación era extraordinariamente estrecha. Bernard ayudaba a Dominique en todas sus exposiciones, siempre estaba allí para tranquilizarle, apoyarle, amarle. Su prioridad siempre era Dominique. Le había dedicado su vida —me cuenta en el transcurso de numerosas entrevistas Romilda Ferrauto, exjefa de redacción del programa francés de radio Vaticano.

El padre José María Pacheco, que también era amigo de la pareja y que fue durante mucho tiempo periodista en el programa de lengua portuguesa de Radio Vaticano, me confirma la belleza de esa relación, en una entrevista en Portugal.

—Recuerdo la serenidad de Bernard y su profesionalidad. Lo que todavía hoy me impresiona es la «normalidad» con la que vivía, día a día, su vida profesional y su relación afectiva con Dominique. Recuerdo a Bernard como una persona que vivía su condición homosexual, y su vida de pareja, sin preocupación ni actitud militante. No pretendía ni hacer público ni ocultar que era gay, sencillamente porque no había nada que ocultar. Era simple y, en cierto modo, «normal». Vivía su homosexualidad de manera apacible, pacífica, con la dignidad y la belleza de un amor estable.

En 2014, Dominique muere, al parecer, de una enfermedad respiratoria.

—A partir de entonces, Bernard ya no fue el mismo. Su vida ya no tenía sentido. Estuvo de baja por enfermedad y luego tuvo una depresión. Un día, vino a verme y me dijo: «Tú no lo entien-

619

des: mi vida se detuvo con la muerte de Dominique» —me explica Romilda Ferrauto.

—A partir de la muerte de Dominique —confirma el padre José María Pacheco— sucedió algo irreversible. Por ejemplo, Bernard dejó de afeitarse y su larga barba era en cierto modo el signo de su angustia. Cuando le conocí, Bernard estaba destrozado, devorado internamente por el dolor.

En noviembre de 2015, Bernard se suicida, y el Vaticano se hunde de nuevo en el estupor y la tristeza.

—Estábamos todos aturdidos. Su amor era tan fuerte. Bernard se suicidó porque no podía vivir sin Dominique —agrega Ferrauto.

El periodista estadounidense Robert Carl Mickens, que también trabajó en Radio Vaticano durante mucho tiempo, recuerda asimismo la desaparición de Dominique:

—El padre Federico Lombardi, portavoz del papa, quiso oficiar personalmente el entierro de Bernard en la Iglesia de Santa Maria in Traspontina. Al final del oficio, vino a abrazarme porque yo estaba muy unido a Bernard. Esta relación amorosa tan intensa, homosexual, era conocida por todos y, por supuesto, por el padre Lombardi.

Romilda Ferrauto añade:

—Bernard intentaba en la medida de lo posible no ocultar su homosexualidad. En esto era honesto y valiente. La mayoría de las personas que lo sabían aceptaban su homosexualidad y, en la redacción francesa, conocíamos a su compañero.

Otra pareja de hombres, Henry McConnachie y Speer Brian Ogle, era también muy conocida en Radio Vaticano. Ambos trabajaban en el departamento inglés de la emisora. Cuando murieron de viejos, el Vaticano les rindió homenaje.

—Henry y Speer vivían juntos en Roma desde los años sesenta. Era una pareja muy *colorful* y no era realmente *openly gay*. Pertenecían a otra generación en la que primaba una cierta discreción. Digamos que eran unos *gentlemen* —me precisa Robert Carl Mickens, que fue amigo íntimo de Henry.

El cardenal Jean-Louis Tauran quiso oficiar el funeral de Henry McConnachie, al que conocía desde hacía tiempo, como conocía también su sexualidad.

—Casi todo el mundo estaba enterado de la homosexualidad de esas dos parejas y tenían muchos amigos en Radio Vaticano. Todavía hoy les recuerdan con una inmensa ternura —concluye Romilda Ferrauto.

El mundo que he descrito en este libro no es el mío. Yo no soy católico. Ni siquiera soy creyente, aunque sé muy bien cuál es la importancia de la cultura católica en mi vida y en la historia de mi país, un poco en el sentido en que Chateaubriand habla del «genio del cristianismo». Tampoco soy anticlerical y, además, este libro no va contra el catolicismo, sino que en primer lugar, y ante todo, pese a lo que pueda pensarse, es una crítica algo especial a la comunidad gay, una crítica a mi propia comunidad.

Esta es la razón por la que me parece útil recordar a modo de epílogo la historia de un sacerdote que me influyó mucho cuando yo era joven. Raras veces hablo de mi propia vida en mis libros, pero en este caso, y teniendo en cuenta el tema, comprenderán que lo considere necesario. Le debo al lector esta verdad.

Lo cierto es que yo fui cristiano hasta los 13 años. En aquella época, en Francia, el catolicismo era, por así decir, «la religión de todo el mundo». Era un hecho cultural casi banal. El sacerdote del que les hablo se llamaba Louis. Lo llamábamos simplemente «el cura Louis» o más frecuentemente «el padre Louis». Como un personaje de El Greco, exageradamente barbudo, llegó una mañana a nuestra parroquia, cerca de Avignon, en el sur de Francia. ¿De dónde venía? En aquella época yo no lo sabía. Como todos los habitantes de nuestra pequeña ciudad de Provenza, acogimos a ese «misionero», le adoptamos y le amamos. Era un simple cura y no un párroco; un vicario, no un prelado, ni un ministro del culto. Era joven y simpático. Daba una buena imagen de la Iglesia.

También resultaba paradójico. Un aristócrata, de origen belga, según supimos, un intelectual que hablaba la lengua sencilla de los pobres. Nos tuteaba mientras fumaba la pipa. Nos consideraba casi su familia.

Yo no tuve una educación católica: fui al colegio y al institu-

621

to públicos y laicos que, afortunadamente para Francia, mantienen la religión a distancia, cosa que debo agradecer a mis padres. Raramente asistíamos a misa, que nos parecía muy aburrida. Entre mi primera comunión y la segunda, me convertí en uno de los alumnos preferidos del padre Louis, tal vez su favorito, hasta el punto de que mis padres le pidieron que fuera el padrino de mi confirmación. Ser amigo de un sacerdote, amistad poco banal, fue una experiencia significativa teniendo en cuenta que mi inclinación natural habría sido más bien la crítica a la religión, en el mismo sentido del joven Poeta: «Realmente, qué estupidez esas iglesias de aldea» donde los niños escuchan «el divino parloteo».

Yo era católico por tradición. Nunca fui «esclavo de mi bautismo». Pero el padre Louis era genial. Yo era demasiado distraído para ser monaguillo y creo que me expulsaron de la catequеsis por indisciplina. Mi sacerdote no se escandalizó, al contrario. ¿Clases de catecismo a los niños de la parroquia? ¿Vivir en torno a la sacristía y animar la fiesta parroquial? Yo era un pequeño Rimbaud en busca de otros horizontes. El cura aspiraba, como nosotros, a espacios más amplios. Me animó a asistir al centro parroquial que había puesto en marcha y, durante cinco o seis años, vivimos con él la aventura. Era un centro popular, no un movimiento de exploradores o de *scouts*, más burgués. Me transmitió la pasión por los viajes y el montañismo, siempre atado a su cuerda. Con el pretexto de unos «retiros espirituales», fuimos a un campamento de juventud, en bicicleta o a pie, a los Alpilles provenzales, al macizo de las Calanques en Marsella, cerca de la montaña de Lure en los Alpes de Alta Provenza, o a la alta montaña, con tiendas y piolets, durmiendo en los refugios, escalando, a más de 4.000 metros de altitud, el Dôme de neige des Écrins. Y por la noche, en esas excursiones alejado de mi familia, comencé a leer libros que, a veces, sin insistir demasiado, este cura de «lecturas malévolas» nos recomendaba, quizá con fines evangelizadores.

¿Por qué se hizo sacerdote? En aquella época sabíamos muy poca cosa de la vida de Louis «de antes». Era un secreto. ¿Qué había hecho «antes» de llegar a nuestra parroquia aviñonense? En el momento de redactar este libro, intenté seguir su rastro, con la ayuda de sus amigos más íntimos. Hice algunas investigaciones en los archivos de la diócesis y pude reconstruir su itinerario con bastante precisión desde Lusambo, en Zaire (entonces el Congo belga), donde nació en 1941, hasta Aviñón.

Recuerdo el proselitismo cultural y el «catecismo del ocio» del cura Louis. En esto era, según esta misma expresión, moderno y tradicional a la vez. Hombre de arte y de literatura, le encantaban el canto gregoriano y el cine de arte y ensayo. Nos llevaba a ver películas «temáticas» para involucrarnos en discusiones tendenciosas sobre el suicidio, el aborto, la pena de muerte, la eutanasia o la paz mundial (creo que nunca sobre la homosexualidad). Para él, todo era susceptible de ser discutido, sin tabúes, sin prejuicios. Pero Louis, un licenciado en filosofía y teología que completó su formación religiosa con un título en derecho canónico por la Universidad Pontificia Gregoriana de Roma, era un formidable polemista. Era a la vez el producto del Vaticano II, de su modernidad, y el heredero de una concepción conservadora de la Iglesia, que le hacía sentir nostalgia del latín y de los ropajes de ceremonia. Amó apasionadamente a Pablo VI y un poco menos a Juan Pablo II. Estaba a favor de un catecismo renovado, que sacudía los cimientos de la tradición, pero también defendía los vínculos inquebrantables del matrimonio, hasta el punto de haberse negado a dar la comunión a algunas parejas divorciadas. De hecho, en Avignon, sus contradicciones y su libertad de espíritu confundían a sus feligreses.

Cura obrero para unos, la burguesía local, irritada, le acusaba de ser comunista; cura de pueblo para otros, que le veneraban; cura ilustrado para todos, admirado y envidiado a la vez, ya que la gente de pueblo desconfía siempre de la gente de ciudad que lee libros.

Se le reprochaba que fuera «arrogante», es decir, inteligente. Su alegría de vivir irónica suscitaba inquietud. Su cultura antiburguesa que le hacía despreciar el dinero, la vanidad y la ostentación no era bien aceptada por los católicos practicantes, que, no sabiendo qué pensar, le encontraban simplemente demasiado «espiritual» para su gusto. Desconfiaban de los (demasiados) viajes

623

que había hecho y de las nuevas ideas que en ellos había aprendido. Se decía que era «ambicioso», se anunciaba que algún día sería obispo o hasta cardenal y, en nuestra parroquia, a ese personaje de Balzac —más Lucien de Rubempré que Rastignac— lo tomaban por un arribista. Recuerdo también que, a diferencia de muchos otros sacerdotes, no era misógino y le gustaba la compañía de las mujeres. Por eso no tardaron en atribuirle una amante, una militante socialista local. Un rumor que a esta mujer, con la que pude hablar para este libro, todavía le divierte. También se le reprochó —cómo se puede reprochar una cosa así— su hospitalidad, que fue su gran problema, ya que acogía en la parroquia a pobres, jóvenes marginados y extranjeros de paso. Por último, se le acusó —entonces yo no lo supe— de relaciones contra natura con marineros del puerto de Toulon; se dijo que recorría el mundo en busca de aventuras. Él se reía de todo y en la parroquia saludaba a su supuesta madre política con voz tronante: «¡Hola, suegra!».

624

Parafraseando a Chateaubriand, en su hermoso retrato del abad de Rancé, diría que en «aquella familia de la religión que rodeaba a [Padre Louis] veíase la ternura de la familia natural, y algo más».

En mi caso, el diálogo con Dios, y con el padre Louis, cesó cuando entré en el instituto de Aviñón. Nunca aborrecí el catolicismo, simplemente lo olvidé. Las páginas de los Evangelios, que realmente nunca había leído, fueron sustituidas por Rimbaud, Rousseau y Voltaire (menos el Voltaire de «Aplastar al infame» que el de *Cándido*, en el que los jesuitas son todos gais). Creo menos en la Biblia que en la literatura: esta me parece más fiable, sus páginas son infinitamente más bellas y, al fin y al cabo, menos noveladas.

En Aviñón, seguí visitando asiduamente la Capilla de los Penitentes grises, el claustro del Carmen, la Capilla de los Penitentes blancos, el jardín de Urbano V, el claustro de los Celestinos y, sobre todo, el Patio de honor del Palacio de los papas, pero no era para recibir enseñanzas cristianas, sino para ver espectáculos paganos. Como sabemos, Aviñón fue la capital de la cristiandad y la sede del papado en el siglo XIV, y en esta ciudad residieron nueve papas (mi segundo nombre, siguiendo una tradición muy frecuente en Aviñón, es Clément, como tres de esos papas, ¡uno de ellos antipapa!). No obstante, Aviñón representa hoy otra cosa para la mayoría de los franceses: la capital del teatro público laico. Mis Evangelios se llaman ahora *Hamlet* y *Angels in America*, y no temo escribir que el *Don Juan* de Molière es más importante para mí que el Evangelio de San Juan. Daría incluso la Biblia entera a cambio de todo Shakespeare y una sola página de Rimbaud ¡vale más para mí que toda la obra de Joseph Ratzinger! Por otra parte, en el cajón de mi mesita de noche no está la Biblia, sino *Una temporada en el infierno*, en la edición de La Pléiade que, con su papel biblia, parece un misal. Tengo pocos libros de esta hermosa colección, pero las *Œuvres complètes* de Rimbaud están siempre al alcance de la mano, cerca de mi cama, en caso de insomnio o de sueños. Es una regla de vida.

Sin embargo, de esta formación religiosa, hoy desaparecida, quedan algunos rastros. En París, mantengo a mi manera la tradición provenzal de hacer el pesebre en Navidad con figuritas Carbonel, compradas en la feria navideña de Marsella (y para la cena de esa noche, los famosos «trece postres»). Pero se trata de una Navidad «cultural» o «laica» y lo que el Poeta llama una «Navidad sobre la tierra». Durante muchos años también fui colaborador de la revista *Esprit* y mis gustos cinematográficos han sido modelados por el pensamiento del crítico católico André Bazin. Si como lector de Kant, Nietzsche y Darwin, hijo de Rousseau y de Descartes, más que de Pascal —¡o sea, francés!— ya no puedo ser creyente, ni siquiera un «cristiano cultural», respeto la cultura cristiana y el «genio (cultural) del cristianismo». Y me gusta esta frase de un primer ministro francés que dijo: «Soy un protestante ateo». Digamos, pues, que yo soy un «católico ateo», un ateo de cultura católica. O, por decirlo de otro modo, «rimbaudiano».

En mi parroquia cerca de Aviñón (de la que también se marchó Louis, tras haber sido nombrado párroco de otra iglesia de Provenza en 1981), el catolicismo se fue enfriando. El párroco, escribe el Poeta, «se llevó la llave de la iglesia». Una Iglesia que no ha sabido evolucionar con el paso del tiempo: se sigue sosteniendo sobre el celibato sacerdotal, que es, como sabemos hoy, profundamente contra natura, y niega los sacramentos a los divorciados, cuando la mayoría de las familias de mi aldea son familias reconstruidas. Antes, en mi iglesia, había tres sacerdotes y se celebraban tres misas cada domingo; hoy, el cura ambulante, que además es africano, celebra una misa cada tres domingos, corriendo de una parroquia a otra, en esta periferia del sur de Aviñón, convertida en un desierto católico. En Francia, mueren cada año unos 800 sacerdotes y se ordenan menos de cien... El catolicismo se está extinguiendo lentamente.

También para mí el catolicismo es agua pasada, sin resentimiento ni rencor, sin animosidad ni anticlericalismo. Yo no tengo «odio a los curas», como dice Flaubert. Y muy pronto, el padre Louis también se alejó.

Me enteré de su muerte cuando ya vivía en París y la desaparición de mi sacerdote a los 53 años, joven aún, me causó una terrible tristeza. Quise rendirle un homenaje y escribí un breve texto para las páginas locales del diario *Le Provençal* (hoy *La Provence*), publicado sin firma y con el título «La muerte del padre Louis». Releo hoy este artículo, que acabo de encontrar, y en cuyo final aludo un poco ingenuamente a la película italiana *Cinema Paradiso* y a su anciano proyeccionista siciliano Alfredo, que había enseñado la vida a Totò, el héroe, un monaguillo que se marcha del pueblo gracias a la sala de cine parroquial y se convierte en realizador de cine en Roma. Y así le dije adiós a Louis.

Sin embargo, veinte años más tarde, iba a encontrarle de nuevo.

Cuando estaba acabando de escribir este libro, y hacía muchos años que había perdido el rastro del padre Louis, apareció de nuevo en mi vida súbita e inesperadamente. Una de las amigas de Louis, una parroquiana progresista con quien había seguido manteniendo el contacto, decidió explicarme el final de su vida. Como yo vivía en París, lejos de Aviñón, no había sabido nada; y, por otra parte, nadie en la parroquia había conocido su secreto. Louis era homosexual. Llevaba una doble vida que, visto retrospectivamente, daba sentido a algunas de sus paradojas y a sus ambigüedades. Como tantos sacerdotes, intentaba conjugar su fe y su orientación sexual. Tengo la sensación, al recordar a este cura atípico al que tanto quisimos, de que le perturbaba un dolor íntimo, una lágrima tal vez. Pero es posible que no sea más que una interpretación retrospectiva.

Me enteré también de las circunstancias de su muerte. En su biografía que me proporcionó la diócesis, cuando estaba siguiendo sus huellas, está escrito púdicamente al final de su vida: «Retirado Foyer sacerdotal en Aix en Provence, de 1992 a 1994». Pero al preguntar a sus amigas, surgió otra realidad: Louis murió a causa del sida.

En aquellos años en que la enfermedad era casi siempre mortal, y justo antes —¡desgraciadamente!— de que pudiese beneficiarse de las triterapias, Louis fue tratado primero en el Institut Paoli-Calmette de Marsella, hospital pionero en el tratamiento del sida, antes de que se hicieran cargo de él, en una clínica de Villeneuve d'Aix-en-Provence, las hermanas de la chapelle Saint Thomas. Allí murió, «esperando desesperanzadamente», según me cuentan, un tratamiento que no llegó a tiempo. Realmente, jamás habló de su homosexualidad y negó la naturaleza de su enfermedad. La mayoría de sus colegas religiosos, informados sin duda del mal uqe padecía, le abandonaron. Mostrar solidaridad hubiera sido apoyar a un sacerdote gay y arriesgarse tal vez a resultar sospechoso. Las autoridades de la diócesis prefirieron disimular las causas de su muerte, y la mayoría de los curas con los que había convivido, asustados, no fueron a verle cuando estaba ya en cama. Louis contactó con ellos, sin obtener respuesta. Casi nadie fue a visitarle. (Uno de los pocos sacerdotes que estuvo a su lado hasta el final se pregunta, cuando le entrevisto, si no fue el propio Louis el que quiso distanciarse de sus excorreligionarios; el cardenal Jean-Pierre Ricard, actualmente arzobispo de Burdeos y antes vicario general de la archidiócesis de Marsella y al que entrevisto en el transcurso de un almuerzo en Burdeos, se acuerda del padre Louis, pero me dice que ha olvidado los detalles de su muerte.)

—Murió prácticamente solo, abandonado casi por todos, con grandes dolores. No quería morir. Se rebeló contra la muerte

627

—asegura una de las mujeres que le acompañó hasta el final de su vida.

Me detengo a pensar hoy en el sufrimiento de este hombre solo, rechazado por la Iglesia —su única familia—, negado por su diócesis y apartado por su obispo. Todo esto ocurría bajo el pontificado de Juan Pablo II.

¿El sida? ¿Un sacerdote enfermo de sida? «Simplemente, debí de fruncir el ceño como ante el enunciado de un problema difícil. Necesité mucho tiempo para comprender que iba a morir de una enfermedad que raramente afecta a las personas de mi edad.» Recordamos la reacción del joven cura rural cuando se entera de que tiene un cáncer de estómago, en la hermosa novela de Georges Bernanos y en la película, aún más hermosa, de Robert Bresson. El joven cura dice también: «Por más que me repitiera que nada ha [había] cambiado en mí, la idea de volver a casa con esta cosa me daba vergüenza». No sé si Louis tuvo esos pensamientos durante su propio calvario. No sé si, en su fragilidad y en su sufrimiento, creyó y pensó, como el cura de Bernanos: «Dios me ha abandonado».

En realidad, Louis jamás fue un «cura rural», como indica simplemente el subtítulo de la recopilación de sus homilías. La comparación con el cura de Bernanos, que busca la ayuda de la gracia, es por tanto un poco engañosa. Louis no tuvo una vida banal, modesta. Fue un cura aristócrata que, al revés de muchos prelados oficiales, que nacieron pobres y acabaron en medio del lujo y la lujuria vaticana, empezó la vida en la aristocracia y la acabó entre gentes sencillas, y sé que en ese cambio, tanto en él como en los otros, la homosexualidad desempeñó un papel importante.

No puedo comprender aún que el arzobispo se mostrara insensible ante ese calvario. Que su sufrimiento crístico, sangre infectada, manchas, desvanecimientos no hallaran el más mínimo eco en la diócesis seguirá siendo para mí durante mucho tiempo un escándalo, un misterio. Tiemblo solo de imaginarlo.

Las hermanas de la chapelle Saint Thomas fueron las únicas que, con una entrega extraordinaria, lo rodearon de un afecto anónimo hasta el día de su muerte, a principios de 1994. Finalmente, un arzobispo aceptó presidir la concelebración. Después, Louis fue incinerado en Manosque, en los Alpes de Alta Provenza (los muertos a causa del sida no podían ser embalsamados y se privilegiaba la incineración).

Unos días más tarde, y cumpliendo sus deseos, sus cenizas fueron esparcidas en el mar, discretamente, por cuatro mujeres —dos de ellas me explicaron la escena— desde un pequeño barco que Louis había comprado al final de su vida, a unos kilómetros de Marsella, frente a *les Calanques*, adonde habíamos ido juntos alguna vez. Y se dice que en esta región, en ese «país» magnífico, el «sur» de Francia, que nosotros llamamos el «Midi», no hay nunca acontecimientos: solo tormentas.

629

Fuentes

Sodoma es un trabajo de investigación llevado a cabo sobre el terreno durante cuatro años, en Italia y en más de treinta países. Se realizaron un total de 1.500 entrevistas, con 41 cardenales, 52 obispos y *monsignori*, 45 nuncios apostólicos, secretarios de nunciaturas o embajadores extranjeros, 11 guardias suizos y más de doscientos sacerdotes católicos y seminaristas. La mayor parte de la información que contiene este libro es, por lo tanto, de primera mano, recopilada personalmente por el autor sobre el terreno (no se realizó ninguna entrevista por teléfono o por correo electrónico).

Los 41 cardenales con los que me reuní, en un total de más de 130 entrevistas cardenalicias, son en su mayoría miembros de la curia romana. Esta es la lista: Angelo Bagnasco, Lorenzo Baldisseri, Giuseppe Betori, Darío Castrillón Hoyos †, Francesco Coccopalmerio, Stanislaw Dziwisz, Roger Etchegaray, Raffaele Farina, Fernando Filoni, Julián Herranz, Juan Sandoval Íñiguez, Walter Kasper, Dominique Mamberti, Renato Raffaele Martino, Laurent Monsengwo, Gerhard Ludwig Müller, Juan José Omella, Jaime Ortega, Carlos Osoro, Marc Ouellet, George Pell, Paul Poupard, Giovanni Battista Re, Jean-Pierre Ricard, Franc Rodé, Camillo Ruini, Louis Raphaël Sako, Leonardo Sandri, Odilo Scherer, Achille Silvestrini, James Francis Stafford, Daniel Sturla, Jean-Louis Tauran † y Jozef Tomko (otros siete cardenales entrevistados no figuran en esta relación y mantienen el anonimato, porque me pidieron explícitamente hablar *off the record* o en *deep background* [información que no puede publicarse pero ayuda a dar perspectiva al autor], como suele decirse habitualmente).

Para realizar esta investigación, entre 2015 y 2018 estuve viviendo en Roma de forma regular una semana al mes por término medio. También me alojé varias veces en el interior del Vaticano y en otras dos residencias extraterritoriales de la santa sede, especialmente en la Domus Internationalis Paulus VI (o Casa del Clero) y en la Domus Romana Sacerdotalis. Asimismo investigué en unas quince ciudades italianas, en varias ocasiones en Milán, Florencia, Bolonia, Nápoles y Venecia, así como en Castel Gandolfo, Cortona, Génova, Ostia, Palermo, Perugia, Pisa, Pordenone, Spoleto, Tivoli, Trento, Trieste y Turín.

Fuera del Estado del Vaticano y de Italia, estuve investigando sobre el terreno en unos treinta países, que visité en varias ocasiones: Alemania (varias estancias en Berlín, Múnich, Frankfurt y Ratisbona, 2015-2018), Arabia Saudita (Riad, 2018), Argentina (Buenos Aires, San Miguel, 2014, 2017), Bélgica (Bruselas, Mons; varias estancias entre 2015-2018), Bolivia (La Paz, 2015), Brasil (Belém, Brasilia, Porto Alegre, Recife, Rio de Janeiro, São Paulo, 2014, 2015, 2016, 2018), Chile (Santiago de Chile, 2014, 2017), Colombia (Bogotá, Cartagena, Medellín, 2014, 2015, 2017), Cuba (La Habana, 2014, 2015, 2016), Egipto (Alejandría, El Cairo, 2014, 2015), Emiratos Árabes Unidos (Dubái, 2016), Ecuador (Quito, 2015), España (Barcelona, Madrid, numerosas estancias entre 2015-2018), Estados Unidos (Boston, Chicago, Nueva York, Filadelfia, San Francisco, Washington, 2015, 2016, 2017, 2018), Hong Kong (2014, 2015), India (Nueva Delhi, 2015), Israel (Tel Aviv, Jerusalén, Mar Muerto, 2015, 2016), Japón (Tokio, 2016), Jordania (Ammán, 2016), Líbano (Beirut, Bkerké, 2015, 2017), México (Guadalajara, Ciudad de México, Puebla, Veracruz, Xalapa, 2014, 2016, 2018), Palestina (Gaza, Ramallah, 2015, 2016), Países Bajos (Ámsterdam, La Haya, Rotterdam, 2014, 2015), Polonia (Cracovia, Varsovia, 2013, 2018), Portugal (Lisboa, Oporto, 2016, 2017), Reino Unido (Londres, Oxford, numerosas estancias en 2015-2018), Suiza (Basilea, Coira, Ginebra, Illnau-Effretikon, Lausana, Lucerna, San Galo y Zúrich, numerosas estancias en 2015-2018), Túnez (Túnez, 2018), Uruguay (Montevideo, 2017). (Antes de empezar este trabajo de investigación, viajé a otros veinte países —Sudáfrica, Argelia, Canadá, Camerún, China, Corea del Sur, Dinamarca, Ecuador, Indonesia, Irán, Kenia, Rusia, Taiwán, Tailandia, Venezuela, Vietnam, etc.— y esos viajes pueden haber enriquecido puntualmente este trabajo.)

Sodoma se basa en hechos, citas y fuentes rigurosamente exactos. La mayoría de las entrevistas realizadas han sido grabadas, con el consentimiento de mis interlocutores, o efectuadas en presencia de un investigador o de un traductor, que han sido testigos de las mismas; en total, tengo más de cuatrocientas horas de grabaciones, ochenta cuadernos con anotaciones de las entrevistas (¡en cuadernos Rhodia A5 de color naranja!) y varios centenares de fotos y selfies cardenalicias. Las opiniones, de acuerdo con una deontología periodística ya clásica, no han sido revisadas, y no debían serlo.

¡Es fácil adivinar que los testimonios privados de cardenales y prelados son infinitamente más interesantes que sus declaraciones públicas! Pero como mi intención no era «sacar del armario» a sacerdotes vivos, me aseguré de proteger mis fuentes. Y aunque, por principio, soy bastante prudente en el uso de palabras no atribuidas, este libro no hubiera sido posible sin esta anonimización. No obstante, he tratado de limitar al máximo esta práctica, poniendo casi siempre con palabras mías las informaciones proporcionadas por las personas entrevistadas. Igualmente, en unos pocos casos, y a petición suya, acepté cambiar el nombre de algunos sacerdotes (los seudónimos utilizados están claramente indicados a lo largo del libro y todos son nombres de personajes de André Gide). En cuanto a los cardenales Platinette y La Montgolfiera, el arzobispo La Païva, o los famosos monseñores Jessica y Negretto, son seudónimos «auténticos», podríamos decir que utilizados secretamente en el Vaticano. El lector que pretendiera identificar de algún modo un seudónimo con un nombre real, o cruzar las fuentes anonimizadas, inevitablemente se equivocaría.

Es imposible realizar una investigación de este tipo en solitario. Para llevarla a cabo, he dispuesto de un equipo que incluye a más de 80 colaboradores, traductores, asesores e investigadores repartidos por todo el mundo. Entre estos, quiero mencionar aquí y dar las gracias a los principales investigadores que me han acompañado en esta larga aventura. En primer lugar, y ante todo, el periodista italiano Daniele Particelli, que ha trabajado conmigo durante casi cuatro años y me ha acompañado siempre en Roma y en otras ciudades de Italia. En Argentina y en Chile, Andrés Herrera realizó para mí extensas encuestas y me acompañó en mis diferentes estancias en países latinos. En Colombia, dispuse de la ayuda constante de Emmanuel Neisa. En París, mi asistente fue el mexicano Luis Chumacero, que podía traducir a seis idiomas. También dispuse de la ayuda constante de: René Buonocore, Fabricio Sorbara y los militares, policías y carabineros de la asociación LGTB «Polis Aperta» en Italia; Enrique Anarte Lazo en España; Guilherme Altmayer, Tom Avendaño y Andrei Netto en Brasil; Pablo Simonetti en Chile; Miroslaw Wlekly, Marcin Wójcik y Jerzy Szczesny en Polonia; Vassily Klimentov en Rusia; Antonio Martínez Velázquez, Guillermo Osorno, Marcela Gonzáles Durán y Eliezer Ojeda Félix en México; Jürg Koller, Meinrad Furrer y Martin Zimper en Suiza; Michael Brinkschröder, Sergey Lagodinsky y Volker Beck en Alemania; Michael Denneny en Estados Unidos; Hady ElHady en Egipto y en Dubái; Abbas Saad en Líbano y en Jordania; Benny y Irit Ziffer en Israel; Louis de Strycker y Bruno Selun en Bélgica; Erwin Cameron en Sudáfrica; Nathan Marcel-Millet e Ignacio González en Cuba; Julian Gorodischer y David Jacobson en Argentina; Julia Mitsubizaya y Jonas Pulver en Japón; Rafael Luciani en Colombia y en Venezuela; Alberto Servat en el Perú; Martin Peake en Australia. (La lista completa de este equipo de investigadores se puede encontrar en Internet.)

633

Durante mis investigaciones para la presente obra, realicé cuatro programas sobre el Vaticano para la radio nacional France Culture, varios artículos para *Slate*, y organicé una conferencia sobre las relaciones internacionales del papa Francisco en Sciences Po-París. Estos proyectos paralelos enriquecieron este libro y me brindaron la ocasión de establecer contactos muy fructíferos.

Agradezco infinitamente el trabajo —y la celeridad— de mis traductores, especialmente de Matteo Schianchi (en italiano), que ya ha traducido tres libros míos, y a Michele Zurlo (también por el italiano), a Maria Pons y Juan Vivanco (por el español), Artur Lopes Cardoso (por el portugués) Shaun Whiteside (por el inglés), Nathalie Tabury, Henriëtte Gorthuis, Alexander van Kesteren y Marga Blakestijn (por el neerlandés) y Anastazja Dwnlit, Jagna Wisz y Elzbieta Derelkowska) por el polaco).

Mi editor principal, Jean-Luc Barré (de Robert Laffont/Editis), creyó en este libro desde el primer momento: fue un editor atento y un revisor concienzudo, y sin él este libro no existiría. En Robert Laffont, Cécile Boyer-Runge defendió enérgicamente este proyecto. También estoy en deuda con mis editores italianos de Feltrinelli, en Milán —el amigo fiel Carlo Feltrinelli, que creyó en este libro desde 2015, y por supuesto Gianluca Foglia, que ha coordinado la edición—, y también con mis editoras Alessia Dimitri y Camilla Cottafavi. Robin Baird-Smith (Bloomsbury) ha sido el editor decisivo de este libro para el mundo anglosajón, con el apoyo de Jamie Birkett; así como Blanca Rosa Roca, Carlos Ramos y Enrique Murillo para España y América Latina; João Rodrigues para Portugal; y Pavel Gozlinski para Polonia. Doy las gracias asimismo a mi agente literaria italiana Valeria Frasca, así como, para el mundo hispánico, a mi consejera Marcela González Durán, y a Benita Edzard para el resto del mundo.

Por sus revisiones y *fact-checking* (comprobación de datos), quiero dar las gracias a mis amigos Stephane Foin, Andrés Herrera, Emmanuel Paquette, Daniele Particelli y Marie-Laure Defretin, así como a tres sacerdotes, un arzobispo y un conocido vaticanista, que deben permanecer en el anonimato. Siphie Berlin ha releído con afecto, a título personal. El periodista Pasquale Quaranta me ayudó constantemente en Roma durante estos cuatro años. Reinier Bullain Escobar me ha a compañado durante la escritura de este libro, y le estoy infinitamente agradecido por ello. Doy las gracias también a mis veintiocho «fuentes» internas en la curia romana —*monsignori*, sacerdotes, religiosos o laicos—, todos ellos manifiestamente gais conmigo, y que viven o trabajan a diario en el Vaticano: han sido informadores regulares y a veces anfitriones durante cuatro años, y sin ellos este libro no habría sido posible. Todo el mundo entenderá que se haya respetado su anonimato.

Este libro está respaldado y defendido por un consorcio de unos quince abogados, coordinado por el francés William Bourdon, abogado del autor: los abogados Appoline Cagnat (Bourdon & Associés) en Francia; Massimiliano Magistretti en Italia; el abogado Scott R. Wilson en Estados Unidos; Felicity McMahon, y Maya Abu-Deeb de Bloomsbury en el Reino Unido; Isabel Elbal y Gon-

zalo Boyé (Boyé-Elbal Asociados) y Juan Garcés en España; Juan
Pablo Hermosilla en Chile; Antonio Martínez en México; bufete
Teixeira, Martins & Advogados en Brasil; Jürg Koller en Suiza;
Sergey Lagodinsky en Alemania; Jacek Oleszezyk en Polonia. Va-
lérie Robe y Jean-Pierre Rijnard me han asesorado para la edición
francesa.

Finalmente, este libro se basa en una gran cantidad de fuentes
escritas, de notas a pie de página y de una extensa bibliografía,
que incluye más de mil referencias de libros y artículos. Como el
formato de este libro no permite citarlos aquí, los investigadores y
los lectores interesados encontrarán gratuitamente en Internet, en
un documento de 300 páginas, todas estas fuentes y tres capítulos
adicionales inéditos (mi búsqueda de la verdadera Sodoma en Israel, Palestina y Jordania, una parte sobre Brasil y un texto sobre
el arte y la cultura en el Vaticano). Todas las citas originales, así
como sus referencias, también están incluidas, al igual que veintitrés fragmentos de las *Oeuvres Complètes* de Rimbaud, a quien
llamo «el Poeta» en este libro.

El que desee saber más puede consultar el sitio web: www.so-
doma.fr; las actualizaciones también se publicarán con el hashtag
#sodoma en la página de Facebook del autor: @fredericmartel; así
como en la cuenta de Instagram: @martelfrederic y en la cuenta
de Twitter: @martelf

Índice